페미니즘의 투쟁

Feminist Struggle : From Wages for Housework to the Safeguard of the Life
이 책의 한국어판은 저자 Mariarosa Dalla Costa 님과의 협약에 따라 출판되었습니다.

 C 아우또노미아총서 71

페미니즘의 투쟁 Feminist Struggle

지은이 마리아로사 달라 코스따
옮긴이 이영주·김현지

펴낸이 조정환
책임운영 신은주
편집 김정연
디자인 조문영
홍보 김하은
프리뷰 문주현·유연주·정상은·정정선·차정미·표광소

펴낸곳 도서출판 갈무리 등록일 1994. 3. 3. 등록번호 제17-0161호
초판인쇄 2020년 9월 22일 초판발행 2020년 9월 29일
종이 화인페이퍼 인쇄 예원프린팅 라미네이팅 금성산업 제본 경문제책

주소 서울 마포구 동교로18길 9-13 [서교동 464-56]
전화 02-325-1485 팩스 02-325-1407
website http://galmuri.co.kr e-mail galmuri94@gmail.com

ISBN 978-89-6195-249-1 93300
도서분류 1. 페미니즘 2. 여성학 3. 정치철학 4. 사회학 5. 정치학 6. 정치경제학 7. 경제학 8. 사회사상
9. 역사

값 29,000원

이 도서의 국립중앙도서관 출판예정도서목록(CIP)은 서지정보유통지원시스템 홈페이지(http://seoji.nl.go.kr)와 국가자료공
동목록시스템(http://www.nl.go.kr/kolisnet)에서 이용하실 수 있습니다.(CIP제어번호 : CIP2020037693)

페미니즘의

MARIAROSA DALLA COSTA

투쟁

마리아로사 달라 코스따 지음

이영주·김현지 옮김

가사노동에 대한 임금부터
삶의 보호까지

갈무리

옮긴이 일러두기

1. 옮긴이는 저자가 제공한 영어본 원고를 번역하였으며, 영어판 선집(*Women and the Subversion of the Community: A Mariarosa Dalla Costa Reader*, PM, 2019), 스페인어판 선집(*Dinero, perlas y flores en la reproducción feminista*, Akal, 2009), 이탈리아어 원문을 참조하였다.
2. 차례의 소제목과 구성, 찾아보기 항목은 옮긴이가 작성하였다.
3. 옮긴이 주석은 [옮긴이]로 표시하였다.
4. 외래어 및 외국어 표기는 국립국어원 외래어 표기법을 따랐으나 몇몇 언어는 된소리 사용 등 출판사 정책에 맞춰 표기하였다.
5. 고유 명사의 원어는 필요한 경우에만 본문에 병기하였고, 그 외에는 찾아보기에 선별해서 실었다. 단, 러시아어, 산스크리트어, 아랍어, 인도네시아어, 타갈로그어, 힌디어, 일부 일본어는 알파벳으로 표기하였다.
6. 단행본, 저널, 신문명은 겹낫표(『 』), 소책자, 논문, 보고서, 성명서, 기사, 영화, 텔레비전 프로그램 제목은 홑낫표(「 」), 단체명과 회의 제목은 홑화살괄호(< >)로 표기하였다.
7. 원문의 기울임체는 고딕체로, 진한 글자는 진하게 표기하였다. 원문에서 외래어임을 나타내기 위해 강조한 것은 한국어판에서는 강조하지 않았다.
8. 주석에 기재된 일부 웹사이트는 현재 접속이 되지 않는다.
9. 4부 9장 「시골스럽고 윤리적인」의 『에페메라』 편집자 서문은 저자 요청에 따라 수록했다.

편집자 일러두기

1. 이 책에는 저자가 한국어판을 위해 제공한 총 28편의 글들이 수록되어 있다.
2. 저자가 수십 년간 여러 매체에 발표한 글들의 주석과 참고문헌 표기를 통일하였다.
3. 원문에 보이는 명백한 오류(출판연도, 출판지 등)는 최대한 정확한 정보를 수취하여 별도의 표기 없이 수정하였다.
4. 원문 주석에는 동일한 문헌의 다양한 언어로 된 판본이 표기되어 있었으나, 맨 처음 표기된 판본 서지사항만 남기고 다른 판본의 서지사항은 참고문헌에 수록하였다.
5. [ ]는 독자의 이해를 돕기 위한 옮긴이의 설명이다.
6. 사진들은 저자가 한국어판 선집을 위하여 갈무리 출판사로 보내준 것이다.

차례

차례

3부 내 몸은 내 것 : 몸을 탈환하다

4부 파괴와 고통을 넘어 : 땅과 바다를 살리다

페미니즘의 투쟁

부록

세계 어느 곳에서도 출간되지 않은 이번 한국어판 선집이

저자와 출판사 간의 따뜻한 협력 관계 덕분에

갈무리 출판사와 함께 출판의 가능성을 발견하게 되어

매우 기쁩니다. 건강상의 문제로 독자들에게 내 생각의 길을

안내할 수 있는 서론을 선집에 추가하지 못해 죄송합니다.

저의 열정이 모든 줄에 새겨져 있는 이 책이 자극제가 되어

읽는 사람들이 자신의 삶과 다른 세상의 건설에 대해

다르게 생각할 수 있기를 바랍니다.

2020년 7월 28일, 빠도바에서

마리아로사 달라 코스따

Sono molto contenta che questa edizione coesina di una mia raccolta di scritti, mai edita precedentemente in nessun tempo al mondo, abbia trovato possibilità di pubblicazione con Salmeri Press grazie a un cordiale rapporto di cooperazione fra l'autrice e la casa editrice.

Mi spiace di non aver potuto, per problemi di salute, aggiungere alla raccolta un'introduzione in grado di guidare i lettori lungo il suo percorso di flessione.

Spero che questo libro, con la mia passione scolpita in ogni riga, possa rappresentare uno stimolo affinché coloro che lo leggeranno possano pensare diversamente alla loro vita, e alla costruzione di un altro mondo.

Padova, 23 luglio 2020.   Mariarosa Dalla Costa

:: 마리아로사 달라 코스따와 페미니즘의 투쟁

집회에 참석한 마리아로사 달라 코스따 | 베니스 미스뜨레, 1974년 3월 8일

가사노동 임금 위원회와 그룹 들이 개최한 집회에서
마리아로사 달라 코스따가 발언하고 있다. | 베니스 미스뜨레, 1974년 3월 8일

가사노동 임금 위원회 빠도바 지부의 음악 동아리원들이 노래를 부르고 있다.
베니스 미스뜨레, 1974년 3월 8일

임신중절 합법화 집회. 가사노동 임금 뜨리베네또 지부에서 조직한 집회이다. | 빠도바, 1974년

임신중절 합법화 집회 ㅣ 빠도바, 1975년 2월 11일

가사노동 임금을 지지하는 플래카드 ㅣ 페라라, 1975년 3월 8일

가사노동 임금 집회. 무대 위의 여성 활동가가 기타를 치고 있다. | 베니스 미스뜨레, 1975년 5월 1일

<비첸짜 페미니스트 콜렉티브>가 행진하고 있다. | 베니스 미스뜨레, 1975년 5월 1일

가사노동 임금 위원회 빠도바 지부의 연극 동아리가 연극 <정체성>(L'Identità)을 공연하고 있다.
베니스 미스뜨레, 1975년 5월 1일

가사노동 임금 집회에서 플래카드를 들고 있는 마리아로사 달라 코스따 | 베니스 미스뜨레, 1975년 5월 1일

가사노동 임금 그룹과 위원회 컨퍼런스에 참석한 마리아로사 달라 코스따 | 토론토, 1975년 10월 17~20일

임신중절 합법화 시위에 참석한 가사노동 임금 나폴리 그룹 | 로마, 1975년 12월 6일

임신중절 합법화를 위한 토론회. 경찰이 페미니스트들을 포위하고 있다. | 빠도바, 1975년 12월 13일

가사노동 임금 위원회 집회 | 뜨리에스떼, 1976년 5월 1일

"성관계도 가사노동이다." | 나폴리, 1976년 5월 1일

<로따 페미니스따>와 가사노동 임금 그룹 집회. 연설을 듣고 있는 여성들 | 나폴리, 1976년 5월 1일

가사노동 임금 집회가 끝나고 휴식하는 여성들 | 나폴리, 1976년 5월 1일

가사노동 임금 집회. 여성들은 횃불 행렬을 벌였다. | 나폴리, 1976년 5월 1일

marsilio editori

le operaie della casa

잡지 『가사노동자』의 표지로 실린 가사노동 임금 뜨리베네또 위원회 빠도바 집회 사진

빠도바시 에레미따니 광장 26번지 1층에 <로따 페미니스따>의 본부가 위치했다.

1부 '사랑으로 하는 노동'
— 노동을 다시 생각한다

1

「여성과 공동체 전복」 이탈리아어판 서문

이탈리아에서 페미니즘 운동이 출현한 지 이제 막 1년이 지났다. 여성 단체들은 보통 학생 운동·원외 좌파 세력·정당 정치에 참여하면서 자발적으로 등장했는데, 때로는 모든 종류의 '정치 행동'과 무관하게 생겨나기도 했다.

이 여성 단체들은 학생회, 원외 집단이나 정당 모임, 그리고 부엌 공간에 이르기까지, 그곳이 어디든 자신의 투쟁 혹은 삶이 단지 '부속물'에 지나지 않았음을 공통적으로 깨달았다.

여성 노동자들의 상황도 별반 다르지 않았다. 여성 노동자는 역사적으로 착취 대상의 의미에 가장 잘 부합하는 '노동자', 즉 '노동 계급'이었지만, 그들 역시 부속물에 지나지 않았다. 이런 상황은 공장에서 투쟁을 조직한 사람이 누구인지와는 무관했다.

그간 맑스주의라고 여겨져 온 것과 여성의 경험은 충돌한다. 따라서 우리[1]의 과제는, 여성의 지위가 어떻게 하락했는가뿐만 아니라 왜 하락했는가라는 질문에 응답하는 방식으로 여성의 상황을 분석해 내는 것이다.

페미니즘 문헌에서는 여성을 남성에게 종속시키는 조건들을 명시하고, 나아가 가족을 사회적 영역으로 서술해 왔다. 이 가족이라는 사회적 영역에서 젊은 이들은 자본주의적 관계들이 요구하는 규율을 받아들일 수밖에 없다. 맑스주의 관점에서는 자본주의적 관계가 노동 규율에서 시작한다고 본다. 어떤 여성들은 가정을 소비의 중심으로 보고, 다른 여성들은 주부를 숨어 있는 노동력 예비군으로 본다. 하지만 이 '고용되지 않은' 여성들은 문 닫힌 집 안에서 노동하고 있다. 그들은 자본의 필요에 따라 다시 밖으로 불려 나가기 전까지는 계속 집 안에 머물며 일을 한다.

위와 같은 주장에 모두 동의하면서도, 우리의 관점은 이런 주장들과는 근본적으로 다르다. 자본주의에서 가족이 소비의 중심이자 숨은 노동력 예비군인 건 맞지만, 우리는 가족이 그에 앞서 생산의 중심이라고 생각한다. '맑스주의자들'은 자본주의 가족이 자본주의를 위해 생산하지 않고 가족이 사회적 생산의 일부가 아니라고 말하면서, 여성은 사회적으로 영향을 줄 수 없다고 생각한다. 아니면 집 안의 여성은 사회적으로 영향력이 없다고 가정해, 이 여성들을 생산자로 인식하지 못한다는 게 차라리 더 낫겠다. 하지만 만약 당신의 생산이 자본주의에 꼭 필요하다면, 생산 거부, 즉 노동 거부는 사회적 영향력을 발휘하는 핵심 수단이 될 수 있다.

자본주의에서 생산되는 다른 모든 상품과 달리, 여성이 생산하는 상품은 인간, 다시 말해 노동자이다. 그러므로 사회적 상황은 따로 떨어진 별개의 요소, 즉 공장의 부속물이 결코 아니며, 그 자체로 자본주의 생산 양식에 결부되어 있다. 이 사회적 상황은 공장과 마찬가지로 언제나 규격화되어 있으므로, 우리는 이를 '사회적 공장'이라 부른다.

여성이 사회에서 소외되어 가정에 머무는 현상은 다른 산업 국가들보다 이탈리아 역사에서 더 두드러졌고, 그 사실은 지금도 변함이 없다. 여성을 '보호'하려고 몇 가지 법 조항이 만들어졌지만, 상황은 더 나빠졌다. 다시 말해, 이탈리아에서 임금은 여성으로 하여금 유난히 많은 양의 '가사노동'을 어떻게든 하도록 만들었고, 이탈리아 자본은 다른 산업 국가들보다 남성을 가사 서비스에서 더 많이 '해방'시켜 공장에서 최대한 착취를 당하게 만들었다.

전후의 '이탈리아 사회주의로 가는 길'[2]은 여성 고용이 높아짐에 따라 여성이 힘을 가지게 되리라고 보았다. 여성 고용이 늘어나면서 여성 시민은 궁극적으로 그 어느 때보다도 민주주의적 자유를 누리며, 필연적이고 점진적으로 평등을 성취하게 될 터였다. 하지만 그러기까지 여성 '시민' 다수는 시골에서 무제한 노동을 하거나 확실한 일자리 없이 도시로 이주하는 일 중에서 하나를 선택해야만 했다.

결국 가장 덜 불안정한 일자리는 남성의 몫으로 돌아가고, 여성은 경제 상황이 나빠지면 가장 심하게 타격을 입는 부문, 즉 낙후된 부문에 몸담기 시작했다. 공장에서 일을 시작한 여성들은 가장 나중에 고용되고 가장 먼저 해고되었다.

오늘날 겪고 있는 불황과 마찬가지로, 1963년부터 1964년까지 지속된 불황은 유용하고 중요한 교훈을 가져다주었다. 그러나 체제 설계자들이 전체 고용 대비 여성 고용 비율을 향후 아무 문제없이 낮게 유지할 수 있다고 생각하는 만큼, 교훈을 더 많이 얻은 쪽은 좌파가 아니라 관리자들이었다.

여성들이 직장에 들어가야 투쟁을 할 수 있다며 기다리기만 했다면, 여전히 시골에서 무제한 노동을 하고 있었을 테고, 물가 인상 반대 투쟁이나 무단 점거 투쟁도 하지 못했을 것이다. 한편, 여성들이 현재의 물가 인상에 맞서 한정된 영향력밖에 행사하지 못하는 상황은 노동 계급이 대체로 인플레이션에 취약하다는 사실을 보여 준다. 전 사회적으로 이탈리아 노동 계급이 불황의 난폭함에 무방비 상태인 이유를 설명할 길은 이것밖에 없다.

다른 서구 국가들과 마찬가지로, 영국과 미국의 여성 해방 운동은 대도시 공장에서 일어난 투쟁 외에는 다른 어떤 투쟁 영역도 고려하지 않는 좌파와 맞서 싸워야 했다.

이탈리아에서는 여성 해방 운동이 좌파 및 학생 운동과는 다른 고유한 자율성을 구축했다. 그러면서 좌파와 학생 운동 진영에서도 분명 논의하고 있던 문제, 즉 사회 차원에서 어떻게 투쟁을 조직할지를 두고서는 그들과 충돌했다. 좌파가 제안하는 사회 투쟁은 공장 투쟁의 기계적 확장과 투영에 그치고, 이 투쟁을 이끄는 중심인물은 여전히 남성 노동자였다. 여성 해방 운동은 다른 무엇보다도 가정을 사회적 차원으로 간주하며, 여성을 사회 전복의 중심인물로 본다. 그리하여 여성들은 스스로를 자신이 놓인 정치적 틀의 모순점으로 상정하고, 정치 투쟁과 혁명 조직을 보는 전체 관점의 문제를 다시 열어젖힌다.

이제 모든 여성은 "생산이 만들어 내는 떠들썩함과 혼란에 망연자실"하기보다는 "생산"을 둘러싼 좌파의 이데올로기적 외침에 "다시 깨어나고 있다."3

1972년 1월, 빠도바

2

여성과 공동체 전복

이 논평은 '여성 문제'[1]를 규정하고 분석하며, 자본주의적 노동 분업이 만들어 낸 전체 '여성 역할' 속에 위치시키는 시도이다. 이 글에서 우리는[2] 가장 먼저 주부를 여성 역할의 중심인물로 두려고 한다. 또, 모든 여성, 심지어 집 밖에서 일하는 여성까지도 주부라고 상정한다. 어디에 살든 어느 계급에 해당하든, 세계 어디서나 여성의 위치는 가사노동이 가진 독특한 성격에 따라 결정된다. 그리고 가사노동의 이런 독특한 성격은 노동 시간이나 본질뿐만 아니라, 가사노동이 만들어 내는 삶의 질 및 관계의 질로 측정된다. 이 글은 노동 계급 여성의 지위에 초점을 맞추겠지만, 오로지 노동 계급 여성만이 착취를 당한다고 말하려는 것은 아니다. 그보다는 우리가 자본주의적 생산에 꼭 필요하다고 믿는 노동 계급 주부의 역할이 다른 모든 여성의 지위를 결정짓는 핵심 요인임을 명백히 보여 주고자 한다. 따라서 여성이라는 카스트caste에 관한 분석은 모두 노동 계급 주부의 지위를 분석하는 데서부터 출발해야 한다.

주부를 중심인물로 상정하려면 먼저 자본주의가 어떻게 과거의 가족 집단이나 공동체 유형을 파괴하여 근대 가족과 가족 내 주부 역할을 만들어 냈는지를 간략하게 분석할 필요가 있다. 이 분석 과정은 아직 끝나지 않았다. 이 글에서는 서구 세계와 이탈리아 사례를 주로 이야기하겠지만, 자본주의적 생산 양식이 제3세계도 지배하는 한 그곳에서도 동일한 파괴 과정이 반드시 일어날 수밖에 없고, 지금도 일어나고 있다는 사실을 분명히 하고자 한다. 또한, 우리는 오늘날 기술적으로 가장 앞선 여러 서구 국가에서 볼 수 있는 가족이 자본주의하에서 가족이 취할 수 있는 최종 형태라고 생각하지도 않는다. 그러나 새로운 경향을 분석하는 일은, 자본주의가 어떻게 이런 가족을 만들어 냈는지, 오늘날 여성의 역할이 무엇인지를 묻고 분석하는 과정을 먼저 거친 후에나 얻을 수 있는 결과물이다.

여성의 역할을 논하는 글은 집 밖에서 일하는 여성의 지위 또한 분석해야 완성이 되겠지만, 이는 향후의 일로 남겨둔다. 여기서는 단지 두 가지 명백히 분리된 경험, 즉 주부의 경험과 집 밖에서 일하는 여성의 경험이 연결되어 있음을 드러내는 데 만족한다.

2차 세계대전 이래로 여성은 일상적으로 투쟁을 전개해 왔고, 여성의 투쟁은 공장이나 가정이라는 조직과 직접 충돌했다. 이때부터 가정 안팎에서 '신뢰할 수 없는' 여성이 급속도로 증가했다. 여성은 엄격하게 시공간의 통제를 받는 공장과 직접적으로 대립하고, 노동력 재생산을 조직하는 사회적 공장과도 마찬가지로 대립했다. 고의적인 무단결근 증가, 작업 일정 미준수, 이직률 증가 등의 추세가 젊은 남녀 노동자에게서 공통적으로 나타난다. 그러나 남성이 청년기의 결정적 시기를 혼자서 새로운 가정을 부양하는 데 보내는 반면, 여성은 대체로 이런 식의 제한을 받지 않고, 또 항상 집안일을 고려해야 한다는 점 때문에, 노동 규율에서 훨씬 더 멀어지기 마련이다. 그 결과, 여성은 생산 흐름에 혼란을 초래하여 자본에 더 높은 비용을 발생시킨다. 이것이 임금 차별의 한 구실이 되고, 차별적 임금은 자본의 손실을 몇 번이고 다시 만회해 준다. 여성이 규율에서 이탈하는 추세는 직장에 있는 남편에게 주부들이 단체로 아이를 맡긴 사례에서 드러난다.[3] 이런 추세는 지금도 그렇지만 앞으로는 더더욱 공장과 사회적 공장 체제가 위기에 처했음을 명백하게 보여 주는 모습 중 하나가 될 것이다.

◆◇

최근 몇 년간, 특히 자본주의가 발달한 여러 국가에서 많은 여성 운동이 서로 다른 방향성과 범위를 가지고 전개되었다. 이들 여성 운동은 남녀 간 충돌이 사회의 근본 갈등이라고 보는 것부터, 계급 착취가 구체적으로 드러나는 장소로서 여성의 지위에 초점을 맞추는 운동에 이르기까지 다양하다.

언뜻 보기에는, 특히 정치 투쟁에 전투적으로 참여한 경험이 있는 여성들에게는 남녀 간 충돌을 사회의 근본 갈등이라고 보는 전자의 입장과 태도가 당혹스럽게 느껴질 수 있으므로 다음 사실을 지적할 필요가 있다. 성적 착취가 사회의 근본적인 모순이라고 생각하는 여성들이 있다는 점은, 우리가 직접 경험했던 분노 그리고 운동 안팎에서 수백만 여성이 경험하는 좌절감에 대해 아주 중요한 지표가 된다. 이런 맥락에서 자신이 추구하는 여성 동성애를 정의하는 이들이 있는데, 여기서는 특별히 미국의 한 운동 집단이 표명한 견해를 인용하겠다. "우리는 여성들과 어울리기 시작했다. 남성과의 관계에서는 여성의 종속을 막을 수 없으므로, 더 이상은 남성과의 관계를 참을 수 없다는 사실을 우리가 알게 된 때부터였다. 남성과의 관계에서 우리는 주의력과 활기가 흩어지고, 힘이 약화되며, 목표를 제한당했다." 남성과의 관계 거부를 바탕으로 여성 동성애 운동이 전개되고, 이들은 성적인 권력 투쟁 그리고 생물학적 사회 단위에서 벗어난 자유로운 관계의 가능성을 옹호한다. 동시에 더욱 폭넓은 사회적 잠재력, 따라서 성적 잠재력을 향해서도 우리 자신을 열어둬야 한다고 주장한다.

여성들이 그 어느 때보다 폭넓은 방식으로 분노를 표출하고 있는 상황을 이해하려면, 자본주의 가족의 구조에서 그러한 위기를 촉매한 것이 무엇인지를 분명하게 밝혀내야 한다. 그러나 자본주의가 등장하면서 여성 억압이 시작된 것은 아니다. 자본주의가 등장하면서 여성은 여성으로서 보다 더 강력하게 착취당했고, 마침내 여성 해방의 가능성이 열렸다.

자본주의 가족의 기원

자본주의가 나타나기 전 가부장제 사회에서 가정과 가족은 농업 및 숙련공

생산의 중심에 있었다. 자본주의가 출현하면서 생산이 사회화되고, 생산의 사회화는 공장을 중심으로 조직되었다. 새로운 생산 중심지인 공장에서 일하게 된 이들은 임금을 받았고, 여기서 배제된 이들은 임금을 받지 못했다. 여성, 어린이, 노인은 가족이 그들의 노동에 의존하던 때와는 달리 상대적으로 권력을 잃었지만, 이는 사회적으로 불가피하다고 여겨졌다. 자본은 가족, 공동체, 생산을 통째로 파괴하여, 한편으로는 기본적인 사회적 생산을 공장과 사무실에 집중시키고 다른 한편으로는 남성을 본질적으로 가족에서 분리시켜 임금 노동자로 바꿔 놓았다. 자본은 남성의 어깨 위에 여성, 아이, 노인, 병자 등 한마디로 임금을 받지 않는 모든이를 재정적으로 책임져야 하는 짐을 지웠다. 이 순간부터 자식을 낳지 않거나, 임금을 벌기 위해 일하는 이의 시중을 들지 않는 사람은 모두 가정에서 추방되기 시작했다. 남성에 이어 가장 먼저 가정에서 배제된 이들은 학교로 보내진 아이들이었다. 가족은 생산뿐만 아니라 교육에서도 더 이상 중심 역할을 하지 않았다.[4]

남성이 엄격한 노동 분업에 바탕을 둔 가부장제 가족의 독재적인 가장인 만큼 여성, 아동, 남성은 서로 상반되는 경험을 하고, 이런 상황은 지금도 여전히 지속되고 있다. 하지만 전前자본주의 사회에서는 농노 공동체 내 개별 구성원이 하나의 목적, 즉 봉건 영주의 경제적 번영이나 자신의 생존 가운데 하나를 위해 노동하는 것처럼 보였다. 그 결과 전체 농노 공동체는 모두가 부자유 상태를 유지하는 데 협조할 수밖에 없었다. 여성과 아이와 남성은 여기에 동일한 정도로 참여했는데, 자본주의는 이런 상태를 깨뜨려야 했다.[5] 이런 의미에서 부자유한 개인, 평등한 부자유는[6] 위기를 맞게 된다. 농노제에서 자유 노동으로 이행하면서 남성 프롤레타리아와 여성 프롤레타리아가 분리되고, 남녀 프롤레타리아와 그들의 자식들이 분리되었다. 부자유한 가장은 '자유로운' 임금 노동자로 변모하고, 성별과 세대에 따라 정반대의 경험을 하면서 더욱 극심한 소외, 그러므로 더욱 전복적인subversive 관계가 구축되었다.

우리는 아이와 어른이 분리된 상황을 이해해야 여성과 남성이 분리된 상황의 의미를 충분히 이해할 수 있다고 본다. 또한 어째서 여성 운동이 투쟁을 조직할 때, 심지어 남성들과 맺는 모든 가능한 관계를 부정하는 방식으로 투쟁을 조직할 때조차, '자유로운' 임금 노동에서 비롯된 분리를 극복해야 한다는 목표를 설정할 수밖에 없는지 제대로 파악할 수 있다.

교육과 계급 투쟁

학교를 주제로 한 분석, 특히 학생 운동이 출현하면서 최근 등장한 분석에서는, 학교를 중심으로 이데올로기적 훈육이 이뤄지고 노동력 및 노동력의 주인이 형성된다는 사실을 분명히 밝히고 있다. 이 모든 것에 앞서 일어나는 일은 어쩌면 한 번도 주목받은 적이 없거나, 적어도 진지하게 부각된 적이 없다. 그것은 바로 아이들이 유치원에 간 첫날, 부모가 돌연 자신을 두고 떠나고 자신이 교실에 버려졌음을 알게 될 때 흔히 갖는 자포자기의 심정이다. 이런 자포자기의 심정이야말로 학교를 주제로 한 모든 이야기의 시작점이다.[7]

이런 시각에서 보면, 초등학생들은 단지 선배들에게 배운 '무상 급식, 무상 통학, 무상 교재' 요구만 가지고 고등 교육 기관 학생들과 그럭저럭 연합할 수 있는 부속물 같은 존재가 아니다.[8] 초등학생들은 노동자의 아들딸로서, 학교가 어떻게든 부모 및 동급생과 자신들을 반목하게 만들려 한다는 인식이 항상 있다. 그래서 초등학생들은 공부하기, '교육받기'에 본능적으로 저항한다. 영국에서 교육 수준이 보통 이하인 학교에 갇혀 있는 흑인 아이들의 반항이 그러한 경우다.[9] 흑인 노동 계급 아이와 마찬가지로, 유럽계 노동 계급 아이는 교사를 엄마, 아빠에게 불리한 내용을 가르치는 사람으로 보며, 아이 자신을 보호하려고가 아니라 노동 계급에 타격을 입히려고 교육이 실시되는 거라 여긴다. 지배 계급이 만들고 움직이는 기관에서 피지배 계급의 자식이 훈육과 교육을 받게 된 건 자본주의 생산 체제가 최초이다.[10]

유치원에서 시작되는 이런 낯선 교화가 가족 분열에 바탕을 두고 있음을 보여 주는 결정적 증거는, 대학에 진학하는 (소수의) 노동 계급 아이들이 지나치게 세뇌당해 더 이상 자신의 공동체와 대화할 수 없다는 사실이다.

노동 계급 아이들은 처음으로 본능에 따라 학교와 학교에서 제공되는 교육에 저항한 이들이다. 그러나 부모들은 이 아이들을 학교에 데려다 놓고 그 안에 가둬버린다. 자식이 '교육받아야 한다'고, 즉 부모가 갇혀 있는 조립 라인이나 부엌에서 벗어나려면 능력을 갖춰야 한다고 걱정하기 때문이다. 노동 계급 아이가 특별한 소질을 보이면, 가족 전체가 즉각 이 아이에게 전념하여 종종 다른 아이들을 희생하고서라도 최상의 환경을 마련해 준다. 이 아이가 가족 전체를 노동 계급에서 빼내 주리라는 희망을 걸고 도박을 하는 것이다. 이런 일은 사실상 자본이 부모의 열망을 관통하여 부모가 새로운 노동력 훈육을 돕도록 만드는 방식이다.

이탈리아에서는 부모가 자식을 학교에 보내지 못하는 일이 점점 더 늘어나고 있다. 학교를 향한 아이들의 저항은, 심지어 조직적으로 체계를 갖추지 않은 경우조차 계속해서 증가하고 있다. 아이들은 학교 교육에 갈수록 거세게 저항하는 동시에, 자본이 그들의 연령을 규정하는 것 역시 수용하지 않으려 한다. 아이들은 눈에 보이는 건 뭐든 갖고 싶어 한다. 물건을 가지려면 돈을 지불해야 하고, 돈을 지불하려면 임금을 받아야 하며, 그러려면 성인이 되어야 한다는 사실을 아이들은 아직 이해하지 못한다. 살아가는 데 꼭 필요하다고 텔레비전에서 말하는 물건을 왜 가질 수 없는지 아이들에게 설명하기란 당연히 쉽지 않다.

그런데 새로운 세대의 아이들과 청년들에게 뭔가가 일어나고 있다. 그래서 이제 성인기에 도달했다고 할 수 있는 시점이 언제인지 설명하기가 자꾸만 더 힘들어지고 있다. 어린 세대에게 성인이 되었다고 할 만한 때란 따로 없다는 사실을 그들은 끊임없이 반복해서 보여주고 있다. 미국 남부에서는 1960년대에 이미 여섯 살 아이들이 경찰견에 맞섰다. 오늘날 동일한 현상이 이탈리아 남부와 북아일랜드에서도 나타나고 있는데, 이곳 아이들은 성인만큼 활발하게 봉기에 참여한다. 아이들(그리고 여성들)이 역사에 없어서는 안 될 중요한 존재로 인식되어야 아주 나이 어린 사람들(그리고 여성들)이 다른 혁명적인 투쟁에 참여했던 사례들이 더 밝혀질 것이다. 과거와 달라진 지점은, 아이들이 직접 생산에서 배제되었는데도, 또 배제되었기 때문에 투쟁에 자율적으로 참여한다는 사실이다. 공장에서 청년들은 나이가 더 많은 노동자들의 지휘를 거부하고, 도시에서 발생하는 봉기의 정점에는 청년들이 있다. 대도시에 거주하는 핵가족 세대는 청년 및 학생 운동을 일으키고, 이런 운동들은 처음으로 제정권력constituted power의 틀을 뒤흔들었다. 제3세계에서는 실업 청년들이 노조를 조직한 노동 계급보다도 더 빨리 거리로 나오는 일이 흔하게 일어난다.

1971년 6월 1일 자 런던의 『더 타임스』가 보도한 내용은 기록 가치가 있다. 교장이 학생을 체벌하여 질책을 받자 교장 회의가 열렸다. "파괴적이고 무책임한 부류들이 도처에 도사리고 있는데, 이들은 모든 권위 세력을 무너뜨리려는 의도가 있는 듯하다." 이는 "우리 문명이 바탕을 두고 있는 가치들을 파괴하려는 음모이고, 학교는 그 가치를 지키는 가장 훌륭한 보루다."

임금 없는 사람들 착취하기

아동과 청년, 특히 노동 계급 출신 아동과 청년, 또 흑인 아동과 청년 사이에 꾸준히 퍼지고 있는 저항적 태도를 특별히 언급한 이유는, 이 태도가 여성 운동의 폭발적 증가와 밀접한 관계가 있으며, 여성 운동이 고려해야 할 지점이기도 하기 때문이다. 우리는 여기서 생산 체제가 배제하고 분리시킨 이들의 저항을 다룰 것이다. 이들은 자신이 사회적으로 존재하는 데 걸림돌이 되는 세력들을 파괴해야 할 필요성을 행동으로 표명했고, 지금은 한 명 한 명의 개인으로서 연대하고 있다.

여성과 어린이는 배제되어 왔다. 한쪽이 배제에 따른 착취에 저항하면, 다른 한쪽은 그 저항을 지침으로 저항한다. 자본이 남성을 모집해서 임금 노동자로 바꾼 결과, 임금을 받지 않는 다른 모든 프롤레타리아와 남성들 사이에는 균열이 생겨났다. 임금을 받지 않는 프롤레타리아는 사회 생산에 직접 참여하지 않으므로 사회 저항의 주체가 될 수 없는 사람으로 간주되었다.

맑스Karl Marx 이래로 자본이 임금을 통해서 지배하고 성장한다는 사실, 즉 자본주의 사회는 임금 노동자와 그들을 직접적으로 착취하는 일을 근간으로 하고 있음이 분명해졌다. 노동 계급 조직들이 분명히 밝히지도 않고 생각해 보지도 않은 것은, 바로 이 임금을 통해서 임금 없는 노동자에 대한 착취가 조직적으로 이뤄진다는 점이다. 이 착취는 임금이 없다는 점이 착취를 감추기 때문에 훨씬 더 효과적이다. 다시 말해, 임금은 공장 내 교섭이 명확히 밝힌 것보다 더 많은 양의 노동을 하도록 만든다. 여성의 노동은 마치 자본 밖에서 이뤄지는 사적인 봉사처럼 보인다. 여성은 남성 우월주의에 내둘려 고통받고 있는 것으로만 보이고, 자본주의가 보편적으로 '부정' 그리고 '악질적이고 부당한 행위'를 의미하기 때문에 괴롭힘을 당한다고 여겨졌다. 이 문제에 주목한 소수(남성들)는 이것이 '억압'이지 착취가 아니라고 우리를 설득했다. 그러나 '억압'은 자본주의 사회에 더욱 만연해 있는 또 다른 측면을 감추었다. 자본이 아이를 가정에서 배제시켜 학교로 보낸 이유는, 아이가 '생산적인' 노동을 하는 사람들에게 더 방해가 되어서 혹은 단지 아이를 교화하려고가 아니다. 임금을 통한 자본의 지배는 일할 수 있는 모든 사람이 노동 분업의 법칙에 따라 기능하도록, 또 당장은 아니더라도 궁극적으로 자본의 지배를 확장하고 지속하는 데 도움이 되는 방식으로 기능하도록 한다. 이것이 학교가 존재하는 근본 이유이다. 아이들은 마치 자신에게 이익이 되려고 학습을 하는 것처럼 보인다.

프롤레타리아 아이들은 학교에서 동일한 교육을 받아야 한다. 즉, 배움의 무한한 가능성을 거스르는 자본주의적 평준화 과정을 거쳐야 한다. 한편 여성은 집 안에 고립된 채 특별한 기술이 필요하지 않다고 여겨지는 일, 즉 출산, 양육, 훈육, 생산 노동자 시중들기를 해야 한다. 사회적 생산 주기에서 여성의 역할은 계속 눈에 띄지 않았는데, 여성이 하는 노동의 산물인 노동자만이 가시적이기 때문이다. 여성 자신은 전자본주의적 노동 환경에 갇혀 임금을 전혀 받지 못했다.

우리가 말하는 '전자본주의적 노동 환경'이 빗자루로 바닥을 쓰는 여성에게만 국한되는 것은 아니다. 최상의 도구를 갖춘 미국의 주방조차 현재의 기술 진보 수준에 미치지 못하며, 기껏해야 19세기 기술 수준 정도를 보여 줄 뿐이다. 특정 시간을 넘지 않는 선에서 시급을 받으며 일하는 게 아니라면, 당신이 얼마나 오래 일하는지는 아무도 신경 쓰지 않는다.

이런 점에서 가사노동은 다른 노동과 양적으로는 물론이고 질적으로 다르며, 이런 차이는 바로 가사노동이 생산하도록 정해진 상품 유형에서 비롯된다. 일반적으로 자본주의 체제에서는 자본과 계급 사이에 대립이 없으면 노동 생산성이 증가하지 않는다. 노동 계급이 자본을 공격하고, 자본이 여기에 대응할 때 기술 혁신과 협력이 발생한다. 하지만 이런 사실은 일반적인 상품 생산에만 적용될 뿐, 노동력 같은 특수 유형의 상품 생산에는 적용되지 않는다. 만약 기술 혁신이 일어나서 반드시 해야 하는 노동량을 줄인다 하더라도, 노동 계급이 산업 안에서 투쟁하여 그러한 기술 혁신을 활용하고 자유 시간을 얻는다 하더라도, 가사노동에는 그 내용이 적용되지 않는다. 여성은 고립된 채 아이를 낳아 기르고 책임져야 하므로, 가사노동을 고도로 기계화한다 해도 여성에게는 자유시간이 주어지지 않는다. 여성이 항상 근무 중인 이유는 아이를 만들어 내고 신경 써 주는 기계 따위는 존재하지 않기 때문이다.[11] 따라서 기계화를 통한 가사노동 생산성 증대는 요리, 빨래, 청소 같은 특정 서비스에만 적용될 수 있다. 여성의 노동 시간이 영원히 계속되는 이유는 기계가 없어서가 아니라 고립되어 있기 때문이다.[12]

여성은 무능력하다는 신화 강화하기

자본주의적 생산 양식이 등장하면서부터 여성은 고립 상태로 강등되고, 가족용 감방에[13] 갇히며, 모든 면에서 남성에게 의존했다. 자유로운 임금 노예가 새롭게 가지게 된 자율성이 여성에겐 허락되지 않았고, 여성은 사적 의존이라는 전 자본주의 단계에 머물렀다. 이런 처지는 대규모로, 또 고도로 사회화된 생산이 만연한 현재 상황과 대비해 보면 더욱 잔인하다. 누가 봐도 여성은 특정한 일들을 수행하고 이해할 능력이 없다는 인식은 이런 여성의 역사에서 비롯되었다. 여성의 역사는 교육적으로 평균 이하인 특수 학급의 '뒤떨어진' 학생들의 역사와 어떤 면에서 매우 유사하다. 여성이 직접적이고 사회화된 생산에서 분리되어 가정 안에 고립된 결과, 동네를 벗어나 사회적 삶을 영위할 가능성이 전부 사라지고, 사회적 지식을 쌓고 사회적 교육을 받을 기회도 빼앗겼다. 여성은 산업 투쟁 및 다른 대중 투쟁을 집단적으로 조직하고 기획하는 경험을 폭넓게 가질 기회를 박탈당하는데, 이는 교육의 기본 원천인 사회 저항 경험을 거부당하는 일과 같다. 사회 저항 경험은 당신이 본래 가지고 있는 능력과 힘, 당신이 속한 계급이 가진 능력과 힘을 알려 주는 경험이다. 따라서 여성은 고립되어 있기 때문에 고통을 받으며, 여성이 무능력하다는 신화가 사회와 여성 자신에게 더욱 굳건하게 자리 잡는 이유도 여성의 고립 때문이다.

여성은 무능력하다는 신화는 다음과 같은 사실을 은폐한다. 첫째, 노동 계급이 공동체 안에서 대중 투쟁을 벌이고, 집세 지불 거부 운동과 인플레이션 반대 투쟁을 보편적으로 조직할 수 있었던 이유는 근본적으로 여성이 비공식 조직 활동을 끊임없이 이어나갔기 때문이다. 둘째, 직접 생산의 주기에서 벌어진 투쟁에서, 공식적으로든 비공식적으로든 여성의 지지와 여성 조직이 결정적 역할을 했다는 점이다. 중요한 순간마다 여성 네트워크가 지속적으로 표면화되고, 이런 네트워크는 '무능력한 여성'의 재능과 활기와 힘으로 성장한다. 그러나 신화는 사라지지 않는다. 여성이 남성과 함께 (실업 상태에서는) 생존, (파업 상태에서는) 생존과 쟁취라는 승리를 차지할 수 있는 투쟁에서도, 이 승리라는 성과는 계급 '일반'에게 돌아갔다. 여성은 특별히 자기 자신을 위해 뭔가를 가져본 적이 좀처럼 없었고, 가정 및 가정이 공장과 맺고 있는 관계의 권력 구조를 어떻게든 변화시키는 것을 목표로 투쟁이 일어난 적도 거의 없었다. 파업 상황에서든 실업 상태에서든 여성의 일은 결코 끝나지 않는다.

자궁의 자본주의적 기능

여성 신체의 온전함을 즉각 축소시킴으로써 여성의 인격을 파괴하는 일이 시작된 것은 자본주의가 출현하고부터였다. 자본주의가 출현하기 전에도, 여성 섹슈얼리티와 남성 섹슈얼리티는 이미 일련의 체제 및 길들이기 유형을 거쳤다. 과거에도 효과적인 산아제한 방법들이 있었지만, 이 방법들은 뚜렷한 이유 없이 사라졌다. 자본은 핵가족을 확립했고, 그 안에서 여성은 남성에게 종속된다. 여성은 사회 생산에 직접 참여하지 않기 때문에 자신을 독립적 존재로 노동 시장에 드러내지 못하는 종속적 존재가 되고 만다. 남성에게 종속되면서 여성은 독창성을 펼칠 가능성, 노동 활동을 성장시킬 가능성을 차단당한다. 마찬가지로, 여성이 성적, 심리적, 정서적 자율성을 표명할 길도 역시 가로막히고 만다.

반복해서 말하지만, 뇌부터 자궁까지 여성 신체의 온전함이 이토록 심하게 손상된 적은 없다. 다른 이들과 함께 기차, 자동차, 비행기 생산에 참여하는 일과, 수백 년간 한결같이 고립된 채 몇 발자국도 되지 않는 부엌에서 끝도 없이 빗자루질을 하는 일이 같을 수는 없다.

비행기를 건조할 때 남녀를 평등하게 대하라고 요구하는 게 아니다. 단지 두 역사 사이에 존재하는 차이가 현재 투쟁 방식의 차이를 결정한다고, 그렇지만 마침내는 너무 오랫동안 보이지 않던 것, 즉 과거에 여성 투쟁이 취했던 다른 형태들이 마침내 드러날 것이라고 가정할 뿐이다. 여성은 창조적 능력을 성장시킬 가능성을 강탈당했듯이 성생활도 강탈당했다. 여성의 성생활은 노동력을 재생산하는 기능으로 대체되었다. 앞에서 가사 서비스의 기술 수준을 논의한 내용을 최근까지 관심을 전혀 받지 못한 산아제한(그리고 부인과 전 영역) 연구에 적용할 수 있다. 그러니까 여성은 늘 그랬듯 가장 원시적인 임신 중절 기술들이 실패하면, 아이를 낳도록 강요당하고 임신을 중단할 권리를 금지당했다.

이처럼 자본은 여성을 완벽하게 축소하여 여성의 역할을 구축하고, 남성은 여성을 축소시키는 도구로 만들었다. 임금 노동자이자 한 가족의 가장인 남성은 여성 착취라는 특수한 착취에 사용되는 특정한 도구에 불과했다.

동성애적인 노동 분업

이런 의미에서 사회가 일으킨 남녀 간 균열, 즉 여성을 남성의 대상물이자 '보완물'로 종속시키는 게 남녀 관계를 얼마나 타락시키는지 설명할 수 있다. 또한, 여성 운동 내부에서 폭발적으로 증가한 경향이 얼마나 타당한지도 알 수 있다. 여성들은 말 그대로 남성에 저항하는 투쟁을 이끌어 가고자 하며,[14] 남성과의 성적 관계는 언제나 좌절감을 안겨주므로 관계를 힘들여 지속하는 일도 더 이상 원치 않는다. 권력 관계는 애정과 친밀함의 가능성을 모조리 가로막는다. 그런데 남녀 관계에서는 권력과 권력의 규칙들이 성적 애정과 친밀함을 지배한다. 이런 의미에서 동성애 운동은 섹슈얼리티를 권력에서 떼어 내려는 가장 거대한 시도이다.

그런데 동성애는 일반적으로 자본주의 사회의 골격 자체에 뿌리내리고 있기도 하다. 여성은 가정에 머물고 남성은 공장과 사무실에 있음으로써 하루 종일 서로와 분리되어 있다. 그게 아니라면 공장에서 보통 여성 1천 명과 남성 감독 10명이 일하거나, 타이피스트 무리(타이피스트는 당연히 여성이다)가 전문직 남성 50명을 위해 일한다. 이런 상황은 모두 우리가 동성애적 삶의 체계를 이미 갖추고 있음을 보여 준다.

자본은 이성애를 종교로 승격시키는 동시에, 여성과 남성이 서로 만나지 못하게 한다. 성적, 경제적, 사회적 훈육으로서의 이성애를 제외하면, 자본은 육체적으로나 정서적으로 이성애를 약화시킨다.

우리는 이런 현실에서부터 출발해야 한다고 생각한다. 동성애 경향의 폭발적 증가는 여성 운동에서 과거에도, 지금도 중요하다. 왜냐하면, 바로 이 현상이야말로 여성 투쟁의 특수성을 주장해야 할 필요성, 그리고 무엇보다도 여성 착취의 모든 양상과 맥락을 상세히 밝혀야 할 절박한 필요성을 제기하는 것이기 때문이다.

잉여 가치와 사회적 공장

이 지점에서 우리는 전통적 맑스주의, 특히 이른바 맑스주의 정당들의 이데올로기 및 실천이 항상 당연시 해온 특정 관점의 근거를 밝히고자 한다. 이들은 여성이 사회적 생산의 바깥, 즉 사회적으로 조직된 생산 주기 바깥에 머문다면 여성은 사회적 생산성 밖에 있는 것이기도 하다고 본다. 말하자면 여성의 역할은 언제나 심리적으로 종속된 사람의 역할이라고 여겼다. 고용 정도가 미미한 집 밖의 일터를 제외하면, 여성은 생산의 외부에 존재하는 사람, 근본적으로 가정 안에서 일련의 사용 가치를 공급하는 사람이라고 생각되었다. 이런 생각은 기본적으로 맑스의 관점이기도 하다. 맑스는 공장에서 일하는 여성들에게 일어난 일을 목격하면서 여성이 도덕적으로 더 숭고한 형태의 삶이 깃들어 있는 가정에 머무는 편이 더 나을 거라고 결론지었다. 그러나 주부가 맡은 역할의 진짜 본질은 맑스에게서 결코 분명하게 나타나지 않는다. 그런데 평론가들은 100년 넘게 면화 노동자로 일해 온 랭커셔 여성들이 성적으로 더 자유롭고, 집 안 허드렛일을 할 때도 남성에게서 더 많이 도움을 받는다는 점을 발견했다. 반면 요크셔 탄광 지역에서는 집 밖에서 일하는 여성의 비율이 더 낮았는데도 여성은 남편의 통제를 더 많이 받았다. 사회화된 생산에서 여성이 당하는 착취를 규명한 이들조차 가정에서 착취당하는 여성의 지위를 이해하는 데까진 나아가지 못했다. 남성들은 여성과 맺는 관계에 대해서는 지나치게 타협적이다. 따라서 오직 여성들만이 자기 자신을 규명하고 여성 문제로 나아갈 수 있다.

분명한 사실은, 가사노동이 임금의 범위 안에서 사용 가치를 생산해 낼 뿐만 아니라 잉여 가치 생산에도 매우 중요하다는 점이다.[15] 여성의 전체 역할 또한 마찬가지다. 육체, 심리, 직업 등 모든 수준에서 종속된 사람으로서, 그리고 자본주의적 노동 분업이 일어나거나 사회적 수준에서 생산성을 추구할 때 계속해서 명확하고 필수적인 위치를 차지하는 사람으로서, 여성이 수행하는 전체 역할은 잉여 가치를 만들어 내는 데 반드시 필요하다. 이제 사회적 생산성, 즉 잉여 가치 생산의 원천으로서 여성의 역할을 좀 더 구체적으로 살펴보겠다. 먼저 가정 안에서 시작하자.

가. 임금 없는 노예제에 기초한 임금 노예제의 생산성

임금 노동을 정의할 때, 흔히 가사노동을 하는 여성은 생산적이지 않다고 주장한다. 하지만 자본주의적 구조가 어마어마한 양의 사회 서비스를 사적 활동으로 탈바꿈시켜 주부에게 떠맡긴다는 사실을 생각해 보면, 실제로는 그와 정반대임을 알 수 있다. 가사노동이 본질적으로 '여성의 노동'인 건 아니다. 여성이라고 빨래나 청소를 하면서 남성보다 자아를 더 많이 실현하거나 남성보다 덜 힘들진 않다. 빨래나 청소는 노동력을 재생산하므로 사회 서비스이다. 자본은 정확히 자본주의 가족 구조를 제도화함으로써 남성을 이런 사회 서비스 역할에서 '해방'시켰다. 따라서 남성은 온전히 '자유로운 상태'에서 직접적으로 착취당하게 된다. 남성들은 자신을 노동력으로 재생산해 내는 여성을 부양할 충분한 돈을 자유롭게 '벌 수 있게' 된 것이다.[16] 자본은 가정 내 여성에게 이런 서비스를 떠넘기는 데 성공했고, 그만큼 남성을 임금 노예로 만들었다. 동시에 여성이 노동 시장에 유입되는 것도 통제했다. 이탈리아에서 여성은 지금도 여전히 가정에 필요한 존재이고, 자본 또한 여전히 이런 가족 형태가 필요하다. 일반적으로 유럽의, 또 특별히 이탈리아의 현재 발전 단계에서, 자본은 저발전 지역에서 남성 수백만 명을 들여오는 식의 노동력 수입을 여전히 선호하는 한편, 동시에 여성은 집으로 내쫓고 있다.[17]

여성이 쓸모 있는 이유는 단지 임금을 받지도, 파업을 하지도 않고 가사노동을 하기 때문이 아니라, 경제 위기 때문에 주기적으로 직장에서 쫓겨나는 이들을 모두 가정의 일원으로 언제든 다시 맞아들이기 때문이다. 가족, 즉 어려울 때 항상 도와주고 보호해 줄 준비가 되어 있는 어머니의 요람은, 사실상 실업자들이 일자리를 잃자마자 바로 파괴적인 아웃사이더 무리가 되지 않도록 하는 최고의 보증서였다.

노동 계급 운동을 하는 조직화된 정당들은 가사노동 문제를 꺼내지 않으려고 조심해 왔다. 그들이 공장 내부에서조차 항상 여성을 하등한 동물로 취급해 왔다는 사실과는 별도로, 가사노동에 대한 문제 제기가 다음과 같은 내용을 다루는 조직으로서 전체 노조의 근간에 도전하는 것이었기 때문이다. 노조는 (가) 오로지 공장 문제만을 다룬다, (나) 오로지 측정된 그리고 '지불된' 노동 시간만을 다룬다, (다) 오로지 우리가 받는 임금만을 다루고, 우리가 삭감당하는 임금, 즉 인플레이션은 다루지 않는다. 노동 계급 정당들은 여성에게 항상 여성 해방을 어떤 가상의 미래에 일어날 일로 미루도록 강요해 왔다. 그러면서 여성을 남성이 투쟁하여 쟁취한 것에 의존하도록 만들어 왔다. 남성은 노동 계급 정당들이 주도하는 그들만의 투쟁에 갇힌 채 '자신들에게' 이득에 되는 것을 쟁취한다.

실제로 노동 계급 투쟁의 모든 국면에서 여성 종속 및 착취가 한 단계 높은 수준으로 고착되었다. 주부를 대상으로 하는 연금안은[18] (왜 임금이 아니라 연금인지 의문스럽다) 이 노동 계급 당파들이 여성을 주부로, 남성(그리고 여성)을 임금 노예로 더욱 제도화하려는 완벽한 의지를 보여 줄 뿐이다.

이제 그 누구도 노동을 함으로써 해방될 수 있다고 생각하지 않는다는 것은 분명하다. 집 안에서 하든 집 밖에서 하든 노동은 여전히 노동이다. 임금 노동자의 독립성은 자본을 위해 '자유로운 개인'이 되는 것만을 의미하는데, 남성뿐만 아니라 여성도 마찬가지이다. 집 밖에서 일자리를 구하면 노동 계급 여성이 해방된다고 주장하는 이들은, 문제를 해결하려는 게 아니라 그 자신이 문제 상황의 일원이다. 조립 라인의 노예가 된다고 해서 주방 싱크대의 노예에서 해방되는 건 아니다. 이 사실을 부인한다면 조립 라인의 노예제 자체를 부정하는 셈이다. 이는 또한, 여성이 어떻게 착취당하는지 알지 못하면 남성이 어떻게 착취당하는지도 결코 알 수 없다는 점을 다시 한번 입증한다. 이것은 너무나 중대한 문제이기 때문에 나중에 따로 다루도록 하겠다. 여기서 분명히 하려는 바는, 우리가 자본주의적으로 조직된 세계에서 생산 활동을 하면서 임금을 받지 않을 때 상사의 형상은 남편의 형상 뒤에 숨어 있다는 사실이다. 겉보기에는 남편이 가사 서비스의 유일한 수혜자처럼 보이는데, 이 때문에 가사노동은 모호하고 노예 상태와 유사한 특징을 띠게 된다. 다정하게 관여하고 다정하게 협박하는 남편과 아이들은 가사노동의 첫 번째 감독관, 즉 친밀한 관리자가 된다.

아내가 남편과 마찬가지로 밖에서 일하고 남편과 함께 집에 돌아오는 경우에도, 남편은 신문을 읽으며 아내가 저녁 식사를 준비하고 차려 주기를 기다리는 경향이 있다. 가사노동으로 대변되는 특수한 착취 형태에는 분명히 그에 상응하는 특수한 투쟁 형태, 다시 말해 가족 내부에서 여성이 하는 투쟁이 필요하다.

이런 가족이야말로 노동이 자본주의적으로 조직되도록 떠받드는 기둥임을 제대로 이해하지 못한다면, 가족을 상부구조로만 간주해 가족의 변화가 공장 투쟁에 따라서만 좌우된다는 잘못된 생각을 한다면, 우리는 절뚝거리며 혁명을 이어갈 수밖에 없을 것이다. 계급투쟁 내부에 존재하는 근본적인 모순, 자본주의 발전을 돕는 모순을 가중시키고 영속시키게 될 것이다. 다시 말해, 우리는 우리 자신이 오직 사용 가치만 생산하는 사람이고, 주부가 노동 계급 바깥에 존재한다고 여기는 오류를 영원히 지속할 것이다. 주부가 계급 밖에 존재한다고 여기는 한, 계급투쟁은 매 순간, 매 지점 지연되고 좌절되어 충분한 시야를 갖고 행동할 수 없다. 이 글에서는 이 문제를 더 자세히 살펴보진 않겠다. 그러나 가사노동이 은폐된 생산 노동의 한 형태임을 폭로하고 규탄하는 일은 여성 투쟁의 목표 및 방식과 관련 하여 일련의 질문을 던진다.

고립된 노동자 투쟁을 사회로 끌어들이기

현재 이탈리아 내부에 존재하는 세력들이 맺고 있는 관계에 비춰 볼 때, '가 사노동에 임금을 지급하라' 및 그에 뒤따른 요구 사항들은 마치 지금의 가사노 동 환경이 만들어 낸 제도화된 노예제를 더욱 견고하게 지키고 싶어 하는 것처럼 보일 위험성이 있다. 그렇기 때문에 가사노동 임금 지급 요구가 현실에서 사람들 을 집결시키는 목표로 작동하는 경우는 거의 없었다.[19]

따라서 요점은, 기껏해야 거리 시위에 가끔 참여할 준비를 하고 아무것도 살 수 없는 임금을 기다리고 있을 뿐인 주부를 집 안에 평화롭게 남겨두지 않는 투 쟁 방식을 개발하는 것이다. 좀 더 정확히 말하면, 가사노동을 전적으로 거부하 고, 주부라는 우리의 역할 그리고 우리 존재를 고립시키는 게토가 된 가정을 거 부하면서, 가사노동의 전체 구조를 당장 깨부술 수 있는 투쟁 방식을 찾아야만 한다. 가사노동 중단뿐만 아니라 주부 역할 전체를 끝장내는 일이 중요하기 때문 이다. 시작점은 가사노동을 어떻게 해야 더 효율적으로 할 수 있을까가 아니라, 투쟁의 주인 공으로서 어떻게 위치를 점할 것인가이다. 요컨대, 가사노동의 생산성이 아니라 투쟁의 전복 성을 더욱 높여야 한다.

가사노동 시간과 가사노동을 하지 않는 시간의 관계를 지금 당장 전복해야 한다. 침대보와 커튼을 다림질하고 바닥이 반짝거릴 때까지 닦고 먼지를 터느라 매일매일 시간을 쏟을 필요는 없다. 하지만 아직도 많은 여성이 여전히 그렇게 하고 있다. 분명 여성들이 멍청해서 그런 일을 하는 건 아니다. 우리는 앞서 여성 의 상황을 교육 수준이 보통 이하인 학교와 비교했던 것을 다시 한번 상기하게 된다. 실제로 여성이 자아를 실현할 방법은 가사노동밖에 없는데, 그 이유는 앞 서 말했듯 자본이 여성을 사회적으로 조직된 생산 과정에서 차단해 버렸기 때 문이다.

그런데 사회화된 생산에서 배제된다고 해서 자연히 사회화된 투쟁에서도 배제되는 건 아니다. 물론 투쟁을 하려면 가사노동에서 벗어나는 시간이 필요하지만, 그와 동시에 투쟁은 이전까지 가정이라는 고립된 게토 안에서만 자아를 찾을 수 있었던 여성에게 대안적 자아를 제공한다. 투쟁의 사회성 안에서 여성은 자신에게 실질적으로 새로운 자아를 부여하는 힘을 발견하고 실행한다. 새로운 자아는 새로운 사회적 영향력이 되고, 될 수밖에 없다.

사회 투쟁의 가능성은 여성이 가정에서 하는 노동의 사회생산적 성격에서 생겨난다. 비록 지금은 집 안에서 제공되는 사회 서비스들이 여성의 역할과 사실상 동일시되고 있지만, 그것만이 유일하게 혹은 주도적으로 여성의 역할을 사회적으로 생산적이게 만드는 건 아니다. 자본은 이 가사노동의 환경을 기술적으로 개선시킬 수 있다. 자본이 당분간, 적어도 이탈리아 내에서만큼은 하고 싶어 하지 않는 일은, 핵가족의 중심축으로서 주부의 지위를 파괴하는 것이다. 따라서 가사노동이 자동화되기를 기다려 봐야 아무런 의미도 없다. 가사노동의 자동화는 절대 일어나지 않을 것이기 때문이다. 핵가족의 지속은 이 서비스들의 자동화와 양립할 수 없다. 이 서비스들을 정말로 자동화하려면, 자본은 우리가 알고 있는 가족을 파괴해야만 한다. 다시 말해, 완전히 자동화되기 위해서는 가족이 사회화될 수밖에 없다. 하지만 우리는 모두 자본주의적 사회화가 뭘 의미하는지 너무 잘 알고 있다. 그것은 항상 파리 코뮌[20]의 정반대이다!

자본은 상황을 재편하고 새롭게 도약시켰다. 자본 주도의 재편과 도약이 미국을 비롯한 더욱 선진화된 자본주의 국가에서 이미 보편적으로 감지되고 있다. 자본주의적 평등 및 협력적 노동을 통한 자본의 지배를 더욱 엄밀하게 반영하는 가족을 구축함으로써, 가정 내 생산의 전자본주의적 고립 상태를 파괴하고 있는 것이다. 자본은 전자본주의 상태의 부자유한 여성을 중심축으로 하여, 가정에 존재하는 '자본주의적 성장의 불완전함'을 넘어설 수 있었다. 그리고 가족 형태가 더욱 면밀하게 가족의 자본주의적 생산 기능, 즉 노동력 재생산을 반영하도록 만들었다.

앞서 말한 내용으로 돌아가자. 여성은 주부로서 자신을 가정과 동일시하면서, 집안일을 강박적일 만큼 완벽하게 해 내려는 성향을 보인다. 집에서는 항상 할 일을 찾을 수 있다는 말을 우리는 모두 너무나 잘 알고 있다.

여성은 자신을 둘러싼 사방의 벽 너머를 보지 못한다. 주부의 처지란 전자본주의적 노동 양식이며, 그 결과 '여성성'을 부여받는다. 이 때문에 여성은 세계, 타인, 전체 노동 구조를 모호하고, 근본적으로 알려지지도 않았고 알 수도 없으며, 경험한 적 없는 어떤 것으로 여기게 된다. 여성에게 세계, 타인, 전체 노동 구조는 매일 밖에 나가 이것들을 만나는 남편의 어깨 뒤로 비치는 희미한 그림자로 인식될 뿐이다. 여성이 가사노동을 하는 시간과 하지 않는 시간의 관계를 전복하고 집 밖으로 나가기 시작해야 한다는 말은, 바로 주부 역할을 기꺼이 파괴하는 데서 출발해야 함을 의미한다. 그래야 다른 여성들과 이웃이나 친구로서뿐만 아니라, 동료나 적으로서도 함께할 수 있다. 개인화된 여성 및 여성의 경쟁 관계라는 인습을 부수고, 여성들 간의 진정한 연대를 다시 구축할 수 있다. 방어하기 위해서가 아니라 공격하고 투쟁을 조직하기 위해서 함께할 수 있다. 말하자면, 여성 모두가 공유하는 노동 방식에 저항하여 여성 모두가 공유하는 연대를 꾸리는 것이다. 이와 같은 방식으로, 여성은 오직 아내와 어머니로서만 남편과 자식을 만나기를 그만둬야 한다. 즉, 그들이 바깥세상에서 집으로 돌아와 식사할 때만 만나기를 중단해야 한다.

자본주의적으로 조직된 모든 영역은 가정이 있어야 존재할 수 있다. 바로 이 점 때문에 여성은 가정을 벗어난 모든 투쟁 공간에서 공격의 기회를 엿볼 수 있다. 공장 모임, 동네 모임, 학생회 모두 여성이 정당하게 투쟁할 수 있는 장소이다. 이곳에서 여성은 남성들과 대면하고 대항할 수 있다. 원한다면 여성 대 남성으로 대적할 수 있지만, 어머니-아버지, 딸-아들이 아닌 개인들로서 마주해야 한다. 이 만남을 계기로, 모순과 불만은 자본이 바라던 대로 가정 안에서 파열하는 대신 집 밖에서 폭발할 가능성이 열린다.

계급 투쟁의 새로운 나침반

여성들이 노동자 협의회에 야간 근무 폐지를 요구하는데, 그 이유가 밤에 잠자는 것 말고 사랑도 나누고 싶기 때문이라고 ─ 여성들이 낮에 일한다면 밤에 사랑을 나누는 것과 낮에 사랑을 나누는 것은 같지 않다 ─ 가정해 보자. 이런 요구는 노동의 사회적 조직화에 반하여 여성으로서 자신의 독립된 관심사를 진전시키는 행위이자, 남편과 자식을 위해 불만을 품은 어머니가 되기를 거부하는 행위이다.

이와 같이 새롭게 개입하고 대면하기도 하면서 여성은, 여성으로서 자신의 관심사가 다른 이들이 말하듯 계급의 이해관계와 분리되거나 생경한 게 아님을 보여 주고 있기도 하다. 정당, 특히 좌파 정당과 노동조합들은 너무 오랫동안 노동 계급의 투쟁 영역을 결정하고 제한해 왔다. 사랑을 나누는 것, 사랑을 나누기 위해 야간 노동을 거부하는 것은 계급에 이익이 되는 일이다. 이 문제를 제기하는 쪽이 왜 남성이 아니라 여성인지 살펴보는 것은, 계급의 전체 역사를 새롭게 조명하는 것과 같다.

아들딸을 학생회에서 만나면, 자식이 다른 개인들과 함께 발언하는 개인임을 발견하고, 여성 역시 그들에게 개인으로 다가가게 된다. 많은 여성이 임신을 중단하고, 아주 많은 여성이 출산을 한다. 우리는 여성이 학생이든 아니든 왜 의대 학생회에서 우선 여성으로서 자신의 관점을 표명하면 안 되는지 이해할 수 없다. (그냥 우연히 의대를 예로 든 게 아니다. 최하층 환자들만 연구의 실험 대상이 되는 경우는 말할 것도 없고, 강의실과 진료소에서는 노동 계급이 또다시 착취당하는 모습을 볼 수 있다. 특히 여성은 주요 실험 대상이면서 성적 혐오와 가학증, 의사들이 가진 직업적 오만의 대상이기도 하다.)

요컨대 가장 중요한 것은, 여성 운동이 폭발하면서 여성의 관심사가 지닌 특수성이 표출된다는 사실이다. 여성의 관심사는 이제껏 가족이 자본주의적으로 조직되면서 거세당해 왔다. 여성의 관심사를 억압함으로써 세워진 이 사회의 구석구석마다 투쟁이 일어나야 한다. 왜냐하면 전체 계급의 착취는 각각의 여성 착취를 매개 삼아 구축되었기 때문이다. 따라서 여성 운동은 착취가 자리한 개별 영역 하나하나를 모두 정확히 짚어내야 한다. 다시 말해, 투쟁 과정에서 여성의 관심사가 가진 특수성을 온전히 되찾아야 한다.

모두 좋은 기회가 될 수 있다. 퇴거 위협에 몰린 가정의 주부는 자신의 가사노동이 지불 못 한 월세를 충당하고도 남는다고 이의를 제기할 수 있다. 밀라노 외곽에는 이런 형태의 투쟁을 계속하는 가구들이 이미 많이 있다. 집 안에 가전 제품이 있으면 참 좋겠지만, 가전제품을 많이 생산해 내려면 가전제품 생산 노동 자들이 시간을 들여 자신을 소모해야만 한다. 임금을 가지고 저마다 모두 가전 제품을 구입해야 한다는 생각은 문제를 낳는다. 이런 생각은 또한 아내들이 각 기 이 기구들을 전부 혼자서 사용해야 하는 상황을 상정한다. 이제 여성은 더욱 기계화된 환경 속에서 집 안에 꼼짝없이 잡혀 있다. 이 얼마나 운 좋은 노동자이 고 운 좋은 아내인가!

그렇다고 공동 급식소를 만들자는 게 요점은 아니다. 우리가 기억해야 하는 건, 자본은 급식소를 만들기 전에 노동자를 위해 피아트Fiat부터 먼저 만든다는 사실이다. 그렇기 때문에 노동의 조직이나 노동 시간에 저항하는 투쟁과 동시에 동네 급식소를 요구하지 않고 그저 동네 급식소 자체만을 요구한다면, 자본이 새롭게 도약하는 추동력을 제공할 위험이 있다. 즉, 공동체 차원에서 다른 누구 도 아닌 바로 여성들을 몇몇 미끼와 같은 일에 편성하여, 우리가 급식소에서 단 체로 형편없는 점심을 먹게 될 가능성이 생기는 것이다.

우리가 원하는 건 공동 급식소도, 그와 같은 종류의 놀이 시설이나 어린이 집도 아니라는 점을 그들이 알기 바란다.[21] 우리는 공동 급식소, 어린이집, 세탁 기, 식기 세척기를 원하지만, 몇몇 사람들과 원할 때 방해받지 않고 식사할 수 있 는 선택권, 아이·노인·환자와 원할 때 원하는 곳에서 함께 시간을 보낼 수 있는 선택권도 갖고 싶다. '시간을 함께 보낸다'는 건, 노동을 줄이는 것을 뜻한다. 아 이·노인·환자와 함께 시간을 보낸다는 것은, 이들을 잠시 맡겨둔 차고로 뛰어가 잠깐 들여다보는 게 아니라, 가장 먼저 배제당한 우리 여성들이 투쟁을 주도하 여 다른 모든 배제당한 이들, 즉 아이·노인·환자가 사회적 부를 재점유할 수 있 게 만드는 것을 의미한다. 그리하여 우리는 서로 재결합하고, 이렇게 재결합한 우 리 모두가 남성들과 재결합할 수 있다. 이때 우리 여성은 우리 자신을 위해 원하 던 대로, 의존적 관계가 아닌 독자적 관계로 다른 이들과 재결합한다. 왜냐하면 우리와 마찬가지로 그들도 자본주의적 조직화에 따라 직접적인 사회적 생산 과정과 사회적 실존에서 배제되어 왔기 때문이다.

노동 거부

따라서 우리는 여성이 해야 하는 일, 여성에게 부과된 일인 가사노동을 거부해야만 한다. 우리는 가사노동을 만들어 낸 적도, 가사노동 임금을 받아본 적도 없다. 그들은 우리가 집 안에 머물게 하려고 하루 12시간, 13시간이라는 터무니없는 근무 시간을 감당하게 했다.

우리는 집 밖으로 나와야 한다. 가정을 거부해야 한다. 그래야만 다른 여성들과 연대하고, 여성은 집 안에 머문다고 간주하는 모든 상황에 맞서 투쟁하고, 어린이집, 학교, 병원, 양로원, 빈민가, 어디든 관계없이 게토에 있는 모든 이들의 투쟁과 함께할 수 있다. 집을 떠나는 것은 이미 그 자체가 투쟁의 한 형태이다. 왜냐하면 집에서 우리가 하던 사회 서비스들이 우리가 떠나고 나면 더 이상 수행되지 않을 것이고, 따라서 집 밖에서 일하는 이들 모두 이제까지 우리가 짊어졌던 짐을 마땅히 부담해야 할 곳, 즉 자본의 어깨 위에 정면으로 내동댕이칠 것이기 때문이다. 여성이 더욱 맹렬하고 단호하게, 또 대규모로 가사노동을 거부할수록, 투쟁 조건은 더욱 격렬하게 변할 것이다.

노동 계급 가족은 더욱 무너뜨리기 어려운데, 그 이유는 노동 계급 가족이 노동자를 지탱하기 때문이다. 그런데 노동자로서, 그리고 노동자라는 이유로 노동 계급 가족은 자본을 지탱하고 있기도 하다. 노동 계급 가족은 계급의 유지 및 생존을 좌우하지만, 이때 계급의 유지 및 생존은 계급 자체에 반하여 여성을 희생시킴으로써 가능해진다. 여성은 임금 노예의 노예이며, 여성의 노예 상태가 남성의 노예 상태를 보장한다. 노조와 마찬가지로 가족은 노동자를 보호하지만, 남녀 모두 노동자 외에는 다른 어떤 존재도 될 수 없게 한다. 그렇기 때문에 노동 계급 여성이 가족에 저항하여 싸우는 일이 매우 중요하다.

집 안팎에서 노동하는 여성들을 만남으로써 또 다른 투쟁 기회들이 생긴다. 우리의 투쟁이 노동을 거스르는 투쟁인 한, 우리의 투쟁은 노동 계급이 자본주의적 노동에 반발하여 벌이는 투쟁에 이름을 올릴 것이다. 그러나 가사노동을 통한 여성 착취는 핵가족의 생존과 결부되어 특수한 역사를 가지고 있기 때문에, 투쟁의 구체적 과정은 자본주의적 사회 질서가 수립한 핵가족의 파괴를 거쳐야만 하고, 그럼으로써 계급투쟁을 한 차원 더 높여야 한다.

나. 수동성의 생산성

가족 안에서 여성이 임금을 받지 않고 숨어서 사회 서비스를 제공하는 역할만 하는 건 아니다. 이 글 초반에 언급했듯이, 핵가족 안에서 여성이 전적으로 남성을 보완하는 역할에 갇혀 남성에게 종속되는 상황은 여성 육체의 온전함을 해침으로써 가능해진다. 이탈리아에서는 여성을 항상 열등한 존재로 규정해 온 가톨릭교회가 성공적으로 거둔 덕분에, 여성은 결혼 전에는 성적 금욕을, 결혼 후에는 성적 억압을 강요당한다. 결혼하고 나서는 자식을 낳으라는 의무를 지우고, 자식을 낳아야만 하는 섹슈얼리티를 강요한다. 가톨릭교회는 '영웅적 어머니와 행복한 아내'라는 여성상을 만들어 냈는데, 이 여성상은 순수한 승화라는 성정체성을 가진 채 본질적으로 타인의 감정 표현을 담는 그릇의 기능을 수행하고, 가족 간 대립을 흡수하는 쿠션 역할을 한다. 그렇다면 여성의 불감증이라고 규정된 것 역시 여성이 성 기능에서 수동적인 수용성을 강요받은 것이라고 재규정되어야 한다.

가족 안에서 여성의 수동성은 그 자체로 '생산적'이다. 첫째, 여성은 집 밖 세상에서 남성이 겪는 모든 억압의 배출구가 된다. 동시에 여성은 남성이 노동의 자본주의적 조직화가 통치하면서 주입한 권력욕을 행사할 수 있는 대상이 된다. 이런 의미에서 여성은 자본주의적 조직화에 기여하는 생산적인 존재가 된다. 여성은 자본주의적 조직화가 초래하는 사회 긴장의 안전판 역할을 한다. 둘째, 자율성을 완전히 부정당하기 때문에 좌절을 느끼고, 이 좌절을 언제나 가정을 중심으로 하는 일련의 연속적인 욕구, 즉 소비 비슷한 것으로 승화해야만 하므로, 여성은 생산적인 존재가 된다. 소비는 여성이 가사노동을 할 때 갖는 강박적인 완벽주의에 정확히 상응한다. 집 안에 뭐가 있어야 하는지 여성들에게 말하는 것은 분명 우리 일이 아니다. 아무도 다른 이의 욕구를 규정할 순 없다. 우리는 투쟁을 조직하고, 그 투쟁으로 이런 승화가 불필요해지는 데 관심이 있다.

죽은 노동과 고통받는 섹슈얼리티

우리는 여기서 '승화'라는 말을 신중하게 사용한다. 단조롭고 하찮은 잔일들이 주는 절망감과 성적 수동성이 주는 절망감은 따로 떨어뜨려 생각할 수 없다. 성의 독창성과 노동의 독창성은 인간 욕구의 두 가지 영역으로, 우리는 '선천적 활동과 후천적 활동의 상호작용'이 이뤄질 수 있도록 충분한 기회를 주어야 한다.[22] 여성은 (따라서 남성 역시) 선천적 힘과 후천적 힘을 동시에 억압당한다. 여성의 수동적인 성적 수용성은 강박적으로 깔끔함을 추구하는 주부를 만들어내고, 단조로운 조립 라인조차 치료 효과가 있는 것으로 만들 수 있다. 대부분의 하찮은 가사노동과, 같은 일을 매일, 매주, 매년 반복하고 연휴에는 두 배로 하게 만드는 규율은, 자유로운 섹슈얼리티의 가능성을 파괴한다. 우리의 유년기는 순교를 준비하는 기간이다. 우리는 백지보다 더 하얀 천 위에서 깨끗한 성생활을 해서 행복을 얻으라고 배운다. 또, 섹슈얼리티 및 다른 창조적 활동을 동시에 희생하도록 교육받는다.

이제까지 여성 운동은 특히 질 오르가슴 신화를 파괴하여 여성의 성적 잠재성을 남성이 엄격하게 규정하고 제한하도록 허용하는 육체적 메커니즘을 폭로해 왔다. 이제 우리는 섹슈얼리티를 독창성의 다른 측면들과 결부시키는 일을 시작할 수 있다. 우리의 노동이 우리와 우리 개개인의 능력을 불구로 만드는 한, 우리가 성관계를 맺는 사람들이 우리의 주인 행세를 하고 그들이 하는 노동이 그들을 불구로 만드는 한, 섹슈얼리티가 항상 속박당할 것임을 우리는 안다. 질 오르가슴 신화를 깨뜨리는 건, 종속 및 승화와 상반되는 여성의 자율성을 요구하는 행위이다. 그러나 질 오르가슴 신화가 음핵 대 질만의 문제는 아니다. 그것은 음핵과 질 대 자궁의 문제이기도 하다. 질은 애초에 상품으로 팔리는 노동력의 재생산을 위한 통로, 즉 자궁의 자본주의적 기능을 하거나, 그게 아니면 우리의 선천적 힘, 우리의 사회적 도구의 일부이다. 결국 섹슈얼리티는 가장 사회적인 표현이고 가장 심오한 인간의 소통이다. 그런 의미에서 자율성의 해체이기도 하다. 노동 계급은 계급 자체를 초월하기 위해 계급으로 단결한다. 자율성을 초월하는 기반을 만들어 내려고 우리는 계급 안에서 자율적으로 결속한다.

여성을 향한 '정치적' 공격

하지만 우리가 존재 방식을 찾고, 또 단결하여 싸울 방법을 찾아가는 동안, 우리는 아주 열렬하게 여성을 공격하고 싶어 하는 이들과 맞닥뜨리게 된다. 심지어 우리가 운동을 조직할 때도 마찬가지다. 그들이 말하기를, 여성은 노동과 소비로 자기 존재를 지키는 과정에서 계급의 화합을 약화시킨다. 다음은 부분적이긴 하지만 그들이 말하는 여성이 비난받아 마땅한 죄목의 목록이다.

1. 여성은 자신과 아이에게 필요한 옷을 사려고 남편의 임금 가운데 더 많은 몫을 받길 원하는데, 예컨대 이 액수는 남편이 여성에게 필요하다고 생각하는 정도가 아니라, 여성이 자신과 아이들이 가져야 한다고 생각하는 정도를 근거로 한다. 남편은 돈을 벌려고 열심히 일한다. 여성은 남편이 더 많은 재산, 더 많은 임금을 위해 투쟁하는 것을 돕기보다는, 오로지 부족한 재산을 또 나눠 달라는 요구만 할 뿐이다.

2. 여성은 다른 여성들과 경쟁 관계에 있다. 그들보다 더 매력적으로 보이려 하고, 그들보다 더 가지려 하며, 이웃집보다 더 깨끗하고 깔끔한 집을 소유하려고 하기 때문이다. 여성은 계급 차원에서 다른 여성들과 당연히 협력해야 하지만 그렇게 하지 않는다.

3. 여성은 자발적으로 집에 파묻혀 살고, 생산 라인에서 벌어지는 남편의 투쟁을 이해하려고 하지 않는다. 심지어 남편이 파업하러 갈 때 지지를 보내기보다는 불평을 해댄다. 그리고 보수 정당에 투표한다.

이것은 여성이 반동적이거나, 기껏해야 뒤떨어졌다고 여기는 사람들이 내세우는 몇 가지 이유다. 공장 투쟁에서 가장 중요한 역할을 맡고 전투적으로 행동하면서 사회 우두머리의 본성을 가장 잘 이해하는 것 같은 남성들조차도 같은 이야기를 한다. 그들은 자신들이 후진적이라고 여기는 것을 근거로 여성을 쉽게 비난하는데, 그렇게 하는 게 사회의 지배적 이데올로기이기 때문이다. 남성들은 자신이 태어나는 순간부터 손끝부터 발끝까지 시중을 받으면서 여성의 종속적 지위가 가져다준 이득을 보았다는 이야기는 덧붙이지 않는다. 어떤 이들은 자신이 시중을 받고 있다는 사실조차 알지 못하는데, 어머니·여자 형제·딸이 '자기' 남성을 시중드는 건 너무나 자연스러운 일이기 때문이다. 반면 우리는 남성의 타고난 우월적 지위를 남성의 공격과 분리해서 생각하기가 매우 어렵다. 남성의 공격은 오직 계급의 이익을 위해 쏘아대는, 순전히 '정치' 공세처럼 보이기 때문이다.

이 문제를 좀 더 자세히 살펴보자.

1. 소비하는 여성

여성은 가정을 소비의 중심지로 만들지 않는다. 소비 과정은 노동력 생산에 포함되어 있다. 따라서 여성이 쇼핑(즉 지출)을 거부한다면 그야말로 파업 행위가 될 것이다. 이렇게 말하긴 했지만, 여성은 사회적으로 조직된 노동에서 차단되면서 사회적 관계들을 거부당하고, 종종 구매 행위로 보상받으려 한다는 점도 덧붙여야겠다. 이런 행동이 하찮은 일인지는 판단을 내리는 자의 관점과 성별에 따라 달라진다. 지식인은 책을 구입하지만 아무도 이 소비를 하찮게 여기지 않는다. 책 내용의 타당성과는 상관없이, 자본주의보다 더 오래된 관습에 따르면 이 사회에서 책은 여전히 남성적 가치를 대변한다.

여성이 가정을 위해서 물건을 사는 이유는, 가정이 여성 존재의 유일한 증거이기 때문이라고 이미 말했다. 그런데 검소한 소비를 해야 어떤 식으로든 해방될 수 있다는 생각은 자본주의만큼이나 오래된 생각이다. 이런 생각은 노동자의 상황을 언제나 노동자 탓으로 돌리는 자본가들에게서 유래한다. 수년간 자유주의자들은 고개를 절레절레 흔들며 할렘에서 흑인들이 (금융 회사가 회수해 가기 전에) 캐딜락Cadillac만 몰지 않아도 인종 문제가 해결될 거라고 말했다. 흑인 투쟁의 폭력 사태 — 유일하게 적절한 대응책이었다 — 가 사회적 힘의 척도를 제공하기 전까지, 캐딜락은 잠재된 힘을 드러내는 몇 안 되는 방법 가운데 하나였던 셈이다. '실용 경제학'이 아니라 이것이야말로 자유주의자들에게 고통을 안겨 주었다. 어찌 됐든, 우리가 자유로운 상태라면, 우리가 구입하는 것들은 모두 더 이상 우리에게 필요하지 않을 것이다. 그들이 독을 탄 우리의 음식, 그들이 우리를 계급·성별·세대에 따라 식별하게 만드는 옷, 그들이 우리를 가두어 두는 집은 필요하지 않을 것이다.

어떤 경우든 우리의 문제는, 우리가 충분히 가져본 적이 없다는 것이지 우리가 너무 많이 가지고 있다는 게 아니다. 그리고 여성이 남성에게 부담을 주는 건, 임금을 지키려는 것이지 공격하려는 게 아니다. 여성이 임금 노예의 노예이기 때문에, 남성은 자기 자신을 위한 몫과 가족 전체를 위한 비용으로 임금을 나눈다. 여성이 요구하지 않는다면, 가족의 생활 수준 전반이 떨어지면서 인플레이션이 상쇄될 수 있다. 이때 가장 먼저 아무것도 사지 않고 쓰지 않는 사람은 물론 여성이다. 따라서 여성들이 요구하지 않는 한, 가족은 앞서 우리가 아직 열거하지 않은 추가적인 방식, 즉 노동력의 가격 하락을 상쇄하는 방식으로[23] 자본을 위해 기능하게 된다. 따라서 더 많은 돈을 요구하는 것은, 여성이 노동 계급 전체의 생활 수준을 지킬 수 있는 가장 지속적이고 실질적인 방법이다. 그리고 여성이 정치 모임에 나갈 때는 훨씬 더 많은 돈이 필요하다!

2. 경쟁하는 여성

여성의 '경쟁 관계'를 살펴보자. 프란츠 파농은 제3세계에서 인종 차별이 계급을 뛰어넘어 모두에게 보편적으로 적용되지 않음을 분명하게 밝힌다. 파농은 식민 지배를 받는 이들이 지배자에 대항하는 조직을 구성하지 못할 때 서로를 공격한다고 말한다. 여성은 더 많이 소비해야 한다고 느끼는데, 여성이 느끼는 압박감은 그 자체가 경쟁의 형태로 나타나기는 하지만, 앞서 말했듯이 계급의 생활 수준을 보장하는 역할을 한다. 여성의 성적인 경쟁은 이와 다른데, 성적 경쟁은 여성이 사회경제적으로 남성에게 의존하는 데서 비롯하기 때문이다. 여성이 남성을 위해 살아가고, 옷을 입고, 노동하는 만큼, 여성은 이런 경쟁 관계를 통해서 남성에게 조종당한다.[24]

여성이 집을 두고 벌이는 경쟁 관계를 살펴보면, 여성은 태어날 때부터 깨끗하고 깔끔한 집에 관한 강박과 소유욕을 갖도록 훈련받는다. 그러나 남성들도 두 가지를 동시에 누릴 수는 없다. 말하자면, 개인적으로 하인을 두는 특권을 계속 누리는 동시에 사유화의 효과에 대해 불평을 늘어놓을 수는 없다. 남성들이 계속해서 불평한다면, 여성의 경쟁 관계를 겨냥한 남성의 공격이 실제로는 여성의 노예 상태에 대해 변명하는 거라고 판단할 수밖에 없다. 식민 지배를 받는 이들 사이의 갈등은 그들의 조직화 수준이 낮음을 보여 준다는 파농의 분석이 틀렸다면, 적대감은 타고난 무능력의 표식일 수밖에 없다. 우리가 집을 게토라고 부른다면, 간접 지배의 통치를 받는 식민지라고 불러도 무방할 것이다. 식민 지배를 받는 이들이 서로에게 보이는 적대감을 해결할 방법은 자율적인 투쟁에 있다. 여성들은 투쟁하는 남성을 지원하는 데 힘을 모아서 경쟁 관계보다 더 큰 장애물들을 극복했다. 여성들이 덜 성공적이었던 지점은, 투쟁이 벌어질 때 그들 자신의 요구 사항을 제기할 기회를 만들어 투쟁을 변화시키고 심화시키지 못했다는 점이다. 자율적인 투쟁은 질문을 거꾸로 뒤집는다. '여성이 힘을 합쳐 남성을 도울 것인가'가 아니라 '남성은 힘을 합쳐 여성을 도울 것인가'라고.

3. 분열을 일으키는 여성

과거에는 무엇이 여성의 정치 개입을 막았는가? 왜 여성이 파업을 거스르는 특정 상황에 이용되는가? 다시 말해, 왜 계급은 결속되지 않는가? 우리는 이 글을 시작할 때부터 여성이 사회화된 생산에서 배제되었다는 점을 중점적으로 다뤘다. 그것이 자본주의적 조직화의 객관적인 특징이다. 공장과 사무실에서는 협동 노동을, 가정에서는 고립된 노동을 한다. 이런 모습은 산업계 노동자들이 공동체와 분리되어 조직적으로 단결하는 방식에 본질적으로 반영된다. 공동체는 무엇을 할 것인가? 여성은 무엇을 할 것인가? 지원 활동을 하고, 가정과 투쟁 현장에서 남성의 부속물이 되며, 심지어 노조를 돕는 여성 보조 단체를 결성하기까지 한다. 이런 분열, 바로 이런 유형의 분열이 노동 계급의 역사이다. 모든 투쟁 단계에서, 생산 주기에서 가장 주변적인 존재들은 중심적인 존재들에게 반하는 방식으로 이용당한다. 후자가 전자를 무시하는 한 그렇다. 이것이 노조의 역사이다. 한 예로 미국에서는, 백인 노동자들이 쉽게 믿는 것처럼 자주 그런 것은 절대 아니었지만 어쨌거나 흑인 노동자들이 파업 노동자 대신 일하는 파업 파괴자로 이용당했을 때, 흑인은 여성과 마찬가지로 즉각 눈에 띄는 존재들이었다. 파업 파괴를 다루는 보도들은 객관적인 분열 상황에서 생겨난 편견을 강화한다. 백인은 조립 라인에 있고 흑인은 백인의 발 주변을 쓸고 있다든지, 남성은 조립 라인에 있고 여성은 집으로 들어오는 남성의 발 주위를 빗자루로 청소하고 있다든지 같은 편견을 단단하게 만든다.

남성들은 자신이 노동을 거부하면 투사라고 생각하지만, 우리가 노동을 거부하면 잔소리나 늘어놓는 아내라고 생각한다. 우리는 정치 투쟁에서도 배제되었다. 그래서 우리 가운데 일부가 보수 정당에 투표하면, 남성들은 우리를 후진적이라고 여긴다. 반면 남성들이 표를 던지는 정당은 여성을 철길이나 도로에 깔린 자갈 이상으로 여기지 않으면서 남성 자신을 (또 우리 모두를) 배신하는 곳이다.

다. 훈육의 생산성

가족 안에서 여성이 맡은 역할의 세 번째 측면은, 여성이 이데올로기적으로, 또 심리적으로 억압하는 인물, 모든 가족 구성원에게 규율을 강조하는 사람이 된다는 점이다. 그 이유는 앞서 논의했듯이 여성의 인격이 특수한 유형의 저해를 받기 때문이다. 여성은 남편이라는 폭압, 가정이라는 폭압, 자신의 전 존재가 '영웅적인 어머니와 행복한 아내'라는 이상형을 거부하는데도 그런 이상형이 되고자 고군분투해야 하는 폭압 아래에서 살아가는 건지도 모른다. 폭압에 시달리고 힘이 없는 이들은, 새로운 세대가 태어나면 처음 몇 년간 함께 지내면서 유순한 노동자와 작은 폭군들을 만들어 낸다. 이것은 교사가 학교에서 하는 일과 동일하다. (여기에 남편이 합세한다. 학부모-교사 모임이 존재하는 건 우연이 아니다.) 여성은 노동력 재생산을 책임지면서 한편으로는 내일의 노동자가 될 자식들을 훈육하고, 다른 한편으로는 남편이 오늘 하루 노동할 수 있도록 단련시킨다. 남편의 임금만이 노동력 재생산 비용을 지불할 수 있기 때문이다.

여기서 우리는 심리적 영향은 상세하게 논의하지 않고 여성의 가정 내 생산성을 중점적으로 살펴보려고 시도했다. 우리는 여성의 가정 내 생산성을, (임금을 받지 않은 채 부담해야 하는 실제 가사노동뿐 아니라) 여성 역할의 복잡성을 살펴보면서 규명하고 간략하게 설명했다. 그리하여 우리는 가장 먼저 여성들을 서로에게서, 남성에게서, 자식에게서 분리하고, 여성 개개인을 가족 안에 가두려는 역할을 깨뜨려야 한다고 주장한다. 여성은 마치 스스로 누에고치 안에 갇혀 죽어 가면서 자본을 위해 비단을 남기는 번데기 같다. 주부들이 이 모두를 거부하는 것은, 앞서 말했듯이 자신을 노동 계급의 한 집단으로, 임금을 받지 못하기 때문에 지위가 가장 강등된 집단으로 인식하는 것이기도 하다. 여성 투쟁 전반에서 주부의 지위는 매우 중요하다. 주부의 지위가, 노동의 자본주의적 조직화를 지지하는 기둥, 바로 가족을 약화시킬 수 있기 때문이다.

따라서 모든 사물과 모든 사람을 보완하는 인물, 바로 주부에 반대하고 여성의 개별성을 긍정할 수 있는 계획을 마땅히 제안해야 한다. 주부 역할의 생산성이 지속되는 상황을 전복시키려는 계획을 마땅히 내놓아야 한다. 이와 같은 맥락에서, 여성이 기본적인 육체적 기능의 온전함을 회복할 수 있게 시급히 요구해야 한다. 생산적인 창조성과 함께 가장 먼저 강탈당하는 성#적 기능을 온전하게 회복하는 데서부터 시작해야 한다. 산아 제한 연구가 이토록 더디게 진행되고, 거의 전 세계에서 임신 중절이 금지되고 결국 '치료' 목적으로만 허락된 건 우연이 아니다. 일차적으로 이것들을 요구하는 것은 안이한 개혁주의가 아니다. 이런 문제들이 자본주의적으로 관리되면 거듭해서 계급 차별, 특히 여성 차별을 만들어 낸다.

왜 프롤레타리아 여성, 제3세계 여성이 산아 제한 연구에서 실험 대상으로 이용되어 왔는가? 사람들은 왜 산아 제한 문제를 계속해서 여성의 문제라고 주장하는가? 이런 문제들이 자본주의적으로 관리되는 상황을 전복하는 투쟁은, 사실상 계급을 기반으로 하는 투쟁, 구체적으로는 여성을 기반으로 하는 투쟁으로 옮겨 간다. 이러한 투쟁을 여성의 책임으로만 여겨지는 모성에 맞선 투쟁과 연결하는 일, 마찬가지로 여성의 일이라고 여겨지는 가사노동에 맞선 투쟁과 연결하는 일, 자본주의가 여성 해방의 사례로 제시하지만 궁극적으로는 남성 역할의 추악한 복사본에 지나지 않는 것들에 맞선 투쟁과 연결하는 일은, 노동의 분업과 조직화에 대항하여 싸우는 일과 같다.

여성과 노동 거부 투쟁

요약해 보자. 주부는 고립 뒤에 사회적 노동을 감추고 있는데, 이런 주부의 역할은 파괴되어야 한다. 하지만 우리가 취할 수 있는 대안은 엄격히 규정되어 있다. 다른 누군가의 임금에 의존하고, 따라서 다른 누군가의 의식에 종속되는 이 고립된 여성, 이 여성에게서 탄생한 여성 무능력의 신화를 깨부수는 길은 이제껏 오직 하나뿐이었다. 바로 여성이 자기 임금을 버는 것이다. 사적인 경제적 의존의 허물을 깨고, 집 밖 세상으로 나와서 독자적 경험을 쌓고, 공장이든 사무실이든 사회화된 구조 내에서 사회적 노동을 수행하며, 전통적인 계급 유형과 더불어 여성 자신만의 사회 저항 유형을 주도해 나가는 것이다. 그런데 여성 운동은 이 대안을 거부하면서 출현했다.

수백만 여성이 전통적으로 여성이 영위하던 자리를 거부하면서 여성 운동이 일어났는데, 자본은 여성 운동을 만들어 낸 이 추동력에 달려들어, 더 많은 여성을 노동력으로 재편하고 있다. 여성 운동은 이 상황에 저항해야만 앞으로 나아갈 수 있다. 여성 운동은 운동의 존재 자체로, 또 더욱 분명한 행동으로, 여성들이 노동을 통한 해방이라는 신화를 거부한다는 사실을 보여 줘야만 한다.

왜냐하면 우리는 충분히 일했기 때문이다. 우리는 수십억 톤의 목화를 자르고, 수십억 개의 그릇을 씻고, 바닥을 수십억 번 닦으며, 단어를 수십억 개 입력하고, 수십억 번 타전하며, 수십억 개의 기저귀를 빨았다. 이 모든 일을 손수, 또 기계로 했다. 저들이 전통적으로 남성이 지배하던 영토에 '우리를 들여보내 줄' 때마다, 우리는 새로운 차원의 착취를 마주했다. 여기서 다시 우리는 제3세계의 저발전과 거대 도시의 저발전, 좀 더 정확히 말하면 거대 도시의 부엌에 도사리고 있는 저발전을 비교해 볼 필요가 있다. 자본주의적인 기획은 제3세계가 '성장할' 것을 제안한다. 제3세계가 지금 당하고 있는 고통에다가 반反산업혁명의 고통까지 당해야 한다고 제안한다. 거대 도시에 사는 여성들도 이와 동일한 '원조援助'를 받아왔다. 그러나 해야만 했기에, 또 여분의 돈이나 경제적 자립 때문에 집 밖으로 일하러 나간 여성들은 다른 여성들에게 다음과 같이 경고한다. 인플레이션이 우리를 이 빌어먹을 타이핑 인력 혹은 조립 라인에 못 박아 버렸고, 이 상황에서 구원은 없다고. 우리는 저들이 우리에게 제안하는 성장을 거부해야 한다. 하지만 노동하는 여성의 투쟁은 가정의 고립으로 되돌아가기 위한 게 아니다. 종종 월요일 아침이 되면 그렇게 하고 싶어지더라도. 마찬가지로 주부의 투쟁 역시 집 안에 감금되는 상황을 사무실 책상이나 공장 기계에 붙들려 있는 상황과 바꾸려는 게 아니다. 때때로 12층짜리 집단 주택 안에 존재하는 외로움보다는 나아 보일지라도.

여성은 전적으로 자신의 가능성을 찾아야만 한다. 그것은 양말 수선하는 일도, 바다로 나가는 배의 선장이 되는 것도 아니다. 우리가 이 일들을 하고 싶을 수도 있다. 하지만 이런 일들은 자본의 역사 속에서만 자리를 잡는다. 여성 운동이 맞닥뜨린 도전은, 여성을 집에서 해방시키는 동시에 한편으로는 이중 노예 상태를 거부하고, 다른 한편으로 또 다른 자본주의적 통제와 규격화를 막는 투쟁 양식을 찾는 것이다. 이것이 궁극적으로 여성 운동 내부에 존재하는 개혁주의와 혁명적 정치의 경계선이다.

천재적인 여성은 거의 없었던 것 같다. 그것이 불가능했던 이유는 사회적 과정에서 차단당한 여성이 어떤 일에 천재성을 발휘할 수 있는지 알 길이 없기 때문이다. 이제, 여성이 천재성을 발휘할 수 있는 일이 있다. 그건 바로 투쟁이다. 프로이트는 모든 여성이 태어나면서부터 남근을 선망한다고 말했다. 그가 빠뜨리고 덧붙이지 않은 내용이 있다. 남근을 선망하는 감정은 남근을 갖고 있다는 사실이 어떤 식으로든 힘을 갖는 것과 연결된다는 사실을 여성이 인지하는 순간 시작된다는 것이다. 더구나 여성과 남성의 분리가 자본주의적 분열이 된 바로 그 순간, 남근이 전통적으로 가지고 있던 힘이 완전히 새로운 역사를 써 나갔다는 사실은 더더욱 떠올리지 못했다.

　　바로 이 지점에서 우리는 투쟁을 시작한다.

1971년 12월 29일[25]

3

총파업에 대하여[1]

이탈리아 페미니즘은 오늘 가사노동 임금 운동을 시작합니다. 노래, 사진전, 벽보에서 듣거나 보셨듯이, 우리가 오늘 가지고 온 문제는 매우 다양합니다. 잔혹한 환경에서 임신 중절을 받고, 산부인과 진료소에서는 가학증에 시달리고, 집 밖에선 항상 남성보다 열악한 조건에서 그리고 집 안에선 임금도 받지 못한 채 일하며, 사회 복지가 아예 존재하지 않거나 너무 형편없어서 아이를 맡기기 두렵다는 점 등 우리는 여러 가지 문제를 제기합니다.

누군가는 다음과 같은 질문을 할지도 모르겠습니다. 오늘 우리가 시작하는 가사노동 임금 운동이 우리가 제기하는, 우리가 당면하여 맞서 싸우고 있는 이 모든 것과 무슨 관련이 있느냐고요. 우리가 이야기하고, 노래 부르며, 전시와 영화로 보여 준 이 모두와 무슨 관계냐고 말입니다.

여성은 모두 힘이 없습니다. 그래서 우리는 역사에서 지워졌고, 집을 나서는 순간 가장 불쾌하고 돈을 적게 주며 불안정한 일자리를 마주해야만 합니다. 우리 여성은, 누구도 인정해 준 적 없고 보수를 지불한 적도 없는 가사노동을 13시간 동안 하느라 각자가 무슨 일을 하고 있든 애초부터 지쳐 있고 기진맥진한 상태입니다. 그렇기 때문에 여성에게는 힘이 없습니다.

이런 상황에서 여성은 빨리우까, 첼레스띠니, 국립모자母子협회[2] 같은 어린이

집에 만족할 수밖에 없습니다. 우리는 약하기 때문에 임신 중절을 하기 위해 50만 리라를 지불해야만 합니다. 분명히 말하건대, 임신 중절은 모든 도시, 모든 국가에서 이뤄지고 있습니다. 그리고 무엇보다도 우리는 임신 중절을 하기 위해 목숨을 잃거나 감옥에 갇힐 위험을 무릅씁니다.

우리는 모두 가사노동을 합니다. 가사노동은 모든 여성의 유일한 공통점이며, 우리가 우리의 힘, 즉 수백만 여성의 힘을 결집시킬 수 있는 유일한 토대입니다.

개혁가들은 죄다 우리가 가사노동을 중심으로 단결한다는 발상을 늘 조심스럽게 기피해 왔는데, 이는 결코 우연이 아닙니다. 그들이 한 번도 가사노동을 노동으로 인정하지 않은 이유는, 가사노동이 우리 모두가 하는 유일한 일이기 때문입니다. 신발 공장에서 일하는 여성 노동자 이삼백 명을 마주하는 일과, 주부 수백만 명을 마주하는 일은 매우 다릅니다. 게다가 공장에서 일하는 여성 노동자는 모두 주부이기도 하므로, 공장 노동자 이삼백 명과 주부 수백만 명이 힘을 합치는 상황에 맞닥뜨리는 일 역시 또 다른 문제일 테지요.

오늘 이 광장에서 우리는 바로 이 가사노동을 의제로 삼으려고 합니다. 오늘 이 순간, 우리는 처음으로 한데 뭉쳤습니다. 우리는 우리가 모두 하고 있는 일을 중심으로 자발적으로 조직화하여 수백만 여성의 힘을 모으고자 합니다.

따라서 가사노동 임금 지급 요구는 권력을 직접적으로 요구하는 행동입니다. 왜냐하면 가사노동은 수백만 여성 모두가 공통으로 하는 일이기 때문입니다.

수백만 명이 단합하여 요구하면 우리는 정말 큰 힘을 가질 수 있습니다. 이 광장에 모인 우리들만 해도 벌써 상당한 숫자가 모였습니다. 그렇게 하면 이제 우리가 집을 나설 때 더 이상 약한 위치에 있을 필요가 없습니다. 우리는 가사노동 환경을 새롭게 만들 수도 있습니다. 내 마음대로 쓸 수 있는 돈이 있다면 식기 세척기를 구입할 수 있을 테지요. 죄책감을 느낄 필요도, 식기 세척기를 사달라고 남편에게 몇 달 동안 구걸할 필요도 없습니다. 설거지를 하지 않는 남편이 식기 세척기 따위는 필요 없다고 생각해도 상관없습니다.

그러니까 내 돈이 있다면, 내 손에 임금이 주어진다면, 가사노동 환경을 바꿀 수 있습니다. 또, 나가서 일하고 싶은 때를 선택할 수 있습니다. 가사노동을 한 대가로 12만 리라를 받는다면, 나는 절대, 두 번 다시 6만 리라에 나를 팔아 섬유공장에 나가거나, 누군가의 비서가 되거나, 계산원 혹은 영화관 안내원이 되지 않을 겁니다. 마찬가지로 내게 일정한 금액의 돈이 있다면, 수백만 여성의 힘이 있다면, 나는 영향력을 발휘하여 서비스, 어린이집, 급식소, 그리고 노동 시간을 줄여 사회생활을 할 수 있게 해 주는 모든 시설을 완전히 새롭게 만들 수 있을 겁니다.

다른 이야기를 해 보려 합니다. 오랫동안 남성 노동자들은 노동 시간 단축과 임금 인상을 요구하며 투쟁에 나섰고, 이 광장에 모였습니다. 최근 10년간의 투쟁이 특히나 격렬했지만 남성 노동자 투쟁은 늘 있어 왔던 일이지요. 마르게라항*에 있는 공장 여러 곳에서 파업과 투쟁이 다수 일어났습니다. 우리는 남성 노동자들이 마르게라항에서 행진을 시작해 미스뜨레 다리를 건너 이곳 광장에 다다랐을 때를 분명히 기억합니다.

하지만 분명히 합시다. 그 어떤 파업도 총파업은 아니었습니다. 노동 인구의 절반이 파업하는 동안 다른 절반은 집 안 부엌에 있었다면, 이는 **총파업**이 아닙니다. 우리는 총파업을 본 적이 없습니다. 남성, 대개는 큰 공장에서 일하는 남성들이 거리로 나서는 것을 보았을 뿐입니다. 그동안 그의 아내와 딸, 누이, 어머니는 부엌에서 요리를 하고 있었습니다.

오늘 이 광장에서 가사노동 임금을 외치며 결집한 일을 시작으로, 우리는 우리의 노동 시간, 우리의 휴가, 우리의 파업, 그리고 우리의 돈을 안건으로 상정합니다.

우리가 하루 노동 시간을 13시간 이상에서 8시간이나 그 이하로 줄일 수 있는 힘을 쟁취할 때, 또 일요일과 방학에도 쉴 수 없는 우리를 위해 휴가가 안건으로 상정될 때, 그제야 비로소 노동 계급의 '총'파업을 처음으로 이야기할 수 있을 것입니다.

1974년 3월, 미스뜨레, 이탈리아

가사노동과 1970년대 이후 이탈리아 페미니즘 운동

선진 자본주의 국가를 비롯한 전 세계 여러 지역의 페미니즘 논의 및 여성 운동에서는 노동을 항상 중심 주제로 다뤄 왔다. 이 논의들은 다양한 경제 및 사회정치 체제에서 공통적으로 나타나는 불평등을 역설한다. 말하자면, 여성은 가사노동을 보수도 받지 않고 해야 할 뿐만 아니라, 다른 일을 하면서도 가사노동을 추가로 하는 게 당연시된다. 여성이 산업계에서 일하든, 서비스 분야에서 일하든, 소위 '제3세계'라고 불리는 곳처럼 땅을 경작하여 농산물이나 잡화를 시장 가판대에서 판매하든 모두 마찬가지다.

동시에 여성 섹슈얼리티 역시 매우 중요한 주제로 부상했다. 몸이라는 주제와 매우 밀접하게 얽혀 있는 여성 섹슈얼리티는 노동이라는 주제 안에서 논의되면서 근본적으로 재정의되었다. 실제로 노동의 조직화, 특히 가사노동의 조직화를 분석하면서 가족 및 사회 생산성 면에서 여성 섹슈얼리티를 덮고 있던 베일이 벗겨졌다. 다시 말해, 여성 섹슈얼리티가 자신과 자기 욕망을 위한 게 아니라 본질적으로 타인을 재생산하는 성격을 가졌음이 드러난 것이다. 같은 맥락에서, 여성을 출산 기계로 바꿔 놓음으로써 여성의 몸을 부정하는 일 또한 규탄의 대상이 되었다.

노동 분석에서 출발한 '가사노동 임금' 운동은 남성이든 여성이든 실제로 가사노동을 제공하는 자에게 임금을 지급하라고 요구했다. 이 요구를 바탕으로 이탈리아 및 다른 유럽 국가들, 그리고 북미에서 조직적인 활동 분야가 정립되고 매우 활기찬 토론의 장이 형성되었다. 1970년대 초반, 가사노동 임금 제안이 다양한 함의를 품고서 분명하게 표출되었고, 이후 관련 논의가 지지를 얻거나 격론을 불러일으키며 매우 다양한 국가로 계속 확산했다. 가사노동 임금 제안은 특히 1980년대에 남녀평등을 위한 조치들이 늘어나면서 페미니즘 논쟁에서 핵심적인 위치를 차지했다.

페미니즘의 추동력은 국가마다 다르게 다양한 방식으로 표출되었다. 여기서는 정신분석학적 접근과 '자기 인식'self-awareness의 실천만 언급하려고 한다. 정신분석학적 접근은 프랑스 페미니즘에서, '자기 인식'의 실천은 이탈리아 페미니즘에서 큰 비중을 차지했는데, 이탈리아는 어떤 면에서 미국의 '의식 고양'consciousness raising에 빚을 졌다고 할 수 있다. 전체 국가 차원에서 논의하자면, 최근 이탈리아 페미니즘의 두 가지 주요한 외형은 '가사노동 임금'과 '자기 인식'이라 하겠다. 단, 페미니즘 운동과 같이 격동하는 현실을 도식화하는 데는 한계가 있을 수밖에 없다는 점을 밝혀 둔다.

주목할 만한 지점은, 1970년대 이탈리아가 매우 특수한 투쟁 지형, 즉 주요 공장들에서 시작하여 대학, 학교, 그리고 더 넓은 사회적 맥락 속으로 퍼져간 투쟁 지형을 보여 주었다는 사실이다. 당시 제도권 밖 정치 논쟁은 몇몇 주요한 지점에서 전통적 맑스주의와는 거리가 있었다. 이를 잘 보여 주는 예로, 노동 이데올로기에 저항하여 노동을 거부한 일, 생산 수단 공유화가 자본주의와 사회주의를 가르는 구분선이라는 가정을 폐기한 일을 들 수 있다. 국가는 자본주의 전략이 복합적으로 구현된 것이라고 이해되었고, 다양한 운동의 요구를 관철시킬 수 있는 특권을 가진 대상으로 부각되었다. 이런 흐름 속에서 이탈리아 페미니즘 운동은 '노동과 노동 거부'라는 중심 주제를 다른 국가들보다 더 강조했고, 특히 여성성이 노동(가사노동, 재생산 노동)임을 밝혀내고 그 지점을 비판했다. 그리고 이 노동 비용을 국가에 이양하고 노동 시간을 축소하라고, 주로 이런 형태의 노동을 공급하도록 강요받는 기본 조직 단위인 가정을 분쇄하라고 요구했다.

이는 가톨릭 전통 및 공산주의 전통 모두와의 중대한 단절을 의미하는 완전히 새로운 요구였다. 가톨릭 전통에서 여성은 가사노동[1]을 희생과 사명으로 강요당했고, 공산주의 전통에서는 가사노동이 무시되거나 후진성을 드러낸다고 낙인찍혔다. 공산주의 전통은 여성 해방을 위해 집 밖, 가능하면 공장에서 일할 것을 촉구했고, 이를 유일하게 정당한 형태의 해방으로 제시했다.

1960년대 말 노동자와 학생들이 벌인 대투쟁은 1970년대 페미니즘 운동이 출현하는 토대를 마련했다. 초기부터 페미니즘 운동을 이끈 주인공들, 다른 여성들과 결집하여 페미니즘 단체를 만든 중심 세력들은 학생 운동, 노동자 운동, 원외 단체 활동에서 정치적 주체로 드러나지 않는 경험을 했다. 공장의 피켓 라인은 '임금 상승, 노동 시간 단축!'을 연이어 외치지만, 가정 전선에서 임금을 받지 못한 채 노동하는 여성들은 '우리의 돈을 달라, 노동 시간은 8시간 이하로!'부터 시작해야 했다.

학업 중인 학생들이 '적정 임금'을 요구하는 상황에서 임금을 한 푼도 받지 못하는 주부 1천만 명을 무시할 수는 없었다. 학생들이 '무상 통학, 무상 급식!'을 요구하며 목소리를 높이는데, 유치원에 대해서는 뭐라고 말해야 할까? 유치원을 만들어 달라는 요구는 항상 있었지만 받아들여진 적은 거의 없었다. 드물게 타협이 이뤄진 경우조차, 여성은 집안일을 하는 시간을 하나도 줄이지 않고서 집 밖에서 부업 정도를 할 수 있을 뿐이었다. 이처럼 투쟁 지형은 새로운 모순들이 점점 더 많이 터져 나오는 지뢰밭으로 변해 갔다.

생산적/비생산적 노동에 대한 논쟁이 공장과 사무실을 중심으로 활활 타오르는 동안, 가정은 또 하나의 공장, 즉 노동력을 생산 및 재생산하는 장소로 여겨졌다. 일반적으로 가정 안에서 여성은 문헌에서 주장하는 바와 같이 단순히 억압당했다기보다는 착취당한 쪽에 가까웠다. 여성은 노동 일수 제한이 없고, 임금·휴가·연금이 없으며, 사회 원조도 없는 형태의 노동, 즉 가사노동에 갇혀 있었다.

가사노동의 생산성을 논의한 결과 서로 다른 결론을 내놓는다고 해서 페미니즘의 요구 사항이 달라지진 않았겠지만, 어쨌든 가사노동의 생산성 논의는 계속 이어졌다. 가사노동의 생산성은 당대의 필수 주제였고, 페미니스트들보다 남성들이 이 주제에 더 열성적이었다. 생산적이든 아니든, 여성들은 보통 말하는 부불 노동에서 벗어나겠다는, 또 여성이 사회적 정체성을 가지려면 필수적으로 해야 하는 일에서 자유로워지겠다는 단호한 결심을 굽히지 않았다. 페미니즘 운동이 출현하면서, 여성들은 타인의 재생산에 더 많이 이용될수록 더 여성에 가까워지고 더 여성으로 받아들여진다는 생각을 없애겠다는 투지가 타올랐다. 여성에 대해서 등장한 당시의 수많은 정의 가운데 대표적인 것 하나를 꼽자면, '여성은 가정에 불가피한 일이 생기면 자기가 무슨 일을 하고 있었든 간에 그 일을 중단해야 한다고 여기는 사람이다'를 들 수 있다.

가정을 생산의 다른 한 축으로 볼 때, 가정에서 당신이 하는 노동을 '생계 부양' 또는 생계 부양의 몫과 교환하는 바로 그 미심쩍은 '편리성'은 참을 수 없을 정도로 빈약하다는 게 드러났다. 당시의 교육·사회화·정치화 수준이 투쟁을 거치면서 한 단계 더 발전한 결과, 여성이 단지 경제 발전 계획이나 경제 위기 상황에서만 쓸모 있는 가족 구조의 부속물이 아니라 사회적 개인으로서 자아를 재정립해야 한다는 요구를 더는 미룰 수 없었다. 사회적 개인으로서 자기 존재를 재정립하려면 무엇보다도 자신의 성정체성부터 재정의해야 했다. 이는 여성의 섹슈얼리티를 출산 및 재생산 노동이라는 하나의 기능으로 왜곡하는 장소인 가정에 맞서서 투쟁하는 걸 의미했다. 따라서 여성은 자신의 물질적 환경과 관련된 투쟁을 시작할 필요가 있었다. 그래야 기본권을 쟁취하고 종속적인 시민 상태를 극복할 수 있었다. 하지만 이 투쟁은 근본적으로 여성이 자신의 정체성과 삶의 과제를 결정할 권리, 무엇보다도 그 삶의 과제를 바꿀 수 있는 권리를 찾으려는 싸움이었다.

여성들은 1960년대 말과 1970년대 초 사회 투쟁들에서 (높은 생활비, 주거비, 혹은 교통 요금 등 높은 공공요금에 이의를 제기함으로써) 노동 계급의 임금을 지키려고 노력했으나, 여성의 이런 노력은 임계점에 도달했다. 이 투쟁들은 여전히 가족 구조를 지키려는 것이었지, 여성 자신의 개별성, 공간, 부富를 되찾고 재정립하려는 것은 아니었다.

국가는 1960년대 말에 임금을 둘러싸고 일어난 정치 투쟁 및 그 투쟁이 폭넓게 끼친 파문에 대응했는데, 이 국가의 대응이야말로 투쟁이 사회에 남긴 것이라고 할 수 있다. 이를테면, 국가의 대응 결과 생산 구조조정, 탈중심화, 시장 탈안정화, 급속한 인플레이션, (특히 남성의) 실업 증가가 발생했다. 요컨대, 1970년대에 국가가 주도한 위기 관리 정책의 결과로 가족의 구조 및 기능이 광범위하게 수정되었다.

무엇보다 남성의 일자리 및 임금 안정성이 심하게 공격받으면서 주로 남성이 재정 안정을 보장하는 가족 모형이 프롤레타리아와 중산층 모두에서 약화되었다. 남성 부양자와 여성 주부로 이뤄진 이탈리아 가족은 당시까지 뿌리 깊은 위계질서를 특징으로 했는데, 그 위계질서에 균열이 생긴 것이다. 물론 여성이 가사노동 외에 불법이나 시간제로 종종 일하면서 가계 수입에 기여한 측면을 결코 무시할 수는 없다. 1970년대 초반까지도 위의 모형이 전형적인 가족 모형이었음을 고려하면, 다른 많은 산업화된 국가와 마찬가지로 1964년부터 출생률이 특히 급격하게 하락한 건 여성이 자식에게 더 높은 생활 수준을 보장해 주려고 내린 결정이며,[2] 이 결정이 가정의 안정성을 높이는 역할을 했다고 봐야 한다.[3] 이 시기에는 모성 의무 및 아내 역할에서 자유로운 개인이 정체성을 요구하면서 출생률이 하락한 게 아니었다. 정체성 요구로 출생률이 하락한 건 1970년대 들어서였다. '여성들이여, 아이만 낳지 말고 사상도 낳자!'라는 구호는 당시의 태도 변화를 가장 두드러지게 보여 주는 구호 가운데 하나이다.

1970년대는 사실상 모성을 거부함으로써 페미니스트들이 선택한 방향이 명확히 드러난 시기였다. 그뿐만 아니라 결혼을 거부함으로써 가족이라는 삶의 형식에 동의하지 않음을 표명한 시기이기도 하다. 노동 거부를 살펴보면, 1970년대 이전에는 자식 수가 감소하여 노동을 덜 하게 되긴 했지만 이는 여전히 삶의 보편적인 질서인 가족이라는 테두리 안에서 일어나는 일이었다. 이후에는 출생률이 더 낮아지고, 심지어 출산 자체를 거부함으로써 가족을 거부하는데, 이는 페미니즘적 자율성에 중점을 두고 일어난 일이다.

1972년 이후 생산이 재편되면서 한편으로 전방위적 기술 혁신이 공장에 도입되고, 예전 산업 중심지에 존재하던 특정 직업 구조가 점진적으로 해체되었다. 그러나 다른 한편으로는 생산이 새로운 지역으로 분산되었다. 바로 이 생산의 탈 중심화라고 불리는 것 때문에 노동 기회가 더 확산하고, 새로운 세대의 젊은 남녀는 물론 노인들까지도 종종 '암시장' 같은 불법적인 방식으로 임금을 벌어들였다. 여성은 남성의 임금이 보장되지 않아 부양을 받을 수 없는 객관적인 상황과 맞닥뜨리는 한편, 주관적으로 행동 방향을 결정하기도 했다. 여성들은 부불 재생산 노동을 점점 더 단호하게 거부하고, 가정이 기존의 삶의 방식을 규정하고 자신의 운명이 가정의 의무에 예속되는 한 가정 자체를 거부하기로 했다. 하지만 여성들은 무엇보다도 자기 운명을 구축하는 여정에 필요한 자기 소득을 얻으려고 했다. 이런 맥락에서 새로운 노동 시장은 더욱 유연하고 유동적인 노동력에 관심을 가지고 있었으므로 여성들에게 더 많은 일자리를 제공했다.

1972년부터 1979년까지 공식적인 여성 고용이 141만 5천 건 증가했다.[4] 이들 가운데 대다수는 서비스 부문에, 상당수는 산업계에 진입했다. 1978년에서 1980년 사이, 피아트 한군데에만 여성 1만 5천 명이 고용되었다. 그 외 다른 곳에서는 대다수 여성이 미신고 '불법' 노동에 고용되었다. 페미니즘 운동의 주요 투쟁들이 특히 1974년에서 1976년 사이 대중적인 차원에 이르면서 절정에 달하자 임신 중절, 이혼, 가족 계획 클리닉, 가족법 개혁, 직장 내 평등을 망라하는 각종 입법 조치가 시행되었다. 이 입법 조치들은 여성 노동력이 제약과 한계에서 어느 정도 벗어날 수 있도록 고안되었다. 자본이 여성 노동력을 활용하여 얻을 수 있는 이익을 생각한다면, 이런 제약과 한계는 이제 시대착오적이었다. 가족 조직이 사실상 더욱 평등해진 것은 이때였다. 이 가족 모형 안에서는 남녀 모두 불안정한 일자리를 가지고 있거나, 여성 일자리의 안정성과 남성 일자리의 불안정성이 대등하여 아이와 노인을 포함한 모두가 가계 수입에 기여한다. 이제 사람들은 이것을 가족이라고 주장했다. 가족은 여전히 노동력 공급을 통제하고 가계 수입을 형성하기 위한 장소였으나, 가족의 위계질서는 확실히 남성에게 덜 유리한 쪽으로 기울어 있었다. 비록 여성이 주로 재생산 노동을 책임지는 상황은 달라지지 않았지만 말이다.

이 새로운 가족과 새로운 노동 시장의 관계에 대해서 논쟁이 오랫동안 지속되고 조사도 많이 이뤄졌다. '여성 측'에서 내놓은 학술 연구는 거의 대부분 새로운 노동 시장에서 새로운 가족이 가지는 기능에 초점을 맞췄다. 여성이 집 밖에서 하는 노동에 대해서도 집중적인 조사가 이뤄졌는데, 이런 조사들은 집 밖 노동 자체보다, 집 밖 노동과 가사노동이 양립 가능한가를 중요하게 다뤘다. 다른 연구들은 1960년대 말 '위대한 거부' 이후 임금 노동의 기회가 계속 증가한 결과 1970년대 가족 단위들이 적정한 생활 수준을 유지할 수 있었음을 지적한다.

하지만 이런 해석들은 당시 전반적인 상황의 한 단면만을 이해한 것이다. 실제로 남녀 모두 상품 및 서비스 생산 노동을 할 수 있었던 건 분명한 사실이지만, 노동력 생산 및 재생산 노동은 그렇지 않았다. 여성들은 노동력 생산 및 재생산 노동을 두고 지속적으로 더욱 뚜렷한 거부 의사를 밝혔다. 페미니즘 운동이 처음 시작할 때부터 외친 요구, 즉 노동력 생산 및 재생산 노동에 임금을 지급하라는 요구 앞에서 국가는 사실상 무력했다.[5] 노동력 재생산과 가장 밀접하게 관련된 재정 및 서비스 관련 국가 예산이 1970년대 후반기에 더욱 삭감되었다. 한편, 타인을 재생산하는 노동을 할 수 없다고 선언하는 여성층은 점점 더 확대되었다. 여성들은 재생산 노동이 아닌 임금 노동으로 자기 삶을 보장받겠다는 결심을 밝혔다.

여성들의 행동에 중앙 정부가 아무런 대응을 하지 않았다는 게 중요하다. 가장 잘 알려진 사례 가운데 두 가지만 언급하자면, 당시 여성들이 유치원으로 만들어 달라며 건물을 점거한 상황, 아예 아이를 데리고 직장에 나갔던 상황을 들 수 있다. 여성들이 이런 행동을 하여 지방 정부나 개별 고용주에게 산발적이고 일시적인 대응을 이끌어 냈을 때조차, 중앙 정부는 가사노동의 수천 가지 과업을 지불 노동 시간으로 인정하기는커녕 최소한 양육이라도 책임지겠다는 모습조차 전혀 내비치지 않았다. 고용 여성 수만 늘어난 게 아니라 노동력을 제공하려는 여성도 늘었다. 다시 말해, 스스로 실업자 혹은 생애 최초로 직장을 구하고 있다고 밝힌 여성 수가 증가했다. 이와 마찬가지로 의미심장한 사실은, 과거와 달리 일하는 어머니들이 아이 때문에 직장을 떠나지 않았기에 보통 25세부터 35세

사이 여성이 노동 시장에서 물러나는 현상도 없었다는 점이다.[6] 오히려 여성들은 계획적인 무단결근을 활용했다. 여성의 무단결근은 1970년대에 이미 높은 수준이던 남성의 무단결근과 비교하면 거의 두 배 수준에 달했다.

그러나 우리가 늘 가정하듯이 한 집안을 꾸려 나가는 데 필요한 총 가사노동 시간이 보통 8시간을 훨씬 더 초과한다고 할 때, 다른 일에 더해서 가사노동까지 어떻게든 '두 배로' 해 내는 여성의 수가 증가했다고 단순히 주장한다면, 여성 고용과 여성 노동력 공급 둘 다 늘었다는 사실이 쉽게 이해되지 않을지도 모른다. 집 밖에서 일을 많이 함으로써 집 안 노동을 더 '합리화'시키거나 혹은 새로 받은 임금으로 새 가전제품을 구입할 수 있다. 하지만 페미니즘이 아무리 가사노동을 더 분담하게 만들고 가정 안에서 전보다 평등한 형태의 협력(이 협력은 남성의 일과 양립할 수 있는 한에서만 가능하다)을 이끌어 낸다 해도, 전형적인 가족(어머니, 아버지, 자식 한두 명)을 재생산하기 위해서 공급되는 것인 한 가사노동은 일정량 이하로 줄어들 수 없다.

따라서 여성의 집 밖 노동 확대는 다음 두 가지 유형으로 설명할 수 있다. 첫 번째로, 어떤 여성에게 앞서 언급한 유형의 가족이 있고 자기 자신은 집 밖에서 정규 노동을 하고 있다면, 가사노동은 대부분 일가친척(대개는 남편의 어머니나 아내의 어머니)이나 제3의 여성, 즉 유색 인종 혹은 백인 가정부가 한다. 그리고 이 여성이 받는 임금의 대부분은 가사노동을 하는 여성의 임금을 지불하는 데 쓰인다. 실제로 지불 가사노동은 1970년대 초반에 감소한 이래로 다시 뚜렷한 증가세를 보였다. 전체 가정부 가운데 신고를 하지 않고 비공식적으로 일하기를 선호한 사람이 상당했는데도, 가정부를 쓰는 것으로 보고된 가정은 1974년 63만 가구에서 1977년 130만 가구로 늘어났다. 특히나 가정부들이 '몰래 하는 부업'을 더 편리하다고 생각한 이유는 남편의 건강 보험 혜택을 계속 누릴 수 있었기 때문이다. 가정부 일로는 건강보험 혜택을 받지 못했고, 남편은 아내를 부양한다는 명목으로 받는 가족 수표를 계속 쓸 수 있었다.[7] 두 번째로, 문제를 한 차원 더 높이 가져가면, 가정을 이루고 아이를 낳고 남성을 재생산하는 책임을 떠맡지 않으려는 여성의 수가 점점 더 늘어갔다.

이 두 번째 유형은 정치적으로 보다 더 의미심장한 행위이다. 이 행위 유형은 가정과 노동 시장의 관계에서 항상 소홀히 다뤄온 측면을 강조한다. 즉, 점점 더 넓은 층의 여성들이 새롭게 집 밖에서 일할 준비가 되어 있는 데에는 아이를 가지거나 남성과 결혼 혹은 동거를 하지 않겠다는 결정이 전제로 깔려 있었다. 이는 정확히 하나의 임금으로 두 가지 일(여성 자신의 일과 가정부의 일)을 하도록 강요당하지 않기 위해서였다. 그게 아니라면 여성들은 집 밖에서 하는 일의 범위를 아이를 가지거나 남성과 함께 사는 일과 양립 가능한 선으로 제한해야 한다. 혹은 남편의 소득이 충분하여 가정부에게 임금을 주기 위해 아내의 임금을 쓰지 않아도 되는 경우를 생각해 보자. 이 경우, 여성이 남성과 가정을 이루지 않는 이유는, 흔히 사회적 지위를 통한 중재 및 공모 관계를 거부하기 때문이다. 이런 관계는 여성의 정치적 정체성을 소멸시킬 가능성이 매우 높았다.

어떤 경우든, 모성을 거부하는 행위에는 투쟁이 낳은 일련의 가치와 국가를 겨냥한 권력 행사가 언제나 발현된다. 반면에 포스트페미니스트들이 잉크가 마를 새도 없이 엄청나게 써 내려간 '모성의 재발견'은 그렇지 않다. '모성의 재발견'이라는 접근법은 근본적인 착오를 범하고 있다. 이탈리아를 포함한 여러 국가의 프롤레타리아층에서 모성을 위한 환경 조건이 점점 더 악화하면서 모성을 선택하는 게 사실상 '사치'가 되었다는 점을 이 접근법은 간과하고 있다. 몇몇 저자들은 자기 경험을 토대로 모성을 칭송하는 증언을 하지만 실제로는 위증인 경우가 많다. 무엇보다 그들은 자기 자신이나 남편이 안락함을 보장하는 수준의 소득을 누리고 있다는 점, 또 몇몇 특권적 직업을 가진 덕분에 시간을 아주 융통성 있게 쓸 수 있다는 점에 기초하여 증언하지만, 이 사실을 언급하지는 않는다.

앞서 살펴봤듯이, 1970년대에는 출생률이 더 떨어지고 사생아 출산은 증가했다. 하지만 이전 시기와 다르게 1970년대 상황은 페미니즘적 자율성을 표명하는 것이다. 여성은 재생산을 통해 정의되기를 거부하고, 삶의 선택지를 다양화하여 자신을 스스로 정의하고자 했다.

여성의 출산 거부는 결혼 거부(그리고 법적 이혼 소송 건수의 증가)와 함께 일어났는데, 인구통계학자들도 여성의 결혼 거부가 지난 10년간 일어난 가장 역동적인 요인이라 여긴다. 법적 결혼을 하지 않고 동거하는 유형들은 근본적으로 정서적, 낭만적 관계 구조에 들어맞지 않았다. 이런 동거 유형과 더불어, 규정하기 어려운 결합 및 관계, 여성이 혼자 (혹은 자녀나 다른 여성들과 함께) 사는 행위 양식이 매우 광범위하게 퍼져서 가톨릭 관련 학자들까지 주목할 정도였다. 여기에는 전형적이지 않은, 각양각색의 가족 유형도 있었는데, 비사법적으로 인가받은 가족도 그중 하나였다. 평론가들은 심지어 일반적으로 말하는 전통적인 가족과 더 이상 아무 관련도 없는 재생산 환경 및 방식을 기술하는 데까지 나아갔고, 독신자와 '가족 공동체'를 나란히 이야기했다. 여성이 가족 혹은 남성과의 동거조차 거부한 이유는 이런 관계에서는 여성이 져야 할 책무에서 자유로워지기가 매우 힘들기 때문이다. 여성은 단순히 가정 안에서 하는 여성의 역할이나 가사노동의 물질적 과업만 거부한 게 아니라, 재생산의 심리나 정서적 측면을 비롯한 여러 다른 측면들과 관련된 활동 역시 거부했다.

그리하여 1970년대에는 재생산이 여성에게 주요한 투쟁 지형이 되었다. 여성들은 재생산을 일정 수준까지 거부하여 여러 다른 일을 할 수 있는 힘을 비축했다. 집 밖의 일과 관련하여 여성은 다양한 선택지를 가질 수 있었고, 교섭하고 결집하는 순간을 만들거나 남성의 요구 및 가족을 위한 책무가 아닌 다른 방식으로 자신을 인식하는 일이 가능해졌다. 심지어 아이를 갖기로 결심한 여성들까지도 아이 갖기를 종종 미뤘다는 건 상당히 의미심장하다. 이는 지난 수십 년을 묘사하는 특징인 '가족의 편리성'과 비교되는 모습이다. 당신이 35세나 40세가 되어 아이를 가지는 이유는 그전까지 이런저런 삶의 과제를 추진해 왔기 때문이다. 다르게 말하면, 당신은 지속적인 재정 자율성을 구축하려고 애를 썼다.

이와 관련하여 엄청나게 많은 논의가 있었는데, 여기서는 핵심 내용만 간략히 언급하겠다. 임신 중절, 여성 동성애, 그리고 그보다 덜 두드러지지만 성매매를 두고 일어난 많은 투쟁들이 부불 재생산 노동을 거부하는 추세와 맥을 같이 했다는 점을 다시 한번 강조할 필요가 있다.

임신 중절 합법화 투쟁은 실제로 돈은 물론이고 죽음이나 신체 부상, 투옥으로 임신 중절의 대가를 치르는 상황을 멈추는 문제였다. 그뿐만 아니라 가장 극단적인 가사노동 거부이기도 했다. 아이가 태어나면 가사노동 공급이 양적, 질적으로 급증한다는 데는 사실상 의심의 여지가 없다. 따라서 모성에 대한 여성의 자기 결정이 강조됨과 동시에, 아이가 생길 때마다 늘어나는 가사노동을 분명하게 거부할 가능성에 대한 자기 결정도 강조되었다. 모성은 더 이상 자기 인식을 위해 당연히 거쳐야 하는 상태, 성 경험의 불가피하거나 우연한 결과로 받아들여지지 않았다.

여성 동성애는 1970년대에 공개적으로 정치적 요구를 할 수 있는 힘을 쟁취했다. 이 역시 매우 시급한 요구였다. 왜냐하면 여성 동성애가 성적 선택에 관한 자기 결정권의 문제일 뿐만 아니라, 재생산 노동이 더 평등한 경향을 보이는 관계 구조 안에서 제공되는 한 재생산 노동 정도를 더욱 줄이는 일이기도 했기 때문이다. 가사노동을 분담할 때는 남성보다 여성과 관계를 맺는 쪽이 합의점을 찾기가 더 수월했는데, 여성과의 관계에서는 가사노동이 성 역할에 따라 분담되지 않았기 때문이다. 덧붙이자면, 페미니즘 운동에서 정치적 연구, 투쟁, 논쟁을 만들어가는 일은 거의 전적으로 여성들 사이에서 이뤄졌기 때문에, 남성보다는 여성을 위해 재생산 노동의 수고를 들이는 편을 더 선호하는 분위기였다. 그렇게 하는 편이 여성이 경험하는 사회성의 유형과 더 잘 맞았고, 올바른 표현인지는 모르겠으나 정치적으로 보다 더 '생산적'이었기 때문이다. 어찌 됐든 문제는 합법화를 쟁취하는 데 있기보다는 직장 내 협박 및 이혼 소송에서 아이를 데려갈 권리를 부정하는 방식으로 국가가 여성 동성애를 처벌하는 것을 무효화하는 데 있었다.

성매매 역시 문제는 합법화가 아니라 다른 여러 국가와 마찬가지로 성매매 범죄화를 반대하는 데 있었다. 즉, 처벌을 무효화하고, 성매매를 직접적으로 공격하진 않지만 성매매 처벌을 간접적으로 지지하는 입법 조치를 폐지하자는 것이다. 어쨌든 성매매 범죄화는 계속 견고하게 유지되었는데, 성매매가 결혼 관계에서 이뤄지는 교환의 필수 조항을 거부하는 활동이었기 때문이다. 성매매는 부양을 대가로 무제한 노동이나 재생산을 제공한다는 개념을 거부한 채 주어진 성적 과업들을 돈과 직접 교환하는 활동으로 볼 수 있다. 가사노동의 주요 과업인 성

행위가 더 이상은 결혼할 때 하는 '사랑의 협약'(사랑으로 하는 노동)으로[8] 신비화되지 않는다는 사실, 그리고 성행위가 단지 '부양'을 받는 대가로 이뤄지는 게아니라 돈을 매개로 직접 교환된다는 사실 때문에 성매매는 항상 최고 수준의범죄로 여겨졌고, 문제의 여성들은 고립돼야 마땅했다. 따라서 1970년대에 일어난 성매매 관련 투쟁은 극도로 힘겨웠지만, 계급투쟁 논쟁에서 대개 무시당한 쟁점에 보편적 관심을 불러일으켰다는 점에서 가치가 있었다. 이런 관심 덕분에 일련의 명시적 요구들이 추후 뿌리내릴 수 있는 토양을 다졌다.

1982년, 이탈리아 베네치아에 인접한 뽀르데노네에서 〈성매매여성인권위원회〉가 설립되었다. 성매매 여성들은 자체적으로 신문과 권리 헌장을 만들고, 다양한 장에서 무수히 많은 토론을 벌이며 그들이 갇혀 있던 게토를 부수고 밖으로 나왔다. 특히, 부가적인 벌이든 생업이든, 성매매 일은 다소 불확실한 수입원이 되기도 했다. 1970년대에는 더 많고 더 다양한 사회 계층 출신의 여성들이 성매매 일을 했다. 1980년에는 최소 100만 명의 이탈리아 여성이 성매매 일을 하는것으로 추산되었는데,[9] 이는 상당히 과소평가된 수치로 알려져 있다. 게다가 점점 더 많은 여성이 단순히 생존하려고가 아니라 소비 증가 추세를 충족시키려고이런 형태의 노동을 한다고 인식되었다.

오늘날 우리는 여성의 노동 및 노동 거부와 관련하여 다시 한번 중요한 순간에 이르렀다. 한편으로는 임금 노동의 기회가 점점 더 광범위해지고 있고, 이를긍정적으로 바라보며 부불 재생산 노동을 거부하는 추세가 확고하게 자리 잡았다. 다른 한편으로는 출생률이나 혼인율이 특별히 되살아나지 않았을 뿐만 아니라, 1977년부터 1982년까지 여성 노동 인구의 증가분이 남성보다 대략 두 배가량높았다. 남성 노동 인구가 46만 9천 명 늘어난 반면, 여성 노동 인구는 87만 2천명이 늘어난 것이다. 그런데 실제로는 노동력을 제공하려는 여성의 3분의 2만 일자리를 구했다. 같은 기간 여성 노동 시장의 경향을 분석해 보면, 여성 고용 면에서 다음과 같은 사실을 알 수 있다. 먼저, 농업 분야의 여성 고용은 계속 감소했으나 산업계 여성 고용은 변동이 없었다. 산업계 여성 고용은 종업원 수가 200명에서 499명까지인 중소기업에서 집중적으로 이뤄졌는데, 중소기업에 고용된 종업원의 30%가 여성이었다. 서비스 분야는 여성 고용이 증가하여 1982년에는 총 고용의 58%를 여성이 차지했다.

1982년 이탈리아에는 여성 656만 1천 명이 일을 하고 있었고, 1983년에는 그 수가 662만 1천 명이 되었다.[10] 또한, 스스로 실업자 또는 생애 최초로 직장을 구하고 있다고 밝힌 여성의 수도 늘어났다. 반면, 여러 심각한 제약이 여성 고용을 짓눌러 여성 고용 증가율은 이미 둔화되는 모습을 보이고 있었다.

1980년대는 초소형 전자공학이 급격히 확산하면서 이전까지 가장 주요하게 여성 고용 성장을 이끈 서비스 분야가 탈바꿈했다. 그 결과, 새로운 일자리를 만들었을진 모르나 일자리 선택의 자유가 줄어들 수 있다는 두려움도 불러왔다. 이 두려움의 이유가 단지 '합리화가 심화되면' 일련의 작업을 초소형 처리 장치들이 대신하기 때문만은 아니었다. 여성을 위한 교육 과정이 마련되지 않았기에, 구조 조정으로 생겨난 새 일자리를 채우거나 무엇보다도 사용 중인 기계가 급속히 노후화 및 교체되면서 업무가 변화하는 데 대응할 수 없었다는 점도 두려움의 주요 원인이었다. 이와 함께, 당시엔 이탈리아에서 실현되기 전이지만 모든 기술 선진국과 마찬가지로 여성에게 집에서 비디오 단말기를 사용하여 파견 근무를 시키려는 계획도 있었다. 무엇보다도 서비스 분야와 관련된 공공 지출 제한 정책을 간과해선 안 된다. 이 정책의 결과 정부 급여를 받는 공무원 수가 감소하고 고용 기회는 보편적으로 축소되었기 때문이다. 고용 기회 축소는 특히 계획적인 무단결근 맹비난, '영유아 수당' 수급권 억제를 통해 이뤄졌다. 이 수급권이 있으면 일부 공무원은 비교적 이른 나이에 수당을 받을 수 있었다. 이 모든 일은 여성 고용이 더 성장하는 것을 심각하게 제한하고, 서비스 분야가 가진 다른 경제 분야의 손실을 보상하는 역할을 무력화하는 요인이다.

적절한 근거에 기반하여 예측해 보자면, 향후 몇 년간 사회적 틀은 다음 좌표에 따라 결정될 것이다. 출생 건수가 더욱 감소하고, 여성과 노인이 노동 시장에 계속 남아 있도록 압력이 심화되며(노인의 경우, 인플레이션으로 연금 및 소득이 점점 더 줄어들기 때문에 노동 시장에 남아 있어야 한다는 압박감이 그 어느 때보다도 크다), 새로운 기술이 확산하고, 교육이 확대되며(하지만 새로운 생산 과정에 적합한 교육이 누구를 위해, 또 얼마나 많은 사람들을 위해 이뤄질 것인가?), 노동 유연성이 심화되고, 시간제 노동이 늘어날 것이다. 현재 이탈리아 내 제도권에서 이뤄지는 논쟁은 노동 비용보다는 고용 수준에 초점이 맞춰져 있다. 그 이유는, 현 체제가 현재의 실업 수준[11] 및 가까운 미래의 실업 수준 모두 견뎌 낼 수 없다고 여겨지기 때문이다. 가까운 미래에 실업으로 가장 혹독하게 타격받을 이들은 청년, 여성, 이민자, 타국으로 이민 갔다가 돌아오는 이들이다. 여성이 타격을 심하게 받는 이유는 새로운 일자리를 찾는 데 더 많은 어려움을 겪기 때문이고, 또한 노조, 정부, 경영 정책이 합심하여 여성을 희생시키려고 하기 때문이다.

주당 노동 시간을 (35시간까지) 축소해서 동일하거나 서로 다른 임금 수준의 일자리를 만들어 내자는 논의가 존재한다. 그런데 전체 노동 시간을 약간 줄이는 일이 중요한 게 아니다. 전체 노동 시간이 감소하면서 임금도 같이 삭감된다면 문제의 소지가 매우 커질 것이다. 중요한 건 보편적인 차원에서 노동이 지금까지와는 완전히 다르게 조직된다는 점으로, 덜 생산적이라거나 덜 중요하다고 여겨지는 기능에 대해서 노동 시장이 더욱 불안정해지고 임금이 더욱 낮아짐을 의미한다. 이런 상황이 널리 받아들여질 것이며, '탈규제'의 필요성을 소란스럽게 떠드는 주장은 이를 더욱 조장한다. 그리고 무엇보다도 청년과 여성이 수준 이하의 임금을 받아들일 준비가 되어 있어야 한다고 사람들은 공공연하게 말한다.

따라서 '초소형 전자공학 혁명'에는 대량 빈곤이라는 수하물이 따라온다. 이런 상황은, 대량 빈곤이 일어날 어떤 필요성이 존재한다면 대량 빈곤 역시 평범한 자본주의 생산 양식의 산물임을 다시 한번 상기시켜 준다. 이 평범한 자본주의 생산 양식에는 오래된 악덕, 즉 여성의 노동으로 만든 '기적'에 기대어 프롤레타리아의 재생산을 쥐어짜는 악덕도 함께 존재한다. 그런데 그런 기적은 일어날 것 같지 않다. 기적이 일어나는 대신 노인, 이민자, 귀환자를 비롯한 남녀 노동자 대부분이 완전히 불안정한 상황 속에서 살아남아야 하는 가혹한 상태로 내몰리게 될 것이다. 노동 시간과 임금이 보편적으로 하락하면서 대부분 사람들에게 출산의 편리성은 오래전에 사라졌을 테고, 출산 가능성은 더욱 줄어들 것이다.

이런 상황에서 개인과 개인 사이에서 기꺼이 재생산을 하려는 의지는 얼마나 남아 있을까? 재생산의 지위는 하락하고, 가사노동의 '기적'은 까발려지고, 연인들은 빛을 잃을진대…사랑의 미래는 어떻게 될까?

5

재생산과 이민

I. 들어가며

1.

　　정치경제학에서는 노동 시장 확대나 축소를 목적으로 국가가 출생률과 생식률을[1] 통제하는 문제를 적어도 19세기 말부터 제기해 왔는데, 명목상으로는 인구를 적정 규모로 유지해야 한다는 게 이유였다. 이 이면에는 국가의 적정 규모 유지, 그리고 제국주의 전쟁의 '총알받이'로 이용할 수 있는 인구와 관련된 문제가 있었다.

　　18세기 마지막 분기부터 출생률이 떨어지기 시작한 프랑스를 제외하면 모든 유럽 국가는 출생률 감소가 19세기에 시작되었는데, 출생률이 떨어지기 시작한 바로 그 시점에 방금 말한 문제가 제기된 건 놀라운 일이 아니다.

　　이 상황의 또 다른 측면은 사람들이 누리는 건강과 행복 수준에 반비례하여 인구가 증가하고 있었다는 점이다. 즉, 생활 수준 향상은 생식률 하락으로 이어졌다.[2] 이는 인구 과잉에 관한 맬서스적인 두려움을[3] 완화시키기도 하지만 한편으로는 적절한 노동력 재생산을 통해 경제 발전이 확보되리라는 정부의 희망 역시 꺾어 버렸다.

국가가 출생률과 생식률을 통제한다는 건 무엇보다도 국가가 여성의 운명을 통제함을 의미한다. 즉, 여성은 '사회적 개인'이 될 수 있는 기회가 줄어드는 대신 경제 성장을 위한, 혹은 경기 침체에 대비한 국가 경제 계획의 부속물 역할만 맡게 된다는 뜻이다.

국가는 오로지 출생률이 지나치게 낮다고 여겨질 때에만 생식률과 출생률의 차이에 관심을 가지고, 낮은 출생률에 대해서는 모든 피임 및 임신 중단 수단을 없애는 것으로 대응했다. 나치즘과 파시즘은 이를 잘 보여 주는 전형적인 사례이다. 비록 그런 정책이 히틀러 치하 독일과 무솔리니 치하 이탈리아 국경 내에서만 실시되고 식민지에서는 실시되지 않았지만 말이다. 한편, 출생률이 적절하다고 여겨지는 한, 국가는 생식률과 출생률 차이를 무시하고 여성이 임신 중절을 하건, 임신 중절을 어떤 방법으로 하건 관심을 두지 않는다.

국가의 태도에 영향을 미치는 모든 독립 변수를 여기서 열거하지는 않겠다. 그러나 출생률을 조정하거나 정도는 덜하지만 생식률을 조정하는 국가의 이해관계가 시공간에 따라, 또 가장 중요하게는 같은 지역 범위 안에서도 달라질 수 있음에 주목해야 한다. 예컨대, 1917년 이후 소련의 (그리고 1945년 이후 동유럽 국가들의) 인구통계사를 보면 극단적인 허용과 엄격한 통제 사이에서 끊임없이 방황하는 모습을 발견할 수 있다.[4] 물질적 장려책을 제공했는데도, 특히 소련 내 핵심 지역의 출생률은 그 계획을 세운 사람들의 기대에 미치지 못했다. 추후에 다시 논의하겠지만 서유럽 역시 마찬가지였고, 이는 이 글의 주요 분석 대상이 될 것이다.

여성이 국가 계획에 순응하지 않고 저항하는 현상을 어떻게 해석해야 할까? 사실, 여성이 소위 공익이라 불리는 것에 공감하는 능력이 부족하기 때문이라고 아주 간단하게 해석해 버릴 수도 있다. 여성들은 이 '공익'이란 게 사실상 계획된 경제 성장률을 의미한다는 사실을 알고 있었다. 또한, 자신들이 계획된 경제 성장률에 따라 동유럽의 공장과 사무실, 몇몇 서유럽 국가의 가정과 논밭에서 장시간 노동에 붙들려 있어야 한다는 사실도 알고 있었다.

미국의 사회학자 윌리엄 J. 구드는 『세계 혁명과 가족 양상』이라는 탁월한

저서에서 다음과 같이 주장한다.[5]

따라서 지난 세대의 출생률이 떨어졌다는 사실이 중차대한 변화는 아니다. 프랑스는 18세기 마지막 분기, 미국은 19세기 초 무렵, 영국과 아마도 스웨덴, 벨기에는 1875년 이전부터 이미 출생률이 떨어지기 시작했기 때문이다. 중요한 것은, 출생률이 감소했다는 사실이 아니라 부부가 원하면 자식 수를 통제할 수 있다는 의견이 보편적으로 받아들여졌다는 점이다. 그 결과, 호황이나 전쟁과 같이 삶의 환경이 변하는 경우에 재빨리 적응해야 할 때나 특수한 인구 집단이 특정 경험을 하게 될 때, 출생률 증감이 과거보다 더 빠르게 일어날 수 있게 되었다.[6]

덧붙이자면, 이처럼 자녀 수를 통제하는 일은 가족 전체보다 여성에게 더 큰 부담으로 다가왔는데, 이런 경향은 점점 더 증가했고 특별히 놀랄 일도 아니었다. 실제로 전쟁 이후 국가는 남녀 일반인들에게 신뢰를 잃었다. 국가가 신뢰를 상실했다는 점과 더불어, 공장에서 맞게 될 미래 외에는 자식에게 달리 전망을 제시할 수 없음을 부모들이 점차 더 인식하게 된 점을 생각해 보면, 여성이 국가의 인구 정책에 경계하는 반응을 보인 까닭은 자명하다. 여성과 국가는 서로 관련이 없는, 완전히 다른 이해관계를 가지고 있고, 이런 이해관계 차이는 특히 정부가 생식률과 출생률을 높게 유지하고 싶어 하는 국가들에서 뚜렷이 드러난다. 파시즘의 지배를 받는 동안 자신들이 인구 증가의 혜택을 입었다는 사실을 이탈리아 자본 계급이 어떻게 알았는지는 어렵지 않게 파악할 수 있다. 또한 분명한 점은, 여성들이 교회법과 국가법을 모두 위반함으로써 가까스로 무쏠리니의 인구 정책과 싸우고 그것을 피해 왔다는 사실이다. 여성들이 얼마나 성공적으로 그런 법률들을 모면했는가는, 출생아 수 증가가 상대적으로 낮았다는 사실과[7] 무쏠리니가 집권하던 시기나 그 이후 임신 중절 건수가 수천만에 달했다는 사실에서 헤아려 볼 수 있다.

무쏠리니 통치 기간에 태어난 아이들은 1950년대에 성년이 된다. 그런데 이 세대는 대부분 어디로 보내졌을까? 그들은 북부 이탈리아 논밭과 남부 이탈리아 전역을 떠나 이탈리아 산업 삼각지대와 중부 유럽으로 갔다. 특히 스위스 및 독일 정부를 상대로 한 당시 이탈리아 정부의 노동력 공급은, 이탈리아 지배 계급이 해외 파트너들과 맺는 거래 관계에서 의심할 바 없이 강력한 수단으로 작용했다.

그러나 여성, 특히 남부 이탈리아 여성들은 노동력의 국외 이동을 바탕으로 거래를 하는 국가에 대해 어떤 결론을 내려야 했을까? 이 상황이 1939년부터 1942년까지 독일로 노동력이 이동했던 상황과 다른가? 당시에는 국가 원수들이 노동력 이동을 조직했고,[8] 이탈리아 내부의 높은 실업률을 감안할 때 받아들일 수밖에 없었다. 사실 여성들은 현재든 과거든 충분히 근거 있는 사유를 바탕으로 '아니요'라고, 즉 국가가 강제하는 것을 받아들이지 않겠다고 표명하고 있고, 그 사유는 과거와 미래에서 모두 비롯된다.

2.

이탈리아를 넘어 좀 더 보편적인 수준으로 논의를 가져가면, 계급의 한 분파로서 여성이 걸어온 역사를 바탕으로 다국적 노동 계급이 형성되었다는 사실을 알 수 있다. 여성은 특히 전후 기간에 점점 더 균등하고 폭넓게 독자적인 방향을 취하기 시작했다. 따라서 이 다국적 노동 계급이 표명하는 새로운 특성을 가진 정치 권력의 출현은, 그 계급 내 다양한 집단, 그 가운데서도 특히 여성들이 펼친 새로운 자율성이 작용한 결과이며, 또 그런 관점에서 규명되어야 한다. 새로운 정치 권력이 나타나게 된 배경에는 무엇보다 여성의 출산 거부가 있었다.

1960년대 중후반, 모든 유럽 국가에서 출생률이 극적으로 감소했다.[9] 이는 피임 가능성이 증가했기 때문만은 아니다.[10] 출생률은 특히나 이전까지 생식력 통제에 덜 성공적이었던 인구 집단에서 가파르게 떨어졌다.[11] 여성은 가족 안에서 노인, 남편, 다른 자식들이 행사하는 압박에 더 많이 저항할수록, 출산과 관련한 국가의 통제를 더 잘 거부할 수 있었다.

정도 차이는 있지만, 이런 거부와 저항은 임금을 받고 일하는 여성의 수가 많든 적든, 국가가 이민을 보내는 쪽이든 받아들이는 쪽이든, 여성이 '자국민'이든 이민자든 관계없이 모든 국가에서 나타난다.

여성은 부불 노동 및 사적 의존의 중심지인 가족을 주요 지형으로 삼아 저항하고 대규모 조직을 만들었다. 가족의 제약에서 벗어날수록 여성은 자기 삶을 개선할 능력을 제한하는 환경에서 더욱 해방되었다.

먼저 농촌 상황부터 살펴보자.

가) 여성이 가족 내 갖가지 제약에서 해방되는 과정은, 가부장적 농민 가족에서 도시 핵가족으로의 이행과 함께 일어났다. 비록 자기 자신이 아니라 자식의 요구를 압도적으로 우선시했지만, 여성이 임금을 관리하는 방식이 변했다는 점은 이 과정의 특징이었다.[12]

나이 많은 일가친척들이 과거에 가지고 있던 권위와 통제가 약해지면서, 여성은 임금을 저축하지 않고 자유롭게 쓸 수 있었다. 이는 임금을 저축해야 한다는 이제까지의 압박과는 대비되는 모습이었다. 여성들은 주로 자식의 환경을 개선하는 데 임금을 썼다. 아이들은 유아용 식품을 섭취하기 시작했고, 담배, 녹음기, 전축을 소유하는 데 익숙해졌다.

이런 현상은 산업화가 일정 수준 이뤄진 지역에서 공통으로 나타난다. 하지만 남부 이탈리아처럼 여성이 이주 때문에 혼자 남겨져 여전히 자신의 이해관계와 마을의 물질적인 생활 환경 개선, 물과 일자리 등을 두고 고군분투해야 하는 지역은 사정이 다르다. 그런데 이런 여성들의 고군분투는 그들 자식들의 투쟁을 가속화시킨다. 이 아이들은 더 나은 생활 수준을 쟁취하려고 가능한 모든 수단을 활용하는데, 남부에서 '청소년 비행' 및 이와 유사한 현상들이 더 많이 나타나는 건 이런 맥락에서 이해해야 한다.

여성들은 산업 지대 및 남부 지역에서 모두 자신과 아이가 더 나은 생활 환경을 누릴 수 있도록 자주적인 투쟁을 이어갔고, 이는 새로운 세대와 새로운 노동 계급, 그리고 새로운 차원의 투쟁을 만들어 냈다.

여성이 점점 더 결혼을 하지 않으려 하거나 결혼에 관심을 보이지 않는다는 점, 자식을 더 적게 낳는다는 점, 자신과 아이의 삶을 더 낫게 만들려고 가능한 모든 수단을 기꺼이 활용한다는 점은 모두 공장 내 투쟁에 반영된다. 이민자든 아니든 젊은 남성 노동자들은 (여성이 결혼에 관심을 덜 가지기 때문에) 이전보다 자신의 결혼 여부에 관심이 없고,[13] 대가족의 아버지가 될 가능성도 낮다. 젊은 남성 노동자들은 가족 임금이 일정한 생활 수준을 제공해 주지 못한다면 어떤 대가를 치르더라도 투쟁해 나가는 데 이미 익숙해져 있다.

여성의 출산 거부 그리고 자식의 상황을 향상시키려는 시도는 분명 일부 국가에서 다른 국가보다 더 성공적이었다. 프랑스, 독일, 스위스처럼 노동력이 부족하고 노동자의 기대치가 더 높은 경향이 있는 국가에서는 노동 계급이 임금을 더 많이 벌 수 있다. 남부 이탈리아, 이베리아반도(스페인과 포르투갈), 마그레브와 터키 같은 지역에서는 여성이 출생아 수를 제한하기가 힘들고 자식의 생활 수준을 높일 기회 역시 부족하다. 그러나 유럽 자본이 저발전 지역의 아이들을 '구매해서' 발전된 지역의 아이들 대신 사용하려 할 때, 유럽 자본은 여성의 저항 및 투쟁을 점점 더 많이 마주하고, 여성이 하는 노동의 가치와도 점점 더 많이 직면하게 된다.

나) 여성이 순응과 출산을 거부하자 국가는 이주라는 대응 정책을 내놓는다. 이주는 노동 계급을 질적, 양적으로 회복시키려는 시도로, 이를 통해 적절한 규율을 되찾고 자본에 유리한 인구 규모를 달성할 수 있다. 또한, 투쟁 과정의 하나로서 여성의 출산 거부가 의미하는 바와, 출산 거부가 만들어 내는 새로운 관계를 모두 겨냥한 대응이기도 하다. 새로운 다국적 노동 계급은 여성의 출산 거부라는 투쟁 과정이 직접적으로 발현된 것이다.

앞서 논의한 바와 같이, 유럽 여성에게는 전후 기간이 곧 투쟁 기간이었다. 이 시기 여성들은 집과 논밭에서 장시간 노동하는 농촌식 생활 방식을 거부하고, 남성이나 나이 많은 일가친척이 지배하는 위계적인 권력 구조를 가진 가부장적 농민 가족을 거절하며, 소규모 마을의 고립 및 교회의 권력과 영향력을 물리치기 시작했다. 국가마다 산업화 정도와 임금을 받고 일하는 여성의 비율이 다르고, 시골을 떠나거나 타국으로 이민을 오는 데 정도의 차이는 있지만, 여성 투쟁의 보편적인 취지는 차이가 없었다. 어디가 됐든 여성은 사적, 경제적 의존 및 끝없는 노동 일정에서 자유로워질 방법을 모색했다. 임금이 주어지지 않는 일터인 가정에서 어머니, 아내, 딸이 벌이는 불복종과, 임금이 주어지는 일터인 공장에서 남녀가 함께 벌이는 불복종의 유사점을 찾기란 결코 어렵지 않다.

서유럽에서 이민은 가족과 공장 양쪽에서 일어나는 투쟁의 해답으로 비쳤다. 이 투쟁 곡선은 새로운 성질을 띠기 시작했고, 이전 투쟁들보다 더 전복적이었다.

이민은 따라서 여성의 출산 거부에 맞서 국가가 정책적으로 개시한 반격이자, 남녀의 새로운 관계 유형, 임금이 주어지는 일터와 주어지지 않는 일터의 새로운 관계 유형에 맞서 개시한 반격이다. 출생률을 회복하려고 혹은 더 정확히 말해 필요한 규모 및 규율에 맞게 계급을 회복하려고, 또 필요하면 언제든 출산을 거부하는 행위 이면에 존재하는 투쟁 과정을 붕괴시키려고 이민이 이뤄진다.

가) 이민의 영향력이 공동체 및 공동체 조직의 네트워크에서 분리되고 고립된 개인에게만 미치는 건 아니다. 이민은 공동체 자체, 그 안에서도 공동체를 떠받드는 주요 기둥이면서도 계급 내 더 젊고 독립적인 집단들과 유대를 맺는 게 허용되지 않는 여성에게 특히나 더 많이 영향을 미친다.

나) 이민 과정을 거치면서 더 '낙후된' 지역 출신 노동력은 '선진화된' 지역 출신 노동력과 대척점에 놓이게 된다. 즉, (좀 더 고립되고 정치적 조직을 갖추지 않은) 젊은 이민 노동력은 현지의 좀 더 조직화된 노동력에 대항하는 세력으로 이용된다고 볼 수 있다. 그뿐만 아니라 더 낙후된 지역에 남겨진 여성들, 자기 투쟁을 전개하는 데 성공한 적이 별로 없는 여성들을 공격하는 방법으로 이민이 이용되기도 한다. 결과적으로 이런 여성들은 좀 더 발전된 지역의 여성들, 좀 더 많은 힘을 획득한 여성들에게 사실상 불리한 방식으로 이용당한다.

다) 이주민 유입을 받아들이는 대도시 지역에서는, 새로운 이주 흐름이 생길 때마다 서로 다른 집단의 이민 여성들끼리 뭉치거나 이민 여성과 현지 여성이 한데 뭉쳐 조직적으로 움직일 기회가 시공간적으로 더욱 요원해진다. 그래서 가정 내 노동을 공장 노동과 연결하는 구조, 구체적으로 재생산 노동과 생산 노동 사이의 연결

성이 다시 한번 파기된다.

라) 게다가 이주는 임금이 주어지는 일터의 여성들에게도 영향을 미치는데, 그 일터에서는 대부분 남성이 여성보다 우위에 있다.

3.

임금이 주어지는 일터에서 남성 우위가 만연한 상황은 특히 1968년 이후와 1970년대 들어 바뀌기 시작했다. 여성 이민자들이 기계 공학·자동차·화학 산업 등의 부문에 고용되기 시작한 것이다.

그런데 이 상황을 어떻게 해석해야 할까? 위에 언급한 주요 부문에서 자본이 남성보다 이민 여성을 고용하는 쪽을 과거에도 선호했고, 지금도 선호한다는 뜻인가? 보다 보편적으로 여성을 집 밖 일터에서 고용하는 쪽으로 옮겨가는 흐름을 보여 주는 징조인가? 즉 '여성은 최선을 다해 이 기회를 잡아야 한다'며 여성 고용을 지지하는 개혁주의자들의 의견과 일치하는 것인가? 대체적으로는 아니라고 말할 수 있다. 사실 이 새로운 추세를 보고 도출할 수 있는 결론은 사람마다 매우 다르다.

기계·자동차·화학 등 모든 산업 부문에서 여성은 항상 최하층에 있는 가장 숙련도 낮은 직책에 고용되었다. 따라서 여성이 고용되는 주된 이유 중 하나는, 남성 이민자들이 좀 더 최근에 유입되면서 만들어진 투쟁의 국면을 분열시키기 위함이다. 동시에 여성이 새롭게 획득한 독립성으로 일찌감치 여성과 자본, 여성과 국가 사이에 긴장 관계가 만들어졌는데, 이 긴장 관계는 계획대로 경제를 성장시키기 위해 요구되는 사항들과 성장 목표를 충족시키는 데 필요한 재생산(출산 및 가사노동) 수준 때문에 발생했다. 재생산은 서유럽뿐만 아니라 동유럽 및 그 외 지역에서도 점점 더 성장을 위한 주춧돌이 되어 갔다.[14] 앞서 말한 대로, 여성이 출산을 거부하고 재생산이라는 대가를 지불하기를 거부한 행동은 주로 계급 내부 관계 및 새로운 권력 구조에 영향을 미쳤다. 특히 여성과 여성 노동에 의존하는 청년들이 영향을 많이 받았다.

따라서 이런 맥락을 고려하여 주요 부문의 여성 고용을 살펴봐야 한다. 그에 관한 주요 질문들은 다음과 같다.

최근 들어온 이민자들이 자신의 출신 공동체 내 여성 투쟁에 이미 동화되고 편입된 모습을 흔히 볼 수 있는 상황에서, 자본이 언제까지 이민자들의 투쟁을 붕괴시키려는 수단으로 여성을 이용할 수 있을까?

여성을 이민자 투쟁의 붕괴 수단으로 이용하는 정책은 전통적으로 공장 내 여성이 지닌 정치적 약점에 기반하며, 여성들이 이미 공장 밖에서 투쟁을 시작했다는 사실을 무시하는 걸로 보이는데, 그렇다면 이런 정책이 현실적으로 얼마나 잘 작동할 수 있을까?

여성들은 가사노동 환경, 공장과 사무실 노동 환경, 즉 자기 삶의 환경을 전체적으로 고려할 때 자신이 너무 많은 대가를 지불해야 한다면 기꺼이 재생산 기능을 거부해 왔다. 그렇다면, 여성이 공장에 고용되어 일하면서도 재생산 기능을 수행하도록 장려하는 게 어느 정도까지 가능할까?

또 여성이 주요 부문에 고용되고 있는 상황은 더 넓은 쟁점 및 논쟁, 즉 여성 고용 문제로 이어진다. 여기에는 흔히 전 세계적으로 부상하고 있는 페미니즘 운동에 응답한다고 주장하는 많은 정치인의 지지가 함께한다. 이 맥락에서 볼 때, 여성이 남성 고용의 보루인 기계·자동차·화학 산업에 진입한 걸 두고 여성 고용을 대하는 자본의 태도가 돌변했음을 보여 준다고 상정하는 것은 현실적이지 않아 보인다. 다시 말해, 이런 주장과 달리 자본이 남녀 노동 시장의 분리를 폐지하려 했다고 볼 수 없다. '남녀가 함께 일하는 공장'을 이런 분리를 없애는 수단으로서 지금 반기고 있는 이들이, 한때 그런 분리가 존재한다는 사실조차 부정했던 이들과 동일 인물이라는 점은 우연의 일치가 아니다.

II. 2차 세계대전 및 전후 기간에 특정한 지리 영역과 공동체 구조에서 구현된 생산 및 재생산 관계의 '균형 상태'가 무너진다.

왜 2차 세계대전에서 시작하는가? 2차 세계대전이 노동력의 가치를 대규모로 공격했으며, 자본주의 권력이 국제적으로 재편되는 시작점이기 때문이다. 그런데 너무나 오랫동안 노동력은 언제나 남성 노동력으로 여겨졌기 때문에, 위와 같은 서술은 우리가 말하고자 하는 종류의 공격이 실제로 가진 복합적인 측면을 보여 줄 수 없다. 다국적 노동 계급 형성 과정에서 생겨난 새로운 관계들의 복합적인 측면 역시 마찬가지다.

로몰로 고비는 이탈리아 전후 저항 시기에 벌어진 노동자 투쟁에 대해 매우 독창적인 해석을 보여 준다.[15] 그는 중요한 수치를 다음과 같이 인용하면서, "이 기간에 실질 임금이 체계적으로 무너져 1945년에는 1913년 실질 임금의 단 22% 밖에 안 되는 지점까지 떨어졌다. 따라서 30년 전 이미 저임금이던 수준의 5분의 1밖에 되지 않았다"고 주장한다.[16] 그는 계속해서 다음과 같이 적고 있다.

1차 세계대전이 일어나는 동안 군수 생산에 고용된 노동력이 늘어난 것을 기회 삼아 노동 계급은 과거의 임금 수준을 강력하게 비난하기 시작했다. 그리하여 1913년이 100이라면, 1921년 무렵에는 임금 수준을 127까지 끌어올리는 데 성공했다. 이 외에도 노동자들은 투쟁을 반복하여 승리를 거머쥐었다. 그 승리란 하루 8시간 근무, 그리고 공장의 생산직 현장 노동자의 대의권 승인이었다.[17]

반면, 1945년에는 실질 임금이 1913년의 5분의 1 수준으로 떨어졌고, 2차 세계대전이 일어나는 동안에는 1차 세계대전 때 얻어낸 것과 어떤 식으로든 비교할 만한 수준의 권력을 노동자들이 성취하는 데 분명히 실패했다. 이는 2차 세계대전이 1차 세계대전과는 질적으로 매우 다른 일련의 제국주의적 관계들에 기반했음을 보여 준다.

미국에서는 노동자들이 임금을 지켜내는 데 대체로 성공했다. 물론 미국은 어떤 군대의 침략도 받지 않았고, 인명 피해는 유럽 국가들에 비해 훨씬 적었다.[18] 극단적인 식량 배급도 없었다. "평균적인 미국인은 심지어 전시에도 불충분한 식사 때문에 발생하는 열량 부족 문제를 겪을 필요가 전혀 없었기" 때문이다.[19] 미국에서 공장과 사무실의 여성 고용은 유럽처럼 공동체 전체를 겨냥한 맹렬한 공격 속에서 일어나지 않았다. 최고 수준의 폭력과 박탈은 모두 대서양 건너편에서 발생했고, 그 결과 관계들이 약화되고 붕괴하자 이민의 토대가 마련되었다.

유럽에서 노동력의 가치를 겨냥한 공격은 다음과 같은 모습으로 나타났다. 독일은 남녀 수감자들의 강제 노동을 활용했고, 영국은 공장, 사무실, 서비스직에서 가능한 한 가장 폭넓게 여성을 활용하고 고용했다.

> 실직 남성들이 노동 시장에 남아 있는 한, 군수 산업은 여성 인력 활용에 기대지 않았다. 처음에 여성의 존재는 잊힌 상태였다. 1939년 12월에는 공식적으로 등록된 실업 여성이 27만 명이었다. … 1941년 3월, 정부가 여성 노동력을 투입하기로 결정했다. 여성 인력 모집은 모든 면에서 군 복무를 위한 남성 인력 모집과 유사했다. 유일하게 면제된 이들은 군대에 소집된 남편을 대신하는 농촌 여성, 간호사, 조산사, 교사였다. 1942년 5월에는 18세와 19세 여성까지 동원령이 확대되었다. 1944년, 여성 765만 명이 산업 현장과 보조 업무에 투입되거나 민방위로 조직되었다. 90만 명의 여성은 시간제로 이와 동일한 업무를 했다. 수백만 명은 〈국방여성회〉에서 보수를 받지 않고 자원봉사자로 일했다. 마침내 농촌 여성, 간호사, 교사 등도 편입되어야 했고… 가능한 최대로 생산을 분권화해야 했다. 창고와 공장들이 서둘러 교외 지역에 지어졌고, 그곳에서는 어머니들을 모집할 수 있었다. … 시간제 노동이 급성장했다.[20]

대체로, 이처럼 생산과 재생산의 관계를 겨냥한 공격, 남성 노동력과 여성 노동력을 겨냥한 공격은 노동 계급 스스로 방어할 수 있는 가능성을 약화시켰으며(노동 계급은 이제까지 여성을 희생시켜 이런 방어력을 유지했다), 여성이 자율성을 쟁취하는 과정이 더 비약적으로 이뤄지기 시작하는 데 기여했다. 노동력으로서 여성은 전쟁의 타격을 더 심하게 받았을 뿐만 아니라, 자신과 공동체를 부양하고 보호할 책임을 가장 무겁게 지고 있었다. 여성들은 국가의 독단적인 의사 결정을 마주하면서 공동체가 더 이상 자신을 보호해 줄 수 없다는 사실과, 동시에 공동체 안에서 여성들이 맺고 있던 관계의 약점과 의존성 때문에 공동체를 부양하기 위해 매우 높은 비용을 지불해야 한다는 사실을 깨달았다. 따라서 추후 여성들은 점점 더 자신을 공동체와 동일시하지 않았다. 또, 같은 이유에서 여성이 2차 세계대전의 여파 속에서 뜻밖의 세력으로 부상했을 것이다.

이탈리아 상황을 살펴보기 위해 고비의 예리한 분석으로 돌아가 보자. "노동계급의 임금 폭락과 최저생활 수준보다도 낮게 떨어진 열량 섭취는 두 가지 부수적 요인의 결과물이었다. 하나는 인플레이션, 다른 하나는 도시와 시골 사이에 존재하던 교환의 균형 상태가 무너진 것이다."[21] 여성의 '주요' 업무인 재생산에 드는 비용은 전시에 가파르게 상승했다. 단순히 식량을 구하기 힘들고 생필품이 비싸서 일이 크게 늘었음을 의미하는 게 아니고, (1946년 또리노에서 여성들이 했던 시위는 그 반향이 "오랫동안 지속될 것이다"),[22] 여성들이 정부 급여만으로는 생존할 수 없는 군인들에게 돈과 물자를 보내려고 '부차적인' 노동, 즉 저임금 일자리를 떠맡아야 하는 상황을 말하는 것이기도 했다. 따라서 여성은 자기 자신, 자식, 군인, 노인을 재생산하기 위해 가정, 논밭, 공장에서 가능한 모든 유형의 노동을 해야만 했다. 여성들은 공장이나 사무실에서 일하거나 버스를 몰아서 직접 급여를 받고, 직접 급여를 받는 데서 나오는 힘을 인지했다. 반면 자기 급여가 남성의 급여보다 얼마나 낮고 차별적인지도 깨달았다.[23]

이탈리아에서는 종종 시골에서 살아남기가 더 수월했는데, 땅에서 음식을 얻을 수 있었기 때문이다. 영국에서 시골은 가내 노동이 조직되는 중심지였다. "평화로운 영국 시골 마을들은 최초로 설비 공개 처분 센터와 원자재 창고가 되기 시작했다. 여성들은 이런 설비와 원자재를 수거해 갔다. 이런 유형의 조직을 활용하여 가정에서 이뤄진 노동이 영국 중부 지방에서만 정규직 여성 노동자 1천 명 이상을 대체한 것으로 추산한다. 이 같은 생산의 분권화는 국가 경제를 무너뜨리려고 고안된 포격에 계속 시달린 나라에 매우 유리했다."[24] 이탈리아, 프랑스, 독일 같은 나라에서는 종종 성매매가 도시에서 생존할 수 있는 유일한 방법이었다. 성매매는 대개 사생아 출산, 성병, 높은 유아 사망률을 동반했는데, 이는 이동 중인 군대, 그리고 수 세기에 걸쳐 피임 활용 및 임신 중단을 겨냥한 테러리즘 둘 다가 불러온 결과물이었다.

저항 활동에서 여성이 맡은 역할이라는 복잡한 주제를 검토하기엔 지면이 부족하다. 하지만 전쟁으로 촉발된 상황에서 여성이 겪은 가장 큰 모순을 몇 가지만이라도 언급하려면 하나는 확실히 밝혀야겠다. 저항 활동에서 여성이 맡은 역할은, 여성의 노동이라는 관점에서 바라볼 때 명확해진다는 점이다. 여성은 가정, 논밭, 공장에서 일했을 뿐만 아니라, 베트남과[25] 알제리의[26] 여성 동지들처럼 종종 가장 위험한 정치 업무를 수행했다. 그러나 동시에 여성은 정치 조직 안에서 거의 어떤 발언권도 가지지 못했다.[27]

여성 대부분에게 전후 기간은 정리 해고나 파면, 또는 임금이 가장 낮고 불안정한 일자리로 강등되는 상황을 의미했다. 영국도 마찬가지였지만, 규모는 다른 곳보다 작았다. 1945년 12월, 노동부 장관은 '가정으로 회귀하자' 운동을 억제하려 했다. 그런데도 남성들은 돌아와서 할 일을 찾았고 여성들이 돌아와 재결합한 가족을 돌보기를 기대했다. 공식적인 실업 여성의 수는 빠르게 증가했다. 일자리를 잃지 않으려고 여성들은 더 낮은 임금을 받아들여야 했다. 동일한 노동을 하는 남녀 노동자에게 고용주가 동일한 임금을 지급하도록 강제하는 법률은 제정되지 않았다.[28]

이탈리아에서는 여성들이 임금 받는 일자리에서 쫓겨나고 생활비가 치솟는 현상이 극심했다. 1946년 또리노에서는 여성 1만 명이 도지사를 창문 밖으로 내던지고 싶어 할 정도였다.[29] 공산당은 라떼라노 조약[30]을 받아들였다. 한편 공산당이 득세한 붉은 뿔리아에서는 여성들이 돌을 던지며 종교 행렬을 공격했고, 북부는 심지어 감옥에서도 반란의 분위기가 팽배할 정도였다. 이탈리아 정부는 탄압으로 대응했다. 탄압은 계급 내에서 더 약한 집단인 여성, 청년, 그 외 다른 이들을 공격하는 데서 시작하여 기독민주당이 영향을 미칠 수 없는 집단들로 옮겨갔다.[31] 여성에게 투표권을 부여한 건 한낱 제스처나 치부를 가리는 '무화과 잎사귀'에 불과했고, 개혁주의 정당들이 가능한 모든 수단을 동원해서 억압하려 한 불만을 은폐하기 위함이었다. 동시에, 1929년 이후 수년간 특징적으로 나타난 인구 팽창 정책을 다시 실시하려는 시도가 있었는데, 이는 반공산주의 수복이라는 기치 아래 진행되었다.[32] 전후 유럽 전체는 모든 사람을 전통적 역할, 원래 있던 자리로 되돌려 보내려고 한마음으로 애쓰고 있었다.

하지만 이런 일이 어디나 있었던 건 아니다. 몇몇 국가에서는 여성이 대량 해고와 정리 해고 대상이 아니었다. 동유럽 국가들을 예로 들면, 전시에 목숨을 잃은 남성 수백만 명을 대체하여 임금을 받는 노동 분야의 여성 고용이 증가했다. 서유럽에서는 독일이 1960년까지 여성 고용이 높은 수준으로 유지되다가 그 이후부터 떨어지기 시작했다.

유럽 전역의 인구 정책들이 아동 수당 체계의 도입 또는 현행 아동 수당 체계의 확장을 중심으로 진행되었는데, 다른 경제 유인책들과 함께 시험 운영되거나 보통은 맞물려 추진되었다. 프랑스는 전통적으로 높은 수준을 유지해 온 여성 고용을 줄이기 시작하고, 집으로 돌아가게 된 여성을 위한 외벌이 가구 아동 수당allocation de salaire unique을 확립했다.[33] 이 같은 조치는 여성들에게 작지만 재정적인 유인책을 제공할 뿐만 아니라 출생률 증가를 장려하려는 의도도 가지고 있었다. 이 모든 인구 정책의 주된 목적은 여성과 가족의 관계를 재건하는 것이었다. 여성은 전시와 전후 기간을 겪으면서 확대 가족이든 아니든 가족 구조가 노동이 조직되는 구심점임을 깨달았다. 이 가족 구조 속에서 여성은 임금을 받지 못할 뿐만 아니라, 남성이 부재할 때와 되돌아왔을 때 모두 완벽하게 무방비한 상태로 남게 된다. 공동체는 여성에게 출산을 강요했을 뿐만 아니라 여성을 이중 협박에 노출시켰다. 여성은 고용주의 협박을 받는 동시에, 여성이 돌아와서 고분고분하게 '허드레 가사일'을 하길 기대하는 남성의 협박에도 시달렸다.

여성을 '공공의 이익'과 가족이라는 두 가지 모두에 얽매이게 만든 탯줄을 잘라내는 일은, 곧 다가올 전후 기간에 모든 여성에게 점점 더 중요한 쟁점이 되었다.

무엇보다도 모든 균열은 출산 거부와 함께 시작되는데, 출산은 가족 구조 안에서 수행하는 기능으로 노동량을 증가시키고 생활 방식을 제한했다.[34] 여성에게 전쟁은 '자기 자궁이 낳은 열매'의 몰살일 뿐만 아니라, 여성의 상황을 겨냥한 치명적 공격을 의미했다. 말하자면, 여성이 힘들게 일하는 건 물론이고, 목숨까지 걸어야 함을 뜻했다.

따라서 유럽 전역으로 퍼져 나간 출산을 둘러싼 투쟁은 예나 지금이나 가족이라는 조직에 저항하는 싸움이다. 이는 곧 여성을 보호하지 않고 무기력한 상태에 빠뜨리는 조직과의 투쟁이기도 하다. 결과적으로, 가족에서 시작한 저항은 가족 단위라는 한계를 넘어 가족이 의존하는 공동체로 확장되었다. 공동체는 가족을 지탱하고 복제한다. 일가친척과 친구들로 이뤄진 마을이나 도시 네트워크는 시와 읍, 특히 임금 기회가 제한된 남부 이탈리아에서는 여성들이 그럭저럭 살아나갈 수 있도록 도움을 준다. 이런 맥락 안에서 여성이 유럽 전역에서 주도한 행동 방침이 커지고 확산하며 발전했고, 이것이 뒤이은 남성들의 행동 방침까지 어느 정도 결정했다고 볼 수 있다.

여성은 시골에서 도시로의 탈출을 주도했다. 여성들은 시골의 소지주(소작농이나 소규모 자작농 가족), 가족이 소유하고 경영하는 회사,[35] 마을과 소도시를 떠났는데, 이 탈출은 여전히 효력을 발휘하던 파시즘 법률에 따라 거주지가 제한되었는데도 일어난 일이었다. 도시로의 탈출은 광범위하고 폭넓게 일어난 움직임으로, 추후에 다루겠지만 여성들이 자신과 자신의 사회적 환경을 동일시하지 않았고, 환경이 부과한 삶의 비용과 질을 감수하기를 거부했음을 보여 준다. 결혼은 그런 환경을 거부하는 수단으로 활용되었다.

1950년대와 1960년대, 이탈리아를 비롯한 몇몇 국가에서는 결혼 거부가 환경을 거부하는 수단으로 흔히 활용되었다.[36] 이탈리아에서는 집 밖에서 일하며 임금을 받는 노동자 수보다 집 안에서 가사노동을 하며 임금을 받지 못하는 여성의 비율이 높았다. 이는 다른 유럽 국가들과 비교하면 이례적인 상황이었다. 따라서 가족 안에서 자신이 처한 상황을 전쟁이 일어나는 동안, 그리고 전쟁이 끝난 후에 인식했지만, 결혼 거부 하나만으로는 여성으로서 자신이 놓여 있는 상황에 저항하기에 충분치 않았다.[37]

전시에는 물품을 구하기가 어렵고 물품 가격도 높아 가사노동 부담이 높아졌다고 앞서 이야기했다. 식량 배급이 전후 1947년까지 지속되고,[38] 1938년부터 1945년 사이에 반토막 난 국민 소득은 "1949년이 되어서야 전쟁 이전 수준을 넘어섰다."[39] 1948년 무렵에 생산이 다시 1938년 수준으로 돌아가고 1960년 무렵에는 국민 소득과 개인 소득 모두 거의 두 배로 늘어났는데도, "이탈리아의 1인당 국민 소득은 여전히 서유럽에서 가장 낮은 축에 속했다."[40]

임금도 받지 못한 채 기껏해야 남편이 받는 임금에 딸린 존재로 여겨지던 여성에게 이런 상황이 노동과 종속 측면에서 무엇을 의미하는지는 통계 자료에 간단명료하게 드러난다. 통계는 소위 저발전 질병인 비타민 결핍증과 혈액 순환 문제로 사망한 이들이 주로 여성이었음을 보여 준다.[41] 다시 말해, 시골이든 시골 외 지역이든 여성은 타인, 즉 남편과 자식이 잘 먹을 수 있도록 자신은 끼니를 거른 채 잠이 들고,[42] 매우 오랜 시간 서 있고, 아주 오랜 시간 손을 물에 담그고 있었다.[43] 도시에 사는 여성과 청년의 앞날은 훨씬 더 어두웠다.

이는 새로운 일이 아니다. 그러나 단지 전시 및 전후에 일어난 일들을 이야기하려고 이 모든 내용을 제시한 건 아니다. 이런 통계와 몇 가지 사실, 또 (지금까지 정치 논쟁에서 무시되어 온) 몇몇 결정적인 측면에 대한 분석은, 생산과 재생산의 관계에서 일어난 급격한 단절을 추적하고 찾아내려고 살펴본 것이다. 이 단절은 사회 전 영역의 붕괴를 초래했고, 그 결과 이민이 이뤄졌다. 이때부터 여성들은 공동체와 자신을 확실히 분리하기 시작했는데, 그들에게 공동체는 스스로 자기 길을 펼쳐나가기 위해 진작부터 이미 떠나고 싶은 곳이었다. 이주가 시작되기 전에도 공동체가 여성에게 줄 수 있는 건 아무것도 없었다.

이 논의를 마무리 짓기 전에 농장 노동자 투쟁이 여성들에게 어떤 의미였는지 살펴봐야 한다. 대부분의 사람은 '땅은 농부에게'라는 구호가 (이 구호와 함께 진행된 개혁주의 프로그램이 지닌 모호함을 고려할 때) 후진적이라는 데 동의할 것이다. 그런데 흥미로운 지점은 또 다른 '후진성,' 더 정확히는 약점이다. 이 약점이란, 프롤레타리아 가족의 근본적인 변화가 반드시 자본이 원하는 바에 따라 일어난 게 아닌 시기에조차 여성들은 남성들이 벌이는 투쟁을 이용할 수 있기를 여전히 희망했다는 것이다.

남성이 대규모로 이민을 떠나자 반란의 시기도 막을 내렸다. 이 반란의 시기에 여성들은 붉은 깃발과 물통을 들고서 땅을 점거했고, 남성 및 청년과 함께 무방비로 경찰의 공격 대상이 되었으며, 발언권이 허용되지 않는 조직이 벌이는 행동에 참가했다. 한 시대가 안젤리나 마우로의 죽음과 함께 막을 내렸다.[44] 이민이 시작되자 여성, 아이, 노인만 남았다.

그런데 북부로 떠난 이주자들은 앞사람들, 즉 미국으로 이민 간 사람들보다 훨씬 더 적은 돈밖에 보내지 못했다. 게다가 그들은 다른 누군가를 부양하려고 집으로 돈을 보내는 데 덜 적극적이었다. 그 결과, 젊은 여성들은 도시의 가사 서비스든 집에서 하는 삯일이든 계절 일자리든 가리지 않고 일자리를 찾아 나섰다. 농장 노동자 투쟁의 한 가지 긍정적인 결과라면, 여성이 보수를 받지 않고 지주 아내의 시중을 들어야 하는 악명 높은 관습에서 해방되었다는 점이다.[45] 남편이 이민을 떠나 공장 노동자가 되어 더 이상 농장 노동자로 일하지 않자, 여성들은 거부 의사를 확실히 밝혔다. 동시에 농업 관련 노동 시장에서 남성의 수가 더 줄었기 때문에, 농사일을 하는 여성의 임금이 일당 400리라에서 1,200 내지 2천 리라로 올랐다.

여성은 자기 돈을 얼마간 가질 수 있었고, 여기에 추가하여 정기적인 건 아니지만 남성들이 보내오는 돈도 받게 된다. 또한, 남성이 남겨 둔 돈과 재산을 처음으로 직접 관리하기 시작했다. 여전히 나이 많은 가족 구성원들이 여성을 통제했지만, 남부 이탈리아 공동체 안에서는 확실히 변화가 일어났다. 소수의 여성을 제외하면, 여성은 결코 남성을 따라 대규모로 이주하지 않았다. 오늘날까지도 남부에 여성이 많은 건 이 때문이다. 여성에게 의존하고 고향에서 노동하는 것 말고는 가족이 여성에게 줄 수 있는 게 아무것도 없는데, 이민자들이 사는 빈민굴이 더 나을 거라는 희망을 품는 게 현실적으로 가능했을까? 여성들은 다른 길을 선택했다.

III. 붕괴를 토대로 이민이 형성된다. 그런데 이민은 붕괴의 기폭제가 되기도 하고, 어떤 지역에서는 이미 진행되고 있던 여성의 자율성 획득 과정을 보편화하기도 한다.

이탈리아 사례

이탈리아 사람들이 독일로 이민을 가기 시작하면서, 이탈리아 남북부 모두에서 여성의 자율성 획득 과정이 매우 빠르게 진행되고, 유사한 방식으로 재편되고 있던 다른 유럽 국가의 투쟁과 모든 면에서 비슷한 특징을 띠게 된다. 이민은 전후 유럽에서 노동 계급의 재건 과정을 이끈 주요한 요인이다. 남녀의 노동력 가치를 모두 직접 공격하는 데 이민이 활용되고, 이런 공격은 전쟁 중에 시작되었다. 프롤레타리아의 조직 구조가 붕괴하고 프롤레타리아의 재생산 가능성이 공격받고 나면 이민이 이용된다. 가장 날카로운 공격을 견뎌야 하는 건 재생산이다. 이 때문에 프롤레타리아는 공장에 들어가 다국적 노동 계급의 일부가 될 수밖에 없다.

1943년, 시칠리아 여성들은 파시스트 정부가 자신의 가족들에게 할당한, 마을에서 멀리 떨어진 집들을 불태웠다. 여성들은 마을을 아예 떠나고 싶은 욕망도 있었지만, 집을 불태우는 것으로 마을이 주는 공동체 의식을 지켰다. 공동체에 내재한 여러 모순을 인식하고 있었지만 그렇게 했다. 하지만 남성들이 떠나자, 욕망과 모순이 마침내 폭발했다. 마을은 여성들에게 더는 아무것도 줄 게 없었다.

이민 과정을 보면, 특히나 그 과정에서 이민이 관계의 불안정성을 드러내는 방식을 살펴보면, 여성이 국가 정책과 통제를 거부하는 경향이 진행되고 있었음을 짐작할 수 있다. 여성은 국가 경제 성장 계획에 복종하기를 거부했다. 국가 경제 성장 계획은 셀 수 없이 많은 아이를 낳고 오랜 시간 끝도 없이 집과 논밭에 얽매여 있어야 함을 의미했다. 또한 여성에게서 모든 개인적인 자유나 자율성을 빼앗고, 여성을 항상 타인, 가족, 마을에 의존하도록 만들었다. 남성이 부재하자 이제 구세대가 가족과 마을을 지배했다. 남부 이탈리아에는 노인들만 남고 여성은 대가족 살림과 농사일이라는 이중 부담을 마주해야 했다. 그런 가정에서 송금액 관리는 개인적인 대가를 치르는 일이었고, 여성들은 더 이상 그 대가를 용납하지 않았다.

이런 상황은 남부와 북부에서 모두 공통적으로 나타났다. 북부는 특히 소규모 농장을 배경으로 발생했다. 여성들은 국가가 자신들을 장시간 속박하고 고립시키려 하는 모든 곳에서 달아났다. 레오뽈디나 포르뚜나띠는 『가족에 맞선 여성』에서 가족에 맞선 여성 투쟁이 농장 노동 투쟁을 통해 이탈리아에서 어떻게 심화하였는지, 더 많은 여성이 (송금액도 포함하는) 임금을 새로운 방식으로 관리하기 시작하면서 어떻게 이런 투쟁이 확산하고 심화하였는지를 보여 준다.

정부가 일자리를 가진 이들에게만 거주지를 부여하고, 또 거주지를 가진 이들에게만 일자리를 주는 등 이동을 통제하려 했음에도, 시골에서 읍이나 도시로 이동하는 흐름이 대규모로 일어났다.

이 기간에 여성들은 시골을 떠나는 방법으로 여러 전략 가운데서도 결혼을 활용했다. 여성은 자신을 도시로 데려가지 않거나 데려갈 수 없는 남성과는 점점 더 결혼하지 않으려 했다.[46] 도시로 가는 건 대가족 대신 한 사람을 위해 노동하는 것이었고, 여성 자신이 낳게 될 자식 수를 제한하고 통제할 기회가 늘어난다는 의미이기도 했다. 도시에서는 가족과 마을이 주는 압박에서 벗어날 수 있기 때문이다. "우리의 가설은 확인되었다. … 자발적인 출산 통제는 다른 인구 집단보다 도시 인구 집단에서 먼저, 그리고 더 빨리 확산했다. 자발적인 출산 통제는 결혼을 하지 않으려는 경향과 맞물려 출생아 수에 상당한 영향을 미쳤다."[47]

1861년부터 1961년까지 이탈리아의 출생률 감소와 관련하여, 조르조 모르따라는 다음과 같이 적고 있다. "독신주의나 늦은 결혼으로 임신을 조절하려는 곳에서는, 전체 기혼 커플 수, 특히 젊은 부부 수가 줄어드는 현상을 볼 수 있다. 피임 활용이나 수정 결과 억제가 빈번하게 일어나는 곳에서는 기혼 커플 수가 늘어나는 걸 종종 볼 수 있다."[48] 그는 계속해서 다음과 같이 우리 가설을 확인해 준다. "인구가 도시 중심부와 교외 지역에 점점 더 집중되면서, 임신을 제한하는 방법들이 확산했다."[49]

도시는 프롤레타리아 여성에게 과거에도 현재도 더 많은 권력을 의미한다. 도시에서는 자식 수를 더 잘 통제할 수 있을 뿐만 아니라, 자기 자신과 아이의 삶을 질적으로 개선할 기회도 더 많다.

프랑스 사례

시골에서 도시로의 이동, 재생산에 관련된 힘과 통제력 수준이 더 높아지는 쪽으로의 변화는 유럽 전역에서 여성들에게 일어난 현상이다. 2차 세계대전이 끝나고 그 여파 속에서 유럽 여성들은 출산 요구에 맞서 싸우기 시작했다. 남부 이탈리아보다 사회 구조가 더 잘 보존되어 있거나 덜 해체된 곳 역시 마찬가지였다. 어디서나 여성은 재생산을 위해 자신이 치러야 하는 대가가 너무 높음을, 재생산이 초래한 종속과 고립을 받아들일 수 없음을 깨닫고 있었다.

프랑스 상황은 이탈리아와 가장 유사했다.[50] 프랑스 정부는 계속해서 여성 고용을 매우 낮은 수준까지 줄여 나갔다. 이 조치가 있었는데도, 그리고 부분적으로는 이 조치에 직접적으로 반대하려고 점점 더 많은 여성이 농사와 소규모 가족 회사를 그만두고 떠났다. 게다가 프랑스 여성은 다른 유럽 국가 여성들보다 더 일찍 출산에 대한 통제권을 얻어 냈다.[51] 이 통제권은 전후 재건을 도모하는 자본의 계획에 문제를 일으켰다. 1945년, 프랑스 공화국 임시 정부의 수장 드골이 프랑스 여성들에게 "1,200만 명의 아름다운 아기"를 낳아달라고 호소했다.[52] 동시에, 프랑스 정부는 명확히 "인구를 다시 증식시키려는 정책"으로 보이는 움직임 속에서 알제리인의 프랑스 이민을 장려했다.[53]

드골의 터무니없는 호소에 알제리인 이민이 즉각적인 해결책이 되진 않았다. 진짜 문제는 단순히 노동 계급을 어떻게 양적으로 회복시킬지가 아니었다. 정부는 재건 계획을 위협하는 여성 투쟁을 무력화하려고 시도했다. 전후 프랑스 인구 정책[54] 및 여성 고용의[55] 편성과, 알제리 이민 '구조'의 관계는 명확하다. 알제리 이민은 인구를 다시 증식시키려는 정책으로 묘사되지만, 노동 계급을 회복시키려는 정책이라고 부르는 편이 더 적절하다. 알제리 여성들은 남편, 자식과 함께 왔고, 계속해서 더 많은 아이를 낳았으며,[56] 이 아이들은 주로 공장으로 들어가게 될 운명이었다.

이런 상황을 수학적 측면이 아니라 정치적 측면에서 바라봐야 한다는 점을 다시 한번 강조해야겠다. 정치인은 대부분 정치적 측면에서 인정하기는커녕 인지조차 하지 못했지만,[57] 물질적인 장려책을 제공하거나, 여성을 축출하고 더 주변화해도 끄떡없는, '용납할 수 없는' 인구 증가율과 이민 정책 활용의 관계는 역사가 오래되었다.

앞서 말했듯이, 프랑스에서 여성들이 취한 자율성의 경로는 농업 분야를 대거 탈출한 이탈리아와 매우 유사했다. 1910년부터 1954년까지 농업 노동자 4명 중 1명이 농촌을 떠났다. 1954년부터 1962년까지도 같은 비율이 유지된다. 1962년 이후에는 농촌을 떠나는 현상이 더 가속화되었다.[58] 여성 농부 및 농장에서 일하는 여성 노동자 수는 1906년 332만 9천 명에서 1962년 127만 2천 명으로 줄었다.[59]

젊은 여성들은 심지어 남성들이 떠나기도 전에 제일 먼저 농촌을 떠났다. "농촌에 남고 싶은 젊은 농부들이 아내를 구하려 하지만 헛수고일 뿐이다. 젊은 여성들은 자기 어머니처럼 살지 않으려고, '벽난로의 여왕'이 아닌 하인 취급을 당하는 게 싫어 모두 도시로 달아났다."[60]

시골 학교에서 남자아이들은 농경제학과 농기계학을, 여자아이들은 가정학을 배웠다. 시골을 떠나는 건 개인적 고립·노예 상태·후진성을 벗어나는 일 이상을 의미했다. 시골을 떠나면서 여성들은 이중 노동에서 벗어났는데, 이는 새로운 농업 국유화조차 해 주지 못했던 일이다. 국가는 다시 한번 여성을 가정과 시골로 돌려보내 재생산 기능을 하도록 요구하려고 했다. 그러나 이는 어떤 유명한 경제 유인책을 쓰더라도 불가능한 일이었다. 이런 상황에서 주목할 점은, 1920년에 통과된 임신 중단 금지법 및 피임 광고 금지법이 출생률을 크게 올리는 데 실패해서[61] 1932년 이후로는 프랑스 정부가 아동 수당 체계를 마련해야 했다는 것이다.

전쟁이 끝나자 외벌이 가구 아동 수당 같은 수당들이 위험하고 모순적인 조항이 되었다. 전통적으로 여성의 가사노동을 매우 높은 수준으로 유지 관리하는 체제에서 이 수당들이 위험한 이유는 가사노동이 한 번도 임금으로 교환된 적이 없었기 때문이다. 수당 금액이 많진 않지만, 어쨌든 국가는 아내들에게 매월 보조금을 주었다. 이는 1945년에 제도화된 영국의 아동 수당 프로그램과 매우 유사하다. 프랑스와 영국 모두 아동 수당으로 출산에 대해 긍정적인 태도를 장려하려 했지만, 출산을 바라보는 태도는 이미 전 세계적으로 악화하고 있었다.[62]

외벌이 가구 아동 수당이 사실상 얼마 안 되는 금액이었지만, 여성들은 비공식적인 일을 해서 벌어들인 얼마간의 돈과 함께 이 돈을 모으려고 필사적으로 애썼다. 여성들이 비공식적 일을 하고 있다고 신고하면 수당 수급권을 자동으로 잃었다. 따라서 삯일 노동자, 가정부, 시간제 노동자는 수당을 받지 못할까 두려워 자신이 하는 일을 절대 신고하지 않았다.[63]

한때 프랑스 여성들은 도시에서 고용 기회와 안정적인 임금을 찾기 어려웠다.[64] 앞서 말했듯이 유럽 통합의 근본적인 목적은 여성 노동력을 더욱 주변화하고 차별하려는 것이었다. 하지만 새롭게 나타난 현상은, 전부 남성 노동자들이 차지하던 산업 부문에 여성이 진입하기 시작했다는 점이다.

그러나 전체적으로 산업계 여성 고용은 20세기가 시작된 이후 절대적으로나 상대적으로 감소했다. 그런데 전후 시기에는 이렇게 감소하는 여성 노동력 총량의 분포에 중대한 변화가 일어났다. 섬유 부문의 구조 조정 방식에서 한 가지 중요한 사례를 찾아볼 수 있다. 섬유 부문은 기술을 더 많이 요하고 보수가 더 나은 새로운 일자리들을 만들어 냈고, 이는 대개 남성에게 돌아갔다. 이 분야에서 쫓겨난 여성들은 전자 및 금속 공업 산업에서 저숙련, 저임금 일자리를 구했다.

1954년부터 1962년까지 여성은 기계 산업에 대규모로 진입했다(고용 여성 숫자는 13만 6,646명에서 19만 4,222명으로 늘어나 42.1% 증가했다). 1962년 이후에는 증가세가 다소 정체되었다. 같은 기간(1954~62년) 전자 산업에 고용된 여성은 6만 5,500명에서 11만 4천 명으로 (74%) 증가했다. 또, 이 시기 화학 부문에 고용된 여성은 9만 2,196명에서 10만 4,540명으로 (13.4%) 증가하고, 식품 부문은 8.8% 증가했다. 하지만 여기에는 정규직 노동자 수치뿐 아니라 수천 명의 계절노동자도[65] 추가되어야 한다. 약품, 화장품, 플라스틱 생산 공장에서도 여성 고용이 일정 부분 증가했다.

신발과 도자기처럼 전통적으로 여성이 중심인 부문과 기계 공학처럼 '새로운' 부문에서 모두 여성 노동자는 언제나 가장 낮은 지위로 강등된다. 의복 부문에서 여성 작업장을 관리하는 일부 여성들만이 유일하게 예외였다. 하지만 이런 일자리들은 기술을 요하는 일이 아니라 단순 감독 업무였다.[66] 숙련 노동은 남성

의 몫이었기 때문에 전기 부문에는 숙련 여성 노동자가 없었다. 산업계에서 기술
자로 고용된 여성 수는 아주 미미하다.[67] 자동화 도입이 "여성의 속박을 두드러지
게 하는" 결과를 가져온 것으로 보인다고 마들렌 귀베르는 지적한다.[68]

알제리 사례

프랑스 인구 및 고용 정책과 알제리 이민 정책의 밀접한 관계를 고려한다
면, 전후 시기(1950년대)가 알제리 여성에게 어떤 의미였는지 고찰하지 않고서
는 같은 시기 프랑스에 대한 분석을 끝낼 수 없다. 마그레브나 터키 같은 지역
이 받은 이민의 영향이 남부 이탈리아 경우와 유사한지도 살펴봐야 한다. 이탈
리아 사례에서 이민의 영향으로 공동체가 무너지는 경향이 있음을 이야기했
다. 특히, 송금액 및 자신이 벌어들인 소액의 임금을 관리하면서 얻은 새로운
경험 덕분에[69] 여성들은 더 강력한 자율성 및 영향력을 획득했다. 알제리 같은
지역도 마찬가지일까?

무엇보다 알제리 공동체에는 여성들이 만들어 낸 긴장감이나 전복적인 사상이 없지
않았다는 점을 강조할 필요가 있다. 알제리 공동체에는 여성 대상 폭력이 많이 일
어났고, 지금도 여전하다. 알제리 정부는 혁명 전과 후 언제나 여성에게 폭력적이
었다. 여성들은 남성과 국가에 맞서 일상적으로 투쟁을 벌였다. 알제리에서 여성
의 지위는 남성의 여성 살해 및 살인 미수 건수,[70] 여성의 자살 및 자살 미수 건
수, 그리고 어머니, 특히 홀보듬엄마의[71] 유아 살해 건수에서 가장 분명하게 드러
난다.[72] 여성들은 반복적으로 문제를 제기했다. 하지만 결혼은 가장 부유한 계
층에서조차 여전히 부모들이 협상하는 거래이다.[73] 버림받을 가능성, 지금은 이
혼이라 부르는 것의 가능성도 여전히 존재한다. 알제리 여성의 상황을 고려할 때
이혼은 예나 지금이나 계속해서 비극이다.[74]

1972년, 부메디엔은 드골이 1945년에 내세운 "1,200만 명의 아름다운 아기"
에 대한 태도를 옹호함으로써 이런 상황을 지속시킨다. 공무원 업무에 지원한 학
생 자원봉사자들에게 '인구의 폭발적인 증가'를 주제로 이야기하며 부메디엔은
다음과 같이 말했다. "나는 개인적으로 가족계획이 아니라 경제 성장에 해답이

있다고 생각한다."[75] 유럽처럼 알제리도 무제한적으로 노동력을 공급하여 경제를 성장시켰고, 노동력의 재생산 비용은 가능한 한 낮게 유지되어야 했다. 따라서 적어도 혁명 이후 알제리 정부는 계속해서 관습을 유지했다고 볼 수 있다. 즉, 정부는 여성이 반드시 출산을 하도록 여성을 착취하고 협박했다.[76] 남부 이탈리아와는 달라 보이는 이 같은 맥락에서 이민이 여성에게 어떤 변화를 불러올 수 있었고, 불러왔을까?

1950년대에 이민을 떠난 알제리인은 보통 아내가 없는 젊은 남성이었다. 왜 이들에게 아내가 없었는지는 쉽게 알 수 있다. 아내를 두기 위한 평균 금액, 즉 지참금 비용이 대략 50만 리라였는데, 알제리 농업 노동자의 연간 평균 수입은 대략 20만에서 25만 리라였다. 알제리에 남겨진 여성들은 자신이 남편, 아버지, 남자 형제의 소유물로 지배당하면서 돈에 대해 아무런 통제권을 가지지 못한 채 쇠락해 가는 공동체에서 살아가고 있음을 깨달았다. 몇몇 알제리인 이주 노동자들이 간신히 모은 지참금으로 프랑스로 건너오게 된 여성들은 새로운 가사노동에 직면해야 했다. 게다가 그 가사노동은 노동 강도가 더 세지고 강화되는 경향이 있었다. 왜냐하면 프랑스로 건너온 각각의 새로운 이민자들은 생존하려면 이미 자리를 잡은 가족에 합류할 수밖에 없었고, 이런 경우가 오랜 시간 지속해서 일어났기 때문이다. 이렇게 만들어진 무리에서는 여성 한 명(그리고 어린 딸들)이 여러 명의 남성을 시중들었다. 이처럼 커져 가는 남성 공동체를 재생산하는 여성들은 자신들이 알제리에 남겨진 여성들을 대신해야만 한다는 사실을 깨달았다. 알제리 게릴라들은 독립 전쟁 지원 기금을 조성하려고 프랑스로 이민 간 사람들에게 세금을 부과하기 시작했고,[77] 그렇지 않아도 변변찮은 임금에 세금까지 더해지자 여성의 가사노동 부담은 훨씬 더 커졌다. 알제리 출신 이주 여성들은 전쟁에서도 힘겨운 역할을 맡았고, 이는 다른 독립 전쟁들에서 여성이 맡은 역할과 다르지 않다.

다시 말해, 1950년대 프랑스 정부는 이민을 활용하여 프랑스의 '발전' 과제를 알제리 여성의 희생으로 간신히 해결할 수 있었다. 같은 방식으로 생산과 재생산의 관계 문제 및 이에 뒤따른 투쟁 과정의 문제도 가까스로 해결할 수 있었다. 요컨대 프랑스 정부는 공동체와 재생산에서 모두 알제리 여성의 나약함과 무력함을 기반으로 알제리 이민의 두 번째 거대한 흐름을 만들어 냈다.[78]

이탈리아처럼 산업화를 일정 수준 이상 이뤄낸 국가에서는 전시 및 전후 시기가 공동체와 재생산의 모순 둘 다를 드러내는 기폭제 역할을 한 반면, 알제리 경우는 그렇지 않았다. 알제리는 기존 사회 구조 때문에 그럴 수 없었다. 독립 전쟁은 한편으로 사회적 긴장의 도화선이 될 수도 있었으나, 사회 구조 때문에 여성들은 재생산이 조직되는 방식을 쉽사리 공격할 수 없었다. 다르게 말하면, 여성들은 감금 및 고립 상황에서 해방을 쟁취하기 위한 어떤 시도도 할 수 없었다.

처음으로 임금을 직접 관리하게 된 알제리인 이민 여성들은, 프랑스에서 마주한 상황뿐만 아니라 자신이 떠나온 상황 때문에 처음에는 임금을 공동체 안팎에서 새롭게 힘을 얻는 수단으로 사용할 수 없음을 깨달았다. 알제리 여성의 상황은 유럽 여성의 상황보다, 심지어 유럽 내 '후진성에 갇힌' 여성의 상황보다도 훨씬 더 제한적이었다. 더 많은 힘을 가질 기회는 계속해서 좌절되었다. 새로운 이민자들이 도착할 때마다 커지는 **공동체**를 부양하는 데 임금을 써야 했기 때문이다.

이탈리아 여성이 가부장적인 농가 가족이나 (다소 차이는 있지만 남부의) 일반적인 확대 가족을 거부하는 수단으로 임금을 사용하고, 주어진 임금으로 좀 더 나은 삶을 살 수 있는 소가족을 선택한 방식은[79] 프랑스에 사는 알제리 여성에게는 완전히 불가능했다. 알제리 여성은 임금을 자기 자신 혹은 자식의 삶을 개선하는 데 사용할 수 없었다. 그들은 공동체 전체를 재생산하고 여전히 알제리에 남아 있는 여성 노동력을 대신해야 했기 때문이다.

알제리 이민에 대한 이런 의견들은 이민 자체에 존재하는 권력의 위계를 해석할 수 있는 하나의 기반, 하나의 시야를 제공해 준다. 권력의 위계가 출신 공동체 내에 존재하든, 해외 이민 공동체 내에 존재하든 관계없다. 알제리 사례는 다른 이민자 흐름, 예를 들어 서아프리카나 동아프리카에 있는 과거 프랑스 식민지에서 온 이민자 흐름을 살펴보는 데 활용될 수 있다. 이들은 알제리인과 같은 방식으로 프랑스 경제 성장에 기여했다.

마지막으로, 이탈리아, 스페인, 포르투갈에서 프랑스로 향하는 지속적인 이주 흐름은 프랑스 여성들이 출산 및 재생산 노동 수행을 일찌감치 거부한 것, (특히 농촌에서) 자신을 후진적인 상황에 묶어 두려고 하는 국가의 욕망을 거부한 것 둘 다와 관련지어 바라봐야 한다. 프랑스 정부가 언제나 다소 공개적으로 장려한 이 이주 흐름은 우선 프랑스 여성들이 버리고 떠난 프랑스 논밭으로 흘러갔다.

독일 사례

산업화 수준이 높았던 독일은 전후에 이례적으로 높은 여성 고용률을 유지했다.[80] 국가와 여성의 관계에 대해 앞서 말한 바는 독일에도 적용이 된다. 다른 나라들과 마찬가지로 독일에서도 여성은 자본이 모든 층위에서 복귀하는 과정을 어렵게 만들었고, 이 때문에 이민은 더 폭넓게 활용되어야 했다. 1950년대에는 독일 여성들이 마침내 나치의 억압에서 해방되어, 농촌 노동과 가족 경영 기업 내 '도우미'로서 하는 노동뿐만 아니라 가사노동을 거부하는 움직임을 전개한 시기이다.[81] 독일 여성들은 가정 경제 비슷한 것에 기반을 둔 직업도 모두 거부했다. 여성이 가사노동을 격렬히 거부하자, 독일의 몇몇 논객들은 '군 복무'처럼 조직화한 '가사 서비스'를 만들어 여성의 공백을 메우자고 제안하기도 했다.[82]

그러나 시골을 벗어나려는 여성들의 움직임은 상당히 많은 이민자가 유입되면서 방해를 받았다. 이 이민자 흐름에는 동독에서 온 '정치적' 이민자 다수, 1957년 이후 점점 더 밀려들어 온 이탈리아 이민자가 포함된다. 1960년대 말까지 (대략 1,200만 명의) 이주자들이 전쟁의 피해를 덜 입은 시골 지역에 먼저 정착하는 경향이 있었고, 이후에 도시 지역으로 이동해 갔다.[83] 이민자와 독일인 모두 농촌을 떠나 도시로 향하자, 농촌 여성은 '도우미'가 아닌 자기 이름을 건 농장의 관리자로 변모했다. 바바리아 같은 지역에서는, 남자가 산업계에서 일하고 여자가 가사노동 및 예전에 남녀가 함께한 밭일 둘 다를 떠맡는 가구를 쉽게 볼 수 있다. 마찬가지로 수공업에서는 "아들이 더 이상 관심을 두지 않아 홀로 아버지의 기업을 운영하는 기능공의 딸들이 나타나기 시작했다. 이들은 제과점, 제본소, 도배업소 주인이 되었다."[84] 하지만 수공업에서는 여성이 미숙련 일자리에 고용되는 경우가 여전히 더 많았다.

독일 여성들이 아이, 부엌, 교회Kinder, Küche, Kirche, 3 Ks와 관련하여 전개한 협상은 대체로 집 밖 노동 관련 협상력으로 이어지지 않았다. 정부는 동독 및 이탈리아에서 온 이민자를 활용할 수 있다면서 협상에 개입하고 대처하여, 출산을 거부한 여성들이 노동 시장에 진입해서 독일 남성과 대등한 조건으로 일하지 못하게 했다. 이탈리아 정부와 맺은 공동 협약에 따라 1930년대에 이미 이탈리아인 이민자 유입이 보장되었고,[85] 이후 전쟁 기간에 다시 한번 유입되었다.[86] 이런 사실은 독일 내 노동 계급 재생산이 그때부터 이미 충분치 않았음을 보여 준다.

독일 정부는 경제 성장기에 인구 공백이 생길 것을 두려워하여, 1950년대 하반기에 동유럽 국가 대부분이 자율화를 어느 정도 도입했는데도 임신 중단 금지를 엄격하게 지속했다. 그러나 다른 유럽 국가들과 마찬가지로 독일에서도 염려하던 '불길한 인구 성장'이 일어났고, 1960년대 중반 이후로는 상황이 더 나빠졌다. 독일의 전후 성장은 노동력의 광범위한 사용,[87] 장시간 노동, 잦은 초과 근무, 점진적인 농업 노동력 고갈에[88] 의존했지만, 여성은 산업 고용 면에서 심각하게 차별당했다.

프랑스와 마찬가지로, 전통적으로 배제당했던 산업 부문에 여성이 마침내 진입했다.[89] 1950년부터 1960년까지 모든 산업에서 여성 노동자 수가 늘어났다. 철강업과 금속 가공업에 고용된 여성 수는 162.3% 늘었고, 전자기술 부문도 그에 조금 못 미치는 정도였다. 여성 고용은 섬유, 의복, 식품, 담배, 사탕 같은 전통적인 부문, 그리고 정밀 기계, 광학, 시계 제조, 사진 같이 손재주와 정밀함이라는 고도로 능숙한 기술을 요구하는 부문에서 모두 증가했다.[90] 이를 보면 여성에게 기술이 부족하다는 주장은 저임금의 구실에 지나지 않음을 알 수 있다.

IV. 과거의 작용으로 생겨난 경계들이 1960년대에 더욱 뚜렷해진다. 젊은 노동 계급이 그들 뒤에 존재하는 여성의 거부, 저항, 투쟁을 바탕으로 태어난다.

1960년대에는 여성이 전후에 시작한 운동이 커지고 확산했다. 여성들은 성장 계획의 부속물로 기능하기를 거부했다. 이런 성장 계획은 여성이 자식을 많이 낳아 제공해 주는 사람이 되기를, 집과 논밭과 공장과 사무실에서 장시간 노동에 얽매이기를, 사적 의존이라는 상황에 구속되어 고립되기를 원했다. 1964년에 시작된 출생률 급감은 여성이 출산과 관련해서 성취한 통제권이 어느 정도였는지를 사진 이미지처럼 선명하게 보여 준다. 이 글 초반에 논의했듯이, 유럽 전체에서 나타난 이런 현상이 단지 피임이 널리 활용되면서 생긴 결과는 아니다. 게다가 출생률 감소는 이전까지 생식을 통제하는 데 가장 성공적이지 못한 인구층에서 가장 빨랐다.[91]

이미 살펴보았듯, 출생률 감소는 어떤 하나의 요소로 해명 가능한 '사건'이 아니라 여성이 획득한 힘의 정도를 보여 주는 것이다. 전쟁과 혁명 이후에 등장한 모든 정부는[92] 항상 여성을 가둬 놓으려고 애썼는데, 이런 보편적 '후진성'을 상쇄시킨 게 투쟁 과정에서 획득한 여성의 힘이었다. 이 힘의 지렛대를 이용해 여성은 삶의 질을 개선하는 협상을 점점 더 많이 할 수 있었다.

유럽 통합이 시작된 이래 유럽의 기획자들은 여성에게 제한적인 정책을 실시했고,[93] 이런 정책은 1960년대에 더욱 증가했다. 그러나 유럽 통합의 기본 수단인 이민은 분명 양날의 칼이 되었다. 잘 알려진 대로 이민자들이 반란의 선봉에 섰을 뿐만 아니라, 여성과 청년이 시동을 건 원심력은 이민을 계기로 확실히 더 급진적으로 변해 갔다. 노인의 경우도 마찬가지인데, (오늘날 이탈리아에서 '노년의 힘'을 외치기 어렵긴 하지만) 노인들은 대가가 뭐든 점점 더 일정한 삶의 질을 요구한다.[94] 하나의 경계선이 지금까지(1960년대에는 덜했지만) 〈유럽연합〉에 유리한 역할을 하고 있는데, 이 경계선은 전적으로 혹은 부분적으로 여성이 (송금액이든 자신의 급여든) 임금을 관리할 수 있는 지역과 그럴 수 없는 지역 사이에 존재한다. 여성이 임금을 관리할 수 없는 지역에서는 여성의 생존이 농가 수입, 아니면 여성이 가족 내 남성이나 나이가 더 많은 여성에게 전적으로 의존하게 만드는 수단에 달려 있다. 이런 경우 몇몇 남성들의 이주, 특히 공동체 부양을 책임지지 않는 젊은이들의 이주는 공동체 자체의 기반을 약화시키지 않는다. 알제리 경우가 이런 이주의 전형으로, 산업 국가의 일부로서 산업 지대를 가진 남부 이탈리아와는 다르다. 남부 이탈리아의 젊은 여성들이 시골을 떠날 수 있었던 건 우연이 아니다. 이는 알제리에서는 생각도 할 수 없는 행동이다.[95] 한 남부 이탈리아 여성이 더 이상 독일에서 돈이 올 것 같지 않아 자신이 직접 지참금을 구하는 게 더 낫겠다는 결론을 내린다면, 그가 어떤 결정을 내리든지 대안은 존재한다. 그러나 알제리 여성에게는 대안이 없다.

1960년대 말 노동 계급 투쟁의 흐름을 이해하려면 여성의 독립성 증대와 연관된 또 다른 현상을 분석해야만 하는데, 가족 내 연장자가 없거나 연장자가 여성을 복종시키는 데 실패해서 여성들이 가정 안에서 이전과는 다르게 임금을 활용할 수 있는 경우가 바로 그것이다. 독일로 떠난 이탈리아 남성의 아내, 나뽈리와 젤라 지역 노동자의 아내들은 남편이 집으로 보내는 송금액과 봉급, 혹은 자신의 급여까지도 점차 더 많이 관리했다. 이 여성들은 연장자들이 주로 저축을 하거나 땅에 투자했을 돈을 자식에게 쏟는 쪽을 택했다. 1960년대 피아트에 일하러 간 남부 출신 젊은 프롤레타리아들은 이 새로운 투자 방식에 동화되어 더 높은 생활 수준을 기대했다.

새로운 노동자 세대와 학생 세대의 저항이 지닌 혁신적인 측면을 과소평가하거나 축소하고 싶진 않다. 다만 이 저항이 가족의 맥락 바깥에서 일어나는 직접적인 대립 이상의 것을 내포한다는 점을 강조하고 싶다. 이 저항은 가족 자체가 일정 정도 붕괴되는 것을 포함한다. 우리는 가족에 대한 새로운 관점이 필요하다.[96] 1960년대에 프롤레타리아 가족 안에서조차 권위의 붕괴가 일어났음을 고려해야 하고, 이를 여성이 남성 임금을 관리하게 된 현상과 연관 지어서 바라봐야 한다. 전후에 (이주에 기초한) 유럽 통합이 진행되고 여성이 주도한 도시화 과정이 유럽 전역으로 퍼져 나가면서, 여성이 남성 임금을 관리하는 경우가 점점 더 많은 프롤레타리아 여성층에서 나타났다. 여성이 가끔 스스로 벌어들이는 임금(지하 경제, 가내 공업, 삯일, 시간제 노동으로 종종 버는 돈이었는데, 많은 경우 전체 가족을 부양하는 유일한 수입원이 되기도 했다)에 더하여 남성의 임금까지 관리하게 된 건, 여성이 남성과 맺는 관계에서 더 큰 힘을 가지게 하고, 부모 자식 관계도 달라지게 만들었다. 그 결과, 권위의 위기를 가져왔다.

이탈리아 같은 국가들은 1940년대와 1950년대에 일부 프롤레타리아 여성층이 처음으로 임금을 관리하는 경험을 한다. 이런 여성들에게 이민이 끼친 영향은 알제리 같은 국가의 여성들에게 끼친 영향과는 방식이 달랐다. 이탈리아에서 이민은 독립을 지향하는 여성의 첫 발걸음을 재촉했다. 반면 알제리 같은 국가에서 이민은 적어도 단기적으로는 여성의 지위를 악화시켰다. 여성 고용 수준이 높은 국가에서는 가족 붕괴가 일어났다. 이는 공장 안팎에서 젊은이들이 점점 더 순종하지 않는 현상과 연계하여 나타났으며, 여성이 가정 안에서도 밖에서도 노동하고 있다는 사실에서 비롯된 갈등의 결과였다.[97]

그러나 젊은 노동 계급은 이탈리아(1962년 토리노의 스타뚜또 광장에서 발생한 노동자 봉기)와 유럽 전역에서 완전히 새로운 투쟁의 시기를 열었다. 이 새로운 투쟁의 시기는 프롤레타리아 여성이 점점 더 많이 거부하고 반항하면서 탄생한 것이다. 이 여성들은 투쟁이 발전해 나갈 수 있는 환경을 만들고 지속시켰다.[98] 앞에서 이미 말했듯이, 여성을 겨냥한 공격은 유럽 통합이 시작된 이래로 계속 있어 왔고, 1960년대에 더 맹렬해졌다. 더욱이 이런 경향은 1960년대 말 노동자 투쟁이 급증하면서 더 고조되었다.

비록 좌파 진영에서는 무시해 왔으나, 이탈리아에서 1962년부터 시작된, 여성이 공장에서 쫓겨나는 상황은 아직 끝나지 않았다. 이 때문에 실업자 대열에 합류한 여성이 100만 명 더 늘었다.[99] 독일에서는 1960년 이후로 자본 집약적 성장과 생산 과정 합리화가 일어나, 집 밖에서 노동하는 여성의 상황을 더욱 악화시켰다.[100] 여성은 점점 더 많이 공장에서 쫓겨나 시간제 노동, 삯일, 임시직에 의지해야 했다. 1961년부터 1971년까지 시간제 여성 노동자는 83%가 늘어 2,300만 명에 달했다.[101] 이민 여성들은 저숙련 노동자(60%)나 반숙련 노동자(3분의 1)로 고용되었다.[102]

프랑스에서는 1962년부터 1968년까지 새로운 산업 부문에 고용된 여성 비율이 증가했다. 전자 산업에 고용된 여성이 11만 4천 명에서 12만 6,660명으로 11.1% 늘었다. 화학 산업은 10만 4,500명에서 11만 9,440명으로 14.2%, 식품업은 12만 6,100명에서 13만 7천 명으로 8.6%, 기계 공학 산업은 19만 4,220명

에서 20만 2,160명으로 4% 늘었다. 그러나 분야 내 성비 구성은 크게 달라지지 않았다.[103]

1970년, 프랑스 〈노동총동맹〉 제4차 총회에서 여성 노동에 대해 크리스티안 질은 다음과 같이 말했다. "제가 언급한 두 번째 수치, 즉 33%는 남녀의 실질 임금 차이에 해당합니다. … 1945년에 의류 산업 내 여성 기계공의 호봉은 금속 기술 산업 P1 및 P2의 호봉과 대등합니다. 오늘날은 대등함과는 거리가 멉니다. 지난 5월, 최저 시급은 3.93프랑과 4.10프랑이었습니다."[104]

이민 여성, 특히 알제리 여성에 대해서는, 1962년과 1963년 사이 재정 정책에 따라 모든 알제리인이 출국 시 최대 10프랑까지만 소지할 수 있었다는 점을 기억해야 한다. 이 정책 때문에 프랑스에 이미 정착한 누군가가 있어야만 하고 소수의 여성이 한 무리의 남성들을 시중드는 구조가 만들어졌다. 1967년에는 알제리 이민자가 프랑을 알제리로 보내지 못하게 하는 제한 조치가 추가되었다. 이 때문에 이미 형편없던 알제리 여성의 상황은 더 나빠졌다. 돈을 송금해 주지 않으면 프랑으로만 구입할 수 있는 특정 제품을 살 수 없었기 때문이다.

알제리인 이민은 해방 전쟁 이후 달라졌다. 소규모 가족 무리나 독신 여성도 이민을 가기 시작한 것이다. 독신 여성들은 시골 생활 및 도시 생활의 부담스러운 일을 거부했는데, 예를 들면 '이슬람 사회주의' 지도자들이 바라던 대로 남성과 분리되어 조그만 부엌에서 식사하기 같은 일이 있었다. 혼자서 프랑스로 이민 간 여성은 대부분 프롤레타리아가 아니었다. 사실 대부분은 여행 비자나 학생 비자를 이용해서 겨우 프랑스에 입국했다. 그러나 일단 프랑스에 들어가면, 이 독신 여성들은 독신 남성들과는 달리 알제리 공동체의 구성원으로 통합될 수 없었고, 이는 지금도 마찬가지다. 왜냐하면, 공동체는 여성이 남성의 지배를 받지 않는 한 그 여성을 수용하지 않았기 때문이다. 그리하여 이 독신 여성들은 결국 기껏해야 웨이트리스가 되거나 성매매 여성이 되곤 한다. 알제리, 튀니지, 모로코, 터키, 유고슬라비아, 포르투갈에서 온 프롤레타리아 이주 여성들은 일반적으로 웨이트리스가 되거나 아니면 기계공업 분야의 비숙련 노동자가 된다.

V. 1968년이 지나고 1970년대가 되면 여성들은 재생산을 두고 협상하기 시작한다. 이민자 공동체는 더 이상 그들 자신을 재생산할 필요가 없다.

1968년 이후, 유럽 여성들은 자식에 투자해서 자기 삶뿐만 아니라 자식의 삶까지 개선하려고 애썼다. 이런 움직임은 유럽 전역에서 노동 계급이 표출한 투쟁의 잠재력 및 수준을 보면 알 수 있다. 이 투쟁에 뒤이어, 이탈리아인이 타국으로 이주하는 흐름은 더 줄어들었고,[105] 이탈리아인이 이민자 노동 시장의 계층 구조에서 차지하는 위치는 올라갔다. 이젠 다른 지중해 지역에서 들어오는 이민 흐름이 증가했다. 터키, 그리스, 알제리, 튀니지, 스페인, 포르투갈 이민자들이 들어와 저숙련 및 비숙련 노동을 대신했다.

지나치게 낙관적이면 안 되겠지만, 지난 몇 년간 이주는 『파이낸셜 타임스』가 공공연히 인정하듯이 사회 평화보다는 "혁명의 유령"을 불러왔음이 틀림없다.[106] 이 때문에, 상당히 제한적이긴 하지만 출신지가 어디가 됐든 남성 이민자들보다 더 약하고, 더 쉽게 협박할 수 있는 노동력 공급원 및 집단을 발굴하려는 시도가 있었고, 그게 바로 여성이었다. 이 지점에 1970년대의 과제가 놓여 있다. 여성들이 걸어온 길이 최근 몇 년간 결정적인 전환점에 도달했기 때문이다. 미국과 함께 유럽에서도 여성의 독립성과 자율성, 즉 공장이나 가정이 제시하는 가격으로 값이 매겨지지 않는 삶을 요구하는 거대한 운동이 일어났다.

남성들이 점점 더 공장 규율을 따르려 하지 않는데, 이주 여성들이 이들보다 더 순응적일 가능성은 희박하다. 이 경우에도 남녀 사이, 특히 남녀 이민자들 사이에 존재하는 권력 차이를 잊으면 안 된다. 여성이 더 '발전된' 지역과 '덜 발전된' 지역 모두로 이동하고 있음을 고려하면, 장기적으로 봤을 때 여성을 활용해서 유럽 자본이 가진 과제를 해결할 수 있는 가능성은 지극히 낮아 보이고, 그게 가능한 일인 것 같지도 않다. '종이호랑이'와 '하얀 코끼리'라는 잘 알려진 이미지 가운데서도 이 특별한 자본주의적 게임을 가장 잘 보여 주는 이미지는 아마도 '자기 꼬리를 쫓는 고양이'일 것이다.

유럽의 설계자들은 지금 '원을 사각으로 만드는' 일만큼 어려워 보이는 문제에 직면해 있다. 독일, 프랑스, 이탈리아(1969년 이후 피아트)에서는 공장 규율을 받아들이지 않는 남성 이주 노동자를 대체할 인력으로 여성, 특히 이주 여성을 투입하려는 시도가 더 많이 있었다. 까씨노에 있는 피아트와 유일하게 비견할 만한 곳이 스웨덴 쇠데텔리예에 있는 사브-스카니아Saab-Scania인데, 여기서는 '별 모양'으로[107] 노동을 조직하는 걸 볼 수 있다. 이는 특히 나이 든 여성을 포함한 주부들에게 적합하다. 하지만 유럽 여성들은 공장 일에 더해서 임금이 없는 가사 노동까지 받아들이려 하지 않으며, 자신들의 재생산 노동에 비용을 부담하라는 입장을 점점 더 단호하게 취하고 있다. 그리하여 한쪽에서는 지속적으로 보장되며 이제껏 국가에 거의 비용을 발생시키지 않은 재생산을 토대로 자본주의적 성장이 이뤄지고, 다른 한쪽에서는 여성들이 바로 이 기반, 즉 재생산을 공격하기 시작했다.

국가가 종종 정치적으로 힘이 약한 여성층을 공장에서도 일하고 가정에서도 일하도록 협박하는 데 성공한 게 사실이다. 하지만 적어도 유럽에서는 국가가 재생산 비용을 지급하라는 여성들의 요구에 응할 수밖에 없는 상황이다. 이를 보여 주는 가장 중요한 사례 중 하나는 다음과 같다. 프랑스 〈전국가족단체연합〉은 가사노동 임금으로 최저 임금의 50%에 상응하는 금액을 제안했다. 이는 과세 대상이 되며, 모든 면에서 임금으로 간주된다.[108] 이런 제안은 정부 내에서 이미 어느 정도 지지를 얻고 있다. 또 다른 사례로, 이탈리아에서는 여성이 장애를 가진 일가친척을 기관에 맡기는 대신 직접 돌보면, 이때 발생하는 추가적인 가사노동에 대해 매월 5만 리라를 수표로 받는다.[109] 또, 이탈리아에서는 아동 수당 금액을 인상하는 법률이 제안되었다. 이를 보면 아동 수당이 가사노동 '임금'이 되진 못해도, 재생산이 이미 협상의 영역이 되었다는 점은 분명하게 알 수 있다.

글을 끝맺기에 앞서 영국 사례를 간략하게 살펴보겠다. 영국은 최근에야 〈유럽공동체〉에 합류했다. 영국은 여전히 미국 자본과 밀접한 관계를 맺고 있으며, 이 점을 바탕으로 두 국가가 가지고 있는 인구 및 여성 고용 정책과 전략의 몇몇 유사성이 설명된다. 영국의 여성 고용이 예전부터 높은 수준이었다는 점은 앞서 언급한 적이 있다. 1970년대, 정부는 여성의 상황과 고용 수준에 대한 광범위한 연구를 장려하고 재정을 지원했다. 이를 목적으로 설립된 위원회들은 계속해서 업무를 최대한 유연하게 조직해서 "여성들이 시간제 일자리와 정규직 일자리 중 하나를 선택할 수 있게" 하라고 권고했다. 위원회들은 "어린이집과 유치원을 빠른 속도로 확산시키고, 어머니의 요구에 맞춰 조정 가능한 유연한 일정을 짜도록" 권고했다(여기서 어머니는 일하러 가야 하는 어머니들을 말한다). 또한 "일하는 어머니를 둔 청소년과 아이들에게 심지어 방학 기간에도 식사를 제공하는 급식장"을 마련하라고 권고했다(강조 추가). 게다가 "교육부 장관이 여성 단체들과 정기적으로 접촉할 것," 재택근무의 규모와 환경에 대해 적절한 조사가 이뤄지도록 할 것"을 권고했다(이는 분명 지중해 국가들만의 문제는 아니다).[110]

그러나 영국 정부는 이 모든 권고로도 영국 여성들이 서인도 제도, 아프리카, 인도, 파키스탄에서 온 이민자를 대신하여 공장에서 일하도록 설득할 수는 없었다. 영국 여성은 진작부터 자신에게 끊임없이 제공되는 차별적인 일자리를 거부해 왔다. 특정 기술 수준을 갖춘 여성의 고용 확산이 필요하다는 논의 결과 비서나 타자수 같은 일자리가 영국 여성들에게 제공되었지만, 이 일자리들을 영국 여성들이 조용히 수용할 것 같지 않다.[111] 재생산 비용을 둘러싼 투쟁, 가사노동 임금 투쟁도 영국에서 이미 시작돼 아동 수당을 둘러싼 캠페인을 벌이며 전국으로 확대되었다.[112] 정부는 여성이 유일하게 직접 받는 돈인 아동 수당 폐지 계획을 포기해야 했을 뿐만 아니라, 운동이 커지면서 투쟁이 돌이킬 수 없을 정도로 터져 나오고 재생산 관련 협상도 시작되는 상황을 마주해야 했다.

동시에 이주민 남녀 공동체는 전복을 일으킬 정도의 수위에 도달했는데, 그 수위가 이미 너무 높아서 국가가 여성을 남성에 대항하여 활용하는 게 이제는 불가능하다. 실제로, 임금을 받으며 노동하는 이주 여성이 매우 많은데, 성별 분업이 매우 견고한 노동 시장 상황을 생각하면 놀라울 정도다. 이주 노동 계급의 전복 가능성은 새로운 노동자 세대, 즉 기존 이주민의 아들딸들이 제기했다. 영국에서 태어나거나 자란 젊은 남녀, 그 가운데 특히 여성들은 부모가 날 때부터 갖고 있던 제약들에서 벗어나 더 자유롭다. 부모들은 진작부터 모든 임금을 승리로 여기던 사회에서 왔지만, 그들의 아들딸들은 자신이 더 높은 사회 및 노동 계층으로 수월하게 올라갈 수 있다는 환상 따위는 품고 있지 않다.

결정적으로, 임금이 주어지는 일자리의 안정성은 이 2세대들이 새로운 수준의 힘을 성취할 수 있게 해줬다. 그 힘은 안정성 자체를 깨부술 수 있을 만큼 강력하다. 이 젊은 노동자들이 취하는 태도는, 전 세계의 비슷한 또래들이 임금 노동에 보이는 태도와 유사하다. 비록 이들의 투쟁이 노동 시장 내 인종 차별에 저항하는 투쟁으로 더욱 격렬해지고 있지만 말이다. 관리자가 종종 과거의 노예주처럼 받아들여진다는 사실 또한 이들의 투쟁을 더욱 격렬하게 만드는 요인이다. 여성은 부모의 임금이 만들어 내고 요구하는 가족생활의 한계와 싸우고, 이 한계를 거부하는 특수한 상황에 놓여 있다. 여성들이 공장과 학교에서 시위를 벌이고 있지만, 아직 젊은 남성들의 시위 수준에는 미치지 못한다. 그렇지만 여성이 자신의 어머니, 아버지와 맞서는 힘, 종종 가족 내에서 혼자 고립된 채 지속하는 싸움을 보면 투쟁을 향한 여성들의 각오를 알 수 있다. 이 젊은 여성들이 거리에서 경찰과 싸우는 모습은 거의 찾아보기 힘든 만큼, 그들의 독립 투쟁은 눈에 보이지 않는 경우도 많다.

흑인 운동은 영국에서도 운동의 프로그램과 목적 면에서 여성의 상황을 완벽하게 무시했다. 그러나 경찰과 충돌하고 모든 권력 기관과 거래하는 과정에서 부모들이 더욱 기꺼이 개입하여 젊은이들을 도우려는 모습은 흑인 운동이 기울인 노력의 결과라고 볼 수 있다. 그런데 젊은 남성들은 눈에 띄는 주인공이 되는 반면, 젊은 여성들의 투쟁은 드러나지 않는다. 하지만 여성의 투쟁은 종종 남성들의 투쟁만큼이나 효과적이다.

이따금 서인도 제도 출신 흑인 남성들이 고향에서 가족을 부양할 수 없음을 깨닫고 아내와 자식을 떠나 영국으로 탈출한다. 여성들은 남성과 같이 있든 그렇지 않든 혼자서 독립적인 삶을 살아가려면 고향에서 아주 멀리 떨어진 곳으로 가야만 했다. 정착하고 나서 자식이 합류할 수 있도록 돈을 보내는 건 대부분 여성이었다. 이런 상황은 오래지 않아 권위의 위기를 초래했다. 영국 정부는 오랫동안 이민 제한을 장려했고, 1970년대 현재는 서인도 제도 출신 여성들이 출산을 하지 못하게 막으면서 아이들이 배제되도록 조장하고 있다. 흑인 여성에게 불임 시술을 하도록 의사들을 부추겨 흑인 출생률을 떨어뜨리는 것이다. 이는 자국 내 흑인 인구 및 제3세계 전반에 대해 1960년대 미국이 펼친 정책과 일맥상통한다. 이주가 제대로 작동하지 않을 때는 자본을 수출하여 노동자가 있는 쪽으로 공장을 이동하는 편이 더 낫다. 그러나 제3세계 남녀가 이런 공장을 평온히 받아들일 준비가 된 것 같진 않다.

6

1970년대 이탈리아의 인구 이출과 이입, 그리고 계급 구성

1.

나는 예전에 여성의 관점에서 2차 세계대전 이후 유럽 이민 정책을 분석한다는 목표 아래 연구를 진행한 적이 있다.[1] 이 연구에서 나는 2차 세계대전 이후 재생산 환경이 심각하게 공격을 받아 생산과 재생산의 관계가 산산이 부서졌다고 결론지었다.

현재 보편적으로 받아들여지고 있듯이, 이민은 다른 무엇보다도 노동력을 양적, 질적으로 재편하려는 시도이다. 이민을 통해 노동력을 재편하는 과정에서 가장 명백하게 드러나는 요소는 생산 현장에 원래 있던 인력과의 경쟁 관계이지만, 본 연구에서 더 관심 있는 주제는 노동력을 재생산하는 노동이 놓인 환경에 대한 공격이다. 다시 말해, 여성이 수행하는 노동을 겨냥한 공격, 사람들이 떠나고 들어오는 지역, 양쪽에서 여성이 하는 노동을 겨냥한 공격을 다룬다. 또한, 재생산 노동과 관련하여 여성들이 실험한 자율성이 어떤 공격을 받았는지도 관심의 대상이다.

요컨대, 본 연구의 초점은 여성의 힘이 약한 지역에서 생산된 노동력이 여성의 힘이 강한 지역에서 생산된 노동력과 경쟁하면서 활용된다는 관점에서 이민의 정치를 고찰하는 것이다.

그런데 본 연구에서 그보다 더 중심축이 되는 주제는, 여성들이 노동력을 재생산하는 과정에서 투쟁함으로써 '더 강력한 훈련 과정'은 물론이고 더 강력한 정치력까지 물려준다는 점이다.

투쟁하는 다국적 노동 계급은 1960년대에 탄생했다. 따라서 이런 다국적 노동 계급의 탄생은 한 계급 집단으로서의 여성 역사에 반영되어 있다. 여성들은 특히 2차 세계대전 이후부터 어느 때보다도 서로 유사한 방식으로 여성이라는 계급 집단 특유의 독자적 노선을 드러내기 시작했다.

이처럼 여성의 자율성이 표명되는 과정은 출산 거부, 즉 출산을 아예 거부하거나 전보다 자식을 훨씬 적게 낳는 것을 주축으로 전개되었다. 그러나 가정에 저항하는 투쟁, 더 넓게는 퇴보하는 생활 환경에 저항하는 투쟁이 결혼 거부까지 이어지진 않았다. 여성은 여전히 자손을 많이 낳아야 하고, 가정의 위계질서에 종속되며, 가정과 논밭에서 고된 노동 시간에 매여 있는 등 생활 환경이 후퇴했으나, 이 때문에 결혼을 거부하진 않은 것이다. 이탈리아 같은 국가에서는 결혼이 도시로 가는 방편이 되기도 하고, 결과적으로 남성의 임금이나 심지어 여성 자신의 임금을 보장하는 일일 뿐만 아니라 여성들 사이에서 평등을 고취하고 고립을 줄이는 일이기도 했다. 어쨌든 남성들보다 먼저 농촌을 버리고 떠난 이들은 젊은 여성들이었다.

따라서 여성들이 훈육받은 계급을 적당한 규모로 재생산하고 경제 성장 계획이나 불경기 대책의 단순 부속물이 되기를 거부하자, 그 대응으로 노동력이 수입되었다고 이해할 수 있다. 1960년대에 다국적 노동 계급의 투쟁이 급증하고 1970년대 초반에는 전통적으로 남성의 본거지라 여겼던 산업에 여성이 유입되는데, 특히 이민 여성의 유입이 두드러진다(이민 여성만 유입된 건 아니다). 이런 양상은 유럽 전역에서 반복적으로 나타났다.

그런데 이민자 공동체가 이미 지나치게 높은 수위의 전복을 달성한 곳에서는, 남성 이주 노동력에 대항하는 인력으로 여성 이주 노동력을 일관되게 활용하는 것은 상상하기가 어려웠다. 따라서 자본 수출이 확실한 대안이었다. 하지만 우리가 말한 적 있듯이, 자본 수출을 반대하지 않고 수용하려는 마음이 제3세계 남녀에게 특별히 더 강했던 것 같지는 않다. 또한, 현지 여성들이 재생산 환경을 두고 독자적인 투쟁을 전개하고 있는 바로 그 시점에 현지 여성을 고용하는 게 무엇을 보장해 줄 수 있을까? 다시 말해, 그들은 일정한 양과 질의 가사노동을 공장 노동과 병행하려고 할까?

이 글에서는 이탈리아 상황을 사례로 제시하여 1970년대에 국가 대응이 어떻게 변했는지 자세히 살펴보려고 한다.

2.

알려져 있듯이, 1950~60년대 이탈리아는 유럽이 재편되는 과정에서 방대한 노동력 비축 기지 역할을 자처했다. 실제로 유럽 전체의 발전 모형은 이민자 노동력에 의존하는 구조였다.[2] 내가 전에 논의한 것처럼, 이런 발전 모형에서는 국가와 교회가 여성을 겨냥한 테러 체제를 운영한다. 이 테러 체제는 모든 종류의 피임은 물론이고 혼전 혹은 혼외 성행위를 금지했다. 그리고 무엇보다도 고단하고 비참한 환경에서 노동력을 양육하게 했다. 2차 세계대전이 발발하고 1960년대까지 약 688만 명이 이탈리아를 떠났다. 1958년까지는[3] 이들 가운데 41%가 대서양을 건넜고, 그 이후에는 스위스와 독일로 이주하는 경향이 두드러졌다. 1961년부터 1971년까지 상당한 노동력이 남부 이탈리아를 떠나 북부의 '산업 삼각지대'인 밀라노, 또리노, 제노바로 옮겨간 점도 주목해야 한다.

1960년대 초, 이탈리아는 위기에 빠져 있었다. 1959년에야 이탈리아 노동력을 조사하기 시작한 〈이탈리아 통계청〉ISTAT의 통계 자료를 보면, 1959년부터 1972년까지 여성 고용이 136만 건 감소했다. 언뜻 보면 이탈리아의 위기 상황과 여성이 공장에서 쫓겨난 상황이 관련된 것처럼 보일 수 있으나, 사실 당시의 위기 상황이나 바로 뒤이은 위기 상황은 공장에서 쫓겨난 여성들에게는 진짜 위기가 아니었다. 실제로 1959년부터 1964년까지 여성 고용이 77만 2천 건 감소했지만, 이와 관련해서는 여성이 농업을 떠난 상황을 감안해야 한다. 농사일에서 여성은

(여성의 임금을 아버지나 남편에게 직접 지불한 경우를 포함해서) 가족 기업의 피고용인이나 농장 노동자로 간주되었다. 공장 여성들에게 위기의 순간은 바로 직후 시기, 즉 1964년 이후 계속된 이른바 "고용 없는 성장" 기간이다.[4]

1964년부터 1972년까지 여성 고용이 58만 7천 건 감소했는데, 이 수치야말로 실제로 공장에서 쫓겨난 여성을 보여 주는 것이다. 여성이 대거 공장에서 쫓겨난 이유는, 무엇보다 남부에서 온 젊은 남성들과 경쟁이 되지 않았기 때문이다. 유사한 상황이 같은 시기 스위스와 독일에서도 발생하여, 외국인이 스위스와 독일의 여성 공장 노동자를 대체했다. 이탈리아에서는 1963년이 되어서야 고용주가 근로 계약서에 여성은 결혼과 동시에 해고될 수 있다는 조항을 넣는 것을 법으로 금지했다. 한 가지 짚고 넘어가야 할 지점이, 고용 노동자가 너무 많아서 여성이 공장에서 해고된 게 아니라는 사실이다. 여성이 해고를 당한 이유는 고용 노동자가 많아서가 아니라 여성이 계약할 때 남부에서 온 신규 이주 노동자와의 경쟁에 맞설 정도로 충분한 힘을 발휘하지 못했기 때문이다(노동자 운동이나 노조 역시 계약할 때 힘을 발휘하지 못했다). 여성들은 당시 추세에 이의를 제기할 수도, 이해할 수도 없었다. 우리가 고려해야 할 사항이 한 가지 더 있다. 어떤 여성들은 이런 성장 기간에 좀 더 안정적이고 일관되게 남성의 임금으로 부양을 받는 게 가능해지자 자발적으로 공장을 떠나기도 했다. 하지만 이런 경우가 그 시기 여성이 대거 공장을 떠난 상황을 완벽하게 설명해 준다고 생각하진 않는다.

잘 알려진 것처럼 1960년대 말은 노동자와 학생이 반란을 일으킨 시기였다. 그러나 노동자 및 학생 운동이 일어난 직후인 1970년 말부터 1971년까지도 특별히 대대적인 페미니즘 운동은 여전히 일어나지 않았다. 정치적 주체인 '여성'은 시간이 좀 더 흐른 뒤에야 나타났다. 이 정치적 여성 주체는 대규모로, 또 이탈리아 최초로, 공장이 사회적 맥락을 좌우하던 전통적 관계를 뒤엎을 가능성을 지닌 존재였다. 이 여성 주체는 가사노동의 조직 및 공급이 사회적 위치를 결정하는 핵심이며 생산 현장 그 자체임을 폭로했다.

1974년부터 1976년까지는 페미니즘 운동이 맹렬했던 시기로, 가사노동에 대대적으로 저항했다. 가사노동의 물질적, 비물질적 과업들과,[5] 사랑으로 하는 노동이라는 가사노동의 기본 전제에 반대하는 대반란이 일어난 것이다. 지금은 가사노동이 성적, 정서적 노동이며 대인 관계를 재생산하는 노동이기도 하다는 사실을[6] '깨달은' 이들이 있어 다행인데, 내가 제대로 해석한 것이 맞는다면 이는 당시의 모든 투쟁 및 실험적으로 이뤄진 새로운 형태의 여성적 재생산이 가져온 결과이다. 다양한 활동이 이어졌는데, 그 가운데 잘 알려진 몇 가지만 언급하자면, 출산 거부부터 (여전히 모든 교회의 분노를 사고 있는) 임신 중절 투쟁에 이르는 활동, 집 안팎에서 모든 종류의 과업을 거부하는 무수한 행동, 여성 동성애 실천부터 여성 공동체 구성, 여성이 혼자 사는 것 등이 있다.

1960년대와 1970년대 초반의 투쟁은 1973년 무렵부터 위기 상황이 계속되면서 매우 가혹한 결과를 맞는다. 거대 공장들에서 (1972년에 이미 시작된) '긴축' 프로그램 및 생산 구조 조정의 압박이 전개되었을 뿐만 아니라[7] 생산의 탈중심화, 실업 확산(1979년에 대략 170만 명이 실업자였다), 인플레이션의 폭주,[8] 생활비의 위협적 증가까지 이어졌다. 게다가 계급 구성에 균열이 발생하여 노동자 대중이 쥐고 있던 주도권이 종말을 맞았다. 그 결과, 이들의 주도권이 임금에 미치던 영향력도 끝이 났다. 위기 상황의 영향으로 생산이 재편되면서 계급이 점점 더 계층화되었다. 생산 중심지들에 구조 조정이 일어나(피아트가 자동화되고, 자누씨, 알파 로메오, 안쌀도, 올리베띠 내 다양한 일자리에 로봇이 도입되었다), 실업, 가사노동, 불안정 노동, 재택근무, 무계약 노동 등 엄청나게 다양한 형태의 노동이 나타났다.[9] 성별과 나이를 나누는 경계선에 따라 노동자들은 더욱더 계층화되었다. 나이가 어린 사람, 전문 기술이 없는 사람, 여성이 가장 운이 나빴다. 컴퓨터 프로그램화된 기계의 도움을 받는 일처럼(이는 한 가지 예시에 불과하다), 좀 더 고도로 전문화된 재택근무는 자격을 갖춘 남성 노동자의 몫으로 돌아갔다. 이 모든 상황 덕분에 남성이 가정에서 지배적인 위치를 차지했음은 쉽게 상상할 수 있다. 이탈리아 빠도바에서 열린 학회에서 한 청중이 내게 소감을 말했는데, 그의 말이 생생하게 기억난다. 이탈리아 공산당이 '노동자주의operaismo와 노동자의 중심적 위치'를 주제로 조직한 학회였다.[10] 그는 중심 노동자란 어쩌면 집 안에서 탈중심화된 노동을 하는 사람일지도 모른다고 했다. 중심 노동자가 반드시 거대 공장에서 일하는 사람일 필요도 없고, 거대 공장에서 일하는 사람만이 중심 노동자인 것도 아니라는 것이다. 다시 말하면, 새로운 유형의 재택근무 덕분에 남성 노동자가 가정에서 새롭게 패권을 쥐었음을 의미했다.

위기 상황은 새로운 층위들을 낳았다. 사회 영역에서는 투쟁이 터져 나왔다. 주택 공급[11] 및 공공요금 자동 할인 투쟁이 가장 유명하다. 하지만 무엇보다도 소득과 관련하여 개인과 대중의 압박이 거세게 일었다. 여기서는 여성의 관점에서 몇 가지 문제를 명확히 짚겠다. 소득과 소비의 관계에 집중한 분석들은, 실질 임금이 심각하게 공격을 받았음에도 실제 소비는 감소하지 않았음을 보여 준다. 프롤레타리아의 저축 역시 줄지 않았다.[12] 더 정확히 말해, 실업과 실질 임금 하락은 위기 상황을 가장 즉각적으로, 또 공식적으로 분명하게 드러내는 단면에 지나지 않았다. 생산의 탈중심화는 본질적으로 무계약 노동을 의미했고, 근본적으로 보이지 않는 고용을 재편하는 방법이 되었다. 이와 함께 근면 성실함이 보편화되면서, 어찌 됐든 일정한 삶의 질을 가족 단위에서 보장받을 수 있었다. 근면 성실이 탈중심화에 중대한 영향을 미쳤다는 점은 의심할 여지가 없다. 그리고 이는 1970년대에 여성, 아동, 청년을 포함한 가족이 그 어느 때보다도 상품을 더 많이 생산했음을 뜻한다. 백분율로 평가하진 못하지만, 노인들 역시 생산에 기여했다. 이처럼 새로운 가족 경영이 등장하자, 어떤 이들은 가족 경영의 특징과 확산 정도(현재는 상당히 보편적으로 퍼져 있다)를 바탕으로 위기 상황 속 가족을 "생존의 중심," 혹은 "가족 기업"으로[13] 규정하기도 했다.

소비 수준은 근본적으로 핵가족, 또 우리 모두 너무나 잘 알고 있듯이 가족 소비의 표상인 내구 소비재(가전제품, 자동차)를 기반으로 유지된다. 그렇다면 앞서 말한 비공식 노동력의 상당 부분이 '독자적인' 생존 가능성을 추구했다는 점도 이야기해야겠다. 말하자면, 젊은 남녀 무리는 일정 소비 수준이 허락되면 음악, 여행, 옷 등에 치중했다. 이들 같은 새로운 세대는 기존에 속해 있던 가족에 의존하고 싶어 하지 않았고, 새 가족을 중심으로 삶을 꾸려 가려 하지도 않았다.[14]

공식적인 여성 고용이 1970년대에 다시 한번 증가하여, 1972년부터 1979년까지 141만 5천 건이 늘었다. 이 가운데 대다수는 고등 교육 부문에 진입했고(그러나 이탈리아의 고등 교육 분야는 다른 서구 산업 국가들보다 특별히 크지도, 여성이 더 많이 관여하지도 않았다), 상당수가 산업계에 몸담기 시작했다. 피아트는 이례적으로 1977년 말부터 1980년까지 여성 노동력을 1만 5천 명 고용했다.[15] 상황을 더 잘 이해하려면 1972년부터 1979년까지 공식 고용된 여성이 이전 시기에 고용된 여성과 달랐다는 점에 주목해야 한다. 과거에는 공식적으로 고용된 여성 노동력 대부분이 매우 어리거나 35세 이상이었다. 하지만 1972년부터 1979년까지 공식 고용된 여성은 연령대가 다양했다. 기혼 여성과 비혼 여성이 모두 존재했고, 예전처럼 아이를 갖는 즉시 첫 직장을 떠나지도 않았다. 이런 여성들이 계획적으로 무단결근하는 비율은 남성보다 두 배 가까이 높았는데, 남성의 무단결근 역시 현저하게 증가한 상태였다. 많은 여성이 시간제 일자리에 반대했다. 특히 대도시에 거주하는 여성들은 혼자 살면서 자신을 부양하기에 충분한 전일제 임금을 받길 원했다. 한 피아트 직원은, "내가 일하는 라인에 결혼하지 않고 임신한 여성이 최소 네 명은 있다"고 말했다.[16]

1968년에 활발하게 각성이 일어나면서, 노동 거부만이 현행 노동과 자본의 관계에 맞설 수 있는 유일하게 실천 가능한 길이라는 의식이 표출했다. 1968년 이후 이탈리아 프롤레타리아는 돌연히 깨달음을 얻고서 이런 생각을 했다. 이와 함께, 자본은 남성이든 여성이든 개인이 자기 욕구를 충족시킬 수 있는 임금 소득을 요구하는 상황에 직면했다. 자본은 생산 기지를 넓히는 방식으로 대응했다. 그런데 그 방식이 불안정하고 비밀스러웠기 때문에 즉각 눈에 띄지는 않았다. 자본의 생산 기지 확장은 근본적으로 비공식 작업이었다. 동시에 여성들은 정규직 고용이라는 중대한 제안을 받았다. 여성들이 이전까지 표명해 온 노동 거부는 이미 말했듯이 1968년 이전에 시작된 여정에 바탕을 두지만, 1968년의 거대한 조류를 통과하면서 대중적인 성격을 띠게 된다. 이 노동 거부는 앞서 밝혔듯이 무엇보다 재생산 노동, 가사노동 거부였다.

여성들의 노동 거부는 지불 노동이든 부불 노동이든 관계없이 총 노동 시간,[17] 남성 의존도, 사회적 고립을 줄이는 데 관심이 있었다. 이탈리아 페미니즘 운동의 특정 집단이나 프랑스 페미니즘 운동 전반에서는 몸이라는 주제에 대한 관심이 폭발적으로 증가했다. 이 상황은 노동자 대중이 보건과 안전을 두고 투쟁하면서 시작된 게 아니다.[18] 그보다는 여성 주체가 역사적으로 필연적인 변화를 겪으면서, 재생산 기계로 여겨지던 몸이 욕망하는 몸으로 바뀐 것이다. 이는 여성만이 이룰 수 있는 것이었는데, 남성 노동자의 몸은 여성의 몸만큼 생산을 위해 기계화된 적이 없기 때문이다. 페미니스트들이 전개한 몸 담론은, 남성들이 몸과 관련해서 했던 그 어떤 논쟁에서도 볼 수 없었던 특징을 담고 있다. 몸이라는 주제에 관한 한, 페미니즘 담론은 남성의 담론을 급진적으로 다룰 수밖에 없다. 바로 이 담론을 시작으로 '욕구'의 영역으로, 무엇보다 출산 및 재생산 노동에 반대하는 섹슈얼리티의 영역으로, 고립에 저항하는 사회성의 영역으로, 그리고 몸에서 시작하여 관계로 논의가 옮겨가기 시작했다. 여성만이 자기 몸을 노동하는 기계로 추상화함으로써 이런 급진적인 몸 담론을 전개할 수 있었다. 따라서 여성들은 사회적 관계나 특히 '정서적' 관계에서 '남성들이 일으킨 혁신'으로는 아무것도 얻지 못했다. 역사적으로 이런 혁신을 주도한 건 당연히 페미니즘이다. 남성이 아니라 여성, 그리고 여성의 노동이 중요했기 때문이다.

여성의 노동 거부에 자본은 다른 노동, 다른 규율을 제안하는 방식으로 대응했다. 가사노동에 대안을 제시하기보다는, 가정에서 오랫동안 지속되어 온 노동 분업을 대신할 또 다른 유형의 가족적 협력을 제시한 것이다. 곧 일련의 법 규정이 마련되어 이 가족적 협력을 뒷받침했다.[19] 법 규정은 가사 업무 분업을 약간 수정하는 편을 선호했다. 그래야만 여성이 이중 노동을 지속하고, 노동력은 이제까지와는 다른 방식으로 이동할 수 있기 때문이었다. 이와 동시에 젊은 남녀가 대거 등장하여 핵가족을 구성하는 대신 교대로 협력했다. 그들은 함께 살기도 하고, 함께 살지 않기도 했다. 말하자면, 극도로 유동적이고 유연한 형태의 집합 관계를 맺었다. 여성들은 흔히 혼자 살았고, 남성과 살기보다는 여성들끼리 같이 살았다. 그리고 대개는 아이를 갖지 않았다.[20]

여성들이 내린 선택은 앞서 언급한 여성의 추세를 매우 뚜렷하게 보여 준다. 여성은 부불 노동보다는 지불 노동을 선택하고, 총 노동 시간 단축을 택했으며,

무엇보다 몇몇 급진적인 선택을 내려 자기 시간을 확보했다. 여성은 물질적으로나 정신적으로 타인에게 끊임없이 이용당하는 데서 벗어났다. 바꿔 말하면, 여성들은 이용 불가능성의 임계점을 확립했다. 젊은 여성 집단들은 꽤 동질적인 행동으로 이런 경향을 드러냈고, 나이가 약간 더 많은, 특히 주요 대도시 지역에 거주하는 많은 여성 집단 또한 마찬가지였다. 근본적으로 이런 경향이 토대가 되어 새로운 형태의 여성적 재생산이 나왔다. 여성들은 임금을 받지 않고 핵가족 전체를 재생산하는 대신, 가장 먼저 자신을 재생산하기로 결심했다.

이탈리아에서는 시장 지향적 생산 내 여성의 생산성을 측정하는 데 연구와 자원을 끊임없이 투입한다. 그런데 우리 생각에 이는 실망스러운 결과로 이어질 수도 있다. 그 전에 여성이 얼마나 많은 재생산 노동을 가까스로 떨쳐 냈는지, 얼마나 많은 자유 시간을 갖고, 얼마나 많은 정신적, 물질적 에너지를 쟁취하여 타인을 위해 노동하는 시간을 대체했는지에 대해 폭넓고 통찰력 있는 조사가 적절히 수반되어야 한다.[21]

3.

지금까지는 가사노동을 중심으로 단절에 초점을 맞춰 이야기했다. 여기서 단절이란, 물질적 허드렛일뿐만 아니라 정신적으로 '이용 가능한' 상태를 그만두는 걸 의미한다. 이는 중요하지만 여태껏 무시해 온 일이다. 이런 담론 안에서, 가사노동자의 노동과 관련된 몇 가지 사항을 명확히 하고자 한다.[22] 한 가지는 가사노동자의 노동을 살펴봄으로써 엄청나게 많은 무계약 노동 및 불안정 노동도 다시금 보게 되었다는 점이다. 입법 조치가 상당히 명확하게 이뤄졌지만, 가사노동자의 노동은 (전부는 아니라도) 너무 자주 이 입법 조치를 벗어났다. 다른 한 가지는 가사노동자의 노동을 계기로 우리가 다른 부문의 노동을 고찰하게 됨은 물론, 1970년대 이탈리아에서 외국인 노동력이 어떻게 활용되었는지 밝히는 데도 도움이 된다는 점이다.

이탈리아에서는 보수 없이 자기 가족을 재생산하는 가사노동을 거부하는 행동과 아주 적은 보수를 받고 타인의 가족을 재생산하는 노동을 거부하는 행동이 밀접한 관계를 맺으면서 진행되었다. 노동에 따른 극도의 피로감과 총 노동시간만이 문제가 아니었다. 또 다른 문제는 자기 가족을 재생산하는 가사노동을 계속하는 동시에 다른 가족을 재생산하는 가사노동을 수행하면서 고립감을 느끼고, 사적인 일까지 간섭하는 통제와 억압에 부딪히고, 끝없는 업무에 시달리는 상황이었다. 특히 '입주 가정부'는 자신을 재생산하기 위해 공간과 시간을 사용할 수 없다는 게 문제였다. 즉 고용주 가족을 위해 하루 24시간 정해진 삶을 살아야 하는 현실, 달리 말해 언제든 '이용 가능한' 상태여야 한다는 게 문제였다. 이처럼 입주 가정부도 역설적인 상황에 놓여 있었지만, 고용주와 한집에서 잠을 자진 않아도 '아침부터 저녁까지' 일하는 가정부 역시 입주 가정부와 마찬가지로 통제 및 개인적 차원의 간섭을 겪었다. 그리고 시급을 받고 일하는 가정부 역시 정도는 약하지만 같은 상황이었다.

따라서 여성들은 공장 노동 혹은 상품을 생산하는 무계약 일자리를 더 선호했다. 법이 제정되어 다른 많은 일자리와 임금 수준이 대등해졌음에도, 1970년대에 '입주 가정부'[23] 일을 받아들일 이탈리아 여성을 찾기란 거의 불가능에 가까웠다.

'시간제' 가사노동조차 고립·갈취·실질적 저임금 때문에 거부하는 경우가 갈수록 증가했다. 그런데 최근 몇 년 사이 이탈리아 여성들이 입주 가정부 일은 거의 전적으로 거부하면서도, '시간제' 가사노동은 다시 하기 시작했다. 동시에, 시간제 고용 형태를 받아들일 준비가 된 여성들은 사회 배경·교육 정도·출신지 등이 대단히 다양해졌다. 시간제 가사노동은 아주 다양한 주체들이 맡는 수많은 불안정한 일자리 가운데 하나가 된 것이다. 여대생들은 흔히 학비와 공동 아파트 비용을 대려고 시간제 가사노동을 한다. 가장 최근에 이 노동을 하고 있는 주체가 속한 계층의 입장에서 제3자가 하는 가사노동이 더 이상 '평생' 일자리가 아니라는 뜻이기도 하다. 최근에는 다양한 주체들이 투쟁에 자주 참여하여 교류와 정보 유통이 가능해지면서, 최소한 노동 리듬을 늦추고 업무를 제한하며, 무엇보다 특정 수준의 물리적 압박을 거부할 수 있었다. 그래서 시간제 가사노동자들은 종종 가전제품이 없는 집에서 일하기를 거부하기도 한다. 그러니까 시간제 가사노동 분야는 약간의 성과를 얻었다고 볼 수 있다. 위기 상황을 계기로 근면 성실한 분위기가 자리 잡았음에도 일정 수준의 양적, 질적 노동 거부는 존재한다. 바꿔 말하면 '사랑으로 하는' 노동으로서의[24] 가사노동 영역이 그랬던 것처럼 이용 불가능한 임계점이 만들어졌고, 이 임계점이 그 어느 때보다 더 유리한 수준으로 점차 올라가고 있다.

위 내용이 일반적인 제3자 가사노동 수행 방식에서 일어난 근본적인 변화라면, 입주 가정부의 가사노동 수행에 대해서는 이와는 다른 논의가 필요하다. 앞서 언급한 것처럼, 입주 가정부의 노동 시간을 하루 8시간으로 제한하는 법률이 새롭게 만들어졌는데도, 1970년대에 입주 가정부 일을 하려는 이탈리아 여성을 구하기란 불가능했다. 사실상 자기 삶과 고용주의 삶을 전혀 분리할 수 없다는 점 때문에 이 일이 환영받지 못한 게 분명하다. 1970년대에 아시아와 아프리카에서 온 여성들에게 돌아간 일자리가 바로 이 입주 가정부 일이다. 아시아와 아프리카 여성은 1960년대 말 이탈리아에 외국인 노동력이 유입되기 시작하면서 가난한 유럽 국가의 노동력과 함께 들어왔다. 1977년 총 이민 노동자 수가 30만 명에서 40만 명으로 추산되는데, 유색 인종 가정부의 전체 수는 10만 명까지 증가했다.[25] 최근 연구에서 상세히 밝혔듯이,[26] 이 노동자들은 이탈리아에서 유색 인종 이민자들의 진정한 선봉자 역할을 하게 될 터였다.

이 노동자들은 전반적으로 어떤 상황에 놓여 있었을까? 이탈리아에 거주하는 유색 인종 이민자의 압도적 다수(40만 명으로 추정되는 총인원 중 30만 명)는, 이탈리아 정부가 보편적으로 취한 자유방임주의 정책 때문에 서류도 없이 들어왔을 뿐만 아니라, 이탈리아 노동력의 '산업예비군' 기능을 했다고 볼 수도 없다. 실제로 1970년대 이탈리아는 실업률이 매우 높았지만, 젊은이들은 많은 경우 제안받은 각종 일자리나 임금 수준을 받아들이지 않았다. 대신 좀 더 확실하게 받아들일 수 있는 다른 종류의 노동을 계약 없이 하는 쪽으로 돌아서거나, 고용 기관의 대기자 목록에 단순히 이름을 올려놓기만 했다. 지역 노동자들이 거부한 지위와 임금 수준을 예나 지금이나 수용하는 이들은 유색 인종 이민자들이다.

1980년에 대략 50만 명으로 추산되는 이 노동자들이 결국 (특히 대도시의) 가정부일, 자영업(호텔, 레스토랑, 세탁업), 농업 및 어업(시칠리아), 건설업(프리울리), 광산 및 철강업(에밀리아로마냐)에 종사했다.[27] 이런 일자리는 대부분 대도시 지역(밀라노, 로마)에 집중되어 있으면서, 무엇보다 저임금과 결부되어 있었다.[28]

지면이 제한되어 있으므로 여기서는 이탈리아 이주 노동력의 구성을 아주 간략하게만 논의했다. 그렇긴 해도 다음과 같은 평가에 주목할 필요가 있다.

몸에 가장 해로운 노동을 하며 끝도 없는 노동 시간에 시달리던 이탈리아 노동 계급은 1970년대 초부터 선도 부문 노동자와 동등한 수준의 임금을 요구할 준비가 되어 있었다. 이에 대한 분명한 반작용으로 이주 노동력이 수입되었다. 이주 노동력 수입은 무엇보다도 임금을 받는 가정부 일과 관련이 있었고, 결과적으로 식품 부문 저임금 노동을 초래했다. 이후 가장 열악한 종류의 산업 노동인 건강 상태를 현금화하는 노동이 실질적으로 노동 계약에서 빠졌고, 최종적으로 운송업·농업·건설업 부문 가운데 가장 힘든 영역에서도 같은 일이 일어났다. 오늘날 불법 이민 노동자들은 바로 이 게토화된 세계에서 일한다. 이런 모습을 보면, 이탈리아 사회가 다시 한번 기회를 놓쳤음을 알 수 있다. 이탈리아는 고착된 고용 구조를 포기하고 진일보할 수도 있었지만, 그렇게 하지 않았다. '노후하다'라는 말이 이탈리아의 전체 상황을 두고 떠올릴 수 있는 가장 관대한 비판이다.[29]

4.

이탈리아의 경우, 처음에는 해외로 이민이 일어나고 그다음에는 국내의 덜 발전된 지역에서 더 발전된 지역으로 이주가 이뤄졌다. 뒤이어 1960년대 말부터는 더 가난한 유럽 국가뿐 아니라 아프리카와 아시아에서 끊임없이 새로운 노동력이 유입되었다. 이탈리아가 겪은 이례적인 상황에서 재생산과 이민의 관계는 다음과 같은 방식으로 기능했다. 이탈리아에서 중부 유럽 국가로, 이탈리아 남부 지역에서 북부 공업 삼각지대로 옮겨가는 흐름은 '힘이 더 센' 계급 집단(집단 내 여성 구성원 포함)을 겨냥한 하나의 공격이었다. 동시에, 재생산 관련 투쟁을 겨냥한 공격이기도 했는데, 재생산 관련 투쟁은 덜 발전된 지역(특히 남부 지방) 여성이 가진 상대적으로 낮은 수준의 힘을 이용하여 가장 많이 발전된 지역의 여성이 확립한 것이었다. 그러나 이런 흐름을 정치적으로 이용하면서 결국 생산 현장과 재생산 영역 모두에서 모순적인 결과를 불러왔다. 이탈리아 및 그 외 지역 모두 1960년대 말이 되면 노동 계급의 투쟁력이 절정에 도달한다. 그리고 재생산 전선에서는 전후 이민과 함께 여성이 자율성을 찾아가는 여정을 시작했고, 이것이 1950년대부터 1960년대까지 보편화되고 심화되어 마침내 1970년대 초반에 운동의 형태로 터져 나온다. 이런 상황을 보면, 생산과 재생산 전선 모두 이민 정책과 결국 충돌할 수밖에 없는 한계점에 도달했음을 알 수 있다. 이탈리아 정부는 국내든 국외든 덜 발전된 지역 출신의 노동력을 저비용으로 이용할 수 있게 공급하는 일을 더 이상 장담할 수 없었다.

따라서 1970년대 이탈리아 내부의 계급 구성을 통제하는 일은, 거대한 생산 중심지들을 둘러싸고 남북으로 양극화된 계층화에 기반하기보다는, 생산의 재편을 통해 이뤄졌다. 생산 재편이 주요 생산 중심지들에서만 이뤄진 건 아니다. 더 중요한 사실은, 탈중심화된 생산이 대대적으로 행해지면서 성별과 연령으로 경계를 나누는 치명적인 결과를 낳았다는 점이다. 생산 기반이 확대되면서 가정 내 노동 분업은 적어도 부분적으로 변형되었다. 이는 여성의 재생산 노동 거부에 대한 대응이기도 했다.

이 새로운 계층화, 이탈리아 프롤레타리아가 겉보기에는 이미 어느 정도의 소비 및 소득 수준에 안착하여 이전 수준으로 떨어지지 않음을 의미했다. 근면 성실한 분위기가 널리 퍼져서 이를 보장하는 수단이 되었음은 이미 살펴보았다. 근면 성실함은 1968년을 출발점으로 이탈리아 프롤레타리아의 의식에 되돌릴 수 없을 정도로 각인된 노동 거부와 어떤 관계가 있을까?

예전과 달리 실업이 증가하고 생활 환경이 점점 더 불안정해지는 상황에서, 자본은 대체로 근면 성실한 분위기를 강요할 수 있었다. 그런데 이런 분위기에서도 노동 거부는 꾸준히 확대되었다. 프롤레타리아 청년은 특정 종류의 노동과 급여 수준을 전적으로 거부했고, 대신 다른 일자리로 옮겨갔다. 이들은 자신을 너무 일찍부터 옭아매지 않는 일자리, 자기 삶을 희생하지 않아도 되는 일자리, 그리고 변화 가능성을 선호했다.[30] 1979년, 실업자 170만 명 중 85만 2천 명이 첫 직장을 찾고 있는 젊은 남녀였고, 이들은 제안받은 일자리를 대부분 거절했다. 직종과 그 대가로 제시된 급여 수준이 충분하지 않았음이 분명하다.

앞서 보았듯이, 임금을 받는 일자리 중 이탈리아 여성이 거부한 가장 첫 번째 일자리가 입주 가정부 일이었다. 대다수 이주 노동자, 여성 이주 노동자가 고용된 부문이 바로 이 입주 가정부 부문이었다. 입주 가정부를 포함하여 이탈리아 프롤레타리아가 하려고 하지 않는 일들을 유색 인종 이민자 20만 명에서 30만 명이 대신 받아들였다.

이탈리아 정부가 이 노동력을 아무 계획도 없이 이탈리아로 들여왔기 때문에 노동력의 규모나 일하는 장소를 정확히 알지 못한다. 따라서 이 노동력이 현재 이탈리아에 어떤 영향을 끼치고 있는지, 앞으로 어떤 영향을 주게 될지 가늠하기 어렵다. 그러나 한 가지는 분명해 보인다. 이 노동력이 성별 및 연령 구분을 중심으로 이미 완전히 재편된 노동 시장과 마주하면서, 다시 한번 전형적인 제국주의적 노동 분업에 따라 분할되고 있다는 점이다. 피부 색깔에 따라 구분하면 '흑인'은 이탈리아에서 어느 누구도 하지 않는 일, 수용하지 않는 임금을 받아들이는 위치에 놓여 있다.

남부와 북부에서 모두 여성, 그리고 더 넓게는 젊은 세대가 힘을 얻었다. 오늘 우리가 살펴본 제한된 내용만 보더라도, 이탈리아 정부가 이민 정책을 이용하여 여성과 청년이 획득한 성과를 깎아내릴 수 있을 것 같진 않다. 남녀 이민자들은 자신들을 기다리고 있는 게 분명한 나약함과 게토화를 받아들이지 않을 것이다. 산업계의 주변부든, 어떤 생활 환경에 놓여 있든, 이들은 나약함과 게토화가 고착되는 상황을 받아들이지 않을 것이다. 특히 대도시권에서는 이민자들이 현지 프롤레타리아와 철저히 분리되기보다는 섞이게 될 가능성이 훨씬 더 크다.

7

복지에 대하여

나는 『쁘리모 마조 — 계급 역사에 대한 논문과 기록』 6호에 실린 사설과 「3월부터 11월까지 — 최신 비평」이라는 논문을 읽고 나서 복지에 대해 몇 가지 의견을 간략히 정리해야겠다고 생각했다. 이탈리아에서는 공공 지출을 논의하는 과정에서 복지라는 문제를 논의하기 시작했는데, 앞으로 이어질 내용에서는 복지에 대해 중요한 사항 몇 가지만 짚으려고 한다. 하지만 그 전에 몇몇 문제를 명확히 밝히고 넘어가는 것이 어느 때보다 시급하다. 실제로 복지를 잘못 해석하면, 계급 그리고 오늘날 계급과 자본이 맺고 있는 관계를 잘못 해석하게 된다. 우려스럽게도, 이처럼 잘못된 해석을 내리면 아주 패배주의적인 결론에 도달할 수도 있다. 그 결과, 지금까지 수년간 노동 계급이 거부해 온 고철을 다시 그러모으는 일마저 정당해 보일 수 있다.

우선, 복지 혜택을 받는 사람이 대부분 여성이라는 점을 보지 못한 채 우리가 계속해서 복지를 논의하고 있다는 점부터 언급해야겠다. 수치를 보면 분명히 알 수 있다. 미국은 수급자의 85%가 여성으로, 대개는 부양 자녀를 둔 어머니들이다(유자녀원조Aid to Dependent Children, ADC). 병자와 노인을 위해 고안된 생활보조금Supplemental Security Income, SSI은 1975년까지 복지 체계의 일부였다가 이후 사회 보장Social Security, SS에 포함되었는데, 여성이 수급자 중 가장 높은 비율을 차지한다. 주부들은 '한 번도 일한 적이 없어서,' 즉, 사회 연금을 받을 만큼 장기간 임금을 받아 본 적이 없어서 연금의 대상이 되지 못한다.

다음으로, 이탈리아 역사가들은 어떤 투쟁 과정을 거쳐 현 상황에 이르렀는지를 잘못 이해하고 있다. 1960년대 미국의 복지 운동을 담은 사진을 슬쩍 보기만 해도 투쟁 과정을 충분히 이해할 수 있다. 당시 복지 운동은 본질적으로 여성운동, 더 정확하게는 흑인 여성 운동이었다. 이 여성들은 청년들의 전복적인 에너지를 전략적으로 분출할 방법을 알고 있었다. 청년들은 도시에 불을 지르고 대규모 전유 행위를 했는데, 이런 분출구를 통해 청년들은 지속해서 영향력을 발휘할 수 있었다. 말하자면 청년들은 집단적으로 돈을 요구했다. 임금을 받지 않는 이들이 돈을 달라는 요구를 한 만큼, 계급은 전과 달리 거대한 힘을 갖게 되었다. 복지 운동은 여성이 앞장서서 임금을 요구하고 가사노동 심화를 거부하는 움직임이기도 했다. 여성들은 또 다른 일을 떠맡아야 하는 상황을 거부하고, 대신 '가사노동 임금'을 요구했다.

다음 진술들을 보면 투쟁을 이끈 여성들의 관점을 명확히 알 수 있다.

"한 가정의 어머니는 집 안에서 이미 전일제 노동을 하고 있으니 다른 일자리는 필요하지 않아요."
"전쟁이 일어나면 국가는 불현듯 우리 아들이 국가의 소유물이라는 걸 기억해 내더군요(당시는 베트남 전쟁 중이었다). 까짓거, 좋아요. 그럼 아들 양육하는 데 들어간 비용을 이제 국가가 우리한테 줘야죠."
"국가는 우리가 복지를 자선 행위라고 생각하길 바랍니다. 하지만 복지는 자선이 아니에요. 복지는 우리의 권리입니다. 우리는 그 돈을 받으려고 진작부터 일해 왔으니까요."[1]

그런데 이 글을 시작할 때 언급한 사설과 논문은 여성이 아니라 백인 실업자에 초점을 맞추고, 대개는 흑인 청년과 푸에르토리코 청년에 관심을 둔다. 사설과 논문을 쓴 저자에게 복지 대상은 당연히 남성 프롤레타리아다. 복지를 '노동하지 않고 받는 소득'이라고 정의 내린 것만 봐도 알 수 있다.

> 복지의 정치는 공적 원조를 보편화하려는 취지에서 출발한다. 생산 기구, 달리 말해 계급 구성이 끊임없이 재편되면서 사회에 주변화, 게토화, 도심 갈등 같은 작용을 초래했는데, 이런 사회 작용을 효과적으로 통제하려면 일정 수준의 실업이 불가피함을 분명하게 상정하는 데서 복지의 정치가 출발한다.[2]

요컨대 닉슨은 흑인과 푸에르토리코인 세력을 와해하려고 안간힘을 썼다. 또, 공장 투쟁 증가가 곧바로 생산 관계 밖에서 돈을 벌어들일 가능성으로 이어지지 않게 하려고 애썼다.[3]

위 인용문과 유사한 입장을 가진 쪽에서는 "기셀라 보크Gisela Bock가 말한 복지 수당을 받는 어머니들"을 연상시키는 이야기를 하는데, 그 내용이 그야말로 터무니없다.[4] 여성은 보이지 않는 존재로 그려지고, 여성의 노동 및 그 노동에 저항하는 투쟁 역시 마찬가지다. 따라서 가사노동 임금과 관련하여 여성이 최초로 거둔 대규모 승리 역시 드러나지 않는다.

이처럼 복지의 '정치적 주체'를 인식하지 못함은 물론이고, '위기'를 왜곡해서 해석하는 경우도 있다. 위기 상황이, 공공 지출 부문에서 가장 중요한 복지 담론과 철저하게 결부되어 있다고 보는 것이다. 문제는, (특히 뉴욕 파산 사태와 같은) 위기 상황 일반이 생산 부문과 비생산 부문 사이의 불균형에서 비롯된다는 대중적인 해석으로는 위기의 원인 그리고 실제 계급 재편 과정을 설명할 수 없다는 점이다.

복지 정책에서 여성을 보지 못하면, 재생산 노동 투쟁이 위기 과정에서 결정적 역할을 했음을 깨달을 수 없다. 여성들은 가정, 사무실, 학교, 어린이집, 공장에서 가사노동을 거절하는 행동을 시작으로, 규율을 따르지 않고 노동을 거부하는 놀라운 행동을 이어나갔다. 게다가 국고 부담이 커지자 국가가 필사적으로 매달린 일은, 다름이 아니라 노동 거부 확산 분위기 속에서도 아내이자 어머니인 집단을 부단히 재구축하고 확대하는 것이었다. 아내면서 어머니인 집단은 다시 한번 노동력을 훈육하여 일을 하도록 설득할 수 있을지도 모르기 때문이다. 지금까지 말한 내용을 보지 못하면, 국가의 공공 지출 투자가 필연적으로 점점 더 편중될 수밖에 없음을 이해할 수 없다. 그리하여 위기를 이야기할 때 다음과 같이 기술적인 수준에 지나지 않는 정의만을 내세우며 공허한 주장을 고집하게 된다.

우리가 입수한 정보에 따르면, 다른 많은 미국 도시와 마찬가지로 뉴욕 파산 사태 역시 공공 지출의 급증에서 연유한다. 특히 복지 지출 및 늘어나는 은행 부채 상환에 가장 많은 돈을 썼다. … 이 두 가지 정보를 살펴보면, 무수한 이들이 말해 왔던 바에 동의하게 된다. 요컨대 오늘날 도처에서 일어난 위기 상황은 '생산'과 '비생산' 부문의 불균형에서 초래되었다.5

1965년부터 복지 부문이 대폭 커지기 시작했다. 수급자 수가 늘고, 국가가 복지를 분명하게 표명하도록 싸우고 압박하는 목소리도6 커졌다. 복지 부문에서 유자녀가구원조Aid to Families with Dependent Children, AFDC 범주가 대폭 늘어난 반면 다른 범주들은7 대체로 정체되어 있었다는8 사실로 보아, 복지 운동이 여성 투쟁이었음을 알 수 있다. 이탈리아 역사학자들이 간과한 또 다른 사실은 복지의 역사에서 최초로, 복지 수당을 받는 사람 수가 실업에 반비례하여 증가했다는 점이다. 실제로 모이니한이 『보장 소득의 정치』에서 이미 우려를 표했듯이, 복지가 대폭 늘어난 계기는 미국의 대규모 경제 성장기에 마련되었다. 처음으로 실업과 복지의 관계가 완전히 깨졌다.9 이런 붕괴 현상은 1966년부터 1970년까지 계속되는데, 1970년은 미국의 모든 신문에서 복지가 '국가적 위기'이며 상황이 '점점 더 악화하고 있을 뿐'이라는 데 동의했던 해이다.

그런데 1970년부터 줄곧 미국을 성가시게 한 이 국가적 위기의 실체는 무엇이었을까?

복지 수당에 의존하는 존재를 상징적으로 보여 준 것이 가모장 가족이었다. 어머니가 가장인 가족의 수가 계속 증가하여, 1969년에 『뉴욕 데일리 뉴스』가 관련 보도를 할 정도였다. 기사는 분노하지도, 못마땅해하지도 않으면서 단순히 사실을 전달하는 투로 말한다. "미국의 빈민가, 특히 이곳 뉴욕에서 조용히 사회 혁명이 일어나고 있다. 전통적인 가족 구조를 희생해 가면서 가족을 버리거나 사생아를 출산하는 일이 폭증하고 있다."[10]

모이니한은 다음도 말한다.

이곳 뉴욕의 사회 구조가 무너지고 있다. … 인구의 절대다수가 규율과 자율성, 근면성을 잃었다. … 사생아 수가 늘고 있다. 가족이 그 어느 때보다 더 파편화되고, 여성이 혼자서 가족을 책임진다. 범죄와 무질서가 극도로 증가하고 있다. … 요컨대 우리는 사회가 점차 붕괴하는 모습을 바라보고 있다.[11]

흑인 가족에 관한 유명한 보고서를[12] 내놓은 이후부터 모이니한은, 빈민가에서 봉기가 발생하는 이유가 대다수 흑인 가정의 가장이 여성이기 때문이라고 주장했다. 자신에게 권위를 행사할 다른 존재가 없는 여성들이 아이를 훈육하는 역할을 거부했다는 것이다. 1965년 「아메리카」라는 글에서도 모이니한은 다음과 같이 말한다.

동부 해안 지방의 황량한 아일랜드인 빈민가에서, 소요 사태로 분열된 로스앤젤레스 교외 지역까지, 미국 역사에 틀림없이 남을 교훈이 하나 있다. 가모장이 책임지는 한부모 가정에서 젊은 남성들이 성장하도록 내버려 두는 공동체는 혼란을 자처한다는 것이다. 이 젊은 남성들은 남성적 권위와 안정적 관계를 맺지 못하며, 미래에 대해 어떤 합리적 기대도 하지 못한다. 특히 전체 사회 구조를 격렬하고 무자비하게 공격하는 범죄, 폭력, 불안, 무질서는 예상 가능할 뿐만 아니라 거의 필연적으로 나타난다. 그리고 충분히 그럴 만하다.

모이니한은 심지어 현재 진행 중인 복지 개혁 논의에서도, 여성에게 복지 수당을 주면 가족 구조, 따라서 전체 노동 구조가 약화된다고 거듭 말한다. 여성에게 복지 수당을 주는 제도가 "안정성보다는 **독립성**을 가져와 결과적으로 가족 관계를 완전히 탈바꿈시킬 수도" 있다는 점은 어쨌건 의심할 바 없는 사실이다.[13] 무엇보다 여성들에게서 이런 일이 시작된다는 사실을 우리는 알아야 한다. 1965년부터 현재까지 작성된 정부 문서가 모두 입증하듯, 복지 수당이 폭증하면서 다음 두 가지도 같이 급증했다. 첫째, 이른바 사생아라고 불리는 아이 수(워싱턴 주에서는 올해 사상 처음으로 사생아 수가 법률혼 관계에서 태어난 아이 수를 추월했다)가 크게 증가했다. 둘째, 이혼 건수가 매년 기록을 갱신하고 있다. 게다가 이혼 여성이 아이가 없다는 이야기도 이제 옛말이다.[14] 이런 현상들은 모두 가모장 가구 수가 계속해서 늘고 있음을 의미한다. 가모장 가구는 1960년과 1970년 사이 16% 증가했다.

앞서 간략히 언급했듯이, 여성이 재생산 노동을 거부하자 미국 정부는 공공 지출 규모를 확대할 수밖에 없었다. 여성이 복지와의 대결에서 승리했다는 점에서 복지는 가장 중요한 부문임이 틀림없다. 재생산 노동 거부는 이 승리를 기반으로 일반화될 수 있었다. 여성이 재생산 노동을 거부하자, 사회 재생산 부문에 어느 때보다 크고 구체적으로 투자가 이뤄졌다. 이른바 '제3부문'의 탄생은 가사노동이 사회화되는 과정이기도 하다는 점은 바로 알 수 있다. 심리학자, 사회학자, 성(性) 연구자, 교사, 사회 복지사, 치료사, 의사, 간호사 등은 모두 여성이 맡으려 하지 않는 과업을 수행해야만 한다. 더 정확히 말해, 이들은 모두 아내이자 어머니 집단이 되어야 한다. 이런 사실을 이해해야만 정부의 사회 재생산 부문 투자에서 "서비스 노동자들이 가장 큰 몫을 가져간" 이유를 알 수 있다.[15]

1975년, 그 유명한 '타이틀20'Title XX(사회보장법 개정안)이 통과된 것도 이러한 가사노동의 사회화를 지향하기 위해서였다. 타이틀20으로 여러 주에서 계획하고 있던 사회 서비스 체계를 확실하게 현실화할 수 있었다. 결국 연방 정부가 재정 대부분을 지원하긴 했지만, 결과적으로 국가 전역에 새로운 이동식 기관이 설립되어 가사노동 관리라는 아주 뚜렷한 목표 아래 가사노동을 공급했다. 여기에는 노인을 위한 가사 서비스, 가사노동을 할 수 없는 여성과 같이 사는 남편을 위한 가사 서비스, '부적합' 주택에 사는 아동을 위한 '돌봄' 제공 및 '대안 마련' 등이 포함되었다.

그러나 타이틀20 같은 대책조차 당시 상황에 대처하기엔 역부족이었다. 도리어 가사노동 거부는 집단적 성격을 띠면서 점점 더 거세질 뿐이었다. 가정과 공장에서 눈에 띌 정도로 규율을 따르지 않고, 생산 활동을 거절하며, 어떤 식으로든 통제받지 않으려 하는 분위기가 계속되었다. 그 결과, 공공 지출 문제를 둘러싸고 점점 더 팽팽한 긴장감이 감돌았는데, 갈수록 중요해지는 재정적 측면뿐 아니라 실질적인 지속성 면에서도 그러했다. 비록 자본을 옹호하는 학자 가운데 일부는 다소 불분명한 입장을 취하지만, 자본은 이제 부엌 우울증과 블루칼라 우울증이 아주 긴밀히 연결되어 있음을 너무 잘 알고 있다. 바꿔 말해 부엌 거부는 결국 컨베이어 벨트와 군대를 즉각 거부하는 것이다.[16] 당연히 『비즈니스위크』와 『매거진』 같은 주류 언론들은 여성을 비난하고 나섰다. 언론에서는 전례 없이 늘어난 '청소년 범죄'는 물론이고 학교 투쟁 폭증, 베트남 전쟁 실패, 노동 전반에 관한 명확한 관심 부족을 여성 탓으로 돌렸다.

하지만 국가는 이 문제 상황에 대처할 적절한 정치 수단이 없다는 사실을 잘 알고 있다. 공공 지출 투자는 점점 더 '불균형'해지고 '광범위'해지는데, 이를 어떤 식으로든 막을 방법이 없다. 최근 들어 상황이 더 악화된 까닭은, 공적 자금 대부분을 (사회 복지사 등) 새로운 인적 자본 유형에 투자했지만(또 투자해야만 했지만), 그 투자가 그야말로 통제 불능 상태에 빠지지 않을 거라는 보장은 딱히 없기 때문이다. 새로운 중개인들은 이미 규율을 거부한 적 있는 이들이 규율을 따르게 만들어야 했지만, 중개인들 자신도 규율을 지키지 않는다. 삐삐노 오르폴레바는 다음과 같이 말한다. "광범위한 지원 업무를 관리하는 공무원 부문을 보자면, 공무원들이 '자신이 관리하는' 수급자들과 함께 결집하는 사례가 최근 다수 발생하고 있다."[17] 구체적으로 말해, 경찰관처럼 행동하기를 점차 거부하는 여성 사회 복지사들과 여성 수급자들이, 언제나 가장 중요한 영역이었던 복지에 역점을 두고 힘을 합쳐 싸우고 있다. 이런 상황은 분명 여성 수급자와 여성 사회 복지사가 모두 가사노동을 거부한 결과이다. 가사노동을 거부하는 흐름 때문에 미국 자본은 갈수록 복지를 전산화하려고 한다.[18]

존슨Lyndon B. Johnson의 '위대한 사회' 계획(케네디John F. Kennedy의 '빈곤과의 전쟁'이 구체화된 것)이 명백히 '실패'하면서, 닉슨 정부는 반격을 시작했다. 반격은 갖가지 형태로 구체화되었다. 복지 수당을 받는 프롤레타리아들의 재생산을 아예 억제하거나(1970년부터 현재까지 흑인 여성과 푸에르토리코 여성, 더 일반적으로는 복지 수당을 받는 여성의 불임 수술이 세 배로 증가했다), 주로 '특수 요구' 범주를 없애고 '균일한 보조금'을 도입하는 방식으로 복지 수당을 삭감하려 했다. 전체적으로 보면, 복지 수당을 남성의 임금에 다시 결합하려고 시도했다. 모이니한은 언제나 시대를 앞서가서 1965년에 이미 흑인 남성의 경제적 지위를 공고히 하는 것만이 흑인 프롤레타리아 사이에 퍼진 무질서를 해결할 수 있음을 파악했다. 이런 점에서 닉슨 정부의 가족지원계획은 최초로 명백히 가족과 노동, 그리고 남성의 권위를 재건하려는 계획이라고 할 수 있다. 이제 여성이 직접 수당을 받는 게 아니라 남성 노동자의 임금에 수당이 덧붙여 지급되므로, 여성과 아이들은 다시 한번 남성 노동자에게 속박당한다.[19] 가족지원계획은 아직 상원의 승인을 받진 못했지만, 과거부터 지금까지 논의되고 있는 모든 개혁안의 보편적인 방향성을 보여 준다. 자본을 옹호하는 보다 더 지적인 집단의 담론은 이 보편적인 방향성을 원칙으로 한다.

문제는 단순히 복지가 아니라, 현재 '한부모' 가정에 제공하는 것과 동일한 경제 원조를 모든 가정에 제공할 것인가이다. (뉴욕주) 주지사 캐리Hugh Carey는 가족을 온전하게 유지하려면 복지 체계가 필요하다고 말했다. 하지만 현재 우리 복지 체계는 그렇지 않다. 현재 복지 체계는 가족을 해체시키는 엄청난 유인책이다. 따라서 근본적인 문제는, 복지 수당에 의존하는 빈곤층에게 제공하는 지원과 동일한 경제 지원을 가난한 노동자(가난한 남성이라는 뜻으로 읽으면 된다)에게도 줄 것인가이다. 그 밖의 문제는 모두 행정적 세부 사항에 지나지 않는다.[20]

문제를 해결하려면 복지 체계를 연방 정부 관할 아래 둬야 한다고 생각하는 이들도 있다. 복지 체계를 연방 정부가 관할하면 무엇보다 임금을 삭감할 수 있기 때문이다.[21] 또한 지역 내 민간 위탁이 없어져, 피원조자와 원조자가 모두 지역에서 결속할 가능성이 제거되기 때문이다.[22]

어찌 됐든 복지 체계의 구조 개혁 필요성에 모두가 동의하는데도 복지 체계가 여전히 그대로인 이유는 바로 복지 체계 개혁의 '어려움' 때문이다.[23] 일련의 정책을 실시했지만, 이 정책들은 가족 안에서 남성의 권위를 안정시키고, 무엇보다 자식 부양을 남성의 책무로 돌리려는 경향을 띠었다. 여기서는 가장 중요한 조치 하나만 예로 들어도 충분할 것 같다. 바로 아이의 아버지 이름과 주소를 공식 제출하면 경제적 보상을 제공하는 것이었는데, 이런 조치는 여성을 위협하는 방식이었다.[24] 크게 보면 이 시도는 실패했다. 아이와 아버지를 다시 연결 지으면 남편의 지배권에 다시 복종하게 된다는 사실을 여성들이 너무나 잘 알고 있었기 때문이다. 그래서 국가는 더 극단적인 방법을 시도한다. 1976년 4월, 연방 정부는 〈보건교육복지부〉가 사회보장번호에 접근할 수 있도록 허용하여 수색이 가능하게 길을 열어 줬다. 즉, 〈보건교육복지부〉는 주(州) 경계를 넘나들며 아버지들을 추적할 수 있는 권한을 부여받았다.[25] 뉴욕시는 심지어 한 발 더 나아갔다. 1977년 2월 16일, 뉴욕시는 복지 수당을 청구하는 모든 여성이 아이의 아버지가 누구인지 신고해야 한다는 소급 적용되는 방침을 명령했다. 여성은 아이의 아버지를 추적할 수 있도록 주소를 비롯한 모든 정보를 제공함은 물론, 새롭게 바뀐 양식에 따라 "임신할 당시 다른 남성들과의 관계 여부"도 밝혀야 한다.

위의 내용을 보면, 요즘 경제 전문가들이 가족에 새롭게 관심을 쏟고 있음을 알 수 있다(비단 미국만의 상황은 아니다). 이런 사례가 과거에는 없었다. 또한, 오늘날 미국 정부가 펼치는 정치의 중심에는 가족 강화가 있다. 최근 선거로 여성 전문가인 모이니한과 아동 전문가인 먼데일이 권력을 쥐고(먼데일은 현 부통령이다), 카터[26] 자신은 가족 찬양을 선거 운동의 중심에 뒀다는 건 결코 우연이 아니다. 모이니한에 대해서는 이미 상세히 이야기했다. 먼데일에 대해 이야기하자면, 그는 1975년에 이미 '아동 및 가족 서비스법'을 도입해 자녀 양육에 관한 정부의 중요 책무를 명시했다. 이 법의 기대 효과는, 연방 기금이 각 주(州)에 할당되어 다양한 아동 관련 사업을 시행하는 것이었다.[27] 더 최근에는 정부 계획이 가족 안정성에 미칠 영향력을 가늠하기 위해 모든 정부 계획에 가족영향평가가 포함돼야 한다고 주장했다.

나는 이 글에서 미국의 사례만 살펴봤다. 하지만 미국이 자본주의적 대응을 주도하는 대표 국가이므로, 이 글에서 밝힌 내용을 토대로 '세계 상황'의 역학 그리고 재생산을 둘러싼 계급 투쟁의 역학과 관련된 중요한 징후들을 독자들이 찾을 수 있길 바란다. 그래서 노동 계급 논의에 힘을 보태려는 연구자들이 '혁명적'이면서 '개혁적'인 좌파의 훌륭한 전통을 이어 받아, 자본을 보다 더 지능적으로 만드는 데만 관심을 기울이지 않길 언제나처럼 희망한다.

1977년 4월, 빠도바

8

가족, 복지, 뉴딜

'뉴딜은 성공한 정책인가, 실패한 정책인가?' 이 질문은 많은 논쟁을 불러일으켰는데, 나는 미국의 뉴딜 정책에 지극히 긍정적인 측면이 있었다는 점에는 의심의 여지가 없다고 생각한다. 또한, 뉴딜 정책은 위기 시기에 현대 가족이 어떻게 기능하는가를 시험한 중요한 사례였다고 본다. 당시는 남성 실업이 만연하고, 시장이 불안정하며, 사회 보장/원조 체계가 확립되어 가는 시대였다. 그 상황에서 여성은 가족을 잘 운영할 책임이 있는 주부이자 임금 관리자로서, 또한 집 밖 노동자이자 규제받지 않는 일을 하는 노동자로서, 가족을 부양해야 했다.[1]

지난 수십 년간 가족 구조는 근본적으로 바뀌었고, 1930년대에 이르자 여성 노동력이 이전과는 다른 기능을 수행해야 한다는 요구가 잇따랐다. 여성 노동력의 기능이 달라지자 노동력 재생산 체계도 변했다. 이 새로운 노동력 재생산 체계가 등장하게 된 배경에는 크게 두 가지가 있다. 첫 번째는 '단체 교섭'과 국가의 역할이다. 그 당시, 임금 규모를 보장하고 임금을 인상하기 위해 '단체 교섭'이 확립되고 국가는 새로운 경제적 역할을 맡았다. 두 번째로, 사회 보장이 자리를 잡으면서 노동력이 생산 주기에 직접적으로 관여하지 않는 동안 노동력을 확실하게 회복시킬 수 있었다. 사회 보장은 노인 및 실업자 정책, 어떤 이유로든 고용이 불가능한 경우에 취하는 병가 급여 등의 조치, 그리고 상황이 좀 다르긴 하지만 유자녀가구원조 같은 조치를 포함했다.

실업 확산은 자본 축적 주기의 새로운 양상과 점점 더 긴밀하게 결부된다는 게 일반적인 견해였고, 실업이 확산하자 정계에서는 인적 자본에 투자해야 할 필요가 있다는 인식이 점차 높아졌다. 그래야 시장을 규제하고 노동 생산성을 높일 수 있기 때문이다. 정계는 공적 자금 투입과 재정 적자 수용을 단행했다. 이 조치들은, 노동력 재생산을 지원하고 노동력 형태를 상품 생산 방식에 더욱 긴밀하게 결부시켜야 할 필요성에 부응한다는 새로운 임무를 띠었다. 이런 점에서 19세기의 많은 저자들이 주창한 가장 진보적인 권고들은 1930년대에 완성되었다고 볼 수 있다. 특히 노동 계급에 투자하라는 마셜Alfred Marshall의 제안은 생산 및 사회 부문에서 모두 어떤 계획을 세우려고 시도하는 가운데 구체화되었다. 1914년에 포드Henry Ford가 '일당 5달러' 임금 정책을[2] 공표하면서, 가장 선진화된 부문에서 일하는 노동자들에게는 아내를 부양하고 집을 소유할 수 있는 가능성이 이미 보장되었다.

1929년 대공황이 발발하자 이 노동력 '재생산 양식'이 훨씬 더 넓은 사회적 기반 위에서, 실질적으로 '보편적인' 차원에서 보장되어야 했다. 또, 인적 자원에 투자해야 할 필요성이 갈수록 명확해졌는데, 그래야 고용 기회의 주기적인 동요를 넘어서서 노동력 재생산을 끌어올리고 유지할 수 있기 때문이다. 새로운 사회 보장/원조 방안은 기초적인 대응책이었다. 공공 지출이 생산의 발전 및 복지 체계에서 새로운 역할을 하기 시작하면서 사회 재생산의 틀은 철저히 변형되었지만, 그런 틀 안에서도 인적 자본을 여성 노동력에 맡겨 투자에서 생산적인 결과물을 확보하는 일은 변함없이 확고했다. 19세기에 마셜은 다음과 같이 주장했다. "자본 가운데서도 가장 가치 있는 것은 사람에 투자된 자본이다. 사람에 투자한 자본 가운데서도 가장 귀중한 것은 어머니의 돌봄과 영향력에서 나온다. 어머니가 다정하고 이기적이지 않은 성향을 가지고 있는 한 그러하다."[3] 앞선 20년과는 달리 1920년대에 이미 가사노동이 사랑으로 하는 노동이라 강조되었고,[4] 이 개념은 1930년대가 되면 현대 가족이 제대로 작동하는 데 핵심 요소로 제시된다. 가족은 생산 재개 시도와 새로운 복지 체계를 이어주는 장소였기 때문이다.

여성은 아내이자 어머니의 애정 어린 의무인 부불 가사노동을 해야만 한다. 만약 여성이 상품을 선택, 구입, 유지하는 일부터 구입한 상품의 변형에 이르기까지 다양한 과업을 부불 가사노동 형태로 수행하지 않는다면, 임금이 인상된다 해도 적정 수준의 소비로 이어질 수 없다. 아내 역할이 점점 더 복합적이고 전문화 되고 있는 만큼,5 여성은 식사, 건강, 섹슈얼리티, 여가, 교육 그리고 오락 활동같이 이제 노동력 재생산에 포함될 수밖에 없는 일련의 분야에서 새로운 수준의 정보를 습득해야만 한다.

임금을 어떻게 쓸지 아는 게 중요하다고 새롭게 강조되었는데, 이는 20세기 시작 무렵 이미 몇몇 경제학자들이 내놓았던 담론의 특징적인 내용이었다. 의미심장하게도 더 이상 절약이 아니라 주의 깊고 목적의식 있는 지출이 강조되었다. 이런 맥락에서, 영국 주부들을 겨냥하긴 했지만 케인스가 직접 권고했던 내용을 다시 떠올려 볼 필요가 있다.

그러므로 애국심이 가득한 영국 주부들이여, 내일 아침 일찍부터 거리로 몰려 나가 여기저기서 광고하고 있는 신나는 할인 판매장으로 가세요. 여러분에게 도움이 될 겁니다. 물건이 그렇게 상상 이상으로 저렴했던 적은 없으니까요. 필요한 침구류와 시트와 담요를 사세요. 여러분 덕에 고용이 늘고 나라가 부유해지는 기쁨도 덤으로 누리세요. 왜냐하면 여러분은 생산 활동을 시작했고, 랭커셔, 요크셔, 벨파스트에 고용 기회와 희망을 전해주고 있으니까요.6

한편, 복지 체계는 일련의 선별 기준이 있긴 했지만 노인과 실업자, 장애인을 돌보았다. 그러나 성장 단계에 있거나 교육을 받고 있는 인력은 책임지지 않았다.7 이들은 여성과 마찬가지로 남성의 임금에 계속해서 의존했다. 이 밖에 노인, 실업자, 장애인이라 하더라도 가족 구조에 의지할 수 있는 경우에만 원조 및 복지 정책이 작동할 수 있었다는 사실에 주목해야 한다.

더욱이 생산의 발전과 시장의 관계, 말하자면 새로운 시장 규제는, 여성이 새로운 노동력을 생산하고 양육하는 능력만 토대로 삼는 게 아니다. 여성이 임금을 관리하고 지출함으로써, 넓게 보면 가사노동 전반을 수행함으로써 기존 노동력을 유지하는 능력 역시 새로운 시장 규제의 밑바탕에 깔려 있다. 그러면서도 여성은 실업 인력을 '예비' 인력으로 유지하는 데도 기여한다.

계획을 세우려는 시도의 초기 단계부터 여성에게는 매우 새롭고 중요한 기능이 요구되었는데, 이를 보면 뉴딜이 본질적으로 가족을 강화하는 경향을 내포하고 있었음을 알 수 있다. 앞으로 살펴보겠지만 가장 권위 있는 뉴딜 정책 주창자들이 한 말에서 알 수 있듯이, 뉴딜은 여성이 가사노동 외에 하는 노동을 의도적으로 과소평가하고 심지어 비난까지 하면서 가족을 강화하려고 했다.

그사이 여성의 집 밖 고용은 아직 2차 세계대전 때만큼 대규모는 아니지만 여성이 새롭게 몸담은 직종에서 특히 확고하게 자리를 잡았다. 그렇지만 임금을 주고 여성을 고용하는 일은 1930년대에 이데올로기적으로나 실질적으로 강한 반발에 부딪혔다. 집 밖에서 일하는 여성을 비난하는 전형적인 방식은, 오로지 필요 이상의 욕구를 충족시키려고 일을 하는 사람, 즉 용돈벌이 노동자pin money worker라는 것이었다. 노동부 장관 프랜시스 퍼킨스가 수시로 이런 비난을 가했는데, 〈여성국〉은 이런 비난이 여성 고용을 보호하려고 노력하고 있는 가운데 마주치는 가장 심각한 장애물이라며 불만을 토로했다.[8]

그러는 사이, 〈미국 노동총동맹〉과 〈산업별노동조합위원회〉[9]는 어느 쪽도 여성 구성원을 정확하게 기록하는 일에 진정으로 관심을 두지 않았다.[10] 사회 내 다양한 부문에서도 경고의 목소리가 높아졌는데, 여성이 남성의 일자리를 빼앗고 있고, 최근 몇 년간 여성이 실제 노동 인력에 대거 진입해서 남성 실업이 발생한다고 주장했다. 1936년, 〈전국산업회의소〉는[11] 『여성 노동자와 노동 공급』이라는 연구를 발표해 그런 기우가 사실무근임을 증명했다.[12] 집 밖에서 일하는 기혼 여성은 심지어 암시장에서 일하는 한이 있더라도 보수가 높은 일을 구해야 한다는 압박감에 점점 더 시달렸다. 실업 상태인 남성을 대신해 가족을 부양해야 했기 때문이다. 역설적이게도 이렇게 집 밖에서 일하는 기혼 여성이 가장 불리한 처지에 놓였다. 교사로 근무하거나 공직에 종사하는 여성을 결혼과 동시에 해고할 수 있도록 허용하는 법률이 여러 주州에서 부활한 것이다.[13] 게다가 결국 〈미국 노동총동맹) 지도부 또한 남편에게 안정적 일자리가 있다면 그의 아내에게 고용 차별을 계속해도 된다는 입장을 유지했다.[14] 기혼 여성을 겨냥한 이런 차별 조치는 공무원 고용뿐만 아니라 민간 부문에서도 행해졌다.

이 모든 상황에서도 기혼 여성의 고용 비율이 증가했다는 사실은 대공황 시대의 흥미로운 면 가운데 하나이다. 기혼 여성 고용은 1930년 11.7%에서 1940년 15.4%로 증가했다. 또한, 처음으로 20세기 첫 10년간 5%에서 10.7%까지 증가했는데, 이후 1920년에 9%로 떨어졌다가 1930년에는 방금 말한 수준을 바로 회복했다.[15]

이런 추세를 보면, 1930년대 가족 안정성은 여성이 지탱했음을 알 수 있다. 정치인과 노조원의 폄하 발언이 이어졌는데도, 1930년대 여성은 뭐가 됐든 바깥일을 하거나 집 안에서 삯일을 하고, 동시에 부불 가사노동까지 짊어졌다. 앞서 말한 바와 같이, 여성은 근본적으로 가계 재정의 관리자였다.[16] 따라서 여성이 자기 수입을 벌어들이는 경우조차, 가사 관리 책임이 확고해질 뿐이었다. 이런 판단을 뒷받침하는 근거는 집 밖 노동이 전개된 전반적인 사회 상황, 그리고 무엇보다도 여성이 아직 집 밖에서 대량으로 고용되지 못했다는 사실이다.

뉴딜은 여성 차별을 내포하고 있었는데, 직접적인 자금 지원이나 일자리 계획 같은 복지 정책에서 그러했다. 〈여성노동조합연맹〉이 자주 지적했듯이, 여성은 피부양자가 없으면 이런 계획의 지원을 받기가 매우 어려웠다.[17]

결론적으로, 뉴딜 정책은 매우 현대적인 방식으로 생산과 복지 체계 확립을 결합하고, 이중으로 이용할 수 있는 여성 노동력에 의존하여 발전했다. 뉴딜은 여성과 어머니를 칭송했지만, 여성이 가족을 부양하는 공장 노동자, 피고용인, 계약 없는 노동자이기도 하다는 점, 사라진 가장의 자존심을 지키고, 복지 기관들과 협상을 벌이는 존재이기도 하다는 점을 가려버렸다.

사회 경제적 상황이 새롭게 재편되면서, 케인스는 자신의 판단을 적용해야만 했던 것으로 보인다. 그는 영국 경제 체제가 중대한 위기에 처해 있으면서도 활기를 띠는 상황을 분석하면서, 이런 활력에 기여하는 요소로 "여성의 막대한 경제 산출량"을 포함시켰다.[18] 사실 여성을 포함하여 모든 사람이 실업의 영향을 받았으므로, 케인스의 말이 단지 여성 고용 규모가 역사의 흐름에 맞춰 더 커진 점만을 가리킨 건 아닐 것이다. 거기에 더해, 여성 노동력의 구조적 역할이 가정 안팎에서 달라졌음도 보여 준다. 여성은 가사노동이 아닌 노동을 하든 실업 상태이든 이때쯤에는 노동 시장에 확고하게 자리 잡았으며, 가사노동 수행 양상이 변화하는 가운데 사회적 부를 생산하는 데도 중대한 영향을 미쳤다.

9

노인 돌봄이라는 새로운 위기 : 여성의 자율성과
돌봄 노동 임금을 중심으로

모든 자율성은 각자 고유한 역사를 만들면서 구축되고, 이 역사는 특수한 맥락 속에서 특정 장애물과 전투를 치르면서 전개된다. 이 역사의 초기 단계는 바로 여성이 자기 몸에 대한 자주권을 되찾는 과정으로, 나는 이 과정을 내가 직접 참여하기도 했던 페미니즘 운동의 전략들을 짚어 가며 살펴보았다. 전 세계적으로 여성이 자기 몸에 대한 자주권을 되찾으려고 여전히 싸우고 있다는 점도 언급했다. 이 글에서 나는 여성의 자율성 투쟁 역사의 다른 면들을 고찰하고자 한다. 먼저 초기의 정치적 경험을 되짚어 보고, 새롭게 출현하거나 되돌아오는 몇 가지 문제 상황에서 오늘날 여성과 자율성이 어떤 관계를 맺고 있는지 가늠해 보고자 한다. 이와 관련하여 가사노동(혹은 돌봄 노동) 임금 지급 요구와 여성의 경제적 자율성에 어떤 일이 일어났는지 질문해 보려고 한다.

제1막

요즘 사람들은 차이를 찬양한다. 하지만 나는 언제나 우리가 어떤 차이를, 누구의 관점에서 이야기하고 있는지, 차이가 누구에게 문제가 되고 누구에게 이득이나 약점이 되는지를 구체적으로 밝혀야 할 필요성을 절감한다. 이런 질문에 구체적인 답변을 구해야만 차이라는 문제에 집중하고 해결책을 강구할 수 있다.

우리가 페미니즘 운동을 할 당시에는 중대한 위계질서를 만들어 내는 하나의 차이를 식별하는 일만으로도 충분하다고 생각했다. 임금 경제에서 남성은 상품 생산자로서 자본주의적 성별 노동 분업에 따라 임금을 받는 노동자가 된다. 이때 노동력을 재생산하는 자로서 임금 없는 노동자가 되면 차이가 발생한다. 우리는 이 문제를 해결하려고 10여 년간 바삐 움직였다. 나머지 문제들은 이 근본적인 사실에서 파생된 것에 불과했다. 우리는 가사노동에 임금을 요구함으로써 노동의 자본주의적 계층화를 공격하길 원했고, 첫 번째 공격 대상은 이 계층화가 시작되는 가장 근본적인 구분, 즉 상품을 생산하는 남성 노동과, 노동력을 생산 및 재생산하는 여성 노동이라는 구분이었다. 여성은 자본주의의 가장 귀중한 상품인 노동력 자체를 생산하기 때문에 자본주의 체제가 유지되려면 여성의 노동이 반드시 필요하다. 그렇다면 우리는 생산을 거부할 수 있다는 점에서 가공할 만한 힘을 발휘할 수단을 손에 쥐고 있다. 바로 이 점에서부터 출발하여 우리는 과거와는 다른 방식으로 인간을 보살피는 환경에 초점을 맞춘 새로운 발전 유형을 요구하였고, 그 시작은 여성이 경제적 자율성을 갖는 것, 돌봄 노동을 더욱 공평하게 남성과 분담하는 것이었다. 우리는 집 밖의 노동 시간을 보편적으로, 과감하게 줄이라는 요구도 했다. 그래야만 남녀 모두가 재생산의 부담은 물론이고 즐거움도 함께 나눌 수 있기 때문이다. 따라서 당시 우리의 기본 요구 사항은 시간, 돈, 서비스였다.

이탈리아에서 운동이 최고조에 이른 1960년대 말과 1970년대 초는 우리가 전투력을 다지는 훈련장 같은 시기였다. 우리 다수는 이 훈련장에서 자본주의 발전이라는 삐뚤어진 것과 싸우고 그것을 분석하는 법을 배웠다. 나 역시 1967년부터 대학에서 일하기 시작하면서 학생들을 위해 『자본론』 1권 세미나를 열었다. 하지만 나는 그에 앞서 모기가 극성을 부리는 흐릿한 새벽녘, 전단을 나눠 주러 마르게라항으로 가곤 했다. 그리고 거기서 공장의 실체, 공장의 변화, 공장에 존재하는 건강상의 위험, 공장의 역사를 배웠다. 내가 공장의 개념을 설명하려고 전단에 써넣었듯이, 공장은 늘 존재하는 나무와는 달랐다. 어떤 이들은 그 시기를 유쾌한 한때로 기억하지만, 나는 그렇지 않다. 오히려 훌륭한 배움, 대단히 소박한 삶, 많은 희생과 헌신, 엄청난 결단의 시기였다. 내가 가장 아름답다고 느낀 건, 즉 각적인 관계, 같은 목적을 위해 움직이고 있다는 깨달음, 그리고 우리가 몸담은 거대한 공동체가 활짝 꽃을 피운 일이었다. 우리는 서로를 만나기 위해 시간과 장소를 정할 필요가 없었다. 모두들 서로가 어디 있는지 알고 있었기 때문이다. 그건 함께하는 삶이었다. 그렇게 사는 건 여성에게 분명 가족과 가족의 기대에서 확실히 해방되는 경험이었다. 자유롭고 우호적인 영토를 찾고 세상을 새롭게 발견하는 걸 의미하기도 했다. 일찍 결혼하라는 강요 따위 없는 곳에서 여성은 좋은 아내가 되는 데 필요한 조건 말고도 다른 것을 배울 수 있었다. 그렇다, 〈사빠띠스따 민족 해방군〉의 반란자들에게 그랬듯, '언제 결혼할 거니?'는 점점 더 대답 없는 질문이 되어갔다.

우리는 공들여 문제 인식 및 분석 능력을 키웠고, 특정 시점에 이르자 그 능력을 통해서 우리 여성들이 관계 속에서 여전히 어떤 고통과 불안을 느낀다는 사실을 깨달았다. 모든 관계는 권력 관계이다. 그리고 심지어 성 혁명이 일어나고 있을 때조차 우리가 여성으로서 대변하고 실행한 모든 일은 여전히 보잘것없는 것으로 여겨지고 인정받지 못했다. 우리는 분열되어 있다고 느꼈다. 우리는 남성처럼 되어야 하고, 남성처럼 존재하고 행동해야 했지만, 마음속으로는 우리가 남성의 세계와는 다른 세계, 즉 남성들이 우리에게 다른 것을 요구하고 자신들과는 다르기를 바라는 세계에 속해 있다고 느꼈다. 그런데 이름을 붙이지 못한 그 세계의 창문이 이후에 다시 닫혔다. 그건 여성성의 은밀한 세계였다. 하지만 오래지 않아 우리는 이 은밀한 세계에서 나왔다. 그리고 저항을 거쳐 공격으로 나아갔다.

나는 1970년에 이미 새로운 수업 과정을 만들기 시작했다. 앞으로 내가 착수할 페미니즘적 분석 및 방향을 다루는 수업이었다. 그럼에도 나는 흔히 1971년을 전환점이라 말한다. 1971년 6월, 나는 빠도바로 여성 활동가 몇 명을 초청하여 첫 페미니스트 모임을 열었다. 그리고 그곳에서 내가 초안을 작성한 글을 토의했다. 나는 〈로따 페미니스따〉Lotta Femminista라고 불리게 될 조직을 탄생시켰고, 이 조직은 후에 국내외에서 활발하게 활동하던 위원회들과 단체들이 모인 가사노동 임금 운동 네트워크가 된다.

남성 동지들과 이별할 때 고통스럽지 않았던 건 아니다. 우리가 새로운 투쟁을 일으켜 반자본주의 전선의 폭을 넓혔으므로 남성 동지들이 기뻐할 것이라고 생각했지만, 이 가설은 빗나갔다. 남성 동지들은 특정 투쟁들을 더 중요하게 여겼기 때문에, 우리가 다른 투쟁을 우선시한다는 사실이 그들에게는 투쟁의 전투력을 빼앗긴다는 것을 의미했다. 우리는 더 이상 그들이 지켜보는 곳에서 그들과 동일한 싸움을 하고 있지 않았기 때문에, 남성 동지들은 우리가 '아무것도 하고 있지 않'다고 비난했다. 우리의 가사노동을 무시하던 것처럼, 그들은 이제 우리의 자율적인 정치 활동을 무시했다. 특히 초기에 우리가 비난받은 이유는, 계급의 관점을 고취하지 않고 서로 다른 계급을 끌어들이는 투쟁에 뛰어들 위험이 있다는 것이었다. 임신 중절을 둘러싼 투쟁과 모든 여성 대상 폭력 반대 투쟁이 그 예시였다. 게다가, '운동하는' 여성으로서 우리는 달라졌기에 사적인 관계들마저 깨져버렸다.

우리가 가사노동을 이야기하기 시작했을 때 남성 진영에서 처음 보인 반응은 비웃음이었다. 뭐가 우리를 괴롭힌단 말인가? 결국, 가사노동은 대단한 일도 아니고, 보나 마나 진짜 노동도 아니며, 어린이집이 있으므로 모든 문제는 해결될 테니, 걱정할 게 없지 않은가. 몇 시간의 보육으로 가사노동과 관련된 모든 문제가 해결될 거라는 이상한 생각은 오랫동안 지속되었다. 매일매일의 재생산 노동에는 얼마나 많은 물질적, 비물질적 과업이 있는지, 그리고 예측 가능하기도, 불가능하기도 한 과업들이 얼마나 많이 있는지 기초적인 이해조차 없었다. 우리는 운동을 분열시키고 싶어 하는 분리주의자라는 혐의를 받기도 했다. 하지만 내 생각은 그 반대다. 임금이 여성의 노동을 시작으로 얼마나 많은 부불 노동을 시키는지 보지 않고는, 따라서 여성의 '반란'을 고려하지 않고는, 더 이상 반자본주의적 투쟁을 이야기할 수 없다.

1972년 7월 7일, 로마에서 우리는 여성 고용에 관한 대학 내 워크숍을 조직했다. 우리는 여성들만 워크숍에 참여시키기로 결정했다. 이는 완전히 새로운, 그때까지 대학에서 한 번도 일어난 적이 없는 일이었다. 스스로 동지라고 칭하던 한 무리의 남성들이 워크숍을 하지 못하도록 막았다. 그들은 물을 가득 채운 콘돔을 던져 강의실 창문을 깨뜨렸다. 뒤이어 『일 마니페스또』와 『로따 꼰띠누아』의 지면 위에서 격렬한 논쟁이 이어졌는데,[1] 이를 보면 당시 시대 분위기를 짐작할 수 있다. 당시는 여성끼리 모인다는 사실만으로도 폭력적인 반응을 불러일으키던 시대였다. 이런 부류의 반응들을 과장해서 이야기하는 건 옳지 않다. 일부 남성 동지들은 분명 우리가 내놓은 담론과 활동이 중요함을 이해하고 적절하게 행동했다. 그럼에도 앞서 말한 사건은 새로운 사실, 즉 남성 없이 자율적으로 분석하고 토론하는 여성들과 마주할 때 남성들이 얼마나 히스테릭하게 반응할 수 있는가를 보여 준다.

분리주의를 조장한다는 혐의에 대해 말하자면, 나는 우리가 분리주의가 아니라 자율성을 이론화했다는 점을 분명히 하고 싶다. 그럼에도 우리가 다른 많은 이들과 마찬가지로 서로 분리되어 활동해야만 했던 데는 최소 세 가지의 정당한 이유가 있다. 첫째, 남성이라는 존재는 우리의 발언 능력을 제한하고, 우리와 가장 직접적으로 관계된 사안들을 부각시켜 철저하게 분석하지 못하도록 방해하며, 그중 몇몇 사안에 대해서는 분명히 불편함을 느꼈을 것이다. 이는 모두 여성과 남성 간 권력 관계에서 비롯되었다. 둘째, 이런 사안들이 너무 거대해서 우리는 거기에 모든 기운을 쏟아부었다. 따라서 내가 다른 곳에서 이야기했듯이, (페미니스트이자 어떤 다른 원외 집단 구성원으로서) 이중 투쟁을 한다는 생각은 결코 선택지가 될 수 없었다. 우리는 시간이 없었기 때문이다. 마지막으로, 동지들의 행동 때문에 우리가 분리주의를 선택했다면, 그들은 그 문제와 정면으로 부딪쳐 해결 방법을 찾아내야 했다. 혐의를 뒤집어 말해 보자면 운동을 분열시킨 건 오히려 그들의 남성 우월주의적인 행동 방식이었다.

내가 알기로 현재 마야 여성이 동일한 비난을 받고 있다. 나는 특정한 상황을 경험하는 여성들만이 자신들이 얼마나 독자적으로, 또 얼마나 단결하여 투쟁을 해 나갈지 결정할 수 있다고 생각한다. 우리가 '함께' 싸워나갈 수 있을지 질문하려면, 다른 한쪽에 서 있는 남성들도 여성들이 제기한 쟁점을 옹호하는 입장에서 생각해야 한다. 왜냐하면 대개 지지는 오직 한쪽에서만, 즉 여성들만 보내기 때문이다.

오늘날 이탈리아에서 노동 불안정성과 대학의 변화 같은 쟁점을 둘러싸고 활발하게 활동하는 젊은 여성들은 남성 동료들과 따로 떨어져서 일하는 것을 받아들일 수 없다고 여기고, 그럴 필요가 있다고 느끼지도 않는다. 이들이 분명 자기 어머니들, 그리고 1970년대 페미니즘 운동이 거둔 승리의 혜택을 받고 있음을 강조해야겠다. 이들은 남성 협력자들과 더욱 평등한 관계를 맺고 있는데, 이들보다 앞선 세대의 여성들은 우리 몸을 두고 지배권을 되찾기 위해 힘들게 싸웠다. 여성이 쟁취한 자유를 빼앗으려는 정치 세력들이 여전히 존재하지만,[2] 오늘날 여성은 사반세기 전보다 덜 위험한 상태에서 성생활을 할 수단을 가지고 있다. 매우 기본적인 수준에서 말하자면, 설사 여성이 임신한다고 해도 집에서 쫓겨날 가능성은 희박하다. 도리어 많은 여성들은 남성과 맺는 관계는 생각하지 않은 채 임신을 선택한다. 이들은 아이를 갖기로 결심하되, 매일매일 자신의 선택지를 배우자와 조정해야 하는 삶에 뛰어들 생각은 별로 없다. 만족스럽지 않다면, 심지어 혼인 관계일지라도 관계를 끝낼 의지도 있다. 반대로, 다른 사안들에서는 여성으로만 이뤄지거나 대부분이 여성인 단체가 다양하게 만들어졌다. 가장 먼저 만들어진 것 가운데 하나가 폭력 방지 센터였다.[3]

그러니까 오늘날 우리는 복잡한 상황에 놓여 있다. 사안에 따라서 여성들은 여성끼리 일할 필요를 느끼기도 하고, 어떤 경우에는 그렇지 않기도 하다. 그런데 지금은 1970년대에 운동을 하던 때와는 상황이 달라졌다. 오늘날은 공식적인 기관들과 연계한 단체들이 만들어지면서 지난 수십 년간 자발적으로 생겨난 집단들이 활동해오던 것을 대신하고 있다. 과거의 집단들은 성을 공격하여 부수는 망치 역할을 하면서, 여성의 권리를 가두는 무수한 감옥의 문을 무너뜨렸다. 오늘날에는 여성이 조직한 단체들이 상황을 감시하고, 권리를 침해당하는 피해자들에게 가장 먼저 참조해야 할 사항 및 지원을 지속해서 제공하려고 힘쓴다.

우리가 자율성을 구축하기 위해서는 대대적으로 싸워야만 한다는 사실이 금세 분명해졌다. 우리는 싸울 준비를 해야 했다. 그 즉시 모성이 풀기 힘든 매듭으로 부각되었다. 모성은 여성의 삶 전체를 좌우하는, 되돌릴 수 없는 선택이고, 사람들이 말하듯 자식을 어린이집에 맡기는 것만으로는 해결되지 않는다. 그런데 우리가 여전히 투쟁의 한 형태로 인정하는 노동 거부 전략이, 재생산 노동 및 돌봄 노동의 모든 사례에 적용되지는 않는다는 점도 분명해졌다. 우리는 결혼을 거부할 수 있고, 심지어 남성과 함께 사는 것마저 거부할 수 있다. 따라서 우리는 남성의 기대(가정에 있는 여성은 항상 대기 상태라고 우리는 말하곤 했다)에 부응하느라 기운을 다 빼지 않아도 된다. 하지만 그렇다 해도 자식이 있는데 돌보지 않을 순 없었다. 인간과 관련된 돌봄 노동의 경우에는 우리 행동의 선택지가 명확하게 제한되었고, 노동 거부 전략을 실행하는 것이 유토피아처럼 비현실적으로 보였다. 우리는 마음속으로 결정을 내려야 했다. 조직 활동에 더 많이 관여한 이들은 아이 갖기를 포기했다. 아이를 갖는 일은, 세상이 좀 더 달을 닮아가게 만들려고(절반은 태양, 절반은 달인 고대 마야의 신을 환기해 보자) 우리가 계획한 정치적 활동과 병행할 수 없었기 때문이다. 그뿐만 아니라 아이를 키우면 무엇보다도 일을 끝낼 시점과 만일의 상황을 설정하고 대처할 수 있는 정신적 여유를 가지기란 불가능했다. 많은 치아빠스 저항 세력이 내린 결정도 이와 완벽하게 일치한다. 그들도 전투와 모성을 병행하기란 불가능에 가까웠다.

그럼에도 모성은 우리 담론의 핵심 논점이 되었다. 자본주의 가족의 생산성과 여성의 몸은 자식 생산에 집중되어 있는데, 여성이 해방되려면 자식 생산의 책무에서 벗어나야 했다. 오로지 자식 생산 기능의 운명만 짊어지고서 그 역할에 고착되는 상황을 깨부숴야 했다. 여기서 나온 구호가 '여성들이여, 아이만 낳지 말고 사상도 낳자!'였다. 이는 생물학적 결정에서 해방되려는 외침이자 이제까지와는 다른 생산을 하자는 초대장이었다. 즉, 사상을 낳아 다른 세계를 만들고, 어머니-아내 역할이 더 이상 우리가 가질 수 있는 유일한 자아가 되지 않도록, 혹은 그토록 많은 수고, 고립, 종속, 경제적 자율성 결핍이라는 대가를 치르지 않도록 하자고 했다. 이것이 우리가 가사노동 임금을 요구하는 이유다. 그리하여 부불 가사노동이 전적으로 여성에게만 귀속되는 것을 거부하고, 그 첫 번째 노동을 인정하는 데서 출발하여 여성의 경제적 자율성을 구축하려 했다. 모성 거부는 이탈리아뿐 아니라 다른 대부분의 선진국에서도 점점 더 광범위하게 나타나는 행위였고, 좀 더 최근에는 선진국이 아니어도 마찬가지다.[4] 이탈리아의 출생률은

1.2명인데, 정치인들은 이를 매우 부정적으로 보고 있다.[5] 단순히 요구만이 아니라, 무엇보다 재생산 노동으로 지탱되는 모든 곳에서 재생산 노동의 비용을 지불하게 해야 한다는 생각이 우리를 투쟁으로 이끌었다. 이제까지의 투쟁과는 매우 다른 유형의 투쟁이 지역, 학교, 대학, 공장, 병원에서 터져 나왔다. 여기서 이 투쟁을 전부 다룰 수는 없지만, 전단, 소책자, 저널 등 우리가 투쟁 전선에서 사용했던 자료에 모든 내용이 정확히 기록되어 있다.[6]

이 모든 상황, 특히 여성이 자율성을 만들어 가는 상황에 국가는 어떻게 반응했을까? 여성은 자기 몸을 재전유함으로써 자율성을 확립해 나갔다. 하지만 자율성은 여전히 경제적 독립에 기반을 둬야 하며, 이는 여성의 재생산 노동을 인정하는 데서부터 시작해야 한다. 국가는 기본적으로 여성을 약간 더 해방시키는 식으로 대응했다. 하지만 이 약간의 해방은 1970년대 말 모든 운동을 탄압하는 일과 함께 이뤄졌다. 1972년부터 1979년까지 이탈리아에서는 여성 150만 명이 더 고용되었다. 배우자 사이의 동등한 지위를 중심으로 하는 새로운 가족법 체계도[7] 승인되었다(이는 가정 밖에서 일자리를 구하는 아내가 점점 더 늘어남에 따라 아내가 남편의 의지에 복종하는 선택을 할 필요가 없는 상황과도 부합했다). 그러나 실질 임금은 줄어들었고, 1970년대 가족의 구매력은 다양한 가족 구성원이 노동 시장에 더 폭넓게 참여함으로써 보장될 수 있었다. 이들이 참여한 일자리는 흔히 은밀하게 이뤄지는, 생산의 탈중심화가 낳은 새로운 환경 속 일자리들이었다.[8] 포드주의에서 포스트포드주의로 이행하면서, 가족은 소득이 최소한 두 개는 있어야 버틸 수 있었다.

여성 운동이 내세운 경제적 요구를 국가는 그럭저럭 피해 갔고, 여성들은 자신에게 주어진 유일한 종류의 자율성, 바로 임금 있는 노동을 통한 해방을 받아들였다. 그러나 여성들은 어떤 비용을 치르든 짝짓기의 기적은 행하지 않았다. 즉, 양육을 포함한 부불 가사노동과 집 밖의 일을 병행하지 않았다. 많은 여성이 결혼하지 않았고, 많이들 혼자 살기로 결심했으며, 이혼 및 별거 건수가 증가했고,[9] 출생률 붕괴는 계속되었다. 여성이 출산을 거부하자 사회 재생산이 상당한 위기를 맞는데, 이는 이후 청년층과 노인층 간의 불균형으로 나타났다. 그러나 당시로서는 그다지 불안해할 이유가 없었다.

당시 일반적으로 사회학 문헌들은 여성의 이중 상태를 가정 안 노동과 가정 밖 노동이라는 두 영역의 노동을 병행할 수 있는 여성의 능력으로 이야기하면서, 여성이 이를 잘 해 내기 위해 활용하는 수많은 전략을 서술한다. 내가 보기에 그 전략은 오직 두 가지밖에 없다. 첫째는 자식 수를 과감히 줄이는 것, 둘째는 일가친척 여성의 부불 노동을 활용하거나 다른 여성을 시간제 가정부로 고용하는 것이다. 그런데 과거의 사회학 문헌들은 이런 측면을 이야기하지 않았다. 이탈리아에서 정규 입주 가사노동자는 사라져가는 인물이었던 반면, 시간제 가사노동자는 여성이 집 밖에서 일자리를 구하는 데 매우 큰 힘을 보탰다. 즉, 가사노동에 임금을 지급하는 일이 간접적인 방식으로 진행되었다.

점점 더 많은 여성이 가사노동 환경의 양상을 바꾸고, 가사노동을 극단적으로 '합리화'하고, 가사노동량을 줄이며, 자신의 어머니와는 다른 삶의 선택지들을 만듦으로써 부불 가사노동을 일관되게 거부했다. 여성은 경제적 자율성 구축을 우선시했고, 국가 정책은 집 밖의 노동을 통해서만 여성에게 경제적 자율성을 허락했다. 여성은 여성 운동을 하기 전보다 더 많은 돈을 손에 쥐었다. 여성은 그 돈으로 다른 여성을 고용하여 상당한 양의 가사노동을 하도록 했다. 그러는 사이 가사노동의 다른 부분들은 가정을 벗어나 시장이 제공하는 상품과 서비스로 탈바꿈했다. 레스토랑과 케이터링 부문만 봐도 알 수 있다. 요컨대, 부불 가사노동은 줄어든 반면, 지불 노동은 가족 안팎에서 확장된 것이다. 가정부 및/또는 보모를 고용하려면 대개 여성의 임금 대부분을 써야 했지만, 여성이 임금 없는 노동을 거부하는 일은 점점 더 늘어갔다.

1970년대 이탈리아는 이주 흐름이 늘어 이미 이민자 수십만 명이 들어와 있었다. 1977년에는 30만에서 40만 명 정도로 추산되는 총 이민자 노동력 가운데 유색 인종 가정부가 10만 명으로 집계되었다. 이 여성 노동력은 이탈리아 여성이 더 이상 하려고 하지 않는 입주 가정부 일을 맡는 경향이 있었다. 대부분 아프리카 및 아시아에서 오는 남녀 이민 유형이 시작된 것으로, 이들 가운데 다수가 가사노동을 하게 될 터였다. 이런 흐름은 이후 수십 년에 걸쳐 더욱 공고해지고, 보다 광범위한 국가에서 이민자들이 들어오면서 재편된다. 이민 여성과 돌봄 노동의 관계, 이른바 돌봄의 세계화 문제가 시간이 갈수록 중요해졌다.

1970년대 말, 이탈리아 및 다른 발전된 국가들에서는 자기 몸과 자기 자신을 인간으로서 재전유하면서 여성의 자율성이 크게 진일보했다. 자발적 임신 중단에 관한 법률 및 꼰술또리오(가족 상담 클리닉) 도입 법률처럼, 여성이 자율성을 갖는 데 핵심이 되는 법률이 승인되었다. 이혼에 관한 국민투표에서 승리하고, 새로운 가족법 체계가 마련된다. 그러나 여성의 자율성은 가사노동이나 돌봄 노동 측면에서 불안정한 상태로 남아 있었고, 모성 거부처럼 무거운 희생이 따라오는 노동을 거부하는 일, 해방을 위해 투쟁하는 일 때문에 발이 묶여 있었다. 동시에, 바로 이 해방 투쟁의 결과 가사노동이 차츰 눈에 보이는 노동, 임금 있는 노동이 되어갔다. 1970년대는 〈유엔〉이 페미니즘 운동의 물결을 타고서 여성의 환경을 주제로 세계 회의를 시작한 때이기도 하다.

첫 〈유엔〉 회의는 1975년 멕시코시티에서 세계 여성의 해를 기념해서 열렸다. 1979년 12월 18일, 〈유엔총회〉가 '여성차별철폐협약'을 채택하여 효력이 1981년부터 발생한다. 그러나 우리는 더 기다려야 했다. 1993년이 되어서야 '비엔나 유엔세계인권대회'에서 여성의 기본권이 인권의 일부로 인정되고, '여성대상폭력근절선언'이 이뤄졌다. 여성 대상 폭력은 이미 그 심각성 고발이 이어져, 첫 번째 '유엔여성10년'UN Decade for Women 기간 말미에 열린 1985년 나이로비 회의에서 여러 형태의 고발이 전 세계적으로 이뤄졌다. 나이로비 회의 최종 문서에는 다음이 명기되기도 했다. "보수를 받든 못 받든, 여성이 발전의 모든 측면과, 발전의 전 부문에 기여한 바를 인정해야 한다. 또, 여성의 공헌을 평가하여 경제 통계 및 국민총생산에 반영해야 한다."[10] 이 선언의 효력에 대해서는 회의적인 분위기가 지배적이지만, 전 세계에서 정책 논의가 이뤄져 관습 및 법률 제정의 옳고 그름을 결정할 힘을 굳건히 했다는 점, 관습 및 법률 제정의 제약을 넘어서서 새로운 원칙 및 기준을 확인했다는 점은 의심의 여지가 없다.

제2막

신자유주의는 1980년대에 등장하여, 1990년대에 신자유주의적 세계화와 함께 전면화되었다. 1970년대의 거대한 투쟁이 지나간 후, 1980년대에는 많은 국가가 정상화와 탄압의 시기를 거쳤다. 1980년대는 또한 국제 부채가 심화되고, 구조 조정 정책을 어느 때보다도 극단적으로 적용하던 시기이기도 하다.[11] 구조 조정 정책을 채택할 때 공식적으로 내세운 이유는 부채가 많은 국가가 최소한 이자라도 낼 수 있도록 한다는 것이었다. 하지만 이런 정책의 실제 목표는 생활 수준과 기대 수준을 더 낮추어 노동 가치 하락 및 불안정화를 전제로 한 새로운 유형의 생산이 어디서든 활개 칠 수 있도록 만드는 것, 그리하여 기업이 세계 어느 지역에서나 경쟁 우위를 가지고 사업을 할 수 있게 만드는 것이었다. 시장과 생산은 이제 수출을 지향하는 방향으로 맹렬히 변해 갔다. 이는 구조 조정 정책으로 강제한 발전 유형이 부채 수준을 악화시킬 뿐이라는 의미였다. 이 시기에 새로운 국면의 축적이 시작되는데, 토지나 물과 같은 공공재의 민영화, 국가 및 준국가기관 같은 공공 기관의 민영화, 통화가치 하락, 생활필수품 보조금 철회, 현대화된 단일 재배 농업에 대한 높은 보조금 지급, 임금 삭감, 고용 축소 및 불안정화, 연금 삭감으로 시작된 사회 복지 사업 및 수급권 관련 공공 지출 삭감, 의료 및 교육 민영화로 관련 공공 지출 삭감과 구조 조정, 소비자 요금 인상, 무역 자유화와 수출입에 혜택을 주는 정책 채택을 통해서 축적이 이뤄졌다. 이는 모두 전 세계적으로 재생산을 저발전 상태로 유지하는 막강한 수단을 대변하며, 새로운 국면의 축적이 시작되게 했다.

이 시기에는 또한 여성이 가족의 안녕을 지키고 자신의 생활 환경을 개선하려고 벌인 투쟁뿐만 아니라 더 높은 차원의 자율성을 획득하기 위해 단행한 투쟁까지도 유례없이 공격받았다. 발전된 지역에서는 '좋은 일자리'가 사라졌다. 따라서 좋은 일자리가 보장해 주는 유형의 자유가 사라지고, 불안정, 빈곤, 종속 상태에 빠졌다. 덜 발전된 지역에서는 무엇보다도 토지 강제수용強制收用, expropriation이 갈수록 심화되었다. 이른바 농업 근대화 과정을 위해, 또는 〈세계은행〉이 재정을 지원하는 종종 파괴적이기도 한 거대한 계획들을 위해 토지 강제수용이 진행되었다. 댐 건설은 가장 잘 알려진 사례 가운데 하나에 불과하다. 부채 정치가 초래한 빈곤 상태는 토지 강제수용에 기반했는데, 이후 특히 1990년대에는 전쟁 정치가 영구적으로 개입하면서 군사 작전 및 전쟁 잔류물 때문에 토지가 점점 더 사용할수 없는 상태로 변해 갔다. 이런 상황 속에서 이주 흐름이 생겨나고, 새로운 주체들이 선진국으로, 특히 유럽의 선진국으로 들어왔다. 이들 가운데 상당수는 엄청나게 많은 양의 재생산 노동을 해야 했는데, 대부분은 여성이었다.

전쟁을 좋아하는 신자유주의 정치는 전 세계 재생산 노동을 새롭게 분할하고 있다. 이른바 개발도상국이나 '과도기'로 규정되는(동유럽 국가들의 경우 민주주의로 가는 '과도기') 국가 출신 여성들이 점점 더 많이 선진국에 재생산 노동을 하러 온다. 이들은 무엇보다도 망가진 재생산 환경, 특히 가정의 재생산 환경을 뒤로 한 채 떠나왔다. 남은 이들은 훨씬 더 큰 고역을 치르면서 가족의 재생산 환경을 수습하는데, 최소한 다른 나라로 이주해 간 여성들이 보내오는 송금액으로 보상을 받긴 한다. 노동하는 사회 다수의 계층화를 전 세계적으로 재정립하고 심화시키기 위해, '보다 주변적'이라고 여겨지는 지역의 재생산은 완전히 파괴당한다. 저렴한 노동력을 생산하여 발전이 더 많이 이루어진 지역의 재생산 부문에서 일하게 하려는 계획임이 분명하다. 이로써 국가는 최근 부상하고 있는 재생산 관련 문제를 직면하지 않아도 되고, 결정적으로 국가가 책임져야 하는 재정 부담을 회피할 수 있게 된다.

그런데 최근 부각되고 있는 재생산 관련 문제란 어떤 문제인가? 출생아 수가 점점 줄어드는 가운데 어떤 문제가 뚜렷하게 드러나고 있고, 또 긴급히 다뤄져야 하는가? 무엇 때문에 새로운 노동력이 더 많이 필요한가? 최근에는 자활이 힘든 노인을 돌보는 문제가 부상하고 있다. 문제가 이것밖에 없는 건 아니지만, 이 사안은 여성의 자율성 담론에서 특히 중요한 쟁점이다.

제3막

부채 정치가 보편적으로 적용되고 신자유주의적 세계화가 전개된 1980년대가 지나고, 1990년 이후부터는 이주가 진정으로 세계적 현상이 된다. 〈유엔〉이 추산한 바에 따르면, 전 세계 이주자는 1억 7,500만 명이 넘는다.[12] 전통적으로 노동력 수출국이던 이탈리아는 1980년대와 1990년대에 노동력 수입국이 되어 아시아 및 아프리카 노동자, 좀 더 최근에는 동유럽 노동자를 끌어들이고 있다. 유럽으로 이주하는 여성은 지난 10년간 계속해서 증가하고 있다. 1990년대 말, 유럽으로 온 이민자의 45%가 여성이고, 이는 남부 유럽의 가사노동자 수요가 증가한 시기와 들어맞는다.[13]

1990년대에 들어서 새로운 노동자의 형상이 보다 더 정확한 형태를 띠기 시작했고, 간병인 이민 여성의 모습으로 구체화한다. 이 여성은(때로 남성은)[14] 일과를 더는 자율적으로 해 나갈 수 없는 사람, 즉 정도의 차이는 있지만 일반적으로 더 이상 자활이 가능하지 않은 남녀 노인을 돌보는 사람이다. 이 새로운 가정부상(像)의 필요성, 즉 특정 유형의 돌봄 노동 관련 수요는 인구통계학적 변화에서 비롯된다. 수명이 길어지면서 노인 인구 비율이 증가하고, 여성이 모성을 거부하면서 청년 인구수가 현저하게 감소했다. 이 추세는 이탈리아를 비롯한 전 유럽 국가에 영향을 끼치고 있다. 이 사회 재생산의 위기는 청년층과 노인층 사이의 균형이 무너지고, 적절한 세대교체가 이뤄지지 않기 때문에 발생한다. 여성이 모성을 거부함에 따라, 이탈리아는 30년 안에 인구 3명 중 1명이 65세 이상일 것으로 예상된다(《이탈리아 통계청》 추산에 따르면, 이탈리아는 세계에서 출생률이 가장 낮은 국가 가운데 하나다. 이탈리아의 출생률은 앞서 언급했듯 1.2명이다. 최근 1.3명으로 늘었는데, 이민 여성에게서 태어난 신생아 수치 때문이다).

우리가 정확히 이해해야 하는 중요한 사실은, 유럽에서 65세 이상 인구 대다수가(90세 이상은 제외) 민간이나 공공 기관이 아니라 자택에 살고 있다는 점이다. 자기 집에서 살기로 한 건, 자기 의사 표명이 가능한 경우 노인 당사자의 의견이기도 하지만, 대개는 더 어린 여성, 즉 노인이 집에 머무는 게 가장 인도적인 선택임을 알고 있는 가족, 친지의 결정이기도 하다. 이 가족, 친지는 대부분 딸인데, 이들은 이 결정이 자기 삶을 좌지우지하고 자율성을 제한할 것임을 알고 있다. 노인을 집에서 돌보려면 많은 과업과 책무가 따르고, 심지어 가능할 때 언제든 다른 여성의 지불 노동이 개입된다 해도 마찬가지기 때문이다.

페미니즘이 모성을 비롯한 부불 재생산 노동을 거부했지만, 여성은 실질적으로 돌봄 노동에서 해방되지 못했다. 전 생애 가운데 자식을 양육하는 동안만 돌봄 노동에서 해방되었을 뿐이다. 가사노동 임금 운동 조직의 바레세 지부에서 '엄마가 집을 나갔다'는 제목의 전시회를 주최한 적이 있는데,[15] 이 전시를 지금 다시 연다면 '엄마는 돌아올 수밖에 없었다'로 제목을 바꿔야 할 것이다. 여성의 중간 휴식은 아주 잠깐에 불과했다. 짧은 휴식이 끝나고 나면 대개 자활이 불가능한 노인을 돌봐야 하는, 훨씬 더 힘들고 복잡한 돌봄 문제가 그들을 기다리고 있었다. 페미니즘 투쟁에 참여했던 5, 60대, 혹은 더 나이 많은 여성들은 휴식이 필요하다. 더구나 은퇴한 후에는 일하는 동안 할 수 없었던 것을 즐길 수 있어야 한다. 하지만 이 여성들은 종종 80세 이상 초고령이 된, 온갖 전형적인 노년기 질병을 앓고 있는 부모와 함께 사는 문제에 맞닥뜨릴 수밖에 없다. 게다가 이런 부담을 짊어진 여성들은 짐을 조금이나마 덜어줄 장성한 아들딸이 없는 경우가 많다. 이들은 자율성을 구축하려고 열심히 일했지만, 이들에게 의존하는 약한 존재의 돌봄 문제가 해결되지 않아 이후 또다시 자율성이 심하게 훼손된다. 사회적 몸은 말 그대로 몸이다. 몸을 쪼갤 수 없기에 돌봄이라는 문제는 계속해서 제기될 수밖에 없다.

간병인[16] 노동은 이런 맥락에서 발생한다. 구조 조정 정책, 전쟁, '민주화를 위한 조정' 때문에 자국에서 재난이 발생한 결과 이탈리아로 이주한 여성들이 간병일을 하고 있다. 이런 방식은 국가 정책이 여전히 충족시켜 주지 못하는 요구에 부응한다. 간병인 고용이 명백히 보여주는 바는, 무엇보다 이 유형의 돌봄 노동이 앞서 언급한 가사노동의 임금화 과정을 점점 더 따랐다는 것이다. 문제는 이 일은 보통 전임으로 일할 사람을 고용해야 한다는 점이다. 그런데 몇 가지 통념부터 짚고 넘어가야겠다.

첫째, 간병인의 노동으로 가족이 노인을 돌보는 일에서 자유로워진다는 통념이다. 이 생각과는 반대로, 간병인의 노동은 여성 가족의 지속적인 지침과 협조, 확인이 동반되지 않으면 제 기능을 할 수 없다. 간병 노동은 각각 다른 상황에서 시작되는데, 상황은 항상 변하므로 끝없이 도움을 받아야 한다. 따라서 사실상 여성 가족, 그리고 임금을 받는 간병인 여성은 분업을 한다고 봐야 한다. 돌봄을 받는 노인과 함께 장을 보러 가기는 힘들기 때문에 장보기는 일반적으로 여성 가족의 몫이다. 그는 관청 업무도 봐야 하고 집안 관련 행정 업무와 재정 관리도 해야 하며, 노인을 의사에게 데려가고, 응급상황이 발생하면 언제나 즉시 달려와 개입해야 한다. 게다가 흔히 정신적으로 쇠약한 노인과 함께 생활하면 외로움을 느끼기 때문에 간병인도 재생산할 시간이 필요하다. 그리하여 이른바 '사랑으로 하는 노동'이[17] 재소환된다. '사랑으로 하는 노동'이 소환되는 이유는, 노인의 건강과 행복을 진실로 염려하지 않으면 노인이 제대로 된 도움을 받지 못할 거라는 실질적인 필요성 때문이기도 하지만, 고용주(보통 노인의 딸)와 간병인 관계에서 필요한 일이기도 하기 때문이다. 여성 가족은 상황을 파악하여 문제가 더 이상 지속되면 안 되는 순간이 닥치면 시기적절하게 대응해야 하고, 일의 부담을 줄이는 데 필요한 모든 자원과 조치를 제공해야 한다. 가장 힘들 때 간병인에게 추가로 얼마간의 휴식 시간을 주려면 여성 가족이 종종 간병인 대신 일해야 한다. 그리고 상황이 지나치게 힘들어지면 다른 무엇보다도 돈을 더 주어야 한다.

다음 사실도 잊지 말자. 평균적인 가계 예산에 비추어 간병 노동 비용은 매우 비싸다.[18] 따라서 주말에 일할 다른 간병인을 고용할 여력이 없다면, 주말에 노인을 돌보게 될 사람은 딸과 딸의 남편일 것이다. 그들이 여전히 일을 하고 있다면, 한 주를 마무리할 때 휴식을 취하거나 장을 볼 시간이 사라진다는 뜻이다. 많은 부부가 간병 노동을 하면서 주말을 보내며, 간병인이 휴가를 가면 문제는 반복된다. 청소는 좀 기다렸다 나중에 하거나 임시 해결책을 찾을 수 있지만, 자활 불가능한 노인은 한시도 혼자 둘 수 없기 때문이다. 그렇다고 갑자기 잘 모르는 사람, 노인과 대화하는 법이나 해야 할 업무와 관련된 가르침을 받지 못한 사람과 노인을 함께 둘 수도 없는 노릇이다. 간병일은 불안정한 일이 될 가능성이 낮은데, 특히나 간병인에게 할 일을 다 가르친 마당에, 혹은 간병인과 돌봄을 받는 사람 사이에 관계가 잘 형성되었다면, 간병인 교체가 고용주에게는 불편한 일이기 때문이다. 대신 불안정성은 노동 환경이 일정하지 않을 때 대두된다. 따라서 국가가 실질적으로 경제적 지원을 더 많이 제공하여 가족들이 정규 노동 계약을 맺을 수 있도록 하는 게 매우 중요하다.

나는 이처럼 간병인이 하는 일과 가족이 하는 일의 조합을 상세히 설명하는 게 중요하다고 생각한다. 이는 앞서 말한 실수와 반대되는 실수를 하지 않기 위해서이다. 1970년대의 페미니즘 운동이 저물고, 뒤이어 집 밖에서 일하는 것과 여성 해방을 동일시하여 시간제 고용 가정부의 역할을 감추던 때가 있었다. 오늘날에는 간병인의 노동을 다루면서, 이 노동을 '혼자 하는' 일로 치부하고 여성 가족이 하는 일은 언급하지 않을 위험이 있다.

이민 여성 고용은 문제의 심각성을 분명하게 보여 준다. 노인 간병은, 만약 여성 가족 혼자 간병 노동을 한다면 다른 일과 병행할 수 있는 유형의 돌봄 노동이 아니다. 오늘날은 간병 노동을 맡아 하는 주체들이 정치적 환경 때문에 자기 삶이 완전히 파괴되어 이 일을 하도록 내몰린 것이지만, 앞으로는 이 일이 이탈리아 여성들도 하는 정상적인 '좋은 일자리'가 되는 게 바람직하다(이는 이미 부분적으로 시작되었다). 또, 무엇보다 국가가 이 노동을 실질적으로 더 많이 지원하여 노동 조건이 향상되어야 한다.

사실, 정부가 더 많은 돈을 들여 돌봄 노동 비용을 지불해야 한다는 데는 의문의 여지가 없다. 많은 가정이 이미 이 비용을 감당할 수 없는 상태이고, 이는 비정규 고용 조건으로 이어지기 때문이다. 그런데 잊지 말아야 할 것은, 중앙 정부나 지방 정부가 돌봄 노동 혹은 가사노동과 관련하여 몇몇 경제적 대응책을 이미 내놓았다는 사실이다. 이런 대응책 덕분에 많은 가정이 그럭저럭 고용 계약을 맺고 있다. 먼저, 간병 수당이 있는데, 〈국민사회보장기구〉에서 신체적 혹은 정신적으로 자활이 불가능하여 돌봄을 받아야 하는 사람에게 소득 수준과 관계없이 월 450유로를 직접 지급한다. 그런데 이 수당을 받기가 매우 어렵다. 전면적이고 영구적인 장애가 있다고 〈국민건강보험기구〉에서 인정해야 하기 때문이다. 조건을 충족시킬 만큼 장애가 심각하지 않다고 여겨지는 경우가 많은데, 주로 정신적 장애보다 육체적 장애일 때 그러하다. 지역 단위로 제공되는 다른 수당들도 있으나 소득 수준이 매우 낮아야 받을 수 있고, 또 앞서 언급한 간병 수당의 대안이 되지는 못한다. 간병인 보조금이 지역 단위 수당 가운데 하나인데, 베네또 지역에서는 간병인을 주당 최소 20시간 고용한 사람에게 최대 월 250유로까지 지급한다. 또, 1991년에 제정된 지방법 28호 규정에 따라 알츠하이머 보조금(월 516유로)이 추가되었다.[19] 또한, 특별 지원 서비스들도 있다. 많은 간병인의 불법 이민자 신분, 그리고 범죄 조직 침투 가능성과 연계된 위험 요소에 종지부를 찍기 위해 여러 주에서 앞장서기도 한다. 한 예로, 베르가모에서는 간병인을 이미 고용했거나 고용해야 하는 가정에 월 400유로씩 지급하기로 결정했다.

사회 복지에 쓰이게 될 공공 지출을 삭감하는 신자유주의적 추세 속에서도 복지는 국가가 부득이하게 협상할 수밖에 없는 영역으로 다시 부상했다. 그리하여 몇몇 돌봄 노동에 대해서는 복지 체계 안에서 임금이 어느 정도 지급되었다. 이런 복지 관련 협상의 시작점이 바로 앞서 언급한 정책들이다. 사회 재생산의 위기는 국가 입장에서도 문제 상황이다. 현 가족 정책 장관인 로지 빈디는 은행과 재단이 참여하여 노인을 대상으로 한 재정 지원을 확대하자고 제안한다. 그는 또한 출생률 하락을 경고하는 차원에서 매년 2,500유로씩을 모든 신생아가 성인이 될 때까지 지급하자는 의견을 내놓기도 했다. 페미니즘 운동 전성기에 제도권의 엄청난 반발에 부딪혔던 가사노동 임금 주장이 다양한 방식으로 다시 표출되고 있으며, 이 요구를 억누를 수 없는 상황이다. 이 돈을 노인이 기관에서 돌봄을 받을 수 있도록 지원하는 데 쓰자는 사람들은 잘못 생각하고 있다. 기관은 가정에서 돌봄을 받을 수 없는 극단적인 경우의 노인에게 적합하다. 기관에서 제공하는 돌봄이 질적으로 다르기도 하지만, 무엇보다 노인 자신이 기관을 좋아하지 않고 집에 있는 편을 선호한다.

여성은 경우나 환경을 막론하고 부불 재생산 노동을 오롯이 혼자 책임지기를 거부함으로써, 돌봄이라는 이 특수한 영역의 노동이 가시적인 노동이자 '보수를 받는' 노동이 되도록 만들었다. 하지만 여성은 제한된 자유, 다시 말해 상대적인 자율성을 받아들임으로써, 쇠약한 상태에 놓인 이들의 상대적 자율성과 육체적, 심리적 안녕을 지키는 일이 여성에게 달려 있음을 확인하기도 했다. 여성들은 거부하기도 하고 상대적으로 수용하기도 하면서, 돌봄 노동의 경우 전적으로 거부만 하는 게 유토피아에 불과함을 보여 줬다. 또, 국가가 노인 돌봄이라는 특수한 노동을 지원하는 데 더 많은 재정을 지원하여 가정이 비용을 감당할 수 있도록 해야 함을 보여 줬다. 나아가 노인을 비롯한 취약 인구층을 위한 서비스를 국가가 확대해야 하듯이, 간병일 자체가 정규 계약을 맺고 하는 일이 되어야 한다.

여성은 또한 자기 집이나 친척 집에서 노인을 보살필 때 맞닥뜨리는 가장 주요한 장애물이 부동산 가격 및 집세 급등임을 보여 준다. 이 때문에 아파트 공간을 최소화하고, 노인이나 간병인이 이용할 방 한 칸조차 없는 경우가 흔하다. 자식이 있는 사람들도 같은 문제를 이미 수년간 겪어왔다. 아파트는 점점 더 형편없어져서 방문객을 맞기는 물론, 부모와 계속 함께 살거나 아이를 낳기조차 불가능하다. 자활이 어려운 노인의 존재가 가져온 문제는, 아이를 가지는 문제, 그러므로 아이를 키우는 데 필요한 경제적 지원 및 이제까지와는 다른 생활 환경을 획득하는 문제를 또다시 제기한다. 이런 문제들을 해결해야만 사람들이 다시 아이를 갖고 싶어 하고, 아이를 갖는 걸 가능한 일로 여길 수 있다. 사실 몇몇 드문 경우를 제외하면, 자활이 힘든 노인을 집에서 돌보며 신경 쓸 사람은 노인의 자식밖에 없으며, 자식이 아니면 누구도 노인을 위한 재생산을 정리하고 보살피지 않을 것이다. 노인 돌봄 문제는 전 세계적으로 다양한 방식으로, 또 매우 다양한 상황에서 존재한다. 따라서 국가가 노인 돌봄 노동을 경제적으로 지원하는 문제는 정치 의제 가운데서도 가장 시급한 사안으로 다뤄야 한다.

지금까지는 새롭게 떠오른 돌봄 노동의 지형 및 문제점을 살펴보았다. 어떤 이들은 가사노동, 더 넓게는 재생산 노동이 현재 점점 더 비물질적인 노동이[20] 되어 가는 추세라고, 또는 적어도 비물질적인 노동 영역에 포함시켜야 한다고 주장하는데, 이는 이 노동에 대한 무지를 드러내는 것이다. 재생산 노동은 여러 가지 방식으로 구체화되지만, 여기서는 한 가지만 살펴보았다. 재생산 노동은 언제나 비물질적 노동과 접목한 많은 물질적 노동의 조합으로, 심리적 관계와 정서적 관계들을 수반한다. 그러니까 태양 아래 새로운 건 없다. 오늘날에는 재생산을 비물질 노동의 범주에 넣어야 전에는 보지 못한 새로운 재생산을 더 잘 포착할 수 있다고 말하지만, 이는 재생산 노동 및 재생산 노동을 가로지르는 새로운 현실을 부당하게 평가하는 일이다. 위에서 논의한 노인 돌봄 노동이 이 현실을 보여 주는 한 가지 좋은 사례다. 노인 돌봄 노동은 과중한 물질적 과업으로 채워져 있다. 애정을 가져야만 과업들을 수행할 수 있다고 해서 그 일이 비물질적 노동이 되는 건 아니다. 나이가 많고 자활이 어려운 상태는 하나의 매우 중대한 차이다. "여성들이 차이의 흐름을 통제하는 데 점점 더 부담을 많이 느낀다"고 주장하고,[21] 노인 돌봄 노동을 비물질적 노동으로 표현하는 것은, 차이 및 차이에서 비롯한 문제를 짊어진 노동의 현실을 보지 못함을 재차 시사한다.

노인 돌봄(또 유사하게 아동 돌봄)의 지형을 고려할 때, 재생산 노동이 소통으로 해결될 수 없다는[22] 점 또한 마찬가지로 분명하다. 특히나 협력자들이 더 잘 협의할 길을 간구하는 걸로 돌봄 노동의 여러 복잡한 문제가 사라지지는 않는다. 해결 곤란한 상황이 사라지기는커녕, 여성들은 장시간 일하고, 돈은 부족하며, 빈곤에 빠지거나 자율성을 빼앗길 위험에 처해 있다. 이는 전부 소통으로 해결할 수 없는 문제이다.

더 발전된 기술 혁신이 필요한 게 아니다. '정보화된' 노동자라는 기분 좋은 발상이 필요한 것도 아니다. '정보화된' 노동자를 내세우는 정치적 계획은 비물질적 영역에서 비롯되기 때문에, 내게는 썩 유망해 보이지 않는다.[23] 우리에게 필요한 것은, 기분 좋은 발상이 아니다.

우리에게 필요한 건 남녀 모두가 더 적절한 노동 보수를 받고, 자유 시간을 더 많이 가지는 것이다. 집 안에서든 논밭에서든 삶의 물질성, 삶을 보호하는 노동의 물질성을 인정해야 한다.[24] 그 물질성이 인간관계 및 땅과 연결되는 방식을 인정해야 한다. 삶의 물질성, 노동의 물질성을 인정하는 건 여성의 노동과 소농의 노동에도 마찬가지로 적용된다.[25] 여성은 아이 때문이든 노인 때문이든 모두가 추구하고 바라는 자율성이 막다른 상황에 직면했음을 보여 주었다. 오늘날 아동 돌봄이나 노인 돌봄의 부담을 안고 있는 이들과 그렇지 않은 이들 사이에 차이가 존재한다면, 이 차이는 축하가 아니라 파괴해야 마땅하다. 우리는 다 같이 힘을 모아 돌봄 노동을 책임지고, ('공유'란 '공공'을 소진하는 것이 아니므로) 돈과 서비스를 보다 더 실질적이고 보편적인 방식으로 배분하도록 국가에 요구함으로써 돌봄 노동에 존재하는 차이를 허물어야 한다.

10

노동자주의, 페미니즘, 그리고 유엔의 몇 가지 성과

1973년 6월 5일, 빠도바에서 한 여성이 임신 중절을 사유로 형사 재판을 받았다. 이 재판을 계기로 사람들이 모이기 시작하고 정치적인 움직임이 형성되면서, 임신 중절할 권리를 주장하는 운동이 이탈리아에서 시작되었다. 임신 중절 문제를 두고 어떤 이들은 여성의 자기 결정권 철회를 주장하는 등 논쟁이 계속되는 상황에서, 이 글은 1970년대 페미니즘의, 그리고 특히 '노동자주의'라는 정치적 경향의 다양한 역사적 측면을 밝힌다. 또, 여성이 처한 환경을 크게 변화시키는 데 중요한 역할을 한 투쟁의 맥락 속에 이 같은 정치적 움직임이 자리 잡고 있음을 보여 주고자 한다.

1970년대 이탈리아 페미니즘 운동은 기본적으로 두 가지 유형으로 나타나 서로 다른 경로로 활동했다. 하나는 소규모 여성 모임 형성에 기반을 둔 '자의식'self-consciousness 모임 형태로, 여성들이 자기 경험에서 출발하여 여성이 겪는 상황과 어려움을 분석했다. 이 유형은 북미의 '의식 고양' 활동과 유사한데, 밀라노에 광범위하게 퍼져 있었고, (앙뚜아네뜨 푸께도 참여했던) 파리 소재 모임 〈정신분석과 정치〉와 관계를 맺고 있었다.

또 다른 유형은 '정치적 개입'을 수행했는데, 후에 가사노동 임금 운동으로 불린 〈로따 페미니스따〉가 그중 두드러졌다. 이 유형은 자본주의 발전을 분석하는 데서 출발하여 여성의 상황을 해석하고 투쟁하여 그 상황을 바꾸는 일에 집중했다. 따라서 이 두 번째 유형은 격렬히 투쟁하면서 자기들만의 독자적인 생산 및 재생산 조직 양식을 바탕으로 여성의 지위와 자본주의 발전 유형을 완전히 탈바꿈하는 데 몰입했다.

나는 이 두 번째 유형을 논하려고 한다. 1970년대에는 가장 치열하게 싸우던 운동들이 가혹한 탄압을 맞게 되는데, 그중에는 이 두 번째 유형도 포함된다. 그 결과, 이 두 번째 페미니즘 유형은 1980년대 이후 문화적 차원에서 완전히 소멸당한다. 하지만 이러한 두 번째 유형의 페미니즘 투쟁이 없었다면, 이탈리아를 비롯한 전 세계 여러 국가에서 여성의 지위를 크게 바꿔 놓은 변화는 일어나지 않았으리란 점을 강조해야겠다. 오늘날에는 이런 성과가 당연해 보일지 몰라도 당시에는 그렇지 않았다. 물론, 후퇴를 강요당할 위험은 언제나 도사리고 있기 때문에 지금도 안심할 수는 없다. 이 두 번째 유형의 운동을 더욱 잘 설명하려면 1960년대로 되돌아가 당시의 몇 가지 중요한 측면을 되짚어 봐야 한다.

1950년대와 1960년대는 노동을 매개로 거대한 해방이 이뤄진 시기였다. 일차적으로 산업 노동이 농민, 육체 노동자, 목축업자, 어민과 같은 주체들에게 마침내 비교적 안정적인 임금을 제공했다. 이 주체들은 이제 생애 최초로 농촌 사회의 빈곤과 불확실성에서 벗어나 더 이상 해외가 아니라 본국의 도시 및 산업 중심지로 이주할 수 있다고 생각했다. 또한, 농촌과 달리 도시에서는 지나치게 엄격한 사회적 통제에서 벗어날 수 있었고, 남녀 모두 이를 열렬히 반겼다. 1960년대는 청년이 주체로 등장한 시기이기도 했다. 그러나 1960년대가 끝날 무렵에는 근대화의 숨은 비용과 후진성 역시 드러난다. 노동자는 공장의 혹독한 환경에, 청년은 대학, 가족, 사회의 권위주의와 학업 비용에 항의하여 들고 일어났다(학생 식당, 대중교통, 주택공급 관련 투쟁이 여기에 해당한다). 때는 1968년, 그리고 1969년이었다. 학생들이 곧 공장의 상황과 노동자 운동을 인식하고, 노동자 운동은 재빨리 학생 운동과 연합했는데, 이탈리아 상황이 이와 꼭 같았다.

여성들조차 자기 소득을 찾아 도시로 이주했고, 특히 자기를 도시로 데려가지 않을 남자와는 점점 더 결혼하지 않으려 했다.[1] 그런데 여성에게는 반론의 여지가 없는 '여성성이라는 특성'이 여전히 남아 있었다. 즉, 우선 가족을 위해 맡은 일을 다해야 할, 이른바 가족의 재생산을 보장해야 할 의무가 있었다. 여성이 집 밖에서 일을 알아보고 구했다 해도 마찬가지였다. 여성이 있어야 할 자리는 집 안이고, 결혼하지 않은 여성은 '부적응자'였다. 한편 이탈리아 헌법 제37조는 동일 임금을 승인하면서도 여성이 가정에서 본래 역할을 다할 수 있는, 달리 말해 가사노동을 할 수 있는 노동 환경을 제공해야 한다고 명시했다. 그렇게 대놓고 노골적으로 말하지는 않는 시대였는데도 그러했다. 1960년과 1963년에 최초로 동일 임금에 관한 법률들이 통과되었다.[2] 1960년대 남녀 청년이 새로운 주체로 떠오르고 있는 상황 속에서조차, 여성이 한 인간으로 존재하기 위한 권리는 심각하게 침해당했는데, 여성이 일차적으로 짊어지고 있는 가정의 책무 때문만이 아니라 여성의 처지와 관련된 입법 때문이기도 했음을 잊지 말아야 한다. 로라 레미디는 가정에서 자신의 지위가 다음과 같았다고 말한다.

> 굳이 고대까지 거슬러 올라가지 않고 새로운 법률 개정〔1975년〕 직전만 보더라도, 기혼 여성은 남편의 권위에 복종하고 있었다. 남편은 가장이고, 여성은 남편의 성을 따르며, 남편이 거주지를 선택하면 그곳이 어디든 동행할 수밖에 없었다. 남성은 심지어 아내를 '교정하고,' 아내의 행동을 통제하며, 아내의 결함을 내세워 처벌할 권리마저 갖고 있었다. 요컨대, 여성은 사실상 남편의 소유물로서 복종한 것이다. 여성의 권리가 상당히 제한받고, 결혼한 여성과 결혼하지 않은 여성의 지위는 법률적으로 엄청나게 차이가 났다. 심지어 전화 통화 및 서신 왕래의 자유와 비밀 유지마저 결혼한 여성에게는 종종 문제가 되었다. 이것이 헌법, 법률, 국제 조약에 따라 모든 시민에게 보장된 권리인데도 말이다. 남편은 아내의 편지를 뺏을 수 있고, 아내의 행동을 감시하려고 심지어 전화 통화를 가로챌 수도 있었다(1971년 7월 9일, 밀라노 항소 법원).

1960년대는 아직 여성의 섹슈얼리티가 '발견되지도,' 강력히 주장되지도 않던 때임을 기억하자. 여성의 섹슈얼리티는 기본적으로 남성의 섹슈얼리티를 위한 봉사이자 출산의 수단이었다. 가사노동 및 폭력 문제도 아직 '발견되지' 않았다. 가정 내 여성의 지위를 명시한 규정들도 남성의 행동보다 여성의 행동을 매우 차별적인 방식으로 통제하는 다른 법규들과 연관되어 있었다. 다른 무엇보다도 형법 제559조에 따라 징역 1년에서 2년 형에 처할 수 있는 형사상 범죄인 간통과 관련된 법률은 여성에게만 적용되었다.[3]

그뿐만 아니라 결혼을 원하지 않는 여성과 강제로 결혼하려는 이는 모두 그 여성이 결혼을 하게 만들 잔인한 방법을 알고 있었다. 남부 이탈리아의 몇몇 지역에서 이 잔인한 방식이 실제로 행해졌는데, 그것은 여성을 납치해서 강간한 후 이런 수치를 당한 여성을 원하는 남성은 없다며 여성의 가족을 찾아가 청혼하는 것이다. 이는 말 그대로 강제 결혼인데, 형법 제544조는 강제 결혼의 폭력 범죄를 지워 버림과 동시에 가족의 수치도 씻어냈다. 이 조항은 1981년 8월 5일, 법률 442호에 따라 폐지되었다. 뜨라빠니주州 알카모 출신 프랑카 비올라의 영웅적인 저항이 있고서야 폭력을 어쩔 수 없이 받아들여만 하는 상황이 끝났다. 1965년 12월 26일에 납치되어 강간을 당하고 시골 폐가에 며칠 동안 홀로 남겨진 그는 그 후 강제 결혼을 거부했다. 이 사건은 여성이 한 명의 인간이며 남편을 선택할 권리가 있음을 확인시켜 준 역사적 전환점이 되었다. 이 일은 1970년대 페미니즘의 주요 주제가 될 자기 결정권의 전진을 미리 보여 주는 사건이기도 했다.

형법 제587조는 '명예 살인'을 조장했다. 명예 살인에 대한 처벌이 미미하여 (살인은 최소 형량이 21년인데 반해, 명예 살인은 3년에서 7년 형이었다),[4] 배우자, 딸, 여자 형제의 부적절한 성관계를 알게 된 다른 배우자, 아버지, 남자 형제가 살인을 할 수 있는 면허로[5] 이 조항을 활용했다. 이 법이 양쪽 배우자 모두에게 유효했음에도, 명예 살인 범죄의 피해자가 사실상 아내였음을 주목할 필요가 있다. 형법 제587조 역시 1981년에 앞서 말한 법률 442호를 채택하면서 폐지되었다.

임신 중절은 금지되었으나(이른바 치료적 임신 중절만 허용되었다) 언제나처럼 여성들은 임신 중절을 했고, 그 과정에서 종종 사망하거나 심각한 부상을 당하곤 했다. 피임약 광고 금지가 1971년 3월 10일, 헌법 재판소 49번 판결에 따라 폐지되었다. 근친상간은 (형법 제564조에 따라) 공공연하게 추문에 휩싸이지 않

는 한 처벌할 수 없었고, 근친상간 관계가 사실로 밝혀지면 처벌이 강화되었다.[6]

이혼은 1965년 관련 심의가 시작되고, 1970년에 법률 898호가 제정되면서 법안을 국민 투표에 부친다는 조건으로 이탈리아 사법 체계에 도입되었다. 1974년에 실시된 국민 투표 결과, 페미니즘 운동이 승리했다.

여성 대상 성폭력 사건이 법원에서 여성에게 유리한 결과로 이어질 확률은 거의 혹은 전혀 없었다. 부인에게 폭력을 휘두른 남편이나 성매매 여성에게 폭력을 행사한 포주를 법정에 세울 수도 없었거니와,[7] 성매매 여성을 대상으로 한 사건 대부분은 고소도 할 수 없었다. 게다가 여성 대상 성폭력은 인간에게 가해진 범죄가 아니라, 공중도덕 및 품위에 위배되는 범죄 목록에 포함되었다.

성문화되었든 그렇지 않든 이제까지 짚어 본 규정들을 보면, 근대화의 몇몇 후진적 측면이 분명히 드러날 뿐만 아니라, 여성들이 후진적 상황을 변화시키려고 헌신했음을 알 수 있다. 1968년부터 1969년까지 노동자 및 학생 운동이 부상하면서 무수히 많은 여성이 참여했다. 대학 진학 기회, 학생 운동 혹은 당시 형성된 원외 단체에서 투쟁할 기회는 그 자체로 여성이 해방될 수 있는 기회였다. 이미 정해진 역할과 예정된 진로, 즉 아버지 집에서 남편 집으로 옮겨 가며 자신이 누구인지, 무엇을 원하는지 결정할 시간이나 장소를 한 번도 가져보지 못한 상태를 벗어날 호기였다.

무엇보다 젊은 여성들은 학생 운동이나 원외 단체 투쟁에서 자유롭고 우호적인 지대를 찾아내고, 그 지대 위에서 세상을 발견하고 해석하며, 어떻게 그 세상에 관여할지 자문했다. 이들의 상황과 이들의 어머니들의 상황은 주로 다음과 같은 지점에서 크게 달랐다. 젊은 여성들은 자기 자신을 위한 시간과 장소를 가지고 있어서 다른 사람들을 많이 만날 수 있고, 또래·동급생·투쟁 동료와 좀 더 동등하고 자유로운 관계를 누릴 수 있으며, 혼인 여부와 무관한 사회생활, 심지어 성생활까지 경험할 수 있었다. 여성의 성생활에도 큰 차이가 있었다. 이전 세대 여성들은 결혼을 하면서 성생활을 거부당했는데, 혼전 순결이라는 규범이 있었을 뿐만 아니라, 보통 첫 아이가 결혼 9개월 만에 태어나 여기에 따른 모든 책무도 함께 시작되었기 때문이다. 또 사람들을 만나보고 누구에게 '당신과 결혼하겠다'고 말할지 결정할 수 있는 기회도 거의 없었다.

　앞서 말한 운동은 맑스에 대한 풍부한 이해를 바탕으로 전개되었다. 사회 문제에 가장 민감하게 반응하던 교육자들은 『자본론』정규 강연을 진행했고, 가장 열성적인 학생들은 최소한 『자본론』1권의 8, 24, 25장 정도는 알고 있었다. 따라서 세상을 이해하려면 노동의 조직화에서부터 시작해야 한다는 것은 그들에겐 자명한 사실이었다. 또, 앞서 말했듯이 학생들은 투쟁을 하는 과정에서 공장 상황을 알게 됐다. 베네또 지역에서는 마르게라항에 있는 대규모 화학 공장이 노동자 투쟁의 거점이었고, 이곳의 투쟁은 곧 지역의 다른 투쟁과 연합했다. 학생들이 당면한 문제가 권위주의 및 학업 비용이라면, 노동자들의 문제는 독재적이고, 불공정하며, 잔인한 노동 환경이었다. 임금 인상과 노동 시간 단축이 유일한 협상 의제는 아니었다. 임금 수준이 감독관이나 조장에게 달려 있었고, 임금의 상당 부분이 작업 단위로 지급되었는데, 임금의 이런 임의적인 속성을 폐지하려고 했다. 좀 더 평등하고 민주적인 공장 환경을 만들려고도 했다. 그러기 위해서 노동자들은 다음과 같은 주요 요구 사항을 밝혔다. 모든 노동자에게 생산 수당을 월 5천 리라 인상 지급할 것, 연간 15일 휴가가 아닌, 사무직원과 마찬가지로 한 달 휴가를 지급할 것, 병가 중 급여를 60%가 아닌, 사무직원과 마찬가지로 100% 지급할 것, 작업 관련 문제를 실제로 알고 있고 실질적인 권한을 가지고 부서별 요구사항을 제시할 수 있는 대표를 부서마다 선출할 것 등이었다. 노동자들은 불법 고용을 규탄하고 맞서 싸웠으며, 자식에게 학업이나 휴가 기회를 조성하는 방식으로 노동자의 지지를 얻어서 노동자 투쟁을 분열시키려고 하는 기업 온정주의를 거절했다. 노동자들은 적절한 보호 장치 없이 발암 물질에 노출되고 접촉해야 하는 잔인한 노동 환경을 고발했다.[8] 학생들은 이런 내용을 모두 접하면서 관심을 기울였다. 학생들에게 공장 문제는 정치학 훈련 과정이나 다름없었다.

　앞서 말했듯이 전투는 곧 단일 공장의 테두리를 벗어났고, 지역 내 다른 노동자[9] 및 다른 주체들과 만나며 정치적으로 재편되었다. 투쟁의 정치적 재편은 공장 바깥, 즉 사회적 공장 안에서 마주하는 삶의 환경을 개선하려는 목적에서 일어난 일이기도 했다. 비위생적인 주택 및 비싼 임대료에 맞서는 주택 관련 투쟁, 공원을 위한 투쟁, 높은 생활비에 반대하는 투쟁, 공공요금 자동 할인 투쟁, 자발적으로 조직을 만들어 운동장을 지은 일(마르게라 항만 노동자들이 불도저로 땅을 고르게 해준 덕분에 경기장을 만들었다), 학교로 전환하려고 건물을 점거한 일 등이 있었다. 생활 환경 개선을 촉진하는 주민위원회가 만들어졌고, 그 안에서 여성이 핵심 역할을 했다. 이는 다른 때였다면 사회 센터들이 수행했을 기능이었다. 실제로 노동자 공동체, 공장 노동자, 주부가 앞서 말했듯이 이미 사회 센터의 기능을 하고 있었다.[10] 재생산을 둘러싸고 대투쟁이 시작되었다. 비록 아직까지는 그렇게 명명되지도, 또 투쟁의 주요 주체인 여성이 자신의 중심 역할과 여성 문제의 특수성을 드러내지도 않았지만, 싸움은 시작되었다.

그런데 바로 이런 '정치 활동'에 밀접하게 관여하는 가운데 여성들은 어느 시점에 이르자 자신들이 벌이고 있는 투쟁에 대해 자문했다. 정치 활동을 하면서 맺은 관계 속에서 불편한 감정을 점점 더 많이 느꼈기 때문이다. 여성으로서 겪는 문제들이 있지만 그 문제에 집중하지 못하고, 모두를 위해 싸우고 있지만 정작 자신을 위해서는 싸우지 못하는 상황을 인지하는 데서 비롯된 불편함이었다.

이탈리아에서 페미니즘 운동이 형성되고 있었다. 1960년대 후반에 충돌이 몇 번 있었는데, 프랑카 비올라의 행동이 매우 중요한 사례이다. 1970년대 초반에 몇몇 페미니즘 단체가[11] 산발적으로 생겨난 후, 정신분석학 집단과 정치적 집단이라고 부를 수 있는 두 가지 중요한 집단이 형성되어, 페미니즘 운동 속에서 형태를 갖추기 시작한다. 정신분석학 집단은 시위, 그리고 그들이 외부 마감일이라 부른 것을 별로 좋아하지 않았고, 따라서 심지어 임신 중절 권리를 위한 결집처럼 중대한 운동에도 때로는 참여하지 않는 편을 선호했다. 반면 정치적 집단은 바깥 세계로 향하는 운동의 꺼지지 않는 동력을 대변했다. 정치적 집단은 맑스를 읽고, 신좌파 단체나 학생 운동을 통해 공장 상황과 지역 사회에 개입하면서 견고해졌다. 이들은 신좌파 모임이나 학생 운동과 비슷한 투쟁 의지를 지니고 여성이 처한 상황에 대하여 정치적 활동을 하고자 했다. 그러나 널리 퍼져 있는 해방이라는 전망과 단절한다는 점에서는 정신분석학 집단과 정치적 집단이 합심했다. 두 집단 모두 평등이라는 목표에는 관심이 없었는데, 평등이 남성의 상황을 승인하는 악덕이라고 보았기 때문이다. 또, 두 집단 모두 제도권과 관련된 모든 것을 거부했다.

어쨌든 이전 세대가 힘들게, 제한적으로 쟁취한 해방이 아닌 '자유'가 새로운 깃발을 차지했다. 여성이 자신의 여정을 전진시키고, 자신의 인권, 기본적인 자유, 시민권을 주장함에 따라, 이 깃발은 계속해서 새로운 의미를 지니게 되었다. 즉 남성의 권위에서 벗어나고, 남성에게 경제적으로 의존하지 않고, 폭력을 당하지 않으며, 섹슈얼리티와 출산을 자유롭게 선택하고, 삶을 모든 면에서 스스로 결정할 것을 주장했다. '차이'는 평등 담론과 상반되는 다른 중요한 선언이었다. 차이는 여성이 처한 상황의 특수성을 의미했고, 이 차이를 밖으로 드러내서 특유의 해법을 찾아야 했다.

〈로따 페미니스따〉는 급격히 성장하고 있었다. 〈로따 페미니스따〉는 이후 가사노동 임금 운동 단체 및 위원회를 아우르는 조직이 되었으며, 첫 중앙 조직을 빠도바에 두었다. 노동자주의를 배경으로 마르게라항에서 정치 활동을 경험한 여성들이 〈로따 페미니스따〉를 구성했다. 곧 이탈리아 북부 뜨렌띠노 지역에서 시칠리아에 이르기까지, 가사노동 임금 운동 조직이 형성되었다. 1972년에는 〈국제페미니스트연합〉이 만들어져 다양한 국가에서 토론을 촉진하고 행동을 조직했다. 유럽의 경우, 가사노동 임금 운동 단체가 영국과 이탈리아뿐만 아니라 독일과 스위스에서, 또 대서양을 건너 미국과 캐나다에서도 만들어졌다. 덧붙이자면 이런 조직은 정기적으로 국제회의를 열었다.

〈로따 페미니스따〉는 자본주의적 성별 노동 분업에서 나타나는 차이를 강조하는 정치적 관점을 갖고 있었다. 남성의 상품 생산 노동에는 보수가 주어지는 반면, 여성의 노동력 생산 및 재생산 노동은 그렇지 않았다. 임금 경제에서 임금 없는 노동자가 된다는 것은 여성에게 견딜 수 없는 모순이었다. 이런 차이 때문에 남녀 사이에 위계가 만들어졌다. 주부(당시 이탈리아는 주부 비율이 특히 높았다)는 끊임없이 가족 전체를 재생산하는 노동을 수행하도록 요구되지만, 남성의 부양에 의존해야만 하고, 이 의존 상태가 삶의 모든 선택지들을 방해했다. 여성은 이런 상황을 참을 수 없었다.

이 모순을 깨부수려면 어디에서나 투쟁을 시작하여 가사노동 비용을 지불하도록 만들어야 했다. 그런데 모순을 깨는 것은 거대한 문화적 각성이기도 했다. 집 밖의 노동을 통한 해방 대신 가사노동이라는 쟁점이 페미니즘 운동 전반을 지배했다. 심지어 가사노동 임금 지급 요구를 공유하지 않는 집단에서도 마찬가지였다. 여성은 돈을 받지 않고 무한히, 자진해서 타인을 재생산하는 여성성을 점점 더 거부했다.

이런 문제 상황의 바탕에는 다음과 같은 사실이 깔려 있었다. (가정을 사용가치가 생산되는 장소, 노동력 비축 기지, 단순히 소비가 일어나는 장소로만 보는 이들과 대조적으로) 가정은 다른 무엇보다도 생산이 일어나는 장소이며, 가정에서 노동력이 매일 생산 및 재생산된다. 자본주의적 성별 노동 분업에 따라 이런 일을 무상으로 하도록 떠맡은 주체가 여성이다. 이것이 여성의 상황을 규정하며, 삶의 모든 선택지를 위태롭게 했다. 공장이 생산의 한 축이라면, 여성과 여성이 집에서 하는 노동은 생산의 다른 한 축을 구성하고, 이 축을 중심으로 이른바 사회적 공장이 돌아간다. 여성의 노동은 자본주의 축적의 드러나지 않는 측면을 구성하며, 자본에게 가장 귀중한 상품, 즉 노동력 자체를 생산한다는 점에서 자본에게 꼭 필요하다. 결과적으로 여성은 사회적 영향력을 발휘할 핵심 수단을 손에 쥐고 있었다. 여성이 생산을 거부할 수도 있었으나, 대개는 생산 거부가 갈 수 없는 길이거나 유토피아에 불과했다. 계급 개념이 확장되면서 주부가 포함되었다. 주부는 노동자주의적인 접근법에 따라 가사**노동자**라고 불렸는데, 이런 용어 사용은 사실상 사장이 하나의 임금으로 두 명의 피고용인, 즉 노동자와 그 노동자 뒤에 있는 주부를 부린다는 점을 꼬집었다.[12]

임금이 실제로 어떻게 지불 노동뿐만 아니라 엄청난 부불 노동까지 하게 만드는지 역설한 일은, 제1세계와 제3세계의 관계를 이해하는 데 핵심적인 실마리를 제공했다. 또, 현재와 같이 세계화된 경제 상황에서, 어떻게 기존 주체들과 새로운 주체들이 선진 자본주의 지역과 '개발도상국'의 농촌 및 도시 지역에서 모두 상당한 재생산 노동을 하고 있는지 분석할 수 있게 해 주었다.

좌파는 언제나 여성에게 집 밖의 노동을 통한 해방을 제안했는데, 이것은 사실상 집 안에서 하는 첫 번째 일에서 여성을 자유롭게 해 주지 못했다. 가사노동에 걸맞은 보상을 주장함과 동시에, 보다 더 적절한 서비스망 및 남녀 구분 없이 모든 이의 노동 시간 단축을 요구했다는 점에서 〈로따 페미니스따〉가 들고나온 쟁점은 참신했다. 시위 및 다른 행사를 조직하여 가사노동 임금을 요구했을 뿐만 아니라, 무엇보다 행동을 통하여 대가 없는 의무라고 여겨지는 이 노동이 가시화되도록, 이 노동 비용을 모든 직장에서 지불하도록 만들고자 했다. 가사노동 임금 지불은 우선 양육 관련 수당에서부터 시작되었다. 거의 대부분의 유럽 및 북미 국가가 어린아이가 있는 가정, 특히 어머니 혼자 아이를 키우는 가정의 가사노동에 일정한 유형의 보상을 제공했다. 미국은 어머니에게 복지 수당, 영국은 아동 수당, 프랑스는 결혼하지 않은 채 아이를 키우는 여성에게 수당을 제공했다. 이탈리아는 예외였는데, 매우 부정적인 사례라고 할 수 있다. 이탈리아는 버려진 아이들을 위한 기관에 상당한 자금을 기꺼이 제공했으나, 이 돈은 보통 정치 후원이라는 미로 속에서 흩어져 버렸고, 곤궁한 상황에 부닥친 어머니들을 직접 지원하지는 않았다.

노동자는 물론이고 적정 임금을 요구하는 학생들처럼 다른 주체들까지도 투쟁하며 임금에 압박을 가했고, 가사노동에 임금을 지급하라는 주장에 더 큰 동력을 제공했다. 가사노동이 정신적-정서적 재생산이라는 매우 폭넓고 복잡한 물질적, 비물질적 노동임이 드러나자, 임금 요구와 경제적 인정이 매우 중요해졌다. 가사노동이 경제적 측면에서 여성의 삶을 사실상 좌지우지했기 때문이다. 여성은 차별을 당할 뿐만 아니라, 가족을 위한 부담을 감당하려고 자기 자신을 차별해야 한다. 여성은 이미 지친 상태로 노동 시장에 들어서는 한 마리의 말과 같다. 다른 한편으로 가사노동 임금 지급 운동이라는 페미니즘적 행동은, 공장 문제에 개입하며 경험한 총체적인 투쟁성을 특징으로 했다. 다른 매우 중요한 요소는 여성 활동가들이 활동 자금을 모두 스스로 조달한 점인데, 에레미따니 광장 26번지에 있는 본부 임대료도 이 자금에 포함되었다. 본부는 특이한 단층 건물에 자리하고 있었는데, 이 건물은 만떼냐Andrea Mantegna의 프레스코화가 있는 오래된 교회를 바라보는 요새 같은 곳이었다. 활동가들은 건물을 점거하지 않았는데, 너무 많은 시간을 낭비하고 언제나 불안정한 상황에 놓이게 될 거라고 여겼기 때문이다. 그렇다고 시청에 요청할 생각도 하지 않았는데, 당시에는 상상도 할 수 없는 일이었다. 활동가들은 모임을 갖고 행동을 기획할 수 있는 안정적인 거처를 마련하는 데 더 관심이 있었다. 〈로따 페미니스따〉는 『레 오뻬라이 델라 까싸』(가사노동자)라는 신문을 발행하고, 투쟁에 사용할 목적으로 다수의 소책자를 만들었다. 이 외에도 핵심 쟁점을 다룬 더욱 분석적인 연구들을 내놓으며 일련의 이론을 구축했고, 이론은 시간이 지남에 따라 계속 발전했다.

가사노동 임금 주장과 관련된 실천 유형을 고려할 때, 이탈리아에서 가사노동 임금 운동 조직 및 위원회가 다른 지역보다 더 광범위하게 존재한 곳은 뜨리베네또와 에밀리아로마냐였음에 주목해야 한다. 하지만 밀라노, 바레세, 피렌체, 로마, 나뽈리, 젤라에도 매우 활동적인 가사노동 임금 주장 단체들이 있었다. 그리고 자발적으로 생겨난 후 어떤 식으로도 등록이 이뤄지지 않아 심지어 주소록에서도 찾을 수 없는 단체들도 있었다. 싼 도나 디 삐아베에 있는 단체가 그중 하나로, 여기서는 특히 『건강함의 힘』이라는 제목의, 건강을 쟁점으로 한 흥미로운 소책자를 발행했다. 언뜻 보기에 페미니즘 투쟁과[13] 개입에는 대략 네 가지 주요 영역이 있다. 노동, 섹슈얼리티, 건강, 그리고 폭력이다. 그런데 좀 더 면밀히 살펴보면 이 영역들은 모두 긴밀하게 관련되어 있다. 여성의 섹슈얼리티가 어떻게 타인을 위한 출산 및 재생산 노동의 기능으로 왜곡되었는지 생각해 보면 알 수 있다. 여성의 섹슈얼리티는 가사노동의 중심 과업을 이루고 있었고, 가사노동이 대가 없는 노동이었으므로 폭력은 그런 노동을 훈육하는 최고의 수단이었다.[14]

섹슈얼리티, 출산, 임신 중절은 매우 중요한 투쟁 영역이었다. 병원에서 벌어진 격렬한 투쟁들을 보면 잘 알 수 있다. 이 투쟁 분야를 토대로 상당한 수준의 분석 연구가 이뤄지기도 했다. 마녀사냥을 시초 축적이라는 거시적 과정에서 재해석한 연구를 생각해 보라.[15] 이런 연구는 산파들이 주요 희생자가 된 게 우연의 일치가 아니었음을 보여 준다. 산과産科 영역을 남성들이 장악하게 될 것이었기 때문이다. 국가는 실제로 노동력 재생산을 통제했는데, 그 과정에서 관련 지식을 여성에게서 빼앗았고 당시에 막 태동하고 있던 의학계에 의지했다. 초기 의학계는 그 자체가 국가와 교회의 지배를 받았다. 마녀사냥은 여성의 사회적 역할을 재정립하는 데 일조했는데, 자본주의 가정 내에서 여성은 남편의 권위에 복종하고, 성적으로 억압되고, 경제적 자율성이 없고, 무엇보다 섹슈얼리티 및 출산 관련 지식과 의사 결정권이 없는 존재가 되어야 했다. 이때부터 여성의 몸을 노동력 재생산 기계로 변형시키는 것에 대응하여, 재생산 관련 지식과 의사 결정권을 여성에게 돌려주자는 의지가 싹텄다. 여성이 자기 몸을 알아야 할 필요가 있었고, 이는 이탈리아뿐 아니라 다른 곳에서도 페미니즘 운동이 탄생할 때 나타난 특성 가운데 하나였다.

앞서 말했듯이 임신 중절은 금지되어 있었다. 여성들은 불법 임신 중절의 대가로 부상을 당하거나 종종 목숨을 잃었다. 불법 임신 중절을 하는 의사들은 공식적으로는 임신 중절에 반대했지만, 마취 없이 소파술을 시행하곤 했다. 따라서 여성은 극심한 고통을 겪지만 이 고통을 바탕으로 의사들은 막대한 부당 이익을 챙겼다. 어떤 경우에는 산파들이 뜨개질바늘과 파슬리를 사용하기도 했다. 1973년에 빠도바에서 한 여성이 임신 중절을 했다는 이유로 체포, 기소되었다. 1973년 6월 5일에 재판이 시작되었는데, 이 재판을 정치 집회로 바꾸자는 결정이 내려지자 전체 운동 세력이 참여했다. 이 사건을 시작으로 결집에 시동이 걸렸고, 그 결과 이탈리아에서 자발적 임신 중절 합법화를 가져오게 된다.

뜨리에스떼에 있는 불로가로폴로 어린이병원에서 이미 세 아이의 어머니인 한 여성이 임신 3개월째에 당시 법적으로 허용된 유일한 임신 중절 유형인 치료적 임신 중절을 거부당한 사건이 있었다. 그에게 남은 유일한 선택지는 불법 임신 중절뿐이었다. 여성들은 집결했고, 임신 중절을 실시하라고 병원을 압박했다.[16] 임신 중절을 가장 빈번하게 하는 이가 어린 여성이 아니라, 가정이 있고 이미 아이를 키우고 있으나 또 다른 아이를 키울 여력이 없는 어머니들임을 운동이 폭로했다는 게 중요하다. 수년간 투쟁과 결집이 이어진 후, 1978년에 법률 194호가 통과되었다.

출산이라는 경험도 산모가 병원에 입원하여 과도하게 환자 취급을 받으면서 완전히 변형되었다. 출산이 이렇게 변형되면서 여성은 완전히 수동적인 존재, 흔히 오만하고 때때로 가학적이기까지 한 의사의 치료(마취도 없이 봉합하거나 진통 중인 여성을 도와주지 않고 내버려 두는 등)를 받는 환자가 되었다. 페라라 소재 성 안나 병원을 상대로 한 투쟁은 지금까지도 잘 알려져 있다. 이 투쟁에서 여성들은 다른 무엇보다도 우선 서투른 처치와 특히 잘못된 겸자 사용으로 태어나면서부터 부상당하는 아기들에 대해 고발했다. 여성들이 펼친 행동은 『출산이라는 정상성의 이면 ─ 페라라 병원 투쟁』에 잘 기록되어 있다.[17]

여성들은 일반적으로 출산을 병적이지 않은 하나의 자연스러운 사건으로 되살리고, 여성에게 주인공 역을 되돌려 주기를 원했다. 여성은 남편이든 다른 누군가든 신뢰할 수 있는 사람 곁에서 출산의 순간을 경험할 수 있어야 한다. 그리하여 출산 센터에 대한 논의가 시작되고, 능동분만운동active birth movement이 인기를 끌었다. 부인과 전문의 조직 〈안드리아〉[18]는 이 문제에 초점을 맞추고 치열하게 활동하고 있다. 이 조직의 일부가 수년 후 의견을 표명했는데, 바로 여성의 몸을 대상으로 한 또 다른 의료적 학대, 즉 불필요한 자궁 절제술을 고발했다.[19] 이와 다른 다양한 유형의 행동이 각종 병원에서 일어났다. 한 가지 의미 있고 성공적인 행동은 빠도바 병원에 맞서 말리스라는 이름의 한 간호 실습생을 변호한 일이었다. 그는 자신의 직업을 남용했다는 혐의를 받았는데, 실상은 병원 위계질서 속에서 약자에게 혐의를 씌운 것이었고, 진짜 문제는 구조적 결함 그 자체였다.

병원 투쟁 외에 보건소 조사도 이뤄졌다. 운동 세력 여성들은 사실상 권위주의와 의료진의 오만을 대상으로 다양한 조사를 진행했다. 가장 폭넓게 활용된 조사 방법은 환자로 가장하여 진료소에서 이뤄지는 치료를 살펴보는 것이었다. 또 다른 대중적인 방법은 여성의 증언 수집이었다. 이런 증언을 다루는 가장 훌륭한 책자 가운데 하나가 『침묵은 이제 그만』이다.[20]

운동이 개입한 또 다른 영역은 집 밖 노동으로, 여성들은 집 밖에서 이뤄지는 재생산 노동이 가시화되도록, 또 이 노동에 비용을 지불하도록 만들고자 했다. 여성들이 활용한 투쟁 방식은 자식을 사무실에 데려가는 것부터, 집안일과 유사하면서 여성이라는 이유만으로 해야 하는 업무를 거부하는 데 이르기까지 다양했다.

1974년은 특히 중요한 해이다. 전체 페미니즘 운동이 이혼에 대한 국민 투표에서 승리하여, 이혼 제도가 이탈리아 사법 체계에서 유지될 수 있었기 때문이다. 그 해에 섹슈얼리티 및 여성의 건강과 관련해서 매우 중요한 계획이 시행되기도 했다. 자치적으로 운영하는 여성 클리닉이 최초로 문을 열고, 뒤이어 다른 클리닉도 기타 주요 도시에 생겨났다.[21] 관대하게도 무료 봉사 활동을 해주는 의사도 많았다. 그러나 무엇보다도 남성 의사와 여성 환자 사이에 존재하던 위계 없이, 여성들 간의 동등한 관계 속에서 많은 여성이 자신의 몸, 자신의 생물학적 기한 및 가능성을 알아가는 여정을 시작했다. 이는 건강한 섹슈얼리티 및 모성을 위해 꼭 필요한 일이었다. 이듬해인 1975년, 클리닉에 관한 법률 405호가 통과되었지만, 진료소는 언제나 법이 정한 것보다 규모가 작았고, 정보 및 예방적 의료 지원을 효과적으로 제공한다는 임무를 완수하기에는 역부족이었다.

1975년에는 새로운 가족법이 통과되었다. 이 법의 요점은 배우자 사이 평등이었는데, 이런 내용은 노동 시장에서 여성의 존재감과 유동성이 더욱 커진 상황과 들어맞았다. 또, 1975년은 〈유엔〉이 최초로 '유엔여성10년'을 선포하고 멕시코시티에서 회의를 조직한 해였다. 북반구 여성들 사이에서는 우선 과제를 정하면서 몇 가지 논쟁이 있었지만, 남반구 여성들은 빈곤 문제를 가장 우선했다.

폭력은 또 다른 중요한 영역으로, 폭력에 대해서는 언제나 페미니즘 운동 전체가 합심하여 단호하게 행동하고 다른 단체들과도 뜻을 모았다. 페미니즘 운동은 1976년 3월 4일부터 8일까지 브뤼셀에서 개최된 '여성 대상 범죄에 대한 국제 재판'에 집결했다. 세계 각지에서 온 여성 2천여 명이 모여 앉아 자신이 경험한 다양한 형태의 폭력을 고발했다. 이 대회의 마지막 총회에서는 이탈리아, 캐나다, 미국, 영국에서 온, 가사노동 임금 운동 조직의 활동가들이 제출한 결의안이 거의 만장일치로 채택되었다. 결의안은 다음과 같이 말한다.

임금 없는 가사노동은 폭력을 동반한 강도 행위다. 가사노동에 임금을 주지 않는 것은 범죄 행위이며, 여기서 다른 모든 범죄가 비롯된다. 부불 가사노동은 우리를 남성보다 더 나약한 성性으로 낙인찍고, 우리를 무력한 상태로 고용주, 정부 정책 기획자, 국회의원, 의사, 경찰, 감옥 및 정신 병원에 넘긴다. 그뿐만 아니라 남성들에게 평생 봉사하고 감금당하도록 한다. 우리는 전 세계의 정부가 모든 여성에게 가사노동 임금을 지급할 것을 요구한다. 우리는 국제적으로 힘을 모아, 모든 나라에서 우리가 빼앗긴 재산을 되찾고, 우리 모두에게 일상적으로 가해지는 범죄를 없앨 것이다.[22]

폭력 문제에 대해서는 몇몇 주요 재판을 계기로 피해자가 굴욕을 당하고 피의자로 취급받는 상황, 즉 모든 여성으로 하여금 자신이 당한 폭력을 고발하지 못하게 만드는 상황에 전환점이 마련되었다. 베로나에서는 강간 피해자인 16세 소녀 끄리스띠나 씨메오니에게 자행된 폭력에 대한 재판이 열렸다. 치르체오에서는 로자리아 로페즈라는 여성이 고문 후 살해당했고, 도나뗄라 꼴라싼띠라는 또 다른 여성이 죽은 척하여 살아남은 사건에 대한 재판이 열렸다. 페미니즘 운동은 재판에서 강력한 존재감을 발휘했을 뿐만 아니라, 피해자가 피의자로 둔갑하는 그릇된 논리를 거부했다. 페미니즘 운동은 새로운 법안이 통과되도록 힘을 모으기도 했는데, 새 법안은 가장 먼저 여성을 대상으로 한 성폭력을 공중도덕 및 품위에 위배되는 범죄가 아니라, 인간을 겨냥한 범죄로 제시했다. 새 법안에서는 성폭력 관련 형량이 늘어났고, 성폭력의 각종 유형이 더욱 상세화되었다. 또, 무엇보다도 페미니즘 운동은 모욕적인 심문을 재판과 무관하다고 보고 못 하게 했다. 1996년, 성폭력에 관한 새로운 법률인 66호가 통과되기까지 20여 년이 걸렸다.

한편 1979년 12월 18일, 〈유엔총회〉에서 '여성차별철폐협약'이 채택되었다. '여성차별철폐협약'은 1981년에 발효되어 이탈리아를 포함한 모든 가입국에 구속력을 발휘했다. '여성차별철폐협약 위원회'는 두 가지 일반 권고, 즉 1989년의 12호와 1992년의 19호(이행 권고)를 통해 이 협약의 적용과 이행을 감독한다. 위원회는 협약이 암묵적으로 폭력을 차별 유형에 포함했다고 거듭 말하고, 가입국들이 폭력 퇴치를 위해 필요한 모든 조치를 취하게 했다. 무엇보다 가입국들은 지시된 모든 유형의 폭력을 자국의 법률에 포함시켜야 했다(1992년 일반 권고 19호는 무력 분쟁 시의 폭력을 포함하여 열다섯 가지 유형을 열거한다). '여성차별철폐협약'에 이어 1985년, 〈유엔〉 나이로비 회의가 열렸다. 여기서는 이 세상에 존재하는 모든 형태의 폭력을 규탄했다. 뒤이어 1993년 '비엔나 유엔세계인권대회'에서 여성의 권리가 인권의 일부로 인정됨에 따라 '여성대상폭력근절선언'이 채택되었다. 1992년 일반 권고와 1993년 선언이 정의한 바에 따르면, 폭력 위협도 폭력에 포함된다.[23]

페미니즘 운동은 또 다른 매우 중요한 분야인 성매매에 관심을 가지고 헌신했다. 1970년대 중반 여러 국가에서 성매매 여성은 특히 경찰의 공격 대상이었고, 종종 아이를 빼앗기기도 했다. 미국도 마찬가지 상황이었는데, 미국에서는 성매매를 목적으로 배회하는 것을 금지하는 '로이터링 법안'이 1976년에 통과됨에 따라 성매매 여성들이 자주 경찰의 검거 대상이 되었다. 프랑스에서는 1975년 리옹에서 성매매 여성이 또 살해되었다. 이 죽음이 도화선이 되어 성매매 여성들이 힘을 모으고 운동을 벌였다. 성매매 여성들은 자기 권리를 재확인하고 이제껏 처벌한 적 없는 폭력을 더 이상 용인하지 않겠다는 뜻을 밝히며 교회를 점거하기로 결심했다.[24] 당시에는 성매매 여성을 대상으로 한 폭력이 주목할 가치가 있는 범죄 사실이 아니라 그런 삶을 선택한 이들이 당연히 겪는 위험 요소라는 사회적 인식이 강했다. 이탈리아에서는 1958년에 성매매 업소 집결지를 폐쇄하는 '멀린법'이[25] 통과되어 여성이 존엄성을 회복할 수 있었고, 국가가 나서서 여성 착취를 종식시켰다. 그렇더라도 성매매 여성의 모습은 얼굴이나 목소리도 없이 여전히 그늘에 가려져 있었다.

상원 의원인 리나 멀린은 업소형 성매매 체제를 중심으로 성매매를 감독하던 관행을 철폐하려는 계획을 추진했다. 주목해야 할 사실은, 이 과정에서 〈유엔〉의 여성 대표단이 로마를 방문해 이탈리아 국회의원들과 접촉하며 중요한 역할을 했다는 점이다. 대표단은 유럽 내에서 이탈리아와 스페인, 이 두 국가에만 그런 식의 성매매 감독 관행이 남아 있다며, 〈유엔〉 가입을 원한다면 성매매 업소 체제를 없애야 한다고 지적했다. 〈유엔〉에 가입하려면 두 국가는 1948년 '세계

인권선언'에 규정된 인권을 존중할 의무가 있었다. '세계인권선언'에 뒤이어 1949년
에는 '인신매매와 성매매 착취 금지 협약'이 만들어졌고, 가입국들이 인신매매 및
성매매 착취와 관련된 협약의 규정을 이행하도록 요구했다.[26]

　　1970년대 페미니즘 운동 내부에는 성매매를 바라보는 두 가지 입장이 있었
다. 한쪽은 성매매를 거부했고, 다른 쪽은 선택지가 제한된 상황에서 어떤 일이
제일 괜찮은지 여성 스스로 판단하고 결정할 권리를 인정해야 한다고 주장했다.
후자를 주장한 쪽에서는 도덕의 영역을 벗어나 논쟁이 이뤄지는 것과 성매매의
노동 관련 측면을 부각하는 것을 중요하게 생각했다. 이때부터 성노동자가 성매
매 여성을 가리키는 명칭이 되었고, 여성이 자유롭게 선택할 수 있는 권리가 재
확인되었으며, 성매매 여성의 인권을 강조한 투쟁이 지지를 얻었다. 1976년 6월
16일, 파리에 있는 메종 드 라 뮈뛰알리떼 극장에서 프랑스 최초로 성매매 여성
들의 회의가 열렸다. 이탈리아에서는 〈성매매여성인권위원회〉가 1982년 뽀르데
노네에서 비영리조직으로 설립되고, 그해 2월 19일부터 20일까지 같은 도시에서
'1980년대 성매매 ─ 주변적 문제인가 사회적 쟁점인가?'라는 주제로 대회가 개최
되었다. 이는 이탈리아에서 성매매 여성들이 주최한 최초의 대회였다. 위원회는
1985년 3월 16일, 뜨레비조 시립 극장에서 〈성매매 ─ 환경과 제약, 규정과 자유〉
라는 대회를 조직했다. 대서양 너머 미국에서는 성매매 여성 조직 〈퓨마〉와 〈코
요테〉가 1970년대에 이미 가사노동 임금 주장을 지지하는 입장을 밝혔다.

　　성매매 여성들이 그늘을 벗어나 밖으로 나왔다. 그들은 얼굴과 목소리를 되
찾고, 자기 문제와 생각, 요구를 공개적으로 표명했다. 1970년대는 성노동자의 권
리가 쟁점이 되고 지지를 받기 시작한 때이기도 했다.[27]

　　1970년대 이후, 성매매 문제는 그 모습이 다시 한번 변하게 된다. 1980년대에
는 전 세계적으로 구조 조정 정책이 점점 더 과격하게 적용되고 신자유주의적 세
계화가 이어지면서, 사람들이 프롤레타리아가 되어 가는 과정이 진행되었다. 이
과정과 전쟁 정책의 확산은 모두 인간의 재생산 가능성을 겨냥한 치명적인 공격
을 의미했다. 또, 자신을 위해 일정한 보수와 자율성을 확보하려는 여성의 활동
을 위협하는 공격이기도 했다. 외국에서 이주해 왔든 자국에 남았든, 점점 더 많

은 여성이 다른 생존 수단을 찾지 못한 채 자진해서 혹은 범죄 조직의 강압으로 성을 판매했다. 경쟁이 심해지자 여성들은 가격을 낮추고, 권리 문제는 제쳐 두었으며, 자신을 훨씬 덜 보호하면서 또다시 다른 이들에게 착취당했다.

그럼에도 성매매 여성들이 자기 노동을 하나의 직업으로 인정받으려고 1970년대에 시작한 전투는 몇몇 국가에서 법에 반영되었다. 스위스는 법적 성인 연령에 도달한 이가 자유의사로 행동하고 성매매에 관한 주州 및 시市 규정을 준수한다면 성매매를 합법적인 활동으로 인정하는 법률을 채택했다. 스위스는 또한 '외국인 거주지와 주소에 관한 연방법'을 개정했다. 성매매를 하면 과세와 사회 보험료 납입 대상이 되고, 세금 및 사회 보험료 납부를 통해 개인은 스위스 복지 제도를 누릴 권리를 부여받는다. 성매매를 합법적으로 주재하도록 지정된 건물 가운데 '바-호텔'bar-hotel이 있다. 이런 장소에서 성매매 여성들은 일정한 보안을 제공받고 일이 끝나면 집으로 돌아간다. 또 이 건물들은 지역 사회와 충돌하지 않도록 지정 및 관리된다. 합법적인 성매매는 다른 방식으로 이뤄지기도 한다. 여전히 불법 성매매가 광범위하게 존재하지만, 새로운 법이 시행된 이래로 많은 여성이 법의 혜택을 받으려 애쓰고 있다.

독일은 성매매 여성 수가 가장 많은 국가 가운데 하나인데, 이들 중 절반은 외국인이다. 독일도 2002년 1월 1일, 성매매를 모든 면에서 합법적인 활동으로 인정하는 법률을 채택했다. 성매매는 과세 대상이 되고, 그 대가로 독일 복지 체계의 혜택을 누릴 수 있다. 퇴직 연금, 실업 및 질병에 관한 보장, 사회 원조를 받을 수 있게 된 것이다. 독일에도 성매매 여성이 일하는 구조물이 다양한 유형으로 존재하고, 여성들은 일이 끝나면 집으로 돌아가기 때문에 직업적인 삶과 개인적인 삶을 분리할 수 있다. 베로니카 뭉크는 함부르크에서 외국인 여성 지원 단체를 이끌고 있다. 그는 성매매가 현재 합법적인 노동으로 인정되므로, 독일에 들어와 이 노동을 하길 원하는 외국인들에게 입국 비자를 허가해야 한다고 주장한다.

위에서 이야기한 내용은 의미가 크긴 해도 1970년대부터 오늘날까지 계속되어 온 성노동자 투쟁의 두 가지 사례에 불과하다. 성노동자들은 보이지 않는 존재가 되고 희생당하거나 게토화되기를 거부하는 데서 시작해, 자기 이야기를 드러내어 말하기로 결심하고, 자발적으로 힘을 모아 시민권을 지키며, 자신의 노동을 하나의 일로 인정해달라고 요구했다. 앞서 살펴본 국가들의 경우, 성매매 여성들의 요구에 대응하지 못하던 상태에서 벗어나 성매매를 합법화하는 정책을 만들었다. 이는 신자유주의적 세계화가 점점 더 많은 여성에게 빈곤과 선택지 부족을 안겨 주는 상황에서 중요한 국면이라고 할 수 있다. 신자유주의적 세계화가 심화되면서 여성은 쉽게 범죄 조직에 협박당하고, 또 범죄 조직에 의존할 수밖에 없는 상황에 놓인다. 빈곤이나 종속이라는 대가를 치르지 않고 어떻게 삶의 다른 선택지들을 탐색할지는 여성의 삶을 계속 힘들게 하는 문제로 남아 있다.

2부　누구를 위한 개발인가

—발전을 반성하다

자본주의와 재생산

오늘날 재생산 영역은 자본주의 생산 양식의 '원죄'를 전부 드러낸다. 우리는 재생산을 전 세계적인 관점에서 분석해야 하고, 이른바 '제3세계' 인구가 증가하면서 일어나는 변화뿐만 아니라, 선진 자본주의 국가에서 그 어느 때보다 심화되고 있는 사회 하층의 변화 양상에 특별히 더 주목해야 한다. 우리는 세계화된 경제 체제에서 살고 있고, 자본주의 축적은 끊임없이 가치를 증대시키려고 지불 노동과 부불 노동에서 모두 여전히 생혈을 뽑아내고 있다. 부불 노동은 무엇보다 사회 재생산 관련 노동으로 구성되는데,[1] 제3세계 국가는 물론이거니와 선진국에서도 마찬가지이다.

우리는 맑스가 "정치 경제의 목표"라고 생각했던 사회적 '빈곤' 혹은 '불행'이[2] 대체로 세계 곳곳에서 실현된 것을 보고 있다. 그러나 행복의 문제는 당분간 나중으로 미뤄두려고 하는데, 행복은 가능하지 않다는 신화를 조장하려는 건 물론 아니다. 다만 지금 맑스주의의 분석은 제쳐 놓고라도, 자본주의 발전이 어떤 식으로든 이 세계에 보편화된 안녕을 가져온다고 주장하는 게 얼마나 믿기 힘든 일인지 강조하고자 한다.

오늘날 사회 재생산은 그 어느 때보다 자본주의 축적 법칙에 시달리고 압도당하고 있다. 강제수용이 끝없이 계속되고 있다. 16세기부터 18세기까지 영국에서 생산 수단인 토지를 빼앗은 '원초적' 강제수용을 시작으로, 지금은 자급생활을 보장하는 모든 개인적, 집단적 권리를 대상으로 강제수용이 이어지고 있다. 사회는 계급, 성, 인종, 국적이라는 대립적인 위계에 따라 끊임없이 분열되고, 그 결과 자유로운 임금 노동자가 임금 없는 부자유한 노동자, 실업 노동자, 노예 상태의 노동자와 서로 적대하고 있다. 생산자로서 여성은 거듭되는 불평등과 불확실성 때문에 그 어떤 임금 노동자와 비교하더라도 훨씬 더 불안정한 운명에 놓여 있다. 그 여성이 차별받는 인종이나 국적에 해당하는 사람이라면 더 심한 차별을 당하게 된다. 부의 생산이 끝없이 양극화되어 부는 유례없이 집중되고, 빈곤은 갈수록 더 확산된다.

맑스는 『자본론』 1권에서 다음과 같이 쓴다.

> 그 법칙은 결국 상대적으로 과잉인 인구 혹은 산업 예비군과, 자본 축적 정도 및 세기가 언제나 평형을 유지하게 한다. 그리고 불카누스가 프로메테우스를 바위에 묶은 것보다도 더 단단하게 노동자를 자본에 고정시킨다. 그 법칙에 따라 자본이 축적되는 정도에 상응하여 불행이 축적된다. 그러므로 한쪽 끝에는 부가 쌓이고, 그와 동시에 반대쪽 끝, 즉 자본이라는 산물을 만들어내는 계급 쪽에는 비참함, 노동의 고통, 노예 상태, 무지, 잔인성, 도덕적 타락이 쌓인다.[3]

이런 자본 축적 과정이 19세기 산업 혁명에 압도당한 사람들에게만 일어난 일은 아니다. 자본 축적 과정은 심지어 오늘날 더 정확히 들어맞는다. 공장이든, 농장이든, 댐이든, 광산이든 혹은 아이들이 노예처럼 일하는 게 전혀 보기 드문 일이 아닌 카펫 직조 공방이든, 자본이 축적되는 과정은 마찬가지이다.

사실상 전 세계적으로 노동을 쥐어짜서 생산 및 재생산을 하는 방식으로 자본이 축적된다. 자본 축적 과정은 노동이 계층화되는 상황 속에서 일어나고, 노동 계층화는 노예제의 재정립으로 귀결된다. 오늘날 전 세계 2억 명 이상이 노예 상황에 처해 있다고 추산한다.[4] 이런 거시적인 과정과 작용이 변함없이 전 세계 인류의 재생산을 규정한다. 유럽에서는 시초 축적 기간에 정치권력에 힘입은 경제 세력들이 이 과정을 전개시켰다. 그 결과 공동체에서 개개인의 가치가 파괴되고, 개개인은 가치가 없고 고립된 개체, 말하자면 살아남으려고 노동력을 팔아야만 하는 개체로 바뀌었다.

자본 역사의 초기 단계에서 자본은 노동력의 재생산 가능성에 관심을 보이지 않았다. 수 세기 후 복지 국가가 창설되면서, 바로 그 노동력 재생산 가능성에 대한 무관심이 아주 부분적으로만(또, 오늘날에는 갈수록 더 불안정하게) 상쇄되었을 뿐이다. 게다가 주요 금융 기관인 〈국제통화기금〉과 〈세계은행〉이 선진국과 개발도상국을 가리지 않고 모두 복지 정책과 경제 정책의 경계선을 다시 그렸다.[5] 한 예로, 최근 이탈리아에 도입된 경제 후생, 사회 복지, 사회 보험 방안은 제3세계 국가 다수에 적용되고 있는 각종 '구조 조정' 계획과 정확하게 일치한다. 그 결과 세계 인구는 절멸할 운명에 점점 더 가까워지는데, 쓸모가 없거나 자본의 자기 확장 요건에 부적합하다고 여겨지기 때문이다.

15세기 말, 강제수용당한 사람들을 탄압하는 피비린내 나는 법률 때문에[6] 빈곤층은 대대적으로 교수형에 처해지고, 고문을 받고, 낙인찍히고, 감금당했다. 반면 오늘날에는 전 세계의 과잉 인구 혹은 적절히 훈련받지 못한 인구가 동유럽 및 수많은 서구 선진국에서 얼어 죽거나 굶어 죽는 방식으로 몰살한다("관은 늘어나고 요람은 줄어드는 러시아"[7]도 마찬가지다). 아프리카, 남미, 그리고 그 밖의 여러 지역에서는 굶주림과 전염병으로 사람들이 죽어 간다. 또한, 공식 선포된 전쟁, 직간접적으로 허가받은 집단 학살, 군경 진압으로도 죽임을 당한다. 절멸로 가는 또 다른 길은 개인이나 집단이 생존 가능성을 찾을 수 없어 자살을 선택하는 것이다. 1993년과 1994년의 이탈리아 언론 보도를 보면, 이탈리아에서 일어나는 수많은 자살 사건의 원인이 실업 혹은 유일한 일자리 제안이 범죄 조직 가입밖에 없다는 사실임을 알 수 있다. 이는 의미심장한 일이다. 인도의 나르마다 계곡 '부족민'은 댐 건설이 계속되어 자신들의 거주지, 곧 자기 생존 및 문화적 정체성의 근거지가 파괴된다면 기꺼이 물에 빠져 죽을 것이라고 밝혔다.[8]

절멸의 움직임이 최근 무서울 정도로 왜곡되고 있는데, 극단적인 저항 사례가 바로 자기 신체 장기를 파는 것이다. 여기서 몸은 더 이상 시장성이 사라진 노동력을 쓸데없이 저장하는 장소일 뿐이다. 이탈리아는 장기 판매를 금지하지만, 1993년부터 1994년까지 언론 보도에 등장한 사람들은 돈이나 일자리가 주어진다면 기꺼이 장기 밀매 금지법을 어기겠다고 솔직하게 이야기한다. 게다가 자본주의가 팽창하면서 제3세계에서는 사람들이 가진 것을 빼앗기고 빈곤에 빠졌기 때문에 진작부터 장기 밀매로 돈을 구하는 일이 비일비재했다. 언론 보도에 따르면, 범죄 조직들이 합법적인 판로를 완벽히 갖추고서 장기 밀매를 기반으로 번성하고 있다. 이런 범죄 조직들은 때때로 피해자(흔히 여성이나 아동)를 납치하거나 허위로 입양하여 장기를 손에 넣는다.

〈유럽의회〉는 최근에 인간 장기 밀매 문제를 조사했고,[9] 다양한 여성 네트워크도 이 문제를 부각하며 범죄에 반대한다. 여기서 우리는 자본주의가 개개인의 가치를 부정하는 데서 발전해 왔으며, 그렇게 이룬 승리를 자축하는 모습을 본다. 한 개인이 불필요한 노동력 혹은 어쨌거나 없어도 되는 노동력이라면, 그 사람의 몸은 말 그대로 조각조각 토막 난 후 생존권을 돈으로 살 수 사람들의 몸을 재건하는 데 쓰인다. 자본이 만든 범죄 혹은 비범죄 집단은 이 사람들에게 장기를 팔아 수익을 얻는다.

'시초' 축적기, 즉 영국에서 임금이 있는 자유로운 노동자가 아직 완전히 자리 잡기 전에는 노예제가 법적으로 여전히 승인되고 있었다.[10] 봉건 영주가 잔인하고 불법적인 방식으로 토지를 빼앗아 부랑자가 생겨났는데도, 부랑자들은 방랑생활이라는 범죄를 '자발적으로' 저지른 가해자 취급을 받았고, 누구든 일하기를 거부하는 사람은 법에 따라 "그를 게으름뱅이라고 고발한 사람의 노예가 되는" 형벌을 받았다.[11] 영국에서는 빈민이 노예의 처지로 떨어지는 일이 비교적 제한적으로 발생했으나, 머지않아 자본은 훨씬 더 거대한 규모의 노예제를 출범시킨다. 당시 유럽 인구에 버금가는 수의 사람들을 아프리카에서 쫓아내 대서양 연안 노예 무역을 거쳐 아메리카 대륙 및 카리브해 지역으로 데려간 것이다.

그런데 노예제가 사라지기는커녕 자본주의 체제에서 암묵적이고 드러나지 않는 상수常數 가운데 하나로 지속되고 있다. 주요 금융 기관들은 세계 대부분 지역에 빈곤을 가져다주고, 모든 가족 구성원이 채권자에게 빚을 갚으려고 노예 상태로 동원된다. 노동자는 가축 농장, 농원, 광산에서, 아이들은 카펫 직조 공방에서 노예와 다를 바 없이 일하고 있다. 여성은 납치되거나 그 밖의 강압적인 방식으로 성산업에서 일하게 된다. 그런데 이조차 몇 가지 사례에 불과하다. 1993년 6월 14일부터 25일까지 열린 '유엔세계인권대회'에 앞서 같은 해 6월 10일부터 12일까지 열린 비엔나 포럼에서, 다수의 시민 단체 역시 노예 상황의 문제를 제기했다는 사실이 의미심장하다.

시초 축적기, 즉 대대적인 강제수용이 이뤄지면서 임금이 있는 자유로운 노동자가 생겨난 시기에, 역사상 가장 거대한 집단 성(性) 학살 사례가 발생했다. 대마녀사냥, 그리고 명백히 여성을 겨냥한 다른 일련의 조치가, 노동력을 생산 및 재생산하면서도 임금이 없고 부자유한 여성 노동자를 만들어 내는 데 핵심적으로 기여했다.[12] 여성은 전자본주의 경제에서는 흔했던 생산 및 자급생활 수단을 빼앗기고, 대체로 수공예 영역에서 제외되거나, 제조업이 제공하는 새로운 일자리에도 접근하지 못했다. 이런 상황에서 여성이 살아남으려면 근본적으로 두 가지 선택지밖에 없었는데, 바로 결혼 아니면 성매매였다. 집 밖에서 일정 유형의 소득을 얻게 된 여성들조차 가계 소득이 부족해서 혹은 저임금을 보완하려고 성매매를 지속했다. 성매매가 이 시기에 처음으로 여성들이 대거 뛰어든 하나의 직업이 되었다는 사실은 흥미롭다. 제조업 시기에 프롤레타리아 여성 개개인은 근본적으로 성매매 여성으로 태어났다고 볼 수 있다.[13]

이처럼 해결할 수 없는 모순으로 가득한 여성의 상황, 즉 임금 경제 체제에서 임금 없는 노동자여야만 하는 상황 때문에[14] 당시 대규모 성매매가 등장하게 된다. 그뿐만 아니라 이런 과거의 현상이 현행 경제 정책에 따라 오늘날 더욱 방대한 규모로 되살아나, 현재 전 세계적으로 가장 번성하는 산업인 성산업의 소유주와 관리자들에게 막대한 수익을 창출해 준다. 이런 가운데 〈여성인신매매반대연합〉이 1993년 5월, 브뤼셀에서 최초로 '성착취철폐협약'을 내놓았다. 〈여성인신매매반대연합〉 여성들은 〈유엔〉이 협약을 채택하고 각국 정부가 협약을 승인하도록 힘을 모았다. 실제로 전 세계 어디나 범죄 조직이 여성의 성을 착취하는 문제가 갈수록 심해지고 있다. 이런 범죄 조직들은 진작부터 아프리카와 동유럽에서 남녀를 데려다 이탈리아에서 성매매를 시켰다. 신붓감을 상품 목록처럼 나열하여 판매하는 일이나 이국적인 여행지에서의 '섹스 관광'처럼, 성매매의 착취를 은폐하려는 속임수는 광범위하게 퍼져 널리 알려져 있다. 〈여성인신매매반대연합〉이 고발한 내용에 따르면, 각국에서는 이미 계획적으로 '섹스 관광' 유형을 국민 소득의 한 요소로 받아들인다. 개별 여성 운동가 및 비정부기구의 노력으로, 2차 세계대전 동안 정부가 직접 개입하여 여성을 군 성노예로 만든 일, 그와 관련한 정부의 책임 문제도 연구하기 시작했다.

자본주의에서 여성의 상황은 폭력을 내재한다. 말하자면 임금을 받는 자유로운 노동자의 상황이 폭력을 내재하고 있는 것과 같다. 여성의 상황은 마녀가 화형당한 장작더미 위에서 구축되고, 폭력으로 유지된다.[15] 현재 전 세계 인류의 재생산이 처한 상황 속에서, 여성은 계속 빈곤의 폭력에 시달린다. 여성은 가정에서 보수 없는 책무를 짊어져야 하고, 그 결과 외부 노동 시장에서 힘없는 계약 당사자가 되기 때문이다. 또한, 여성은 경제적 자원이 부족하기 때문에 더 심화된 폭력에 시달리며, 착취적이고 끔찍한 노동 환경을 가진 성산업 유형에 점점 더 끌려 들어간다. 자본주의 발전은 갈수록 전쟁 같은 민낯을 드러내면서 여성의 상황을 그야말로 더욱 악화시키고, 여성을 대상으로 삼은 폭력 행사 및 폭력적인 태도를 확대시킨다.[16] 한 전형적인 사례가 유고슬라비아에서 민족 강간 형태로 이루어진 전시 강간이다.

나는 시초 축적기에 자본주의 체계가 '도약하게' 만든 거시적인 사회 과정의 일부만 언급했을 뿐이다. 대등하게 중요한 다른 일련의 과정들도 있지만,[17] 지면 관계상 이 글에서 다 언급하진 못했다. 다만 강조하고 싶은 점은, 이제까지 말한 일련의 과정이 전 세계적으로 계급 관계의 토대를 끊임없이 새롭게 구축하며, 그 계급 관계가 자본주의 발전을 떠받치고 있다는 사실이다. 이를테면 노동자들이 영속적으로 계층화되는데, 계층화는 성별 노동 분업에 따라 부과되는 분리 및 대치와 함께 시작된다.

이제까지의 고찰은 하나의 핵심 논제로 이어진다. 바로 자본주의 발전은, 그것이 인간에게 끼치는 영향 때문에 언제나 지속 불가능했다는 점이다. 자본주의 발전의 지속 불가능성을 이해하려면, 예나 지금이나 자본주의 발전 때문에 죽어 가는 이들의 입장에 서 보는 수밖에 없다. 자본주의는 인류 대부분의 희생을 전제로 하여 탄생했다. 다시 말해 자본주의는 대량 절멸, 기아와 고통, 노예제, 폭력과 공포의 파생을 내포한다. 자본주의가 지속되기 위해서도 동일한 전제가 필요하다. 특히, 여성의 관점에서 자본주의 발전은 언제나 지속 불가능했다. 자본주의 발전이 여성을 지속 불가능한 모순으로 상정하기 때문이다. 여성은 임금 경제에서 임금 없는 노동자가 되어야 하고, 그 결과 자율적으로 살아갈 권리를 거부당한다. 자본주의 발전은 자급 경제를 부단히 포위하고, 약화하며, 위축시키고 있다. 자급 경제를 살펴보면, 자본주의 발전이 진행되면서 여성은 끊임없이 토지와 물을 빼앗긴다는 것을 알 수 있다. 땅과 물은 공동체 전체를 유지하는 데 필수적인 생산 및 자급생활 수단이다.

1994년 1월, 멕시코에서 치아빠스 토착민들이 봉기를 일으키자, 토지 강제수용 문제가 세계적인 관심사로 떠올랐다. 멕시코는 서방 국가들과 북미자유무역협정을 맺고 협력했는데, 멕시코의 중대한 역할 때문에 언론은 봉기를 보도하지 않을 수 없었다. 강제로 빼앗고 빈곤을 유발하면서 사악하게 부富를 만들어 내는 현실이 언론 보도에서 명백하게 드러났다. 중요한 점은 토지 강제수용이 엄청난 파장을 몰고 온 가운데, 1991년 11월 마이애미에서 '여성실천의제21'을 만드는 데 참여한 이들이, 여성에게 토지와 식량 접근을 보장해야 한다고 강력하게 호소했다는 사실이다. 그와 동시에 이번에는 녹색 혁명Green Revolution이라는 자본주의적 확장 작업이 진행되면서, 제3세계 일부 지역에서 많은 사람이 여성 태아를 대상으로 한 선택적 임신 중절 그리고 여아 살해를 행하는 사례가 이어졌다. 이를테면, 희생 양상이 집단적 성학살에서 예방적 섬멸로 변했다고 할 수 있다.[18]

생태계에 타격을 줄 수 있는 유해물들 그리고 각종 환경 재해의 징후가 나타나면서, 발전의 지속 불가능성 문제가 그 어느 때보다 화제가 되었다. 대지와 대지의 혈관을 타고 흐르는 물, 대지를 둘러싼 공기는 하나의 생태계로 인식되기 시작했다. 대지는 하나의 살아 있는 유기체이고, 인간은 유기체의 일부분이며, 우리는 생태계의 생명과 균형 상태에 의존하여 살아간다. 이런 인식은 자연을 인간의 '타자'로 보는 발상, 즉 자연이 인간의 지배를 받아야 하고, 자연의 구성 요소들은 마치 창고에서 대기 중인 잠재적 상품마냥 무단으로 사용되어 마땅하다는 발상과 상반된다.

5세기에 걸쳐 강제수용과 지배가 지속되고 나서 다시금 대지가 주목받고 있다. 과거에는 대지를 분할하고 울타리로 막아 자유로운 생산자들이 대지에 접근할 수 없었다. 지금은 대지 스스로 자신의 생식력을 박탈하고 있다. 다시 말해, 대지의 생식력은 뒤죽박죽, 이리저리 헤집어져 상품으로 만들어진다. 생물종의 유전 정보 '은행' 및 특허와 같은 극단적인 조작들은 착취와 지배의 논리를 따르는데, 이런 과정이 전 세계 인류와 환경을 무참히 황폐화하여, 향후 인간의 재생산 가능성과 양상을 두고 우려가 불거지고 있다.

환경이 파괴되면 점점 더 많은 인류가 파멸한다. 자본주의가 처음 발생했을 때 인간의 파멸이 따라왔듯이, 오늘날에도 인간이 파멸해야 발전이 영원히 계속될 수 있다. 이런 보편화된 파괴를 더 이상 지지하지 않고 '지속 가능한 발전'에 다가서려면, 다른 무엇보다도 자본주의 발전에 맞서고 있는 대도시 및 농촌 지역 투쟁들을 살펴봐야 한다. 또한, 지식을 구하는 기존의 접근법을 정교하게 다듬어, 자본주의 발전을 넘어서는 방법을 찾고 확실하게 실천해야 한다.

다양한 반자본주의 투쟁과 운동을 헤아리고 이해할 때는, 세계 곳곳에서 각양각색의 방식으로 각기 다른 맥락 속에서 저항하는 수많은 사회 집단을 포괄적으로 살펴봐야 한다. 어떤 이를 우선하느라 다른 이를 무시한다면, 분리와 대치라는 자본주의 발전의 핵심 논리를 그대로 따르는 것과 다름없다. 인류의 일부가 사라지는 것이 어쩔 수 없는 결말일 리 없다. 선진 자본주의 국가와 대도시에 살고 있는 많은 이들이 임금이 있는 일자리를 더 이상 찾지 못하지만, 생존을 보장해 주는 복지 조치는 점점 줄어들고 있다. 인간의 재생산은 이미 한계에 도달했다. 너무 많은 곳에 물을 대느라 고갈된 샘처럼, 여성의 생식력은 점점 더 메말라가고 있다. 반다나 시바가 말했듯이 물은 유한하다. 다시 말해 증식이 불가능하다.[19]

노동이 전반적으로 강화되고 노동 시간이 지나치게 확대되면서 인간의 재생산은 짓눌리고 있다. 재원이 축소되고 임금 노동이 사라지면서 합법성 여부와 관계없이 일자리를 찾아야 하는 압박에다가, 고된 재생산 노동까지 해야 하는 형편이다. 특히나 이탈리아는 생식률이 1.26명이며 인구 증가율은 0인데, 이 글에서는 지면 관계상 선진국의 극적인 출생률 감소를 초래한 복합적인 현상을 보다 더 폭넓게 기술할 수가 없다. 그러나 여성은 노동력을 재생산하는 기계 역할을 거부하고, 대신 자신과 타인을 사회적 개인으로 재생산하겠다고 주장함으로써, 저항과 투쟁에서 매우 중요한 국면을 만들어 냈다.[20] 여성은 모순적인 상황에 놓여 있다. 여성은 집 밖에서 임금 노동을 구하고 재정적으로 자립해야 하지만 남성보다 조건이 불리할 수밖에 없고, 그와 동시에 노동력 생산 및 재생산도 일차적으로 책임져야 한다. 이런 모순이 터져 나오면서 여성의 상황이 모든 면에서 지속 불가능하다는 게 드러났다. 선진국 여성은 갈수록 아이 낳기를 꺼린다. 선진국 사람들은 대체로 자신을 재생산하려는 욕구가 갈수록 줄어든다.

여성은 또한 재생산을 대대적으로 거부함으로써, 이 글에서 논의한 전반적인 문제 상황을 풀 수 있는 해답을 요구한다. 삶이란 견딜 수 없는 성적 위계질서 속에서 온통 노동하는 시간 외에는 아무것도 아니다. 그리고 인간의 재생산은 이와 같은 삶의 개념과 구조의 일부로서, 여성의 지속 불가능한 희생 위에서 구축된다. 여성은 이런 재상산을 거부함으로써, 이와는 다른 재생산이 가능한 새로운 발전 유형을 요구하고 있는 것이다. 직접적인 재정 지원 차원이든, 간접적인 사회적 지원 차원이든 '임금' 투쟁은 '발전된' 지역에만 영향을 주는 것도 아니고, 발전된 지역이 '농촌' 지역과 동떨어져 있는 것도 아니다. 생존이 전적으로 토지에만 달려 있는 상황은 거의 없기 때문이다. 임금 경제는 대부분 자급 경제의 일상적인 자원들과 뒤섞여 있고, 임금 경제와 자급 경제가 서로 얽히면서 공동체는 유지된다. 〈국제통화기금〉과 〈세계은행〉 같은 주요 금융 기관들은 정치경제적 결정을 내리면서 자급 경제 전반을 지속적으로 압박한다.[21] 따라서 오늘날, 돈과 상품과 서비스 형태로 지급되는 임금 수준과 보장 소득guaranteed income을 지켜내야만 치명적인 화를 피할 수 있다. 자본주의 사회의 부와 권력은 5세기 동안의 노동을 기반으로 축적되어 왔기 때문에, 임금 수준과 보장 소득을 지키는 일은 노동하는 인간의 권리이다. 임금 수준과 보장 소득을 지켜내는 동시에 해야 하는 일이 있다. 바로 자급생활을 하는 데 토지와 물과 숲이 필요한 사람들, 자본주의 강제 수용으로 오로지 절멸밖에 남지 않은 사람들이 토지, 물, 숲을 이용할 수 있도록 해야 한다. 인류의 또 다른 부류가 다른 발전 유형을 추구하고 요구하고 있다. 요구의 강도가 점차 커지면서 어느 누구도 자신이 절멸하거나 타인이 절멸하는 상황을 수용하지 않는 데까지 나아가고 있다.

여성의 출산 거부로 제기된 인간의 재생산 문제는, 이제 또 다른 발전 유형을 요구하는 쪽으로 바뀌어 가고 있다. 웰빙 개념의 벽을 무너뜨리면서 완전히 새로운 전망을 추구하고 있는 것이다. 우리는 이제 행복을 요구한다. 기본적인 욕구가 충족되는 발전을 만들라고 요구한다. 자본주의는 기본적인 욕구를 억압하는 데서 태어나고 자라났다. 오로지 노동이 전부인 삶을 거스르는 시간이 필요하다. 자신의 몸과 다른 이의 몸으로 이뤄진, 육체가 있는 삶과 섹슈얼리티가 필요하다. 단지 몸을 더욱 생산적으로 만드는 기능들이 아니라, 온전한 몸이 필요하다. 노동력의 단순 저장고 혹은 노동력 재생산 기계인 몸을 거스르는 온전한 몸, 그 몸으로 만들어지는 육체적 삶과 섹슈얼리티가 필요하다. 비단 다른 남녀들만이 아니라, 수많은 생명체와 함께하는 공동체성이 필요하다. 이제는 도시 밖으로 멀리 힘들게 나가야만 이런 생명체들과 마주칠 수 있다. 사회 집단 속에서, 살아 있는 전체 자연 속에서 개인의 고립에 반대하는 공동체성이 필요하다. 겨우 공영 공원과 광장 혹은 허용된 극소수의 다른 구역들이 아니라, 공공 공간이 필요하다. 인클로저와 사유화와 같이 사용할 수 있는 공간을 지속적으로 제한하는 것에 반대하는 공공 공간이 필요하다. 유희, 불확정성, 발견, 경이, 사색, 감동이 있어야 하고, 공유 공간으로서의 대지와 온전하게 관계 맺기를 꿈꿔야 한다.

방금 이야기한 내용은 물론 기본적인 욕구를 '규정하려는' 게 아니다. 다만, 지금과 같은 생산 양식은 기본적인 욕구들을 체계적으로 좌절시키며, 분명 인간의 행복에 도움이 되지 않는다는 점을 이야기하려고 한다. 나는 우리가 용기를 내서 행복이 무엇인지 질문해야 한다고 생각한다. 그러려면 발전이라는 관념을 재고해야만 한다. 그래야만 다시금 '큰 그림'을 그릴 수 있고, 행복이라는 문제

제기가 너무 무모하거나 주관적으로 비칠 우려를 떨쳐 낼 수 있다. 리고베르따 멘추는[22] 자기 공동체의 어머니들이 딸들을 어떻게 가르치는지 이야기했다. 어머니는 딸에게 애초부터 엄청나게 괴롭고 고통스러운 삶을 마주하게 될 거라고 가르친다. 멘추는 어머니들이 그렇게 하는 이유가 궁금했고, 매우 적확하며 자본주의적인 이유를 발견했다. "우리는 문제의 근원을 성찰하기 시작했고, 토지 소유가 문제의 핵심이라는 결론에 도달했다. 지주들은 가장 좋은 땅을 가졌지만, 우리는 그럴 수 없었다. 우리가 새로운 땅을 개간할 때마다, 지주들은 어떻게든 우리 땅을 빼앗거나 훔쳐 가려고 한다."[23] 멘추는 이런 상황을 바꾸려면 어떻게 해야 하는지 질문했다. 그는 인간이 불행하다는 신화를 내세우지 않았다. 그가 마야 전통과 더불어 활용한 기독교 가르침에서는 구약 성서의 유디트를 비롯하여 다양한 본보기를 제공해 주었다.

지난 20년간 여성 문제, 토착민 문제,[24] 그리고 대지 문제가 점점 더 중요하게 부상한 건 우연의 일치가 아니다. 이 문제들은 서로 연결되어 있고, 특별히 긴밀한 동반 상승효과를 일으키기 때문이다. 이 문제들을 무시하고는 다른 발전 유형으로 나아갈 수 없다. 언론 보도에 따르면, 아직 사라지지는 않았지만 간신히 모습을 감추고 있는 문명들이 여전히 많다. 숨어 있는 문명들은 자신을 말살하려는 힘에 저항했기 때문에 비밀을 간직할 수 있었다. 대지는 너무나 다양한 힘을 품고 있는데, 특히 자신을 재생산하는 힘과 자신의 일부로서 인간을 재생산하는 힘을 가지고 있다. 남성의 과학보다는 여성의 지식이, 이 힘들을 발견하고, 보존하고, 강화해 왔다. 다른 지식, 곧 여성의 지식, 토착민의 지식, 대지의 지식은 그것들이 가지고 있는 '수동성'으로 생명을 재생할 수 있다.[25] 그렇다면 이런 지식이 모습을 드러내고 목소리를 낼 방법을 찾는 게 대단히 중요하다. 자본주의 발전이 인간의 재생산에 점점 더 치명적인 포위 공격을 가하고 있는 지금, 여성과 토착민과 대지의 지식이 포위를 풀 수 있는 결정적인 세력으로 우리 앞에 모습을 드러내고 있다.

2

발전과 재생산

I. 사빠따와 노동자

단호한 시선과 약간 구부정한 어깨를 한 사빠따Emiliano Zapata의 초상들이 대도시의 노동자 시위 행렬을 수놓았다.[1] 널리 사랑받아온 사빠따의 사진은 1994년에 등장한 인상적인 언론 보도 이미지 가운데 하나로,[2] 1월에 발생한 멕시코 봉기를 유럽의 산업 노동자 및 실업자 투쟁과 실시간으로 이어 주는 가교 역할을 했다. 계속된 '원초적' 토지 강제수용에 저항하는 투쟁과, 사회권 및 사회보장 공공 시스템의 점진적 해체를 가져오는 포스트포드주의적 노동 징발에 저항하는 투쟁이, 역사적 시공간을 뛰어넘어 연결된 것이다. '원초적' 토지 강제수용은 5세기 전 영국의 인클로저와 함께 시작된 이후 계속 이어져[3] 최근에는 제3세계에서 새로운 형태의 식민지화 및 착취로 나타났고,[4] 지금은 선진 자본주의 국가에서 나타나는 현대적 형태의 강제수용 및 빈곤 구축과 이미지를 공유할 정도로 긴밀히 연결되어 있다.

5세기 전 자본주의 축적 과정이 시작되면서, 토지를 강제수용당한 인구를 대상으로 임금 없는 노동을 전제한 임금 노동 체제의 규율을 구축하고 강제할 방안이 무엇인지 묻는 질문이 제기되었다. 이 물음은 자본주의적 생산 양식을 지속시키고 발전과 저발전이 결합된 전략들을 이어 가는 데 필요하기 때문에 오늘날에도 여전히 유효하다. 공포와 폭력을 행사하여 대량 빈곤과 기근을 양산하는 것, 더불어 노예제를 대규모로 재출범시키는 것은, 자본주의 체제의 첫 단계에서 제기된 문제를 해결하기 위한 기본 방편이었다.

시초 축적에 대해 맑스는 유명한 분석을 내놓는다. 『자본론』 1권 제8편은 시초 축적이 자유로운 생산자들에게서 모든 생산 수단을 빼앗는 일임은 물론, 생존을 보장하는 데 기여하는 개인 및 집단의 자원과 권리를 빼앗는 일이라고 강조한다. 인클로저 및 인클로저에 동반된 다른 조치들, 특히 땅을 빼앗긴 자들에게 불리한 잔혹한 입법, 의회 법령에 의거한 임금 하락, 노동조합 금지에 대해서는 맑스의 분석을 참고하기 바란다. 『자본론』 1권 제3편 10장은 노동일을 주제로 하는데, 14세기 중반부터 17세기 말까지 시기를 핵심적으로 보여 주는 또 다른 측면인 노동일 강제 연장에 관한 법률을 다룬다.[5]

맑스는 토지 강제수용에 대해 다음과 같이 말한다. "18세기까지 이뤄진 진보가 보여 주는 바는, 힘 있는 농장주들이 미약하나마 독자적인 방법들을 활용하긴 했지만 이제는 법 자체가 민중의 토지를 도둑질하는 수단이 되었다는 사실이다.[6] 의회 법규에 입각한 강탈 양식이 바로 '공유지 인클로저법'인데, 다시 말하면 토지 소유주들이 민중의 토지를 자기 자신에게 사유지로 증여하거나 민중의 토지를 강제수용하는 데 이용하는 법령이다."[7] "미약하나마 독자적인 방법"에 대해서는 같은 구절의 각주에서 「황무지 인클로저가 불러온 결과에 대한 정치적 연구」라는 제목의 한 보고서를 인용하여 다음과 같이 설명한다. "농장주는 소작인이 자기 자신과 자식 외에는 어떤 동물도 키우지 못하게 했는데, 소작인이 짐승이나 가금류를 키우면 그들을 먹이느라 농장주의 곳간에서 식량을 훔칠 것이라는 게 그들의 핑계였다. 농장주는 또, 소작인이 계속해서 가난하게 살아가도록 만들어라, 그러면 그는 계속해서 열심히 일할 것이다, 따위의 이야기를 하지만, 내가 보기에 실상은 소작인을 가난하게 만들어 농장주 자신이 공유지에 관한 전권을 가지려는 것이다."[8]

임금 노동의 규율을 확립하려면 비참한 상태와 빈곤을 만들어 내야만 했다.

위 각주에서는 강제수용이 차근차근 진행되어 비참한 상태와 빈곤이 생겨나는 일련의 과정을 강렬하게 묘사하는데, 모든 생명체와 분리된 인간의 상황 역시 생생하게 그린다. 자본주의가 발전하면서 예나 지금이나 인간은 모든 생명체와 분리된 삶을 산다. 인간은 같은 인간과는 물론, 점점 더 상업화된 물건으로 취급받는 '타자,' 곧 자연과의 관계에서도 고립되어 있다.

궁핍과 고립. '대지와 자유'Tierra y Libertad라는 표어를 내건 사빠따의 포스터가 상징적으로 보여 주는 두 가지 거대한 고발, 두 가지 거대한 반란 지대가 바로 궁핍과 고립이다. 1911년, 사빠띠스따들은 토지 재전유를 핵심 사안으로 봤는데, 토지를 재전유해야만 비참한 상태에서 벗어나 공동체가 있는 삶을 다시 누릴 가능성이 열리기 때문이었다. 당시에도 토지 재전유는 수많은 가치를 품고 있었다. 토지 재전유는 곧 인간이 또 다른 삶의 감각·행위의 감각·사회적 관계와 노동의 감각을 표출할 수 있는 영토를, 그리고 다른 미래를 상상하고 구축할 수 있는 장소를 다시 획득하는 일이었다. 이런 관점에서 보면, 9년간 지속된 사빠따의 혁명 서사시는 멕시코의 공식 역사에서 지워진 위대한 기억 가운데 하나이다.

오늘날 사빠띠스따 저항이 터져 나옴으로써 토지 재전유가 여전히 실재하는 문제라는 게 드러났다. 그뿐만 아니라 남반구와 북반구를 가리지 않고 모든 지역에서, 토지 재전유 문제가 확장되면서 토지 관련 운동의 복합적인 쟁점들로 이어지고 있다는 점도 밝혀졌다. 여기서 '토지'란 자급생활의 수단만 말하는 건 아니다. 물론 토지가 자급생활 수단이라는 사실만으로도 이미 토지 재전유 운동을 할 이유는 충분하다. 자본주의 발전은 기아와 절멸만 가져다줬지만, 토지와 비자본주의적인 관계를 맺는 것에 바탕을 둔 많은 경제 체제들은 1천 년간 대다수 사람들에게 삶의 가능성을 보장해 주었기 때문이다. 하지만 자급생활의 수단 외에도 토지는 경계 없이 누릴 수 있는 공공 공간으로서의 대지, 보존되어야 할 생태계로서의 대지도 의미한다. 대지는 삶의 원천이자, 아름다움과 지속적인 발견의 원천이기 때문이다. 대지는 또한 물리적으로 실재하며, 우리는 대지라는 물리적 실체의 구성 요소이다. 우리는 특히 가상 현실을 예찬하는 남성 지식인들과는 다르게, 대지의 물리적 실체성을 재확인해야 한다.

다시 맑스로 돌아가 『자본론』 1권 제8편을 보면, 비참한 상태가 처음 생겨나고 진행되는 이유는, 토지 강제수용은 물론 토지 가격 책정 때문이다. 토지에 가격을 매기는 것은, 자본가가 되기를 염원하는 사람이 임금을 받고 일하는 노동자를 충분히 구할 수 없었던 식민지에서 실제로 활용된 해결책이었다. 식민지 정착자들은 목적지에 도착하면서 자신들이 각자 정착하여 일할 수 있는 '무상의' 토지를 발견한다. "우리는 다수의 사람에게서 토지를 빼앗는 것이 자본주의적 생산 양식의 기초를 이룬다는 점을 살펴보았다. 그런데 그와는 반대로 자유 식민지의 본질은, 토지 대부분이 여전히 공공 자산이라는 점, 따라서 모든 정착민이 토지의 일부를 자기 사유 재산 및 개인적인 생산 수단으로 바꿀 수 있다는 점, 그리고 뒤에 오는 정착민 역시 동일한 행위를 할 수 있게 허용한다는 점이다. 이런 점들이 바로 식민지 번영의 비결인 동시에, 자본 확립을 향한 저항이라는 식민지의 고질적인 악덕이 생겨나는 이유이기도 하다"[9] 정착민이 자유롭게 터를 잡은 '공공의' 땅이 실은 토착민의 것이라는 타당한 비판은 한쪽으로 제쳐두겠다. 맑스는 계속해서 다음과 같이 말한다. "그곳에서〔식민지에서〕 자본주의 체제는 생산자의 저항과 도처에서 충돌한다. 생산자는 자신의 노동 조건을 직접 결정하는 경영자로서, 자본가가 아니라 자기 자신을 부유하게 만들려고 노동자를 고용한다. 이 두 가지 정반대되는 경제 체제 사이의 충돌은 실제 전투로도 드러난다. 본국의 후원을 받는 자본가는, 독립 생산자의 노력을 바탕으로 한 생산 및 배분 양식을 무력으로 제거하려고 애쓴다"[10] 이런 맥락에서 맑스가 인용하는 경제학자 웨이크필드는 이 두 가지 생산 양식 사이의 대립을 소리 높여 말한다. "노동자의 토지를 강제수용하고, 그에 상응하여 그들의 생산 수단을 자본으로 변형시키지 않고서는, 노동의 사회적 생산성을 성장시키는 것을 비롯하여 협력, 노동 분업, 대규모 기계화 등이 불가능하다는 사실을 그는 명백히 보여 준다"[11]

웨이크필드의 식민지론은, 자본가의 요구를 충족시킬 수 있는 적절한 노동력 공급 보장 문제를 그가 '체계적인 식민지화'라고 부르는 것으로 해결하려 한다. 웨이크필드가 말하는 '체계적인 식민지화'는, 맑스가 언급하는 바와 같이 영국에서 한동안 의회 법규에 따라 시행하려고 했던 것이기도 하다. 웨이크필드의 이론에 대해 맑스는 다음과 같이 덧붙인다.[12] "사람들이 토지 전체를 공공 재산에서 사유 재산으로 한꺼번에 바꾸고자 한다면 덕분에 악의 근원은 분명 파괴될 테지만, 식민지도 역시 파괴되고 말 것이다. 여기서 묘책은 돌멩이 하나로 새 두 마리를 잡는 것이다. 정부가 미개간지에 인위적인 가격, 즉 수요공급의 법칙과는 관계없는 가격을 책정하게 하자. 다시 말해, 이민자가 토지를 매입하여 자영농이 될 수 있을 만큼 충분한 돈을 벌기 전까지 오랫동안 삯품팔이를 하게 만드는 가격을 정하게 하자. 임금 노동자는 엄두도 못 낼 정도로 높은 가격에 토지를 매각하여 생긴 돈, 수요공급이라는 불가침의 법칙을 위배한 채 노동에 주어지는 임금에서 갈취한 이 돈은, 정부의 성장, 그리고 식민지가 유럽에서 들여오는 극빈자의 수에 비례하여 결정된다. 그래야만 임금 노동 시장은 자본가의 이익에 보탬이 되도록 언제나 가득 차 있게 된다." 맑스는 또한 국가가 책정한 토지 가격이 '충분해야' 한다는 사실을 지적하면서 웨이크필드를 인용하는데, "토지 가격은, '다른 노동자들이 그 자리를 대체하기 전까지는 노동자가 독립적으로 경영 활동을 하는 토지 소유주가 되지 못하게 할 정도로' 충분히 높아야 한다"고 설명한다.[13]

미개간지의 가격 책정을 살펴본 이유는 단순히 과거의 문제를 떠올리거나, 맑스가 『자본론』에서 그 문제를 분석한 내용을 상기하려는 게 아니다. 토지에 가격을 책정하고, 그 토지를 불법적으로 갈취하거나 합법을 사칭하여 혹은 폭력을 동원하여 빼앗는 일은, 오늘날 제3세계 지역 곳곳에서 쟁점 안건이다. 자본주의가 팽창하면서 제3세계에서는 땅과 다르게 관계를 맺는 것에 바탕을 둔 경제 체제 및 사회가 무너지려 하고 있다. 아득한 옛날부터 자급생활을 보장해 온 경제 체제 유형들, 마찬가지로 임금 노동 규율과 보통 임금 노동이 시행되면서 따라오는 고립, 기아, 죽음에 저항해 온 경제 체제 유형들을 무너뜨리려는 것이다. 실비아 페데리치[14]와 조지 카펜치스[15]는 아프리카 대륙의 '발전' 정책에서 토지 가격 책정의 중요성을 강조한다. 특히, 사하라 사막 이남의 아프리카 지역 및 나이지리아 연구에서는 〈세계은행〉과 〈국제통화기금〉, 그리고 기타 투자자들의 관점에서 토지 가격 책정 조치가 중요하다고 강조하지만, 이런 조치에 주민들이 어떻게 맞서 싸웠는지도 역설한다.

분명한 사실은 오늘날 다른 많은 정책과 조치에 따라 기아와 빈곤이 발생한 다는 점이다. 제3세계 농민을 파산에 이르게 하는 농산물의 수출 가격 인하 정 책부터 전 세계적으로 이른바 부채 위기 기간에 시행된 대표 정책에 이르기까지, 매우 다양한 방법이 활용된다. 최근에 발간된 논문집[16] 그리고 〈미드나잇 노츠 컬렉티브〉[17]도 이 문제를 광범위하게 다룬다.

이 글에서는 토지 강제수용과 토지 가격 책정이라는 두 가지 주요한 작용에 초 점을 맞춘다. 비록 무시되기 일쑤지만 유럽에서 자본주의가 태동할 때 그랬던 것 처럼, 오늘날 제3세계에서 이윤을 만들어 내는 데 핵심적인 역할을 하는 게 바로 이 두 가지 작용이다. 실제로 '정보 혁명'을 바탕으로 한 자본주의 생산 양식의 현 발전 전략은 계속해서 저발전 전략을 표명하는데, 저발전 전략은 기아와 빈곤을 만들어 내 전 세계 노동 계급을 끊임없이 재수립하고 재계층화한다.

임금 노동 규율이 전 세계에서 부단히 강제되고 있다고 해서, 토지를 강제수 용당한 사람들이 전부 임금 노동자가 될 운명은 아니다. 5세기 전과 마찬가지로 오늘날에도 오직 소수의 인구만이 임금 노동자가 되어 제3세계 혹은 이주해 간 나라의 노동력 착취 업소에서 일자리를 찾는다. 이들을 제외한 다른 사람들에게 남은 거라곤 굶어 죽을 가능성뿐이다. 따라서 그들은 끈질긴 저항과 불굴의 투 쟁을 일으킨다. 밀라노에서 등장한 포스터를 다시 떠올려 보면 치아빠스 봉기가 설명된다.[18] 발전과 저발전을 한 단면으로 하는 자본주의 발전을 전체적으로 살 펴보면, 우리가 자본주의 발전의 대가를 계속 지불할 수는 없다. 왜냐하면, 자본주의 발전의 대가는 바로 죽음이기 때문이다. 다른 글에서도 주장했듯이, 인간의 관점에 서 자본주의 발전은 언제나 지속 가능하지 않았다는 사실이 가장 중요한 전제가 되어 야만 한다.[19] 자본주의 발전이 애초부터, 그리고 지금도 여전히 상정하고 있는 것 은 갈수록 더 많은 인류의 절멸과 굶주림이기 때문이다. 자본주의 발전은 계급 관계에 토대를 두는데, 임금이 있거나 없는 계급의 남녀가 투쟁하고 저항하며 구 축한 세력과 충돌해 가면서 계급 관계를 전 세계적으로 부단히 재수립해야만 한 다. 결국 자본주의 발전 본연의 지속불가능성은 더욱 커지고 더욱 치명적으로 변해 갈 뿐이다.

기아와 빈곤, 죽음을 양산하는 활동들은 토지를 지속적이고 단계적으로 강제수용하는 행위와 함께 짝을 지어 일어나고, 토지를 상품/자본으로 만드는 일은 시간이 지남에 따라 이데올로기적이고 기술적인 용어로 공공연하게 재정의되었다. 영양 부족 문제를 공식적으로 해결하거나 완화하려고 현세기에 시행된 '식량 정책'은, 언제나 토지와 맺는 관계를 '개혁하는' 것과 밀접한 관련이 있었다. 이런 식량 정책은 결과적으로 소수에게 더 나은 영양, 다수에게 영양 부족 혹은 기아를 가져다주고, 무엇보다도 세계 인구의 일부가 전반적으로 더 나은 영양 및 삶을 성취하려고 다수의 지역에서 만들어 낸 조직들을 와해시키는 방식으로 사회를 통제하는 강력한 도구가 되었다.

이런 방책들의 특징은 '사회를 개혁한다는' 것이었는데, 사회 개혁은 임금이 있는 자와 없는 자라는 두 집단 사이는 물론 각 집단 내부를 새롭게 분열시키고 서열화하는 것과 항상 관련이 있었다. 해리 클리버의 논문[20]은 그가 제공하는 분석과 정보를 전 세계적으로 적용할 수 있다는 점, 그리고 수많은 투쟁과 그런 투쟁에 대항하여 채택된 정책들을 보고한다는 점에서 지금까지도 핵심적인 참고 자료이다. 우리는 식량 위기가 근본적으로 자본주의 정치 경제의 산물이라는 가정에 전적으로 동의한다. 클리버의 글에는 1920년대와 1930년대 중국에서 〈록펠러 재단〉이 수행한 실험들이 등장하는데, 몇 가지 토지 개혁 조치와 결합된 더 나은 식량 공급 체계가 농민 소요 사태를 안정시키는 효과가 있다는 명확한 증거를 이 실험들이 어떻게 보여 주는지 살펴보는 건 흥미롭다. 1950년대에도 정치인들은 여전히 아시아 대륙의 많은 지역에서 발생한 농민 저항을 중단시키는 도구로 아시아의 쌀 정책을 이야기했다. 이후 사안은 공식적으로 인도주의적인 문제가 되었다.

한편 농업 정책을 보면, 기계적, 화학적, 생물학적 투입량을 두고 일어난 기술적 도약을 바탕으로, 1960년대에 녹색 혁명이 동구 및 서구권에서 모두 실시되었다. 녹색 혁명의 목표는 케인스식 원리를 농업에 적용하는 것, 다시 말해 생산성 증가와 결부된 임금 인상을 달성하는 것이었다. 하지만 클리버가 주장하듯이 농업 기술 혁신의 전체 역사는, 임금이 있는 자와 없는 자의 계급 권력이 해체되는 상황, 분열과 서열화가 끊임없이 새롭게 일어나는 상황, 기존의 방식과는 다르게 농업과 관계를 맺는 노동자들이 점진적으로 퇴출당하는 상황과 관련이 있었다.

페미니즘 학자들이 농업 기술을 비판적으로 분석하는 사례가 점차 증가했는데, 농업 기술이 대규모 토지 소유와 아주 밀접하게 관련되어 있었기 때문이다. 대규모 토지 소유는 곧 토지를 기반으로 간신히 생계를 유지하던 임금 없는 노동자들이 토지를 빼앗기고, 임금을 받고 일하는 농업 노동자들이 지속적인 기술 변화로 지위를 잃어 쫓겨남을 뜻했다. 이런 상황에서 반다나 시바의 연구는 중요하다. 시바는 맑스주의적 접근법을 이용하지 않은 채 남성적이고 환원주의적인 과학에 대항하는 여성적 원리라는 범주를 활용한다. 뛰어난 물리학자이기도 한 시바는 인도의 핵 프로그램을 지지하지 않았는데, '핵 체계가 생태 체계와 어떻게 반응하는지'가 비밀에 부쳐지고 있다고 느꼈기 때문이다. 시바는 그의 유명한 저서 『살아남기 – 여성, 생태, 발전』(1989)에서, 최근 수십 년간의 농업 정책으로 인도의 생물 다양성이 축소되면서 건강한 삶과 자급생활에 필요한 자원이 체계적으로, 그리고 심각하게 고갈된다고 설명한다. 다시 말해, 실험실에서 새롭게 탄생한 혼성물混成物, hybrid을 도입함으로써 의존과 빈곤을 양산하고, 댐을 건설하여 이전보다 불합리한 방식으로 물을 관리함으로써 가뭄과 인재人災, 그리고 자연재해가 일어난다고 말한다. 지난 수십 년간 일어난 사건을 중심으로 분석하는 과정에서, 땅은 물론이고 그 땅에서 살아가는 동식물과 물까지 울타리 쳐지고 강제 수용되는 상업화의 역사가 되살아난다. 시바 외에 에코페미니즘 조류에 속하는 다른 중요한 연구 가운데 가장 유명한 것만 언급하자면, 무엇보다 마리아 미즈의 저작을 들 수 있다.[21] 이와 달리, 메리 멜러의 저작[22]은 앞서 말한 연구들과 접점이 많긴 하지만 '페미니즘적인 녹색 사회주의'를 규정하는 데 더 초점을 맞추고 있다.

이처럼 페미니즘 연구는 인간과 자연의 관계, 남반구와 북반구의 관계를 중심으로 활발하게 이뤄졌다. 나는 이 연구들의 비판 지점에 상당 부분 동의하지만, 지면 관계상 이 글에서 우리 각자의 입장을 자세히 비교하긴 어렵다. 그러나 한 가지는 여기서 확실하게 짚고 넘어가야겠다. 일부 에코페미니스트들은 주로 제3세계 투쟁 및 저항 방식에 주목하는 한편 제1세계를 주된 과잉 소비 지역으로 보고 제1세계의 생산 및 소비를 축소할 필요가 있다고 주장한다. 나를 포함해 1970년대 초부터 나와 함께 연구해 온 학자들은 제3세계 투쟁만큼이나 중요한 것은 선진 자본주의 지역을 소비의 근원만이 아니라 노동의 공간으로 다루는 일이라고 생각한다. 따라서 우리는 제1세계에서 임금 있는 자와 없는 자가 벌이는 투쟁의 중요성, 이 투쟁이 다른 지역에서 발생하는 투쟁과 맺는 관계의 중요성을 힘주어 말한다. 우리는 또한 더 명확한 방식으로 소비를 분석해야 한다고 생각한다. 당연히 주부도 포함되는 노동자는 소비 수준이 실제로 높았던 적이 분명단 한 번도 없었고, 오늘날에는 급격히 떨어지고 있다. 그러나 이런 점들은 추후 발전시켜 나갈 논의에 포함될 몇 가지 정보에 불과하다.

이제 앞서 하던 이야기로 돌아가자. 시바[23]는 물과 가뭄을 다음과 같이 말한다.

> 아프리카와 마찬가지로 인도가 메말라가는 상황은 자연재해가 아니라 인간이 만들어 낸 재해다. 인도 아대륙亞大陸에서 일어난 생존 투쟁에 관한 한, 물과 물 부족 문제는 1980년대에 가장 두드러진 쟁점이었다. 가뭄과 사막화는 강, 흙, 산에서 생명의 순환을 훼손하는 환원주의적 개발 인식 및 모형의 결과물이다. 수익과 이윤 창출을 목적으로 강을 파헤치고, 삼림을 없애거나 작물을 과도하게 경작한 결과, 저수량이 줄면서 강이 말라가고 있다. 지하수 역시 환금 작물 재배를 목적으로 지나치게 개발되면서 말라가고 있다. 마을마다 생명줄인 식수 공급원을 빼앗기고 있으며, 급수 부족에 시달리는 마을의 수가 정부 기관에서 물을 '개발하려고' 실행한 '계획'의 수에 정비례한다.[24]

> 상업적인 용도로 삼림을 개발하고, 영리 위주 농업에 지하수를 과도하게 사용하며, 숲을 부적절하게 조성하는 행위가 물 부족 사태의 주요 원인으로 밝혀졌다.[25]

인도의 토착 기술에서 물 관리법을 배운 이름난 영국의 공학자들은 "인도 관개 체계의 토대를 이루는, 생태학적 감각 위에 정교하게 구축된 공학적 감각"을 언급한다고 시바는 여러 차례 지적한다. 근대적 관개 계획의 '창시자'로 인정받는 장군 아서 코튼은 1874년에 다음과 같이 썼다.

인도 각지에 토착 방식으로 만든 오래된 시설이 무수히 많다.… 이런 시설들은 뛰어난 구조물로, 대담함과 공학적 재능을 모두 보여 준다. 이 구조물들은 만든 지 수백 년이 지났다.… 처음 인도에 도착했을 때, 이렇게 오랜 세월 존재해 온 시설을 물리적으로 개선하지 않고 방치한다며 토착민들이 우리에게 대놓고 경멸조로 말하는 게 매우 인상적이었다. 토착민들은 우리가 문명화된 야만인과 비슷하다고 말했다. 말하자면, 전투 분야에서는 놀라우리만치 전문가지만, 토착민들이 건설해 놓은 시설을 모방해서 확충하기는커녕 시설 유지 보수조차 하지 않는다는 점에서 인도의 위대한 토착민들에 비해 너무도 열등하다는 것이다.[26]

동인도 회사는 1799년에 카베리 삼각주 지역을 장악했으나 강바닥 상승 정도를 측정할 능력이 없었다고 시바는 덧붙인다. 동인도 회사 직원들은 사반세기 동안 악전고투한 끝에 마침내 코튼이 토착 기술을 이용하여 그랜드애니컷을[27] 개조하는 방식으로 문제를 해결할 수 있었다. 코튼은 후에 이렇게 썼다. "우리는 바로 그들(인도 토착민)에게서 깊이를 알 수 없는 푸석한 모래 속에 단단한 토대를 세우는 법을 배웠다.… 우리 공학자들이 만들어 낸 마드라스강[28] 관개 시설은 시작부터 세계 모든 토목 공사와 비교하여 재정적으로 가장 큰 성공을 거두었는데, 이는 전적으로 우리가 그들에게서 배웠기 때문에 가능했다.… 토대를 세우면서 배운 내용을 바탕으로 우리는 다리, 둑, 수로 그리고 모든 종류의 수력 시설을 건설했다.… 따라서 우리는 토착민 공학자들에게 힘입은 바가 크다."

그런데 발전/이윤을 내세운 자본주의적 과학, 즉 시바가 '성장 장애'라고[29] 부르는 것이 맹렬하게 밀어닥치면서 토착 기술의 가르침을 눈에 띄게 압도해 버렸다. 1700년대와 1800년대 영국 공학자들은, 토착 기술과 지식을 동원해 수자원을 보존할 수 있고, 그 결과 지역 주민들이 수자원을 이용할 수 있다고 인정했다. 오늘날 자본주의적인 물 관리 사업들은 가뭄을 유발하고 주민의 생존을 허용하지 않는다. 인도 마하라슈트라주州의 한 여성은 사탕수수 같은 작물에 물을 댈 수 있도록 댐을 건설하는 일을 도와야만 하는 처지였는데, 그동안 여성들과 아이들은 목이 말라 죽어갔다. 이 여성은 댐 건설에 반대하며 노래한다.[30]

댐을 짓는 동안
내 목숨을 땅에 묻는다
동은 트는데
맷돌에 밀가루가 없다

어제의 곡식 껍질을 그러모아 오늘 식사를 차린다
해는 뜨는데
내 영혼은 진다
아기를 바구니 아래 숨기면서

그리고 눈물을 삼키면서
나는 댐을 지으러 간다

댐이 완성되었다
댐은 그들의 사탕수수밭을 먹여 살린다
사탕수수가 즙을 머금고 울창하게 자라도록
하지만 나는 숲을 가로질러 먼 길을 걸어간다
마실 물 한 방울을 찾아서
내가 마실 물 몇 모금을 풀에 뿌린다
말라빠진 이파리들이 떨어져 메마른 마당을 가득 채운다

이런 부류의 사업에 반대하여 감시하고 싸우는 정치적 네트워크들은, 물에 '울타리를 치는' 터무니없는 일에 어떻게 대응할 것인지를 의제로 삼았다. 이 네트워크들의 노력이 가까운 미래에 결실을 맺을 것이다. 1989년 12월 런던에서 〈세계은행〉이 발표한 방글라데시 수방水防 계획은, 물에 울타리를 두르는 대표적인 사례다.[31] 방글라데시 수방 계획이 환경에 영향을 미치는 정도가 낮기 때문에 이전 사업들과는 차별화된다는 주장이 있다. 하지만 이 계획이 아주 강력한 영향을 미칠 거라는 추정이 나왔고, 그에 따라 강을 운하로 만드는 〈세계은행〉의 접근법에 반대하는 국제 연합 조직이 1993년 5월 스트라스부르에서 발족했다.

인간이 당장 받을 영향만 따져보더라도, 인도 나르마다댐 건설을 위해 주민 50만 명이 퇴거해야 한다는 예상이 나오면서 '부족민' 및 그들을 지원하는 단체들이 강하게 반발했다. 〈세계은행〉이 G7을[32] 대표하여 조직한 방글라데시 홍수관리계획을 위해서는 주민 500만 명에서 800만 명이 강제 이주를 해야 하는데, 이 곳의 인구 밀도는 인도보다 10배나 높다.

델 제니오의 글은 방글라데시 홍수관리계획을 정당화하려고 거론된 이유가 한편으로는 사람을 미혹하는 가설이고 다른 한편으로는 녹색 혁명의 파괴적인 기술임을 분명하게 밝힌다. 방글라데시 홍수관리계획은 "식량 위기에 대처할 수 있는 기계화된 현대식 농업을 전파할" 필요성을 강조하면서 현대식 다수확 벼 품종의 재배를 늘리고자 한다. 그러려면 결국 대량의 물을 규칙적으로 공급해야 하고, 따라서 그렇게 할 수 있는 수방 및 관개 체계가 필요하다.

다수확 품종High Yield Variety, HYV이 지닌 결점으로 시장과 실험실 의존도 들 수 있다. 다수확 품종은 생식을 할 수 없기 때문에 시장과 실험실에 의존할 수밖에 없고, 따라서 토종 종자의 유전적 다양성은 감소한다. 이런 결점에 대해서 전 세계적으로 인식이 더욱 높아지고 있다. 다수확 품종 재배라는 농업적 진보는 영양적 요구를 만족시키기에 더 적절한 방식이라고 여겨졌지만, 농촌 노동자들이 만든 풀뿌리 단체들은 이런 생각에 점점 더 저항하고 있다. 수해 방지 측면에서 보자면 매년 정기적으로 발생하는 범람 현상 가운데 일부는 토양을 비옥하게 만드는 자양분을 가져다주며, 범람한 물이 평야를 가로질러 넓게 퍼지면서 지하수면을 가득 채워 준다. 이와는 달리 전적으로 해롭기만 한 범람은, 인간을 포함한 자연을 파괴하지 않고 목적을 달성하길 원한다면 방글라데시 홍수관리계획과는 다른 작업 방식으로 통제해야 한다. 인간과 자연이 오랫동안 협력한 결과, 고도로 정교한 수준의 생물 다양성을 확보할 수 있었음을 돌이켜 봐야 한다. 한 예로 토양과 기후에 대응하여 발달해 온 수백 가지의 재래 벼 품종 가운데서 아만 Aman이라고 불리는 아변종亞變種은, 수위가 상승하는 조건만 갖춰진다면 단 24시간 만에 15센티미터 이상 자랄 수 있다.

500만 명에서 800만 명에 이르는 주민을 강제로 이주시키는 일을 나는 상상조차 할 수 없다. 오랫동안 살던 곳을 떠나도록 하는 일이 나무 뿌리를 자르는 일과 같다면, 이 경우는 숲을 통째로 들어내는 일이나 마찬가지다. 가장 먼저, 그리고 가장 분명하게 떠오른 질문은 다음과 같다. 농민들이 어디서, 어떻게 농업 근대화(기계, 비료 등)에 필요한 자금을 구할 수 있겠는가? 그 비용은 대지주와 대기업만이 감당할 수 있다. 같은 대답이 녹색 혁명의 역사 속에서 수천 번 넘게 반복되었다. 그렇다면 다른 이들은? 마침내 일은 시작되었다. …

농민들, 그리고 국제단체에서 농민과 함께하는 많은 이들이 힘을 모아 저항과 반대 활동을 벌이고 있다. 아스완댐과 댐 건설에 따른 토양의 양분 손실, 댐건설로 촉발된 다른 모든 중대한 결과가 땅에 의지해 살아가는 모든 농민에게 무엇을 의미하는지 떠올려 봐야 한다. 누비아 지역의 범람과 그 지역 문명의 주요 유적이 매몰된 일, 그곳에 살던 이들이 땅을 버리고 떠나야 했던 일을 예로 들어 생각해 볼 수 있다. 하지만 이조차 우리가 거론할 수 있는 수많은 사례 가운데 하나일 뿐이다. 내가 1989년 이집트에 머무는 동안 홍해를 호수로 만드는 사업에 대해 논의가 진행되었다. 나는 생태 운동과 토착민 운동, 그리고 다른 이들의 운동이 성장하여 이런 일을 과거 시대의 악몽으로 떨쳐 낼 수 있기를 희망한다.

시바의 이야기로 돌아가자. 시바를 비롯한 많은 학자가 오늘날 제3세계에서 진행되는 댐 건설 및 서구식 물 관리 계획을 관찰하면서 발견한 내용이, 농업·가축 사육·수출 작물 재배를 명목으로 숲을 파괴하는 기술에도 똑같이 적용된다. 이런 기술은 생물 다양성, 생태 균형, 자급생활을 보장해 주는 생명의 순환을 파괴한다. 요컨대, 대기업에 이윤을 창출해 주면서 주민의 생존을 부정한다.

시바의 문화적, 이론적 접근법은 맑스주의와는 거리가 있다. 그런데도 자연의 일부를 끊임없이 봉쇄하는 행위의 논리 및 결과를 설명하면서, 죽음을 불러오는 과학과 문화의 실천이 자본주의 축적의 토대를 이룬다고 시바는 아무런 어려움 없이 결론 내린다. 그가 없었다면 사람들이 무시하거나 대수롭지 않게 여겼을 투쟁과 운동에 국제적인 관심을 불러일으켰다는 점 또한 시바의 공로이다. 여성들이 숲에 모여 밤새 나무를 껴안고 버텨 벌목 회사가 나무를 베지 못하게 막은 칩코 운동도 언급해야겠다.[33] 개인이나 집단이 생존하고 살아 있을 권리는 물론 스스로 미래를 결정할 수 있는 권리에 대해 세계 곳곳에서 각종 방식으로 강제수용과 공격이 이뤄지고 있다. 칩코 운동은 이 강제수용과 공격에 맞서는 다른 모든 투쟁과 동일 선상에 놓여야 한다.

시바의 연구와 실천적 활동의 중심에 칩코 운동이 있다. 칩코 운동을 일으킨 인도 '부족민'의[34] 경제 및 생활 체계는 농업·가축 사육·숲의 활용과 보존을 바탕으로 구성된다. 그중에서도 숲은 가장 핵심적이고 다양한 역할을 한다. 칩코 여성들은 숲에 "흙, 물, 깨끗한 공기"가 있다고 노래한다.[35] 숲은 영양적으로도 중요한 역할을 한다. 그 어떤 위기가 닥쳐 농작물이나 가축에 타격을 주더라도 숲이 가까이 있다면 아이들이 굶주릴 일은 절대 없을 거라고 칩코 여성들은 말한다. 그러므로 나무를 베지 못하게 막으려고 나무를 껴안는 행위는 땅을 빼앗기지 않으려고 땅을 점거하는 행위, 오로지 돈으로만 생존할 수 있는 상황에서 일자리나 임금, 보장 소득을 지키려고 싸우는 행위와 같다. 다양한 방법으로 자신을 착취하고 포위 공격하는 하나의 체계에 맞서, 노동하는 사회 다수 구성원 각자가 동시다발적으로, 또 서로 다른 방식으로 분투하는 모습을 볼 수 있다.

칩코 운동이 중요한 이유는, 현행 발전 유형에 반대하는 움직임이 전 세계적으로 증가하고 있다는 점, 발전의 대가를 치르지 않고 다른 미래로 나아가는 길을 찾고 있다는 점을 잘 알려주기 때문이다. 하지만 우리에게 더욱 소중한 건, 칩코 여성의 투쟁을 비롯한 다른 모든 운동이, 인류가 자연과 맺는 관계에 관한 아주 오래된 경험과 지식을 보존하고 지키려 한다는 점이다. 실제로 발전에 대가를 지불하길 거부한 이들의 목소리에 힘을 실어주는 '선진' 지역의 정치 논쟁 역시 반드시 생태학적 논의로 변해야 한다.

이제까지 시바의 연구를 간략하게나마 고찰한 이유는, 그의 연구가 남반구 여러 지역에서 여성들이 개진해 온 한 페미니즘 연구 학파 전체를 대표하기 때문이다. 그런 위치에서 그가 엄중하게 규탄한 또 다른 사안이 바로 생물종의 유전자 조작 문제이다. 또한 공동체 전체의 영양 자원을 함부로 조작하는 일 또한 성토의 대상이다. 최근 들어 다양한 여성 학자 및 활동가 단체가 이 문제에 매우 주목하고 있다.

생명 과학에 공학이 들어오면, 자기 자신을 재창조하는 체계로서 생명의 재생 가능성은 끝이 난다. 이제 생명은 재생이 아니라 설계되어야 한다. 새로운 상품한 판이 투입되고, 새로운 상품 한 판이 산출된다. 생명 자체가 새로운 상품이다….[36]

시장과 공장은 새로운 생명 공학이 추구하는 '진보'를 규정한다.…따라서 자연의 온전함과 다양성, 인간의 욕구가 일제히 침해당한다.[37]

이런 생명 공학적 동향과 짝을 이루는 게 생물종의 유전적 유산을 특허화하고 '은행에 맡기려는' 의지이다. 리우 회의를 준비하려고 마이애미에서 만난 여성들이 이를 규탄했으나,[38] 이 여성들에 반대하는 측 의견이 널리 공감을 얻었다. 목화를 특허화한 농산업 부문 기업들은 앞으로, 전 세계 다수 지역의 주민에게 필수 식품인 쌀과 콩도 특허화하고 싶어 한다. 토지 강제수용, 농경법 기술 혁신, 물가와 (있기라도 하다면) 임금의 비율이라는 요소가 결합하면서 이미 구하기 어려운 식량이 조작되고, 접근할 수 없고, 사유화되고, 독점되며, 특허권을 부여받아 '은행에 맡겨지는' 사례가 점점 더 늘어 가고 있다. 우리는 새로운 인클로저 현상을 보고 있다. 진입 금지(식량 있음)!

기술이 자연을 정복하는 포물선 안에서 강제수용은 절정에 달한다. 인간·

생물종·대지는 생식력을 빼앗기고, 빼앗긴 생식력은 자본화된다. 이런 생산 양식은 생명의 발생 및 생식에 투자하는 시늉을 한다. 자본주의는 얼마나 먼 길을 달려왔는가! 생명에는 관심도 없고 과도한 노동 시간을 마음대로 이용하는 데 만족하는[39] 자본주의 말이다. 혹은 삶을 모든 면에서 노동으로 바꿔버리려고 자유로우면서도 동시에 노예 상태인 노동을 착취하는 모순을 무시하면서, 한편으로는 자유 노동자들의 삶을 기진맥진하게 하고 다른 한편으로는 대중을 노예 상태로 속박하는 자본주의 말이다!

지배 구조와 형태는 점점 더 거대해지고, 치명적으로 변해 가며, 괴물 같은 형상을 띠어 간다. 여기에 맞먹을 정도로 전 세계에서 기존 발전 유형을 거부하는 엄청난 진폭의 저항과 투쟁이 다양한 모습으로 나타나고 있다. 가장 최근의 일만 떠올려 보아도, 걸프전 이후 갈수록 전쟁 같은 성격을 띠어 가는 발전이 전쟁을 단계적으로 확대하는 결과를 낳았음을 부인할 수 없다. 이 상황을 보면, 전쟁은 죽음을 불러오는 과학 및 실천에 토대를 두고 있다는 데에 어떤 의구심도 들지 않는다. 페르시아만, 구유고슬라비아, 소말리아, 르완다와 부룬디에서 발생한 전쟁은 지난 3, 4년간 언론에서 가장 많이 보도한 전쟁일 뿐이다. 단언컨대 우리는 전 세계에서 계속되고 있지만 주목받지 못하는 전쟁의 숫자를 과소평가할 생각이 전혀 없다.

최근 몇 년간 전쟁이 단계적으로 확대되었으므로 강대국들의 군비 축소란 공허한 말에 지나지 않는다. 더 정확히 말해, 점점 더 전쟁은 노동하는 사회 구성원 다수를 전 세계적으로 훈육하는 탁월한 수단이 되고 있으며, 이때 절멸, 공포, 분열, 추방, 생활 환경과 기대 수명의 저하로 훈육이 이뤄진다. 결국 인간은 직접적으로 학살당하거나, 그게 아니라면 난민촌이나 전시의 다소간 은폐된 강제 수용소에 '감금당하는' 처지에 점차적으로 놓이게 될 뿐이다.

이와 동시에 전쟁이라는 섬뜩한 실험실 안에서 갈수록 극악무도해지는 기업들의 행태를 들여다보면, 발전의 한 유형으로서 전쟁이 가진 또 다른 민낯이 그 어느 때보다도 분명하게 드러난다. 전쟁은 언제나 거대한 실험실로 인식되었지만, 죽음이 이윤을 만들어 내는 영역으로 부상한 건 자본주의적 기술이 탐욕스럽게 생명을 좇아 생명의 신비를 훔치고 자본화한 뒤부터다. 자본은 생산 및 자급생활 수단을 빼앗긴 대다수의 죽음에 '태초부터' 무관심했다면, 이제는 그 무관심이 죽음을 확인하는 일, 즉 이미 죽었거나 아무렇지 않게 죽임을 당할 목숨을 확인하는 일로 치환된다. 그래야 신기술을 실험하거나 신체 부위를 상품화하여 장기 밀매를 할 수 있기 때문이다. 전통적인 무기 시장, 우리의 '평화 경제'가 딛고 서 있는 전후 재건 및 기술 산업적 실험 외에도, 오늘날 전쟁은 무엇보다 살아 있는/죽어 가는 실험 쥐를 최대한 제공한다. 사람들은 이 실험 쥐를 대상으로 신기술을 대규모로 실험하고, 신체 및 수술법 관련 지식을 더 많이 얻어낸다. 명백히 '비선진국' 국민들이 실험 쥐 역할을 누구보다도 많이 한다. 물론 강대국 내부에서도 대개 더 취약한 사회 계층 출신 시민들이 전쟁에 파견되거나 '평시'에 알지도 못한 사이 전쟁에 이용되는 방식으로 비슷한 역할을 하게 된다는 점도 최근 드러나고 있다.

전쟁은 이윤을 거둬들일 새롭고 무시무시한 영역을 계속해서 제공한다. 아동 인신매매가 한 가지 사례이다.[40] 얼마나 많은 아동이 포르노물에 이용당했을까?[41] 또, 얼마나 많은 아동이 장기 밀매에 이용당했을까?[42] 노예 상태에 놓인 아동의 수는?[43] 전쟁 불구자의 몸으로 인신매매된 아동의 수는?[44] 성매매에 이용된 아동의 수는? 자식 없는 부부에게 입양되도록 팔려 간 아동의 수는? 성인 남녀를 대상으로 한 인신매매 역시 계속되고 있는데, 그 목적은 앞서 언급한 아동 인신매매의 목적 중 마지막을 제외하면 모두 일치한다.

지속 가능한 발전을 이야기할 때, 발전의 모습은 갈수록 이른바 **전쟁 형태**를 취하고 있으며, 전쟁 형태의 발전이 인류와 환경을 지속시킬 수 없다는 사실은 대개 언급하지 않는다는 게 너무나 기이하다.

이 글을 시작하면서 제시했던 사빠따의 형상을 담은 포스터는, 치아빠스 봉기, 그리고 그 결과 발생한 전쟁과 휴전 기간에 우리가 건네받은 것이다. 밀라노 노동자들의 깃발이 되어 거리로 나온 이 포스터는 두 가지 거대한 강제수용 과정, 즉 토지 그리고 노동의 강제수용을 표현했다. 토지와 노동을 빼앗긴 이들이 전 세계 투쟁에서 표출한 힘을 모두 모아, 이 포스터는 다음과 같은 질문을 던진다. 발전이 진행되는 가운데 임금이 있는 노동과 없는 노동은 현재 어떤 관계를 맺고 있는가? 제1세계는 물론이고 제3세계의 임금 없는 노동은 앞으로 어떻게 될까?

II. 사빠따와 여성

사빠따를 담은 포스터는 점점 더 극적인 모습을 띠어 가는 두 가지 거대한 노동 부문의 관계를 새롭게 묻는 동시에, 1970년대 초반 부상하여 여성 운동을 고무했던 페미니즘적 질문, 즉 노동력을 재생산하는 임금 없는 노동의 문제 또한 새롭게 제기한다. 이런 이야기에 누군가는 화가 날지도 모르겠으나, 터무니없는 이야기를 하는 건 결코 아니다. 여성은 실제로 임금 없는 노동자의 전형이며, 자본주의 발전 속에서 지속 불가능한 모순을 이중으로 경험한다.[45] 한편으로, 자본주의가 발전하면서 조성된 여성의 환경은, 여성이 '선진 지역'에서 임금 없는 노동자라는 전형적인 형태로 임금 경제 내 노동력 재생산을 담당한다는 점에서 지속 가능하지 않다.[46] 다른 한편으로, 임금 없는 자급 경제에서 임금 없는 노동자로서 여성이 처한 환경이 갈수록 지속되기 힘들어지고 있다. 자급 경제 안에서 자본주의적 관계들이 확장되면서 여성은 자신과 공동체를 재생산하는 과업을 이행할 수단을 점진적으로 박탈당한다. 이런 모순과 여성의 환경이 내포한 지속 불가능성은 자본주의 내부에서는 해결될 수 없는데, 그 모순과 지속 불가능성의 토대가 바로 자본주의이기 때문이다. 이제까지와는 완전히 다른 발전을 구상하고 체계화해야만 이 문제를 해결할 수 있다. 여성은 자기 삶의 환경을 둘러싸고 싸워 나가면서, 임금 없는 다른 사회 주체들의 요구를 증폭시킨다. 다시 말해, 그들이 노동함으로써 자본주의 발전이 계속 가치를 축적할 수 있는 바로 그 주체들의 기대를 키우고 넓힌다.

제3세계 농촌 지역에서 부단히 실현되고 있는 자본주의 사업들 때문에 여성은 땅을 빼앗길 뿐 아니라, 자급생활의 기본 생산 수단에 점점 더 접근할 수 없게 된다. 이 상황은 수많은 연구에서 분명히 드러난다. 여기서는 일부만 언급하겠다.[47] 연료용 목재부터 가정용수, 가축 사료에 이르기까지, 모두 점점 더 구하기 힘들어진다. 이전에는 꽤 가까이서 구할 수 있던 것을 이제는 몇 시간 혹은 며칠이 걸려야 가져올 수 있다. 인클로저, 전유, 상품화, 자본화가 이런 자원들마저 집어삼켜 버린다.

자식을 너무 많이 낳는 행위는 물론이고 자원을 획득하려고 하는 활동들 때문에 농촌 여성이 환경을 파괴한다는 비난을 받는 역설적인 상황을 페미니스트 저자들은 주목한다.[48] 사람들은 여성이 목재를 구한다며 숲을 파괴하고, 물이 필요하다며 수자원을 오염시키거나 다 써버리고, 자식을 너무 많이 낳아 지구 자원을 고갈시키고 있다고 추정하는데, 이야말로 전형적으로 피해자를 탓하는 일이다. 게다가 주요 금융 기관들은 제3세계 국가에 부채 정책을 부과함으로써 여성의 노동 환경과 생활 환경을 비롯해 공동체가 가진 전체 삶의 기반을 계속해서 약화시킨다. 토지 강제수용 및 사유화는 이런 부채 정책 가운데 하나에 불과하지만 가장 핵심적인 정책이기도 하다.[49]

직접적인 토지 강제수용이나 아무런 보상도 없이 내몰리는 농촌 공동체 퇴거가 아니더라도, '발전을 추구하는 대안'을 자처하는 자본주의적 제안은 확실하게 보장되는 자급생활을 뿌리 뽑아 그 자리를 불확실한 임금으로 대체할 뿐만 아니라, 남녀가 놓인 상황의 격차를 더욱 심화시킨다. 상업적인 목적을 띤 히말라야 숲의 벌목을 반대하는 칩코 여성들 이야기는 다시 한번 의미심장하게 다가온다.[50] 미즈 역시 칩코 여성들의 사례를 인용했다.[51] 많은 경우 그러하듯, 남성은 여성만큼 확고하게 벌목을 반대하지 않았는데, 제재소에서 일자리를 구할 수 있으리란 전망에 현혹되었기 때문이다.

하지만 여성들은 다른 무엇보다 남성들이 받게 될 돈/임금의 액수에 큰 의구심을 가지면서 임금을 받느냐 못 받느냐에 따라 계층 구조를 만들어 내는 데에 반대했다. 무엇보다도 여성들은 제재소가 자급생활의 기초인 숲을 삼켜 버리면 남녀 모두에게 어떤 상황이 펼쳐질지 의문을 제기했다. 숲을 전부 벌목해 버리면, 더 이상 잘라낼 나무가 없어 제재소가 결국 문을 닫을 것이기 때문이다. 땅과 숲을 그대로 유지할 수 있는 한, 정부나 민간 사업자가 제공하는 어떤 일자리도 필요하지 않다고 여성들은 분명히 말했다.

시바[52]의 글에는 칩코 여성의 이야기와 비슷한 이야기가 많이 등장한다. 500년이란 시간 동안 똑같은 장면이 반복되고 나서 우리는 지구상의 가장 외딴 지역 여러 곳에서 교훈을 얻었다. 우리는 발전 및 저발전의[53] 기획자들에게 삶을 맡기지 않겠다는 확고한 의지를 가지고 있다. 타인이 주민 전체를 완전한 불확실성에 빠뜨리는 일을 막아야 하기 때문이다. 발전이 지금 당장 기아를 초래하지 않는다고 할지라도 곧 닥쳐올 미래에는 그렇게 될 것이다. 따라서 발전의 기획자들에게 삶을 맡기지 않겠다는 것은, 거지나 난민촌 거주자가 되는 상황을 막겠다는 것과 같다.

자연·여성·생산·소비를 단일한 접근법으로 연결하는 에코페미니즘적 실천과 태도를 남성 학자들은 종종 '낭만주의'라고 비난한다. 그런데 가장 단순하게 질문해 보자. 이런 남성 학자들이 공동체의 생존권에 어떤 가치를 부여하고 있을까? 수많은 공동체의 자급생활과 생활 체계는 자연과 상호 작용하면서 보장된다. 반면, '발전 계획'은 대부분 언제나 공동체를 구성하는 압도적 다수의 희생을 전제로 한다. 이런 점에서 멜러[54]가 말한 바는 의미심장하다. "나는 이것이 모두 페미니스트들이 정당화해야 할 게 아니라, 근거가 없음을 남성들이 증명해야 한다고 생각한다."

지난 20년간 다양한 토착민들이 활발하게 활동하며 '권리 선언문'을 정교하게 다듬어 왔고, 그 결과 토지권, 곧 생존권/생명권이 점점 더 명료하게 모습을 드러냈다. 더욱이 정체성을 유지할 권리, 품위를 유지할 권리, 고유한 역사를 유지할 권리, 문화마다 고유한 집단적·개인적 권리의 총체를 유지할 권리, 자기 토지를 출발점으로 삼아 결국 자기 미래를 계획할 권리를 토착민들은 점점 더 강력하게 요구하고 있다. 이렇게 요구한다고 해서 기존 관습과 규칙 체계 내부의 모순점들, 무엇보다도 남녀 사이의 모순점을 피해 가려는 건 물론 아니다. 자본주의 발전이 방금 말한 문제 상황을 해결하기는커녕 대부분 악화시킨다는 점을 당장에 분명히 밝혀야 한다고 말하는 것이다. 발전을 장려하는 정치인들은 대개 방금 말한 문제들을 해결하려는 여성 운동을 억압하려고 한다. 그런데도 여성 운동은 더 활발해졌고, 새로운 네트워크의 숫자도 점점 더 증가하고 있다. 이 네트워크들은 투쟁하고 규탄하면서 여성에게 명백하게 해를 끼치는 상황을 바꾸겠다는 뜻을 확고하게 밝혔다.

치아빠스 봉기는 마야 여성들이 남성 및 사회 일반과 관련하여 자기 권리를 어떻게 규정하는지 전 세계가 주목하도록 만들었다는 점에서 앞서 말한 여성 운동의 좋은 사례이다. 공동체들 내부에서 이뤄진 노력과 풀뿌리 논쟁의 결과 권리 규약이[55] 만들어졌다. 몇몇은 경제·사회·시민 생활 차원과 관련된 권리로, 노동할 권리, 공정한 임금을 받을 권리, 교육받을 권리, 기본적인 의료 보장을 받을 권리, 자신과 아이에게 필요한 식량을 가질 권리, 자신이 원하는 만큼만 아이를 낳아 키우도록 아이 숫자를 자율적으로 결정할 권리, 결혼을 강요받지 않고 동반자를 선택할 권리, 가족 안이든 밖이든 폭력에 시달리지 않을 권리가 그것이다. 정치 차원과 관련된 권리도 있었는데, 공동체 운영에 참여할 권리, 민주적으로 선출된 경우 공직을 맡을 권리, 〈사빠띠스따 민족해방군〉에서 책임 있는 직책을 맡을 권리가 여기에 해당한다. 이 권리 규약에서는 여성이 혁명법 및 규정에서 파생된 모든 권리와 의무를 가져야만 한다고 거듭 언급한다. 우리가 아는 한, 〈사빠띠스따 민족해방군〉에서 여성은 최고위직에 제한 없이 참여한다.

나는 1992년 말부터 1993년 초까지 이어지는 겨울 내내 치아빠스에 머물렀는데, 산끄리스또발에서 여성 인권 활동가들이 게릴라 영웅을 찬양하는 포스터 옆에 무수히 많은 포스터를 붙여 놓은 것을 보고 감명받은 적이 있다. 10년 후, 이 여성들의 거대한 행동이 전과는 다른 중요성을 띤 채 전 세계 곳곳에 알려졌고, 공동체 내부의 남녀 관계에 얼마나 큰 진전이 있었는지도 사람들이 알게 되었다. 여성 권리 규약의 주요 사항이 폭력과 관련된 내용이라는 점은 의미심장하다. 이런 사실은 폭력 문제가 서구 사회에서도 중심적인 위치를 차지하는 상황과 일맥상통한다. 봉기가 일어나기 한 해 전, 치아빠스에 머무르는 동안 쌴끄리스또발에서 들은 이야기를 덧붙이고 싶다. 강간을 당할까 두려운 마야 여성들이 아이를 낳으러 더 이상 병원에 가려 하지 않는다는 이야기였다. 당연히 강간범은 토착민이 아니다.

여성이 자기 권리를 상세하게 이야기한 사례는 상상 속에만 존재하거나 있을 법하지 않은 단계, 말하자면 현 상황이 급진적으로 변하는 운동 '이후' 국면에 일어난 게 아니라 확실히 현 상황의 일부로서 나타났다. 에리트레아에서 혁명 전쟁이 일어나는 동안 그곳 여성들이 자기 권리를 상술한 것도 동일한 현상인데, 이런 현상이 반복적으로, 점점 더 많이 나타났다. 이런 현상을 보면, 이른바 전통을 준수하느라 '비선진' 사회에서는 운동이 일어나지 않는다고 상정하는 게 얼마나 근거 없는 생각인지를 알 수 있다.

토착민 여성 운동은 우리가 자연과 맺고 있는 관계가[56] 우리 모두를 위한 것이라고 이야기했다. 바로 이것이 토착민 여성 운동의 공헌 가운데 가장 중요한 지점임을 또한 강조하고 싶다. 하지만 세상을 바꾸는 방법을 모색하는 도시의 남성 지식인들은, 정도의 차이는 있지만 대체로 역사적인 설명을 늘어놓으면서 토착민 여성 운동이 중요한 공헌을 했음을 인정하지 않으려고 거세게 반발한다.

칩코 운동을 비롯해 세계 곳곳에서 무수히 많은 다른 사례들이 보여 주듯이, 점점 더 많은 여성이 앞장서서 운동을 이끌고 있다. 이 여성들의 운동은 자연과의 관계를 유지하고 회복하며 재해석하는 일과, 경제적 자급생활을 지키면서 여성 자신이 속한 공동체/문명의 정체성 및 역사 문화적 자부심을 보존하는 일을 하나로 합친다.

여성의 주된 책무가 임금 경제나 임금 없는 경제에서 개인을 재생산하는 일이라는 점, 여성이 양쪽 경제에서 모두 임금 없는 주체의 전형이라는 점, 자본주의 발전이 진행되면서 여성이 자율적으로 자급생활을 영위할 가능성이 점진적으로 약화되고 있다는 점에서, 여성은 앞으로 전 세계 임금 없는 사람들의 미래를 해석해낼 수 있는 특권을 가진 존재로 떠오르고 있다. 여성은 비평적, 이론적 기여를 하면서 다른 발전을 만들어 내고 있다. 또, 자기 의지와 이해에 반하여 발전을 당하지 않을 권리를 다시금 확인하는, 반드시 필요한 지점들을 만들어 내고 있다.

다른 한편으로는 여성 학자와 페미니스트를 비롯해 여성의 환경·발전·토착민에 관심을 가진 각양각색의 조직에서 다양한 방식으로 활동하는 여성들이 전 세계 네트워크를 만들어 앞서 말한 저항 및 투쟁 활동을 사람들에게 각인시켰고, 그 결과 이탈리아의 여성 연구자들 또한 더욱 깊이 관심을 기울였다. 이 저항 및 투쟁 활동 가운데 세계적으로 잘 알려진 몇몇을 치콜렐라가 언급한다.[57] 그 하나가 케냐 여성인 왕가리 마타이가 1977년에 일으킨 **그린벨트** 운동이다. 마타이 는 '삶을 위한 숲 가꾸기'라는 발상에서 시작하여 숲이 공공용지로 대체되어 가 고 있던 아프리카 12개국 내 도시들을 둘러싸는 그린벨트를 창안했다. 필리핀의 〈가브리엘라〉라는 단체는 자연계의 균형 상태 및 위태로운 생태계를 지키는 데에 중요한 역할을 하는 산 하나를 보호하는 활동을 시작했다. 말레이시아인 법학자 치욕링Chee Yoke Ling이 설립한 〈제3세계네트워크〉는 국민의 실질적 요구에 진정으 로 부응하는 발전 유형, 그리고 무엇보다도 산업 국가들의 원조에 좌우되지 않는 발전 유형을 목표로 삼는다. 칠레에서는 진작부터 삐노체트 독재 정권에 맞서 활 동하고 있던 알리씨아 나헬체오가 마푸체운동을 이끌었다. 오늘날 마푸체운동은 개발 사업, 발전소 건설을 위한 토지 강제수용, 열매가 기본 식량으로 이용되는 아라우카리아 나무의 상업적 벌목에 반대하여 싸우고 있다.

하지만 이들은 몇 가지 사례에 불과하다. 수많은 남녀가 더욱더 다양한 방식 을 활용하여 생존을 지키는 동시에, 앞서 말한 유형의 발전에 맞서 싸울 것이다. 전 세계 곳곳에서 많은 계획들을 고안해 내 〈세계은행〉과 〈국제통화기금〉의 정 당성에 이의를 제기하고, 그들의 지시를 중단시킬 것이다.[58] 〈세계은행〉과 〈국제 통화기금〉은 사회경제적 차원에서 오늘날 발전을 관리하는 데 핵심적인 역할을 하는 지시를 내릴 뿐만 아니라, 그렇게 함으로써 '개발도상'국을 빈곤하게 만들고 그 지위를 깎아내리는 데 중요한 역할을 한다.

그와 동시에 앞서 말한 발전 유형을 강력하게 비판하고, 활발하게 저항하고 투쟁함으로써, 관련 논의가 방대해지고 체계화된다. 이런 논의 속에서 대안이 될 다른 발전이란 무엇이어야 하는가를 두고 다양한 해석이 등장했다. 최근의 주요 견해들을 요약하자면,[59] 전부 토착[60] 사업을 정교화하는 환경 및 문화적 맥락의 중요성을 핵심으로 강조한다. 또한 발전의 궁극적인 목표를 확인하기 위해서 발 전 유형의 중요성을 역설한다. 다시 말해, 발전의 궁극적인 목표를 단순히 물리적 인 생존과 관계된 범주가 아닌 기본적인 욕구의 범주로, '개발도상'국을 통치하는 전형적인 방식인 폭력·물질적 빈곤·소외·탄압에 반하여 안전·복지·정체성·자유와 관계된 범주로 생각한다.

이처럼 다른 발전에 관한 접근법들의 중심 내용은, 지역에서 활용할 수 있는 모든 인적, 물적 자원을 동원하고, 문화적, 자연적 환경과 양립할 수 있는 기술을 이용하여 자립 상태를 유지하는 것이다. 다른 견해도 많이 열거할 수 있다. 〈다그 함마르셸드 재단〉[61]은 기본 욕구, 자립, 환경친화적 발전을 골자로 하는데, 재단 설립 이래로 논의가 상당히 발전하여 이런 접근법 외에 다른 내용도 추가되었다. '지속 가능한 발전'은 그로 할렘 브룬틀란이 의장을 맡은 유명한 〈세계환경및개발위원회〉에서 처음 등장했는데, 의구심을 가장 많이 불러일으켰다. 지속 가능한 발전은 발전과 경제 성장을 혼동한다는 점, 그리고 '모두의 미래'와 제1세계의 미래를 혼동한다는 점에서 주로 비판을 받았다.

어떤 경우든지 간에 발전과 연관된 새로운 접근법을 정의할 때 그것이 의미가 있으려면, 이제껏 발전 때문에 더 많은 대가를 지불했지만 가장 적게 얻은 남녀의 요구 사항을 완전히 이해해야만 한다. 또한, 발전을 거부할 권리를 인정할 때에만 발전에 관한 새로운 접근법을 정의하는 게 의미가 있다. 발전 거부는 세계 곳곳의 다양한 지역에서 흔하게 일어난다. 일찍이 1985년에 구스따보 에스떼바는 〈국제발전협회〉의 한 회의를 평하면서 다음과 같이 말했다. "우리나라[멕시코] 사람들은 발전이 지긋지긋하다. 그들은 단지 살고 싶을 뿐이다."[62]

위에서 설명한 관점을 견지하면서도 페미니즘적 시각을 가지고 발전에 관한 질문에 접근하려는 운동들이 기여한 바를 살펴보건대, 가장 흥미로운 접근법은 에코페미니즘이다. 에코페미니즘은 인간의 삶과 생명체의 삶 전반을 존중하는 데서 출발하기 때문이다. 에코페미니즘은 토착민 공동체 내부에서 여성이 보유한 지식과 경험을 깎아내리지 않고 중요하게 생각한다. 그렇기 때문에 또한 에코페미니즘은, 삶이 자급생활의 원천인 자연과 맺는 관계, 스스로 결정할 권리, 자본주의 발전 모형 거부를 포함하는 접근법을 새롭게 제시한다.

보다 철저하게 반자본주의적인 페미니즘은 여성을 비롯해 임금 없는 이들이 어떤 환경에 처해 있고 어떻게 투쟁해 왔는지 분석해 왔다. 나는 이런 반자본주의적 페미니즘과 에코페미니즘을 교차시킴으로써, 관점의 문제를 제기하는 동시에 흥미로운 기여를 할 수 있다고 생각한다. 이런 맥락에서 시바의 담론이 토대로 삼는 자연 개념을 간략하게나마 다시 떠올려 보고자 한다.

시바는 인도 우주론에 대한 이해를 활용한다. 인도 우주론에서 쁘라끄리띠Prakriti, 자연은, 여성적 원리, 역동적인 원초적 힘, 풍요로움의 근원인 샤끄띠Shakti가 발현된 것이고, 이 쁘라끄리띠는 뿌루샤Purusha, 남성적 원리와 결합하여 세계를 창조한다. 다른 모든 자연 존재와 마찬가지로 여성은 자신 안에 여성적 원리를 지니고 있기 때문에 생명을 만들어 내고 유지하는 능력도 갖고 있다. 시바에 따르면, 서구 과학을 대표하는 환원주의적 시각이, 삶을 꾸려가는 동안 여성적 원리를 부단히 몰아낸다. 또한 생명 주기, 즉 생명의 재생 자체를 방해하여 생명 대신 파멸을 불러온다. 자연과 여성을 환원주의적으로 바라보는 시각은, 자연과 여성을 반드시 상품 및 노동력 생산 수단으로 강등시킨다.

> 파괴를 '생산'으로, 생명의 재생을 '수동성'으로 바라보는 가부장적 구분이 생존 위기를 만들었다. 자연 및 여성의 '본성'으로 상정되는 수동성이라는 범주는, 자연과 생명의 능동성을 부정한다. 파편화와 획일성은 진보와 발전으로 상정된 채, '복잡하게 얽힌 생명 그물망' 내부의 관계들에서 발생하는 살아 있는 힘, 그리고 이 관계들을 구성하는 요소와 양식의 다양성을 파괴한다.[63]

> 생태학 그리고 생태학적 페미니즘은, 모든 생명의 근원인 쁘라끄리띠를 부활시키고, 탈중심 세력이 되어 정치경제학적 변형과 재구조화를 단행한다.[64]

> 동시대 여성들은 생태학적 투쟁이라는 새로운 시도를 펼침으로써, 끈기와 안정성이 정체가 아니라는 사실, 또 자연에서 필연적으로 일어나는 생태학적 과정이 기술적 후진성이 아니라 기술적 정교함이라는 사실을 확고히 한다.[65]

토지·물·자연의 이야기가 토착민 운동과 토착 여성들의 지식으로 우리에게 다시 돌아왔다. 토착 여성의 지식은 고대 문명들이 감춰 둔 가장 귀한 재물이며, 그들이 결코 드러낸 적 없는 비밀이다.

그런데 토지 이야기와 함께 인간의 다양성이 가진 어마어마한 잠재력도 다시 기지개를 켠다. 이 힘으로 저항하여 문명의 유산을 보존할 수 있다. 그리고 이제 이 힘으로 고유한 미래를 독자적으로 일궈 나가겠다고 힘차게 다짐한다. 땅과 관계를 맺어야 하고, 자유와 시간이 있어야 하며, 자본주의 발전 모형이 끊임없이 강요하는 노동 및 관계 양식에서 벗어나야 한다. 그런데 이것은 모든 걸 빼앗긴 서구 인류가 오랫동안 목말라했던 바이다. 치아빠스 봉기가 보여 주듯이, 토착민 운동의 목소리가 전 세계에 널리 퍼지면서 다른 삶을 기획하는 게 실제로 가능함을 많은 사람이 처음으로 인식하게 된 것이리라. 불가능한 탈출을 꿈꾸는 거라며 체념하고 밀쳐 버렸던 삶을. 삶이 온통 노동이 되어버리지 않고 자연도 울타리 쳐진 공원이 되어버리지 않는 세계, 공원이 된 자연 속에서 관계들이 팔리기 전 미리 포장되고, 미리 분류되고, 파편으로 산산이 부서지지 않는 세계를. 노동하는 사회 다수가 치아빠스 저항가들과 공명한 까닭은, 분명 토착민 운동이 천 개의 음을 두드리고 전하고 주장하고 견디면서 전부를 빼앗긴 서구인의 심금을 깊고도 비통하게 울렸기 때문이다. 천 개의 팔과 천 개의 다리가 움직였고, 천 개의 목소리가 울려 퍼졌다.

지난 20년간 아메리카 대륙 전역과 전 세계에서 토착민 운동이 성장하면서 소통과 협력의 배후지背後地가 구축되어 왔다. 관계·분석·정보가 더욱더 긴밀하고 단단하게 얽힌 채 세포 조직을 형성했고, 특히 최근에는 북미자유무역협정 반대 차원에서 동일한 현상이 일어나고 있다. 이렇게 주요한 조직체가 만들어지면서 노동하는 사회 다수 내부에 존재하는 서로 다른 집단들이 소통하고 행동할 수 있었다. 노동자·비토착민·생태 운동가·여성 단체·인권 운동가가 복합적인 지원 활동에 모여들어 세계 각지에서 도움을 제공하고 감시 활동을 한다. 앞서 말했듯이 이 모든 개인과 단체, 협회가 들고 일어난 이유는, 토착민 운동의 요구가 바로 자신의 요구임을 인식하고, 토착민 운동이 가져올 해방의 가능성 속에서 자신의 해방을 보았기 때문이다.

토착민은 열쇠를 가져다주었고, 그 열쇠가 지금 탁자 위에 놓여 있다. 그것으로 세 번째 천 년을 향하는 다른 문을 열 수 있다. 문밖은 밀물이 몰려와 콘크리트 둑을 무너뜨리고 최신 다수확 품종 쌀을 삼키고 있다. … 농민은 가지고 있는 수백 가지의 씨앗 품종을 꺼내고, 그동안 아만은 수면 위로 줄기를 뻗어 올린다.

3

우리 안의 토착민, 우리가 사는 땅

감수성 기르기

내가 1970년대 초반에 시작해서 1980년대에도 한동안 이어 간 연구들은 꽤 알려져 있고 출판물 형태로도 쉽게 구할 수 있다. 나는 당시 다른 여성들과 함께 논의를 진행해 가는 과정에서, 가사노동 임금 운동을 비롯한 재생산 노동 분석 및 임금/소득 투쟁 문제에 중점을 두고 연구를 진행했다. 오늘날에는 사회 구석 구석에 침투하여 파괴를 일삼는 방식으로 축적이 이뤄지고 있다. 자본주의 축적 의 최신 양상을 고려할 때, 내가 이제부터 강조하려고 하는 다른 일련의 쟁점과 보조를 맞추지 않은 채 오로지 임금/소득[1] 및 노동 시간 단축만을 중심으로 활 동에 매진하는 건 적절하지 않다.

사실 나는 여러 관점에서 인간의 재생산 문제가 토착민 운동이 제기하는 쟁 점, 특히 땅 문제와 뗄 수 없는 관계를 맺고 있다고 생각한다. 여성은 여전히 세계 전 지역에서 인간의 재생산을 일차적으로 책임지고 있고, 이런 상황에서는 그곳 이 선진국 가정이든 '개발도상국' 마을 공동체든 관계없이 토착민 운동이 제기하 는 관점을 무시할 수 없다.

논의를 시작하기에 앞서 1980년대에 내가 개인적으로 진행한 연구를 언급하려고 한다. 1980년대는 강력하게 투쟁을 이어 간 1970년대 페미니즘 운동을 정치적으로 탄압하고 '정상화'하는 시기였다. 1970년대에 내가 참여한 페미니즘 운동인 〈로따 페미니스따〉를 비롯해 가사노동 임금 운동 역시 탄압을 당했고, 다른 많은 경우와 마찬가지로 역사와 성과까지 말소당했다. 우리는 1970년대에 몇 가지 연구를 수행하여 출판했고,[2] 뒤이어 1980년대에도 당시의 어려운 상황을 뚫고 엄청난 노력을 기울여 또 다른 연구물들을 완성했다. 레오뽈디나 포르뚜나띠가 쓴 『재생산의 비밀』(1981), 포르뚜나띠와 실비아 페데리치가 1984년에 출간한 『위대한 깔리바노』가 여기에 해당한다.[3] 이 두 저작은 더 큰 기획의 일부로 구상되었지만, 그 기획은 미완성으로 남았다. 내가 확실히 말할 수 있는 건 이 두 저작의 보급이 적극적으로 제지당했다는 점이다.

당시 분위기는 우리에게 호의적이지 않았는데, 특히 맑스주의가 전성기를 지나 '겨울잠'에 빠져들었기 때문이었다. 나와 내 동지들이 사용한 접근법은 의심할 바 없이 맑스주의적 분석을 기초로 했기 때문에, 나는 여성이든 남성이든 대화 상대를 찾기가 힘들었다. 우리는 맑스주의적 분석을 우리가 가사노동에 접근하는 전반적인 방식에 통합하여 활용하는 데 힘을 쏟았다. 우리는 여성을 임금 없는 노동자에 포함시켜 계급 개념을 다시 만들었는데, 여성은 노동력 생산 및 재생산을 주요 업무로 한다는 점에서 임금 없는 노동자였다.

나는 내 출발점인 맑스주의 내부에서 언제나 다분히 싫증을 느끼고 의구심을 품었고, 이렇게 꾸준히 가져온 싫증과 의구심을 터놓고 표현할 수 있는 상대를 찾는 것도 마찬가지로 힘들었다. 가장 먼저, 그리고 가장 크게 화가 난 지점은 자본주의 발전을 불가피한 것으로 보는 발상이었다. 아무리 강력하게 투쟁을 해도 새로운 도약, 새로운 차원이 눈앞에 닥쳐왔고, 그건 마치 끝이 보이지 않는 터널 같았다. 기술이 새로운 차원으로 도약하면서 투쟁은 새로운 지형에서 펼쳐질 수밖에 없었다. 그 새로운 지형에서 펼쳐지는 투쟁만이 유일하게 유의미한 투쟁이며 해방으로 가는 전조였다.

그다음으로 내가 분노했던 지점은 아마도 내가 냉소주의를 잘못 이해했기 때문에 생겨난 것 같다. 나는 냉소적인 시각이 새로운 차원의 발전을 기대하고 환영한다는 인상을 받았다. 새로운 차원의 발전 뒤에는 대학살이 따라왔고 그에 대한 연구는 거의 이뤄지지 않았지만, 이런 사실과는 별개로 새로운 차원의 발전은 뒤이어 등장할 투쟁을 생각하면 해방의 새로운 가능성을 내포하고 있어야만 했다. 그러므로 새로운 차원의 발전은 우리에게 해를 끼쳤지만 득이 되기도 한 셈이다.

기본적으로 선진국을 대상으로 논의가 이뤄지고, 제3세계 투쟁은 거의 주목받지 못했다. 어쨌든 제3세계를 지원하는 최선의 방법은 선진국에서 강력하게 싸우는 것이라는 가정이 있었기 때문이다. 하지만 보이는 것처럼 선진국과 제3세계가 저절로 연결되진 않는다. 선진국과 제3세계는 몇 가지 단계를 더 거치며 연결되는데, 나는 이 단계를 분명히 보여 주고자 한다. 현행 발전 및 축적을 제대로 논의하려면 제3세계에서 어떤 투쟁이 일어나고 있는지, 그 투쟁의 대상이 무엇인지 알아야만 한다. 또한, 제3세계 투쟁이 가장 '선진화된' 지역에서 일어나는 새로운 기술 도약은 물론 전 세계적인 차원의 노동 재계층화와 어떤 관계를 맺고 있는지 알아야 한다. 제3세계에서 투쟁을 벌이는 사람들이 나아가려는 방향도 가능한 한 상세하게 알아야 한다.

자본주의 발전이 불가피하다고 보는 발상에 나는 뼛속까지 오싹해졌고, 내 상상력은 얼어 붙어버렸다. 그 유명한 발전의 최종 단계에 이르러 해방될 때 실제로 몇 명이나 살아남아 있을까 궁금했다. 왜냐하면, 점점 더 많은 인류가 학살을 당해 죽을 운명에 놓여 있기 때문이다. 대다수가 죽고 없을 때 살아남은 몇 안 되는 사람의 해방이 무슨 의미를 가질까 궁금했다. 풀잎은 찾아볼 수도 없고, 실험실에서 태어난 괴물이 주민인 세상에서 해방이 무슨 의미가 있을까 역시 궁금했다. 내가 던진 질문이 새롭지 않다는 걸 알고 있었는데도, 나무좀이 나무를 갉아 먹듯 그 물음들이 나를 잠식해 들어갔다.

논의의 초점은 노동과 자본이었다. 노동과 자본이 전체를 아우르는 듯해 보이는 상황에서, 나는 자연을 언급하지 않고 넘어갔다. 내가 여기서 말하는 자연은 식물, 바다, 강, 동물 그 이상은 아니다. 나는 자연 속에서 나의 감각·상상·삶을 재발견했지만 내 논의에서 자연은 아무런 자리도 차지하지 못했다. 그런 점에서 나는 정신 분열 비슷한 상태를 경험했다. 나는 자연이 내게 준 삶을 내가 참여한 정치적 담론으로 옮기지 못하고, 개인적으로 사사롭게 의견 낼 때를 제외하고는 자연이 타자의 삶을 가능하게 하는 원천이라고 말하지 못했다. 여성으로서 우리는 우리의 노동을 수면 위로 드러냈지만 블랙홀은 남아 있었다. 그것은 바로 여전히 수면 아래 가라앉아 있는 자연의 역할이었다.

이 문제를 이론적으로 논의하는 일이 가능한지 불가능한지를 넘어서, 나는 나와 같은 언어를 사용하고 내가 느낀 바를 공유하는 이들과 소통해 보자고 단순하게 결심했다. 나는 현재의 발전 단계를 견딜 수 없지만, 다음 단계로 관심을 끌어모을 의도도 없었다.

이 다분히 고독한 연구를 하면서 나는 두 번에 걸쳐 중요한 상대를 만났다. 토착민 운동을 만난 것, 그리고 생태 운동가들이 나누던 이야기, 특히 에코페미니스트들을 알게 된 것이다.

리고베르따 멘추의 『나의 이름은 멘추』를 읽으며 나는 처음으로 토착민 운동을 접했다. 나는 엘리자베스 부르고스가 낸 1991년 이탈리아어판을 읽었는데, 모든 사람이 이 책을 읽어보기 바란다. 이 책에서는 과테말라 토착민의 상황을 총 3편에 걸쳐 다룬다. 1편은 마야 문명을 묘사하는데, 나는 놀랍게도 마야 문명이 죽은 문명이 아니라 살아 있는 문명이라는 사실을 발견했다. 나는 전통, 의식, 그리고 마야인들이 마을에서 비밀을 대물림하는 방식을 접했고, 게릴라가 되려고 산속으로 들어가면서 다시 돌아올 날을 더 이상 기약할 수 없었음을 알게 되었다. 또한, 이 문명이 여전히 몇 가지 비밀을 간직하고 있다는 점도 알게 되었다.

책을 읽으며 자극을 받은 나는, 자본주의는 전지전능하다는 명백한 사실을 달리 보게 되었다. 요컨대, 좀 더 상대적으로 말해서 자본주의의 전능함이란 모든 것을 파괴하거나, 자본주의의 목적에 맞게 모든 것을 고쳐 만드는 어떤 것이고, 세상에는 자본주의로 설명되지 않는 게 존재한다고 생각하게 되었다. 나는 멘추가 묘사했던 토착민에게서, 땅과 모든 생명체를 존중하고 사랑하는 그들의 모습에서, 나 자신을 재발견하기도 했다. 동물과 맺는 관계를 중요하게 여기는 그들에게서 나는 내 역사와 정체성의 일부를 보았고, 내가 연구할 대상을 찾기도 했다.

> 특히 파종기에는 동물들이 와서 씨앗을 찾아 구석구석 뒤졌기 때문에 우리는 돌아가며 밀파를[4] 지켰다. … 우리는 번갈아 당번을 섰지만, 밖에 머무르면서 나무 아래에서 잠을 자는 게 행복했다. 덫을 놓는 일도 재미있었다. … 불쌍한 동물들이 비명을 지를 때면 달려가서 보곤 했다. 하지만 부모님들은 우리가 동물을 죽일 수 있게 허락하지 않았기 때문에, 우리는 동물들을 놓아주었다. 우리는 그저 동물들에게 소리를 지를 뿐이었지만, 그들은 다시 나타나지 않았다 … .[5]

> 우리 여자아이들이 함께 있을 때 … 우리가 이미 반려동물과 살면서 그들을 데리고 다녔을 때, 우리는 우리의 꿈을, 함께 살고 있는 동물들과 하고 싶은 일을 이야기했다. 우리는 삶에 대해서도 조금씩 이야기를 나눴지만, 그건 매우 일상적인 수준에 지나지 않았다.[6]

> 그들은 우리의 동물들을 죽였다. 그들은 개를 많이 죽였다. 우리 토착민에게 동물을 죽이는 건 사람을 죽이는 것과 같다. 우리는 자연의 모든 존재를 귀하게 여긴다.[7]

이처럼 1편은 대지와 대지의 모든 존재에게 표하는 사랑과 존중을 다루며, 모든 생명체의 소통과 어울림을 이야기한다.

나에게는 공포물이었던 『나의 이름은 멘추』 2편은 자본주의 발전을 다룬다. 이를테면, 수출 작물이 재배되는 대지주의 농장인 핀카finca에서 마야인이 일하게 된 배경, 그들이 죽임을 당하는 과정을 이야기한다. 2편은 단순히 토지를 빼앗기는 과정뿐만 아니라, 토지 소유주와 군대가 토착민에게 조그만 땅뙈기에 지나지 않는 밀파만을 남기는 과정을 말한다. 밀파는 너무 작고 척박하기 때문에 마야인은 어쨌든 핀카에서 일할 수밖에 없다. 핀카의 노동 환경은 비인간적이다.

보수가 너무 낮아 하루 벌어 하루 먹고사는 노동자들이 굶주릴 수밖에 없고, 경비원들이 폭력을 행사하기도 하며, 심지어 가장 기초적인 위생 시설조차 존재하지 않는다. 농장 노동자는 씻을 곳도, 화장실도 없다. 이제부터 할 이야기는 죽음이 어떤 모습으로 당신의 일터를 찾아오는지 보여 준다.

멘추의 가족은 바나나 농장에서 일한다. 그의 어머니는 멘추의 2살 난 남동생이 굶어 죽어 가고 있다는 걸 알지만, 버는 돈이 너무 적기 때문에 아기를 먹여 살릴 방법이 없다. 아기는 죽고, 묻히지 못한 채 며칠간 방치된다. 농장에 아기를 묻어 줄 조그만 땅 한 떼기를 빌릴 돈이 없기 때문이다. 결국 노동자들은 특히 서로 다른 소수 민족이 의사소통할 때 생기는 어려움과 같은 많은 난관을 극복하고, 필요한 돈을 간신히 걷어 아기를 묻어 준다.

멘추의 친구인 뻬뜨로나 초나는 성적으로 접근하는 주인집 아들을 거부하고, 자신의 아기를 안은 채 주인의 경호원에게 마체떼로[8] 난도질당한다. 그의 시신은 스물다섯 조각이 난 채 방치되어 썩어 가고, 당국자는 그 누구도 조사하러 오지 않는다. 규칙을 어기기로 결심한 노동자들이 그를 묻어 주려고 남아 있는 시신을 바구니에 모은다.

멘추의 어린 남동생들과 또 다른 친구 한 명은 목화를 훈증 소독하는 곳에서 지내다가 독성 물질을 들이마시고 사망한다.

『나의 이름은 멘추』 3편은 정치적 결집과 탄압을 다루고 있다. 탄압 내용을 보면 3편 역시 공포물이라고 할 만하다. 어떤 이들은 게릴라전으로, 다른 이들은 〈농민연합위원회〉 활동으로 정치력을 모으는데, 여기서 나는 한 가지 사실에 강렬한 인상을 받았다. 멘추는 자기 알데아[9] 사람들, 그리고 이후에는 다른 사람들에게도 군인의 공격에서 자신을 방어하는 법을 가르친다. 멘추는 특히 덫을 놓는 일을 잘하는데, 5세기 전 토착민이 꽁끼스따도르에게서[10] 자신을 방어하려고 사용한 것과 같은 덫이다. 말하자면 지식 유산이 전수되고 보존된 것이다. 이 대목에서 자본의 '다른' 기원이 매우 분명하게 드러난다. 선진화된 영국에서 봤거나 제1세계에서 일어난 바와는 다르게, 과거에 있었던 일이나 겪었던 고통, 자신을 방어하는 방법을 기억하고 그 기억을 전수하는 데서 비롯되는 자본의 모습을 볼 수 있다. 마야인이 동물을 염려하는 태도에서 나는 또 한 번 놀라움을 느꼈다. 마야인은 반드시 필요한 경우가 아니면 살생을 피하고, 군인들이 동물을 포획할 때 동물을 걱정하는 마음을 그들에게 이야기하기도 한다. 또 인상적인 점은, 마야인이 자신을 방어할 때 과거와 동일한 무기를 기억하고, 그 기억을 보존하며, 그 무기를 사용해서 오늘날 효과적인 저항 방법을 만들어 내는 방식이었다. 정복과 자본은 해결되지 않은 문제이다. 침략자를 바다에 던져 넣을 무기는 아직 손에 남아 있고, 더 이상은 운명을 받아들이기만 해야 한다고 속으로 생각하지도 않는다. 오히려 500년을 기다린 지금 숨겨진 무기를 발굴하여 새로운 미래를 만들어 갈 준비가 되어 있다.

앞서 말했듯이 탄압 내용은 다시 한번 공포를 불러일으킨다. 멘추의 열여섯 살 된 셋째 남동생이 보복의 대상으로 붙잡힌다. 그는 다른 포로들과 함께 고문을 당한 후 마을 광장으로 끌려간다. 광장에 모인 마을 사람들 속에는 멘추의 가족도 숨어 있다. 마을 사람들은 모여서 군인들이 포로 한 명 한 명의 벌거벗은 몸에 난 상처를 가리켜 각각이 어떤 고문의 흔적인지 설명하는 걸 들어야 한다. 이후 포로들은 마을 사람들 앞에서 산 채로 화형을 당한다.

멘추의 아버지도 화재로 사망한다. 과테말라시티에 있는 스페인 대사관에 인산 폭탄이 투척되는데, 그는 이 건물 안에서 농장 노동자 및 소농 시위를 주도한 후 아마도 폭탄에 맞아 산 채로 불에 타 죽었을 것이다. 멘추의 어머니는 체포되어 고문을 받고 사망하며, 시신은 방치되어 야생 동물의 먹이가 된다. 토착민들이 남아 있는 시신을 묻지 못하도록 군인들이 지키고 서서 감시한다.

나는 1970년대와 1980년대에 선진국이 얼마나 고도로 발전했는지 알지 못한다. 내가 아는 건 선진국의 발전이 저발전을 유발했고, 그 저발전을 토대로 삼았다는 점이다. 마야족 아메리카 토착민은 자본이 처음 출현할 때 그랬던 것처럼 예나 지금이나 계속 고문, 죽음, 강제 노동, 기아, 토지 강제수용 및 그 토지에서 나는 자원 강제수용이라는 대가를 치르고 있다. 그들은 끊임없이 새로워지고 세계화되는 경제의 대가를 지불한다. 새로운 세계 경제는 발전과 저발전이 혼합된 전략을 바탕으로 성립된다.

사랑과 공포를 담고 있는 멘추의 책은 땅에 느끼는 소속감 그리고 토지 강제수용을 이야기한다. 그러므로 멘추는 땅과 맺는 관계의 중요성을 확인하고 출발점으로 삼아 정치적 분석으로 나아갔다고 할 수 있다. 멘추는 토착민 문제를 중요하게 다루는데, 토착민이 전 세계 노동하는 사회 다수 속에서 핵심적인 역할을 한다는 점, 그리고 토착민이 다른 기억과 상상의 풍경을 지닌 '다른 문명' 세계가 지속되고 있음을 보여 준다는 점 두 가지 모두 그 이유이다. 토착민은 '잃어버린 문명'과 함께 사라지길 거부하고, 일상생활을 지속하면서도 자신들의 비밀을 보존하며, 다른 발전 형태를 만들어 낼 엄청난 잠재력을 가진 지식 유형을 지키고 있다. 다른 발전 형태란 무엇보다도 땅과 모든 생명체와 다르게 관계를 맺는 데서부터 출발한다.

1994년 1월 1일에 발발한 사빠띠스따 봉기는 그 발생 배경 때문에 전 세계 이목이 토착민 저항에 집중된 가장 중요한 사건이다. 그리고 앞서 말한 접근법의 중요성을 한층 더 분명히 보여 준 사건이기도 했다. 공유지 주장을 시작으로, 사실상 전 세계 모든 지역의 운동이 치아빠스에 기대를 걸고 서로 유대 관계를 맺으면서 정치적 실험을 점점 더 많이 해 나갔다.

나는 또 한 번 중요한 대상을 만났는데, 바로 반다나 시바가 쓴 『살아남기 – 여성, 생태, 발전』을 발견한 것이다. 이 책은 에코페미니즘 입문서 비슷한 것이었다. 수많은 저자가 에코페미니즘 분석 방식으로 저술을 했는데, 그중 한 사람으로 마리아 미즈[11]가 있다. 나는 이 저자들의 접근법에서 드러나는 몇 가지 주요 논점에는 의견을 같이하지 않는다. 예컨대 제1세계를 무엇보다도 소비가 일어나는 근원으로 바라보면서 그곳에 만연한 계급 투쟁과 충돌, 갈수록 엄습해오는 빈곤을 간과하는 것에는 동의하지 않는다. 우리가 내린 결론이 많은 부분에서 한 곳으로 수렴되긴 하지만, 우리가 사용하는 분석 범주는 매우 다르다. 한 예로, 시바가 여성적 원리를 바탕으로 남성적이고 환원주의적인 과학을 비평한다면, 나는 계급과 자본 개념을 활용한다. 계급과 자본 개념은 근본적으로 생산 노동과 재생산 노동, 지불 노동과 부불 노동을 구분하면서 전 세계를 가로지른다.

그렇지만 전체적으로 봤을 때 이 모든 저작의 바탕이 되는 하나의 가정에는 나도 공감한다. 발전이나 비발전을 지향하는 정치적 제안이든, 계속 발전해야 할 의무는 없으므로 제자리걸음을 하고 있든, 근본적으로 자연이 가지고 있는 균형을 존중하고 보존하려는 의지에서 출발해야 한다는 것이다. 자연의 균형은 특히 자연 스스로 재생하고 재생산하는 능력을 말한다. 그리고 모든 생명체를 존중하고 사랑하는 데서부터 출발해야 한다. 이런 점에서 우리는 어쨌든 같은 땅을 딛고 서 있었다. 에코페미니스트 저자들은 토착민 여성이 활용한 지식에 지속적으로 공감을 표했는데, 나도 같은 입장이다. 토착민 여성은 자기 지식을 활용하여 자연에서 영양분, 자원, 풍요로움을 끌어내면서도 동시에 자연 자원을 적당히 사용하고 취한 만큼 되돌려주어 그것이 재생될 수 있도록 했다. 나는 칩코[12] 여성의 결정에서 지극히 혁신적이고 의미심장한 정치적 접근 방식이 작용하는 것을 볼 수 있었다. 숲을 뒤엎는 대가로 벌목 회사가 제공하는 제재소 일자리를 칩코 여성은 거절했다. 그들은 일자리가 필요 없을 뿐만 아니라 숲이 근처에 있다면 자식들이 굶주리는 일은 결코 없을 것이라고 주장했다. 칩코 여성 투쟁의 의미는, 발전이 임금 경제가 제시하는 완전한 불확실성의 노예가 됨을 뜻하는 한 발전을 거부한다는 것이다. 임금을 받는 상태뿐만이 아니라 임금이 없는 상태도 쓸모가 있다. 시바의 책[13]에서 사랑은 물, 땅, 식물, 씨앗, 동물에게 감사하고 그들을 포용하는 방식으로 그려진다. 물, 땅, 식물, 씨앗, 동물은 자본주의적인 규칙이 강요되지 않는 한 관계에서 발생하는 요구 역시 만족시킬 수 있는 무한한 가능성을 가지고 있고, 시바의 책에서는 여기에 감사와 포용을 표한다. 무서운 것은 각양각색의 생물종이 가진 다양성을 체계적으로 파괴하고 획일화하고 일그러뜨려 실험실의 교잡종hybrid으로 만들며, 유전적으로 조작하고 특허화하고 독점하고 접근을 금지시켜 갈수록 많은 인류가 굶어 죽는 상황이다.

이제까지 말한 저서 두 권을 남반구 출신 여성이 집필한 건 결코 우연이 아니다. 이 저서들을 언급하는 이유는, 내가 이 책들을 읽고 토착민의 주장과 공감하는 한편, 가장 핵심적인 탐구 목적과 마음속으로 찾고 있었던 대상을 다시 만나 새롭게 힘을 얻었기 때문이다. 오늘날 사회적 관계들이 자본주의적으로 체계화되는 것에 반대하는 투쟁은, 새롭게 땅과 관계 맺을 방법에 초점을 맞추어야 한다. 토착민 저항은 다른 유형의 지식 그리고 대지 및 모든 생명체의 자유 의지를 긍정하고 표방한다. 이런 점에서 토착민 저항은 모든 인류에게 강력한 힘을 발휘하는 결정적인 지표이다.

구조 조정 정책과 토지 문제

이 글에서는 토지 문제를 사유화/강제수용이라는 부정적 측면을 중심으로 살펴보고 있다. 좀 더 '이성적인' 관점에서 볼 때 토지 문제는 내가 1970년대 초 이래로 성별을 가리지 않고 미국 출신 동지들과 공동으로 연구한 주요 쟁점이었다. 당시 우리는 이른바 부채 위기를 관리하는 정책, 다시 말해 대개 1980년대 이래로 '개발도상국'과 '선진국'에 모두 갈수록 혹독하게 적용된 구조 조정 정책을 살펴보기 시작했다. 무엇보다 이 구조 조정 정책은 빈곤을 퇴치하기는커녕 확대시켰고, 따라서 구조 조정 정책을 수단으로 삼아 전 세계 노동이 새롭게 분화했다. 그 결과, 생산은 물론이고 재생산 영역에서도 모든 노동자가 점점 더 가혹하게 재계층화 되었다.[14] 이런 일들이 일어난 이유는, 노동자가 더 많이 희생하여 기업이 세계 경제 속에서 더 잘 경쟁할 수 있게 하려는 신자유주의와, 임금을 더욱 삭감하고 노동 관련 규제를 철폐시키려고 고안된 새로운 생산 조건 때문이었다.

앞서 말한 일련의 일들은 1960년대와 1970년대에 전 세계에서 일어났던 투쟁에 대한 대응이었지만, 1980년대와 오늘날에도 똑같은 구조 조정 정책이 세계 곳곳에서 시행되면서 저항이 거세지고 있다. 이탈리아는 1990년대에 이런 식의 구조 조정 정책과 유사한 조치를 받아들이는 쪽으로 한 발 크게 내디딘다. 이런 조치가 마스트리흐트 조약을 포함하여 당시 막 이뤄진 주요 재정 및 경제 협정의 필연적인 결과라고 받아들인 것이다. 이 모든 협정은 자유 시장 접근법에 영감을 받아 만들어졌다.

국민 국가가 위기에 처하자 〈국제통화기금〉 그리고 이제 막 역할이 부각되기 시작한 〈세계은행〉이 경계 없는 정부 및 국제 자본의 우두머리 기관을 형성했다. 〈국제통화기금〉은 구조 조정 정책을 강요하여 인간이 재생산을 하는 환경의 질을 지속적으로 떨어뜨렸다. 그러는 동안 〈세계은행〉은 구조 조정 정책을 보완하는 발전 계획을 출범시켰는데, 이 발전 계획이 추구하는 이윤의 극대화는 사회 재생산의 기초 요소들을 더욱더 대대적으로 파괴해야만 이뤄질 수 있다. 적잖은 연구자들이 말했듯이[15], 이 발전 계획은 대대적인 환경 파괴, 낭비, 무분별함, 마지막으로 인간 절멸을 찬양하는 찬가를 상징한다. 다음 몇 가지 사례만으로도 충분히 알 수 있다.

〈세계은행〉의 자금이 원자력 발전소를 필리핀의 지진대에 건설하는 데 쓰였다. 이 발전소는 지진 위험 때문에 가동된 적이 없다.

역시나 〈세계은행〉에서 나온 자금이 브라질 아마존강 유역 투쿠루이댐 공사에 쓰였다. 이 공사는 총 1,340만 톤의 목재에 해당하는 나무 280만 그루를 베어내는 대신 물 밑에서 썩어 가도록 방치했다. 베트남 전쟁에서 끔찍한 영향력이 잘 알려진 고엽제와 다이옥신이 숲에 뿌려졌다. 다이옥신 몇 통은 행방이 묘연한 채 여전히 물속에 잠겨 있다. 다이옥신이 든 통은 압력 때문에 언제든지 폭발할 수 있고, 댐 건설로 생긴 호수를 오염시킬 수 있다. 이 호수는 파라주^州 주도 벨렝의 물 공급원으로, 오염된 물은 그곳 주민 120만 명에게 영향을 줄 수 있다.[16]

〈세계은행〉이 자금을 지원한 또 다른 사업은 야시레타댐으로, 파라과이와 아르헨티나의 경계에 있는 파라나강에 높이 87미터, 길이 67미터 규모로 지은 구조물이다. 이 사업은 저렴한 전기 에너지를 약속했지만 야시레타댐이 생산하는 전력은 사실상 시세보다 세 배나 비쌌다. 댐 설계 단계에서 에너지 수요가 과도하게 측정되었는데, 아르헨티나의 천연가스를 이용하여 더 저렴한 비용으로 수요를 충족시키는 게 가능했다. 사업이 완료되려면 주민 5만 명이 수몰된 땅을 떠나야 했다. 이미 떠난 이들은 아무런 보상도 받지 못한 채 결국 낡아빠진 판잣집에 살 수밖에 없었다. 지역의 어업 활동이 파괴되고, 지역 내 도자기 장인의 활동도 필요한 진흙이 물에 잠기면서 망가졌다. 생태계가 훼손되고, 그 결과 각종 질병이 확산했다.[17] 〈세계은행〉의 돈은 앞으로 이야기할 가장 규모가 크고 가장 끔찍한 주민 이주 사업인 뜨란스미그라시를[18] 출범시키는 데에도 쓰였다.[19]

이제까지는 구조 조정 정책을 이른바 보완하는 계획을 살펴보았다. 구조 조정 정책으로 되돌아가서, 대충 한 번만 살펴보더라도 구조 조정 정책이 나라를 가리지 않고 실질적으로 동일하게 실행됨을 알 수 있다. 이 나라들은 소위 경제 성장을 촉진한다는 추세에 편승하여 자국 정책을 시행하는데, 공식적으로는 〈국제통화기금〉의 지시를 따라서 부채를 상환한다는 이유를 내세운다. 〈국제통화기금〉은 국제 무역이 증가하도록 장려하는 것을 주목적으로 지시를 내리는데, 주요 지시 사항으로는 통화를 평가 절하하여 수출을 장려하라, 무역 및 수입을 자율화하라, 생산을 재편하여 수출을 증대하라, 지출을 삭감하라, 해고하고 민영화하여 공공 부문을 합리화하라, 임금을 삭감하고, 특히 건강, 교육, 연금 부문에 투자를 감축하라, 주요 필수품에 보조금을 중단하라 등이 있다. 또, 정도의 차이는 있지만 아프리카 및 남미의 광대한 지역을 비롯하여 아직까지 토지를 공동으로 관리하는 지역에서는 한편으로는 토지에 가격을 부과하여 사유화하는 동시에 토지를 강제수용하는 내용도 있다. 재생산이 적정하게 이뤄지는 마을에서는 가장 불쾌한 일자리와 너무 낮은 임금을 주민들이 언제든 거부할 수 있기 때문에 토지 가격 부과 및 강제수용은 마을 주민의 교섭력을 약화시키는 매우 중요한 요인이 된다.

〈세계은행〉이 이끄는 주요 금융 기관들은, 토지나 상수도와 삼림처럼 생존에 필요한 다른 '공통장'[20] 혹은 공동의 자산을 강제수용/울타리 치는 일과, 집단적 형태의 사회 재생산을 막는 인구 정책을 장려하여 선진 자본주의 지역을 대표하는 재생산 모형을 강요하는 일을 연결한다. 선진 자본주의 지역을 대표하는 재생산 모형이란 무엇보다도 핵가족인데, 임금을 버는 가장의 비율이 대량 산업 생산 시대에 선진국에서 그랬던 것처럼 높지 않은데도 그렇다. 핵가족은 인간의 재생산과 관련된 권리 및 의무를 공동으로 관리하는 뿌리 깊은 습성과 극명하게 대조된다.

문제는 가족 및 사회 재생산 유형을 생산이 조직되는 방식에 맞추는 것이라 기보다는, 재생산 영역을 '서구 모형'에 맞추어 행동을 강력하게 규율하는 수단으로 만드는 것이다. 특히, 집단적인 재생산 구조를 약화시켜 노동 환경을 둘러싼 주민의 교섭력을 낮추는 게 문제이다. 개인들은 따라서 화폐 경제와는 무관하게 이용할 수 있는 물적 자원이나 공동체 및 확대 가족에게서 나오는 지원 모두를 박탈당한다.

실비아 페데리치[21]가 보여 주었듯이 나이지리아는 중요한 사례이다. 일부다처제는 아프리카 대다수 지역의 관습이고, 아이를 돌보는 일은 마을 전체가 책임진다. 그런데 1984년에 시작된 주민 선전 운동은 '남성 한 명에 아내 한 명'과 '부부 한 쌍에 아이 한 명'을 요구한다. 페데리치가 주목하듯이 대부분 지역에서는 이 목표가 공허한 선전에 그쳤는데, 사회적 지출이 삭감되면서 현실적으로 피임 수단에 접근할 수 없었기 때문이다. 따라서 정부가 바라는 대로 주민이 감소한 이유는, 주민 선전 운동 때문이 아니라 구조 조정 정책이 불러온 치명적인 결과 때문이다.

구조 조정 정책이 일시적인 사고로 사회에 피해를 초래했다는 주장이 1980년대에 있었다. 이후 구조 조정 정책이 지속적으로 적용되면서 체계적인 피해를 야기했다는 게 명확해지자, 이 체계적인 피해는 사회적 비용이며, 우리는 사회적 비용을 치를 수밖에 없다는 말이 나왔다. 각종 문헌에서는 정도를 벗어난 피해 유형을 어떻게 완화할 수 있을까, 어떻게 '좀 더 인간적인 조정' 유형을 추구할 수 있을까를 두고 논의를 발전시켰다. 좀 더 최근의 접근법은 구조 조정 정책이 무엇보다 사회 재생산 영역, 즉 가족 구조부터 영양, 위생, 건강, 교육, 연금을 완전히 탈바꿈시키는 것을 직접 겨냥했다고 인정하면서도, 정부가 국가의 사회 재생산을 대단히 효율적으로 전환시키는 좋은 기회였다고 주장한다.

이 최신 접근법들을 살펴본 결과, 나와 내가 함께 연구했던 학자들은 구조 조정 정책이 실제로 사회 재생산을 개조시키려고 기획된 것이라는 데에 동의하게 된다. 한편 무엇을 효율성으로 규정하는가를 놓고 볼 때, 우리는 구조 조정 정책이 주민의 재생산 환경, 그리고 여성의 노동 및 투쟁을 공격함과 동시에, 새로운 축적 국면이 도약하는 전제 조건이 되었다고 생각한다.[22] 더 엄밀히 말해, 나는 구조 조정 정책이 신자유주의가 하나의 기획된 전략으로 부상한 지점이라고 생각한다. 요컨대, 구조 조정 정책은 사회 재생산의 발전을 전반적으로 저하시키는 전략 프로그램의 일부이다. 사회 재생산의 발전 정도가 낮아지면서, 전 세계인이 점점 더 프롤레타리아가 되고 노동 계층화가 심화된다. 사회 재생산의 저발전 프로그램은, 노동하는 사회 다수의 교섭력을 더 낮추고, 신자유주의가 더 완벽히 확대되는 데 필요한 환경을 만들며, 새로운 노동 양상을 받아들이도록 하는 걸 목표로 삼는다. 확실성과 기득권이 점진적으로 해체되면서 점점 더 광범위한 규모의 노예 상태로 회귀한다.

나는 몇 달 전 뉴욕에서 한 노동조합원이 지역 라디오 방송국과 통화하는 내용을 들었다. 그는 한 미국 기업이 중미 지역의 공장에 아동을 고용하여 아침 7시부터 밤 10시까지 일하게 한다고 규탄했다. 신발을 치워 버렸기 때문에 아이들은 달아나지도 못했다. 이 노동조합원은 머지않아 전국을 돌면서 미국인들에게 자기가 구입하는 물건이 만들어지는 방식에 동의하는지 물어볼 생각이라고 했다.

사회 재생산 저발전 전략으로서의 구조 조정 정책은, 가정 혹은 공동체에서 적절한 수준의 재생산을 지켜내려는 여성의 노동 및 투쟁을 공격한다. 여성은 생존이 돈에 좌우되는 곳에서 소득을 쟁취하고 지키려고 투쟁한다. 그리고 생존이 전적으로 돈에 달려 있지만은 않지만 돈과 관련이 되는 곳에서 토지, 물, 삼림, 동물, 소규모 교역, 수공예 같은 자원 및 재화를 지키려고 분투한다.

구조 조정 정책은 여성이 지키려 하는 이 모두를 공격할 뿐만 아니라, 여성이 쟁취한 경제적, 사회적 자율성을 약화시킨다. 정치적 측면은 물론 시민 생활 측면에서, 특히 '재생산 권리'와 관련된 자율성을 약화시킨다. 하지만 공동체의 전통은 고정불변하는 데 머무르지 않고 변화하며, 이 사실은 에리트레아 여성의 권리 헌장과 치아빠스 마야 여성의 혁명법에 분명하게 드러난다. 오늘날 여성은 알제리의 위기 상황과 10월에 있었던 아프가니스탄의 항의 시위에서 보여 주었듯이 어떤 상황이 닥쳐도 침묵하고 복종하지 않을 것이다.

사회 재생산의 저발전 전략은 자본주의 체제가 생겨났을 당시 시초 축적의 특징과 대단히 유사한 거시적 사회 작용을 초래한다는 점 역시 강조하고자 한다.[23] 이 거시적 사회 작용에는 단지 토지 강제수용뿐만 아니라 가족 및 공동체 관계 해체도 포함된다. 거주지에서 뿌리째 뽑혀 옮겨지고 가족 및 공동체 관계가 해체되면서, 가난하고 고립되고 가진 거라곤 노동력밖에 없는 개인이 대량으로 생겨난다. 또, 예나 지금이나 여성은 이전에 존재했던 재생산 수단을 박탈당한다. 임금을 받는 농장과 댐 일자리가 주로 남성에게 돌아가기 때문에 여성 대다수는 새로운 생존 수단에 접근할 수도 없다. 여성은 가난한 무리 안에서도 극빈자로 내몰린다. 자본주의 사회에서 프롤레타리아 여성 개인은 기본적으로 빈곤한 성매매 여성으로 등장하는데,[24] 자본주의 체제가 본격화되면서부터 여성들이 대거 성매매에 몸담았기 때문이다. 구조 조정 정책의 추진 규모가 점차 커지자 결과적으로 전 세계에서 성매매에 종사하는 여성 수가 점점 더 늘어났다. 비록 맑스는 무시했지만, 시초 축적 단계에서 일어난 핵심적인 과정이 바로 마녀사냥이었다는 점 역시 주목해야 한다.[25] 고립과 복종으로 규정되는 새로운 프롤레타리아 여성 정체성은 마녀사냥으로 구축되었다. 여성은 섹슈얼리티 및 출산 관련 통제권과 지식을 빼앗겼다. 이와 같은 방식으로 오늘날 우리는 권위주의적인 인구 정책이 점점 더 자주 적용되는 현상을 목격하는데, 중국의 사례는 어쩌다 한 번씩 일어나는 일이 결코 아니다. 권위주의적인 인구 정책은 자본주의적인 이해에 전적으로 종속되며, 여성은 계속해서 섹슈얼리티 및 출산과 관련하여 물질적인 가능성, 자율성, 지배력, 지식을 가지지 못한다. 이와 동시에, 특히 더 선진화된 지역에서는 재생산 기술이 바로 이 섹슈얼리티 및 출산 관련 분야를 점차 침략해 들어가면서 남성의 지배와 자본주의적 이윤을 추구할 뿐만 아니라, 사회적 관계를 미혹하고 파괴하기까지 한다. 정자은행이 생물학적 아버지를 너무나 태연하게 대체해 버리고, 너도나도 생물학적 아버지에 대한 무관심을 논의하고 강조하는 현상은 의미심장하다.

개인이 생물학적, 사회적 부모의 자식이 아니라 점점 더 실험실의 산물이 되어 가는 경향과, 주민이 뿌리째 뽑혀 쫓겨나는 경향은 연관성이 있다. 식물이든 개인이든 주민이든 살던 곳에서 뿌리째 뽑혀 쫓겨나면 결과적으로 반드시 무력해진다. 인간의 정체성은 세대를 거쳐 내려오는 지식과 기억에 따라 규정되기도 하므로, 인간은 살던 곳에서 뿌리째 뽑혀 쫓겨나면 자기 정체성을 잃는다. 인간의 정체성을 파괴하는 재생산 기술을 마주하며 내가 바라는 바는, 플라스틱과 금속이 덜 우세한 시대가 와서 마야 여성이 야생 식물에 대한 비밀스러운 지식을 성공적으로 지키고 전수하여, 자식 수와 자식을 가질 시기를 스스로 통제하는 것이다.[26]

구조 조정 정책과 사회 재생산 재편

지금부터는 구조 조정 정책이 어떻게 사회 재생산을 재편했는지 살펴보겠다. 〈국제통화기금〉과 〈세계은행〉은 새로운 세계 경제 체제의 주요 동력이자 우두머리 기관으로서, 자본주의적으로 판을 다시 짜는 일을 배후에서 지휘한다. 이 두 기관이 전 세계에 어마어마한 빈곤을 초래한 덕분에 그들의 구조 조정 정책은 노동, 그 가운데서도 재생산 노동을 전 세계적으로 새롭게 재편하는 통로로 작용한다.[27] 자본주의 축적은 구조 조정 정책과 신자유주의를 축으로 삼아 새로운 양상으로 전개된다.

생산 수단에서 분리된 개인이 어마어마하게 늘어나면서 빈곤이 발생한다. 이때 생산 수단이란 무엇보다도 땅을 말할 뿐만 아니라 생존을 보장해 주는 모든 개인적, 집단적 권리를 말한다. 빈곤이 발생하면서 거대한 이주 흐름이 생겨나고, 그 결과 이탈리아와 다른 국가에 저렴한 노동력, 심지어 노예 상태의 노동력을 제공하는 동시에 국내 인건비가 상승하지 못하도록 압박한다.

중국인이 이탈리아 일부 지역에 있는 방직 공장의 닫힌 문 뒤에서 밤낮없이 일하는 이유는 다른 곳에서 발생한 빈곤 때문일 수 있다. 그런데 이탈리아에서도 특히 남부 이탈리아의 여성 및 아동이 불법 고용되어 하루 12시간에서 14시간을 일하고 겨우 45달러, 한 달에 350달러 이상을 벌지 못하는 일이 흔한 이유는 이탈리아의 구조 조정 정책, 이탈리아식 경제 발전 모형, 그리고 남부 지역 원조 때문이다.[28] 동시에 성매매로 발현되는 재생산 노동은 최근 들어 점점 더 동유럽 및 아프리카 출신 여성을 노예로 삼고 인신매매하는 형태로 이뤄지고 있다. 강압적인 성매매가 이뤄지고, 그 결과 성매매 여성의 수입 및 위생 환경이 저하된다.

구조 조정 정책과 같은 맥락에서 농산물 시장 가격 하향 책정, 농업 보조금 중단 정책을 실시한 결과, 사람들은 이민자 신분이 되어 계속해서 타국으로 떠나갈 수밖에 없다. 농산물 시장 가격이 떨어지고 농업 보조금이 중단되면, 소농은 자기 생산 및 재생산 수단에서 멀어져 결국 파멸하고 만다.

마을에 남은 여성들에게 재생산 노동이 가중되는 상황의 이면에 제3세계의 극악무도한 빈곤이 자리하고 있다.[29] 마을에 남은 여성은 이민자의 재생산이 도달하는 다른 한 종착역이면서, 전 세계적으로 사회 재생산이 개편되는 주요 통로이기도 하다. 제3세계 여성은 출신 국가에 남든 혹은 좀 더 선진화된 지역으로 이주하든, 제1세계에 저렴한 재생산 노동력을 더 많이 공급하는 역할을 한다.[30] 이때 노동력이란 섹스 관광이나 성매매, 가사노동, 육아 혹은 노인 및 병약자 돌봄과 관련된 노동력을 말한다. 선진국에 아동을 공급하는 일도 마찬가지다. 수치를 보면 등골이 서늘할 정도다. 1990년대 초반 매년 한국인 아동 5천 명이 미국으로 수출되었고[31], 1980년대 말에는 48분마다 입양 아동 한 명이 미국에 도착한 것으로 추정한다.[32] 또, 특별히 수출만을 목적으로 아동을 양육하는 '탁아소'가 존재한다는 사실이 밝혀졌다.[33] 아동을 수출하는 것과 제3세계 여성을 대리모로 널리 이용하는 것은 동일한 관행이라 할 수 있다. 정확한 수치는 알 수 없으나, 제왕절개술을 하여 막 태어난 아기를 아동 인신매매범에게 팔아넘기는 사례를 다룬 보도도 있었다.[34] 그리고 제3세계 사람들이 절실하게 돈이 필요하여 자기 신체 장기를 판다든지, 납치당한 후 강제로 장기를 뺏긴다든지 하는 일은 이제 널리 알려진 사실이다. 지난 몇 년간, 돈을 마련하려고 극단적인 수단을 써서 자기 신체 장기를 판매하는 일이 이탈리아에서도 시작되었다는 사실을 덧붙이고자 한다.[35] 어떤 학자들은 자기 신체 장기를 판매하는 일이 돈을 마련하는 하나의 방편이므로 제3세계 사람들에게 이익이 된다고 주장하지만, 이는 언급할 가치도 없는 주장이다. 우리는 다음 사실만 기억하면 된다. 인도와 비슷한 나라 혹은 심각한 빈곤을 겪고 있는 지역에서는 한쪽 신장을 떼어 내 팔아 버리면 대부분 얼마 지나지 않아 죽고 만다. 이런 곳의 재생산 환경에서 신장 하나만으로 살아가기란 무척이나 어려운 일이기 때문이다.

이제까지 살펴보았듯이, 구조 조정 정책은 어마어마한 규모의 빈곤을 만들어 내고, 그 결과 재생산 노동은 전 세계적으로 개편된다. 여성은 가난한 무리 안에서도 극빈자로 내몰리고, 남성 역시 더더욱 가난해진다. 그런데 수많은 연구 및 조사에서는 여성의 빈곤 그리고 그것을 야기하는 거시적인 요인 분석을 연결하여 이야기하지 않는다. 이런 연구 및 조사에서는 모두가 동등하게 가난해지는 상황을 은폐하면서, 명백히 빈곤으로 고통받는 많은 남성과, 빈곤이 해결되기를 간절히 바라는 여성의 눈을 모두 가려버린다.

절멸 정책, 과잉 인구 조정 정책의 효과 혹은 결과

빈곤과 죽음이 어떻게 연결되는지 살펴보지 않고서는 구조 조정 정책이 가져온 결과에 대한 논의를 끝맺을 수 없다. 빈곤과 죽음은 토지 강제수용, 금전 및 비금전 형태의 자원 거부 같은 작용 때문에 확산된다. 이런 작용은 모두를 절멸시키는 정책으로, 구조 조정 정책이 목표로 하는 효과 일부를 달성하려고 고안되었거나 구조 조정 정책을 보완하려고 도입된 것이다.

절멸 정책에는 전염병의 확산을 용인하는 것도 포함된다. 아프리카 사하라 사막 이남 지역에서는 〈국제통화기금〉을 영유아사망기금이라고 부른다. 1996년 1, 2월에만 아동 2,500명이 수막염으로 사망했는데, 3.5달러 상당의 필수 백신을 구입할 수 없었기 때문이다. 전염병 확산은 보건 체계 축소에 따른 식수 공급 부족, 감염된 혈액 보급, 유통 기한이 지났거나 상했거나 위조되었거나 유해한 약품 보급과 관련이 있다.[36] 구조 조정 정책과 잘못된 발전 계획 때문에 환경이 전반적으로 악화하는 것이다.

또 다른 일련의 절멸 정책은 전쟁,[37] 사실상 허가를 받은 집단 학살,[38] 군경 탄압과 관련이 있다. 전쟁, 집단 학살, 군경 탄압 모두 가진 것을 빼앗기고 빈곤에 빠진 사람들을 이 세상에서 없애버리는 행위인데, 가진 것을 빼앗기고 빈곤에 빠져 있는, 달리 말해 '과잉됐다고' 보인다는 바로 그 이유로 사람들을 몰살한다. 그리하여 난민촌이나 정도의 차이는 있지만 전쟁터에 존재하는 은폐된 강제 수용소에 '주민을 몰아넣고 울타리를 친다.' 가까운 지역에서 일어난 한 사례만 언급하자면, 알제리의 난민촌에서 투아레그Tuareg인들이 자살하는 사건이 보고되기 시작했다.[39] 투아레그 문화에서 자살은 낯선 것이었다.

나이지리아 작가인 켄 사로위와Ken Saro-Wiwa가 처형당하자 뒤이어 난민들이 나이지리아 남부에서 베냉으로 탈출을 감행했다. 난민 대다수가 18세에서 59

세에 해당하는 남성이면서 〈오고니족 생존운동〉의 일원이었다.[40] 동시에 〈적십자〉가 원조를 중단하면서 세네갈 북부의 난민촌에서 모리타니아인 6만 명 정도가 사망하기도 했다. 희생자 대부분이 아동이었고, 필수품 부족 및 질병으로 목숨을 잃었다. 난민들은 열흘간 아무것도 먹지 못하거나, 의약품을 구하지 못했다. 난민촌이 세네갈강 인근에 있었기 때문에 말라리아가 발생했고, 사망자는 더 늘어났다.[41] 같은 해 11월에는 투치족과 후투족 사이에서 다시 교전이 일어나 자이르의[42] 난민촌이 전쟁터가 되었다.

주민을 뿌리째 뽑아 강제로 이주시키는 정책이 절멸을 더욱 심화시킨다. 주로 〈세계은행〉이 재정을 지원하는 주요 수력 발전 및 댐 사업은, 일반적으로 주민 대다수를 이전하고 재정착시키는 계획과 함께 진행된다.[43] 재정착은 당연히 사업의 일부지만, 아무 문제없이 영구적으로 이뤄지기 가장 어려운 부문이기도 하다. 초대형 수력 및 농업 사업 외에, 〈세계은행〉이 재정을 지원하여 주민만 이전시키는 사업도 있다. 이 가운데 가장 주목할 만하고 가장 널리 규탄의 대상이 된 게 인도네시아의 뜨란스미그라시이다.[44] 자바와 발리가 인구 과밀 지역이라는 주장이 있었다. 실상은 토지가 소수에게 집중되어 있기 때문에 발생하는 현상이었는데도, 이런 주장을 근거로 정부는 강제로 7천만 명을 '국내 이주'시키기로 했다. 수마트라, 술라웨시, 칼리만탄,[45] 그리고 뉴기니의 이리안자야[46] 같은 외부 지역이나 다른 섬으로 이동시키는 데 무려 750억 달러가 투입되었다. 이 계획으로 영향을 받은 전체 주민의 수는 이후 '겨우' 2천만 명밖에 안 되는 것으로 축소되었다. 이 계획은 집단 학살, 생태계 파괴, 특정 민족 집단의 문화 파괴를 결합한 것이었다. 계획의 목적 중 하나는, 외부 주민을 강제로 들여와 새로운 주민과 토착민이 부족한 자원, 문화 차이, 작물 선택의 차이를 두고 충돌하게 만들어 좀 더 야생 상태의 섬에서 살아가는 토착민 공동체에 타격을 주는 것이었다. '이주민' 대다수가 고통과 굶주림으로 목숨을 잃고, 삼림 파괴로 숲속의 자연 서식지를 빼앗긴 동물들에게 잡아먹혔다. 일부는 가까스로 탈출했으나 이야기가 새어나가지 못하도록 투옥되었다. 외부 섬의 원주민은 점진적으로 자원을 빼앗기면서 국가와 정부, 그리고 유일신을 인식하게 되고, 농장 및 광산에 맞게 단련된 노동력으로 변할 수밖에 없었다. 가구 1천 세대가

한 지역에 정착했지만 12세대만이 살아남은 과정을 직접 증언한 사람도 있다.[47] 이리안자야에서는 최근 3천 개 부족이 미국 기업인 프리포트 인도네시아에 맞서 저항했다.[48] 프리포트 인도네시아는 이 부족들의 영토에서 금, 구리, 은을 채굴하고 부족민을 노동자로 활용한다. 부족민의 노동 환경뿐만 아니라 정체성, 영토, 공통장, 그리고 문화가 위태로운 상황에 빠졌다.[49] 뜨란스미그라시는 이런 유형의 수많은 사업 가운데서 가장 잘 알려진 것에 불과하다. 선진국 혹은 조금 덜 선진화된 국가의 시민들은 타인을 빈곤에 빠뜨리고 뿌리째 뽑아 쫓아내는 이런 유형의 사업에 자기도 모르게 돈을 댄다. 더욱이 그 시민들의 주머니에서 나온 기부금은 자신과 타인의 목에 부채라는 훨씬 더 무거운 맷돌을 매단다.

요컨대 오늘날 구조 조정 정책 및 〈세계은행〉의 발전 계획을 구성하는 핵심 요소는 토지를 강제수용하는 것 그리고 주민을 뿌리째 뽑아 이전시키고 봉쇄하여 정체성 및 조직망을 약화시키는 방식으로 공동체를 해체하는 것이다. 영국에서 인클로저가 진행되고 아프리카인이 아메리카 대륙으로 팔려나가던 때만큼이나, 자본을 확장하고 전 세계 계급을 재구축, 재계층화하려면 구조 조정 정책 및 발전 계획이 필요하다.

함의

결과적으로 구조 조정 정책은 물론이고 〈세계은행〉의 대다수 발전 계획의 작용이 통로가 되어 재생산의 저발전이라는 장대한 전략으로 나아가고, 재생산의 저발전을 기반으로 생산은 발전을 거듭한다. 그와 동시에, 내가 앞서 보여 주고자 한 바처럼, 인간이 땅과 맺는 관계는 구조 조정 정책 및 발전 계획에서 결정적인 요소로 계속해서 기능한다. 그런데 이 모든 게 사실이라면, 토지 문제 그리고 인간과 토지의 관계 문제가 다시금 논의와 투쟁, 그리고 정치적 제안의 중심에 와야 할 것이다. 이제부터 내가 반드시 살펴봐야 한다고 생각하는 함의들을 몇 가지만이라도 이야기해 보겠다.

첫째, 만약 새로운 세계 경제 체제에서 계급이 끝없이 재구축되고 재계층화되는 이유가 토지와 관련된 주요 작용 때문이라면, 정치적으로 적절하게 판을 다시 짜는 일에서 모두 토지 관련 투쟁이 중심적인 역할을 맡아야 한다. 또한, 그토록 광범위하게 논의되는 〈유럽연합〉이 아니라, 남반구와 북반구를 연결하는 축에 더욱 주목하면서 전 세계적으로 지원 활동을 구성해야 한다. 반드시 해야 할 일은, 토착민 투쟁은 물론 여러 남반구 지역에서 토지를 중심으로 하는 여타 주민 투쟁 및 여성 투쟁을 잘 일고, 전달하고, 해석하며, 지원하는 것이다. 무엇보다 투쟁하는 사람들이 누구인지 아는 데서부터 시작하여 어떻게 그들을 지원할지, 그들과 어떤 관계를 맺을지, 어떻게 그들을 우리 맥락 속으로 옮겨올지 고민해야 한다. 이런 일들은 모두 힘을 보태고 또 힘을 받는 행동이다. 그래서 나는 투쟁은 물론이고 투쟁이 거둔 승리를 사람들이 잘 아는 게 중요하다고 확신한다. 투쟁이 거둔 승리를 잘 알면, 자본은 전능하다는 자명해 보이는 사실이 힘을 잃고, 곧 닥쳐올 가장 높은 수준의 발전을 덜 신뢰하게 된다. 파푸아뉴기니는 일반적으로 우리 시야에 잘 들어오지 않는 지역이지만, 그곳 사람들은 구조 조정과 사유화에 반대하는 운동을 성공적으로 구축하고, 〈세계은행〉이 토지 공동 소유권을 없애기 위해 도입하려던 조치를 정부가 철회하게 했다. 같은 일이 인도에서도 일어나고 있다. 어떤 지역에서는 농민들이 수출용 작물 재배 농장을 운영하는 기업에 특권을 주는 일을 취소하도록 만드는 데 성공했다.

지원 활동의 연장선상에서 토지 강제수용 및 부채 정책을 핵심 의제로 삼는 국제 네트워크와 연합하는 일도 중요하다. 〈부채위기네트워크〉와 〈50년이면 충분하다 ─ 세계 경제 정의를 위한 미국 네트워크〉가 그 두 가지 사례인데, 두 포럼에서는 다양한 입장을 가진 사람들이 토론을 펼친다. 사빠띠스따 저항의 대규모 지역 회의와, 올해 7월 말과 8월 초 치아빠스에서 열린 최초의 대륙 간 회의인 〈인류를 위해, 그리고 신자유주의에 반대하며〉 역시 핵심 네트워크이다. 이 네트워크들은 우리 모두에게 영향을 미치는 문제를 논의하고 결정한다.

이제까지 싸움을 해 나가면서 힘을 모아 네트워크를 형성해 온 기나긴 역사가 존재한다. 근본적으로 구조 조정 정책과 〈세계은행〉의 발전 계획 때문에 전 세계에서 충돌이 발생했고, 충돌은 시골과 도시를 가리지 않고 일어났다.[50]

최근 인도 내 도시 지역에서 발생한 여성 투쟁에는 선례가 있다. 1970년대 초반, 쌀값이 오르고 실험실에서 이종 교배로 품질이 좋지 않은 쌀이 생산되자, 여성들이 힘을 모아 들고일어났다. 〈물가상승반대여성연합전선〉이 1972년 뭄바이에서 결성되었다.[51] 항의 시위가 매우 거세게 일어나, 수천수만 명이 거리를 행진하고 방어벽을 쌓을 정도였다. 1973년 겨울에는 뭄바이 여성 2만 명이 식품부 장관의 집으로 행진하여 부엌에서 무슨 요리를 하는지 보려고 했다. 비슷한 조직들이 결성되었고, 강제 불임 수술에 반대하는 항의 행동도 터져 나왔다. 여성들은 또한 1984년 보팔 사고에[52] 항의하는 시위의 선봉에 섰다. 이 사고로 유독성의 화학 물질 구름이 빈민가에 내려앉으면서 2,500명이 사망하고 수십만 명이 피해를 당했다.[53] 살던 땅에서 쫓겨난 사람들이 끊임없이 밀어닥치는 인도의 빈민가에는 도시를 배경으로 한 기나긴 저항의 역사가 존재한다. 즉, 거주할 수 있는 땅 그리고 주소지를 가질 수 있는 땅을 쟁취하려는 싸움이 이어져 오고 있다. 뉴델리 한 곳만 해도 매년 20만 명이 농촌을 떠나 이주해 온다.[54]

인도를 비롯한 여러 곳에서는 도시 지역이 고도로 발전하면서 생겨난 결과물, 예컨대 식품의 가격과 질, 거주지 오염, 생태 재앙 등에 반대하는 저항이 일어났고, 농촌 지역에서는 땅, 숲, 물, 생물 다양성을 지키려고 투쟁이 일었다. 이 두 가지 저항은 남반구와 북반구를 가리지 않고 협력하며 활동을 이어 간 학자들과 활동가들 덕분에 연결점을 찾았다.

환경 악화, 그리고 자본주의적 발전을 위해 매복해 있는 장치들에 반대하는 투쟁은 자급생활 및 공동체를 지키는 투쟁과 협력했다. 대안적 형태의 발전을 정교하게 고안하려면 자급생활 및 공동체를 지키는 투쟁이 꼭 필요했다. 나는 이것이 가장 두려워해야 할 유형의 협력이라고 생각한다. 그 이유는 이렇게 협력하면서 주민들이 정치적으로 강력하게 재편되기 때문이다. 이 정치적 재편의 가능성은 절멸, 강제 이전(이민을 떠나게 만드는 사유도 여기에 포함된다), 슬럼화, 사람들을 울타리 속에 가두는 행위를 통해 계속해서 약화되고 있는데, 이 상황이 그저 우연히 일어난 건 아니다. 정치적 재편의 가능성은 또한 충돌 및 분열을 만들어 내려는 시도를 거치며 약화되고 있다. 심지어 이 시도들은 사실상 토지 및 기타 자원 부족에서 비롯된 충돌을 민족 간의 충돌로 그린다.

많은 지역에서 토지 관련 투쟁은, 토지가 여전히 공동으로 관리되는 곳에서 그런 토지 관리 방식을 지키려는 행동을 중심으로 펼쳐진다. 이는 우리가 이야기하고 있던 내용의 두 번째 함의, 즉 공공 자원 및 공동 사용 공간으로서 우리 땅을 어디까지 지켜내고 회복해야 하는가, 모든 인류의 권리로서 토지권을 얼마만큼 되찾아야 하는가로 이어진다.

세 번째 함의는 토지를 대상으로 하는 모든 투쟁이 생물 다양성 및 다른 유형의 지식, 특히 그 지역의 고유한 지식 형태를 지키는 투쟁이기도 하다는 사실이다. 이런 지식은 생물 다양성을 지키고 생물 다양성과 협력한다. 그 일환으로 토착민이 농장에 심긴 유칼립투스 묘목을 뿌리째 뽑아버린 일은 결코 우연이 아닌데, 유칼립투스가 토양과 수자원을 파괴할 뿐 마을 사람들에게 식량이나 그늘은 제공해 주지 못하기 때문이다.[55] 토착민은 또한 명아주가[56] 제초제 때문에 죽지 않도록 보호한다.[57] 이들은 영양 가치가 높은 갖가지 곡류 및 나무는 물론 동물을 보호하는 활동도 하는데, 이 모두는 수천 년에 걸쳐 자연 진화가 이뤄지고 인간과 자연이 안정적으로 협력하면서 다양하고 적대적인 기후 조건에도 견딜 수 있고 증식할 수 있게 된 것이다. 대지의 자원, 그 자원의 재생 가능성, 그리고 생물 다양성을 지키는 이들의 투쟁은 우리가 협력할 수 있는 매우 중요한 기회가 되기도 한다. 이들이 지켜내는 토지와 생물 다양성은 우리가 살아가는 데 필요한 자원, 식량의 원천, 풍요로움이기도 하기 때문이다.

네 번째 함의는 세 번째와 밀접하게 연결되어 있는데, 생물 다양성을 지키는 일, 이를 위해 자연 진화의 근원인 토지를 지키는 일과 관련되기 때문이다. 산업계와 실험실에서는 자연이 수백만 년에 걸쳐 만들어 낸 유전자를 조작하고 특허화해야 한다고 강력하게 요구하는데, 이에 맞서 생물 다양성이라는 공익을 지켜내야 한다.[58]

선진국에서 일어난 몇몇 환경 운동이 이런 함의들을 이미 추구하고 있고, 우리 역시 이를 추구하는 데 관심이 있다. 상황이 이렇다면, 이른바 전 세계 남반구에서 이 사안을 다루는 투쟁들이 우리의 물질적, 문화적 관심사를 모두 지켜내는 행동임을 인정해야 한다. 그 투쟁들을 우리의 정치적 행동 방식 중 하나로 받아들인다는 것은 다음 두 가지에 헌신한다는 뜻이다. 하나는 투쟁을 가지고 와서 농업 영역 내적, 외적으로 현 정책에 반대하여 요구하고 실천하고 항의하는 것이고, 다른 하나는 투쟁을 지지할 구체적인 방법을 찾는 것이다.

사빠띠스따 봉기가 있고 나서 특히 전 세계 곳곳에서 많은 운동이 경제적·정치적·사회적·문화적 원조를 구체적으로 제공하는 계획에 참여하고 있다. 이탈리아에 사는 우리는 이제 그만ya basta 운동을[59] 중심으로 전개되고 있는 내용만 이야기한다.

선진국에는 소득이나 임금 혹은 노동 시간과 관련하여 역사적으로 뿌리가 더 깊은 투쟁이 존재한다. 그런데 이 글을 시작하면서 말했듯이, 이런 투쟁이 자동으로 제3세계 투쟁을 지지하는 행동으로 옮겨가는 건 아니다. 오히려 우리가 경험한 바에 의하면, 선진국에서 충돌이 터져 나올 때는 자본이 벌써 생산 공정을 인건비가 더 낮은 여러 남반구 지역으로 옮겨 두었거나 수출하고 난 이후이다. 혹은 자본이 여러 가지 유형의 강제수용을 실행하여 개별 이민자들이 더 발전된 국가로 떠나게 만들고, 그들이 그곳에서 가장 보수가 낮은 일자리를 얻게 된 이후이다. 투쟁을 시간이나 돈이라는 쟁점에 국한시키는 것, 또는 오로지 시간과 돈이라는 이 두 측면만 고려하는 제안을 우선시하는 것만으로는[60] 충분하지 않다는 게 갈수록 명확해지고 있다. 이는 '무엇을 해야 하는가'를 이야기하는 '35인의 호소l'appello dei 35 [61]를 비롯한 근래의 호소들에서도 나타난다.

토지가 점진적으로 사유화되고 강제수용되면서, 노동 계급이 세계 경제 체제 속에서 가장 낮은 임금을 받는 쪽으로 끊임없이 개편되고 있는 상황은 간과할 수 없는 현실이다. 얼마나 좋은 의도를 가지고 있든 간에 새롭게 세계화된 경제 체제 속에서 토지 관련 작용의 중요성을 인식하지 못한다면, 이는 한편으로는 북반구의 발전 지향적인 접근법을 드러내는 것이고 다른 한편으로는 가난한 사람들의 권리를 부자의 식탁에서 떨어진 부스러기를 주워 먹는 것으로 그리는 꼴이다.

북반구 지향적인 접근법은, 선진 지역의 정책을 검토할 때 그 정책이 선진 지역이 아닌 다른 지역에 뿌리를 두고 있음을 간과한다. 이 접근법은 발전 지향적인 접근법이기도 한데, 현행 발전 유형이 우리에게 나쁜 짓을 할 수도 있지만 좋은 점도 있는 불가피한 어떤 것이라고 보기 때문이다. 그런데 폐단은 엄청나게 많고 좋은 점은 거의 없음을 알면서도 그 폐단을 아주 조금 줄이라는 요구밖에 하지 않는다. 나사로가 얼마나 많은 부스러기를 얻어먹었는지 우리는 알 수 없다. 하지만 적어도 그가 살던 시대에는 빵이 자연의 산물이기라도 했다.

실업·임금 삭감·노동 관련 탈규제에 맞선 방어책들은 토지 강제수용, 사유화, 그리고 그 어느 때보다도 심각한 오염과 같은 쟁점을 이야기하고 행동하지 않는 한 분명 부스러져 무너질 수밖에 없다. 토지 강제수용·사유화·오염은 여전히 자본주의 축적을 지탱하고 있다. 이 작용들 덕분에 축적은 땅을 빼앗긴 가난한 사람들을 끊임없이 대량으로 만들어 내고, 이들이 자국에서든 타국에서든 임금 수준이나 노동 환경을 가리지 않고 일하게 한다. 그러는 사이 생명을 변형시키는 기술, 즉 유전자 조작 기술과 같은 신기술이 도약하여 차곡차곡 쌓여가고 있다. 식량 및 풍요의 원천으로서 스스로 재생하는 대지는 파괴되고, 시장-실험실 의존도는 점점 높아진다. 이와 함께 빈곤과 기아가 확대되어 전 세계에서 노동하는 사회 다수의 재생산 능력에 가장 치명적인 위협을 가한다.

어찌 됐든 이제는 임금·소득·노동 시간을 논의할 때 강력한 초국가적 협력이 필요하다. 노조 차원에서도 협력이 이뤄져 남반구·북반구·동구권이 허용할 수 있는 교섭 기준을 만들어야 한다. 이런 점에서 미국 노조들이 멕시코 노조들과 공동 교섭을 계획한 것은 의미심장하다. 이것 말고도 서로 힘을 합하는 사례는 무수히 많다. 특히 중미의 마낄라도라,[62] 아시아의 자유무역지대에서 일하는 노동자들이 유럽 및 미국 노조와 자율적으로 연락망을 구축한 사례를 들 수 있다. 또 과테말라에 있는 미국 기업 계열사에서 일하는 노동자들도 있다. 회사는 야간에 기계를 이동시키게 해놓고는 노동자에게 임금을 지불하지 않는데, 종업원들이 미국에 있는 모회사 노조에 이 사실을 알렸다.[63] 그리고 전 세계 노조들은 다른 무엇보다도 점점 더 늘어나고 있는 교도소 노역 시간 및 노역 환경 문제도 제기해야 한다.[64] 우리는 진정으로 세계화된 시야를 가지고 시간과 돈에 대한 교섭을 고려해야 한다. 선진국에서는 시간과 돈이라는 쟁점이 생존과 매우 밀접한 관계를 맺고 있는데, 이 쟁점을 두고 벌어지는 투쟁은 토지 관련 투쟁, 그 가운데서도 남반구 지역의 토지 관련 투쟁과 반드시 함께 가야 한다.

임금/소득 투쟁을 이어 가는 한편, 특히나 어떤 '공통장'을 얼마나 많이 되찾을 수 있을지도 질문해 봐야 한다. 시장에서 우리 자신을 보호함은 물론, 시장이 사회 전반을 장악하는 현실에 반격하려면 반드시 이 질문을 던져야 한다.

돈을 쟁취하려는 투쟁이 토지를 공통장으로 지켜내고 탈환하려는 투쟁과 어떻게 연결될 수 있는가? 또, 생물 다양성·온전함·자연의 재생 가능성을 지키고 탈환하는 투쟁과는 어떻게 연결될 수 있는가? 토착민 공동체가 가르쳐주듯이, 생물 다양성·온전함·자연의 재생 가능성은 우리가 가진 삶의 가능성을 증대시키지 그것을 축소시켜 괴물로 만들지 않는다.

이탈리아와 가장 비슷한 사례들만 이야기하자면, '광우병 소,' 닭고기 맛이 나는 송어, 생선 맛이 나는 닭고기가 떠오른다. 그런데 이 모든 게 결국에는 석유 맛이 날 것이다. 살 수 있는 것이 독극물뿐이라면 임금이 무슨 소용인가? 토지 문제 역시 명백히 생명 공학 실험실에 반대하는 투쟁이다. 생명 공학 실험실에서는 생물종을 조작하는데,[65] 그 사례는 질병에 취약한 교잡종 식물(미국산 밀과 보리의 교잡종이 카날 번트 곰팡이균에 감염되어 애리조나주州에서만 1,200톤이 못 쓰게 되었다.)[66]부터, 소 성장 호르몬 주입으로 우유를 더 많이 만들어 내는 소 혹은 지방이 없는 고기를 제공하는 소에 이른다. 생명 공학 실험실 반대 투쟁은 식품 생산의 점진적인 산업화·지리적 지역에 따른 작물 특화特化·시장의 자유주의적 세계화에 반대하는 싸움이다. 페루의 전직 대통령 알란 가르씨아가 말한 다음 내용은 매우 의미심장하다.

식품 수입은 단지 외화 문제만이 아니다. 식품 수입은 한 나라가 자기 고유의 역사 및 지리와 관계를 맺지 못하게 만드는 것이기도 하다.[67]

공동체는 먹거리에서 생겨나고, 먹거리를 통해 영위되며, 섭취하는 먹거리를 통해 시간 및 공간에 대한 의식을 형성한다. … 그렇기 때문에 우리가 페루에서 보고 싶은 민주주의는 도시 민주주의도 아니고 관료 민주주의나 행정 민주주의도 아니다. 페루가 원하는 건 우리가 무엇을 먹는지, 우리가 어떤 지리적 환경에서 살아가는지를 전체 국가 차원에서 확인함으로써 페루의 땅과 새롭게 역사적으로 조우하는 것이다. … 우리는 토착 음식 모델에 영감을 받아 훨씬 더 큰 변화를 추구하고자 한다. 이 모델이 나라의 독립·정의·사회적 해방, 이 모든 면에서 혁명을 가져올 수 있는 유일한 길이기 때문이다.[68]

그런데 토착민이 주는 교훈을 따르자면 토지 문제는 다른 생명체들과 애정 어리고 존중하는 관계를 맺는 문제이기도 하다. 그런 관계에서는 동물을 유전적으로 조작하여 나온 식품은 물론 집약적 사육 환경이나 실험실에서 잔인하게 학대하여 얻은 식품도 거부한다. 우리는 또 다른 함의를 품고 있는 이 끔찍한 상황을 이야기하고 여기에 반대하는 실질적인 노력을 기울여야 한다. 그 끔찍한 상황의 한 가지 예시는 송아지가 절대로 움직이지 못하도록 가두어 사육하는 것이다. 송아지는 가끔 일어서서 어미 소의 젖을 빨거나 풀밭을 돌아다니며 풀을 뜯어 먹는 일조차 할 수 없다. 단지 목을 비틀어서 자신을 옥죄고 있는 쇠줄을 빨아 먹으며 철분을 얻으려 할 뿐이다. 사육자는 송아지에게 철분을 주지 않는데, 그래야만 송아지 고기가 '더 하얗게' 되기 때문이다.[69]

요컨대 새로운 기술과 기계 속에는 생명이 없다. 오늘날 이런 기술과 기계가 끊임없이 생명을 파괴하도록 허용되는 상황에서, 앞으로 펼쳐질 단계의 발전에 해방의 가능성이 내재해 있다고 계속해서 주장하기란 불가능하다.

신기술은 결코 내가 먹을 음식을 제공해 주지 않을 것이다. 내 음식은 대지에서 얻는다. 나는 내가 먹는 것이 실험실 및 집약 사육에서 이뤄지는 동물 도살과 학대, 그리고 토양 오염에서 나온다는 사실을 받아들일 수 없다. 마찬가지로 내가 먹는 것이 강제 노동으로 혹은 점점 더 많은 수의 인류가 자급자족할 가능성을 배제당하면서 나와야 한다는 사실도 받아들일 수 없다.

만약 위와 같은 내용이 신기술의 배후에 놓여 있는 농업적 해법이라면, 우선 여기서부터 싸워나가야 한다. 제3세계의 농민 투쟁 및 농업 노동자 투쟁과 힘을 합치는 건 물론, 이곳에서 투쟁해 나가면서 땅 그리고 거기서 살아가는 생명체와 다른 관계를 맺는 일, 우리의 공통장을 되찾는 일이 어떤 의미인지 질문해 봐야 한다.

농업과 축산업에 '기술적 해법'은 소용없다는 사실이 이제는 받아들여지고 있다.[70] 단순히 기계적·화학적·생명 공학적 투입을 늘려 수확량을 더 증가시킴으로써 토지 생산성을 높이는 일, 이를 토대로 우리가 노동에서 해방된다는 생각은 기만이라는 게 드러났다. 녹색 혁명의 여러 단계를 거쳐 가장 최근에 이뤄진 생명 공학 기술에 이르기까지, 각각의 해법은 훨씬 더 큰 문제를 만들어 낸 동시에 생명을 파괴하고 계속해서 토지를 오염시켰을 뿐이다. 인간을 재생산하는 일은 '기술적 해법'으로는 불가능하고[71], 이렇게 말해도 된다면 새로운 인간을 생산하는 것 역시 불가능하다. 다른 생명체도 마찬가지이다. 생명체에게는 다른 무엇보다도 돌봄이 필요하다. 돌봄은 생명체가 가진 표현 방식이기도 하다. 기술은 그다지 중요하지 않은 부분에서 역할을 할 수 있을 뿐이다. 대지는 살아 있는 존재다. 대지를 기술적으로 조작함으로써 드러난 점은, 한쪽을 파먹으려면 반드시 다른 한쪽을 갈가리 찢어야 한다는 사실이다. 그런데 이것이 사실이라면, 다시 말해 인간의 존재·노동·돌봄이 반드시 있어야만 대지가 재생 가능한 식량원과 살아갈 영토를 제공할 수 있다면, 설사 기술이 그 유명한 최종 단계에 이른다고 할지라도 기술이 우리를 노동에서 해방시켜 준다는 생각은 유토피아에 지나지 않을 것이다.

재생산 노동은 아이를 양육하고 성인을 돌보는 일뿐만이 아니라 우리가 관계를 맺길 원하고 맺어야만 하는 모든 생명체와 관련된다. 우리가 우리의 삶을 재생시키는 자원과 환희를 찾고 싶은 한 그러하다. 여기서 훨씬 더 거대한 투쟁의 영역이 열리는데, 바로 남녀 모두의 노동 시간과 노동일을 둘러싼 투쟁이다. 인간관계를 돌보는 데 꼭 필요한 시간을 요구하는 건 곧이어 토지를 돌보는 문제로 확장된다. 중요한 건 생명의 '재생산을 돌보는 데 필요한 시간을 확대하는 것뿐만이 아니다. 신기술이 앞으로 도약하면서 전반적으로 노동 강도가 심화되었고, 이런 상황 속에서 재생산 노동이 강요받는 속도 역시 중요한 문제가 된다.

노동 시간을 둘러싸고 투쟁하는 이들은 무엇보다도 삶의 생산 과정과 리듬을 자유롭게 하길 원한다. 이 중요한 전투의 의제는 따라서 노동 속도를 늦추는 일이다. 기술이라는 신념은 인간의 재생산에 꼭 필요한 시간을, 그리고 인간이 서로 간에 맺는 관계 및 인간과 땅이 맺는 관계에 꼭 필요한 시간을 짓누르고 계속해서 옥죄어 왔다. 이 기술적 신념은 미래를 더욱 믿기 어려운 것으로 만들었을 뿐이다.

만약 접근 방식이 바뀌고 문제의 차원이 조절된다면, 기술이 차지하는 자리와 할 수 있는 역할은 얼마나 될까? 그리고 무엇보다도 자본주의적 접근법의 영향을 받지 않은 기술을 가지는 게 현재로서 가능할까? 전 세계 다양한 지역에서 점점 더 많은 남녀가 스스로 묻고 있다. 이런 현상은 그들이 다른 믿음을, 예를 들어 결코 과거를 그리워해서는 안 된다는 믿음을 버리고 있다는 뜻이다. 영국인들이 인정했듯이, 영국의 공학자들은 그들이 인도에 도착하기 전부터 인도 내 강에 자리 잡고 있던 관개 시설을 능가하는 시설을 만들 수 없었다.[72] 마찬가지로 이른바 '자연' 종자 속에는 매우 '대안적인' 기술, 인간과 자연의 협력이 낳은 수많은 열매가 포함되어 있고, 이 '자연' 종자는 결코 '원시적이지' 않다.[73] 이 기술과 기술의 기준을 보존하는 게 타당하고 또 가능한가?

그런데 사람들이 그리워하는 '과거'란 뭘까? 무엇이 일반적인 의미의 '과거'인가? 우리에게 과거란 대다수 사람의 현재이며, 또한 누군가가 단 하나의 의제로 바꾸려고 하는 현재를 거부하면서 그토록 많은 사람이 지켜내고 있는 미래이다.

투쟁의 신호 그리고 대안적이며 자율적인 결집의 징후

1994년 3월과 4월, 인도 카르나타카주[州] 농민들이 우루과이에서 타결된 '관세무역일반협정'에 반대하며 투쟁을 일으켰다. 이는 실로 과거냐 현재냐 미래냐라는 물음을 둘러싸고 벌어진 대전투였다.

〈카르나타카 농민조합〉은 14년 전에 창립되어, 현재 카르나타카주의 19개 지구 중 12곳에서 정치적 역할을 해 내고 있다. 조합에는 다양한 카스트 및 종교를 가진 구성원 1천만 명이 참여한다. 조합의 목표물 중 하나는 종자 특허권이다. 기업이 종자에 대한 특허권을 바탕으로 재산권을 주장함으로써 지역민의 종자를 가질 권리가 부정될 수 있고, 따라서 지역민의 생존에 악영향을 끼친다. 기업이 판매하는 실험실의 교잡종 종자는 생식력이 없기 때문에, 농민이 어쩔 수 없이 이런 씨앗을 사용하면 매년 씨앗을 다시 구입해야 한다. 또, 그 씨앗이 발아하여 성장하는 데 필요한 비료와 해충 억제제도 대개 씨앗을 판매하는 바로 그 기업에서 구입해야 한다. 하지만 농민이 자연 종자를 사용하거나 판매하려고 하면, 교잡종 종자를 불법 판매한다는 죄목으로 결국 법정에 서게 된다. 그리고 피고 스스로 자신이 무죄임을 입증해야 한다.

종자 특허화 반대 시위를 둘러싸고 녹색 혁명에 환멸을 느끼는 사람들이 점점 더 늘어나고 있다. 녹색 혁명이 대단히 파괴적인 결과를 가지고 왔다는 점, 녹색 혁명이 만들어 낸 교잡종을 키우려고 생태적으로나 경제적으로 지속될 수 없는 정도의 투입이 이뤄져야 했다는 점, 이례적으로 많은 물을 소비해야 했다는 점은 명백한 사실이다. 그리하여 〈카르나타카 농민조합〉은 특허 체계, 교잡종, 단일 경작 경제, 그리고 주변을 오염시키고 파괴하는 수많은 기술에 반대하는 싸움을 이끌고 있다. 또한, 조합은 '식량 주권'food sovereignty이라는 이름으로 자연 종자와 토지를 보존하기 위해 싸우고 있다. '식량 주권'은 식량을 자급자족할 권리를 꾀하며, 이 권리는 토지 이용 기회 및 토지가 가진 재생산 능력 보존을 바탕으로 한다. 따라서 '식량 주권'의 목표는 다각화된, 경제적으로나 생태적으로 지속 가능한 농업을 추구하는 것이고, 이런 농업은 다채로운 종을 자연스러운 방식으로 재생산하며 주로 국내 수요에 집중한다. 조합에 소속된 농민들은 다국적 기업, 주요 국제기구 및 정부가 강요하는 제안과 해법을 대신할 실현 가능한 방안으로 일련의 협동조합을 만들어 자연 종자를 개발하고 판매한다. 그들은 자연 종자를 사티아그라하 씨앗Seed Satyagraha이라고 부르는데, '사티아그라하'는 간디의 비폭력 저항을 가리키는 말이다. 농민 조합원들은 또한 방갈로르에[74] 센터를 만들어 종자를 보존하고 배포했다. 주요 시위가 방갈로르에서 열렸고, 여기서 프랑스 및 기타 유럽 국가의 농민들과도 만나 관계를 맺었다.[75]

특허 체계 남용을 보여 주는 사례로 님나무 뿌리가 자주 인용된다. 님은 어디서나 자라는 초목으로 약효 성분을 가지고 있으며 살충제로도 쓰인다. 한 다국적 기업이 님나무에서 파생된 물질을 특허화하면서 지역 내에서 유난히 힘든 투쟁이 이어졌다.[76]

〈카르나타카 농민조합〉은 훨씬 더 방대한 농촌 단체 네트워크인 〈비아 깜뻬씨나〉의 구성원이다. 1992년에 설립된 〈비아 깜뻬씨나〉는 중남미에서 강력한 영향력을 발휘하면서 다른 많은 나라와도 굳건한 관계를 맺고 있다. 〈비아 깜뻬씨나〉의 두 번째 국제 대회가 올해[77] 4월 18일부터 21일까지 멕시코 뜰락스깔라에서 개최되었다. 〈비아 깜뻬씨나〉의 주요 관심사는 앞서 이야기한 '식량 주권'이다. 세계 각지에서는 자급생활의 토대, 특히 토지와 자연 종자를 지키려고 자발적으로 힘을 모으는 경우가 점점 더 늘어나고 있고, 곳곳에서 토지와 자연 종자를 파괴하는 정책에 맞서 저항하는 사례도 마찬가지로 증가하고 있다. 이런 정책과 이를 뒷받침하는 주요 경제 및 금융 협정에 반대하여 투쟁을 일으키고 자발적으로 결속하는 결정적인 계기가 된 게 사빠띠스따 저항이다. 사빠띠스따 저항은 토지와 생명 보호는 물론, 부사령관 마르꼬스의[78] 말처럼 "다른 영화를 고르려는" 시도였다.[79]

어쨌든 흥미롭게도 다른 지역과 마찬가지로 남미 역시 생명과 토지를 보장하려고 공동체들이 매우 다양한 형태로 힘을 모으고 있다.

브라질 싼따까따리나주[州]의 〈뉴프런티어 협동조합〉 역시 〈비아 깜뻬씨나〉와 연결된 조직이다. 싼따까따리나에서는 토지·노동력·기계 및 기반 시설이 공동으로 조직되고 있고, 이 때문에 60가구가 지역 내 개인 농장주들보다 더 윤택한 생활을 한다. 분야별로 나누어져 있긴 하지만 일자리도 모두가 동등하게 공유한다. 1985년에 토지를 점거하면서 협동조합이 시작되어, 1988년에는 토지 1,200헥타르에 대해 법적 권리를 쟁취했다. 현재 조합원 가정은 물·전기·전화·하수구가 있는 제대로 된 주거 환경을 누리며, 그들이 먹는 곡물·채소·과일은 생태적인 방식으로 생산된다. 그들은 목초지와 축산 시설, 초목과 마떼 풀 농장, 제분소와 의복 공장을 가지고 있다.

협동조합 창립 회원들은 〈무토지농민운동〉에서[80] 활약했다. 이 운동으로 지난 10년간 땅이 없는 가구 수백 채가 넓은 땅을 넘겨받을 수 있었다. 운동은 현재 마뚜그로쑤주州에서 토지 점거 행동을 조직하고 있다.[81] 협동조합 구성원들은 자신들이 과거에 경험한 굶주림과 빈곤을 다시는 겪지 않을 거라고 굳게 약속하는데, 이 약속은 무엇보다도 생산된 먹거리를 매일 혹은 매주 협동조합 내부에서 충분하게 배분한다는 사실에 기초한다. 남은 먹거리는 판매하고, 판매 수익은 나눠 갖는다. 시장 체제와 관계없이 내부적으로 먹거리 소비를 보장하는 행위는, 가까운 아르헨티나에서 훨씬 더 싼 가격에 들어오는, 영양이 아니라 굶주림을 가져오는 밀에 맞서 자신을 지키는 최대 방어막이 된다. 지역에는 유치원이 하나 있고, 협동조합에서 나온 보고서에 따르면 가사노동은 남녀가 나눠서 한다.

앞서 말한 협동조합과 비슷한 상황을 두고 과거에 가장 흔하게 제기되었던 질문은, 어떻게 그토록 '후진적인' 경험을 한 젊은이들이 도시로 달아나 자유를 찾지 못하는가였다. 그런데 세계 경제가 가져온 재앙을 생각하면, 땅에서 살아가는 이 시민들이 8억 명의 굶주리는 계급이 되지 않을 방법을 찾아야 했다는 사실이 훨씬 더 중요하다. 도시가 이들을 끌어들이지 못한 것에 대해 구스따보 에스떼바[82]가 이야기한 내용은 생각해볼 만한 가치가 있다. 에스떼바는 도시와 지방을 오가며 통근하는 게 점점 더 일반화되고 있다는 점, 도시가 '다시 시골화되고' 있는 상황에서 만약 통근자가 더 이상 통근을 하지 않게 된다면 그는 출발지에 머무르는 경향이 있다는 점을 이야기한다. 세계 경제는 '주변부로 밀려난 다수'를 뿌리째 뽑아내는데, 이런 상황에서 깊고 튼튼하게 뿌리내리는 일이 시작된 것이다. 발전이 이야기하는 가능성에 더 크게 환멸을 느낄수록 자발적으로 힘을 모으는 감각과 독창성은 더욱 커진다. 또, 굳이 도시에서 살아야 할 필요가 없다면 돈·상품·지식·관계 무엇이 되었든 도시에서 가져온 것을 대체하여 사용하는 감각은 커질 것이다. 레푸지오 부인은 가스레인지 구입을 거부했고, 지금도 여전히 주방 한가운데 불을 떼는 편을 선호한다.[83]

이와 동시에 선진국에서는 사람들이 소득원을 가지지 못하는 경우가 계속해서 늘고 있다. 세계 경제 체제 속에서 이뤄지는 임금 감축과 노동 관련 규제 철폐, 이 두 가지가 원인이다. 한편 점점 더 많은 사람이 어떻게 임금/소득 투쟁 혹은 임금/소득이 부재한 상황에 맞선 투쟁을 자급생활 보장 방법과 연결 지을까를 고민하고 있다. 또, 어떻게 공유지를 탈환하여 시장에 맞서 자신을 보호하고 시장의 침투에 일격을 가할지도 고심하고 있다. 1980년대와 1990년대에는 미국에서 호주에 이르기까지, 수많은 제1세계 공동체가 이 질문에 답을 내려 보고 그 결과를 실험했다. 당시 미국은 탈산업화 및 첨단 기술 때문에 늘어난 실업에 사로잡혀 있었고, 호주는 영국이 〈유럽연합〉에 가입하면서 가장 중요한 수출 시장, 특히 식품 수출 시장이 막힌 상태였다. 이런 1980년대와 1990년대를 지나는 20년간은 투쟁이 진행되고 출범하는 과정에서 어려움을 겪는데, 그와 나란히 농촌 및 도시 차원에서 대안 경제를 만들거나 혹은 최소한 대안적 사회경제 공간을 만들어 내려는 시도도 매우 증가한다. 종종 공유지를 되찾고 재능과 자원을 지역 차원에서 보유하려는 노력이 성공하거나 상당한 진전을 보이는 경우도 있어서 지역의 재능과 자원이 더 이상 생산 및 시장을 세계화하는 자유 무역의 머나먼 신기루에 넋을 빼앗기지 않을 수 있었다. 많은 사람에게 대안 경제를 만드는 실험은 얼마가 됐든 가능한 추가 수입을 긁어모으고, 무엇이 됐든 소득 투쟁을 계속해서 밀고 나가는 일일 뿐만 아니라, 생존을 위한 유일한 자원 혹은 더 나은 생존을 위한 자원을 의미한다.

한 가지 매우 중요한 역사적 선례를 언급할 필요가 있겠다. 바로 대공황 시대에 존재한 〈시애틀 실직시민연맹〉으로, 대안 경제를 시행한 가장 광범위한 규모의 자조 조직이었다. 연맹은 워싱턴주 22개 구역에서 조직되었고, 총 1만 3천 가구, 4만여 명이 참여했다. 이들은 자조 프로그램을 바탕으로 물건과 서비스를 교환하고, 일부 물건과 서비스를 내부적으로 생산하기도 했다. 1932년 말에는 미국 30여 개 주에서 100개가 넘는 자조 조직이 있었다. 많은 곳이 독자적인 화폐를 갖고 있었고, 필요한 것을 직접 생산하기 위해서 대공황으로 문을 닫은 소규모 공장들을 다시 가동하는 일에 참여했다.[84]

위와 같은 선례는 미국 내 대안 운동이 지나온 역사에서 어쩌다 생긴 특이한 경우가 아니다. 지난 몇십 년간 비슷한 시도들이 이어졌고, 이런 경향은 경제적으로 어려운 시기에 자신을 지켜내는 조치 이상을 보여 준다.[85] 물론 자기 보호 조치도 경시해선 안 된다. 싸우려면 먹어야 하기 때문이다. 좀 더 최근의 계획들은 보다 더 영구적인 방식으로 문제를 해결하려고 고심한다. 우리가 현재 놓여 있는 발전 유형과 싸워가면서 다른 발전 유형에 시동을 걸기 위해 반드시 풀어야 할 문제를 항구적인 방식으로 해결하고자 한다.

여기서는 간략하게 이야기할 수밖에 없지만, 일반적으로 '사회 생태론,' '생물 지역주의,'[86] 그리고 다양한 형태의 '공동체 경제'라고 불리는 부류의 경험들은 언급할 가치가 있다. 이 경험들은 지금 새로운 길에 들어섰고, 새롭게 활기를 띠고 있다. 이 경험들은 뚜렷한 공통점을 가지고 있는데, 개인들끼리, 또 인간과 땅 사이에도 새로운 관계를 맺으려고 시도한다는 점이다. 그와 동시에 자원·상품·역량·재능·화폐를 지역 안에서 다시 배치하여, 세계 경제 및 금융이라는 걷잡을 수 없는 왕국이 이를 집어삼키도록 내버려 두지 않는다는 것 역시 공통점이다. 도시에서, 아니면 적어도 선진국에서 일어난 일들을 이야기하는 게 중요한데, 제 3세계의 농촌에서 일어난 일들은 비록 이탈리아에는 거의 알려지지 않았지만 상상하기 어렵지 않기 때문이다. 이탈리아에서 사람들이 흔히 제기하는 반대 의견은 바로 이런 발상, 즉 자연·인적 자원·재생산 노동과 새로운 관계를 마련하는 일이 제3세계 농촌에서는 실현 가능할지 모르지만 선진국에서는 거의 뿌리내릴 수 없다는 것이다.

몇 가지 사례를 이야기할 텐데, 이 사례들은 땅과 직접적으로 관련되어 있지는 않다. 이어서 땅과 관련된 사례도 이야기할 것이다. 모든 사례가 공동 공간으로서의 땅과 관계가 있는데, 이 공간에서는 시민과 그 땅에서 살아가는 존재들이 스스로 힘을 모아 지역 차원에서 자원을 보존하고 지키며 자원의 질을 향상시키고 있다.

땅과는 거리가 멀다고 여겨지는 돈 문제부터 이야기해 보겠다. 돈이라는 자원은 농민·블루칼라 노동자·화이트칼라 노동자는 물론 자영업자의 주머니에서는 점점 더 줄고 있지만, 세계 금융계의 응접실에서는 점점 더 풍족하게 넘쳐난다. 이 세계적 금융계에서 벌어지는 투기성 도박이 이미 세계 인구 대다수의 삶을 위태롭게 만들었다. 이제는 드디어 시기가 무르익었고, 많은 사람이 어떻게 하면 돈을 벌면서도 그 돈이 더 유용하고 사용자 친화적인 역할을 하게 할 수 있는지 궁금해한다.

한 가지 접근법은 새로운 화폐를 만드는 것이었는데, 이 화폐는 투기가 아니라 교환의 수단으로 쓰이면서 오로지 지역 안에서만 사용 가능한 것으로, 미국 및 다른 국가들에서 완전히 합법적이다. 이는 지역의 상품 및 서비스 생산 활동을 강화하고 활기를 불어넣으려는 발상에서 출발했다. 그래서 지역 사회를 구성하는 개인들이 세계 금융의 예측할 수 없는 움직임에 따라서 뿌리째 뽑히고 빈곤 및 고립 상태에 내버려지는 게 아니라, 더욱 튼튼하게 뿌리를 내리고 삶의 가능성 및 선택지를 가질 수 있도록 하는 걸 목표로 했다.

새로운 화폐 체계에 기반하여 광범위한 대안 경제를 구축하는 다양한 계획 가운데서 1등은 지역화폐거래체계LETS(이하 '레츠')에 돌아가야 한다. 이 체계에서는 '녹색 달러'를 이용하여 서비스를 등록하고, 이렇게 조직된 서비스들은 중앙 사무소에 전화를 걸어 교환할 수 있다. 레츠는 브리티시컬럼비아주ᵂ 커먹스밸리에서 마이클 린튼이 만들었다. 컴퓨터 프로그래머였던 린튼은 일자리를 잃으면서 많은 사람이 자신과 같은 처지임을 깨달았고, '공동체 경제'를 만드는 데 특별히 관심을 가진다. 레츠는 1988년 캐나다에서 최초로 사용되었다. 교환 단위인 '녹색 달러'는 미국 달러와 동등한 가치를 가지고 있지만 유통되지는 않는다. 녹색 달러는 회계 단위로만 쓰이고, 이 단위를 이용하여 월별 신용 거래 및 차변 계정이 참가자 각자에게 제공된다. 이때 다른 참가자들의 이름 및 그들이 제공하는 서비스명도 함께 주어진다. 영국이 〈유럽연합〉에 가입했을 때, 호주는 더 이상 영국에 팔 수 없게 된 다량의 식품을 파괴해야만 했고, 그 결과 기업이 파산하고 대규모 실업이 발생했다. 1992년, 호주 정부는 호주식 레츠를 실행할 수 있도록 린튼을 초청했고, 어떻게 하면 이 체계가 작동하도록 할 수 있는지, 어떻게 하면 이 체계를 컴퓨터로 관리할 수 있는지 교육하는 데 필요한 모든 것을 제공했다. 현재 레츠는 호주에서 매우 광범위하게 쓰이고 있어, 어떤 이들은 시장 경제가 붕괴하더라도 사람들이 살아가는 데는 문제가 없다고 말할 정도이다.

미국과 영국에서도 약간의 차이는 있지만 동일한 부류의 프로젝트를 널리 실행하고 있다. 호주에서는, 그리고 아마 다른 국가에서도, 필시 이런 계획들을 시장 경제와 다양한 방식으로 결합해 실행하고 있다. 한 예로, 많은 사람이 판매 금의 25%를 레츠 계정으로 받는 것에 동의했고, 그 결과 업체마다 매출액이 증가하게 된 점을 들 수 있다. 무엇보다 시장 경제에서뿐만 아니라 레츠에서 소득을 벌어들이고 지출을 함으로써, 많은 사람이 자기 삶과 삶의 리듬에 시장이 가하는 압력을 줄일 수 있었다. 또 다른 이들은 레츠에서 남는 부분을 교회로 보냈고, 교회는 이를 실업자 혹은 다른 어려움에 빠진 사람들에게 사용했다. 특히 자선 단체에 레츠를 보내면 해당 금액에 대해서 세금이 공제된다.[87]

이타카와 빙엄턴을 버스로 한 시간 안에 이동할 수 있는 뉴욕주州 북부로 옮겨가면 또 다른 시나리오가 펼쳐진다. 1991년, 이타카에서 지역 화폐 체계가 만들어졌고, 지금은 다른 많은 도시에서 이 체계를 모방하고 싶어 한다. 이타카 아워스Ithaca Hours는 공동체주의 경제 및 생태 경제 전문가이자 『로스앤젤레스 ─ 미래의 역사』(1984)의 저자인 폴 글로버가 만들었다. 일 이타카아워는 10달러, 즉 자격을 갖춘 노동자의 평균 시급에 해당한다. 이타카아워는 도시 안에서만 유통되지만 제 역할을 충분히 한다. 이 화폐가 지역 내에서만 사용되면서 도시의 경제적 삶을 북돋아 주는 걸 목표로 하기 때문이다. 현재 48개 주의 공동체 400곳이 이타카 아워스 체계 적용법을 알려 주는 키트를 구하여 이타카의 선례를 따르고 있다는 사실은 의미심장하다.[88]

델리 달러Deli Dollars는 미국 그레이트배링턴에 있는 조제 식품 판매점delicatessen, deli을 위해 고안되었고, 명칭도 거기서 가지고 왔다. 델리 달러도 이타카 아워스처럼 금융 자원을 지역 안에서 유지하기 위해 만들었다. 임대 계약 기한이 만료되는 시점에 임대료가 두 배로 뛰면서 가게는 폐업 직전이었다. 계약금을 낼 돈이 필요했지만, 정상적인 신용 거래로는 그 금액을 구하는 게 불가능했다. 그래서 상점 주인은 〈지역경제자조협회〉에 도움을 청했고, 협회는 그가 직접 통화를 발행할 것을 제안했다. 그는 자신이 발행한 통화를 델리 달러라고 불렀다. 실제 델리 달러는 영수증으로, 상품 구매 쿠폰 역할을 했다. 가게가 폐업하지 않길 바라는 이용자들이 각각 8달러씩 내면 일정 기간 내에 10달러어치 상품을 실 수 있는 쿠폰을 받았다. 이런 식으로 식품점·돈·전문성 모두 공동체 내부에 머물 수 있었다. 이 사례는 수많은 분야에서 다양한 상업적 활동과 생산적 활동의 본보기가 되었다. 심지어 전국 단위의 언론과 미국, 일본의 주요 텔레비전 방송에도 소개되었고, 델리 달러에서 영감을 받은 프로젝트가 급증했다.[89]

또 다른 화폐 체계인 타임 달러Time Dollars는 38개 주의 공동체 150곳에서 시행되어 벌써 수천 명이 참여하고 있다. 이타카 아워스나 레츠와는 달리, 타임 달러 체계에서는 교환되는 시간의 가치가 다르게 책정될 수 있다. 어떤 사람이 서비스를 제공하기 위해 비싼 장비가 필요한 경우를 예로 들 수 있다. 타임 달러 체계는 교환되는 시간의 절대치가 동등하게 유지되도록 한다. 뉴욕의 우먼쉐어Womanshare는 타임 달러를 이용한 특별 프로그램으로, 여성이 가진 수많은 전문성이 적재적소에 잘 활용될 수 있게 하는 프로그램이다. 이제까지 살펴본 체계들에서 강조해야 할 지점은, 재생산 관련 노동이 전문적인 지위가 있는 모든 노동과 마찬가지로 동일하게 인정을 받는다는 점, 따라서 시장 경제 속에서 적정한 임금을 받을 권리가 있다는 점이다. 앞서 이미 언급했듯이 비싼 장비를 사용한다거나 특별히 아주 힘든 환경에서 일하는 예외적인 경우에만 몇몇 체계들은 다른 평가 기준을 채택한다. 타임 달러를 이용하는 프로그램들이 보스턴, 세인트루이스, 샌프란시스코, 엘패소, 미시간주州, 미주리주州에서 실행되고, 지역 및 국가 기관에서 지원을 받았다. 어떤 경우에는 이 프로그램들이 지역 보건 체계와 통합되기도 했다.[90]

또 다른 시나리오가 하나 더 남아 있다. 메리 멜러는 1995년에 발간된 책에서, 어떻게 지금보다 30년도 더 전에 협동조합 운동이 영국에서 새롭게 활기를 띠었는지에 주목한다. 협동조합 운동은 1818년에 브라이턴을 기반으로 이용자들에게 건강한 먹거리를 공급하려고 시작되었다. 운동은 계속 성장하고 발전했고, 1950년대에 이르자 회원 수가 1,200만 명, 영국 인구의 거의 4분의 1에 달했다. 1960년대에는 새로운 협동조합들이 형성되었고, 대다수는 정직한 먹거리 공급을 목표로 했다.

이와 비슷한 사례가 일본의 〈생활클럽연합회〉이다. 이 협동조합 회원들은 생태학적으로 생산된 먹거리 공급원을 함께 구매하는 소비자로 활동한다.

영국에서는 빈곤층 및 황폐해진 도심 지역 주민들 사이에서 점점 더 확산된 협동조합이 저렴하고 영양가가 높은 먹거리를 공급하고 있다. 그뿐만 아니라 협동조합에 힘입어 수리점이나 빨래방 같은 소규모 지역 업체들도 생겨나고 있다. 멜러가 이야기하듯이 정직한 먹거리를 공급하는 이런 협동조합은 노동자층이나 빈곤층보다는 중산층이 운영하는 경우가 더 많고, 물론 영국만 그런 것도 아니다. 하지만 이제 미국의 경우를 이야기하면서 설명하겠지만, 발전이 고도로 이뤄지면서 제대로 된 음식을 구할 수 없는 가난한 공동체들이 요즘에는 주도적으로 협동조합을 꾸리거나 다른 운동을 벌이고 있다. 이런 움직임의 바탕에는 자발적으로 힘을 모으고 관계망을 형성하여 스스로 먹거리 문제를 해결하려는 목적이 있다. 미국에서도 이와 유사한 움직임이 과거부터 지금까지 존재한다. 바로 토지를 지키는 토착민 운동이다. 토착민 운동은 엄청나게 과격한 전투를 수없이 치렀는데, 건강한 먹거리와 건강한 환경을 계급 구성 및 계급 관점이라는 면에서 지켜내려고 하기 때문이다. 다시 말해, 땅은 영양 및 주거의 원천이라는 가치를 지니기 때문에 보존되어야 한다는 주장이 아메리카 토착민·히스패닉계 미국인·아프리카계 미국인·아시아계 미국인·백인 블루칼라 노동자가 펼치는 투쟁에서 특징적으로 나타나고, 또 그 투쟁을 재편한다. 유독성 폐기물의 무단 투기에 반대하는 투쟁이 한 가지 사례이다. 인종 차별적 환경 정책에 근거하여 유색 인종이나 가난한 백인이 거주하는 지역부터 먼저 유독성 폐기물이 버려졌고[91], 이 사람들의 주요 영양 공급원이자 이들이 살아가는 영토의 건강은 차츰 약화되었다.

더 많은 우유를 생산할 목적으로 소에 주입하는 소 성장 호르몬 때문에 미네소타·위스콘신·버몬트주에서 투쟁이 일어났다. 동물 해방 운동가·생태 운동가·소농이 힘을 합해 거대 기업농에 대항했다. 실제로 세계 곳곳에서 연달아 반복적으로 일어난 일들을 보면, 동물을 해치는 게 곧 소규모 경제와 환경을 파괴하는 것이다. 우리 역시 이 문제를 해결하지 못했기에 앞으로 계속해서 들여다봐야 한다. 이 문제는 모든 면에서 새로운 역사를 만들고 있다.

애리조나주㈜에서는 아메리카 토착민과 소규모 백인 농장주가 합심하여 광업 회사와 싸우고 있다. 기업들은 아메리카 토착민 보호 구역 안에 있는 땅을 갖고 싶어 한다. 그곳에 우라늄·석유·석탄이 매장되어 있음을 최근에 발견했기 때문이다. 아메리카 토착민과 소규모 백인 농장주는 단일 경작에 적합하다는 이유로 농민의 땅을 탐내는 기업농과도 싸우고 있다. 이를 비롯한 여러 가지 다른 사례들에서 알 수 있듯이, 늘 사이가 좋지 않던 인구 집단들이 토지를 지켜야 한다는 공통점을 발견했다. 그런데 다른 곳과 마찬가지로 여기서도 사빠띠스따 저항이 기존과 다른 요구 사항들을 제시하고, 그 요구가 실현되도록 힘을 불어넣었다. 한가지 예로 아메리카 토착민이 빼앗긴 땅을 되찾으려고 소송을 제기했을 때 힘을 보태 준 경우를 들 수 있다.[92]

세계 경제 정책에 맞서 토지를 대안적인 방식으로 활용하려는 계획이 급증하고 있다.[93] 이전과는 달리 소수의 사람을 위해 토지를 사용하는 경우가 점점 더 늘고 있고, 이에 맞서 토지를 지키려고 충돌하는 사례 또한 급증하고 있다. 소수를 위한 토지 사용은 다수의 공익을 위한 토지 사용을 침해한다. 부유한 소수를 위한 골프 코스 같은 여가 시설을 둘러싸고 진작부터 피를 흘리기 시작했다. 베트남 달랏이 대표적인 사례이다. 여기서 흘린 피는 이 지역의 논에서 먹거리를 얻는 이들의 것이었다.[94] 멕시코 꾸에르나바까 인근의 떼뽀스뜰란도 있다. 현지인들은 골프 코스의 일부인 페어웨이와 그린으로 지정된 지역이 공원 및 환경 공통장으로 남길 원했으므로 들고일어나 항의 시위를 벌였다.[95]

1993년 10월, 『뉴욕 타임스』는 〈미국 통계국〉이 농촌에 거주하는 미국인 수를 더 이상 통계에 포함하지 않을 것이라고 발표했다. 『뉴욕 타임스』가 설명하듯, 1910년에서 1920년 사이 3,200만 명, 혹은 인구의 3분의 1이 농촌 거주 농민이었으나, 이 숫자는 1950년에 2,300만 명, 1991년에는 겨우 460만 명, 즉 인구의 2% 미만으로 떨어졌다. 41년간 매해 농촌 인구는 50만 명씩 줄어들었다. 게다가 1991년에는 농장을 경영하는 이들 중 32%, 농장에 고용된 이들 중 86%가 더 이상 농가에 거주하지 않았다. 웬델 베리가 지적하듯이[96], 이는 곧 농민이 누구에게 투표하는지 정치인이 더 이상 신경 쓰지 않음을 의미했다. 농민은 그야말로 사라져

버렸다.

농촌 지역은 토지 관리, 농산물 및 실업 관리와 관련하여 시사점을 던져 준다. 이는 산업화된 지역의 현실과도 연결된 문제이다. 산업화된 지역에서는 거리로 나앉는 노동자들이 점점 더 늘어나고 있고, 이런 상황 속에서 먹거리를 주요 쟁점으로 하는 운동이 부상하기 시작했다.

미국 내 여러 도시에서 성장하고 있는 운동은 현행 농업 및 산업 발전 모형이 가져온 결과와 싸우는 건 물론, 다른 삶의 대안들을 시도하고 만들어 가려는 목표를 가지고 있다. 미국에서는 다수 도시가 실업으로 타격을 입자 뒤이어 대형 상점이 떠나고 많은 가게가 문을 닫았다. 이런 상황에서 사람들은 먹거리, 특히 신선하고 정직한 먹거리를 지역 사회가 보장받을 수 있도록 지역을 기반으로 한 생물학적 농업을 지향했다.

앞서 언급한 이타카 인근 소도시인 빙엄턴이 바로 이 경우에 해당한다. 아이비엠IBM이 제3세계로 이전하고 슈퍼마켓들이 폐업하자 사람들은 남은 땅을 새롭게 활용할 수 있는 방법을 발견하게 된다. 그 땅에는 생물학적으로 재배하는 작물뿐만 아니라 이제까지 재배하던 것과는 다른 작물도 재배할 수 있었는데, 시간을 새롭게 활용하고 지역 내 보호 구역에 사는 아메리카 토착민과 새롭게 관계를 맺음으로써 가능한 일이었다. 과거 자동차 산업의 수도였던 디트로이트에서도 같은 일이 일어났고, 샌프란시스코 역시 마찬가지였다. 〈샌프란시스코 도시 농업연합〉 회장인 모하메드 누루는 "우리는 하나의 개별적인 문제가 아니라 전체적인 순환 구조를 다루고 있다"고 말했다.[97]

'전체적인 순환 구조'란 제대로 된 집·음식·상점·공원처럼 보통의 재생산 기반 시설에 기댈 수 없는 빈곤한 공동체에 다시 생기를 불어넣는 일을 말한다. 따라서 먹거리 확보를 목표로 한 자발적인 결속은, 힘을 합쳐 또 다른 일련의 행동을 펴나가는 동력이 된다. 지역의 자원과 능력을 바탕으로 사람들의 거주 환경을 재설계하고 재표현하며, 서로 다른 인구 집단과 노동 역량을 전체적으로 새롭게 재구성하는 일이기도 하다. 1990년대에는 대서양과 태평양 해안에서 모두 뿌리 내리기 시작한 지역 사회를 위한 식품 안정성 개념을 기치로 내세우며 〈지역공동체먹거리보장연합)이 미국 전역에서 싹을 틔웠다. 이 연합에 속한 네트워크들은 정직한 먹거리, 즉 지역 차원에서 생물학적 기준에 따라 만들어지고 저렴한 가격으로 유통되는 식품을 생산한다.

〈지역공동체먹거리보장연합〉은 '보다 더 민주적인 식량 체계'를 세우길 원한다고 말한다. 이 연합은 125개 단체를 한데 모아 보통 과거에는 함께 일하지 않았던 식품나눔은행,[98] 가족농 네트워크, 빈곤 퇴치 기구들을 연결했다. 이들은 서로 연결되기를 원하는 새로운 열망을 분명하게 드러낸다. 연합을 통해 농촌이나 도시의 소규모 농민, 식품나눔은행, 빈민과 저소득 공동체를 위한 무료 급식 프로그램이 서로 소통했다. 또, 연합의 구성원들이 과거에 시행된 프로그램에 새롭게 관심을 가지는 경우도 있었다. 그런 프로그램 가운데 1960년대 중반으로 거슬러 올라가면 공동체지원농업이 있다. 이 프로그램의 목적은 원래 도쿄 외곽의 빈곤 지역에 신선한 우유와 채소를 보장하는 것이었다. 유사한 프로젝트들이 1968년 독일에서, 스위스 제네바와 취리히에서는 1970년대에 시작되었다.

미국 최초의 공동체지원농업 프로젝트가 1985년 매사추세츠주[州] 에그리먼트 남부 지역에서 시작되었고, 1990년대 초반이 되면 비슷한 프로젝트들이 모든 주로 확산된다. 공동체지원농업은 지역 사회가 지역 내 소규모 농업 종사자들에게 비용을 선납하거나 직접 노동력을 제공하는 방식으로 이뤄진다. 직접 노동력을 제공하는 경우, 신용 잔고를 쌓아 그에 상응하는 양의 제철 농산물과 교환할 수 있다. 슈퍼마켓이 아니라 지역 농민들에게서 신선한 먹거리를 열심히 구매하는 분위기가 지역 전반으로 퍼져 나갔다.

1995년 10월에 시작한 한 공동체지원농업 프로젝트는 사우스랜드 생산자직거래시장과 캘리포니아대학교 로스앤젤레스 캠퍼스를 연결하여 저소득 지역에 저렴하고 신선한 채소를 매주 공급하고자 했다. 지역 시장용 농원과 지역 시장을 만들어 신선한 채소를 저렴하게 공급하는 계획이 많은 미국 도시로 퍼져 나가고 있다.

이와 비슷한 계획이 텍사스주[州] 오스틴 동부 지역에서 전개된다. 오스틴에서 가장 가난한 이 지역은 전체 가구의 40%가 최저 생활 수준 이하로 살아가며, 특히 제대로 된 식품을 구하는 데 어려움을 겪고 있다. 오스틴을 비롯한 몇몇 도시들은 대중교통 수단도 제공하여 이용자들이 농산물을 판매하는 작은 가게들을 방문할 수 있도록 한다. 비슷한 일이 캘리포니아주॥ 오클랜드에서도 펼쳐졌는데, 이곳에서는 활동가들이 서비스 단체들과 연계하여 사회적으로 혜택받지 못한 지역의 학교 및 가정에 식품을 공급한다. 캘리포니아주 산타크루즈의 〈홈리스텃밭프로젝트〉는 특히 도시의 수많은 홈리스에게 신선한 식품과 일자리를 제공하는 활동을 한다. 이들은 식료품 배급 혹은 정부나 다른 단체들이 주는 식료품 쿠폰에만 의지하는 게 아니라 "자급자족 측면에서 이뤄지는 생산 및 유통"을 목표로 한다는 점에서 과거에 실행된 프로젝트들과 근본적으로 다르다.[99] 토지 통제권을 더욱 강화하기 위한 다른 계획으로 〈공공토지신탁〉을 들 수 있다. 사람들은 〈공공토지신탁〉을 통해 자금을 모으고 땅을 구입하여, 개발하지 않은 자연 상태 그대로 땅을 보존하거나 그 위에 주택을 짓는다. 그 땅 위에 세워진 주택을 매매하는 건 가능하지만 땅 자체를 매매하는 일은 불가능하다. 덕분에 주택 가격은 저소득층 구매자가 감당할 수 있을 정도로 유지된다. 지금까지 자발적으로 결속한 대안 조직 가운데 몇 가지 주요 사례를 살펴본 결과, 남반구와 북반구를 가리지 않고 부상한 가장 강력하며 가장 중요한 운동의 의제가 바로 식량 주권 및 안전, 그러므로 토지 이용 가능성임을 분명하게 알 수 있다. 앞서 언급한 것 외에 다른 많은 계획들도 열거할 수 있는데, 이들은 선진국 및 제3세계, 도시 및 농촌 지역에서 이미 상당히 진전된 운동의 결과물들이다.[100] 사람들은 새로운 접근 방식을 실험하고 있다. 그리고 그 속에서 경작·주거·공공 공간을 위해 땅과 새로운 관계를 맺으려고 시도하고, 교환 가치에 반하여 사용 가치를 재전유함으로써 노동 역량에서부터 화폐에 이르기까지 땅이 아닌 다른 자원들이 지역 차원에서 유지되도록 노력한다. 즉, 발전을 다시 지역화하기 위해 사람들이 자발적으로 힘을 모으고 있다.

이런 방향을 추구하는 운동들은, 이탈리아에서 비영리 기관, 자선 기관, 자원 봉사 단체를 망라하여 대체로 '제3부문'이라고 알려진 영역을 대변하는 계획들과는 확연히 다르다. 우리는 자본주의 발전뿐만 아니라 자본주의 발전의 해체 역시 불가피하다고, 따라서 상처를 임시로 치료하는 수밖에 없다고 믿을 이유가 없다. 기업가적인 접근 방식으로 불안을 해결할 이유도, 세계 경제 법칙에 얽매인 자원봉사 활동을 활발하게 펼칠 이유도, 그런 법칙 속에서 모호한 책략을 밀고 나가면서 수혜자가 후원자에게 종속되는 상황을 강화할 어떤 이유도 없다. 굶주림과 죽음이 전 세계에 확산하는 설 '피할 수 없다'는 주장 덕분에 살아남은 초국가적 단체 및 사업이 기생적으로 증식하는 모습을 방관만 하고 있을 이유는 더더구나 없다. 이와 달리, 우리는 '식량 주권'을 출발점으로 삼아 자발적으로 힘을 모을 수 있다. 아리아드네가 건네는 실뭉치의 첫 가닥인 이 '식량 주권'을 붙들고 '불가피함의 미로'를 빠져나올 수 있다. 우리는 스스로 힘을 모으고 우리와 같은 결정을 내린 모든 이들과 연합함으로써, 몸과 마음을 다해 땅·노동·돈을 관리하고 새로운 길을 만들어 감으로써, 이제 그만이라고 말할 수 있다.

이탈리아에서도 앞서 이야기한 방식의 생물지역주의 혹은 사회 생태론 혹은 공동체 경제를 강화해야 한다. 임금/소득 투쟁에서 출발하여, 시장을 견제하는 새로운 형태의 대안 경제를 만드는 데 힘을 쏟고, 이전과는 다른 대안적 삶의 방식을 실험하려고 자발적으로 모이는 데 이르기까지, 나는 수많은 전선에서 이 '새로운 세계화'와 싸워나가야 한다고 생각한다. 우리는 새로운 동맹을 찾고, 오래되고 낯선 공통장들을 발견하며, 새로운 자치를 펼쳐나가면서 이 싸움을 이어 가야 한다.

3부

내 몸은 내 것

— 몸을 탈환하다

과잉의 역사 : 여성과 의학의 관계

자궁 절제술은 신체의 온전함을 위태롭게 하고, 불필요한 호르몬 불균형 및 심신의 불균형을 초래하는데, 나는 수년간 틈틈이 자궁 절제술 남용과 자궁 절제술이 여성에게 미치는 영향에 주목했다. 그 결과, 나는 다른 학자들과 함께 이 주제를 다룬 저서를 한 권 집필했다. 책 내용을 여기서 상세히 설명하는 건 불가능하므로, 이 주제에 대한 좀 더 철저한 논의와 역사적인 참고 문헌들은 내가 쓴 책을 살펴보기 바란다.[1] 여기서는 자궁 절제술의 수적 과잉이 여러 선진국에서 특징적으로 나타나는 현상임을 환기하는 것만으로도 충분할 것이다. 미국은 불필요한 자궁 절제술을 주도적으로 시행하는 국가이다. 미국은 60세 무렵이면 3명 중 1명이, 64세 무렵에는 40%가 자궁 절제술을 받는다. 그리고 수술 사례 중 절반은 합병증을 경험한다. 이탈리아를 포함한 모든 국가에서 복식 자궁 절제술 사망률은 대략 500명 중 1명, 질 자궁 절제술 사망률은 대략 1천 명 중 1명으로 나타난다. 미국 〈보건의료정책연구기구〉(1996)에 따르면,[2] 지역 차이(남부는 수술 비율이 다른 지역보다 78% 더 높다), 인종 차이(비백인 여성이 백인 여성보다 수술 비율이 39% 더 높다), 사회 계급 차이(더 가난하고 덜 교육받은 계층의 여성이 수술을 더 많이 받는다)가 두드러지는데, 이런 차이가 왜 생기는지 당연히 의문이 생길 수밖에 없다.

호주의 남부 지역에서도 미국과 마찬가지로 60세가 되기 전 3명 중 1명이 자궁 절제술을 받는다. 유럽은 전체 비율이 호주보다 낮지만, 국가별 차이가 뚜렷하다. 프랑스와 네덜란드는 자궁 절제술의 평균 비율이 비교적 낮다. 프랑스는 전국적으로 20명 중 1명이, (대략 1,200만 명이 거주하는) 파리 및 파리 외곽 지역은 25명 중 1명이 자궁 절제술을 받는 것으로 추정한다. 프랑스는 다른 많은 국가와 마찬가지로 자궁 절제술이 하향 추세에 있다. 반면, 이탈리아는 자궁 절제술을 받는 평균 비율이 비교적 높고 자궁 절제술이 상승 추세에 있다는 점에서 다른 국가들과 구별된다. 이탈리아의 자궁 절제술 건수는 1994년 3만 8천 건에서 1997년 6만 8천 건으로 증가했는데, 5명 중 1명, 베네토를 비롯한 몇몇 지역에서는 4명 중 1명이 자궁 절제술을 받았다는 뜻이다. 1998년과 1999년에는 전국의 자궁 절제술 건수가 더욱 증가하여, 한 해 7만 건에 달했다.

　　프랑스, 특히 파리의 수치와 이탈리아의 수치를 비교해 보면, 이탈리아에서 행해지는 자궁 절제술의 80% 정도가 불필요하다는 사실을 알 수 있다. 자궁 절제술과 자궁 절제술 실시 사유의 관련성을 살펴봐도 이와 유사한 결론을 도출할 수 있다. 자궁 절제술은 대부분 기능성자궁출혈(35%)과 섬유종(30%) 때문에 실시하는데, 이 질환들은 절대 자궁 절제술의 사유가 되어선 안 된다.[3] 로잔 대학교와 제네바 대학교 경제학 교수이자 오랫동안 띠치노주[※] 보건부 소장을 지낸 지안프랑코 도메니게띠는 경제학자인 앙뚜안 까사비앙카와 함께 연구를 실시한다. 연구에 따르면, 이탈리아에서 자궁 절제술을 가장 적게 받는 집단은 변호사의 아내 및 여성 의사인 반면, 자궁 절제술을 가장 많이 받는 집단은 최고 단계의 건강 보험을 적용받으면서 최저 수준의 교육을 받은 여성들이다. 도메니게띠 교수는 언론 캠페인을 활용하여 자궁 절제술 수치 및 자궁 절제술에 대한 올바른 지시 사항을 알렸는데, 수술 건수는 감소하고 있지만 대학 병원의 수술 감소폭은 그에 미치지 못한다고 주장했다. 도메니게띠와 까사비앙카는 "부인과 전문의들이 자궁 절제술을 하면서 여성을 착취하여 사적 이익을 얻거나 어떤 드러나지 않는 만족을 얻는 것 같다는 발상을 더 이상 배제할 수 없다"고 결론 내렸다.[4]

　　스탠리 웨스트 박사는 불임 전문가이자 뉴욕 성 빈센트 병원 생식내분비학과 과장이며 『자궁 절제술이라는 거짓말』(1994)의 공저자(폴라 드라노브와 공저)이다. 그는 미국 내 자궁 절제술 가운데 90% 이상이 불필요하다고 주장하는데, 수많은 권위자 역시 같은 견해를 밝히고 있다. 웨스트는 또한 자궁 절제술이 초래하는 신체적·정신적·성적 결과가 여성의 건강과 행복을 심각하게 해칠 수 있음을 강조한다.[5] 전 세계 자궁 절제술 건수를 언뜻 보기만 해도, 이 수술이 증상 자체와는 별개로 대단히 빈번하게 이뤄지고 있음을 알 수 있다. 자궁 절제술 실시 빈도는 20세기 들어 폭발적으로 증가한다. 마취·항생제·소독법을 손쉽게 이용할 수 있게 되자 이전까지 갈망해 온 대로 여성의 신체를 마침내 침략할 수 있게 된 것처럼 보일 지경이었다. 부인과는 얼마 전까지만 해도 대부분 남성 의사들이 장악하고 있었고, 심지어 오늘날까지도 주요 직위는 거의 전적으로 남성이 차지하고 있다. 여성의 신체를 대상으로 한 침략 행위는 아마도 부인과 직종 내부에 잠복해 있었을 것이다. 앞으로 보겠지만, 여성의 몸을 침략하고 정복하려는 열망은, 부인과학이 공식 학문이자 남성 지배적인 의료업으로 변모한 이래로 줄곧 부인과학을 다루는 이야기 곳곳에 쓰여 있다.

부인과학의 역사에서 두 시기가 특히 중요한 의미를 지닌다. 첫 번째는 15세기부터 17세기에 이르는 시기다. 이 시기에 부인과학은 유럽 전역에서 의학이자 남성 지배적인 업종으로 탄생하는데, 여성, 치유자, 산파가 항상 지배해 오던 산과 및 부인과 지식과 대립한다. 두 번째는 19세기 하반기부터 20세기 초 사이로, 유럽과 유사한 방식으로 미국에서 부인과학을 포함한 공식 의학이 확립된 시기이다. 대학이 공식 의학을 제공하는데, 여러 학교에서 제공하던 대중 지식과는 대조적인 내용이었다.

첫 번째 시기에 여성의 몸과 지식은 오랜 기간 맹렬하게 침략당한다. 페미니스트 학자들의 연구 덕분에 일련의 사건들이 어둠을 벗어났고, 공식 학문으로서의 의학 및 여성을 억압하는 의학의 기능이라는 역사적 맥락 안에서 사건들을 분석할 수 있게 된다. 1970년대와 1980년대에 출간된 페미니즘 연구물들은, 여성운동이 보건 의료 제도 및 의료계와 싸우는 데 필요한 지식 체계의 토대를 마련했다는 점에서 중요한 발판이 된다. 맨 먼저 언급할 연구는 바버라 에런라이크와

디어드러 잉글리시가 쓴 『마녀, 산파, 간호사』(1973)이다. 실비아 페데리치와 레오뽈디나 포르뚜나띠의 『위대한 깔리바노』(1984)와 실비아 페데리치의 『캘리번과 마녀』(2004) 역시 반드시 언급해야 한다. 언급한 저자들 모두 이 주제에 엄청난 양의 지면을 할애했고, 자본주의가 탄생하면서 전개된 거시적 작용, 곧 자본주의에 가장 적합한 사회 유형과 여성상이 구축되는 과정을 분석했다.

13세기와 14세기에 걸쳐 유럽에서 새롭게 태동한 공식 의학의 첫 번째 목표는, 빈민층 내부의 여성 치유자들이 가진 대중 지식이 아니라 교육받은 도시 여성 치유자들의 지식이었다. 의료업계는 진작부터 꾸준한 수요를 보인 부유층 고객들을 두고 도시 내 교육받은 여성 치유자들과 경쟁했다. 거의 모든 대학에서 여성의 입학을 금지했고, 보다 근본적으로는 대학 교육을 받지 않은 사람이 의료 행위를 하지 못하도록 법제화했다. 이로써 교육받은 도시 치유자들은 업계에서 쫓겨난다. 자코바 펠리씨Jacoba Felicie의 사례를 주목할 만하다. 펠리씨는 의학 '특수 과정'을 이수한 교육받은 여성으로, 환자들이 인정하듯 파리의 어떤 의사나 외과의보다 더 전문가였다. 하지만 1322년, 파리 시립대학 의학부가 펠리씨를 불법 의료 행위 혐의로 고소한다. '접근 금지'와 '불법화'를 결합한 전략은 너무나 효과적이어서 14세기 말에 이르면 전문직 남성 의사들이 도시의 교육받은 여성 치유자를 상대로 벌인 반대 운동이 유럽에서는 사실상 완결된다. 남성 의사가 부유층 대상 의료 행위를 독점하게 된 것이다. 하지만 산과는 부유한 고객을 대상으로 할 때조차 남성 의사들의 능력을 벗어나는 영역이었으므로, 여성은 3세기나 더 산과를 지배한다.

산과는 훨씬 뒤늦게야 재편된다. 국가·교회·남성 의료계가 공조하여 산과도 국가와 교회가 장악하는 '정규' 의료계에 편입시키려 했다. 산과의 '정규' 의료계 편입은 이른바 '마녀'를 대량 학살하는 희생을 대가로 이뤄졌는데, '마녀'는 대부분 치유자나 산파였다. 그러나 '마녀' 박해는 서로 다른 시기에 행해진 거시적인 사회 작용의 일부분에 불과했다. 이런 사회 작용은 일찍이 14세기에, 일부는 15세기 말부터 18세기에 정점에 이르는데, 공유지 강제수용 및 인클로저가 가장 유명하다. 이런 사회 작용들에 따라 자본주의적 생산 양식의 출현에 필연적으로 따라오는 빈곤, 그리고 자본주의적 생산 양식에 이용되는 무수한 노동력이 생산되고, 마녀사냥은 여성의 몸을 강제수용하는 역할을 한다. 여성은 마녀사냥으로 무엇보다도 자신의 재생산 능력·섹슈얼리티·출산 등에 관한 지식과 의사 결정권을 박탈당했다. 토지를 강제로 수용당해 빈곤에 빠진 사람들에게는 이제 개인의 재생산이 곧 노동력의 재생산이었다. 따라서 개인의 재생산은 의료계의 중재를 거쳐 국가의 통제 아래 놓여야만 했다.

페데리치는 14세기부터 17세기까지 유럽의 마녀사냥이 일어나는 과정을 살펴본다. 마녀사냥이 정점에 달한 1550년부터 1650년까지 여성 10만여 명이 극악무도한 고문을 받고 산 채로 불태워진다. 희생자는 대부분 지역 내 산파들로, 출산·임신 중절·피임법 관련 지식을 갖고 있다는 게 죄명이었다. 도덕 관념이 문란하다는 혐의로 기소된 치유자와 여성들도 있었다. 혼자 사는 여성, 결혼하지 않은 여성, 나이 많은 여성, 그리고 무엇보다 물가 인상, 계속된 신설 과세 및 중과세, 토지 강제수용으로 초래된 도시 봉기와 농민 봉기를 이끌던 여성들이 쉽게 고발당했다. 처녀와 임산부는 원칙적으로 화형대에 세우지 않았다.

마녀사냥은 역사상 가장 큰 규모의 여성 살해 사건이며, 계급과 성별 투쟁사에서 핵심적인 시기에 해당한다. 마녀사냥의 결과, 유죄 선고를 받은 여성들을 제거할 수 있었다. 또한, 이 여성들이 전적으로 장악하고 있던 대중 의학, 특히 산부인과 지식을 말소시켰다. 이제 여성의 지식은 국가와 교회의 통제 아래 공식 의학으로 대체된 것이다. 치유자와 산파를 몰살하자 공백이 발생하는데, 이 공백을 메우고 실질적인 치료 방식을 제공하기까지는 수 세기가 걸린다. 마녀들이 뼈와 근육, 약초와 약물에 깊이 있는 지식을 가지고 있었던 반면, 당시 남성 의사들은 여전히 점성술을 이용하여 진단을 내렸다는 사실도 언급해야 한다. 마녀들의 지식이 너무나 방대해 '현대 의학의 아버지'로 불리는 파라켈수스Paracelsus는 1572년에 직접 저술한 의약품 교재를 불사르면서 자신이 "알고 있는 건 모두 마녀에게서 배운 것"이라고 고백했다.[6] 새로운 자본주의 국가는 이제 여성의 지식을, 더 중요하게는 인간의 재생산 지배력을 탈취한다. 탈취 수단은 대학을 관통하는, 그러므로 지배 계급 출신 남성 우두머리들을 관통하는 과학이었다. 대학들은 거의 예외 없이 여성의 입학을 금지한다. 여성들이 구축하고 전수한 대중 유산을 이렇듯 잔인하게 빼앗음으로써, 최빈곤층 인구를 치료할 수 있는 가능성은 사라진다. 그러나 무엇보다도 마녀 화형대는 중세 여성상을 불사르는 역할을 했는데, 중세 여성들은 산파, 그리고 유죄 선고를 받은 다른 여성들과 함께 신생 자본주의 가족이 요구한 모범적 여성상에 저항했다.

중세 여성은 의술뿐만 아니라 수많은 직업 및 기술 영역에 참여했다. 그는 매우 사교적이고, 섹슈얼리티가 오로지 출산 요구에만 종속되지 않는 환경 속에 살았다. 그런데 당시는 '평판이 나쁘다'는 사실만으로도 누군가를 화형대로 보낼 수 있었다. 여기서 우리가 기억해야 할 점은 새로운 생산 양식으로 이행해 가던 바로 그 시기에, 역사상 최초로 여성들이 대거 성매매에 내몰렸다는 사실이다.[7] 여성은 토지 강제수용과 인클로저가 계속되자 땅에 접근하지 못한 채 쫓겨났고, 기존에 해오던 수공예 영역에서 배제되었을 뿐만 아니라, 새로운 기술 영역에도 진입할 수 없었다.[8] 이런 상황에서 화형대와 화형대가 상징하는 공포 정치는 무엇보다도 여성의 사회적 기능을 재정립하는 역할을 했다. 여성은 이제 '노동력을 기계적으로 재생산하는 자'로 탈바꿈한다. 여성은 점점 더 고립되고, 성적으로 억압받고, 남편의 권위에 복종해야 하며, 섹슈얼리티 및 출산 관련 지식과 자기 결정권은 물론 경제적 자립도 빼앗긴 채 자식을 양육하는 사람이 되어야 했다. 그런데 화형대는 산부인과 영역에서 여성들 사이에 존재하던 동등한 협력 관계, 그리고 여성 산파가 출산하는 여성 혹은 돌봄이나 조언이 절실한 여성과 맺었던 동등한 협력 관계도 파괴했다. 이런 동등한 협력 관계는 남성 의사와 여성 환자 사이에 존재하는 권위와 위계 관계로 대체되었다. 마녀재판이 일어나는 동안, 의사는 전문가로서 전체 재판 과정에 과학적인 검증을 제공했다. 그들은 어떤 여성을 마녀로 볼 수 있는지, 어떤 질병이 마술 때문에 발생하는지 증언했다. 그리하여 마녀사냥은 남성 의사들의 일상적인 무능력을 손쉽게 감출 수 있는 가림막을 제공했다. 남성 의사가 치료하지 못하는 병은 모조리 마법 탓으로 돌린 것이다. 재판이 이뤄지는 동안 남성 의사와 마녀가 특정 역할을 맡음으로써, '여성적 미신'과 '남성적 의학'이라는 구분이 체계화된다.[9]

최초의 남성 산파가 17세기에 등장한 이후 100년 만에 남성들은 산과를 상악한다.[10] 이발사와 외과 의사를 겸한 남성을 첫 사례로 볼 수 있는데, 그들은 법적으로 외과 수술 기구로 분류된 겸자를 사용했다는 이유로 기술적 우월성을 뽐냈다. 반면, 겸자의 위험성을 이미 알고 있던 여성들은 법적으로 수술을 할 수 없게 된다. 여성들은 외과술 전문가임에도 수술에서 배제되었다. 여성들이 전문가였다고 말하는 이유는, 다른 요인도 있지만, 무엇보다도 그들이 탈장된 자궁을 절단하는 방법을 알고 있었기 때문이다.[11] 이렇게 하여 산과는 공식적인 남성 의사들의 손에 들어가고, 지역 서비스라기보다는 수익성 좋은 장사가 되어 영국의 부유층을 상대하기 시작한다.

미국의 19세기도 아주 중요한 시기에 해당한다. 당시 미국에서는 아프리카계 남성과 원주민 남성을 포함한 다양한 민족 출신의 남성들, 그리고 대개는 다수의 여성 의료 치료사가 대중 의료 지식을 실행했는데, 대중 의료 지식은 장차 공식 의학이 될 학문과 충돌했다. 그런데 충돌의 결과 보상을 받은 건 대중 의료 지식 쪽이었다. 민중보건운동Popular Health Movement이 활기를 띠게 된 것이다. 민중보건운동은 1830년부터 1850년까지 정점에 이르는데, 이 시기는 페미니즘 운동이 조직되기 시작한 때와 일치한다(민중보건운동과 페미니즘 운동을 혼동하는 경우가 많다). 당시 페미니즘은 공인된 의사들과는 상당히 다른 의료 개념을 가지고 있었다. 무엇보다 의료를 상품이 아닌 공익으로, 집단을 지키기 위한 기본권으로 여겼다. '정규' 의사들이(일단 대학을 나오면 이렇게 불렸다) 공식 의학을 고수했으나, 이 시기에는 의료를 독점하지 못했다. 정규 의사의 의료 독점은 시간이 지나 20세기 초 〈록펠러 재단〉과 〈카네기 재단〉이 개입하면서 가능해진다.

〈록펠러 재단〉과 〈카네기 재단〉의 자선 프로그램은 미국의 사회, 문화, 정치를 장악한 지배 계급이 기획한 내용과 결부되어 있다. 이 기획의 중심 내용은 의료 개혁이었다. 재단은 안정된 재정 상태의 잘 규제된 의과 대학에 자금을 지원했다. 이 대학들은 개혁을 단행할 준비가 되어 있었다. 1893년에 설립된 존스홉킨스 대학교가 채택한 지침과 보조를 맞추려면 반드시 개혁이 필요했다. 학생 대다수가 여성, 흑인, 가난한 백인 다른 의과 대학들은 자금 지원을 거부당했을 뿐만 아니라 폐교를 강요받았다. 이제 부유하지 않은 인구층은 공식적인 의료 비용을 지불하기 힘들어진 만큼 의료 면에서 보호를 덜 받게 되었다. 얼마 지나지 않아 새로운 법률이 제정되고, 산파들은 여태껏 자기 전문 분야였던 업무에서 쫓겨난다. 산과는 이제 전문의들 손에 들어가고, 산모나 아기, 혹은 둘 모두에게 상처를 입히는 수술 기법을 많이 쓰게 된다. 그 결과, 가난한 여성은 아무런 지원도 받지 못한다. 이런 상황은 당연히 산모와 아기에게 모두 부정적인 영향을 미쳤고, 이와 관련하여 몇 가지 기록이 남아 있다.

　19세기 미국을 장악한 '정식' 의료계 내부에서는 여성을 겨냥한 유사 의학을 찾아볼 수 있다. 여성을 겨냥한 유사 의학은 사실상 여성의 행동을 통제하는 강력한 수단으로 작동하고, 결국에는 비정상적인 제거술을 초래한다. 예컨대, 여성의 성적 흥분을 병적인 상태로 보아 음핵을 제거했다. 또, 갖가지 일관성 없는 문제들의 해법으로 난소를 제거했다. 그래서 나는 지금이야말로 '서구 문명 속 여성 생식기 절단의 역사'를 써야 할 때라고 생각한다. 음핵 제거와 관련하여 에런라이크와 잉글리시는 미국에서 실시된 마지막 수술로 관심을 돌린다. 자위를 하는 다섯 살 소녀에게 음핵 제거 수술을 실시한 사례인데, 1973년 에런라이크와 잉글리시의 책 출간보다 25년쯤 앞서 일어난 사건이었다. 19세기 유럽에서 음핵 절제술을 찬성한 사람들 가운데는 런던 패딩턴 소재 성 메리 병원의 의사 아이작 베이커 브라운처럼 공식 의학계를 대표하는 인물도 포함되어 있었다. 브라운은 더 안전한 수술 기법을 개발했다며 인정받기도 했다. 그는 1865년에 정신 이상·간질·히스테리의 몇몇 유형을 음핵 절제술로 치료할 수 있는 가능성을 주제로 논문을 발표하고, 심지어 수술 성공 사례를 선전한다. 다행히도 그는 이런 수술을 했다는 이유로 〈런던 산과의사회〉에서 제명당한다.[12] 하지만 대서양을 사이에 둔 양 대륙에서 얼마나 많은 의사들이 아무 걱정 없이 여성을 대상으로 의료 범죄를 계속 저질렀을까? 분명한 건, 19세기 초부터 1960년대까지 유럽과 미국 전역의 정신 병원에서 음핵 절제술이 행해졌다는 사실이다(정신 병원이 아닌 병원 사례도 있다). 음핵 절제술은 아무런 근거도 없는 의학적 사유로 실시되었고, 근본적으로 여성과 여성의 섹슈얼리티를 처벌하는 수단으로 활용되었다.[13]

19세기 미국에 관한 에런라이크와 잉글리시의 분석으로 돌아가서, 의료계가 중산층과 상류층 부르주아 여성을 이상적인 고객으로 상정한 방식을 살펴봐야겠다. 중산층과 상류층 부르주아 여성의 질환이 여성 신체가 가진 생물학적 특성 및 결함과 반드시 일치한다고 의료계가 주장한 건 아니다. 하지만 의료계는 그런 특성과 결함이 질환을 초래한다고 계속해서 강조했다. 동시에, 지속적인 내원 및 치료법의 중요성을 힘주어 말했다. 기본적으로는 환자가 격리되어 안정을 취하고 '침대에 누워 쉬는 것'이 대표적인 치료법이었다. 이런 치료법의 밑바탕에는 '에너지 보존 이론'이 있다. 에너지 보존 이론에 따르면, 재생산이 아닌 다른 기능에 투입된 에너지는 모두 재생산 기능에 불리하게 작용한다. 이런 치료 방법과 이론은 여성이 지적 활동이나 다른 종류의 활동에 참여하지 못하게 막았다. 이처럼 여성의 몸은 잔인하게 공격당하고 난소 절제술이 광범위하게 실시되고, 미국 사례처럼 여성이 가진 의료 지식이 거부당하기도 한다. 이런 일들은 남성의 전문적인 학문 구축으로 이어지다 마침내 에런라이크와 잉글리시가 '난소의 심리학'이라고 규정한 이론으로 공식화된다.[14] '난소의 심리학'에 따르면, 자궁과 난소는 여성의 신체를 지배하는 기관이므로 여성의 성격 전체에 영향을 미친다. 여성의 '자연스러운 특성'에 변화가 생기면, 어떤 변화든 상관없이 난소 질환으로 정리될 수 있는 것이다. 예민함·정신 이상·성욕 표출에 이르기까지 모두 난소 질환으로 환원된다. 당대 남성들은 여성의 섹슈얼리티가 병적일 수밖에 없다는 생각을 공통으로 갖고 있었다. 여성의 섹슈얼리티는 병적이라는 가설에 근거하여 당시 부인과 전문의들이 여성의 몸을 대상으로 저지른 갖가지 학대를 여기서 언급하진 않겠다. 당시 부인과 전문의들은 '성격 장애를 고치는' 수술, 즉 부인과 수술 중 제일 잔인하고 가장 널리 활용된 난소 제거술에 집중했다. 그 결과, 1860년부터 1890년까지 난소 제거술이 수천 건 실시된다.

이른바 '정상 난소 제거술'은 난소와 관계없는 질환을 치료하려고 난소를 제거하는 수술이다. 1872년, 미국 조지아주(州) 롬에서 활동한 의사 로버트 배티가 정상 난소 제거술 이론을 전개했다. 의사 벤 바커-벤필드는 배티의 이론을 참조하여 정상 난소 제거술의 대상 질환을 다음과 같이 설명한다.

사람을 골치 아프게 만드는 것, 쟁기질하는 사람처럼 많이 먹는 것, 자위, 자살 기도, 색정적인 성향, 피해망상, 순전히 '고집스러운 것,' 생리 불순 등이 있다. 의사들이 난소 제거를 고려할 만한 증상은 엄청나게 다양한데, 가장 분명한 증상은 여성의 강한 성욕이다.[15]

일반적으로 환자들은 남편 손에 이끌려 수술을 받으러 왔다. 남편은 아내의 통제되지 않는 행동에 불평을 늘어놓는데, 아내들은 수술 이후에 좀 더 "다루기 쉽고, 질서가 잡히고, 부지런하고, 단정해졌다"고 배티는 말한다. 당시의 수술 환경을 고려할 때, 이 처벌적 치료법은 여성에게 사실상 사형 선고나 마찬가지였다. 한 가지 명백한 사실은, 때로는 수술 위협만으로도 여성이 동조하도록 만드는 데 충분했다는 점이다. 어떤 의사들은 1,500개에서 2천 개에 달하는 난소를 제거했다고 주장했다. 바커-벤필드는 "의사들이 제거한 난소를 모아 마치 트로피처럼 쟁반에 올려 의학 학회에 가지고 왔다"고 말한다.[16]

이 기간 동안 자궁 절제술 역시 의학적 이론화 과정을 거쳤고, 자궁 절제술로 히스테리 및 오늘날 '월경 전 증후군'이라고 부르는 '월경 우울증'을 해결하려 했다.[17] 당대 의사들이 자부심을 갖고 자기 능력을 시연하려고 마치 사교 행사처럼 자궁 절제술을 행했다는 점에 주목해야 한다. 동료 의사들은 물론이고 친구들, 잘 모르는 사람까지 초대하여 수술을 거들게 했다. 당시에는 지식이 부족해서 의사들은 대개 수술 전에 손을 씻지 않았고, 수술 장갑과 마스크도 착용하지 않았다. 의사들은 여성이 겪는 트라우마 따위엔 관심이 없었기에, 여성들은 마취도 하지 않은 채 흉골부터 치골 결합까지 메스가 들어가는 걸 느끼며 악몽 같은 고통을 홀로 감당해야 했다. 그런데 어떤 의사들은 클로로포름 같은 최초의 전신 마취제가 개발된 이후에도 마취하지 않는 편을 선호했다. 환자가 긴장 상태로 수술을 받아야 수술 후에 회복 경과가 좋다는 인식이 있었기 때문이다. 찰스 클레이가 그런 의사 중 한 명인데, 그는 난소의 외과적 제거를 '난소 제거술'로 명명한 인물이다. 클레이는 난소 제거술에서 최고의 명성을 자랑했다. 그는 난소 제거술을 395건 실시했는데, 그중 25건은 실패하여 환자가 사망한다. 1843년, 영국 맨체

스터에서는 최초로 복식 자궁 절제술을 실시하다가 불행히도 환자가 과다 출혈로 사망하기도 했다. 클레이는 마취하지 않는 편을 선호한다고 말했는데, 여성이 강한 의지로 마취 없이 수술을 견뎌야 수술 후에 회복할 수 있다고 생각했기 때문이다.[18] 여기서 우리는 단지 오랫동안 지켜온 신념, 즉 (비단 과거의 일만은 아니지만) 당대의 산부인과에서 환영한, 여성은 고통을 겪어야만 한다는 신념을 마주하고 있는 걸까? 크리스토퍼 서튼은 「자궁 절제술 ─ 역사적 조망」이라는 논문에서, 복식 자궁 절제술이 특히 높은 사망률을 보였는데도 대단히 많은 여성이 수술을 받기로 했다는 사실에 놀라움을 표한다. 앞서 난소 제거술에 의문을 제기했듯이, 자궁 절제술에도 질문을 던져야 한다. 여성이 남편, 남자 형제, 아버지, 의사에게 얼마나 많이 억압받고 폭력을 당했을까? 여성을 벌하고 자신의 가학증을 만족시키려고, 자신의 가학증과 전문가적 관심을 충족시키려고 휘두른 강압과 폭력을 얼마나 많이 견뎠을까? 남성들이 얼마나 광범위하게 공모했기에 전적으로 무익하고 섬뜩한 고통을 여성의 몸에 초래했는가? 나는 여기서 다음 질문을 던진다. 위와 같은 학대와 오늘날의 학대는 어떤 관계인가?

2

이 여성의 몸은 누구 것인가?

나는 이 글의 분석 대상이 여성의 자율성을 다루는 모든 담론의 핵심이라고 생각한다. 요컨대, 세계 각지의 여성들에게 자율성의 구축이란 무엇보다도 자기 몸을 재전유하는 일이다. 자기 몸의 재전유는 여성의 신체를 소유한 유일한 사람이 여성 자신임을 인정받으려는 싸움이며, 남녀 간의 관계와 투쟁에서 항상 중요하게 여겨 온 문제이다. 1970년대 초반 이탈리아에서 우리가 그랬듯이, 1990년대 초반 치아빠스의 마야 여성들도 자신들의 법률을 입안하기 시작하면서 같은 문제를 경험했다. 앞으로 이어질 내용에서는 우리가 공유하는 여러 복잡한 문제 및 투쟁의 양상을 비교, 분석할 것이다. 우리가 이탈리아에서 벌인 투쟁, 치아빠스의 여성 투쟁, 그리고 전 세계에서 일어나는 다른 많은 여성 투쟁은 여러 중요한 목표를 달성했으나 아직 끝나지 않았다.

나는 마야 여성의 혁명법을 살펴보다가 혁명법의 요구 사항들이 1970년대 초에 우리가 요구한 내용과 매우 긴밀하게 연결된다는 사실에 충격을 받았다. 마야 여성과 마찬가지로 우리 역시 여성이라는 존재로 뭉쳐 운동을 이어나가며 고통과 무력함에서 벗어나야 했다. 우리는 우리 어머니들이 무력하게 사는 모습을 보면서 살았다. 우리 어머니들이 힘이 없었던 주된 이유는 돈이 없었기 때문이다. 돈이 없기 때문에 아무런 선택권이 없었고, 심지어 폭력적인 남편과 아버지에게서 도망칠 수도 없었다. 또, 자기 섹슈얼리티를 잘 알지 못해서 무력함을 느끼고, 결혼 생활도 실패했다. 여성의 섹슈얼리티에 대해 아무것도 모르는 남성들이 결혼 생활의 상대였기 때문에 어쩔 도리가 없었다.[1]

또한, 다른 여성들에게 아주 사적인 일을 이야기하는 게 금기시되어 소통할 수 없었기 때문에 무력했다. 결혼을 벗어난 삶은 낙인이 찍혀 무력했다. 따라서 우리 어머니들은 자신이 누구인지, 원하는 게 뭔지 알아볼 기회를 전혀 얻지 못한 채 너무 어린 나이에 아버지 집에서 남편 집으로 옮겨가야만 했다. 혼전 '순결'이 사회 규범인 상황에서, 여성으로서 자기 정체성을 결코 알지 못한 채 결혼 9개월 만에 엄마가 되었기 때문에 무력했고, 가정 안팎에서 폭력에 시달리면서도 말을 할 수 없었기 때문에 무력했다. 침묵해야만 가족이 추문에 휩싸이지 않고, 판사와 경찰관을 비롯한 다른 남성들 앞에서 죄인이 되지 않았다. 직장 내 성희롱에 시달리지만 직장을 그만둘 여유는 없었기에 무력했다. 비록 사회적 맥락과 생활 환경은 매우 다르지만, 마야 여성의 요구와 논의에서도 이 모든 문제가 분명하게 나타난다.

우리는 마야 여성이 자기 몸의 주권 문제를 우선적으로 다루면서 섹슈얼리티와 관련된 권리를 쟁취하기 위해 싸우고 있음을 알게 되었다. 여기서 섹슈얼리티는 오로지 출산이나 남성의 만족을 추구하는 수단이 아니다.[2] 마야 여성은 결혼하지 않을 권리, 결혼을 강요당하지 않으면서 동반자와 관계 맺기를 선택할 권리, 부모가 선택한 남편을 받아들이는 대신 남편이나 동반자를 선택할 권리를 위해 싸우고 있다. 또, 자신이 원하는 만큼, 양육할 수 있는 만큼 자식 수를 통제할 권리, 자신과 아이가 의료 서비스 및 영양과 관련하여 특별히 보살핌을 받을 권리를 위해 싸우고 있다. 자기 몸과 '생식 건강' 문제가 출발점인 교육을 받을 권리, 기본적인 서비스를 받을 권리를 위해 싸우고 있다. 가족 안이든 밖이든 폭력에 시달리지 않을 권리를 위해서도 싸우고 있다.

마야 여성은 더 나아가 자기 몸을 온종일 소진시키는 가사노동을 남성과 동등하게 분담할 것을 요구한다. 그래야 개인적인 관심사를 추구하는 데 더 많은 시간과 기운을 쓸 수 있기 때문이다. 이런 요구 역시 우리가 1970년대에 요구한 내용과 긴밀히 연결된다. 당시 우리는 가사노동의 동등한 분배가 투쟁의 최종 목표는 아닐지라도 우리 자신과 다른 사람들이 좀 더 나은 생활 환경 및 노동 환경을 획득할 수 있게 해주는 투쟁의 전제 조건이라고 보았다. 여성은 재생산 노동을 둘러싸고 투쟁함으로써, 언제나 여성 자신에게 의존하는 사람들의 복지와 자율성을 더욱 확대했다. 우선 아동과 노인이 그러한 경우다. 또 잘 알려져 있듯이, 우리는 재생산 노동에 보수를 지급해야 한다고, 노동의 양을 줄여야 한다고, 그리고 적절한 서비스 지원이 있어야 한다고 요구했다.

우리는 운동 초기에 한 여성의 몸을 보여 주는 벽보를 만들고 다음과 같은 설명을 덧붙였다. "이 여성의 몸은 누구 것인가? 교회? 국가? 의사? 직장 상사? 아니다, 여성 자신의 것이다." 이 대답이 당연하게 받아들여지진 않았다. 여성의 몸이 여성 자신의 것이라는 선언이 필요한 이유는, 아버지와 남편과 의사와 성직자 모두 여성의 섹슈얼리티 및 재생산 능력을 통제할 권리를 가지려고 경쟁했기 때문이다. 이들 모두 여성에게 성생활을 허락할지, 피임 권한을 줄지, 결혼하지 않고도 아이를 키우게 할지, 임신 중단을 할 수 있게 할지 결정할 권리가 자신에게 있다고 주장했다. 이런 '권위자들'에게서 자율성을 쟁취하고 우리 몸을 재전유하려면 우리는 다른 차원에서 행동해야 했다. 무엇보다 여성들이 여태껏 가지지 못한 자기 몸에 대한 지식을 쌓아야만 했다.

목적을 달성하려면 삽화가 있는 소책자를 만들어 배포하는 일이 가장 필요했다. 대개는 집에서 찍은 조그마한 사진으로 기본적인 정보를 제공했다. 예를 들어, 여성과 남성의 생식 기관이 어떻게 이루어져 있는지, 여성의 일생에서 생물학적으로 주요한 사건 및 변화(월경, 피임, 임신, 출산, 육아, 임신 중단, 폐경)가 일어날 때 무엇이 필요한지, 가장 흔하게 발생하는 질병은 무엇이고 어떻게 인지하여 치료할지, 섹슈얼리티 영역의 지식을 어떻게 얻고 실험할지 등의 정보를 주는 식이었다. 1974년, 유명한 『우리 몸, 우리 자신』이[3] 이탈리아어로 번역된다. 이 책은 여성의 건강 및 섹슈얼리티 문제에 노력을 쏟아 온 미국 보스턴의 한 여성 단체가 만들었다. 여성의 건강과 섹슈얼리티를 집중적으로 파고든 건 19세기 이후 계속된 미국 페미니즘 운동의 특징이었다.[4] 여성의 건강과 섹슈얼리티 문제는

1970년대에 일어난 국제 페미니즘 운동의 주요 쟁점으로 부활했고, 의학이 왜곡하고 침묵시키는 내용을 폭로하는 '대항counter-정보' 활동을 촉발했다. 대항-정보 활동의 목표는 공식 의학의 탄생 초기부터 폭력적으로 빼앗아 간 섹슈얼리티 및 출산 관련 지식과 의사 결정권을 여성에게 되돌려 주는 것이었다.[5]

특히 시급한 일은 자발적이고 자유로운 임신 중절을 병원에서 할 수 있도록 임신 중절 합법화 운동을 하고(1978년 법률 194호가 제정되면서 목표를 달성했다), 여성을 대상으로 하는 임신 중절 관련 형사 재판을 둘러싸고 정치력을 동원하는 것이었다. 1973년 6월 5일, 빠도바에서 열린 한 재판으로 투쟁이 촉발되는데, 우리가 다른 페미니즘 운동 세력과 함께 한 활동 덕분이었다. 임신 중절을 하는 여성 대다수는 이미 아이가 있는 어머니들로 아이를 더 가질 형편이 안 된다는 점을 알리는 게 급선무였다. 우리는 너무 많은 여성이 불법 임신 중절 때문에 사망하거나 심각하고 영구적인 부상을 입는다는 점, 더 이상은 고통과 죽음을 용납하지 않겠다는 점을 알리고 싶었다.

1976년 4월 7일, 빠도바에서 아이가 둘인 27세의 어머니가 임신 중절 후 사망했다. 그의 죽음으로 부인과 수업 및 실습용 대학 건물을 점거하는 시위가 일어났다. 우리는 공개적으로 의사 여러 명을 고발했다. 그들은 양심적 임신 중절 거부자였는데, 가톨릭 신앙 때문에 임신 중절을 거부하지만 실제로는 은밀하게 불법 임신 중절을 하면서 큰돈을 벌고 있었다. 임신 중절은 보통 마취 없이 위험한 방식으로 진행되므로 여성은 끔찍한 고통을 겪어야 했다.[6] 나는 멕시코 농촌 지역에서 여성 5명 중 1명이 같은 경험을 하며, 이런 일이 종종 가족에게 성폭력을 당한 결과임을 알게 되었다.[7] 나는 그 여성이 더 이상 혼자 고통스럽지 않기를, 페미니즘 운동이 대두하기 전 이탈리아 여성이 겪었던 위험과 고통을 마주하지 않아도 되기를 희망한다. 무엇보다도 그가 조만간 피임 수단을 이용할 수 있기를,[8] 그래서 결과가 불확실한 성관계를 가졌을 때 '사후피임약'을 사용하여 임신 중절을 하지 않아도 되기를 바란다.

출산[9] 역시 병원에서 중요한 정치적 결집과 투쟁이 일어나는 계기였다. 여성들이 병원에서 출산하는 도중에 이유도 없이 죽어 갔다. 빠도바 시립 병원 산부인과에서 몇 달 간격으로 여성 3명이 사망했다. 우리는 출산이라는 사건을 과도하게 의료화하는 것에 반대했다. 말하자면, 여성에게 전적으로 수동적일 것을 강요하면서 여성을 환자로 만들어 버리는 것, 마취하지 않고 상처를 꿰매는 일처럼 출산을 가학적인 방식으로 대하는 것, 의사가 권위적이고 오만하게 행동하는 것에 반기를 들었다. 대형 집회 및 활동을 벌이고 능동적인 분만을 할 것, 여성을 출산의 주인공으로 복위시킬 것을 요구했다. 나아가 여성이 분만을 자연스러운 일로 경험할 수 있는, 평화로운 분위기에서 신뢰할 수 있는 사람들에게 둘러싸여 분만할 수 있는 환경을 요구했다. 이때부터 남편이나 다른 사람이 분만실에 들어오게 허용되었다. 우리는 남편 혹은 타인이 분만실에 입장할 권리를 힘들게 쟁취했다. 이와 달리, 마야 여성은 분만이 진행되는 동안 남편이 옆에서 돕는 것으로 알고 있다.

그 후 몇 년간 이탈리아에 '분만 센터'가 몇 군데 설치되었는데, 소수지만 일부는 응급상황 발생 시 병원과 대등한 정도로 지원을 제공했다. 분만 센터에서는 무엇보다도 집과 유사한 환경을 제공하여 여성이 자연스럽게 분만하도록 했고, 분만을 질병으로 다루지 않았다. 우리는 여성이 자기 집에서 출산할 수 있는 가능성을 다시 논의했는데, 필요하면 반드시 병원과 신속하게 연결되어야 했다. 또한, 중세와 고대 여성의 분만 자세를 재발견했다. 이 자세는 병원에서 강요하는 의사에게만 편한 자세보다 확실히 더 자연스럽고 편안했다.

나는 출산에 대해서 기오마르 로비라가[10] 보고한 내용에 충격을 받았는데, 둔위분만을 할 경우 마을 산파들이 산모의 자궁 안에 있는 태아가 위치를 바꾸게 할 수 있었다는 내용이다. 이탈리아에서도 나이 많은 산파들은 같은 일을 할 줄 알았다. 지금은 의사와 산파 누구도 이런 일을 할 줄 모르기 때문에 제왕절개 분만을 정당화하는 또 하나의 이유가 되고 있다. 의료계 입장에서는 분명 이런 지식과 기술을 보전하는 게 전혀 편리하지 않다. 제왕절개 분만은 최근 수년간 오히려 기하급수적으로 증가하여 몇몇 병원에서는 제왕절개 분만이 전체 분만의 40% 이상을 차지한다. 그러나 제왕절개 분만은 수술이지 분만의 대안이 아님을 인정해야 한다. 어떤 병원에서는 서투른 의료 행위나 미숙한 겸자 사용으로 많은 아기들이 태어날 때부터 장애를 가지거나 부상을 당한다는 점[11] 또한 우리는 고발했다. 반면, 치아빠스에서는 위생 상태가 나빠서, 혹은 생존에 필요한 것들이 부족해서 영아가 죽었다. 이탈리아와 치아빠스, 두 경우 모두 여성이 장기간 하는 돌봄 노동과 노고가 짓밟히고, 여성 자신과 영아의 기본권이 침해당하는 모습을 볼 수 있다.

여성 운동이 일어나기 전에는 홀보듬엄마,[12] 특히 임신한 독신 여성은 매우 가혹한 상황에 놓여 있었다. 이 여성들은 마야 여성들과 마찬가지로 집에서 쫓겨나는 경우가 많았고, 어디로 가야 하는지, 아기를 낳으려면 어떻게 해야 하는지, 아이를 부양할 일자리를 어떻게 구할지 알지 못했다. 때로는 아이를 보육원에 맡길 수밖에 없었다. 혼외 임신을 한 여성을 돌보는 단체가 몇 군데 존재했지만, 이런 기관들의 분위기는 다소 어두웠고, 우리가 그곳에 머무는 여성들과 함께 어떤 일을 조직할 때 기관들이 여성들에게 죄책감을 느끼게 만드는 경우가 종종 있었다.[13] 우리는 홀로 자식을 부양하는 어머니상을 핵심 인물로 삼아, 가사노동 임금 운동을 전 세계에서 조직했다. 모든 선진국에서 이런 여성들에게 상당한 자금과 편의를 할애했지만, 이탈리아는 이와 대조되는 이례적인 경우에 해당했다. 영국 정부가 지급하는 아동 수당, 미국에서 이른바 '복지 수당'을 받는 어머니'가 대상인 유자녀가구원조는,[14] 여성의 출산 및 양육이라는 노동에 구체적인 형태로 보수를 지급한 첫 사례들이다. 우리는 여성이 처한 상황을 분석하고 그 분석을 중심으로 결집했으며, 여성들이 돈이 없어 포기할 수밖에 없는 아이들을 수용한 기관에 이탈리아 정부가 상당한 재정을 지원한다는 점을 맹비난했다. 기관을 대상으로 한 재정 지원은 정관계에 퍼져 있는 '후견주의'라는 구불구불한 길을 따라 흩어지게 마련이었다. 그 돈을 여성에게 제공하여 자기 자식을 양육할 수 있게 하는 것이 충분하지는 않을지라도 더 합리적인 방식이다.

여성은 더욱 광범위하게 의문을 제기하면서 자기 몸을 재전유하는 한편, 부인과학과 모든 면에서 다른 관계를 확립하려 했다. 당시 부인과 전문의는 대부분 남성이었다. 거의 대다수가 페미니스트인 여성 몇몇이 전문 자격을 갖추고 막 졸업하기 시작하여 앞으로 핵심적인 참고인 역할을 하게 될 터였다. 마찬가지로, 부인과 전문의가 된 남성 활동가들도 여성 운동으로 형성된 새로운 인식에 부응하여 여성 편에서 관대하고 진지하게 도움을 주었다. 우리는 다른 모든 분야와 마찬가지로 의료 분야에서도 증언을 수집했다.[15] 밀라노에 거주하던 일부는 자기가 사는 도시의 공중 보건 체계가 어떤 기능을 하는지 확인하려고 연구를 실행했다.[16] 여성 몇 명이 환자인 척 연기하는 데 동의하고서 참여했다. 약간의 과장도 없이 말하면, 존중이나 배려가 존재하지 않음이 밝혀졌다. 의사의 권위주의가 이 분야에서는 일반적인 수준보다 훨씬 더 제지를 받지 않고 있었다. 우리가 보건소에 대해 알아낸 내용은 의미심장하다. 여성은 보건소에 매우 일찍, 다 같이 가야 했기 때문에 새벽에 도시를 가로질러야 했다. 게다가 도착한 후에도 오전 시간 대부분은 대기하는 데 써야 했다(의사와의 개별 면담은 분명 기대하기 어려웠다). 벽에 걸린 안내문에 고지된 대로 여성끼리 말하는 건 금지되어 있었다. 대화 자체를 금지한 것이다. 오늘날에는 터무니없어 보이는 이런 일은 당시 의료계의 압제가 어느 정도였는지 잘 보여 준다. 하지만 여성 운동이 이런 강제적인 침묵을 곧 깨뜨릴 참이었다.

우리는 자율적으로 운영되면서 공동체에 기반을 둔 부인과 상담 진료소를 1974년 빠도바에 최초로 설립하여, 의사와 여성이 다른 관계를 맺는 모범적인 사례를 만들기도 했다. '꼰술또리오'라 불린 이곳에서 의사와 다수의 여성은 모두 자원 활동을 했다. 이내 다른 도시들에서도 진료소가 생겼다.[17] 진료소에서는 여성들에게 자가진단법, 검경檢鏡 사용법, 가장 흔하게 발생하는 질병을 인지하고 치료하는 법을 가르쳐 주었다. 페서리 피임법을 알려주기도 했는데, 이 피임 수단은 의사와 논의하거나 비용을 지불하지 않고 여성 혼자 활용할 수 있다는 점 때문에 이탈리아에서 널리 사용되지 않았을 가능성이 높다. 이 피임법은 여학생들이 처음으로 영국 여행을 갔다가 발견했는데, 영국의 가족계획 전문병원에서는 매우 일반적으로 사용되는 피임법이었다. 페서리 피임법을 접한 여학생들은 자율성을 인식하고, 비용이 많이 들지 않는 피임법이 있다는 사실도 알게 된다.

얼마 후인 1975년에 법안 405호가 통과되어 가족 상담 전문병원이 도입된다. 하지만 법이 정한 것보다 언제나 수가 모자랐고, 정보와 예방책 제공 기능을 할 능력도 부족했다. 이런 병원들은 우리가 만들고 싶었던 모범적인 체계와는 확실히 거리가 멀었다. 그런데 병원의 결함은 질병을 이용해 큰돈을 뜯어내는 공공 및 민간사업에는 확실히 도움이 되었다. 우리는 여성의 분만 고통을 덜어주는 경막외주사가 당시에 이미 존재한다는 정보도 제공했지만, 경막외주사를 이용하기란 거의 불가능에 가까웠다. 병원은 경막외주사를 낭비라고 생각했고, 여성이 요청할 경우 주사를 놓을 마취과 전문의 고용을 감당할 수 없는 비용으로 여겼다. 무엇보다 여성이 분만 중에 고통받지 않아야 한다는 사실을 상상할 수 없었다. 여성이 출산의 고통을 대체할 수 있는 대안을 가져서는 안 된다는 게 의료계의 확고부동한 신념이었다. 우리는 소책자에서 '충치를 치료할 때도 마취를 하는데, 산통은 왜 마취를 하면 안 되는가?'라는 당연한 질문을 던졌다. '고통 속에 출산하라'는 성서 계율에 대한 의학계의 복종은 사실상 이론 없이 지속했다.

이탈리아 병원에서는 최근에 와서야 이런 마취 유형을 과거보다 많이 사용한다. 의료가 민영화되면서 선택권을 제공하는 조직들이 경쟁을 우려하기 시작했기 때문이다. 올해 들어서야 마침내, 최근 임명된 보건부 장관 리비아 뚜르코가 모든 병원은 분만 중인 여성에게 마취 주사 같은 처치를 제공해야 한다는 결정을 내렸다. 여성이 겪는 고통의 역사에서 하나의 전환점이 된 결정이다. 뚜르코는 또한 임신 위험이 있는 성관계 시 여성이 임신 중절을 피할 수 있게 '사후피임약'을 모든 약국에서 판매하고, 의사 처방 없이도 살 수 있도록 했다. 우리는 자기 섹슈얼리티를 실천할 권리, 언제나 남성들에게 인정받아야 하는 이 권리가 여성에게 있음을 마침내 받아들이도록 하는 데 주도적인 역할을 했다. 또, 성관계가 어떤 경우에는 불확실한 결과를 가져올 수 있다는 점, 그리고 이 경우 여성에게 오늘날 과학적으로 이용 가능한 수단을 제공하여 모든 면에서 임신 중절의 고통을 덜어 주는 게 의무라는 점을 인정하게 만들었다. 임신 2개월 내에 임신 중절약 RU486을 복용하면, 피를 많이 흘리는 외과적 중절 수술을 하지 않아도 된다. 뚜르코는 이탈리아 전역의 병원에서 이 약을 시험적으로 사용해도 된다고 허가했다. 여러 다른 유럽 국가에서 RU486을 이미 시험적으로 사용하여 현재 판매하고 있으므로, 장관의 허가는 이 약을 임신 중절을 실행하는 처치법으로 공식 승인한 것이나 마찬가지다. 여성이 최대한 고통받아야 한다는 계율을 끝내고, 불가피하게 극적인 선택을 해야 하는 경우 적어도 덜 고통스러운 방법을 이용할 수 있게 된 것이다. 진공 흡입을 이용한 임신 중절법인 카먼 방식도 외과적 임신 중절보다 피를 훨씬 덜 흘리는 방식인데, 1970년대 페미니즘 운동의 영향으로 개선되었다. 그런데 그사이 점점 더 카먼 방식이 쓰이지 않았다는 점이 의미심장하다.

우리 다수는 출산과 임신 중단의 경험을 바탕으로 출산 및 임신 중단을 둘러싼 환경을 변화시켜야 한다고 인식했으며, 실제로 그렇게 하리라고 결심했다. 그런데 우리는 노년에 이른 여성의 몸이 어쩌다 새로운 학대의 대상이 되는지까지는 경험할 기회가 없었다. 어쩌다 이렇다 할 이유도 없이, 오로지 의료 체계 및 의료업계의 이익 때문에 노년 여성의 몸이 종종 훼손당하고 여성의 몸을 특징짓는 장기를 빼앗기는지는 파악할 기회가 없었던 것이다. 나는 지금 자궁 절제술[18] 남용을 말하고 있다. 환자의 병리에 따라 자궁 절제술을 시행할 정당한 사유가 없는 경우 혹은 심지어 아무런 병리가 없는 경우에도 자궁 절제술을 실시한다 (자궁 절제술 사례 중 대략 절반 정도가 정상 난소 제거술과 함께 실시된다). 자궁 절제술은 섹슈얼리티, 심혈관 질환, 골반 아랫부분 근육 강도에 상당히 부정적인 영향을 끼친다. 부작용이 있는데도 최근 수십 년간 많은 선진국의 의료 행위에서 자궁 절제술을 남용하는 경향이 특징적으로 나타났다. 이탈리아 여성 5명 중 1명이, 내가 거주하는 베네또를 비롯한 몇몇 지역에서는 여성 4명 중 1명이 자궁 절제술을 받는다.[19]

출산과 임신에 이어 자궁 절제술을 중심으로 세 번째 대전투가 일어나고 있다. 선진국이든 아니든 세계 각지에서 벌어지는 이 전투는, 여성이 신체를 온전히 지켜내 나이가 들어서도 삶의 질을 유지하는 것을 목표로 한다. 이 목표에는 의학의 폭력과 학대에 맞서는 일도 포함된다. 의료계는 여성을 생식 기계로 인식하는 접근법을 바탕으로 폭력과 학대를 자행하고 있다. 의사들은 많은 경우, 이미 원하는 만큼 자식을 출산했거나 어떤 식으로든 폐경기에 도달했다면 (혹은 종종 불행하게도 폐경기가 아니더라도) 언제든 심각한 질병을 불러올 수 있는 쓸모

없는' 생식 기관은 들어내는 편이 낫다고 단언한다. 난소와 자궁이 폐경기 전후 여성의 건강과 호르몬 균형에 매우 중요한 역할을 하는데도, 너무나 많은 부인과 전문의에게 하나의 인격체로서 여성이나 여성 신체의 온전함은 중요치 않다. 여성의 섹슈얼리티는 더 말할 필요도 없다. 자궁 절제술은 대개 여성의 섹슈얼리티를 위태롭게 한다.

무엇보다 의료업은 수술을 많이 할수록 수익이 늘어난다. 의료업은 자궁 절제술 실시 경력을 많이 보유해서 이익을 얻는다. 따라서 자궁 절제술은 부인과에서 실시하는 가장 중요한 수술 유형이다. 자궁 절제술이라는 전투에서는 자기 몸에 관한 지식, 자기 몸을 보호하겠다는 강한 의지, 여성 간 광범위한 소통이 매우 중요하게 작용한다. 최근 여성 단체들은 온라인 웹사이트를 만들어 자궁 절제술 관련 정보를 제공하는데, 그중 한 사이트는 자궁 절제술을 받은 환자들의 증언을 다수 보여 준다.

1974년은 특히나 중요한 해이다. 힘을 모아 운동을 펼친 다른 여성들과 함께 우리는 이혼에 관한 국민 투표에서 승리했다.[20] 우리는 이탈리아 법률로 채택된 지 불과 몇 년밖에 지나지 않은 이혼이 폐지되지 않도록 힘썼다. 이혼이 폐지되었다면, 설사 결혼 후에 어떤 일이 생기거나 밝혀지더라도 남녀 모두 선택을 돌이킬 수 없는 처지에 빠졌을 것이다. 이혼 폐지 무효화는 구제 방법도 없는 상태에서 고통스러운 삶을 살라는 독재적 선고에 맞서 운동이 쟁취한 승리였다.

여성의 몸과 관련된 다른 중요한 주제는 성인 여성과 여자아이를 대상으로 한 폭력이었다. 마야족 마을 여성들이 가족 밖은 물론이고 가족 안에서까지 종종 폭력에 시달리는 상황을 이야기한 글을 읽으면서 예전 일이 하나 떠올랐다. 우리는 초등학생 여자아이들이 쓴 글을 읽고서 아이들이 가족에게 폭력을 당하고 있음을 알게 된 적이 있다. 여성 운동을 하는 여성 교사들은 이 아이들에게 특별히 더 관심을 기울였다. 얼마 지나지 않아 교사들은 여자아이들의 어머니들이 극도로 무력하다는 사실도 알게 된다. 만약 아이의 어머니가 남편을 고소하여 남편이 감옥에 간다면, 누가 가족을 부양할 것인가? 그 가족들은 주로 시골에서 생활하는데, 시골에 사는 사람들은 어떤 반응을 보일까? 남편이 집에 돌아오면 그는 어떤 반응을 보일까? 이런 문제 상황은 마야 여성이 겪는 문제 상황과 매우 유사했다. 성인 여성을 대상으로 한 폭력 사건들을 중심으로 우리는 대대적으로 힘을 모았다. 우리는 무엇보다도 폭력을 저지른 사람들이 재판을 받을 때 전투적으로 재판을 방청하고, 피해자가 판사, 변호사, 혹은 남성 일반에 따라 피고로 둔갑하는 일이 있어서는 안 된다는 점을 명확히 했다. 형법에서 성폭력이 피해 당사자에 대한 범죄가 아니라 공중도덕 및 품위에 반하는 범죄로 분류되는 것도 참을 수 없었는데, 여성을 하나의 인격체로 보지 않는다는 표시였기 때문이다. 우리는 사건 기록과 처벌이 더 적절하게 이뤄지도록 힘썼다. 많은 법안이 발의되었지만, 20년간 단 하나도 통과되지 않았다.

1996년에 66호 법안이 통과되고 나서야 비로소 여성 대상 성폭력이 공중도덕 및 품위에 반하는 범죄가 아니라 피해 당사자에 대한 범죄로 분류되었다. 처벌도 더 엄격해지고 사건 기록은 더 정확하게 목록화되었다. 한편, 우리가 장기간 활동하고 논의하는 동안 여성 단체들이 등장한다.[21] 여성 단체들은 의식을 새롭게 깨우고, 폭력을 신고하는 여성이 거쳐야 하는 장소(병원, 경찰서, 법원)의 남녀 담당자들이 이제까지와는 달리 좀 더 존중하는 태도를 보이게 했다. 오늘날 빠도바를 비롯한 몇몇 지방 자치 단체는 지역 내 공익사업체 중 하나로 '여성 대상 폭력방지 서비스'를 전화번호부에 제공한다. 시골 마을의 다른 지방 자치 단체들은 여성이 폭력에 반대하는 센터를 만든다는 발상에 찬성하지 않는데, '더러운 천은 집 안에서 세탁하라'는 속담처럼 여성 대상 폭력과 관련된 이야기가 담 너머 집 밖으로 드러나는 게 부적절하다고 여기기 때문이다.

왜 타인이 여성의 몸을 지배하고 통제하는가? 왜 여성은 자기 몸에 대한 주권을 행사할 수 없거나 권리를 행사하는 데 어떤 식으로든 어려움을 겪는가? 어떤 곳에서는 여성 운동이 개입하여 제도에 맞서는 기획을 어떻게든 만들어 냈음에도, 왜 제도는 이토록 타성에 젖어 있는가? 한 벽보에 해답이 있다. 이 벽보에는 집을 둘러싼 벽에 파묻혀 짓눌린 여성의 몸이 있는데, 다음과 같은 설명이 붙어 있다. "가사노동은 세계를 떠받치지만 여성을 옥죄고 통제한다." 요컨대 여성의 몸은 감금을 당해야만 한다. 그래야만 여성이 세계를 지탱하고, 이 세계에서 특히 남성을 지탱하는 부불 가사노동을 제공할 수 있기 때문이다. 해답은 16, 17세기 유럽 전역에서 마녀로 몰려 화형당한 여성들의 모습에서 가장 먼저 찾을 수 있다. 잔인하게 살해당한 여성 수십만 명 중 다수가 산파 및 민간 치료사였다. 그들은 출산과 임신 중절, 피임 행위 관련 지식을 가지고 있다는 사실만으로 유죄 판결을 받았다.[22]

여성에게서 몸을 빼앗고, 여성의 몸을 노동력 재생산 기계로 변형시킨 일은 5세기 전 자본주의가 태동할 무렵에 시작되었다. 이때부터 노동력은 가장 귀한 상품이 되고, 여성의 섹슈얼리티는 왜곡된 채 타인을 생산하고 재생산하는 기능을 강요받았다. 산파들이 다른 여성들과 평등한 관계를 맺으며 늘 손에 쥐고 있던 부인과 지식이 마녀들의 화형대에서 파괴당하고, 한창 발달하던 자본주의 사회 안에서 가족에게 필요한 여성의 본보기가 만들어졌다. 고립되고, 성적으로 억압받으며, 남편의 권위에 복종하고, 자식을 낳고, 경제적으로 자립하지 못하며, 섹슈얼리티 및 출산과 관련된 지식이나 의사 결정권을 전혀 가지지 못한 여성 모형이 구축된 것이다. 무엇보다도 국가는 여성에게서 몸을 빼앗는 살인 행위를 함과 동시에, 여성에게서 지식을 강탈하여 노동력 재생산을 장악한다. 국가와 교회의 지배 아래 있던 의료업계는 중간에서 이를 도왔다.

화형대 위에서 만들어진 여성의 전형은, 여성 운동이 이런 여성 전형을 거부하기 시작할 무렵까지도 여전히 이탈리아 내부에 존재한다. 1970년대에 우리는 남성이 여성의 몸을 지배하는 상황을 고발한다. 여성의 몸은 최대치의 노동, 특히 가사노동을 짜내는 동시에 남성의 성적 요구를 만족시키는 도구로 기능했다. 남성 입장에서는 여성의 요구를 마주할 필요가 없었다(그러므로 여성이 성에 무지한 편이 더 편리했다). 이런 노동관계에서는 임금의 규율적 힘이 사라지는 만큼 폭력이 징계 수단으로 개입한다.[23] 결혼 계약에 기초하여 여성은 노동을 하고 그 대가로 '살림'에 필요한 것을 남성에게서 제공받는데, 여성에게 필요한 것을 남성이 충분히 제공하지 못하여 여성이 행하는 일정한 양과 질의 노동에 남성이 접근할 수 없을 때 폭력이 개입한다.

우리는 물론 가사노동이 복합적인 성격을 띠는 재생산 노동, 즉 물질적 활동과 비물질적 활동의 결합임을 고려해야 한다. 그래야만 많은 경우, 특히 여성이 부분적으로나마 자기 몸과 욕망을 재전유하게 된 지금, 왜 이런 폭력이 폭발적으로 증가하는지 파악할 수 있기 때문이다. 그런데 여전히 의미심장한 사실은 오늘날에도 남성 폭력이 발생하는 이유가 대개 여성이 가사노동을 거부하거나 남성이 원하는 대로 가사노동을 하지 않아서라는 점이다. 이탈리아의 몇몇 폭력방지센터 구성원들이 보고한 내용에 이런 점이 드러난다.[24] 말하자면, 가사노동을 '잘할 마음이 별로 없는' 혹은 가사노동을 제대로 배우지 못한 여성(이전 세대보다는 분명히 잘하려는 의향이 훨씬 덜하거나 잘 배우지 않았다)이 폭력에 노출될 위험이 더 크다. 덧붙이자면, 요즘에는 남성들이 아내와 자식을 확실하게 부양할 정도로 임금을 버는 게 점점 더 어려워지고 있다. 그보다는 남녀 모두 불안정한 임금을 받으면서 두 개의 임금으로 가족을 부양한다. 그 결과, 여성은 가사노동을 해야 한다는 의무감을 훨씬 덜 느끼게 된다.

여성 대상 폭력과 관련한 제도적 타성은 전 세계적인 현상으로, 이탈리아 내 다양한 지역에서도 여전히 매우 심각한 문제이다. 하지만 여성 대상 폭력을 구조적으로 인식하고 종식하는 노력이 잘 이뤄지지 않는다. 우리가 1970년대에 이미 확인했듯이, 그래야만 대체로 남성이 직장과 삶에서 경험하는 좌절을 표출할 안전한 배출구를 가지면서 권력도 행사할 수 있기 때문이다. 병원, 경찰서, 법원 직원으로서 남성들이 항상 공모해 왔다는 점, 그리고 그런 공모 관계가 특히 여성 대상 폭력에 대한 제도적 인식을 높이는 정책과 직원을 재교육하는 전문적인 계획이 미흡한 상황에서 계속 유지되고 있다는 점도 덧붙여야 한다. 반복해서 말하지만, 오늘날에는 많은 병원, 경찰서, 법원에서 상황이 개선되어 포용력과 감수성을 더 많이 찾아볼 수 있는데, 그 이유는 여성의 존재감이 커졌기 때문이기도 하다. 전에는 이런 곳에서 일하는 여성이 아예 없었거나, 있다 해도 수적으로 미미했다. 그리고 당연히 제도적 인식이 높아지면 남성 직원에게도 긍정적인 영향을 미친다.

폭력 피해 여성들이 초기 지원을 받을 때 참고할 사항들을 제공해 주는 사업이 늘고, 제도적 인식을 높이는 활동이 이뤄지며, 피해자의 요구 사항을 전담하는 특수 직원을 양성했는데도, 여성 대상 폭력 사건은 크게 증가했다. 게다가 폭력 양상은 한층 가학적이고 잔혹해져서 종종 갱단 혹은 집단 폭력 형태로 생명을 위협하는 고문이 자행되기도 했다. 커플 간 폭력을 다룬 최근의 한 텔레비전 보도에서는 2000년부터 2002년까지 이탈리아에서 발생한 405건의 커플 폭력 사건이 여성 살해로 끝났다고 밝혔다.[25] 폭력을 경험하는 여성 가운데 매우 많은 수가 신고를 하지 않지만, 신고하는 여성 수가 증가하고 있긴 하다.

신자유주의 정책으로 인간의 삶이, 그리고 인간의 삶을 담는 육체적, 사회적 몸이 하나의 상품으로 축소되는 사회 상황에서, 여성의 섹슈얼리티는 여전히 하나의 상품으로 남아 있다. 여성의 섹슈얼리티를 여성의 인권으로 인정하지 않던 과거 상황에서는 벗어났지만, 여전히 강탈하고도 처벌받지 않는 상품으로 존재한다. 결국, 아직도 여성의 몸은 여성 자신의 것이 아니라 여성의 몸을 취할 남성의 소유물이라는 인식을 가진 남성이 너무 많다.

최근 몇 달간 이탈리아에서는 두 가지 극적인 사건이 발생하여 누가 여성의 몸을 소유하는가를 둘러싼 경쟁이 주목받았다. 두 사건 모두 여성의 죽음으로 귀결되었다. 한 젊은 파키스탄 이주 여성은 자신이 본 다른 이탈리아 여성들이 살아가는 방식대로, 일도 하고 애인과 동거도 하면서 살기로 결심하였다. 이 여성은 부모가 고른 남성과 결혼하는 대신 자기가 원하는 삶을 선택했고, 그 때문에 아버지의 결정에 따라 죽임을 당했다.

두 번째는 남편을 여읜 한 젊은 인도 여성이 기찻길에 몸을 누인 채 스스로 목숨을 끊은 사건이다. 남편의 형제와 결혼하는 것을 받아들이고 싶지 않았고, 두 아이가 계속 이탈리아에 머물기를 원했기 때문이다. 두 아이는 이미 이탈리아에서 학교생활을 하며 처음으로 친구들을 사귀고 자리를 잡아가고 있었다. 이 여성은 시의회가 두 아이를 돌봐 주길 간청하는 글을 남겼다.

이 두 가지 의미심장한 사례를 보면, 세계화가 만들어 낸 인구의 이출-이입 흐름 속에서, 여성이 자기 권리와 환경을 비교하고 정교하게 다듬는 세계적 추이에 가담하고 있음을 알 수 있다. 여성은 어떤 희생을 치르더라도 자기 몸을 재전유하겠다는 의지를 다지고 있다. 다시 말해, 더 이상 타인에게 조종당하는 생산 기계가 아니라, 자신의 욕망에 따라 스스로 결정하는 몸을 되찾겠다는 의지가 강해졌다. 사반세기 전 선진국에서 발전한 운동들은 여성이 자기 몸을 통제할 권리를 쟁취하는 데까지 나아갔고, 오늘날 힘든 전투를 맞닥뜨린 다른 여성들에게 비교 지점과 용기를 준다. 내 몸과 내 몸이 만들어 내는 정서와 감정을 통제할 권리, 우리가 선택한 적 없는 남성과의 결혼 생활에 영원히 감금되지 않을 권리, 자식 수를 통제하거나 자식을 아예 가지지 않거나 결혼하지 않기로 결정할 권리, 그렇게 결정해도 사회 속에서 존중받을 권리, 혼자 사는 삶을 선택해도 품위 있게 대우받을 권리. 이 가장 기본적인 권리들은 점점 더 타협할 수 없는 목표가 되었다.

돈이 있는지, 땅을 소유하거나 물려받을 수 있는지, 교육 및 기본 서비스에 접근할 수 있는지가 모두 여성이 자율성을 구축하는 데 매우 중요한 수단이 되는 게 사실이다. 그렇더라도 자기 몸을 되찾는 전투를 더 늦춰선 안 된다. 다른 일을 먼저 끝내고 하는 부차적인 일로 취급해서도 안 된다. 독자적인 방법을 마련하여 이 싸움에서 승리해야 한다. 1970년대에 우리가 만든 소책자, 우리 몸을 발견하고 해방하려고 우리가 주도한 기획이 내 싸움의 출발점이다.

3

정원으로 나가는 문

정원으로 나가는 문이 삐걱거리고
발걸음이 사박사박 모래를 스친다 …
— 자꼬모 뿌치니, 『또스까』

흔히 여성성을 가장 잘 표현하는 언어가 침묵과 감정이라고 합니다. 오늘은 침묵하진 않겠습니다. 전투적인 공장 상황이 아직까지는 침묵을 해독할 준비가 되어 있지 않기 때문입니다. 반면, 감정을 얼마간 활용하는 건 참고 들어주십시오.

우선, 『푸뚜로 안떼리오레』 저자들에게 감사를 표합니다. 그들은 저를 비롯하여 노동자주의 전통에서 탄생한 수많은 사상가를 기리는 힘든 일을 성공적으로 수행했습니다. 저는 이 책을 만드는 데 별다른 도움을 주지 못했습니다. 관심이 없어서가 아니라 시간이 없었기 때문입니다. 당시 저는 투쟁 전략을 수립하고 있었습니다. 바로 자궁 절제술 남용을 반대하는 투쟁입니다. 이 투쟁은 여성의 몸과 의료 조직 사이에서 벌어지는 투쟁 가운데 출산과 임신 중단에 이어 세 번째로 거대한 투쟁이었습니다. 오늘은 다른 문제들에 앞서 자궁 절제술 남용부터 간략히 다루려고 합니다. 제가 이 책에 힘을 보태지 못한 가장 큰 이유가 바로 자궁 절제술 남용 문제이기 때문입니다. 사실 이 문제에 온통 관심을 쏟느라, 책을 만드는 데 기여하겠다는 의사를 제때 전달하지 못했습니다.

우선 저의 출발점부터 설명해야겠군요. 그 전에 제가 며칠 전에야 책을 다 읽었다는 것부터 말할까요? 저는 이 책이 주관성을 주제로 한 연구라고 들었는데,

한 가지 분명한 건, 제가 만족할 만큼 충분히 생각해 보지 못한 다른 중요한 주제들도 책에서 결국 다 아우르고 있다는 점입니다. 혹시 노동자주의에서 파생된 페미니즘 학파에 아주 중요한 몇몇 쟁점을 오늘 강연에서 다루지 못하더라도 양해 부탁드립니다.

어쨌든 저는 대화에 참여할 수 있어서 매우 기쁩니다. 어떻게 30년이 지난 지금, 제가 여전히 여기 있는 걸까요? 대답은 간단합니다. 이곳이 저의 집이기 때문이지요. 저는 여기서 태어났습니다. 여기서 처음으로 정치에 관여했습니다. 더 중요한 점은, 그 경험이 제가 찾던 경험, 즉 이해하고 행동하려는 저의 욕구에 부응하는 경험이었다는 사실입니다. 우리는 뿌리를 결코 잊지 못하고, 저는 결단코 그러고 싶지 않았습니다. 이곳이야말로 제 사고에 꼭 들어맞는 곳입니다. 이곳에서 저는 같은 언어로 말하는 사람들을 발견했습니다. 비록 다른 사람들과도 소통하려면 언어를 약간 수정할 수밖에 없었지만요. 저에게 이곳 말고 다른 집은 없었습니다. 길게 뻗은 길, 오로지 하나의 길밖에 없었습니다. 저는 그 길 위에서 오늘 여러분에게 이야기할 몇 가지 쟁점을 발견했고, 전투도 여러 번 치렀습니다.

노동자주의는 성공과 실패를 모두 맛보았습니다. 저는 개인적으로 베네토 지역의 〈뽀떼레 오뻬라이오〉에서 활동했는데, 제 인생 여정을 결정하는 데 노동자주의가 상당한 영향을 끼쳤지요. 저만 그랬던 건 아닌 것 같네요. 함께한 많은 이들이 오늘 여기 모여 있으니까요. 그러니까 노동자주의가 우리 다수에게 가져다준 이 깊은 소속감을 자세히 살펴보는 건 유용한 일이 될 것입니다. 과거에 이뤄진 정치 논쟁의 성공적 결과만을 염두에 둔다면, 우리는 사실 원하는 대로 쓸 수 있는 수단을 생각보다 더 많이 가지고 있을지도 모른다는 느낌이 듭니다.

무엇보다도 노동자주의는 행동으로 옮기는 결단력과 열정, 그리고 방법을 제공했습니다. 덕분에 우리는 기존 질서에 변화를 일으켰습니다. 결단력, 열정, 방법은 제가 노동자주의를 경험하면서 발견한 기본 요소 중 단지 세 가지에 지나지 않지만, 저는 이 세 요소에 의지한 채 이후 다른 분야들을 넘나들었습니다. 저는 1967년부터 1971년까지 〈뽀떼레 오뻬라이오〉에서 활동하고, 이후에는 페미니즘 운동에 참여했습니다. 저는 〈로따 페미니스따〉와 가사노동 임금 운동을 발기하고 조직하는 데 힘을 보탰는데, 이 페미니즘 운동들은 의심의 여지 없이 〈뽀떼레 오뻬라이오〉의 산물입니다.

지금 우리가 나누고 있는 대화에 제 기억을 덧붙여서 여러분이 세 가지 주제에 주목하게 만들려고 합니다. 세 가지 주제 모두 재생산 영역과 관련이 있습니다. 첫 번째는 자궁 절제술 남용입니다. 저는 자궁 절제술이 여성의 몸 안에 존재하는 재생산의 정원을 대대적으로 파괴하는 방법 가운데 하나라고 생각합니다. 즉, 생명과 기쁨을 만들어 내는 공간을 파괴합니다. 두 번째는 생명을 만들고 유지하는 재생산 노동입니다. 이 문제는 아직도 해답을 찾지 못했습니다. 세 번째는 토지 강제수용 및 토지의 생산력 파괴입니다. 이는 우리 신체 외부에 존재하는 재생산의 정원을 대대적으로 파괴하는 방식입니다. 땅은 우리가 영양분을 공급받는 곳일 뿐만 아니라, 우리 신체가 의미·감각·상상을 수확하는 곳이기도 합니다. 그렇다면 토지를 강제수용하고 파괴하는 일 역시 생명과 기쁨을 만드는 공간을 파괴하는 일과 진배없습니다. 이는 1990년대 정치 논쟁 가운데 급진적 주변부에서 중심 주제로 다루던 쟁점으로, 그 시작은 1980년대에 이른바 '제3세계' 국가들에서 조직적으로 일어난 투쟁에서 기원합니다. 물론 그러한 투쟁 속에는 5세기 동안 이어진 자본주의를 둘러싼 이야기가 존재합니다. 아주 오래된 이야기지요.

먼저, 자궁 절제술을 남용하여 여성의 신체 내부에 자리한 정원을 대대적으로 파괴하는 문제부터 이야기해봅시다. 전통적으로 자궁 절제술은 건강한 난소를 제거하는 난소 제거술과 함께 이뤄졌습니다. 자궁 절제술 문제를 다루는 일은 결코 쉽지 않았습니다. 저 혼자서 문제를 파고들어야 하고, 관련 질환에 관한 지식을 스스로 구축해야 하며, 관련 질환을 고칠 수 있는 치료법을 타당해 보이는 것부터 타당해 보이지 않는 것까지 알고 있어야 했으니까요. 그런데 저는 뭐든 혼자 발굴하는 일, 거기서 드러난 괴물과 맞붙어 싸우는 일에 소질이 있습니다. 그래서인지 저는 곧 의사들과 대립하게 되지요.

당장 함께할 수 있는 사람이 없다면, 혼자서라도 쟁점의 진상을 철저히 파헤쳐 문제를 폭로하고, 새로운 지식을 구축하며, 지식을 퍼뜨려 대중에게 알려야 합니다. 저는 더 많은 비따띠비스띠,[1] 즉 생명의 생산 및 재생산 영역에서 활동하는 이들이 이런 방식에 착수해야 한다고 생각합니다. 우리를 포위해 오는 공격은 점점 더 늘어나고 있습니다. 이 공격들 때문에 우리 신체의 온전함과 안녕이 위협받습니다. 따라서 우리는 생명의 재생산을 규제하는 권력 및 권력의 내부 작용을 약화시켜 공격에 맞서는 힘을 키워야 합니다. 저는 필요하다면 마땅히 제가 수년간 천착해 온 이 문제를 여성들, 또 의사들과 더욱 심도 있게 토론할 용의가 있습니다. 오늘은 자궁 절제술 남용이 극도로 심각하다는 점, 남녀 모두 이 내용을 알고 있어야 한다는 점을 고려하여, 최소한 몇 가지 수치만이라도 제공하기로 결심했습니다. 사실 남성이 수술할 때는 보통 여성들이 정보 수집을 도와주고, 조언해 주며, 지지를 보냅니다. 반면, 자궁 절제술의 경우, 여성은 대체로 홀로 남아 의사와 단둘이 결정을 내려야 합니다. 여성의 파트너가 여성에게 조언할 때는, 흔히 잘못된 정보이거나 여성을 안심시키려는 의도에서 다음과 같은 그릇된 충고를 합니다. "자자, 그깟 자궁 따윈 떼어 버려. 어쨌건 더 필요하지도 않잖아!"

이탈리아에서는 자궁 절제술이 1994년 3만 8천 건에서 1997년 6만 8천 건으로 증가합니다. 여성 5명 중 1명, 베네토를 포함한 일부 지역에서는 4명 중 1명이 자궁 절제술을 받을 위험이 있는 것입니다. 흑사병에 걸려 죽은 사람도 이렇게 많진 않습니다. 1998년과 1999년에는 자궁 절제술 건수가 거의 7만 건에 육박합니다.

자궁 절제술은 신체적, 정서적, 관계적 차원에서 심각하게 부정적인 결과를 가져옵니다. 수술 방법에 따라 다르지만, 수술 사례 가운데 절반은 1천 명 중 한두 명의 여성에게 치명적인 합병증이 발생합니다. 위험 부담이 상당하지요. 이 때문에 대안 치료법이 없는 소수의 질환만 자궁 절제술을 고려해야 합니다. 오늘날 행해지는 다양한 수술을 잘 아는 것도 매우 중요합니다. 어떤 수술을 선택하느냐에 따라 여성의 신체와 앞으로의 삶의 질이 보장될 수도, 그렇지 않을 수도 있기 때문입니다. 이탈리아의 자궁 절제술 활용 통계를 이웃 나라인 프랑스와 비교하면서 수술 사례들을 면밀히 분석해 보면, 대안적 치료법이 가능한 질환에도 자궁 절제술을 실시하며, 제가 보건부에 보고했듯이, 전체 자궁 절제술의 80%가 근거 없이 행해지는 것을 알 수 있습니다.

프랑스에서는 여성 20명 중 1명, 파리 및 파리 외곽 지역에서는 25명 중 1명이 자궁 절제술을 받을 위험이 있고, 자궁 절제술을 활용하는 경향은 감소 추세에 있습니다. 그러니까 우리는 이탈리아를 비롯한 다른 국가들, 무엇보다 미국에서 여성의 신체가 근거 없이 대량으로 절단되고 있는 상황을 바라보고 있는 겁니다. 자궁 절제술의 결과, 가족이나 부부 사이 관계가 손상되거나 심지어 완전히 망가지는 경우가 많습니다. 따라서 우리 몸의 온전함을 지키는 것은 반드시 해야 하는, 극히 중요한 일입니다. 캠페인 활동과 운동 전략을 활용해 인식을 형성하고 지식을 만들 수 있습니다. 또, 네트워크를 지원하는 데 이바지할 수도 있지요. 문제는, 우리를 뒤덮은 과학적 이데올로기와 의료 단체들의 이해관계, 거대 금융 기업의 압박으로 공중 보건 분야에서 기형적 상황이 더욱 심화되고 있다는 점입니다. 신자유주의 패러다임에 따라 우리의 생명, 그리고 생명을 담고 있는 육체적, 사회적 몸은 상품이 됩니다. 따라서 기본적인 의학 지식을 되찾는 게 필요하지요. 단지 특정 수술에 저항하고 반대하기 위해서만이 아닙니다. 기본적인 의학 지식을 반드시 되찾아야만 병적인 상태, 장애, 불행을 일으키는 다수의 침략적인 의료 행위는 물론, 빈곤에 저항하고 반대할 수 있기 때문입니다. 시장-실험실에 점점 더 많이 의존하면서 우리는 빈곤해졌고, 결국 우리가 가진 생명력 넘치는 창조력과 경제적 자원을 해치는 지경에 이르렀습니다. 그리하여 보건은 찾아볼 수 없고, 보건을 재생산하는 기구들은 민영화되어 우리 의료 체계 안에서 지금처럼 운영되고 있지요.

여성의 몸을 두고 어떤 일이 벌어지고 있는지 이 자리를 기회 삼아 인식을 개선하는 게 무엇보다 중요합니다. 이탈리아에서 광범위하게 벌어지고 있는 예방 차원의 수술, 즉 정상 유방의 예방적 절단 및 정상 난소 제거와 관련하여 어떤 일이 벌어지고 있는지 살펴보겠습니다. 유방암 1기나 2기 염색체 보유자로서 유방암 그리고/또는 난소암 발병 확률이 높다고 여겨지는 여성들이 제거술을 받습니다. 그런데 심지어 의사들조차 이 여성들이 정말로 유방암이나 난소암에 걸릴 것이라거나, 제거술을 받으면 암에 걸리지 않을 것이라는 확신은 할 수 없다고 시인합니다.

두 번째 주제는 가사노동이라고 일컬어지는 재생산 노동과 관련이 있습니다. 비록 재생산 노동은 우리가 흔히 가사노동으로 여기는 것보다 훨씬 더 많은 걸 아우르지만요. 저는 이 주제와 관련하여 지난 30년간 노동자주의 페미니스트들의 저작물 또는 그들의 저작에서 파생된 문헌들을 환기하고자 합니다. 여기서 몇 가지 핵심 사항을 떠올려 봐야겠습니다. 1970년대 이탈리아에는 두 가지 서로 다른 페미니즘 학파가 존재했습니다. 의식 고양 페미니즘 학파, 그리고 〈로따 페미니스따〉라는 노동자주의 페미니즘 학파입니다. 〈로따 페미니스따〉는 이후 가사노동 임금 운동 조직 및 위원회로 발전했습니다. 〈로따 페미니스따〉는 전국으로 퍼져 나가 특히 베네또와 에밀리아 지역에 확산했고, 자기 인식 페미니즘 학파가 우세했던 밀라노나 두 가지 그룹 모두 존재했던 로마 같은 도시에서는 확산 정도가 약했습니다. 〈로따 페미니스따〉 활동은 멀리 남부까지 확산하여, 심지어 젤라와 시칠리아에도 조직이 존재했습니다. 가장 중요한 점은, 1972년 〈국제페미니스트연합〉 결성을 시작으로, 특히 미국과 캐나다에서 대규모 국제 네트워크를 창립하고, 몇몇 유럽 국가, 특히 영국과 독일, 스위스에도 조직을 두어 이탈리아가 아닌 국가들에서도 논의와 행동을 활발히 했다는 사실입니다. 우리는 힘을 모아 행동을 펼칠 수 있도록 국제회의를 종종 개최했습니다. 아프리카계 미국인 여성도 우리 네트워크의 구성원이었습니다. 이들은 이탈리아 여성들을 보고 네트워크에 가입할 생각을 했다고 말했습니다. 뭐랄까, 그들 눈에는 제3세계에서 온 여성들과 마찬가지로 이탈리아 여성들도 힘이 거의 없어 보인 것이지요. 미국과 영국의 백인 여성만 있었다면 아프리카계 미국 여성들은 참여하지 않았을 것입니다.

1970년대 초반부터 미국 내 여러 지역과 캐나다의 몇몇 주요 도시를 여행한 일이 기억납니다. 대서양 연안부터 태평양 연안까지 가사노동을 바라보는 우리 시각을 전파하기 위한 여행이었습니다. 엘패소에서는 수중에 있던 얼마 안 되는 돈을 털리기도 했지요. 비행기를 이용하든, 아니면 지주 그랬듯 비스를 이용하든, 저는 북미 동지들이 1달러씩 기부한 돈으로 여행 경비를 충당했습니다. 그리고 당시 수많은 대학에서는 「여성과 공동체 전복」을 페미니즘 고전으로 채택하여 저를 강연자로 초청했습니다. 저는 이런 식으로 여행 자금을 좀 더 모았습니다. 뉴욕의 한 대학에서 제게 교직을 제안해, 신학기 초에 당장 강의를 시작할 수 있도록 교수 이사회와 면접을 보기도 했습니다. 하지만 이탈리아로 돌아온 후, 저는 그들에게 편지를 써서 제안을 거절했습니다. 정치 활동을 도저히 포기할 수 없었기 때문이지요. 〈로따 페미니스따〉는 아직 너무 초기 단계였고, 저는 〈로따 페미니스따〉를 두고 떠날 수 없었습니다. 그들은 제 입장을 이해하지 못해 몹시 화를 냈습니다. 저는 〈로따 페미니스따〉 활동과 정치적 연구를 다른 모든 삶의 선택지들 위에 두었습니다. 이때도 저는 〈뽀떼레 오뻬라이오〉라는 표식을 달고 있었지요. 저는 언제나 투사였습니다.

일부 여성들이 〈뽀떼레 오뻬라이오〉를 떠나 〈로따 페미니스따〉를 결성한 것을 어떻게 생각하시나요?

제가 〈뽀떼레 오뻬라이오〉에 합류했을 때, 저보다 나이 많은 동료인 테레사 람빠조가 물었습니다. "〈뽀떼레 오뻬라이오〉에 어떻게 가입하게 됐지요?" 그는 "당신도 정의가 실현되길 간절히 바라는군요, 그렇죠?"라며 자신이 던진 질문에 스스로 답했습니다. 저는 "그렇습니다"라고 말했습니다. 그는 제 대답을 짐작했을 테지요. 저 역시 그 대답이 당연하다고 생각했습니다.

한편으로, 왜 〈뽀떼레 오뻬라이오〉를 떠나 1971년 6월에 여성 그룹과 함께 일하며 당시 〈로따 페미니스따〉의 최초 핵심 집단을 결성했는지 묻는다면, 제 대답은 "존엄에 대한 갈망"이 될 것 같습니다. 당시 우리 지식인 동지들 사이의 남녀 관계는 제가 생각하기에 충분한 위엄을 갖추었다고 볼 수 없는 수준이었습니다. 그래서 저는 소책자를 써서 배포하고, 약간의 수정을 거쳐 「여성과 공동체 전복」을 완성했습니다. 전 세계 페미니즘 운동에서 이 작은 책을 즉각 채택하여 6개 국어로 번역했습니다.

그리하여 저는 자율적인 조직화의 첫 장을 노동자주의 전통 출신 여성들과 함께 펼쳤습니다. 곧이어 서로 다른 배경을 가진 여성들이 합류했는데, 몇몇은 정치적 배경을 가지고 있지 않았지요. 이런 상황은 남녀 사이에 일이 대체로 잘 풀리고 있지 않았음을 방증합니다.

〈로따 페미니스따〉를 만든 또 다른 이유는, 당시 자기 발견 욕구라 불린 것과 관련이 있습니다. 여성들은 더 이상 남성의 시선과 기대가 아니라, 각자의 정체성을 구축하는 과정에서 자기 자신을 규정하기 시작했습니다. 저는 미국에서 건너온 글 한 편을 기억합니다. 「여성으로 정체화한 여성」이라는 기묘한 제목의 글이었습니다. 같은 어조를 띠는 글이 수도 없이 많았지요. 우리는 먼저 우리의 존엄과 정체성을 수호했습니다. 다음에는(여기서 다음이란 시간순이라기보다는 정서적인 연속 선상을 말합니다), 우리가 느끼는 불편함의 기원, 또 우리가 놓인 상황의 악랄한 기원과 여성 착취 및 억압의 기원에 의문을 품고 논리적으로 설명하기 시작했습니다. 우리는 그 기원이 재생산 노동에 있음을, 즉 자본주의 노동 분업 속에서 여성에게 부여된 부불 가사노동에 있음을 깨달았습니다. 그렇다고 선사 시대의 남녀 관계를 연구에서 배제한 건 아닙니다. 우리 중 일부는 더 멀리 거슬러 올라가, 여성의 불행이 시작된 고대의 기원을 추적해야 한다고 느꼈으니까요. 그리하여 모계 사회 대 부계 사회에 중점을 두고 연구를 시작해 지금까지도 계속해서 연구하고 있습니다. 하지만 더 시급한 건, 즉각적으로 행동하는데 도움이 될 만한 분석을 제공하는 일이었습니다. 이는 노동자주의 전통과 일맥상통하지요. 따라서 우리는 거의 전적으로 자본주의 시대에 초점을 맞추게 됩니다. 우리는 자본주의 축적 과정에서 노동력의 생산과 재생산이 어떻게 은폐되는지 연구하면서, 재생산이라는 수수께끼에 드리운 장막을 걷어 냈습니다. 우리는 이해되지 않던 일을 드러낸 것일 뿐 비밀을 밝혀낸 건 아닙니다. 정말이지 모든 재생산은 비밀을 감추고 있으니까요. 우리는 계급 개념을 확대하여, 노동력 생산자이자 재생산자인 여성을 계급 개념에 포함시켰습니다. 우리는 주로 노동 계급 여성에 관심이 있었습니다.

여성은 문 닫힌 집 안에서, 어떤 보상도 없이, 정해진 노동 시간이나 휴식 시간도 하나 없이, 자기 시간을 전부 할애해야 하는 일을 합니다. 이 일은 물질적, 비물질적 과업들로 구성되며, 여성이 내리는 모든 선택을 좌우합니다. 우리가 가정을 생산이 일어나는 장소라고 규정한 이유는, 가정에서 매일 노동력이 생산 및 재생산되기 때문입니다. 그전까지는 가족이 전적으로 소비와 사용 가치 생산을 위한 장소라고, 혹은 단순한 노동력 저장소라고 계속 주장해 왔습니다. 우리는 집 밖의 일자리가 가사노동을 없애거나 실질적으로 변화시킬 수 없다고 주장했습니다. 집 밖 일자리는 기존의 지배자, 즉 남편이 이미 하고 있는 일에 새로운 지배자를 한 명 더 추가시킬 뿐입니다. 따라서 노동 시장 진입은 결코 우리의 목표가 아니었습니다. 남성과의 평등 역시 우리 목표가 아니었습니다.

남성은 하지 않아도 되는 노동을 우리가 짊어진 상황에서, 우리는 누구와 평등해질 수 있을까요? 더욱이 노동 거부를 둘러싼 논쟁이 주목을 받는 시점에, 우리는 왜 남성이 거부하는 것을 겨냥했을까요? 우리는 당시의 포드주의 사회 내부에서 생산이 근본적으로 두 가지 원천, 즉 공장과 가정에서 일어나고 있음을 폭로했습니다. 또, 여성은 자본주의에 가장 중요한 상품인 노동력을 생산하며, 바로 이 때문에 언제든 자유로이 사회적 영향력을 행사할 수 있는 핵심 요소를 가지고 있음을 밝혔습니다. 다시 말해, 여성은 끝도 없는 생산을 거부할 수 있습니다. 따라서 여성은 우리가 당시 '사회 전복'이라고 부른 과정, 즉 급진적인 사회 변화로 귀결될 수 있는 투쟁의 중심인물입니다.

여성은 계속해서 재생산에 가장 큰 책임을 지고 있고, 재생산 노동은 변하지 않았습니다. 생산이 엄청나게 변화했는데도, 이 문제는 해결되지 않은 채 남아 있습니다. 근본적으로 이중적 상태가 지속되고 있는 겁니다. 그런데 남성적인 것과 여성적인 것 사이의 이중성은 우주에 각인이라도 된 것 같습니다. 우리는 이 이중성을 사라져가는 현상이라고 여길 게 아니라 주의 깊게 관찰해서 더 잘 이해해야 합니다. 동시에, 이중성에 내재한 부당함을 바로잡으려 노력하는 데 온 힘을 쏟아야 합니다.

우리가 주로 노동 계급 여성에 주목한다는 사실은 앞서 언급한 적이 있습니다. 하지만 여성이라면 대부분 재생산 노동을 합니다. 이 상황에 맞서 싸우기 위해 가장 먼저 한 일은, 주로 여성에게 부과된 부불 재생산 노동을 거부하는 것이었습니다. 또한, 생산된 부의 일부를 재정적 보상 및 이용 가능한 사회 서비스라는 두 가지 방식으로 받아 내기 위해 국가와 협상을 시작했습니다. 재생산 노동이 집 밖 노동과 손쉽게 병행 가능한 하나의 선택지인 척하는 대신, 재생산 노동을 일정 시간 동안만 할 수 있게 해달라고 요구했습니다. 재생산 노동 거부는 당연히 재생산을 하는 데 필요한 물질적, 비물질적 노동 모두를 거절하는 일이었습니다. 여성들은 여성성을 근본적으로 변화시켰습니다. 이제까지는 여성성이 타인을 돌보는 일, 기꺼이 타인을 위해 살아가려는 엄청난 의지로 대변되는 것이었다면, 새로운 여성성은 이 모든 일을 뒤로한 채 자기 자신을 재생산하기 위한 여유를 확보하는 것이었습니다. 실제로, 가사노동 문제는 출산/재생산 기능으로 왜곡된 섹슈얼리티 문제와 긴밀하게 연결되어 있었지요. 따라서 노동, 섹슈얼리티, 건강, 폭력을 둘러싼 투쟁은 서로 밀접하게 연관되어 있었습니다. 이와 관련하여 우리 동료 몇 명이 대단히 예리한 연구를 수행했습니다.[2] 재생산 노동에서 몸이 논의 대상이 되고, 관계와 정서 역시 마찬가지입니다.

우리는 투쟁을 지역 사회로 가져갔습니다. 주택 공급 문제를 두고 멋진 캠페인을 벌여 승리했는데, 이는 최초의 승리이자 유일하게 기록되지 않은 승리였습니다. 또, 병원, 학교, 공장으로 투쟁을 가져갔습니다. 1973년 6월 5일, 우리는 빠도바에서 임신 중단 권리 캠페인을 시작했습니다. 임신 중절을 한 여성에 관한 법정 재판과 관련하여 정치 집회를 여는 것으로 시동을 걸었지요. 수년간 집회가 이어져 1978년에는 전체 페미니즘 운동 세력과 함께 법률 194호 승인이라는 결과를 쟁취했습니다. 이 법률은 여성이 임신을 중단할 권리, 제대로 된 의료 시설에서 임신 중절을 할 권리를 인정했습니다. 1974년, 또다시 빠도바에서 우리는 자치적으로 운영되는 페미니스트 진료소인 여성의료센터를 조직했습니다. 이는 이탈리아 최초의 여성의료센터였고, 뒤이어 다른 도시에서도 비슷한 센터들이 생겨났습니다. 우리는 모범 사례를 제시하고, 특히 부인과 영역에서 여성과 의학의 관계를 재정립하는 추진력을 얻었습니다. 특히나 가족 클리닉 설립을 위한 법률 405호가 곧 승인되어 1975년에 효력이 발생할 예정이었지요. 우리는 병원 내부의 수많은 산부인과 병동, 이른바 '분만 침상'에서 캠페인을 주도했습니다. 대부분 빠도바, 밀라노, 페라라의 산부인과 병동이었던 것으로 기억합니다.

공장 내부에서 조직한 캠페인 중 쏠라리사(社)에서 진행한 캠페인이 좋은 예시입니다. 이 캠페인은 이후 여러 다른 공장에서 일어난 투쟁의 모범이 되었습니다. 당시 여성 노동자들은 근무일 포기와 자기 몸 돌보기 중 하나를 고르지 않아도 되도록, 유급 휴가와 부인과 정기 검진을 위한 의료 혜택을 요구했습니다. 우리는 끔찍한 매연을 방출하고 수질을 오염시킨 공장에 맞서 베네토의 한 소도시에서 중요한 캠페인을 벌이기도 했습니다.

이미 언급했듯이, 우리는 전국적, 또 국제적 네트워크를 가지고 있었습니다. 놀라운 건, 우리가 그토록 적은 예산으로 그 모든 일을 해냈다는 점입니다. 우리의 의사소통 수단은 기본적으로 전단지와 신문이었는데,『레 오뻬라이 델라 까사』[가사노동자라는 신문 이름은 진정으로 노동자주의 방식을 따른 것이지요. 수많은 행동주의가 치열하게, 전면적으로 약동하고 있었기에, 우리는 삶에서 다른 것을 생각할 여유가 없었습니다. 투쟁을 대하는 우리 태도는 분명 〈뽀떼레 오뻬라이오〉 투쟁 경험에서 비롯되었지만, 제 생각에 다른 여러 집단에서도 상황은 매우 유사했고, 우리 가운데 주도적인 역할을 한 이들은 훨씬 더 과격한 투쟁 태도를 취했습니다.

1970년대 말에 이르자 우리는 지쳐갔습니다. 우리의 재생산이 남긴 이익들은 모두 지워졌습니다. 그 이익이라는 것조차 우리의 동지들을 포함한 남성들이 통상 누리던 이익보다 훨씬 더 작았다는 사실은 이미 악명이 높았지요. 그토록 많은 투쟁을 벌이고, 그토록 많은 시간을 퍼부어 힘을 모았음에도, 우리는 사회 변화의 윤곽조차 감지할 수 없었습니다. 우리가 투쟁에서 요구한 것들을 충족시키는 급진적인 변화는 일어나지 않았습니다. 우리의 정치적 여정은 여성이라는 특성에 전면적인 변화를 가져왔지만, 이 변화를 담아낼 수 있는 비약적 전환은 일어나지 않았습니다. 자본주의가 제시하는 사회 조직과 관계 틀에 우리는 더 이상 들어맞지 않았습니다.

초창기 페미니즘 운동에 참여한 여성들은 젊은 연령층이 아니었다는 사실도 잊지 말아야 합니다. 초기 페미니즘 운동 참가자들은 보통 30대이거나 그보다 더 나이 많은 여성들로, 불구가 되어버린 결혼 생활을 끝내고서 다시 감정을 느낄 권리를 되찾으려는 이들이었지요. 저는 이들 대다수가 제게 했던 말을 기억합니다. 자신이 남편이나 미취학 자식과의 관계에서 가장 크게 놓치고 있는 것이 성적 자유가 아니라 사랑할 가능성이라고요. 당시를 돌이켜 보면서 저는 깨달았습니다. 그 여성들의 결혼 전 어린 시절도 결혼 후와 마찬가지로 비참했으리라는 것을요.

정말이지 당시 우리는 사회의 실질적인 변화를 이끌어 낼 프로젝트를 제시해야만 했고, 우리 힘만으로는 불가능한 일이었기 때문에 계획을 실행할 사람들도 필요했습니다. 하지만 이는 우리 담론뿐만 아니라 일반적인 담론에서 언제나 가장 취약한 부분이었고, 투쟁이 가지는 힘에 따라 전략을 결정해야 하므로 자체적으로는 정확하게 집어낼 수도 없는 문제였습니다. 결국 우리는 일을 해 내지 못했고, 더 이상 싸울 힘도 없었습니다. 하지만 저는 〈뽀떼레 오뻬라이오〉 때부터 수년간 출구를 찾아내는, 즉 '전환'을 이뤄내는 문제를 고민해 왔었지요. 이런 생각을 동지인 귀도Guido Borio에게 말했을 때, 그가 모호하게, 마치 해결책의 윤곽조차 잡을 수 없다는 듯 대답한 일을 기억합니다. 저는 그저 아마도 내 경험이 충분하지 않은 모양이라고, 아직은 내가 그렇게 중요한 문제와 씨름할 준비가 되어 있지 않다고 생각했지요. 그런데 제가 애초에 그 질문을 했던 이유는, 운동을 확산시키려고 새벽 네 시에 일어나 마르게라항에서, 혹은 크로또네에 있는 몬떼디손사﹡에서 지지를 구하며 돌아다니는 일에 여생을 바치는 걸 상상할 수 없었기 때문입니다. 이 일을 언제까지, 어디까지 해야 하는가? 다음에는 뭘 해야 하지? 저는 당연히 페미니즘 운동에서도 같은 딜레마를 마주할 터였고, 여전히 누구와도 이 어려운 문제를 공유할 수 없었습니다.

10여 년이 흐른 후, 우리 몸의 생물학적 시계가 째깍거리기 시작했습니다. 종종 부정당하긴 하지만 투사들 역시 몸이 있으니까요. 어떤 여성들은 아이를 갖고 싶지만 이미 늦었다고 생각했습니다. 이들은 누구와 함께 아이를 가지고 싶은지, 어떤 환경에서 아이를 양육하고 싶은지 결정해야 했습니다.

새로운 여성 주체성을 끌어안을 수 있는 급진적인 사회 변화가 부재한 상황에서 우리는 포기하기 시작했습니다. 많은 이들이 굴복해야 했지요. 굴복의 정도는 얼마나 많은 돈을 자기 마음대로 쓸 수 있는지, 얼마나 많은 자유 시간을 기대할 수 있는지, 어떤 유형의 일자리를 구할 수 있는지에 따라 달라졌습니다. 재정적인 수단이 여성에게는 결핍되어 있다는 오래된 문제를 둘러싸고 우리가 그토록 치열하게 싸웠는데, 바로 그 문제의 심각성이 더욱 명징하게 드러난 겁니다.

바로 그때 탄압이 시작되었습니다. 그러자 우리가 주도한 페미니즘의 흐름, 투쟁, 성과, 즉 주로 사회학과 역사학 분야 좌파 여성들이 한 연구가 완전히 말소되었습니다. 하지만 저와 뽈다Polda3는 투쟁과 캠페인은 물론이고, 논쟁이 발전하면서 드러난 쟁점까지 전부 기록해 두었습니다. 주말과 휴가도 반납해 가며 활동가들을 위한 소책자, 팸플릿, 신문을 만들었지요. 대대적인 투쟁을 벌이던 페미니즘은, 탄압과 정상화의 시기인 1980년대에 문화적인 경향을 바탕으로 하는 페미니즘으로 바뀌고, 이 변화는 요구 사항과 발언을 규제하고 거르는 기능을 했습니다. 우리는 감시 대상 명단에 올라 있었습니다. 이런 상황에서는 몇몇 우리 동료들이 이론 연구 혹은 역사 연구를 마치기가 매우 어려웠습니다. 그들은 1970년대에 종합적인 계획의 일부로 자기 연구를 계획했지만, 계획은 결코 실현되지 않았지요. 완곡하게 표현하자면, 이런 연구물의 보급이 배척당한 겁니다. 제가 강의에서 활용한 때를 제외하면, 이 연구물들은 근본적으로 자취를 감췄고, 적대적인 정치 풍조 속에서, 또 여성의 상황을 다르게 접근하는 연구가 급증하면서 가라앉아 버렸습니다. 우리가 만든 것들이 마음대로 쓰이고, 사용하기 쉽게 길들여지기도 했습니다. 제도권 기관들은 여성의 상황을 다루는 연구를 대단히 지지하는 것처럼 보였습니다. 이들은 연구에 돈을 투자하고 네트워크와 연구 보조금을 만들었지만, 이 모두를 꼼꼼히 관리했습니다. 기관들은 가짜 재단과 사업을 만들었습니다.

재생산 노동 문제는 아무런 해답도 찾지 못했습니다. 가사노동 임금 담론 역시 감시 대상 명단에 올랐습니다. 재생산 노동 문제는 결국 이주 노동자를 들여오는 불완전하고 기만적인 해결책을 찾는데, 이주 노동자도 사실 재생산의 비극을 남겨두고 떠나 온 이들이었지요. 예컨대, 조부모에게 맡겨진 아이들은 이제 더 이상 알아보지도 못하는 부모와 함께 떠나려고 하지 않습니다. 또, 뒤에 남아 손주들을 키울 수밖에 없었던 조부모들은, 자식이 돌아와 손주들을 영원히 데려가는 것을 보면서 슬픔에 빠져 미칠 지경이 됩니다.

　암흑같이 어두운 1980년대의 한때 저는 개인적인 문제들을 겪었습니다. 활동가들도 개인적인 삶이 있습니다. 비록 개인적인 삶을 살아가기가 쉽지 않지만요. 당시 저는 제가 지나온 시대를 재평가할 필요성, 또 정서라는 절대적으로 옳은 여과 장치로 시대를 걸러내 확인해야 할 필요성을 느꼈습니다. 처음에는 〈뽀떼레 오뻬라이오〉에서, 다음에는 페미니즘 운동에서 활동하면서 제가 단 한 순간도 기쁨을 느낀 적이 없었다는 사실을 인정해야만 했습니다. 그저 엄청난 피로감을 느낀 기억뿐이었습니다. 〈뽀떼레 오뻬라이오〉에서는 정의를 구현하려는 욕구, 페미니즘 운동에서는 존엄성을 지키고 정체성을 쟁취하려는 욕구에 필연적으로 따를 수밖에 없는 피로감이었지요. 물론 〈뽀떼레 오뻬라이오〉 경험을 통해 저는 현실을 해석하는 중요한 도구를 다수 획득했고, 페미니즘 운동은 저를 비롯한 많은 여성에게 또 다른 해석의 수단뿐 아니라 누구도 다시는 부서뜨릴 수 없는 힘과 견고함, 평정을 가져다줬습니다. 페미니즘 운동은 우리가 딛고 일어설 땅을 놓아 주었지요. 수많은 동지가 페미니즘 운동으로 자신이 광기에서 벗어났다고 말했습니다. 그런데 저는 단 한 순간도 기쁨을 느낀 적이 없었습니다. 〈뽀떼레 오뻬라이오〉와 페미니즘 운동, 두 경험 모두 크나큰 고통을 느꼈을 뿐이지요. 어째서일까요?

　페미니즘 운동과 관련해서는, 저는 모든 것, 심지어 소속감이 산산조각 나면서 느꼈던 우울감까지도 파헤쳐 보려고 애썼습니다. 제가 앞서 말했듯이, 결국 저는 〈뽀떼레 오뻬라이오〉에서 태어나 성장했고, 논의가 완전히 분리되면서 상처를 입었으니까요. 남성 동지들은 우리가 전개하는 이론의 핵심 쟁점을 전혀 알지 못한 채 뒤처졌고, 마주칠 때마다 대단히 일차원적인 대답밖에 내놓지 못했습니다. 우리 역시 그들의 내부 논쟁은 전혀 알지 못했습니다. 점점 더 중요해지는 주제들을 다루려면 토론에 동참해야 했지만, 우리는 그러지 못했습니다. 적어도 저는 우리가 자율성을 유지하되 어느 정도는 공통된 논의를 해 나가는 게 중요하다고 생각했습니다. 자율성 유지와 토론을 병행하는 일이, 당시 이탈리아에서 어떻게, 어느 정도로 가능했을지는 알 수 없지만요. 반면, 미국 동지들과는 소통하는 데 전혀 문제가 없었습니다. 한 예로 저는 〈미드나잇 노츠 컬렉티브〉 구성원들과 아무 문제없이 소통했지요. 〈미드나잇 노츠 컬렉티브〉는 미국에서 가사노동 임금 운동이 출현한 이후 결성되어 재생산 노동에 중점을 두고 전 세계의 자본주의 발전에 관한 논의와 이해를 재편해 나갔습니다. 따라서 그들은 우리가 진작에 내놓은 페미니즘적 분석을 접한 상태였을 뿐만 아니라 매우 잘 알고 있었습니다. 이들은 지금도 여전히 주목할 만한 연구를 수행하고, 중요한 정치적 행동을 조직합니다.

저는 기쁨을 느끼지 못한 이유를 계속해서 찾으려 했습니다. 그리고 공장 밖이든 여성의 집 안이든 1970년대에 제가 몸담았던 투쟁 현장이 저를 마음속 깊이 동요시키지 못했고, 제가 가진 활력을 발휘하지 못하게 했다는 사실을 인정할 수밖에 없었습니다. 당시는 사실상 시간/돈이라는 이중 문제를 둘러싼 투쟁이 주를 이루었습니다. 공장이 초래한 폐해라든지, 출산 환경 및 임신 중단 관련 병원 투쟁, 성노동, 폭력, 그 밖의 여러 사안으로 페미니즘 내부에서 투쟁이 확장되어 갈 때조차도 마찬가지였지요. 이것이 제가 기쁨을 느끼지 못한 이유였습니다. 여성의 몸에 가해진 의학적 학대에 맞서 싸우는 지금도 저는 기쁨을 느끼지 못합니다. 저는 긍정적인 방향으로 저를 움직이게 하는 어떤 것, 강렬한 상상력을 불러일으켜 다른 전망을 드러낼 수 있는 어떤 것을 놓치고 있었습니다. 다른 세계를 갈망하고, 다른 세계를 실질적으로 상상하기 위해서, 저는 다른 질문들, 그리고 새로운 행위자들을 만나야 했습니다. 그래서 1980년대에는 한동안 재생산의 집 안에서 이 방 저 방 계속해서 옮겨 다녔지요. 그러다 마침내 꽃과 채소가 있는 정원으로 열린 문을 발견했습니다. 토지 문제의 중요성을 깨달은 겁니다. 제가 찾던 새로운 행위자들이 바로 토착민 저항의 주역들, 농민, 어민, 댐이나 삼림 파괴와 맞서 싸우는 사람들, 남반구 여성들, 그리고 다행히도 산업화된 국가에서 합세하고 있는 점점 더 많은 남녀들이었습니다. 그리고 그들이 저를 위해 정원으로 나가는 문을 열어 주었습니다. 이들은 모두 땅을 핵심 쟁점으로 다루었습니다. 토지 사유화와 착취, 녹색 혁명, 백색 혁명White Revolution, 청색 혁명Blue Revolution을 거치며 토지의 재생산 능력이 파괴되는 것에 맞서 싸우고 있었습니다. 이 혁명들은 모두 우리 몸 바깥에 존재하는 재생산의 정원을 파괴합니다. 녹색 혁명의 가장 최근 양상이 유전자 변형 물질Genetically Modified Organism, GMO이지요.

이들이 제가 찾던 사람들이었습니다. 저의 연구, 감정과 공명하고, 저를 움직이며, 제게 기쁨을 주는 사람들이었습니다. 그들을 통해 생명, 즉 동식물과 인간의 생명이 생산되고 재생산되는 방식에서 출발해 다른 세계를 엿볼 수 있었습니다. 땅은 우리의 영양 공급원일 뿐만 아니라 우리 몸이 의미·감각·상상을 거두어들이는 장소이기도 합니다. 바로 이곳에서 저는 리고베르따 멘추, 반다나 시바, 부사령관 마르꼬스의 목소리와 행동을 만났습니다. 우리는 〈비아 깜뻬씨나〉 네트워크와 힘을 합쳐 1996년 로마에서 〈유엔식량농업기구〉 회의의 대안이 될 식량 회의를 조직했습니다. 반다나 시바, 마리아 미즈, 파리다 아크테르를 비롯한 많은 이들과 함께였습니다. 이는 우리의 첫 번째 대항정상회담이었고, 두 번째 대항정상회담도 며칠 지나지 않아 열렸습니다.

세 번째 질문, 즉 땅에 관한 물음이 마침내 어떤 기쁨과 정서, 그리고 영감을 주었습니다. 당시 저는 이른바 '제3세계'라고 불리는 많은 국가를 여행하고, 아프리카를 여러 번 방문했습니다. 그리하여 그곳에서 살아가는 게 어떤 의미인지 직접 느낄 수 있었습니다. 가혹한 생활 환경이 전부가 아니었습니다. 그곳에는 다른 세계를 불러들이는 힘이 있었습니다. 드디어 제가 필요로 하고 찾고 있던 세계를 발견했습니다.

땅에 관한 질문은 우리를 압도하여 우리가 재생산 문제를 다시 생각하도록 만들었습니다. 우리는 전 세계 관점에서 바라본 인류 전체의 재생산을 다시 생각했습니다. 산업화된 국가에서 재생산은 기본적으로 돈 관리를 수반합니다. 하지만 이 돈은 재생산 노동자가 재생산 노동을 한 대가로 받은 돈이 아닙니다. 재생산 노동자에게는 보상이 주어진 적이 없으니까요. 이 돈은 남편의 급여에서 나오거나 혹은 좀 더 포스트포드주의적 측면에서 말하면, 남편과 아내가 집 밖 일자리에서 벌어들이는 두 개의 불안정한 급여에서 나옵니다. 한편, 제3세계 국가에서는(제3세계인은 제1세계로 진입한다 해도 여전히 제3세계인으로 남고, 그 반대 경우 역시 마찬가지입니다) 무엇보다도 논밭에서 하는 노동으로 재생산이 이루어집니다. 이들의 논밭 노동은 생계를 유지하거나 지역에서 소비하기 위한 농업으로, 공동 소유나 소규모 재산 보유 체계를 바탕으로 합니다.

사안의 중대성을 제대로 이해하려면, 토지의 재생산 능력을 사유화하는 것, 그리고 착취하고 파괴하는 것, 이 두 가지 측면과 관련하여 1980년대에 일어난 일을 다시 살펴봐야 합니다. 1980년대는 이탈리아에서 의심할 바 없이 탄압과 정상화의 시기였습니다. 반면, 제3세계 국가에서는 〈국제통화기금〉이 지시한 가혹한 조정의 시기였지요. 이탈리아를 포함한 모든 국가가 조정을 경험하지만, 제3세계 국가에서는 〈국제통화기금〉이 특별히 더 냉혹한 조치, 예컨대 보조금을 받는 주요 식량을 감축하는 조치를 이행합니다. 더 중요한 건, 토지에 가격을 매기도록 강력히 권고했다는 사실입니다. 그래서 공유지가 있는 곳이라면 그곳이 어디든 사유화하여 근본적으로 자급자족 농업을 불가능하게 만들었습니다. 그리고 아프리카는 땅의 많은 부분이 공유지였지요.

〈국제통화기금〉이 주도한 다른 전형적인 조정 정책의 맥락에서 볼 때, 당시의 이런 조치는 훨씬 더 극단적이었습니다. 저는 이 조치야말로 전 세계적 기아와 인구 과밀의 주요 원인이라고 주장합니다. 토지를 소유하지 못한 인구가 점점 더 늘어나자 인구는 과밀 상태가 되는데, 이런 일은 5세기 전에도 있었지요. 1980년대에 조정 정책이 혹독하게 이행될수록, 재생산은 전 세계적으로 퇴보합니다. 재생산의 기반을 약화시키는 이 기획은 신자유주의로 가는 준비 단계였습니다. 구체적으로 말하면, 더 열악한 생활 환경, 더 좁아진 삶의 기대치, 전례 없는 빈곤을 만들어 냄으로써, 〈국제통화기금〉의 조정 정책은 새로운 세계화 경제 출범 및 세계적 신자유주의 전개의 전제 조건들을 제공했습니다. 이 준비 단계에서는 기업들이 세계 시장에서 경쟁력을 높이도록 노동자에게 희생을 요구했습니다. 즉, 노동자의 임금을 더 낮추고, 노동 환경 관련 규제를 철폐하는 새로운 생산성 모형을 지지했습니다. 또한, 생산과 재생산 분야에서 모두 전 세계적으로 그 어느 때보다도 크고 극적으로 격차가 벌어진 노동자 계층 구조를 안착시켰습니다. 인도에서는 1980년대를 시작으로 농민의 자살이 이어져 그 숫자가 지난 3년간 2만 건에 달했습니다. 이들 모두 종자와 살충제를 구매하느라 빚을 져야 했지만, 빚을 갚을 순 없었습니다. 그야말로 대량 학살입니다! 집단 자살은 녹색 혁명과 〈국제통화기금〉 정책으로 얼마나 많은 사람이 굶주리고 목숨을 잃었는지 가늠케 하는 척도입니다.

1980년대는 남미와 아프리카, 그리고 아시아에 이르기까지 이런 정책에 맞서 투쟁이 증가한 시기이기도 합니다. 특히 토지 강제수용과 오염, 그리고 토지가 가진 재생산 능력 훼손과 파괴에 반대하는 투쟁이 일어났습니다. 투쟁의 주인공들이 네트워크와 단체, 조직적인 운동을 만들었고, 이들은 또다시 1990년대에 국제적 반反세계화 운동의 일원으로 부상합니다. 반세계화 운동이 '운동들의 운동'이라 불린 건 결코 우연이 아닙니다. 서로 다른 독립체들이 통합하여 1996년 7월 말부터 8월 초까지 치아빠스에서 반세계화 운동이 최초로 출범했습니다. 사빠띠스따들이 〈인류를 위해, 그리고 신자유주의에 반대하며〉라는 대륙 간 회의 개최를 요청했을 때지요. 사빠띠스따 저항의 주된 요구 사항은 토지에 관한 것이었지만, 멕시코 헌법 제27조 개정 문제와 북미자유무역협정 조항 개정 문제도 있었습니다. 마르꼬스를 저는 언제나 이렇게 말합니다. 1994년 그의 등장만으로도, 울타리를 열어젖히고 묶여 있던 말馬들을 자유롭게 풀어 줬다고요. 그 울타리 때문에 서구에서는 논쟁을 벌일 때 토지 문제를 인식하거나 고려하지 못했습니다. 마르꼬스가 전 세계 활동가들의 상상력을 해방시키자, 그들은 치아빠스로 찾아와 협력했습니다. 마르꼬스는 스키 마스크를 쓴 채 말에 올라타 있었고, 그의 발밑은 흙과 풀 빛깔로 가득했습니다. 게다가 그는 시적 언어로 말할 줄 아는 능력이 있었습니다. 자본주의적으로 기계화된 자연 속에서, 산업화된 농업과 가축 사육 속에서, 서로 분리된 채 대치하는 땅과 인간과 동물이 다시 한번 재결합하여 다른 전망을 드러냈습니다.

◆◇

재생산을 이야기하는 담화 안에서 토지 문제의 중심적인 위치를 간략히 고찰해 보는 일은, 우리가 오늘날 다시 마주한 문제들에 시사하는 바가 큽니다. 우선, 새로운 세계 경제에 부응하는 '정치적 재편'과 관련된 담론은 모두, 토지 문제의 중심적인 위치를 인식하고, 기존의 투쟁과 관계 맺을 방법을 찾아야만 합니다. 왜냐하면 엄청나게 많은 사람들이 자기 땅에서 추방당함으로써, 세계 경제를 이루는 노동 계급 내부에서 서열화가 거듭 부활하고 재건될 수 있기 때문입니다. 실제로 이렇게 땅을 빼앗긴 사람 가운데 극소수만이 일자리를, 그것도 대개 불법적이고 보상이 아주 적은 일자리 구할 수 있습니다. 대다수는 전쟁, 가혹한 경제 상황, 기아, 전염병 확산, 군경 탄압으로 말살될 운명을 맞습니다. 이로써 세계 각지의 정치적 분투가 모두 밑 빠진 독에 물 붓기나 다름없음을 알 수 있습니다. 우리는 어떻게 해야 독에 든 물이 새지 않을지 고민해야 합니다.

저는 노동의 계층화가 변하는 것을 꿈꿉니다. 땅을 빼앗겨 쫓겨난 일반 대중 상당수가 자기 땅을 되찾으면 노동 계층화가 어떻게 달라질지 상상합니다. 그리고 자본주의는 어떻게 될지 상상합니다. 자본주의는 결국 토지 강제수용과 함께 시작된 것이니까요. 그래서 저는 제3세계 해방 투쟁 지지나 제3세계 관광을 비난하는 사람들을 이해할 수 없습니다. 저는 항상 학생들에게 관광으로라도 제3세계 국가를 여행해 보라고 말합니다. 관광이라도 가보는 게 아무 일도 안 하는 것보단 나으니까요. 자본주의 체제 내 발전과 저발전의 관계를 이해하고자 한다면, 제3세계에 직접 가보는 일은 필수입니다.

한편, 투쟁에 대해서는 진지한 정치적 협력 활동, 비따띠비따에[4] 착수하는 게 매우 중요합니다. 진지하지 않은 협력 활동이 제3세계 국가에서 충분히 많이 이뤄지고 있다는 점도 인정합니다만, 치아빠스에서는 진지한 정치적 협력 활동의 결과 전기 터빈과 각종 병원이 세워졌지요. 어떤 질병은 적절한 의료 시설만 있으면 치료가 가능합니다. 이런 질병으로 죽거나 쇠약해지지 않고 건강하게 살아 있어야 투쟁도 할 수 있다는 건 말할 필요도 없겠지요. 진지한 활동이라 함은, 지역 주민들에게 이런 시설을 간단하고 시기적절한 방식으로 유지하는 법을 알려줘서 협력자들이 떠난 후에도 시설이 무용지물이 되지 않도록 하는 것입니다. 덜 진지한 협력 활동에서는 협력자들이 떠난 후 시설이 쓸모없어지는 경우가 정기적으로 발생합니다. 지역 주민들에게 시설 유지 방법을 알려주는 과정에서 지식이 전수되고 서로 섞입니다. 그런데 그보다 더 중요한 건, 관계가 형성되면서 단일 협력 활동을 넘어서 정치판을 다시 짜고, 다양한 방식으로 조직 활동, 소통과 협력의 네트워크가 만들어질 기회를 창출한다는 점입니다. 조직 활동, 그리고 소통과 협력의 네트워크를 기본 토대로 하여, 다른 세계를 실질적으로 가능하게 만드는 단일 사업, 다발적인 사업들을 쌓아갈 수 있습니다. 지금은 빛이 들어오는 것을 어렴풋이 감지하는 상황에 지나지 않지만, 적어도 어떤 일이 일어나고 있습니다.

'절대로 과거를 그리워하면 안 된다'는 신화도 깨부숴야 합니다. 이 신화는 자본주의가 가장 최근에 저지른 악행 이전에 만들어지고 고안되고 기획된 모든 것을 무력하거나 뒤떨어진 것으로 낙인찍습니다. 또, 무의식적으로 악인에게 이익이 되는 일을 하게 만듭니다. 즉, 이 신화 속에서 악인들은 악행을 저지르고, 우리는 양극단을 오가는 조건 속에서 행동할 수밖에 없습니다. 특히 땅과 물을 이야기할 때, 절대 되돌아갈 수 없다는 관점은 무력할 뿐입니다. 이런 관점과 반대되는 전략, 즉 분연히 들고일어나 부당하게 빼앗긴 공통장을 되찾으려고 대항권력 조직을 만들어 낸 좋은 사례가 있습니다. 바로 볼리비아의 코차밤바 투쟁입니다. 볼리비아 정부가 한 기업에 유리하도록 수자원 민영화를 승인해 이 기업이 수자원 독점권을 행사할 예정이었습니다. 시市의 꾸르디나도라가[5] 수자원 민영화에 맞서 치열하게 싸워 승리합니다. 물을 공통장으로, 특히나 집단이 관리하는 공통장으로 복귀시켰지요. 그리하여 잉카인들이 더할 나위 없이 완벽하게 고안해 놓았으며 민영화 시도가 있기 전까지 유지해 왔던 조직을 부활시킵니다. 같은 방식으로 콜롬비아 농민 조직도 엄청난 양의 토지를 되찾았습니다. 덕분에 기억에서 거의 사라진 여러 종의 콩 및 식용 식물을 되살렸습니다. 농민들은 고대 농업과 음식 문화를 부활시켜 심신의 기운을 회복함은 물론, 자본주의 생산의 파괴 논리에 반대했습니다. 이런 방향을 지향하는 농민 네트워크는 대륙을 가로질러 점점 더 커지고 있습니다.

세상을 변화시키기로 결심한 강인한 투사들은 극히 중요하지만 너무 자주 등한시해 온 물음, 어떻게 살 것인가라는 물음에서 변화를 시작합니다.

공식적인 제도권에서 내놓은 계획이긴 하지만, 모험적인 계획 하나가 다른 계획들보다 이런 변화의 요구를 더 잘 충족시켰습니다. 바로 네팔에서 있었던 숲을 공동체에 돌려주는 계획입니다. 이 사업은 국가와의 제도적인 타협을 거쳐 실행됩니다. 결과적으로, 숲을 공동체에 돌려주는 일이 빈곤 문제를 해결할 수 있는 최선책임이 밝혀졌습니다. 공동체가 숲을 되찾으면 인간과 땅의 관계가 회복되고, 그 결과 인간과 땅 모두 지속 가능한 삶의 가능성을 보장받습니다. 1980년대 내내 생계 수단인 숲을 되찾는다는 목표 아래 수많은 행동이 조직되었습니다. 그 전에는 그린벨트 운동이 있었지요. 그린벨트 운동은 1977년, 케냐의 왕가리 마타이가 '생명을 위한 숲 다시 가꾸기'라는 발상에서 시작한 운동으로, 비어 있는 도시 주변부에 삼림을 복원했습니다.

저는 대안 과학, 그리고 다른 기계들을 상상해야 할 필요성을 주제로 토론하는 것을 환영합니다. 저 역시 얼마간 같은 생각을 했었지요. 우리가 사용하는 기계들은 죽음을 운반하는 장치이므로 '내부에서 이런 기계들에 맞서는' 일은 불가능합니다. 저는 지금 농업 기술을 이야기하는 겁니다. 바로 여기 베네또에서 슈타이너Rudolf Steiner의 전통을 따르는 농민들이 생명 역동과 이종 교배를 통해, 베어 묶었을 때 단이 더 크고 낟알이 더 많은 밀 품종을 얻었습니다. 이 사례는 유전자 조작에 의지하지 않고, 따라서 공중 보건을 위험에 빠뜨리지 않고도 농업 향상을 획기적으로 이뤄내는 일이 가능함을 다시 한번 보여 줍니다. 많은 농가가 따라 하고, 심지어 이 방식이 재정적으로 성공할 가능성이 있다고 보고 있습니다.

저는 땅의 문제가 땅의 재생산 능력 파괴 문제와 연결된다는 점을 수도 없이 강조했습니다. 이는 우리만이 아니라 제3세계 국가에서도 중요한 문제입니다. 이 문제는 우리가 재생산 담론을 다시 시작하고, 다시 바로 세우게 만듭니다. 돈으로 살 수 있는 게 독극물뿐이라면, 돈이 무슨 소용인가요? 무엇이 지구에서 생명의 지속을 약속할까요, 돈일까요, 건강한 땅과 건강한 땅의 재생산 능력에 접근할 권리일까요? 인류는 얼마나 고도로 강탈당하고 부자유하기에 전적으로 돈에 의존해야만 생존할 수 있는 걸까요? 임금 보장을, 땅의 이용 가능성, 땅의 재생산 능력 보호와 연결할 수 있을 정도로 때가 무르익었나요?

　세계 각지의 힘이 모여 거대한 움직임이 시작되었습니다. 이 움직임 속에서 녹색 혁명, 백색 혁명, 청색 혁명과 관련된 물음, 토지 강제수용과 토지가 사용되는 방식에 관한 물음을 비롯한 수많은 물음이 거짓을 타파하라고, 또 끊임없이 새롭게 나타나는 괴물 같은 기적의 진실이 무엇인지 밝히라고 요구합니다. 해답을 내놓으려면 집단 활동과 개별 활동 모두 필요합니다. 괴물을 밝은 곳으로 끌어내 괴물의 정체를 드러내면 괴물을 없앨 수 있습니다. 이 물음들은 또한 대안 지식 혹은 다른 유형의 기술을 주도적으로 찾아내거나 되찾을 것을 요구합니다. 저는 거대한 변화들이 벌써 일어나고 있다고 생각합니다. 삶이 어떻게 생산되고 재생산되는지 밝혀내는 강인한 주인공들이 변화를 이끌고 있습니다. 농민 운동, 어민 운동, 토착민 운동, 땅과 맺는 관계를 가장 중요한 문제로 제기하는 여성 네트워크들, 그리고 새로운 발명가들이 변화의 주인공입니다. 더 이상은 다른 이들과 연결되려고, 자신의 목소리가 들리도록 하려고 고군분투하는 사람들의 고독한 캠페인이 아닙니다. 몇 년 전까지만 해도 그랬습니다. 산업화된 나라들의 좌파 및 전투적인 운동 세력들이, 이런 쟁점들에 무관심하거나 진부하고 태만한 태도를 보였으니까요. 이제는 상황이 달라졌습니다. 대륙 간 소통이 이뤄지고, 산업화된 국가와 산업화되지 않은 국가가 서로 연결되고 있습니다. 소통과 관계가 전 세계에서 효력이 나타나 전 지구와 관련된 주제들을 하나로 모으고 있습니다. 토지, 강, 바다를 강제수용하고 황폐화하는 행위에 대항하여, 새로운 주인공들은 이제 그만이라고[6] 말합니다. 이들은 꽃이 피고 채소가 열리는 대지의 정원과 새로운 관계를 맺으려고 대안적인 기획의 핵심 내용을 강구하고 있습니다.

4부 파괴와 고통을 넘어 — 육지와 바다를 살리다

1

대지가 공격받다

나는 농민 네트워크를 대표하는 콜롬비아인 노조원과 함께 한 회의에 참석했다. 대학생 협의회가 조직한 회의였다. 그의 이야기는 한 편의 시와 같았고, 강당 의자를 빼곡히 채운 이들의 마음을 열어 자유롭게 해주었다. 그들은 '갈등의 씨앗' 혹은 생명공학의 진실을 찾고 있었다. 또한 전쟁의 진실, 그리고 삶을 점점 더 힘들게 하는 모든 유형의 포위 공격에 관한 진실을 좇는 사람들이기도 했다. 루이스Luis는 생명공학이 종말을 가져온다고 했다. 그는 (이런 표현을 양해해준다면) 개발도상국에 끊임없이 강요되는 농업 논리와 기술을 이야기했다. 생명공학은 인간의 영혼을 죽인다. 우리는 영혼이 인간의 바깥에 존재한다고 믿는다. 영혼은 땅과 나무와 강에 존재한다. 이들을 전부 파괴하면 인간에게는 더 이상 영혼이 없을 것이다. 나는 그가 하는 이런 이야기를 듣는 것만으로도 영혼을 가다듬을 수 있었다. 그의 이야기는 내가 알아들을 수 있고, 듣고 싶은 유일한 이야기였다. 그는 대안 조직에 대해서도 이야기를 이어갔다. 삶은 물론이고 영혼을 잃지 않으려고 콜롬비아 농민들이 자기 공동체에서 시작한, 저항과 생존을 추구하는 대안 조직을 이야기했다. 그들은 오래된 농사법이나 요리법을 다시 가져와 부활시켰다. 공동체 사람들이 과거에 알던 매우 다양한 콩류와 식용 식물들을 조사해서 되찾은 이야기를 루이스는 자세히 했다. 루이스의 공동체가 경험한 일은 결코 드문 사례가 아니다. 수년간 여러 대륙에서 농민들과 특히 여성들이 대안 농법 네트워크를 만들어 왔다. 〈비아 깜뻬씨나〉가 그중 하나이다. 〈비아 깜뻬씨나〉는 다양한 국가에 현존하는 조직 가운데 가장 규모가 크고 중요한 조직이다. 한편, 식품 마케팅을 하는 대안 네트워크들 또한 만들어졌다. 서구 세계 곳곳에는 '신선하고 정직한' 저가 식품이라는 신기루가 퍼져 있는데, 이 신기루를 구한다는 명목하에 미국에서는 네트워크들이 만들어져 샌프란시스코와 디트로이트 같은 지역들이 연결되었다. 또, 의복, 담요, 바구니, 가재도구 같은 또 다른 기본적 요구를 충족시키는 제품을 손으로 만들어 시장에서 판매하는 대안 네트워크들도 만들어졌다. 회의 다음 날, 나는 우연히 집 근처에 있는 전형적인 제3세계 상점에 들렀다. 그곳에서는 책도 팔았는데, 나는 마침 학생들을 위한 자료를 찾고 있었다. 학생들이 수업 내용 말고도 추가로 읽을 만한 글, 흥미를 유발하되 겁을 먹게 하지 않을, 유용하면서도 시사적인 방향성을 살짝 접하게 해 줄 글을 찾고 있었다. 그곳 책들은 서점에서처럼 숨 막히는 종이 더미 속에 놓여 있는 대신 멋진 담요와 커튼, 커피와 음식 사이에 놓여 있었다. 리고베르따 멘추의 책, 『리고베르따 — 마야와 세계』[1]에 즉각 눈길이 갔다. 책을 펼치자 "나는 몇 가지 비밀을 간직했다고 말한 적이 있다. … 지금까지도 그 결심을 고수하고 있다. …"라는 부분이 보였다. 그렇다, 나는 오래전 그의 첫 번째 책이자 내가 대학 강의에 사용하는 『나의 이름은 멘추』를 읽으면서도 똑같이 감동을 받은 적이 있었다. 나는 수년간 글을 쓰면서 비밀의 중요성, 비밀을 유지해야 할 필요성을 말했다. 비밀은 자본 및 자본이 동원하는 과학이 불가피하다는 믿음을 무너뜨린다. 그러한 비밀 덕분에 자본과 과학이 모르는 뭔가가 존재함을 알게 된다.

나는 한동안 어떻게 보면 초현실적인 삶 속에서 나무를 타는 것처럼 보였을 것이다. 하지만 달리 보면 매우 현실적인 삶이기도 했다. 그 나무에는 눈에 보이지 않는 깊은 뿌리가 있기 때문이다. 뿌리가 없으면, 귀가 먹먹해질 만큼 시끄러운 전쟁 소음과 음울한 이야기만 남는다. 내가 대지에 대해 호소하고 모든 걸 되돌리고 싶어 하는 게 유토피아 같다는 말을 듣는다. 하지만 많은 이들이 유사한 욕망을 품고 있고, 분명 행동으로 옮기고 있다. 다양한 씨앗을 발견하고, 삶의 가능성도 찾았다. 우리는 고대 농업 체계를 복원했다. 이제까지 큰 소란 없이 진화해 온 지식을 발판 삼아 고대 농업 체계를 개선했다. 삶의 문제를 해결할 방책들이 존재한다고 널리 홍보하지만 그 방책들은 전 세계 거의 모든 지역에 기아와 빈곤을 초래하는, 거짓 해결책으로 판명났다. 다수의 사람들이 이미 세계를 전원田園으로 되돌려 시詩를 노래하고 있다. 그렇게 하려고 길을 닦고 있다. 그들은 전쟁의 불가항력에 맞서 행진하고, 노동하며, 시어詩語를 던진다. 점점 더 많은 전쟁이 땅을 빼앗아 무기나 오랫동안 사라지지 않는 독성 물질로 땅을 불태우고, 오염시키며, 피폐하게 만든다. 더 많은 신체가 불타 없어지고, 손발이 잘려 불구가 된다. 땅은 더 이상 생산을 못 하거나, 그게 아니라면 농사를 짓지 못하는 팔이 달린 괴물을 생산한다. 이것은 최후의 전투다. 이 전투에서 당신은 이기거나 지거나 둘 중 하나다. 모두들 오로지 돈에만 의존한다. 그래서 누구든 돈이 없으면 지금 죽어 가는 대다수 사람들과 함께 사라질 운명에 놓일 수밖에 없다. 설사 식량을 구입하기에 충분한 돈을 갖고 있다 해도 단지 산업화된 식품을 살 수 있을 뿐이다. 영혼을 잃어 갈 뿐이다.

뿌리. 암울한 이야기와 섬뜩한 꿈을 박멸할, 깊숙이 박힌 뿌리들. 폭탄과 의족이 칸다하르의 하늘에서 떨어진다. 인류는 손발이 잘린 채 굶주린다. 염소, 양, 우유 항아리. 진짜 풍요는 사라졌다. 코소보의 초원, 건초, 황소. 인도의 신성한 소, 온기와 비옥함을 주는 똥, 논밭, 숲, 물줄기, 생명의 강. 아프리카의 동물들, 대초원, 밀림, 사막, 풀로 뒤덮여 반짝이는 평원, 비옥한 고원, 물고기가 가득한 삼각주. 지금 전쟁을 하고 있는 모든 곳에서 내 눈에는 이들만 보인다. 모든 자급 경제가 체계적으로 무너지고, 모든 공동체에서 생명의 원천이 체계적으로 파멸하며, 무엇보다 대지 자체가 파괴된다. 그래서 모든 인류의 생존이 오로지 돈에 좌우되고, 모두가 완전히 종속된 상태에서 겁박을 당한다. 인류는 어느 때보다 과잉됐다고 여겨지며, 영혼과 삶을 잃을 운명을 맞고 만다.

그러나 거리와 학교, 가정과 공장, 교외와 바다에 있는 학생, 여성, 노동자, 농민, 어민, 토착민들이여. 나는 회의에서명왕 다음을 말했다. 어머니 여신이 지금 우리를 부르고 있다. 어머니 대지가 다양한 주체를 다시 모으고 있다. 대지가 낳은 여러 민족을 가장 강력한 투쟁 전선으로 다시 규합하고 있다. 모든 투쟁의 참 된 어머니, 삶을 위한 투쟁을 일으키고 있다.

2

지역을 말하는 일곱 가지 이유

'기아'라는 리트머스 시험지를 '지역'이라는 시약에 넣어 보자. 이 실험이 유효한 이유를 최소한 일곱 가지는 찾을 수 있는데, '지역'이라는 문제를 고려하지 않고는 기아 문제를 대면할 수 없기 때문이다.

나는 기아와 고통이 거듭해서 생겨나는 상황을 수년에 걸쳐 곰곰이 생각했다. 기아와 고통은 주로 토지 강제수용 때문에 발생하는데, 자본주의가 발전하기 시작하면서 지금까지 특징적으로 나타난 모습이다.

오늘날 제국에는 8억 명이 굶주리고 12억 명이 영양실조를 겪고 있다. '어떻게 힘을 모아 제국에 맞설 것인가'를 고찰하려면 이토록 광범위하고 무자비하게 양산되고 있는 기아에 주목해야 한다. 제3세계는 물론 제1세계에서도 물질적인 삶과 영적인 삶을 보장할 방법을 모색하면서 수많은 사회 운동이 시급하고 단호하게 문제를 제기하고 있는 지금, 기아 문제는 특히나 중요하다.

경작할 땅이 없으면 영양가 있는 음식도 없다. 영양가 있는 음식이 없으면 신체도 없다. 신체는 죽음을 맞는다. 이 문제에 맞서지 않고는 생명정치에 뛰어들 수 없다. 우리는 '대탈출'이 일어나는 상황에서조차 여전히 먹어야 하기 때문이다.

그러므로 착륙지를 살피면서 힘을 모으고 정치판을 새롭게 짜는 행동이 중요한 만큼, 근원지를 살피면서 협력하고 생산하며 생명정치를 구축해 가는 행동 역시 똑같이 중요하다는 사실을 항상 기억해야 한다. 향수를 불러일으키거나 몽상적인 입장에 힘을 실어주게 될지도 모른다는 두려움은 떨쳐 내야 한다. 그런데 무엇이 두려운 걸까? 갑작스러운 딕타트[1]로 아파트에서 쫓겨나 먹을 것을 구할 가능성마저 빼앗길 때 두려움을 느낄까? 맞서 싸워 예전 상태로 돌아가려는 의지를 향수 어리고 몽상적이라고 여기게 될까?

노동 이동성의 욕구를 중요하게 여긴다면, 저항할 권리에도 똑같이 관심을 기울여야만 한다. 이미 착륙을 마친 이들과 협력하는 동시에, 뿌리째 뽑혀 다른 곳으로 옮겨지는 폭력에 저항하는, 한 번도 살던 곳을 떠난 적 없는 이들과도 힘을 합쳐야 한다.

지금부터 우리가 '지역' 개념을 강조해야 하는 일곱 가지 이유를 고찰하겠다. 투사들마저 '어디에나 있지만 아무 데도 없는 제국'을 전도유망한 것으로 여기고, 지역에는 무관심한 상황이다. 그런데 제국은 유일하게 가능한 차원인가, 아니면 현안에 따라 제국이라는 차원 역시 제국의 맞은편에 있는 지역에 대한 올바른 인식과 함께 가야 하는가?

지역 개념을 강조해야 하는 **첫 번째 이유는 토지와 주민에 대한 광범위한 개입**이 〈국제통화기금〉의 구조 조정 정치 및 〈세계은행〉 사업의 **지속적이고 결정적인** 요소로 등장했기 때문이다. 지난 20년간 〈국제통화기금〉은 남반구 정부들에 구조 조정을 강요했고, 〈세계은행〉 사업들은 구조 조정 정치를 보완하는 역할을 했다. 1980년대 이후에는 눈에 띄게 단호한 방식으로 구조 조정 정치가 실시되어 주민들의 생활 수준은 점점 더 낮아진다. 그사이 〈세계은행〉은, 사회 재생산의 기본 수단을 대규모로 파괴하고 이를 바탕으로 사업을 실행하는 환경 안에서 이윤을 극대화했다.

이때 토지와 주민에 대한 개입이란, 한편에서 토지 사유화와 강제수용이 일어나는 동안 다른 한편에서는 울타리를 쳐 주민이 뿌리째 뽑혀 내쫓기는 상황을 뜻한다. 울타리 치기를 가장 잘 보여 주는 세 가지 중요한 사례로 난민촌, 이민자 보호소, 대개 겉으로 드러나지 않는 전시의 강제 수용소를 들 수 있다. 한쪽에서는 토지가 계속 축적되고, 다른 한쪽에서는 주민들이 쫓겨난다. 이런 상황은, 대규모 전쟁 사업, 녹색 혁명의 다양한 국면(유전자 변형 종자가 가장 최근에 일어난 발전에 해당한다)이 전형적으로 보여 주는 농업 근대화 사업, 초대형 댐이나 도로 건설 같은 투자 사업, 주민의 재정착을 직접 겨냥한 사업(가장 노골적인 사례가 인도네시아의 뜨란스미그라시[2]이다)에서 비롯한다. 전쟁을 수단으로 토지가 축적되고, 주민은 살던 곳에서 뿌리 뽑힌다. 전쟁 무기로 사용된 물질이 땅에 남아 경작을 할 수 없기 때문이다. 이런 물질들이 무한히 피해를 초래하고, 피해 지속시간 또한 무한하며, 쫓겨난 사람들은 돌아오지 못한다.

토지와 주민에 대한 개입과 함께 가혹한 구조 조정을 대표하는 정책들이 1980년대부터 실시되면서 전 세계에 유례없는 빈곤이 발생하였다. 우리는 사회 재생산의 저발전이라는 전 세계적 종합 계획을 바라보고 있는데, 이 계획은 신자유주의라는 새로운 세계 경제가 발전하면서 완결되었다. 이 모든 것이 1960년대와 1970년대의 투쟁 흐름에 대한 대응이었음은 말할 필요도 없다. 네그리가 『제국』과 『대항제국』에서 강조하듯, 이 모든 것은 거의 30년을 지배한 포드주의, 더 정확히는 케인스주의식 타협에 기반하여 자본주의 사회의 재생산 체제를 봉쇄한 것이다.

토지와 주민에 대한 개입은, 세계 금융 및 그에 따른 발전 양식을 통제하는 조직들의 정치에서 반복적으로 등장해 결정적인 역할을 한다. 우리는 여기서 한 가지를 미루어 짐작할 수 있다. 정보, 사회적 관계, 정서를 축적하는 포스트포드주의적 축적에서도 500년 전과 마찬가지로 한쪽에서는 가장 먼저 토지가 축적되고, 다른 한쪽에서는 토지를 시작으로 생산 및 재생산 수단을 강제수용당한 빈곤한 개인들이 축적되고 있다는 사실이다.

따라서 토지 축적과 주민 축출은 전쟁과 더불어 계속해서 근본 전략으로 작동한다. 이 전략을 바탕으로 세계를 재편하고, 계급 관계의 새로운 토대를 마련하며, 노동의 계층화를 꾀한다.

한 가지는 분명하다. 무상으로 경작할 수 있는 땅이 없는 건 물론이고 일자리 수가 쫓겨난 사람 수를 따라가지 못한다면, 거기다 시민권을 가질 권리마저 없다면, 살던 땅에서 쫓겨나는 건 대다수 사람에게 사형 선고나 다름없다.

그런데 자본주의적 관점에서 토지와 주민에 대한 개입이 지속적이고 결정적인 요소라면, 개입의 주요 특성을 제국에 대항하는 투쟁의 관점에서 생각해 보는 일 또한 중요하다. 그러므로 탈출할 권리만이 아니라 맞서 싸울 권리에도 주목하자.

지구상에 존재하는 가장 외딴 지역들은 앞서 말한 유형의 사형 선고에서 교훈을 체득했다. 이 교훈 덕분에 **힘을 합쳐 무수히 많은 싸움을 해 나가고 있고, 저항할 권리가 점점 더 힘을 얻고 있다.** 이것이 지역 개념을 강조해야 하는 두 번째 이유다.

말인즉슨, 다른 곳으로 가는 걸 생각조차 할 수 없다는 자각에서 비롯한 **선택과 결정을 존중하고 협력해야 한다.** 대개는 아무 데도 갈 곳이 없기 때문에 다른 곳으로 가는 건 생각도 할 수 없다. 따라서 대규모 댐 사업의 가장 공허한 측면이 댐 건설로 영향받는 주민의 재정착과 관련된 부분이라는 사실은 당연히 놀랍지 않다. 경작 가능한 논밭 자체가 지역에 존재하지 않기 때문이다. 경작 가능 지역을 벗어나면 물리적인 대탈출이건 영적인 대탈출이건 대탈출의 가능성은 없다. 뿌리 뽑힌 대다수 주민에게 남은 건 도시 변두리의 고통뿐이다. 그곳에는 아이들을 노예로 만들거나 사창가로 데려가려는 악덕 고리대금업자, 인간 장기를 포함하여 인육을 불법 거래하는 사람들이 기다리고 있을 뿐이다.

인도의 나르마다 계곡에 사는 부족민의 저항은 사람들의 자각을 잘 보여 준다. 나르마다 계곡의 부족민들은 댐 건설이 계속되면 거주지를 옮기느니 차라리 물에 빠져 죽는 편을 택하겠다고 밝혔다. 세계 경제의 이해관계 및 이윤이 강요하는 퇴거의 폭력과 절멸의 운명에 맞서, 자신이 속한 경제적, 문화적 환경에서 삶을 지속하려는 의지를 보여 준 것이다.

두 번째 사례는 한층 더 함축적이라 훨씬 더 의미심장하다. 바로 히말라야 기슭에서 살아가는 칩코[3] 여성의 저항이다. 다국적 기업들이 제재소를 세워 숲을 대부분 베어낼 계획으로 들어온다. 숲은 농업, 목축업과 함께 히말라야 기슭에서 살아가는 공동체들의 식량과 재생산 체계, 그리고 생활 체계를 대변하는 것이었다. 기업들은 남성들에게 일자리가 개방되면 가계 수입이 발생한다며 여성들을 유혹하려 했다. 그러나 여성들은 기업의 유혹을 거부한 채 시위를 조직하고, 벌목 회사가 나무를 잘라내지 못하도록 밤새 나무를 껴안고 버텼다. 여성들은 돈을 받을 수 있는 기회를 단호하게 거절했고, 일자리 따위는 살아가는 데 필요하지 않다고 말했다. 그들은 생존에 필요한 것을 이미 갖고 있었다. 칩코 여성의 저항은 500년 전 영국 농민들이 공유지에 울타리를 치는 상황에 반대하여 조직한 시위를 떠올리게 한다. 영국 농민들 역시 생존하기 위해 제조 공장에 일하러 갈 필요는 없다고 말했다. 영국 농민과 칩코 여성, 두 사례에서 같은 이야기가 반복되며, 그 이야기는 이제 전 세계에서 통용된다. 칩코 여성들은 여성과 남성이 처한 상황의 격차, 즉 돈을 가진 자와 가지지 못한 자의 격차를 명확히 나누는 행위도 거부했다. 칩코 여성들은 무엇보다도 화폐 경제의 노예가 되기를 거부했다. 신자유주의의 흐름 속에서 더욱 심화된 화폐 경제의 불확실성에 자기 삶을 맡기는 것을 사절했다. 언젠가 일거리가 바닥나 제재소가 문을 닫고 떠나면, 그때는 일자리도, 영양과 주거를 보장하는 숲도 존재하지 않을 테고, 퇴거와 굶주림만 남을 것이다.

마을이 자본주의 경제에 도움이 된다 혹은 되지 않는다는 딜레마가 오랫동안 존재했던 이유는, 임금 경제에 직접 참여하지 않는 노동의 재생산 비용을 결국 마을에서 부담했기 때문이다. 이제 그 오래된 딜레마가 풀렸다. 자본주의 발전은 모든 마을을 파괴한다. 그럼에도 마을들은 더욱 힘을 합쳐 자본과 자본의 제국에 맞서고 있다. 삶의 영역, 영양 공급 가능성, 주거지, 돈에만 전적으로 의존하지 않는 사회 환경을 지켜내고 있다.

여기 우리에게 우리 마을, 우리 숲, 우리 공유지, 우리가 지키고 일으켜야 할 대안 경제란 무엇인가? 우리에게 뭔가를 보장해 주고, 파괴당하는 모습을 우리가 보고 싶지 않은 **다른 관계**란 무엇인가? 나는 여섯 번째, 그리고 일곱 번째 이유를 이야기하면서 이 질문에 답하고, 이미 구체적으로 드러난 몇몇 답변을 되짚어 보겠다.

지역을 계속 말하는 **세 번째 이유**는 아마도 온 세상에 가장 널리 알려진 내용일 것이다. 바로 질 높은 영양 및 더 나은 먹거리 보장의 보증서인 **생물 다양성**

을 지켜야 하기 때문이다. 각기 다른 종에는 각기 다른 영양물질들이 있다. 따라서 하나의 종이 병에 걸린다 해도 다른 종은 살아남는다. 생물 다양성은 지역별로 고유한 특징이지만, 생물 다양성을 지키려면 우리는 생물의 생존과 접근성을 뒷받침하는 경제, 사회, 문화적 네트워크를 이어 가야 한다. 불과 몇십 년 전만 해도 인류가 자급자족을 할 수 있었던 이유는, 생물 다양성으로 대변되는 자연의 풍요로움에 의지한 채 생물학적인 경작법을 택했기 때문이었다. 생물학적 경작법을 택해서 발생한 비용은 인류가 감당할 수 있는 정도였다. 이와 달리, 녹색 혁명, 그리고 녹색 혁명에 필요한 대규모 농업 및 화학 물질 투입, 좀 더 최근에 일어난 생명공학(유전자 변형)의 도입은, 땅에서 내쫓긴 이들뿐만 아니라 쫓겨나진 않았더라도 영농 기업에 의존하는 이들에게 굶주림을 가져왔다. 지난 3년간 인도에서 농민 2만 명이 씨앗과 제초제를 구입하려고 지게 된 부채를 갚지 못해 스스로 목숨을 끊었다는 사실만으로도 충분히 알 수 있다. 수출용 단일 경작은 다른 종들이 '선진' 농업에 말살되는 희생을 감내하면서 이뤄지고, 기아, 질병, 병약한 상태를 야기한다. 명아주 사례가 잘 알려져 있다. 명아주는 작지만 비타민A가 풍부한 식물이다. 제초제 때문에 명아주가 사라지자 인도의 많은 아동이 실명하는 사태가 발생했다.

네 번째 이유는 **주거 안정성**을 가질 권리이다. 농업은 인간과 농토 사이에서 일어나는 활동이자 지식 교환이다. 따라서 주거 안정성 없이 **농업**도 없다. 이 글을 시작할 때 말했듯이, 농업 없이는 영양가 있는 음식물도 없으며 신체는 죽음을 맞는다. 기근은 대부분 주민의 재정착에서 비롯된다. 전쟁 때문에 재정착이 일어나고 있는 앙골라의 현재 기근 상황도 마찬가지다. 여태껏 살아온 곳이 아닌 다른 지역에 자리를 잡으면, 농부들은 더 이상 씨를 뿌리거나 수확할 수 없고, 각종 중개 활동도 불가능해진다.

주거 안정성 권리를 주장하는 행위에는 다른 많은 욕구도 포함된다. 주거 안정성은 기본권이자 관계망의 핵심이다. 우리가 하는 물질적, 비물질적 재생산 활동의 극히 중요한 부분은 바로 이 관계망을 둘러싸고 일어난다. 주소가 있어야 친구들이 우리를 찾을 수 있고 편지도 보낼 수 있다. 유니언카바이드Union Carbide

가 생성한 유독성 구름으로 피해를 입기 전, **보팔의 빈민가 거주자들이**[4] 일으킨 가장 중요한 투쟁이 주소 갖기였다는 사실은 놀랍지 않다. 법적으로 인정받은 **빠따가**[5] 있다는 사실만으로도 자신이 사는 판잣집이 차지한 몇 제곱미터의 땅에 대해 어떤 자격을 갖추었음을 의미한다. 빈민가 철거에 맞서 자신을 방어할 수단이 생기고, 잘 지켜지진 않지만 정부의 퇴거 결정에 맞설 수 있는 보증서를 가지고 있다는 뜻이기도 하다. 생활필수품을 보조금 가격으로 사려면 서류를 받을 주소가 필요하다(미국도 이와 유사하게 주소가 있어야 복지 수표를 받거나 신용 카드를 발급받을 수 있다). 농촌 마을에서 뿌리 뽑힌 이들에게 **주소를 갖게 해달라는 요구**는 다시 한번 **지역에서**, 이번에는 도시 안에서 **뿌리내릴 권리**를 강력히 주장하는 것과 같다.

다섯 번째 이유는 '공동체, 지방, 국가' 어느 차원에서든 **식량 자원을 지역에서 구할 수 있어야** 하기 때문이다. 이는 남반구의 다양한 나라에서 생겨난 무수히 많은 여성 단체가 요구하는 권리이기도 하다. **이 권리를 부정하는 게 〈세계은행〉 정치의 가장 핵심 요소다.** 〈세계은행〉은 식량 자원을 지역에서 구한다는 목표를 수십 년간 좌절시키고 있다. 수단 사람들은 기근에 대비하는 식량 비축법을 매우 잘 알고 있었다. 그들은 곡물을 흙더미 속에 넣어서 수십 년간 보관했다. 이야말로 진정한 생명공학의 지혜가 아닌가! 그런데 〈세계은행〉은 남반구 국가들에게 공공 식량 비축을 포기하고 시장이 알아서 위기 상황을 처리하도록 내버려 두라고 오늘날에도 줄기차게 요구한다. 〈세계은행〉은 더 힘센 국가가 잉여 식량을 보유하고 처리해야 더 편리하다고(누구의 시각에서 편리한가?) 주장한다. 이는 다국적 기업이 더 많은 이윤을 축적하게 됨을 의미한다. 게다가 원조는 언제나처럼 너무 늦어져, 앙골라에서 지금 그러하듯 주민 대다수가 이미 죽음을 맞은 후에나 도착할 것이다(그런데 이런 원조 방식은 '인구통계학적 문제'를 해결하는 지름길로 자주 이용된다). 누구에게 식량을 줄지 결정할 때 실수가 발생할 것이고, 건강에 유해하다고 이미 판명 났음에도(미국과 〈유럽연합〉에서 금지한 유전자 변형 곡물을 최근 볼리비아·과테말라·니카라과로 보냈다) 유전자 변형 곡물의 존재를 '식량 원조'라는 미명하에 은폐할 것이다. 원조는 흔히 그렇듯 까다로운 조건을 충족한다는 전제하에서만 주어져 지역 내 생산과 거래를 망쳐 놓을 것이다. 이 모든 부조리한 상황의 대안은 지역과 지역 내 생산 및 거래를 바탕으로 식량을 비축하는 일이다(지역에 터를 잡은 다국적 기업이 생산한 것은 당연히 포함되지 않는다). 지역을 식량 비축 장소로 불러내고, 비축 방법을 찾기 위해 지역의 지식을 소환한다. 이 외에 다른 방법을 도입해야 한다면, 지역이 갖고 있는 방책 가운데 최소한 이미 이용 가능하고 검증된 것을 가장 우선적인 비교 대상으로 삼아야 한다. 흙더미 속에 식량을 저장하는 편이 사막에서 녹아내리는 사일로를[6] 짓는 것보다 분명 더 현명한 방법이다.

더욱이, 최초의 식량 비축은 농민이 해마다 작년에 거두어들인 작물에서 씨앗을 고르고, 심고, 키우고, 다시 심을 가능성을 분명하게 보여 준다. 이것은 유전자 변형 농산물을 생산하는 거대 영농 기업들의 주장과 대비된다. 거대 영농 기업은 농민들에게 매년 씨앗을 구입하도록 강요하고, 농민들이 유전자 변형 씨앗을 불법적으로 사용했다며 고소하여 못살게 굴고, 유전적 돌연변이를 길러 열매 맺지 않는 씨앗을 만들어 냄으로써(이는 종결자terminator 기술과[7] 유사하다) 계속해서 씨앗을 구매하게 한다. **굶주림을 세계화하는 전략은 정점에 다다랐다. 굶주림의 세계화 전략은 불임의 과학을 만들었다.**

마지막 두 가지 이유는 **조직적인 노력** 및 네트워크와 관련이 있다. 조직적인 노력 및 네트워크가 제3세계와 제1세계, 다르게 말하면 **남반구와 북반구를 가리지 않고 전 세계 다양한 지역에서** 이어졌는데, 그 **출발점은 식량 문제 해결**, 즉 기아를 막고 질 높은 영양을 섭취하려면 **'무엇을 해야 하는가'**라는 물음이었다. 나는 **네트워크들에 두 가지 측면**이 있다고 생각한다. 그들은 한편으로 세계 경제가 추방을 전제로 포고하는 파괴와 수모를 피해 지역 내 상황, 영토, 주민을 구해 내는 것을 목표로 한다. 여기서 그들이 꾀하는 것은 발전의 지역화라고 할 수 있다. 다른 한편으로, 네트워크들이 기울이는 노력이 대안적 성격을 가지고 있다는 점에서 그들은 대탈출의 첫 단계를 대변한다. 네트워크들은 일련의 결집 상황을 연결하고, 지금껏 시행된 신자유주의적이고 세계화된 형태 속에서 더욱 심화된 '농업 근대화'에 공공연히 도전하며, 엄청난 유대감 속에서 지금까지와는 다른 사회 프로젝트의 토대가 될 대안 농업 프로젝트를 계속해 나가고 있다. 다채롭게 연결된 상황이 실제로 그들의 담론을 잘 표현하는데, 이 담론은 음식과 관련된 그들의 전통과 문화를 보존할 권리를 비롯한 일련의 핵심 주제를 중심으로 한다. 선진국에서도 공동체 네트워크들이 발전했다. 이들은 대안 경제 및 다른 관계들을 통해 '영혼과 생명'을 보장한다. 즉, 제국의 각종 대리인이 명령하는 절망과 고립을 통한 압제와 사형 선고에서 벗어날 길을 약속한다. 이런 경험은 중요 사안들과 관련하여 거대한 사회 전환을 촉진한다. 오늘날에는 투쟁 국면과 연결되는 경우가 갈수록 늘고 있는데, 아르헨티나가 가장 중요한 사례이다.

사실상 앞으로 펼쳐질 모든 전투에 가장 잘 맞서기 위한 전제 조건은 살아남기, 강해지기, 잘 먹기다.

그렇다면 우리가 지역 개념을 강조해야 하는 **여섯 번째 이유는 토지 접근권을 되찾으려는 거대한 운동이 형성되었기** 때문이다. 당연히 토지의 혈관을 타고 흐르는 물, 그리고 토지의 자원에 접근할 권리를 되찾는 일까지 포함하는 이 거대한 운동은 **남반구의 다양한 지역**에서 출발했다. 1980년대에 남미부터 아시아까지 극단적인 구조 조정이 실시된 결과, 대대적인 생존 투쟁이 이어진다. 1990년대에는 투쟁이 새롭게 힘을 얻어 토지, 물, 자원을 되찾으려는 거대한 운동 흐름이 생겨난다. 토지 접근권은 무엇보다도 **식량에 접근할** 가능성을 의미한다. 대규모 **농민 네트워크들**이 만들어졌고, 보다 최근에는 **어민 네트워크들**도 힘을 보탰다. 나는 이 네트워크들이야말로 진정으로 다른 미래를 품은 가장 새로운 존재라고 생각한다. 1992년에 등장하여 1993년에 모양새를 갖춘 〈비아 깜뻬씨나〉는 가장 중요하고 실질적으로 가치 있는 네트워크다. 〈비아 깜뻬씨나〉는 70개 조직과 각각의 조직들이 대변하는 현실을 연결시켜 대륙을 가로지르는 네트워크로서 자격을 갖추었다. 〈비아 깜뻬씨나〉의 남반구 조직들은 자신들이 제기하는 쟁점이 같은 네트워크의 일원이 된 북반구 조직들의 쟁점과 통한다는 것을 곧 깨달았다. 이 '네트워크들을 아우르는 네트워크'를 특징적으로 보여 주는 담론은 지난 몇 년간 농민 운동이 기치로 삼은 **식량 주권** 문제이다. 식량 주권 담론은 **지역 문제와 관련된 몇 가지 사안으로** 구체화된다. 지역과 관련된 이 사안들은 식량, 생명, 삶의 질에 관한 전 세계 보편적 권리의 토대이다. 토지 접근권이란 당연히 토지를 경작하여 그곳에 살고 있는 공동체들이 자급생활을 할 수 있는 가능성을 의미한다. 토지를 생물학적 기준에 따라 경작하려는 의지 역시 중요한데, 그렇게 함으로써 생물 다양성이 제공하는 영양 다양성의 혜택을 누릴 수 있다.

그러므로 토지 접근권은 **지역 및 상황에 맞는 다양한 식량을 생산할 권리**이다. 토지 접근권은 식량 다양성을 의미한다. 이때 식량이란, 더 이상 엘리트 계층의 특권이 아니라 모두를 위한 권리이자 더 나은 영양 및 건강을 위한 보증서이다. 토지 접근권은 **영양상의 자유**를 의미하며, **영양 민주주의**의 또 다른 얼굴이다. 그리하여 토지 접근권은 농업, 식량 생산, 교역과 관련하여 경제적, 사회적, 환경적으로 지속 가능한 관점을 가진 차별화된 담론이자 실천이다. 이런 담론과 실천을 기반으로 **다른 삶을 위한 대안 영양 프로젝트**가 가능하다. 세계 경제와 제국의 명령에 맞서는 대안 경제가 가능하다. 세계 경제와 제국이 내리는 명령은 우리에게 영양의 균질화를 선고하여 대다수를 영양 부족 및 허약 상태에 빠뜨린다. 그리고 순전히 산업적인 식품 생산을 명령하여 먹거리를 쉽게 수출하고 수입하지만, 많이 이들이 그 식품을 가질 수 없다. 또한, 신자유주의적이며 세계화된 시장 속에서 지리적 영역에 특화한 재배를 명령한다. 이와 달리, 지역 경제와 지역 네트워크는 종의 다양성과 물리적 온전함을 지키는 것을 목표로 한다. 주민이 겪는 고통과 위험의 원인, 즉 각양각색의 종 파괴와 유전적 조작 행위에 맞선다. 물과 씨앗처럼 모두에게 필요한 공통장을 사유화하는 행위에 반대하는 네트워크들도 존재한다. 나는 이들이 **혁명적 입장**을 취하고 있다고 생각한다. **대안 프로젝트**를 실행하는 것은 **생명 재생산 체제를 약화시키고 자본화**하는 데 반대하는 것과 같기 때문이다. 생명 재생산 체제 약화와 자본화는 **기아라는 자본주의의 현 전략**에서 가장 **결정적인 영역**이며, 결국 계급 관계에 새로운 토대를 제공하고 노동을 계층화하는 역할을 한다. 생명 재생산 체제 약화와 자본화는 다른 한편으로 다수의 사람에게도 결정적인 지형이다. 바로 이곳에서 인류 재생산의 가능성, 질, 자유를 위한 투쟁의 장이 형성되기 때문이다. 나는 이 네트워크들의 기본 교리가 이미 **다양한 프로젝트의 구성 요소로 작용**하고 있다고 생각한다. 우리가 이야기하고 있는 사안들에 대해서는 **가장 혁명적인 입장이 가장 보수적인 태도**임이 드러난다.

지역을 말하는 **일곱 번째 이유는 선진국에서 등장한 네트워크** 때문이다. 고도로 **제국화된 미국**에서 시작된 네트워크들은 대단히 폭넓은 경험을 대변한다. 이 조직들은 다른 국가들과 마찬가지로 주로 1980년대에 생겨났다. 이들은 1990년대에 놀라울 만큼 세력이 굳건해지고 넓어졌는데, 일반적으로 '**사회 생태론**', '**생물지역주의**', '**공동체 경제**'라는 말로 규정되었다.

1980년대와 1990년대 미국은 세계 경제와 연방 정부의 영향으로 사회 구조 내부가 황폐해졌다. 당시 미국 내 노동자들이 잘 곳과 먹을 것, 지원책도 없이 거리로 나앉는 일이 증가하자, 여기에 대처하는 운동이 급격하게 세력을 키웠다. 이 운동 구성원들은 무엇보다도 사람 사이, 사람과 토지(경작지, 주거지, 공공 공간) 사이에 새로운 관계를 확립하려고 자발적으로 힘을 모아 일련의 계획들을 펼쳐 나갔다. 그와 동시에 상품, 역량, 전문성, 화폐를 다시 지역화하려고, 즉 이런 것들을 공동체, 지방, 도시 차원에서 지켜내려고 힘썼다. 이들은 세계 경제와 금융이라는 통제 불가능한 왕국이 모두를 집어삼켜 지역 공동체를 기반으로 하는 삶의 질이 낮아지거나 가능성이 사라지는 것을 보고 싶지 않았다. 따라서 이 계획들은 발전을 다시 지역화하려는 운동의 일환으로 볼 수 있다. **발전의 재지역화**는 지역의 경제적, 사회적 상황을 **튼튼하게 되살리는 것**으로, 지역 주민이 수모와 궁핍을 운명으로 받아들이지 않도록, 흔히 그러하듯이 필연적으로 고립과 혼란에 빠지지 않도록 한다.

이제부터는 네트워크의 등장을 중심으로 간략하게 이야기해 보겠다. 미국에서 등장한 네트워크들은 우리가 살펴본 **남반구 국가들과 유사하게 영양을 전장**戰場**으로 삼았다.** 미국에서 발생한 운동은 대단히 광범위한 움직임으로, 농업 발전의 현 모형이 불러온 결과에 도전하면서 대안적인 삶의 양식을 만들어 내고자 탄생했다. 이 운동은 대다수가 실업으로 타격을 받아서 슈퍼마켓이 철수하고 다수의 상점이 폐업한 무수히 많은 미국 도시 안에서 점점 더 중요해졌다. 이 운동의 특징은 이런 상황에서 지역 차원의 생물학적 농업을 지향하면서 **공동체에**

식품, 특히 신선하고 정직한 식품을 제공하기로 약속한 것이다(〈유럽연합〉은 식료품에 조사照射 처리를 할 수 있도록 허가한다. 조사 처리는 식료품을 방부 처리하여 실제로는 신선하지 않더라도 그렇게 보이게 하려는 것으로, 건강에 해롭다). 빙엄턴부터 자동차 산업의 수도로 유명한 디트로이트, 그리고 샌프란시스코에 이르기까지, 이 운동 덕분에 인간과 땅의 관계가 새롭게 열렸다. 이것이 원동력이 되어 질 높은 영양을 추구하는 동시에 대안적인 영농 방식이 급격하게 인기를 얻었고, 서로 다른 문화가 어우러졌다. 여기에 힘입어 운동이 일어나기 전까지는 소원했던 서로 다른 인구 집단이 만나 협력하는 분위기가 형성되었다. 빙엄턴 시민과 인근 보호 구역에 거주하는 아메리카 토착민이 이를 잘 보여 준다. 샌프란시스코에서는 〈샌프란시스코 도시농업연합〉 회장 모하메드 누루가 "우리는 하나의 개별 문제가 아니라 전체 순환 구조를 다루고 있다"고 주장했다. "전체 순환 구조"란, 제대로 된 집, 음식, 상점, 공원과 같이 보통의 재생산 기반 시설에 기댈 수 없는 빈곤한 공동체에 다시 생기를 불어넣는 것을 말한다. 먹거리 제공을 목표로 자발적으로 결속함으로써, 또 다른 일련의 행동을 펴나가는 동력이 된다. 지역 내 자원과 능력을 바탕으로 거주 환경을 다시 설계하고 그려 내며, 서로 다른 인구 집단과 노동 역량을 다시 구성한다. 1990년대 대서양과 태평양 해안 양쪽에서 모두 뿌리내리기 시작한 '지역 사회를 위한 식품 안정성' 개념을 기치로 내세우며 〈지역공동체먹거리보장연합〉이 미국 전역에 싹을 틔웠다. 〈지역공동체먹거리보장연합〉에 속한 네트워크들은 신선하고 정직한 먹거리, 즉 지역 차원에서 생물학적 기준에 따라 만들어지는 식품은 물론이고 저렴한 가격으로 유통되어 다른 무엇보다도 지역 안에서 소비될 예정인 식품을 생산한다. 식품의 운송 또한 적은 비용으로 이뤄지도록 하는데, 실업 탓에 자동차를 가질 형편이 안 되는 사람이 많고, 생산지까지 운행하는 대중교통 수단도 없기 때문이다. 〈지역공동체먹거리보장연합〉은 '보다 더 민주적인 식량 체계'를 세우고 125개 단체를 한데 모아 과거에는 함께 일하지 않았던 식품나눔은행,[8] 가족농 네트워크, 빈곤 퇴치 기구들을 연결하기를 원한다고 분명하게 말한다. 이렇게 모인 네트워크들은 확실히 사람들을 한데 묶어 주는 관심사를 기반으로 프로그램을 운영하며, 이런 프로그램들을 통해 도시의 소규모 농민, 식품나눔은행, 빈민과 저소득 공동체를 위한 무료 급식소가[9] 서로 소통했다. 1990년대의 이런 행동들은 분명 완전히 새로운 시야를 제공하고 새로운 의의가 있다. 과거에는 사람들이 복지 정책에 따라 제공되는 식료품 배급, 질과 양이 제한된 식료품 구입 쿠폰을 슈퍼마켓에서 사용하는 것에 만족했다. 여기에 비하면 신선하고 정직한 식품을 자발적으로 생산하고 유통하며 저가에 판매하는 일은, **빈곤 상태에서도 훌륭한 먹거리를 구할 수 있는 역량을 제공한다**는 점에서 하나의 전환점이다. 여기에 참여하는 시민들은 자기 신체를 포기해 가면서까지 세계 경제가 명령하는 수모를 겪고 싶어 하지 않는다.

앞서 말했듯이, **먹거리를 둘러싼 자발적 결속을 동력으로 많은 경우 대안적이고 더 온전한 생산이 이뤄지고, 노동 기술, 전문성, 지식이 대안적인 방식으로 교환된다.** 모든 자원이 지역 차원에서 유지 및 보존되어 지역 내 삶의 질을 지키고 개선한다. 그렇다고 해서 이 대안적 사례들이 널리 알려져 다른 지역에 본보기가 될 수 없는 것은 아니다. 이제 살펴볼 내용은 오히려 그 반대다. 사람들은 지역 내 자급생활의 가능성을 거슬러 자본주의 경제의 사용–비사용 법칙이 자원을 집어삼키는 상황을 거부했다. **대안 화폐를 만드는 일 역시 마찬가지다.** 대안 화폐는 지역 경제 관련 활동을 지지 혹은 증진한다는 목적으로 사용하는데, 이 활동들 역시 공동체나 도시를 구성하는 개인들이 가질 삶의 가능성을 더 튼튼하게 하는 것을 목표로 삼는다. 대안 화폐 유형 가운데 **지역화폐거래체계**(이하 '레츠')를 살펴보자. 레츠는 지역 내 화폐 체계인 '녹색 달러'를 이용하여 중앙에서 조직한 서비스들을 전화상에서 교환할 수 있다. 미국 달러에 부여된 가치와 동일한 가치가 녹색 달러에 부여되는데, 이 경우 화폐는 유통되지 않고 단순히 사람들이 주고받는 것을 계산하기 위해서만 사용된다. 이용자들은 매달 보고서를 받는다. 보고서에는 레츠를 이용하는 참가자들의 이름과 함께 그들이 제공하는 서비스 목록이 포함된다. 레츠는 1983년, 브리티시컬럼비아주[州] 커먹스밸리에서 마이클 린튼이 만들었다. 컴퓨터 프로그래머인 린튼은 일자리를 잃자 많은 사람이 자신과 같은 처지임을 깨달았고, '공동체 경제'를 만드는 데 특별히 관심을 가진다. 레츠는 미국 외에 캐나다, 영국, 호주 등지로 광범위하게 퍼져 나갔다. 우리는 폴 글로버라는 공동체주의 경제 및 생태 경제 전문가이자 『로스앤젤레스 ― 미래의 역사』의 저자 덕분에 레츠만큼이나 유명한 이타카 아워스도 사용할 수 있다. 이타카아워는 단위당 10 미국 달러의 가치를 지닌 화폐이다. 아타카아워는 유통되긴 하지만 이타카 안에서만 사용할 수 있다. 1995년에 이미 미국 내 48개 주 공동체 400곳이 이타카 아워스 체계의 적용 양상을 따라 할 수 있는 키트를 요청해 이타카 아워스의 선례를 따랐다는 점이 의미심장하다. 여기서는 가장 중요한 사례들만 언급했지만, 다른 대안 화폐 유형들도 존재한다.

지금까지 **대안 화폐와 식량 문제**, 그리고 **상품·서비스·전문 기술·지식의 생산 및 교환**에 관여하는 대안적이며 자발적인 **결속 유형**들을 살펴보았다. 우리는 오늘날 이들이 아르헨티나의 **위기 상황**에서 일어난 저항과 투쟁을 떠받치는 **기둥 역할**을 하고 있음을 다시 한번 발견한다. 사람들은 대안 화폐를 만들고, 심지어 부에노스아이레스 안에서도 경작지를 점거하는 등 자발적으로 힘을 모으고 있다. **거대한 물물 교환 네트워크**를 자율적으로 조직하여 이미 수백만 명이 참여했고, **식량·건강·교육** 문제를 둘러싸고 함께 행동하고 있다. 우리가 살펴본 본보기들을 전 세계에서 받아들여 **토지와 삶을 위한 행동**이 더 광범위하게 나타났다. 이 행동들은 **지역 그리고 대탈출과 관련이 있다.** 세계 경제의 압제와 제국에서 벗어날 가능성을 만들어 냄으로써, 우리는 생산과 투쟁을 멈추지 않고서도 삶을 지속하고 일정한 삶의 질을 지켜낼 수 있다. 그리고 새로운 전망도 열 수 있다.

3

세계를 시골로 되돌리기

나는 1980년대 말부터 토지 문제를 중대한 사안으로 보고 나 자신에게 질문을 던지기 시작했다. 당시는 1960년대 말에 시작되어 1970년대 내내 이어진 흐름, 즉 임금 노동이 일어나는 공간인 공장, 그리고 공장이 자리 잡을 수 있도록 임금 없는 노동이 일어나는 공간인 집에 집중하던 시기의 막바지 즈음이었다. 따라서 노동은 상품 생산과 노동력 재생산, 즉 포드주의 사회 안에서 이뤄지는 공장 근로자의 노동과 주부의 노동을 모두 포괄하는 것이었다. 당시 우리는 고용주가 한 명분의 급료로 사실상 두 사람, 노동자와 노동자 뒤에 존재하는 여성을 함께 구매한다고 말했다. 그러는 동안, 모두를 위해 생명을 재생산하는 농업 노동 혹은 땅의 노동은 여전히 어둠 속에 남아 있었다.

다른 사람들도 마찬가지겠지만, 나는 인생의 길 위에서 한 가지 질문을 끊임없이 마주했다. 바로 우리가 변혁시키길 원한 극도로 불평등한 체제, 즉 자본주의 체제의 아킬레스건을 어디서 찾을 수 있느냐는 질문이었다. 노동자, 학생, 여성이 앞으로 나가는 동안, 농부의 농업 노동은 당시 선진국들의 반체제 집단들에 팽배했던 맑스주의 문화 안에서 시대착오적인 것으로 여겨졌다.

1980년대에는 1960년대와 1970년대에 발생한 일단의 투쟁에 응답하는 방향으로 국가 정치가 모양을 갖추었다. 또한, 신자유주의가 시작되면서 구조 조정 정치가 다수의 국가에서 갈수록 체계적이고 급격한 방식으로 적용되고 있었다. 그 결과, 전 세계에 유례없는 빈곤이 등장했다. 실제로 1980년대 내내 남미, 아프리카, 아시아에서는 생계를 보장하라는 투쟁과 생활비 인상에 반대하는 투쟁이 급속도로 증가했다.

하지만 정작 각국 정부의 방향에 막대한 영향을 끼친 건 〈국제통화기금〉의 제안, 즉 무상으로 혹은 지역 공동체를 중심으로 사용되고 있는 땅에 가격을 매기라는 제안이었다. 다시 말해, 〈국제통화기금〉은 토지를 사유 재산 체제에 종속시키라고 제안했다. 그 결과, 땅을 일구고 싶은 사람은 우선 땅을 구입할 수 있는 돈부터 갖고 있어야 했다. 땅과 땅의 혈관을 타고 흐르는 물에 대한 강제수용을 둘러싸고 당시에 투쟁이 많이 늘어난 건 결코 우연이 아니다.

이런 상황 속에서 나는 토지 문제를 중요하게 여기게 되었다. 또, 토지 강제수용이 (신자유주의 정책 및 다른 전형적인 구조 조정 조치와 함께) 초래한 빈곤의 정도와 자급생활의 불가능성도 살펴보게 되었다. 토지 강제수용은 당연히 1960년대에도 이미 존재했는데, 특히 자급 농업을 대상으로 한 공공 융자를 축소해 가며 더 크고 좋은 토지를 수출용 작물에 할당하라고 요구하는 녹색 혁명의 대표적 관행이 널리 퍼져 있었다.

토지 강제수용은 땅에 살면서 영양분을 섭취하고 정착할 기회를 구하는 사람들을 내쫓으면서 진행되었다. 살던 곳에서 뿌리 뽑힌 사람들은 도시 빈민가에 한 몸 더 보태거나 이주의 길을 떠나곤 했다. 이렇게 토지를 강제수용하고 거주자를 뿌리째 뽑아 추방하는 것은 〈세계은행〉이 추진한 다양한 발전 사업의 특징이기도 했다. 〈세계은행〉 사업들은 대형 댐과 도로를 건설하거나, 특히 주민을 이주시키는 데서 출발했다. 터전을 옮긴 주민들은 삶의 질이 갈수록 퇴보하고, 댐과 도로가 건설되면 사회 재생산의 기저에 존재하는 요인들은 대규모로 파괴당한다. 〈세계은행〉 사업들은 이런 방식으로 구조 조정 정책을 보완했다. 결과적으로, 나는 땅과 땅에 거주하는 존재를 겨냥한 거시적 작용이 당시 도약하던 발전 국면의 핵심 상수임을 깨달았다. 이 거시적 작용은 5세기 전에 자본주의 체제를 출범시켰던 것으로, 한쪽에 토지 강제수용과 토지 축적이 있고, 다른 쪽에 궁핍해진 개인들의 축적이 있다. 개인들은 더 이상 생산과 재생산을 할 근본적인 수단을 갖고 있지 않았고, 특히나 땅을 박탈당했기 때문에 재생산은 불가능했다. 이 거시적 작용이 오늘날에도 계속되면서 자본주의적 관계가 한층 더 확장하고 노동은 전 세계적으로 재계층화된다.

그런데 토지 강제수용을 핵심 요소로 삼는 시초 축적 과정이 반복적으로 재생산되면서 그 어느 때보다 높은 수준의 빈곤과 기근을 양산해 낸다면, 이는 땅에서 쫓겨날 위험을 안고 사는 사람들만의 문제가 아니라 인류 전체가 시급히 해결해야 하는 문제일 것이다. 전 세계인의 생활 환경 및 노동 환경은 그들이 어디에 살든 서로 연결되어 있다. 추방이 이뤄지고 나면 계급 상황이 재정립되고 세계 경제 속에서 노동이 재계층화되기 때문이다. 쫓겨나는 사람은 많아지지만, 그에 상응하는 만큼 일자리가 늘어날 수는 없다. 우리는 다만 다양한 방법으로 일자리를 대거 없애는 상황을 바라볼 뿐이다. 전 세계의 엄청나게 많은 이가 소득을 보장받게 될 거라고 속이는 것도 불가능하다. 그런데 만약 폭탄이 터지는 대신 소득을 보장받는 상황이 언젠가 도래한다면 어떻게 될까? 그때도 우리는 이 문제를 돈 문제로 한정 지을 것인가? 농산물을 구입할 수 있는 돈을 갖고 있지만, 구입한 농산물이 산업 및 신자유주의 공식에 따라 점점 더 우리 몸을 오염시키고, 소규모 경제 체제와 일자리를 파괴하며, 자연환경을 황폐하게 만들 텐데, 그때도 돈 문제로만 볼 수 있을까? 게다가 땅에 사는 모든 존재가 오로지 돈에만 의지한 채 생존해 나간다면, 우리는 자유를 누릴 수 있을까?

이런 질문들을 제기하면서 1980년대에 이미 남반구를 시작으로 일련의 네트워크가 형성된다. 중요한 점은 이 네트워크들이 1990년대 들어 더 크게 이목을 끌고 형식을 잘 갖추어 나갔다는 사실이다. 다수의 네트워크는 농업과 영양 문제를 강력히 요구한 〈비아 깜뻬씨나〉라는 가장 유명한 네트워크를 중심으로 연결되었고, 새로운 네트워크들과 새로운 주체들은 이 운동을 아우르는 운동의 핵심 구성원이 된다. 따라서 이제 막 끝이 난 1990년대는, 빵과 땅과 물을 위한 1980년대의 투쟁을 근간으로 세계 곳곳에서 운동이 일어나, 신선하고 정직한 먹거리를 찾고, 또 토지 접근권과 토지의 재생산 능력을 보존하고 지켜내려 했던 시기라고 말할 수 있다. 나는 1996년 로마에서 〈비아 깜뻬씨나〉를 처음 만났다. 그때 나는 반다나 시바, 마리아 미즈, 파리다 아크테르를 비롯한 여러 사람과 함께 〈유엔 식량농업기구〉 회의의 첫 번째 대안 회의를 진행하고 있었다. 이 회의에서 〈비아 깜뻬씨나〉는 사람들을 결집하고 조직하며 주제를 조정하여 모두의 이목을 집중시키는 데 매우 중요한 역할을 했다. 당시는 다른 모든 토착민 투쟁과 마찬가지로 땅과 대지를 공통장으로 바라보는 사빠띠스따 저항이 중요한 순간을 맞이한 때이기도 했다. 사빠띠스따 투쟁이 갖는 울림, 그리고 선진국 내 아주 다양한 부문에서 보내준 응답과 지지를 생각하면, 사빠띠스따 봉기는 토지 강제수용에 맞선 투쟁과 노동의 포스트포드주의적 강제수용에 맞선 투쟁을 연결하는 이상적인 가교 역할을 했다고 볼 수 있다. 이를 잘 보여 주는 대표적인 사례가, 한쪽에서는 치아빠스 토착민들이 저항하고 다른 한쪽에서는 선진 유럽 지역의 노동자들과 실업자들이 사빠따의 모습을 담은 깃발을 흔들며 거리를 행진한 것이다. 그런데 1996년에 이탈리아 내 저항 운동은 농업 문제에는 거의 관심을 두지 않았다. 그해 3월, 운동 모임에서 내가 농업 문제를 이야기하자 다들 놀라는 눈치였던 게 아직도 기억난다. 농업 문제에 오늘날 기울이는 관심의 정도를 보면, 이후에 얼마큼 진전이 있었는지 알 수 있다.

앞서 언급했듯이, 남반구의 다양한 지역과 사빠띠스따 저항을 시작으로 구축된 네트워크들은 땅/대지를 공통장으로 보는 관념 및 다양한 양상을 지닌 관념을 선진국으로 다시 가지고 왔다. 이제 이 관념의 주요 측면들을 살펴보자.

가) 땅과 대지는 삶의 원천이자 자양분의 원천이다. 스스로 재생산할 수 있는 시스템으로 보존한다면, 풍족하게 누릴 수 있는 것이다. 따라서 지속적인 사유화에 반대하여 토지 및 토지가 가진 자원, 그 가운데서도 물과 씨앗에 접근할 수 있는 권리가 중요하다. 땅이 제공하는 모든 생물 다양성을 이용하면서 유기농법으로 경작할 권리가 필요하며, 그렇게 농사 지은 결과 이윤을 낼 수 있어야 한다. 따라서 엘리트만을 위한 게 아니라 보편적 권리로서, 그리고 더 나은 영양과 건강을 보장하는 보증서로서 다양한 먹거리를 향유할 권리가 있어야 한다. 먹거

리 민주주의의 또 다른 면인 먹거리 자유를 누릴 권리를 가져야 한다. 먹거리 민주주의를 토대로 삶의 프로젝트가 달라지고, 달라진 삶의 프로젝트에서는 경제·사회·환경적 관점에서 농경, 생산, 상업화 행위를 지속할 수 있다. 균질한 영양 상태(또한 영양 부족과 좋지 않은 건강 상태), 산업적 방식으로만 생산한(아마도 수출이나 수입용으로 생산했으나 인구 대다수는 구매할 수 없을) 먹거리, 시장의 신자유주의적 세계화 흐름 속에서 지리적으로 특화한 작물 재배 방식. 이와 같은 선고를 내리는 농업적 선택에 우리는 반대한다.

나) 땅과 대지는 자연 진화의 원천이다. 파괴당하고 유전적으로 조작되어 인구의 궁핍과 위험이 늘어나는 것을 막고, 서로 다른 품종의 다양성과 온전함을 보호할 권리가 중요하다. 네트워크들은 토지 강제수용뿐 아니라 땅을 유린하고 땅의 재생산 능력을 상업화하는 데 반대한다. 땅을 유린하고 땅의 재생산 능력을 상업화하는 것은 빈곤이라는 현대 자본주의 전략의 주요 영역으로, 노동을 계층화해서 돈을 갈취하는 데 일조한다. 이 영역은 한편으로 인류 재생산의 가능성, 삶의 질, 자유에 결정적인 역할을 한다. 따라서 이런 쟁점과 관련하여 과거와는 다른 삶을 만드는 프로젝트를 진행하는 정치 진영은 가장 혁명적이면서도 가장 보수적으로 보이게 마련이다.

다) 땅과 대지는 산업으로서의 농업 개념 및 전쟁의 군사 행동이 초래한 끊임없는 절멸에 반하여 살아갈 영토이다. 농업의 산업화와 군사 행동은 땅을 앗아간다. 농업의 산업화는 화학 제품으로, 전쟁은 폭약으로 땅을 오염시킨다. 전쟁은 새롭고 치명적인 폭발물과 유독성 물질로 점점 더 땅을 오염시켜서 영원히 지속될 위해를 가하고, 돌아올 가능성 없는 추방을 선동한다.

라) 땅과 대지는 지속적인 울타리 치기와 사유화에 반하는 공공 공간이다. 난민촌이나 자연을 해치는 골프 코스가 점점 늘어나면서 경작할 논밭, 대중을 위한 초원 지대는 줄어든다. 이런 엘리트 프로젝트들을 둘러싼 유혈 투쟁이 베트남부터 멕시코에 이르는 다양한 지역에서 이미 일어나고 있다.

네트워크들은 땅이 서로 다른 사회를 구성하는 토대라는 점을 이해했기 때문에 땅을 중요한 공통장으로 인식했다. 이런 인식에서 출발하여, 네트워크들이 대변하는 공동체를 구성할 때는 여러 방면의 접근법을 활용했다. 특히 여성은 농업 노동과 가족 재생산에서 중대한 위치를 차지한다는 점에서 역할이 서서히 커지고 있다. 여성은 자급자족을 위한 농촌 노동에서 핵심 역할을 수행한다. 이 사실을 표면화한 네트워크들은 여성과 아동이 녹색 혁명과 신자유주의 프로젝트의 영향을 가장 심각하게 받고 있다는 점을 우리에게 상기해 주었다. 그런 까닭에 네트워크들은 농민 운동을 계획할 때 여성을 동등하게 참여시키자고 요구한다. 여성의 환경을 네트워크들이 전면에 내세울 때는 여러 가지 중요한 사례를 든다. 그 가운데 몇 가지만 예로 들면, 무엇보다도 가정과 사회에서 여성이 폭력의 피해자가 되는 문제, 특히 토지 강제수용 과정에서 여성과 아이들이 교육받고 건강한 상태를 누릴 권리를 희생해야 하는 문제가 있다. 또한, 성별 관계에서 일어난 진전을 보여 주는 사례로 〈카르나타카 농민조합〉(1980년에 회원 수 약 1천 만명으로 설립되었고, 지금은 〈비아 깜뻬씨나〉의 일원이다)을 들 수 있다. 〈카르나타카 농민조합〉은 가난한 남녀의 결혼을 가로막는 값비싼 결혼식을 없애기로 하고, 대부분 가정에 엄청난 빚을 안기는 기존 결혼식 대신 브라만의 개입이 없는 '상호 존중' 시민 결혼을 권장했다. 〈카르나타카 농민조합〉은 이 밖에도 여성을 위한 프로그램과 모임을 장려하고, 위원회 내 여성 의석 비율을 정해 놓았다.

이 네트워크들만큼이나 중요한 사실은, 대지와의 관계를 새롭게 회복하려는 네트워크, 유기 농업을 널리 퍼뜨리려는 네트워크, 신선하고 정직한 먹거리에 접근하려는 네트워크들이 더 발전된 자본주의 국가에서도 결성되고 있다는 점이다. 1986년, 미국에서는 농민들이 당시의 지배적인 농업 모형에 저항하며 〈전미 가족농협회〉를 설립한다. 1990년대 미국과 캐나다에는 중요한 네트워크들이 세워진다. 물론 프랑스에도 조제 보베José Bové와 함께 '소농 중심 농업'의 경험이 등장한다. 1990년대 미국에서 만들어진 〈지역공동체먹거리보장연합〉은 대서양 연안부터 태평양에 이르는 지역의 힘을 한데 모으는 개념인 '지역 사회를 위한 식품 안정성'이라는 구호 아래 생산자와 소비자, 그 외 다양한 주체들을 모았다. 〈지역공동체먹거리보장연합〉은 유기 농업을 실시했을 뿐 아니라 농산물을 지역 사회에 유통시켰다. 이들은 농산물이 유통되는 장소를 저렴한 비용으로 마련하고, 그곳을 오가는 데 필요한 교통수단을 제공하는 등 다양한 방식으로 저소득층이 농산물에 접근할 수 있게 했다. '더 민주적인 영양 체계'를 마련하겠다는 목표를 선언하며 125개 단체가 모인 〈지역공동체먹거리보장연합〉은 과거에 네트워크 프로그램에 거의 동참하지 않았던 빈곤 퇴치 기구, 식품나눔은행,[1] 가족농 네트워크를 연결하고, 도시와 농촌의 소농, 식품나눔은행, 빈민과 저소득 지역을 위한 무료 급식소가[2] 서로 소통하며 사람들을 결속시키는 것을 기본 방침으로 조직을 운영했다. 이와 유사하게, 동일한 사안을 중심으로 〈샌프란시스코 도시농업연합〉이 자율적으로 조직된다. 〈샌프란시스코 도시농업연합〉은 지역 사회의 역량, 지역에서 구축된 작업 기술 및 지식을 활용할 수 있게 했다. 이후에는 주택부터 공원에 이르기까지 재생산 환경을 개선하기 위한 투쟁을 조직하는 핵심 단체가 된다. 이 사례들에서 우리가 주목해야 할 지점은, 기존과는 다른 방식으로 대지와 관계 맺으려는 의지가 삶의 양식 전체를 바꾸려는 의지로 가는 첫걸음이라는 사실이다. 말하자면, 다른 사회 프로젝트를 지향하는 다른 먹거리 프로젝트는 농업을 통해 발현되는 의지에서 출발한다. 이는 특히 '사회 생태론,' '생물지역주의,' '공동체 경제 발전' 등의 이름으로 진행되는 계획들이 벌이는 광범위한 운동에서 분명히 드러난다. 이 운동들은 발전이 다시 지역에서 일어나는 걸 목표로 하고, (영양, 주택, 공공 공간을 위한) 땅을 다른 방식으로 관리하는 것, 작업 방식·전문 능력·지식을 다른 방식으로 관리하는 것을 지향한다. 이는 세계 경제가 운명을 결정한 시민들의 빈곤과 절멸에 대항하여 사회 환경의 뿌리를 지켜내고 강화하는 방향으로 나아감을 의미한다.

마찬가지로, 역사나 환경을 지키는 수단으로 고안된 〈공공토지신탁〉이 미국에서 성장할 수 있었던 이유는, 땅이 자양분의 원천이라는 사실을 넘어 주택 안정성을 대변하기 때문이다. 〈공공토지신탁〉 같은 프로젝트를 통해 사람들은 토지 구입 자금을 모았다. 이 프로젝트는 개발하지 않은 자연 상태 그대로 땅을 보존하거나 그 땅에 주택을 짓는 것을 목표로 한다. 땅 위에 세워진 주택은 매매 가능하지만, 땅 자체는 매매할 수 없다. 덕분에 주택 가격을 낮게 유지하여 저소득층 인구가 집을 구할 수 있다.

프랑스의 소농 기반 농업에서도 과거와는 다른 사회 프로젝트를 구상한다는 점이 프로젝트의 원칙을 선언할 때부터 아주 명확하게 드러난다. 이를 가장 잘 보여 주는 게 신자유주의적 세계화가 강요하는 가장 냉혹하고 가장 파괴적인 경쟁에 맞선 국세 농민 연대이다. 경쟁 너머에는 노동과 인간 활동의 사회경제적 중요성이라는 원칙이 자리잡고 있다. 생산우선주의를 거부하는 것도 농민 연대의 원칙인데, 보베는 생산우선주의 거부를 분명히 표명하면서 "우리는 생산을 지향하지도, 수행하지도 않는다. 우리는 공간을 영유하고 관리하며, 시골과 사회적 유대를 맺는 데 동참한다"고 말한다. 또 다른 원칙은 사람·환경·동물을 존중하는 방향으로 농촌 지역을 운영해 나가는 것이다. 이는 자신의 농장을 과도하게 확장하고 싶어 하지 않는 것을 의미한다. 시골은 다수의 일자리를 대변하는 곳이어야 하기 때문이다. 또한, 땅이 견딜 수 있는 수 이상으로 동물을 갖길 원하지 않는 것, 지역을 대표하는 채소 및 가축종種을 유지할 책임을 다하는 것, 그 외 다른 많은 행동을 뜻하는 것이기도 하다. 같은 맥락에서, 영양 섭취라는 근본 주제 및 영양 섭취를 위험에 빠뜨리고 싶어 하지 않는 마음이 중요하다. 그래야 건강·교육·문화의 상업화를 공격하는 정치적 입지를 키우고, 그 일에 더 매진할 수 있다.

정리하면, 땅과 농업, 그리고 영양가 있는 먹거리라는 주제가 오늘날 자율 조직 네트워크에서 부상하고 있다. 네트워크들은 특히 1990년대에 크게 성장하여 전 세계 농민 운동과 함께 힘차게 전면으로 나섰다. 이들은 사라졌던 주체, 우리 삶을 재생산하기 위해 우리 모두가 매일 의지하는 노동을 하고 있는 주체로 새롭게 나타났다. 발전이 다시 한번 지역을 기반으로 일어나도록 하는 게 농업 관련 문제에서 특히 중요하다면, 발전 및 삶의 다른 측면들을 지역으로 다시 가져오는 것도 당연히 중요하다. 운동도, 권리도 전 세계의 일이다. 투쟁 역시 마찬가지다. 특히 건강한 식단을 누리는 보편적 권리를 위한 투쟁, 즉 다양한 식단, 획일화되지 않은 식단, 고유한 전통문화와 동떨어지지 않은 식단, 인간에게 겁탈당하는 대신 남녀가 힘을 합쳐 일구어 놓은 땅이 만들어 낸 특수성과 괴리되지 않은 식단을 누릴 권리를 쟁취하려는 투쟁은 전 세계적인 일이다. 멸종 위기 속에서 여러 품종을 길러내려고 힘을 모은 콜롬비아 농민들은 우리를 둘러싼 자연에 영혼이 있다고, 나무와 강에 영혼이 있다고 말한다. 그들의 말이 맞다면, 세계를 다시 시골로 되돌려야 생명은 물론이고 영혼을 되찾을 수 있다.

4

변화를 만드는 두 개의 바구니

포드주의식 생산이 한창일 무렵, 나는 맑스가 쓴 구절 하나에 특히 감명을 받아 그 구절을 읽고 또 읽었다. 맑스는 "노동자 계급은 새로운 생산 체계가 만들어 내는 소음과 소란에 충격을 받았지만, 어느 정도 정신을 차리자마자 대규모 산업의 탄생지인 영국을 시작으로 곧장 저항에 돌입했다"고 적고 있다.[1] 이 구절을 읽는 동안 나는 기계의 굉음을 들었고, 위대한 재각성의 힘, 즉 인류 역사의 새로운 장이 펼쳐지고 있음을 느꼈다.

맑스의 구절을 떠올렸을 때, 나는 농민과 시민이 주도하는 또 다른 엄청난 재각성을 목격하고 있었다. 농민과 시민은 다시 깨어나고 있었다(이들은 단순한 '생산자'와 '소비자' 역할을 거부한다). 이들은 산업화된 농업의 거대한 기계에 저항하고, 유해 식품, 환경 파괴, 경제 위기, 농촌 이탈, 무엇보다도 인간과 땅의 관계 부정을 강화하는 정치에 맞섰다. "농업 생산자인 소농의 토지를 강제수용하는 일이 그 과정의 전반적 토대이다"라는 맑스의 말이 맞다면,[2] 태동하기 시작한 이 의지들은 다른 가능한 세계의 씨앗을 이미 품고 있다고 할 수 있다. 강제수용의 형태는 확실히 더 정교하고 다양해졌다. 오늘날에는 물리적으로 땅에서 쫓겨나지 않더라도 땅과 맺는 관계 자체가 강제수용의 대상이 될 수 있다.[3] 땅과 우리가 맺고 있는 관계를 이토록 다양한 방식으로 부정하는 일은 오늘날까지도 자본주의 축적 과정의 토대를 이룬다. 따라서 여태껏 삶의 재생산 체제를 역전시키고 상품화한 생산 양식을 근본적으로 무너뜨리려면, 땅과 맺는 관계를 회복해야 한다.

농촌과 도시에서 저항이 일고 네트워크와 행동이 구축되었는데, 그 중심에는 농업 용어를 빌리자면 재접목의 요구가 존재한다. 기술이 해결책을 제공할 수 있다는 환상이 깨지면서 돌봄, 그 가운데서도 땅을 돌보는 일을 다시 논의하기 시작했다. 사람들은 (생명)공학의 발전에 위험이 따른다는 사실을 충분히 이야기했다. 그리고 무엇보다도 이 위험성 때문에 생명의 자발적 자기 재생산 형태 및 관계망이 끊임없이 방해받고 교란되는 상황에 주목했다.

조제 보베와 프랑수아 뒤푸르는 동료 사육자들이 어쩌다 최악의 상황에 이르렀다고 느꼈는지 설명한다.[4] 젖을 주는 어미 소를 새끼와 분리하는 게 관행적으로 이뤄지자, 사육자들은 끊임없이 나오는 젖의 수유를 관리한다는 목표 아래 일어나는 관행에 경제적, 생태적으로 문제가 있다고 의식하게 된다. 이렇게 생산된 제품은 보조금을 지원받아서 어느새 자연스러운 방식으로 만든 제품보다 더 경쟁력을 갖추게 된다. 보베와 뒤푸르에게는 이 시기가 노동의 목적을 반추하게 만든 결정적 계기였고, 결과적으로 그들은 소농 기반 농업 개념에 다가가게 된다. 그들이 생각하는 소농 기반 농업 개념에 부합하려면 사육은 반드시 특정한 접근법(이 접근법은 열 가지 원칙을 적용함으로써 명확해진다)을 기반으로 이뤄져야 하고, 경계선을 넘지 않는 선에서 허용치를 준수하고 원칙을 점검할 수 있어야 한다.[5]

그들은 건강상의 위험을 걱정하는 동시에, 생명의 재생산이 이뤄지는 자연스러운 형태를 전복시키는 것에 분노를 표출했다. 이를 계기로 노동의 의미와 목적을 재고할 조건을 갖추었고, 삶의 방향을 바꾸고 싶다는 욕구도 생겨났다. 이들이 느낀 분노는 전 세계 인구가 참여하는 다른 많은 분야의 노동 및 삶 속에서 지금까지와는 다른 관계를 추구하려는 열망을 불러온 분노와 같았다. 또, 현행 발전 모형을 향해 '이제 그만'이라고[6] 말하면서 다른 길을 실험해 보는 것을 목표로 소통을 시작하게 만든 분노와도 같았다. 이 분노야말로 구체적인 대안을 만들게 한 시발점이었다.

이렇게 해서 등장하게 된 단체가 〈농민연맹〉이다. 큰 줄기 중 하나의 마디에 불과하지만, 〈농민연맹〉은 발전된 지역에서 활동하는 단체 가운데 가장 눈에 띄는 단체이다. 〈농민연맹〉은 전 세계 남반구와 북반구의 매우 다양한 농업 공동체를 연결하는 거대한 네트워크인 〈비아 깜뻬씨나〉에 속해 있는데, 이 전 세계 농업 공동체들은 동일한 목표와 접근법을 바탕으로 연결된다. 그중 첫 번째 목표가 식량 주권 구축이다. 내가 베로나에서 열린 회의에서도 말했듯이,[7] 식량 주권은 다양한 형태로 구축된다(특히 생산자 간에 맺는 관계 형태가 매우 다양하다). 이런 상황에서 발전을 지역으로 되돌리고 세계를 시골로 되돌려야 할 필요성이 점점 더 많이 언급된다고 나는 회의에서 명시적으로, 그리고 함축적으로 시사했다. 나는 독자의 상상을 최대한 허용하면서 이 논의를 확장해 가려고 노력할 것이다. 지면 관계상 언급을 생략한 다른 일련의 계획들과 마찬가지로 발전을 지역으로 되돌리자는 요구 역시 농업만을 주제로 다루진 않는다. 그러나 농업이 예전처럼 논의의 중심에 다시 등장했으므로 이 글에서는 농업에 초점을 두고 이야기를 전개해 나가려고 한다. 발전을 지역으로 되돌리자는 요구는 특히나 선진국들에서 신자유주의적 세계화가 거대한 균열을 일으키며 대두했다. 이 요구는 화폐와 전문 기술, 무엇보다도 농업 노동이 지역을 벗어나 이전하면서 지역민들이 계속 불행해지는 상황에 반대하고, 이런 것들을 지역 차원에서 지키고 강화하는 활동들로 이어졌다.

이제 발전을 지역으로 되돌리고 세계를 시골로 되돌리자는 요구를 우리에게 더 익숙한 상황과 연결 지어 살펴보려고 한다. 단, 익숙한 상황에만 국한하진 않겠다. 만약 내가 발전을 재지역화하고 세계를 재시골화하는 데 필요한 바구니를 두 개 가지고 있다고 하자. 그렇다면 발전을 지역으로 되돌리는 바구니에는 1) 땅에 접근할 수 있는 권리, 2) 주기가 짧고 모든 면에서 지속 가능한 경작 방식, 3) 이제 더 이상 쓰지 않는 품종 회복과 그러한 품종의 경작 및 소비 양식 회복(무수히 많은 나라에서 이를 실천하고 있다), 4) 외부 지향적인 발전과 반대되는 정책에 중점을 두는 일을 담겠다. 세계를 시골로 되돌리는 바구니에는 다른 네 가지, 1) 앞서 이야기한 농업의 확산, 2) 열악한 지역의 농업을 포함한 모든 농업 활동에 대한 적정한 보수, 3) 개방 사육의 재확산, 4) 이런 방식으로 재정의된 농업에 다시 한번 자부심을 느끼게 하는 문화를 장려하고, 무엇보다도 정치 환경을 조성하는 일을 담겠다. 물론 이들은 바구니에 가장 먼저 담길 뿐이다. 이제 각각을 자세히 살펴보자.

1. 거주 지역의 토지에 접근할 수 있는 권리. 이는 분명 각자가 처한 지리 환경에 맞게 다뤄져야 하는 문제이다. 지구의 남반구를 차지한 지역에서 토지 접근권이란, 무엇보다도 토지에 접근할 수 있는 권리를 가지거나 유지할 수 있는 능력을 말한다(중소 규모의 농민들이 공동 혹은 개별적으로 권리를 가짐으로써 가능하다). 이는 대규모 투자 회사나 국가의 지속적인 강제수용에 대항하는 것이다. 삶을 보장해 주는 자급 농업 혹은 지속 가능한 소규모 농업을 할 수 있는 땅이 있는지 없는지에 따라 생존 가능 여부가 결정된다. 이 문제가 전 세계 다양한 지역에서 대두됨에 따라 농업 개혁이 필요하다는 시늉을 하는 척하지만, 약속과 달리 실제 개혁이 이뤄지는 경우는 매우 드물다. 그렇더라도 이 영역에서 토지 강제수용 문제를 두고 일어난 대규모 운동이 이룩한 성과를 상기해야 한다. 대규모 운동 가운데 〈무토지농민운동〉은[8] 지난 20년간 브라질 대부분 주에 걸쳐 800만 헥타르에 농촌 가구 25만 호가 정착할 수 있도록 도왔다. 이탈리아를 비롯한 선진국의 경우, 토지 접근성을 위해서는 농민이 지불 가능한 정도로 토지 가격을 유지하는 일을 가장 먼저 해야 한다. 우리나라에서 토지 가격 유지가 더 이상 가능하지 않은 경우는, 토지가 고속도로의 주요 경로와 매우 가깝거나 관광업의 이해관계 또는 근방의 다른 수익성 있는 투자 상품과 관련되어 있을 때다. 이때는 땅값이 너무 많이 상승하여 영농 과정에서 땅에 접근하거나 땅값을 분할 상환하는 게 불가능해진다. 이는 이용 가능한 토지가 상대적으로 많은 이탈리아의 특수한 상황으로 스페인이나 프랑스, 독일은 여건이 다르다. 하지만 이탈리아도 토지 가격 문제가 다른 문제에 더해져 농업이 널리 확산될 가능성을 가로막는 장애물로 작용하는 건 다른 나라와 마찬가지다. 그리고 확실히 이런 상황을 악화시킬 뿐만 아니라 토지 접근권과 관련하여 우리 지역에서 중요하게 다뤄지

는 또 다른 문제는 농가 소득이 정당하게 보장되는지에 대한 문제, 특히 생산우선주의productivism를 따르지 않고 산업화된 종류와는 다른 영농 방식을 고수하는 농가의 소득 문제이다. 토지 접근권의 또 다른 중요한 측면은 토지를 공동으로 사용하는 관행이 유지되는 땅과 관련이 있다(공유지 사용 관행은 중세 시대까지 거슬러 올라간다). 땅을 공동으로 사용하는 관행은 가축 사육과 농사의 필연적 결과물이다. 이탈리아에서도 공유지는 줄어들고 있는데, 그 이유 가운데 하나는 땅을 분류하고 목록화하는 일을 무시하거나 토지 기록을 보존하지 않아서 사기업이나 개인들이 공유지를 사재기하기 때문이다.

2. 생산 주기가 짧은 농업. 여러 면에서 지속 가능하고, 식품의 신선도·진위 여부·추적 가능성을 보장하는 유일한 방법이다. 미국을 비롯한 가장 발전된 지역의 농민과 시민이 주도하는 운동에서는 요구 조건에 신선도와 진위 문제를 포함하는 경우가 갈수록 늘고 있다. 미국에서는 대서양 연안부터 태평양에 이르기까지 〈지역공동체먹거리보장연합〉 같은 네트워크들이 '지역 사회의 영양을 보장하는 신선하고 정직한 식품'이라는 구호를 내걸었다.[9] 또한, 식품이 적정 가격을 유지하도록 조직적 네트워크와 방안들을 활용해 식품을 생산, 유통하자는 요구도 점점 더 거세졌다. 자유롭게 쓸 수 있는 수입이 많지 않은 고객들도 적정 가격을 보장함으로써 식품에 접근할 수 있도록 만들자는 것이다. 이런 목표 아래 생산자와 소비자 간 합의가 이뤄지고, 합의 내용에 따라 현금이나 다른 형태의 노동력을 제공하여 일정량의 농산물을 미리 구매한다. 특히 미국에서는 지난 몇 년간 또 다른 중요한 현상이 증가 추세에 있다(이 현상이 비단 미국에만 한정된 건 아니다). 생산자들이 돈이 많이 드는 중개인을 통하지 않고도 도시에 있는 생산자 직거래 시장에서 농산물을 직접 파는 기회를 가지는 것이다. 이탈리아에는 공정 무역 구매 단체가 증가하고 있다. 회원 수가 대략 200만 명인 〈연대구매조직〉은 다음과 같은 다섯 가지 기본 원칙을 채택했다. 1) 인류를 존중한다. 따라서 사회적 불평등을 바탕으로 만들어진 상품 구입 대신 지속 가능한 사회 발전에 활발히 기여하는 상품을 구입해야 한다. 2) 환경을 존중한다. 또는 자연을 존중하면서 가능한 한 운송을 최소화하는 방식으로 얻은 상품을 선택하는 걸 존중

한다. 3) 건강을 존중한다. 이는 유기 농산물을 선택함으로써 가능하다. 4) 연대를 존중한다. 또는 대규모 생산자들에게 짓밟히는 소규모 생산자들의 제품을 구매한다. 5) 맛을 존중한다. 유기 농산물을 비롯한 제철 식품을 섭취해 자연의 리듬을 회복한다. 제철 식품은 영양이 더 풍부할 뿐만 아니라 맛도 더 우수하다. 중요한 건, 지금 등장하고 있는 이 새로운 윤리가 경제·사회·환경 측면에서 질문을 던지고 있다는 사실이다. 여기서도 역시 현행 발전 양상 및 결과 앞에서 '이제 그만'을[10] 선언하고 싶은 욕구, 이제까지와는 다른 관계를 단언하고 싶은 바람이 드러난다. 이에 따라 '프레쬬 소르젠떼'[11] 같은 기획이나 새로운 형태의 지역 표기법(원산지공동체표시Denominazione Comunale 또는 De. co는 시 당국들이 만든 간단하고 저렴한 표기 방식이다)을 포함한 원산지 표기법이 등장하여 농산물의 투명성과 추적 가능성을 보장한다. 또, 원산지가 드러나지 않거나 불확실한 경우에 반대하여 생산 지역을 중요하게 여기며, 생산지 및 생산지에서 파생되는 서로 다른 관계들, 즉 생산자와 소비자는 물론이고 시민들이 맺고 있는 다양한 관계들을 중시한다. 이런 방법들은 분명 인류를 다시 지역과 가까워지게 한다. 지역적인 것은 공통장의 일부이다. 따라서 모든 사람이 접근할 수 있는 것으로서 가치가 있다.

3. 먹거리 품종을 회복하고 잊히거나 사라질 위험에 놓인 각양각색의 경작 방식과 준비 과정을 되찾으려는 프로젝트들. 경작법·문화·지식을 되찾으려는 일련의 프로젝트들이 한동안 여러 국가에서 조직되었다. 이 프로젝트들은 품종이 사라지는 것, 다국적 기업이 영양과 관련해 독점적 지위를 누림으로써 맛이 제거되거나 표준화되는 것에 반대한다. 이는 다양성을 가질 권리와 연결된다(다양성은 우리가 살고 있는 땅이 제공하는 것들에서 시작한다). 그리고 결과적으로 다양한 맛을 누릴 권리뿐만 아니라 다채로운 식단이 주는 영양상의 잠재력을 더많이 누릴 권리, 질병에 걸릴 위험성을 고려할 때 영양상의 안전을 더 많이 누릴 권리와도 관련된다. 최근 몇 년간 이탈리아에서는 사람들이 잊어버린 일부 종을 회복하는 일에 점점 관심이 높아졌고, 〈농민문화〉Civiltà Contadina 안에서 이뤄지는 〈씨앗지킴이〉Seed Savers 활동도 증가하고 있다.[12] 한편, 스스로를 씨앗지킴이

같은 명칭으로 규정하지 않는 노인들과 농민들 또한 씨앗지킴이 활동을 하고 있다. 이들은 몇 년 전부터 종자 회사의 상품 안내서에서 사라진 과일과 채소 품종의 생명 '연장'에 열중한다. 젊은 여성들 역시 생명 재생산에 대한 오랜 애정을 바탕으로 씨앗지킴이 활동을 한다. 어떤 품종은 다른 지역에서 상품화하기 적합한 데 반해, 그렇지 않은 품종도 있다. 이동하는 도중에 죽을 수도 있기 때문이다. 그런 경우, 생산과 유통이 산지産地나 지역에서 이뤄져야 이 종들을 바라보고 향유하는 기쁨을 누릴 수 있다. 〈뽀모나〉Pomona 같은 단체들은 아주 오래된 과일을 회복하는 데 힘을 쏟을 뿐만 아니라 멸종 위기에 놓인 과일을 섭취하며 살아가는 동물종의 문제도 언급한다. 발전의 재지역화는 식물은 물론이고 동물의 다양성이 갖고 있는 엄청난 풍요를 일부 회복하는 일과 관련되어 있다.

4. 거짓을 드러내고 신자유주의의 남용에 반대해야 할 필요성. 신자유주의는 모든 국가가 국경을 없애도록 강요한다. 이는 단지 가장 힘센 자들의 독재, 발전의 외향성(수출 지향성), 그리고 무엇보다도 (국제 채무를 줄인다는 명목하에 이뤄지는) 농업 발전에만 이로울 뿐이다. 현실에서 이런 발전 모형은 국제 채무가 늘어나게 한다. 따라서 영양 공급과 일상생활이 더 힘들어질 수밖에 없다. 새로운 농업을 아래에서부터 만드는 일 다음으로 현지 농업·지역 농업·국가 농업(단, 이 용어들은 상황에 맞게 사용되어야 한다)을 장려하고 보호하며 중요하게 생각하도록 정치 규정을 조정해야 한다. 이런 농업은 모든 면에서 지속 가능해야 하며, 생물 다양성 보존 및 경작법 다각화는 물론이고 최대한 자급자족을 장려하는 방향으로 나아가야 한다. 이는 모두 식량 주권과 궤를 같이하는 것으로, 식량 주권만이 국제 채무가 늘어나는 상황을 막을 수 있다. 식량은 남반구뿐 아니라 북반구에서도 시민의 기본적인 규칙이자 권리로서 사람들이 이용할 수 있어야 한다. 그리고 무엇보다도 음식을 섭취하는 지역의 역사 및 지리적 환경과 동떨어져서는 안 된다. 따라서 수출이나 수입은 영양 체계의 구동축 역할을 하는 대신 지역에서 생산할 수 없거나 과잉 생산되는 것과 관련한 보조적 조치가 되어야 한다.

상징적 차원에서 세계를 시골로 되돌릴 수 있게 도와주는 바구니에는 다음 품목이 들어 있다. 이제 그 품목들을 자세히 살펴보자.

1. 모든 면에서 지속 가능하고 다각화된 농업을 확산해야 한다. 다각화된 농업이 널리 퍼져 나가려면 일자리가 최대한 많이 만들어지는 방향으로 나아가야 한다. 따라서 산업화 모형을 거부하고, 이런 모형을 전파하는 산업 집중화의 논리 또한 거부해야 한다. 그러므로 농업은 유기 재배로 이뤄져야 하고, 사회 전체를 생각하는 방향으로 나아가야 한다.

2. 이런 특징을 지닌 농업 유형은 경작이 특별히 어려운 지역에서도 가능해야 한다. 이와 더불어, 더 강도 높은 노동에 대한 보상을 보조해 줄 수 있는 경제적 유인 또한 제공되어야 한다. 농업이 없는 풍경 속에는 생명도 없다. 하지만 풍경은 공통장이므로 모든 사람이 책임을 져야 마땅하다.

3. 농업의 핵심 요소로서 가축의 광범위한 자유 방목을 재개해야 한다. 동물들을 방목하고, 초식 동물들이 본래 모습대로 살아가게 하며, 유기 비료를 써서 땅의 비옥함을 유지해야 한다. 프랑수아 뒤푸르가 다듬고 실천한 철학은 땅이 지탱할 수 있는 정도를 초과하여 동물을 기르지 않는 일부터 시작하는데, 나는 이런 사고가 시사하는 바가 아주 크다고 생각한다.

4. 경작을 장려하고, 자발적으로 힘을 모으는 경험을 확산하며, 농업의 대규모 재전환 가능성을 확실하게 지지하는 정치에 호소해야 한다. 처음에는 농업을 가난한 누이로 여기다가 이후에는 대규모 산업의 타락한 딸로 여긴 포드주의와 포스트포드주의를 지난 지금, 특히나 발전된 지역은 농업의 주된 역할, 즉 농업이 지금까지 해 왔고 앞으로도 인류의 역사 속에서 계속해야만 하는 역할을 분명히 할 필요가 있다. 그러려면 모든 면에서, 특히 사회적 측면에서 전반적으로 건강하고 지속 가능한 농업으로 재전환하는 수단에 접근할 수 있게 허용해야 한다. 내 학생들이 말하듯이, 상황이 달라지면 컴퓨터 앞에서 종이와 플라스틱에 둘러싸인 삶 대신 농부가 되고 싶어 하는 사람들이 많아질지도 모른다. 새로운 상상의 세계가 땅에서 싹트기 시작한다.

신자유주의, 토지, 식량에 대한 몇 가지 기록

자연의 생산성을 높이는 기술은 토지 사유화 및 토지 강제수용의 역사, 세계 곳곳에서 노동력의 재계층화를 가장 중요한 목표로 내세운 농업 개혁과 과거부터 지금까지 한 쌍을 이뤄 왔다. 기술을 이용한 자연의 생산성 증진을 맹렬히 추구하는 관점 속에서, 식량 체계는 특히 유전자 조작 때문에 갈수록 악화한다.

토지 사유화 및 강제수용, 농업 개혁 같은 방책들은 우리가 살아가는 특정 유형의 발전에만 나타나는 계급 관계와 생산 모형을 강요하고 점점 더 널리 퍼뜨리고자 한다. 이런 방식으로 금세기에 실시한 농업 개혁과 농업 정책은 소수의 사람에게만 질 높은 영양을 가져다줄 뿐, 다수에게는 영양 결핍이나 기아를 안겨 주었다. 또한, 전 세계 다양한 인구층은 더 나은 영양 섭취와 더 나은 삶을 위해 투쟁을 지속하며 네트워크를 조직했지만, 금세기 농업 개혁과 농업 정책이 이러한 네트워크들을 철저히 무너뜨리고 말았다.[1] 식량 위기와 한 쌍을 이루는 것이 식량 생산과 관련된 '과학 기술의 기적'이다. 이 기적은 풍요의 원천을 발견하는 척하면서 한편으로 생물 다양성과 자연의 생식력을 파괴하여 풍요의 유일하고 진정한 원천을 말살하고[2], 다른 한편으로는 식품 조작과 그 조작을 지탱하는 산업 및 상업 정책을 이용하여 사실상 인류 대다수가 식량에 더욱더 접근할 수 없게 만든다.

이런 상황에서 자연의 생식력은 점진적으로 파괴된다. 그뿐만 아니라 살충제나 대인 지뢰로 토지가 오염되고 강제수용되면서 과잉됐다고 간주된 인구는 전쟁, 탄압, 유행병, 기아로 점차 소멸한다. 사람들은 기본적인 자급생활 수단 중 땅을 가장 먼저 빼앗긴 채 빈민가부터 난민촌, 교도소에 이르기까지 여러 모습으로 감금당하는데, 이들의 게토화 및 포위 상태는 식량의 '포위 상태'와 한 쌍을 이룬다. 토지 강제수용, 농업 기술 혁신, 임금과 물가의 관계(그러한 관계가 존재한다면)를 결합한 정책들로 식량은 사실상 이미 접근 불가능했다. 식량은 언제나 조작의 대상이 되기 십상이고, 사유화하고, 독점하고, 특허권을 얻고, 은행에 맡겨 사용할 수 없게 되고 만다.

그런데 오늘날 우리는 토지 및 식량 관련 정책 문제를 어떻게 제기할 수 있을까? 이른바 경제가 과거와 달리 세계화되는 상황[3]에서 이런 정책은 어떤 역할을 수행하는가? 먼저 이 문제와 관련된 몇 가지 전제를 명확히 해야겠다.

자본 축적의 가장 최근 양상인 신자유주의는 흔히 생각하는 바와 달리 경제 생산 세력끼리 자유롭게 경쟁하는 자발적 과정이 아니다. 실제 현실에서 신자유주의는 케인스주의만큼이나 기획된 자본주의 전략이다. 신자유주의가 기획되었음은 구조 조정 정책으로 대변되는 사회 재생산의 저발전이 거대한 규모로 운용된다는 점을 보면 알 수 있다. 구조 조정 정책들은 세계 곳곳에서 사실상 동일한 방식으로, 1980년대와 1990년대를 거치면서 점점 더 견디기 힘든 방식으로 활개쳤고, 신자유주의가 나아갈 길을 터 주는 역할을 했다. 〈국제통화기금〉과 〈세계은행〉은 재생산의 저발전을 기획했고, 무엇보다도 노동과 여성 투쟁을 공격하는 우두머리 기관으로서 오늘날 국제 자본이라는 국경 없는 정부를 대변한다. 〈국제통화기금〉이 구조 조정 정책 관련 지침의 공식화를 주도한다면, 〈세계은행〉은 그런 지침의 필연적 결과물인 개발 사업을 출범시킨다.

자본 축적의 현 단계는 사실상 두 가지 핵심 기둥이 지탱하고 있다. 첫 번째 기둥은 새로운 국제 노동 분업으로, 생산 영역뿐만 아니라 재생산 영역에서도 일어나고 있다.[4] 그래서 더 많은 제3세계 여성이 출신 지역에 계속 남아서 혹은 소위 선진국이라는 곳으로 이민을 가서 제1세계의 가사노동을 수행한다. 그런데 국제 노동 분업은 구조 조정 정책 및 구조 조정 정책이 유발한 극단적 빈곤이 원인이 되어 거대한 이주 흐름이 생겨나지 않았다면 발생할 수 없었고, 이 거대한 이주 흐름으로 생산과 재생산 양쪽에서 노동은 새롭게 계층화되었다. 또 다른 기둥인 새로운 경제적 자유주의는, 노동을 더욱 희생시키고 노동 관련 규제를 보다 더 완화하여 기업이 새롭게 세계화된 경제 상황에서 더 잘 경쟁할 수 있게 해준다. 새로운 경제적 자유주의는 노동 계약 시 노동자가 발휘하는 힘이 축소되는 일 역시 당연하다고 여기는데, 계약할 때 노동자의 힘이 줄어드는 근본적인 이유는 구조 조정 정책 때문에 빈곤이 확대되기 때문이다.

이런 구조 조정 정책의 결과 재생산의 저발전이 전 세계에 나타나 새로운 국제 노동 분업 및 경제적 신자유주의를 떠받치는 토대가 되었다. 이는 1960년대와 1970년대 전 세계에서 전개된 일련의 투쟁에 대한 응답이었다. 1980년대 이후에는 어느 때보다 고통을 널리 퍼뜨린 구조 조정 정책을 두고 투쟁과 저항이 점차 거세졌다.[5]

역설적이지만, 특히 이탈리아에서 정치 논쟁이 일어날 때는 논쟁이 제도권 안에서 이뤄지든 그렇지 않든 보통은 구조 조정 정책을 언급하지 않는다. 따라서 사회적 소비를 위한 공공 지출의 지속적인 삭감과 민영화가 어떻게 해서 전 세계가 합심하여 벌이는 계획의 일부가 되는지도 은폐된다. 그런데 이런 정치 논쟁에서 구조 조정 정책보다 더 언급되지 않는 주제가 토지 사유화 및 강제수용 문제이다. 토지 사유화와 강제수용 문제는 재생산의 저발전을 전방위적으로 강요받는 상황에서 벌어지는 핵심 문제이자, 맹렬히 규탄받는 전 세계 기아의 근본 원인이고 유례없이 많은 인구 집단을 절멸시키고 포위하는 활동의 근본 원인이기도 하다. 이에 상응하여 사회 재생산 공격이라는 동일한 노선을 향하는 또 다른 활동, 즉 점진적인 토지 오염 문제도 드러나지 않고 있다. 토지가 오염되는 이유는, 토지가 지역 주민의 통제와 지식에서 더 멀어져 국제 식품 산업 및 식품 무역에 더 높은 생산성과 더 높은 이윤을 항상 보장해 줘야 하기 때문이다. 마찬가지로, 〈세계은행〉의 각종 계획에서 토지 강제수용과 (재정착 가능성을 보장하지 않는) 주민 강제 이주가 중심 역할을 한다는 점 또한 이탈리아 내 정치 논쟁에서는 언급하지 않는다.

이처럼 토지를 겨냥한, 따라서 주민을 겨냥한 작용들이 정책의 중요한 상수라면, 그리고 〈국제통화기금〉과 〈세계은행〉이 국제 자본의 우두머리 기관으로서 그런 정책들을 매개로 자본주의적 관계를 더욱 확장한 결과 자연의 생산력 영역을 점점 더 침범하고 유린한다면, 이 사실이 우리에게 시사하는 바는 무엇인가? 여기서는 몇 가지만 논평하겠다. 이 문제를 보다 폭넓게 논의하려면 다른 글을 참조하기 바란다.[6]

우선 위의 논의를 이어 가자면, 정치적 사고와 활동을 할 때는 토지와 주민을 겨냥한 작용들을 중심에 둬야 한다. 왜냐하면 자본주의적 관계의 확장은, 지금처럼 모든 생명 유형의 상품화를 심화시킬 뿐 아니라 여기 있는 우리 모두를 위협하는 포위 상태를 초래하기 때문이다. 특히나 전 세계적으로 계급 관계의 조건이 끊임없이 재구성되고 재계층화될 가능성 역시 토지와 주민들을 겨냥한 작용들에서 비롯되기 때문이다. 따라서 새로운 축적 단계에 맞서 반자본주의적 저항을 표명하고 우리 자신을 세계 경제 속에서 하나의 계급으로 지키는 건, 무엇보다도 점점 더 많은 지역에서 땅을 둘러싼 투쟁을 지지하며 땅 문제를 가지고 다양한 측면에서 전 세계적으로 새로운 정치판을 짜는 걸 의미한다.

마찬가지로 이런 과정에 반대하는 세계 각지의 투쟁을 알고 다른 이들에게 알리는 것, 투쟁을 돕기 위해 행동하는 것이 중요하다. 그럼으로써 밀려드는 강물을 막아내는 역할을 할 수 있다. 특히 우리가 이미 거둔 승리를 널리 이야기해야 한다. 자본주의 발전이 불가피하다는 믿음을 떨쳐 낼 수 있게 해주기 때문이다.

무엇보다 선진국에서도 여러 가지 다른 관점에서 땅과 맺고 있는 관계의 문제를 진지하게 제기할 필요가 있다.

남반구의 토착민 운동과 여성 운동이 주는 교훈은 대개 땅에 관한 한 생명공학적 지름길은커녕 기계적 혹은 화학적 지름길도 없다는 것이다. 대지의 열매, 그리고 대지에서 살아가는 생명체들의 재생 가능성을 보장하는 손쉬운 기술적 해법은 존재하지 않는다. 대지는 재생산 노동을 필요로 한다. 인간은 자기 존재와 활동으로 대지를 보살펴야 하고, 취한 만큼 돌려주어야 한다. 인간 역시 돌봄을 필요로 한다. 인간도 결국 대지에서 살아가는 생명체의 일원이기 때문이다. 대지를 보살피는 일과 인간을 보살피는 일에서 기술은 주변적인 역할을 할 뿐이다. 세탁기로 빨래를 하는 것처럼 기술로 잔디를 깎을 수는 있지만 아이를 키울수는 없다. 이 사실을 이해하면, 우리가 인간과 관련된 재생산 노동을 고려할 때그러하듯이, 우리의 노동 시간을 다시 생각할 수밖에 없다. 나는 이를 앞서 언급한 글에서 보다 더 폭넓게 보여 주고자 했다. 이 문제에 대한 진지한 대응은 오늘날까지도 존재하지 않는데, 이는 토지 문제에 대한 진지한 대응 부재와 결합하여 인간 재생산의 어려움을 더욱더 비극적으로 만들 뿐이다. 그런데 기술적 해법이 진정한 해법이 아니라면, 기술을 바탕으로 농사일에서 해방된다는 것도 노동자에겐 거짓 해방에 불과했다. 노동자는 한편으로는 그저 실업 상태가 되어야 했고, 다른 한편으로는 농사 이외의 영역에서 더 철저하게 이용당하기 위해 농사에서 해방되었다. 여기서 발전을 지역으로 되돌린다는 것은 무엇보다도 인간 존재의 회복을 뜻하며, 이 회복은 인간과 인간, 인간과 자연의 새로운 관계 맺기에서 출발한다. 또, 인간 존재를 회복하면 생명체들이 맺은 새로운 관계에 맞는 기술도 개발할 수 있을 것이다. 이탈리아 여성들이 농촌을 떠난 건 고된 노동을 거부한 행동이었을 뿐 아니라, 시골 마을의 편협함 속에서 노인과 남성들이 행사하는 위계적인 지배권을 거부한 행동이기도 하다. 오늘날은 세계 도처에서 더욱더 많은 여성과 남성이 대지와 관련하여 대안적인 실천 방안들을 실험하고 있다. 그리고 이런 일은 국경 없이 소통하고 교류할 수 있는 환경 속에서 이루어지고 있다. 이와 동일한 맥락에서, 치아빠스 봉기 역시 과거부터 현재까지 거대한 실험의 장이 되어 왔다.[7]

토착민 투쟁이 가르쳐 준 대로, 땅과 어떤 식의 관계를 맺을지를 질문하면, 뒤이어 무엇이 우리의 공유지인가, 곧 무엇이 우리가 보존 혹은 탈환하려는 공유지인가라는 과제를 품게 된다. 나는 공유지가 무엇보다도 (집단 활동을 위한 공간을 점점 더 제한하는 정책에 반하는) 공공 공간으로서의 땅, 생물 다양성의 원천인 땅, 자연 진화의 근원인 땅이라고 생각한다.

최근 선진국에서 너무 많이 논의한 시간, 임금, 소득을 둘러싼 투쟁은[8] 토지 문제를 둘러싼 투쟁과 연결되지 않고서는 근시안적 상태에 머물 수밖에 없다. 토지 문제를 둘러싼 투쟁은 현행 농업 정책 및 가축 사육 정책을 변화시키려 하며, 이 변화는 자연의 생물 다양성·온전함·재생 가능성을 탈환하는 방식으로 이뤄진다. 자연의 생물 다양성·온전함·재생 가능성 없이는 임금 투쟁에서 승리한다 한들, 더 많은 독극물과 우리 자신의 절멸을 구매할 수밖에 없다. 토착민 공동체들이 가르쳐주듯이, 자연은 재생산 능력과 생물 다양성을 담고 있어 오늘날 상황처럼 삶의 가능성을 축소하거나 괴물로 만들지 않고 오히려 확대한다. 그렇지만 투쟁의 힘, 현행 정책을 거부하고 항의하는 힘 없이는 어떤 실용적 대안도 만들 수 없다.

땅과 관련된 실천들이 선진국에서도 매우 분명하게 전개되고 있다는 사실을 알아야 한다. 미국이 좋은 예시이다. 미국에서 임금 경제는 실업을 증가시켜 더 많은 여성과 남성을 먹을 것도 희망도 없이 거리로 내쫓는다. 그러는 사이 자신을 부양하고 잠잘 곳을 마련하는 대안적 해법을 찾는 이들이 새로운 사회적 관계들을 발견하고, 다른 경제를 새로이 시작하며, 토지와 새로운 관계를 맺고 있다. 이는 새로운 유형의 '사회 생태론' 혹은 '생물지역주의' 혹은 '공동체 경제'라는 이름으로 묶을 수 있는 행동과 기획을 말한다.[9] 식량을 스스로 확보해야 할 필요성은 발전을 지역으로 되돌리려는 시도와 연결된다. 발전을 지역으로 되돌린다는 건, 토지 이용뿐 아니라 건강한 식량·노동 능력·재원 확보가 지역 차원에서 이뤄지도록 한다는 뜻이다. 세계 경제의 걷잡을 수 없는 통치가 토지·건강한 식량·노동 능력·재원을 집어삼키도록 용인하지 않는 것이다.

더욱 의미 있는 사례 가운데 하나가 뉴욕주 소도시 빙엄턴이다. 빙엄턴 주민 4만 명 중 1만 5천 명은, 결코 집단 해고를 한 적은 없지만 생산 시설을 폐쇄하고 제3세계로 이전한 아이비엠에서 해고당한 사람들이었다. 얼마 지나지 않아 슈퍼마켓들도 문을 닫았다. 높은 실업으로 타격을 입은 다른 많은 미국 도시들도 유사한 붕괴 현상을 겪었다. 주민들이 먹고 살 수 있는 한 가지 방법은 땅을 재발견하고 도시 안에서 생물학적 경작을 일으키는 것이었는데, 이런 방식은 새로운 상황 속에서 상당한 내부 시장을 형성했다. 또한, 다시 찾은 시간과 땅을 기반으로 아메리카 토착민 공동체 및 보호 구역과 새로운 관계를 맺는 것, 그리하여 새로운 문화를 만들어 내는 것 역시 주민들이 생존하는 길이었다. 공장이 폐쇄되고 나서 이렇게 공동체 안에서 함께 경작하는 일은 지난날 자동차 산업의 수도였던 디트로이트에서 더 큰 규모로 일어났다.

빙엄턴과 디트로이트는 단지 두 가지 사례에 불과하다. 다른 많은 사례들이 전개되고 확산하고 있다. 도시와 공동체는 지역 화폐라는 대안적 회로를 구축하고, 전문성을 가진 노동을 교환하는 대안적 네트워크도 대규모로 조직한다. 미네소타, 위스콘신, 버몬트에는 소 성장 호르몬 문제를 둘러싼 움직임이 전개되면서 동물권 옹호자·생태 운동가·백인 가족농이 합심하여 기업농과 맞서 싸우고 있다. 실제로 동물을 해치는 건 소규모 경제와 환경을 파괴하는 것이기도 하다. 애리조나에서는 토지 문제를 바탕으로 백인 가족농과 아메리카 토착민이 처음으로 단결했다. 그들은 농민의 땅을 탐내는 기업농, 아메리카 토착민 보호 구역에 매장된 우라늄, 석탄, 석유를 탐내는 광업 회사와 맞서 싸우고 있다.

나는 이런 사례들이 매우 의미심장하며 시사하는 바가 크다고 생각한다. 이 사례들이 시사하는 바는 머지않아 대대적으로 더욱 명확해질 것이다. 그리하여 우리는 대안 경제와 투쟁을 새로이 실천할 방법을 발견할 것이다. 분명한 사실은, 관점을 불문하고 대지라는 쟁점이 떠오르고 있다는 점이다. 다양한 민족의 자손들은 대지를 매개로 투쟁을 강력하게 통일하고 새롭게 판을 짤 수 있게 되었다.

6

자급생활을 둘러싼 전쟁

제가 학생들의 강연 요청을 받아들인 이유는, 학생이나 교사로서만이 아니라 한 인간이나 시민으로서, 모두에게 너무나 심대한 영향을 미치는 쟁점을 직접 와서 논의하는 게 중요하다고 생각했기 때문입니다. 실제로 대학은, 인도의 농업 기술 이미지에 빗대어 말하자면, **둥근 강**과 같아야 합니다. 대학은 외부 자극을 바탕으로 지식을 구축하고 다듬어 모든 사회 구성원에게 되돌려 줍니다. 둥근 강은 물을 농작물로 흘려보냅니다. 그리고 논에서 쓰고 남은 물을 다시 내보내 다른 곳으로 흘러가도록 합니다.

지금도 계속되며 미래의 시나리오까지 계획하는 전쟁 이야기는 다른 이들에게 맡겨두겠습니다. 잡지와 주류 언론에서는 이런 화제를 광범위하게 다루면서 석유와 가스, 그리고 다양한 지리적 영역에 정치적 지배력을 재배치하고 분할하는 일을 가지고 논쟁합니다. 오늘 강연에서는 **무관해 보일 수도 있으나 중요하다**고 생각되는 몇 가지 다른 측면을 이야기하고 싶습니다. 바로 최근 수십 년간 모든 전쟁에서 대략적으로 가시화되고 있는, 토지와 **자급생활에 필요한 자원의 대대적 파괴** 현상입니다. 이 현상은 **방목지건** 아니면 **주로 내수용으로 소비되는 지속 가능하고 다각적인 농업** 용지건 종류를 가리지 않고 일어납니다. 앙골라에서부터 코소보, 아프가니스탄에 이르기까지, 점점 더 넓은 땅이 지뢰나 열화우라

늪 같은 장기 독성 물질이 가득한 전쟁 물질로 오염된 채 경작 기회를 빼앗기고 있습니다. 우리는 약탈하고 불사르던 고대의 전쟁과는 달리, **무한히 피해를** 초래하는 전쟁 무기를 마주합니다. 땅을 다시 일굴 수 있다면, 만약 그렇게 된다면요, 그 땅에서 괴물이 생산되진 않을까요? **점점 더 많은 신체가 손발이 잘려 나가 더 이상 경작을 할 수 없습니다.** 양과 논밭과 우유 항아리는 철저히 파괴당했습니다. 이런 상황은 전쟁으로 일어난 우연한 사고일까요, 아니면 전쟁 체제 그 자체일까요?

만약 전쟁 체제 때문이라면, 그 전쟁은 어떤 종류의 전쟁일까요? 저는 그것이 **경제를 둘러싼 전쟁, 곧 자급생활의 가능성과 영역을 둘러싼 전쟁**이라고 생각합니다. 이 전쟁은 정확히, **지속적이고 체계적인 토지 강제수용과 토지 오염을** 일으키며 지나갑니다. 토지 오염의 원인은 전쟁 무기일 수도, 살충제일 수도 있지요. 이런 의미에서 전쟁은, 수출을 목적으로 단일 경작을 강제하는 조치와 지향하는 바가 똑같습니다. 둘 다 자급생활의 가능성을 파괴하고, 점점 더 소수의 사람들만이 생존권을 가질 수 있게 만들지요.

이런 종류의 생산 체제는 5세기 전 영국에서 토지 강제수용이 대대적으로 일어나면서 시작되었습니다. 토지 강제수용으로 재산을 빼앗기고 빈곤 상태에 빠진 사람들이 많아졌거든요. 이들은 그저 '과잉됐다고' 보일 뿐이었고, 자급생활의 수단을 박탈당했으니 어떤 조건에서든 일할 준비가 된 노동력의 원천이었습니다. **이 체제가** 작동하려면 **기아와 빈곤을** 만들어야 내야 한다는 사실이 일찌감치 확실해진 거지요. 기아와 빈곤은 임금 노동 체제가 **출범하기 위한 필수조건**이었습니다. 기아와 빈곤은 임금 노동 체제를 계층화하여 노예 상태를 공고히 하는 데도 꼭 필요했지요. 노예 상태는 유인책을 등에 업은 노예 무역만이 아니라 영국 안에서도 발생했습니다. 가난한 부랑자들에게 불리한 법안을 떠올려 보십시오. 이 법안에 따르면, 어떤 이가 다른 누군가를 부랑자로 고발하면, 고발자가 고발당한 사람을 노예로 부릴 수 있었습니다. 노동 계층화는 노예 상태에 이를 때까지 계속되어 오늘날에는 약 2억 명이 노예 상태에 있습니다. 그 가운데 1억 5천 명은 아동입니다. 그리하여 단지 일부가 아니라 전 인류에게 생존 가능성을 부정하는 전쟁이 시작됩니다. 이 상황에서 다른 많은 분쟁도 발생하지요. 불평등 때문에 사회 갈등이 끊이지 않는 가운데 생명 대 무생명, 부의 집중 대 빈곤의 확산이 대치합니다. 더 많은 싸움이 이어지면서 불평등은 확대됩니다. 이런 식의 생산 체제와 노동 계층화를 지속하려면 **토지 강제수용**이 필요합니다. 토지 강제수용은 미디어에서 전 세계적인 기아나 인구 폭증을 논의할 때 절대 **언급하지 않는 엄청난 비밀**입니다. 인류가 과잉됐다고 보이는 이유는, 죄다 빼앗겨 존재하지 않는 재생산 수단에 비해 인구가 지나치게 많기 때문입니다. 또, 끊임없이 자기 영토에서 내쫓겨 난민촌에서 병들거나, 값싼 노동력이 되어 이주 행렬을 따르거나, 도시를 빙 둘러싼 빈곤의 주머니를 부풀려주는 운명을 맞는다는 점에서 인류는 더욱 쇠약해져 갑니다.

이런 흐름 속에서, **전쟁**은 다양한 국가에서 **녹색 혁명으로 완결됩니다.** 정부는 녹색 혁명으로 가장 좋은 땅을 빼앗아 수출용 단일 작물을 재배하게 하고 종종 보조금을 지급하지요. 그런데 그 보조금은 내수용 소규모 재배에 주는 돈에서 가져옵니다. 또, 녹색 혁명은 이제까지 공용 공간이던 토지를 사유화하고, 그 땅에 살던 사람들을 그야말로 **내쫓아 버려** 극빈 상황에 **빠뜨립니다.** 잘 알려져 있다시피, 이 과정은 **남미부터 아프리카, 아시아까지** 번지는데, 자본주의 발전을 연구하는 학자들이 이 과정을 비판합니다.

1532년 프란시스꼬 피사로가 페루를 정복했을 때, 그는 금 말고 거대한 식량의 보고도 발견합니다. 페루는 영양 자급자족은 물론이고 기근이나 재해가 발생한 동안에도 식량을 확보하는 문제를 성공적으로 해결해 왔었지요. 페루 사람들은 수레도, 동물이 끄는 쟁기도 알지 못했습니다. 수레나 쟁기가 기원전 2,700년에 이미 이집트에서 묘사되었고, 이 도구들을 사용하여 시골 지역에 잉여 작물이 생겨나 도시 인구를 먹여 살렸지만, 페루 사람들은 알지 못했습니다. 페루의 전직 대통령 **알란 가르씨아는,** 잉카인들이 스스로를 먹여 살린 반면 자본주의 경제는 그렇지 못했다는 점이 역설적이라고 말했습니다. 가르씨아는 한때 페루의 토착 식량 체계를 부활시켜 더 평등한 식량 체계, 말하자면 모두에게 식량이 주어지는 체계를 확립하겠다고 선언했습니다. 하지만 막대한 영향력을 가진 선진국들이 그를 강력히 저지했습니다. 서구 선진국들은 국민의 영양 자급자족을 좋아하지 않기 때문입니다. 저들은 가난하고 종속된 상태를 만들어내는 것을 아주 좋아합니다. '저들이 아니면' 8억 2천 만 명이 굶주리고, 12억 명이 심각한 영양 결핍에 시달리는 건 '있을 수 없는 일입니다.'

1980년대에는 주요 국제 금융 기관들이 토지에 가격을 매겨 사유화합니다. 그리고 (아프리카 국가들처럼) 토지가 여전히 공통장인 곳에서마저 주민들이 땅을 공동체를 위해 사용하지 못하도록 빼앗아야 한다고 강력히 주장하지요. 이런 주장은 **극단적인 구조 조정 정책과 짝을 이룹니다.** 극단적인 구조 조정 정책을 적용하자 빈곤 상태는 극적으로 악화합니다. 또한 1980년대에는 어디서나 생존 투쟁이 매섭게 제압당했습니다. 그래서 사람들이 요구 수준을 낮췄고, 그 결과 신자유주의로 가는 길이 마련됩니다. 어디서든 기대 수준을 더 낮추고, 임금을 더 떨어뜨리고, 보호 조치를 더 줄여 기업들이 세계화된 경제에서 더 자유롭게 경쟁할 수 있도록 만들었다는 점에서, 신자유주의는 새로운 기획의 시작점이었습니다.

토지 강제수용과 상업화 이야기의 다음 단계는 잘 알려져 있다시피, 토지 면적 전유에 그치지 않고 현대 생명 공학과 특허 제도를 이용하여 **토지의 재생산 능력을 전유, 왜곡, 자본화**하는 것입니다. 요컨대 모든 면에서 생명 생성에 자유주의를 적용하는 것이지요. 또, 토지의 생물 다양성, 즉 풍요의 참된 원천이자 생명 유지 보증서를 체계적으로 파괴하여 토지를 망가뜨리는 것입니다. "생명 과학에 공학이 들어오면, 자기 자신을 재창조하는 체계로서 생명의 재생 가능성은 끝이 난다"고 반다나 시바는 말했습니다. 반복해서 말하지만, 생명의 재생 가능성이 끝나면 인구의 자급 가능성 역시 사라집니다.

따라서 **토지 이용 가능성을 둘러싸고 벌어지는 전쟁은 토지의 생물 다양성 유지를 둘러싸고 벌어지는 전쟁과 동일합니다.** 즉, 두 전쟁 모두 땅의 재생력, 그리고 그곳에서 살아가는 사람들을 낳아 계속 살아가게 하는 능력을 둘러싼 전쟁입니다. 또한, 지속 가능성 기준을 충족하는 농업 지식, 다시 말해 **적당히 취하되 취한 것을 돌려주는 농업 지식을 둘러싼 전쟁**이기도 합니다. 말하자면, 자연의 재생산 능력을 보호하여 인간의 자급 가능성, 곧 생존 가능성을 지키고, 민영화·자본화·빈곤화로 치환하려는 파괴 논리에 저항하는 것입니다.

지리 영역을 특화하고 시장을 자유주의적으로 세계화한 결과, 먹거리는 죄다 구매 대상이 됩니다. 음식은 대부분 수입하여 방부처리하고 고도로 가공하지요. 완벽히 산업화된 식품을 강요하여 **자급 경제 체제 및 규범을 체계적으로 파괴합니다. 대안이라고 해봐야 돈으로 삶과 자급생활을 가능한 모든 면에서 전적으로 지배하는 것뿐인데,** 이는 결국 파괴를 더 강화할 뿐입니다. 인류가 과잉됐다고 여겨지는 이유는, 임금이 아예 없거나 낮은 상태와 위태로운 식료품 가격의 관계 때문만은 아닙니다. 원조가 너무 자주 제때 주어지지 않고 실제 필요한 대상에게 도달하지 못하는 데도 원조에 영원히 의지해야 하는 상태 때문만도 아닙니다. 자신의 역사, 지리, 문화, 정체성과 맺었던 관계를 잃어버렸기 때문만도 아닙니다. 우리 모두가 겪고 있는 문제 상황은, **자유를 상실한 채 절대적인 종속과 겁박** 상태에 들어서는 것입니다.

대지를 거스르며 자급생활의 규범과 가능성에 반대하는 전쟁은 모든 전쟁 가운데서도 가장 치명적인 전쟁입니다. 그런데 지구상의 가장 외딴 지역에 사는 인류가 특히 1990년 이래로 이 전쟁에서 싸울 채비를 하고 있습니다. 이들은 대안 세력과 저항 운동을 구축하고, 지식을 되찾아 오래전 농법을 부활시키며, 무수히 많은 종자 품종과 둥근 강을 재발견합니다. 기본적으로 이런 쟁점과 네트워크 조직들을 어떻게 다루느냐에 따라, 우리 모두에게 이제까지와는 다른 삶이 다시 열릴 수 있습니다. 그렇게 지금과는 다른 세상을 만들 수 있을 것이라고 저는 믿습니다.

이탈리아의 대안 농업과 식량

이탈리아 농업은 최근 전통적인 노동조합주의에서 탈피하여 대안 농업을 지향하는 운동으로 이행하고 있다. 전통적인 노동조합주의가 노동 환경을 바꾼 것은 맞지만, 무엇이 어떻게 생산되는지에는 무관심으로 일관한 것 또한 사실이다. 반면, 대안 농업을 지향하는 최근의 운동은 소농이 하는 노동의 목적과 의미라는 문제에 초점을 맞춘다. 말하자면 농민이 하는 일을 근본적으로 다시 검토하는 것이다. 이탈리아의 이 같은 변화는 다른 선진 자본주의 국가에서 일어난 일과 비교하면 한 발짝 늦은 것처럼 보일 수도 있다. 특히 프랑스에서는 선진 자본주의 국가 대부분이 최근에야 중요하게 여기기 시작한 문제들을 1980년대부터 이미 다루고 있었는데, 당시 〈농민연맹〉이었던 〈농민노동자〉가 조제 보베와 프랑수아 뒤푸르[1]와 함께 문제를 제기했고, 그와 함께 신자유주의적 세계화 논의 속에서 농업에 대한 토론도 전개되었다.

이탈리아에서 현재 일어나고 있는 변화는 〈전국직접재배자연합〉, 〈이탈리아 농민연맹〉, 〈이탈리아 농업총연맹〉(이 가운데서 전통적으로 기독민주당과 연계된 〈전국직접재배자연합〉은 중소 규모 농업을 하는 소농 사이에서 가장 우세한 조직이다)과 같은 농업 분야 노동조합들과는 전혀 관계가 없다. 역사적으로 이 단체들은 단체 구성원들이 농업 정책 논의에 관여하게 만드는 전략을 채택하지 않았다. 현재 이탈리아에서 일어나는 변화는 도리어 농민, 축산업자, 그리고 단순 소비자에 그치지 않는 시민의 집단 의지를 반영한다. 이들은 질병과 죽음의 위험을 점점 더 확산시키는 농업 및 축산업 체계를 거부하는 데 힘을 모은다. 그리고 노동조합을 비롯한 새로운 단체를 세우고, 새롭게 규탄하고 투쟁하고, 대안을 구축하며, 다른 가능성의 징후를 보여 준다. 운동이 활발해지면서 몇몇 조직이 아주 근래에 생겼고, 2001년 제노바에서 신자유주의적 세계화에 반대하여 시위가 일어나는 동안 외형을 갖추어 나갔다. 〈농민포럼-대안농업〉과 〈북동지역 대안농업〉이 그런 조직들이다. 한편 낙농업자들은 우유 할당제 및 흔히 벌금으로 알려진 추가세 문제를 둘러싸고 1996년에 〈자발적농업생산자위원회〉 또는 Co.Sp.A를 결성했다. 새로운 노동조합주의보다는 대안 농업 문화 확산, 대안적 실천과 영역 구축 및 촉진을 지향하는 다른 조직들은 그 역사가 더 오래되었다. 하지만 이들은 이탈리아가 변화하는 과정에서 일어난 논의와 다소 거리가 있었고, 그런 논의에 귀를 기울이지 않았으며, 다른 문제들로 분열되어 있었다. 이런 조직으로는 〈크로체비아 국제센터〉, 〈이탈리아 농촌협회〉, 〈씨앗지킴이〉를 포함한 〈농민문화〉, 〈이탈리아 유기농업협회〉, 〈이탈리아 통합농업협회〉, 〈이탈리아의 생물학적 세계〉, 〈생명역동농업협회〉, 그 외 셀 수 없이 많은 단체들, 특히 동식물의 생물 다양성 보호, 따라서 다채로운 농업의 원료 보호에 헌신하며 때로는 섬처럼 고립된 곳을 마련하여 희귀종을 경작하고 번식시키는 일을 하기도 하는 수많은 단체가 있다.

지난 35년간 이탈리아 정치 운동은, 특히 1970년대 농업 공동체의 사례에서처럼 대안 농업이 하는 실험들을 현실 도피적이라고 여겨 거의 관심을 기울이지 않았다. 그 결과 이런 실험들이 제기한 문제를 해결하려는 노력도 부족했다. 다시 한번 말하지만, 이탈리아와는 대조적으로, 프랑스 농업은 10에서 20헥타르에 이르는 중간 규모 농가가 성과 면에서 양적으로나 질적으로 뛰어나다는 특징이 있다. 따라서 프랑스에는 좀 더 탄탄한 생산 구조가 존재하고, 농민들은 소속된 단체에 깊이 관여한다. 또한 국가는 일반적으로 농민을 높이 평가하고, 그들의 요구를 경제적으로나 사회적으로 지원한다. 이탈리아의 상황은 프랑스와 현저하게 다르다. 농민은 거의 주목을 받지 못하고, 위엄을 갖춘 삶을 살고 싶다는 그들의 요구도 거의 관심을 끌지 못한다. 농촌 지역은 심각한 빈곤을 겪고 있고, 농업 지역을 이주 노동력의 공급지로 활용하려는 경향이 우세하다. 이 이주 노동력은 처음에는 외국으로, 그다음에는 북부 이탈리아의 대형 산업 중심지들로 이동했다.

앞서 언급한 단체 가운데 〈자발적농업생산자위원회〉 축산업자들은 노동조합을 제외하면 가장 규모가 크고 가장 투쟁적인 세력이다. 〈자발적농업생산자위원회〉는 1996년부터 2002년까지 고속도로를 가로막았고, 밀라노 말뻰싸 공항을 점거했으며, 주요 텔레비전 방송국 앞에서 시위를 벌였는데, 언제나 트랙터와 암소 에르꼴리나와 함께였다. 또, 추가세에 반대하고, 자신들에게 유리한 판결을 6천 건 가까이 얻어 냈다. 2002년 이후 〈자발적농업생산자위원회〉는 〈코스빠 코바스〉(노동조합으로 설립), 〈코스빠 나치오날레〉라는 세 개 단체로 분화되었다. 2003년에 제정된 이탈리아 법률 제 119호(농무부 장관 잔니 알레마노가 초안 작성)로 추가세 납부를 요구받고 2004년 3월 31일로 납부 마감일이 지정되자 더욱 극적인 국면이 시작되었다.

수년간 투쟁이 이어졌지만 여전히 미해결 상태로 남아 있는 이 중요한 전투는 여기까지 살펴보기로 하고, 대안 농업 운동이 이탈리아에서 부상한 지점으로 되돌아가 보자. 대안 농업 분야의 다양한 실험들이 이탈리아에서 수십 년간 이뤄졌음에도, 이탈리아 내 운동이 세력을 획득하고 가시적으로 된 것은 제노바 시위를 시작으로 다른 국가들에서 일어나고 있는 농업 운동과 만나기 시작한 지난 몇 년에 불과하다. 이 몇 년간 이탈리아의 운동은 전 세계적인 〈비아 깜뻬씨나〉 소농 운동의 일원이 되어 함께 식량 주권을 요구했는데, 식량 주권 요구는 농업 생산자들끼리, 또 농업 생산자와 시민이 이제까지와는 다른 관계를 맺는 것을 비롯하여 식량 주권과 관계된 모든 내용을 포괄했다. 특히 이웃인 프랑스 〈농민연맹〉의 경험을 들여다보면, 지역에 기반을 두며 사회적·경제적·환경적으로 지속 가능한 소농 농업 모형이 산업 생산을 하는 농업 모형과 대조된다는 사실을 알 수 있다.

그런데 이탈리아는 다른 유럽 국가보다 토지 가격이 유난히 높다. 따라서 토지 가격은 첫 번째 장애물이다. 농업 활동이 일어나는 과정에서 토지 가격을 부담하지 못하는 지역이 이탈리아에서 점점 더 늘어나고 있다. 더욱이 거대 기업의 생산을 선호하는 신자유주의적 정책 때문에 매일 중소 규모 회사 50군데 정도가 폐업하는데,[2] 거의 30분마다 한 군데 꼴이다. 따라서 경작되지 않은 토지가 많이 남아 있지만, 자본 투기와 민영화 때문에 땅을 일구려는 사람들이 경작할 권리를 가지지 못한다. 그러므로 반드시 거론해야 할 가장 중요한 투쟁 유형 중 하나는 당연히, 소농들이 한동안 일군 땅을 다른 이들이 나타나 빼앗아가려고 할 때 그 땅을 계속 경작할 수 있게 토지를 점거하는 일, 이 점거 행위를 다양한 방식으로 지지하는 일이다. 그로쎄또주州의 〈에우게니아 협동조합〉은 이 같은 일을 겪었다. 〈에우게니아 협동조합〉은 농장 한 곳을 비롯하여 인구 감소 위기를 겪고 있는 농장 인근 마을을 개선하는 데 5년간 노력을 기울였다. 다각적이면서도 모든 면에서 지속 가능한, 단기 지역 농업 프로젝트를 실행하여 협동조합은 농장과 인근 마을에 모두 생기를 불어넣고, 프로젝트 자금까지 마련할 수 있었다. 1천 헥타르에 달하는 이 프로젝트는 많은 사람에게 고용 및 적절한 수입의 기회, 곧 마을의 회생을 의미했다. 협동조합은 땅을 사들이고 싶어 했지만 땅 소유주들이 가격을 올리고, 그 결과 초래된 분쟁에서 소유주들이 점거자들을 퇴거시킬 권한을 비록 행사하진 않았지만 얻어 냈다. 상황은 해결되지 않은 채로 남았고, 소농들은 땅을 지키려고 출입구에 양 떼를 풀어놓았다.[3]

〈에우게니아 협동조합〉과 매우 유사한 상황인 단체가 〈그롤라의 땅〉 혹은 〈싼땀브로지오 오또마르조 협동조합〉이라고 불리는 단체다.[4] 이 협동조합은 베로나 인근 구릉지대인 발뽈리첼라에 있으며, 20년 넘게 포도밭 13헥타르를 유기농법으로 경작해 왔다. 협동조합은 전통 기술로 회귀하여 변두리 땅을 경작하는 동시에, 농장을 하나의 교육 프로젝트로 운영하며, 농촌 체험 관광 서비스 및 소규모 치즈 공장을 경영했다. 이런 식으로 대중에게 외부 공간과 토지를 제공하여 여가, 문화 및 자선 활동을 할 수 있게 만들고, 어려움을 겪고 있는 사람들에게 일자리를 제공했다. 토지 소유주인 주州 정부는 이제 그 토지를 매각해서 현금화하려 하고, 협동조합은 토지를 매입하려고 기금 마련에 나섰다. 기금 모금은 긍정적인 반응을 얻었는데, 대안적인 방식으로 땅을 경영함으로써 얼마나 큰 가치를 창출하는지 대중이 매우 잘 알고 있음을 보여 준다. 이 공동의 가치를 바탕으로 도시는 농촌과 새로운 관계를 맺을 수 있다. 주 정부가 토지를 경매에 부치면 모금액은 분명 다른 제안 금액들과는 경쟁이 되지 않을 것이다. 또다시 상황은 해결되지 않은 채로 남았다.

위는 단지 두 가지 사례에 불과하고, 동일한 과정을 겪고 있는 다른 많은 경우도 들 수 있다. 이런 상황에 처한 사람들을 지지하고, 또 더욱 폭넓게는 농업으로 토지를 개선하려는 토지 접근권 요구를 소농의 보편적인 기본권으로 만들려고 〈농민포럼-대안농업〉이 이탈리아 전역에서 '토지권 캠페인'을 벌였다. 〈비아 깜뻬씨나〉가 더 오랫동안 활동했던 나라들과는 상황이 다른데도, 이 캠페인은 〈비아 깜뻬씨나〉 조직의 핵심 요구 사항인 토지 접근권을 이탈리아 안에서 주장한다. 〈농민포럼-대안농업〉은 또한 지역에 기반을 둔 다각화된 소농 농업 모형을 요구한다. 전국에 보급할 수 있고, 광범위한 고용을 창출하며, 각 지역의 대표 품종을 경작함으로써 다채로운 환경을 만들어 내는 생물 다양성을 보호하는 모형을 요구하는 것이다. 〈농민포럼-대안농업〉은 앞서 말한 소농 농업 유형이 지속해서 자리 잡아 토지가 확실하고도 영속적으로 되살아날 수 있게, 신용 거래 및 세금 정책을 다시 만들 것을 또한 요구한다. 〈북동지역 대안농업〉의 굴리엘모 도나델로는, 산업계 및 호텔업계가 압력을 행사하는 지역의 경우 기존 경제 지원책들이 토지 가격을 고려하지 않는다고 지적한다. 그 결과 토지 접근권 문제는 물론이고 토지 관리 문제까지 발생한다.

「음식은 상품이 아니다」라는 글에서 〈농민포럼-대안농업〉은 다음과 같이 서술한다. "모든 시민을 위해, 모든 시민의 건강, 모든 시민의 땅 그리고 사회 정의를 위해 … 우리는 노동을 바탕으로 하는, 생산자와 소비자의 연대는 물론이고 전 세계 지역과 전 세계 소농의 연대를 바탕으로 하는 사회적 차원의 소농 농업을 원한다. 그렇지 않으면 가장 부유한 지역과 가장 힘이 센 농장주가 다른 이의 생존권을 침해할 테고, 이런 논리에는 미래가 없다. 유럽에서는 매일 농장 600곳이 문을 닫는다. 올 연말 즈음이면 이탈리아에서 농업 분야 일자리 75만 개가 사라질 수 있다." 점점 더 심각해지는 토지 문제를 두고 〈농민포럼-대안농업〉은 「토지권 호소」를 발표하면서 다음과 같이 말한다.

여러 가지 서로 다른 문제 가운데서 또다시 한 가지 문제가 두드러진다. 지난 세기에 소농 투쟁이 승리를 거두면서 이탈리아는 이 문제를 잊어버린 것처럼 보이지만, 이 문제는 그 어느 때보다도 절박하다. 생산성 높은 토지가 갈수록 자본 투기에 묶여 실제 농업적인 가치와 점점 더 멀어지고, 극도로 치솟은 토지 가격 때문에 땅을 일구려는 사람들이 토지에 접근할 수 없게 된다.…그 어느 때보다도 소작 농가의 퇴거가 흔하게 일어나고 있다. 농가 소유주들이 토지를 농업적으로 활용할 수 있도록 보장해 주기보다는 자본 투기를 선호하기 때문이다. 공공 재산을 관리하는 회사들은, 소농의 활동으로는 감당할 수 없는 가격으로 재산을 민영화한다. 땅을 일구려는 청년들은 너무 비싸서 지불할 수 없는 헥타르당 가격을 요구받는다. 노인들은 농업을 포기하기에 이르렀고, 그들의 토지는 사회적 용도로 활용되지 않는다.… 우리는 토지 포기에서 비롯된 소작 농가의 죽음에 저항할 수 있으며, 저항해야만 한다.

〈농민포럼-대안농업〉이 〈농민부조〉와 〈토지권을 위한 전국농민조직〉을 결성하여 투쟁했다. 이 단체들의 목표는 "단일 투쟁을 고립과 무관심 밖으로 끌어내고, 법률 변호 및 전문 변호 노력을 조직화하고, 사람들을 규합하고, 토지권 협상 테이블을 만들어 내며, 시민을 대표해야 할 국가 기관들이 시민의 이익에 부응하도록 요구하는 것"이었다. 〈농민포럼-대안농업〉은 토지권을 위한 전국 투쟁을 출범하자고 제안하면서 네 가지 요구 사항을 매우 구체적으로 밝히고 있는데, 퇴거나 사람들을 토지에서 쫓아내는 다른 조치를 즉시 중단할 것, 공유지에서 소농의 생산 활동을 우선적으로 보장할 것, 토지 소유권을 개혁하여 토지 접근권을 보장할 것, 토지 은행을 설립하여 유휴지遊休地를 활용하도록 보장할 것 등이다.[5]

또 다른 일련의 문제 때문에 단체와 조직이 결집하고 있는데, 바로 대형 식품 기업들이 생산을 해외 위탁하고, 그 결과 안전하지 않은 식품이 증가하며 고용이 감소하는 현실이다. 특히 문제가 많은 분야가 우유 생산 부문이다. 빠르말라뜨Parmalat가 파산한 이후, 우유 생산은 현재 이전과는 매우 다른 다양한 해법을 마주하고 있다.[6] 〈북동지역 대안농업〉과 〈코스빠 나치오날레〉가 2003년 2월에 내놓은 문서「오늘 우리는 음식 때문에 죽을 수 있다」에서 지적하듯이, 우유 문제와 관련하여 가장 부조리한 점은, 수많은 동물이 우유 할당제를 명목으로 강제 도살되었으나 우리가 소비하는 생우유의 46%는 수입산임이 나중에서야 밝혀졌다는 것이다. 우유 산업 연합체인 〈아쏠라떼〉Assolatte가 내놓은 수치를 살펴보면 상황은 훨씬 더 심각하다.[7] 때때로 동유럽에 있는 위생 수준이 더 낮은 지역에서 생산된 우유가 수입되는데, 소비자는 수입산 우유가 어디서 왔는지 알지 못한다고 〈아쏠라떼〉의 문서는 말한다. 이 상황은 시민들이 직접 소비하는 우유의 원산지와 종류를 알고 선택할 권리를 빼앗긴다는 뜻이다. 게다가 신자유주의의 약속과는 반대로 경제적 손실이 발생한다는 뜻이기도 하다. 〈북동지역 대안농업〉의 루치아노 미오니가 설명하듯이, 4년 전 우유 1리터의 농장 가격은 980리라, 소비자 가격은 1,600리라였다. 즉, 가격의 절반 정도가 생산자에게, 나머지 절반이 시장 판매자에게 돌아갔다. 오늘날 이탈리아에서 생우유 1리터는 예전 화폐 가치로 환산하여 2,200리라 혹은 2,300리라에 상당하는데, 유럽에서 가장 높은 가격이다. 하지만 농장 가격은 620리라에 불과하다. 따라서 우유를 살 때 소비자는 4년 전보다 오늘날 평균 400리라를 더 지불하는 반면, 농장이 받는 금액은 30% 하락한 것이다. 빠르말라뜨가 생산하고 유통한 프레스코 블루Fresco Blù 미세여과 우유의 특수한 사례 역시 이처럼 대단히 부정적인 시나리오 속에 놓여 있다. 생우유의 유통 기한이 4일(지금은 6일로 늘어남)인데 반해 프레스코 블루 미세여과 우유의 유통 기한은 10일인 만큼, 프레스코 블루는 이름과 달리 신선하지 않다.[8] 그러나 이상하게도 이 우유는 슈퍼마켓에서 보통 생우유로 판매된다. 따라서 이 우유를 정확하게 분류하여 판매하라고 슈퍼마켓 체인점에 사람들이 항의하는 경우가 자주 있었다.

〈자발적농업생산자위원회〉소속 축산업자들이 강조하듯이 빠르말라뜨 사건은 중요한 전환점을 마련하는 계기가 될 수도 있다. 그러려면 금융 메커니즘에 토대를 둔 기업의 돈벌이 대신, 식품이 다른 상품과 다르다는 점을 인식하는 식품 생산 모형으로 복귀하고 이를 바탕으로 수익을 올릴 수 있어야 한다. 또, 특히 우유가 취약한 이들을 비롯한 모두에게 기초식품이라는 점을 인정하고, 우유의 순도와 신선도를 보장하며, 생산 주기가 짧은 제품에 특혜를 주는 식품 생산 모형으로 이익을 만들어 낼 수 있어야 한다. 「빠르말라뜨와 알레마노법의 과실로 발생한 참사 이후 이탈리아 축산 기술의 새로운 국면 열기」라는 성명서에서, 축산업자들은 빠르말라뜨의 붕괴가 "이 나라에서 우유 할당제 사건을 영원히 잠재워 버렸고, 결과적으로 〈유럽연합〉 정책이 그토록 소중하게 여기는 할부금이라는 불가능한 희망에 종지부를 찍었다"라고 쓰고 있다. 또 계속해서 25년간 우유 및 치즈 정책이 실패했고, 이제 정부와 정치권력이 식량 주권, 짧은 생산 주기, 전 세계에 이탈리아 원산지보호표시 제품의 가치 상승을 겨냥한 생산 정책을 받아들여야 한다고, 그러므로 농업 모형을 바꿔야 한다고 서술한다. 농업 모형을 바꾼다는 건 허구의 경제가 아니라 실물 경제로 되돌아가는 것, 동물과 환경을 존중하는 방식의 축산 기술을 보호하는 것, 농업 분야가 하는 다기능적 역할의 중요성을 확인하는 것, 그 가운데서도 신자유주의 정책으로 특히 심하게 손상된 산악 지역 농업의 중요성을 확인하는 것, 짧은 생산 주기를 택하여 결과적으로 생산과 지역을 연결하는 것, 식품 관련 비리 때문에 점점 더 불안을 느껴 가능하다면 좀 더 지역에 기반을 둔, 투명하고 보증된 생산을 지향하는 소비자 시민에게 전체 공정 추적으로 품질 보증서를 제공하는 것을 뜻한다. 덧붙이자면 농업 모형을 바꾼다는 건, 자기 노동에 자부심을 가지고 싶어 하는 생산자에게 자부심을 회복시켜주는 것, 또 생산자와 소비자가 새로운 관계를 만들어나가는 것을 뜻한다. 성명서는 시민이 건강한 우유를 마실 권리를 되풀이하여 말하는데, 건강한 우유는 생산 공정이 짧고 유전자 변형 물질이 들어있지 않으며, 산업 부산물로 사육되지 않은 동물에게서 나온다. 성명서는 알레마노법 폐지를 요구하며 끝을 맺는데, 그래야만 할당된 양과 실제 소유한 젖소의 수 및 생산 능력이 현실적으로 들어맞고, 짧은 생산 주기를 강화할 수 있으며, 이탈리아와 유럽의 우유 및 치즈 정책을 급진적으로 변화시킬 수 있기 때문이다. 〈자발적농업생산자위원회〉는 또 다른 언론 성명서에서[9] "농가로 존재할 권리, 알레마노법 적용 이후에도 계속 일하고 농장을 유지할 수 있는 권리, 생산에 근거하여 생산량을 할당받을 권리,[10] 제품 생산 공정을 처음부터 끝까지 추적할 수 있게 정확히 표시하는 국가 및 지역 차원의 농업 정책을 가질 권리"를 주장한다. 이처럼 복합적으로 요구하면서 식량과 노동을 새로운 시선으로 바라보게 된다. 이제까지와는 다른 농업 개념을 세우고, 책임감 있는 소농 계급을 만들어 내고, 소농과 축산업자가 책임을 다할 수 있도록 정치인이 자기 책임을 다하라는 요구가 나오고 있는 것이다. 보베가 적고 있듯이, "이 방향으로 가려면 두 가지 차원의 행동이 필요하다. … 국가 차원의 행동 … 그리고 소농 차원의 행동이다."[11] 2월 6일 로마에서는 빠르말라프 사건 토론회가 열렸고, 농무부 장관은 오랫동안 농업 부문에 관여해 온 조직들과 농업 부문에 책임이 있는 지방 정부 당국자들을 토론회에 소집했다. 앞서 언급한 조합 단체들은 토론회에 초청받지 못했는데, 그 이유는 아마도 그들이 서로 다른 농업 프로젝트를 내세웠기 때문일 것이다. 빠르말라프 토론회에 그들을 부르지 않았던 바로 그 장관이 조류 사육 문제에 대해서는 그 조합들을 대화 상대로 여겼다는 점에서 이를 알 수 있다. 하지만 무엇을 어떻게 생산할까를 두고 하나의 전기가 되는 근본적인 물음, 즉 투자와 고용에 대한 질문보다 우선순위가 높은 질문을 던질 가장 좋은 기회가 이 빠르말라프 사건이라는 점은 분명하다. 이 기회를 붙잡느냐 혹은 피하느냐에 따라 식량의 미래, 발전 그리고 지금과는 다른 삶으로 가는 길이 이탈리아와 유럽에서 열릴 수도 있고 닫힐 수도 있다.

육류를 해외 위탁으로 생산하거나 해외에서 수입하면서도 유사한 문제가 발생하고 있다. 「오늘 우리는 음식 때문에 죽을 수 있다」를 다시 한번 언급하려고 한다. 이 글은 시민들에게 육류 정책에 반대하고, 조직적으로 활동하는 단체 및 시위운동과 함께하자고 촉구한다. 이 글을 보면 이탈리아에서 소비되는 다량의 육류가 브라질, 태국, 중국, 아르헨티나에서 생산되고, 특히나 유럽에서 1966

년 이후 사용이 금지된 클로람페니콜과 니트로프라존을 투여한 닭고기가 수입된다는 사실을 알 수 있다. 게다가 잠재적인 발암 물질로 인정되어 유럽에서 사용이 엄격하게 금지된 바시트라신, 스피라마이신, 버지니아마이신, 타일로신 같은 위험 물질들이 브라질, 태국, 중국, 아르헨티나 같은 나라에서는 양계업뿐만 아니라 돼지나 소 사육에도 흔히 사용되고 있고,[12] 이 돼지고기와 소고기는 이탈리아 식탁에 오른다. 이 문서에 따르면 육류를 생산하는 다국적 기업들은 〈세계무역기구〉가 부과한 느슨한 국제 규정을 악용하여 규제와 수입 관세를 회피하고, 막대한 양의 안전하지 않은 육류를 값싸게 공급한다. 다국적 기업들은 매우 질이 낮은 육류를 전국 소매 체인점의 구매 센터에 공급하는데, 소비자 가격이 여전히 높은 점을 고려하면 어마어마한 소득을 올리고 있는 것이다. 덕분에 이 기업들은 유럽 시장을 거의 독점하다시피 통제하게 된다. 브라질에서 수입된 제품에서 니트로프라존이 발견되자 2002년 9월, 브라질에서 〈유럽연합〉으로 들어온 조류 고기 및 파생상품 화물 전체에 니트로프라존 잔류 여부를 검사했다. 그러나 〈식품망및보건상임위원회〉는 화물의 20%만 검사하도록 빈도를 줄이라는 〈유럽위원회〉의 제안을 수락했다. 상임위원회는 이제 이 방안을 채택하고 몇 주 안에 시행할 것이다. 우리가 수입하는 각종 안전하지 않은 육류가 생산되는 지역에서는 야만적인 노동자 착취·토지 황폐화·환경 오염이 두드러지게 나타난다. 집약적 가축 사육을 하면서 약품 및 화학 물질을 대량으로 사용하기 때문에, 또 이와 유사하게 단일 경작이 널리 이뤄지면서 화학 비료 및 살충제를 대규모로 사용하기 때문에 환경 오염이 발생한다. 이미 이야기했듯이 위생 규정은 존재하지 않거나 미미하거나 지켜지지 않는다. 이 육류(커틀렛, 햄버거, 꼬르동 블루, 닭가슴살, 넓적다리살)의 주요 도착지는 출장 요리, 노인 단체 급식소, 병원, 학교, 기업 구내식당, 노동자들이 가는 클럽, 바, 고속도로 휴게소 등이다. 일반적으로 이런 곳에서 식사하는 사람들은 취약하거나 이래저래 시간이 부족한 이들이다. 이 상황에서 소비자의 건강은 극도로 위태로워진다. 유방 발육 개시 혹은 성조숙증 사례가 다수 보고되었는데, 또리노 행정관들이 관련 사례 80건을 또리노에서 조사하고 있고, 밀라노에서도 60건을 조사하고 있다. 호르몬 장애가 아동에게는 성조숙증으로, 성인에게는 에스트로겐 과잉으로 이미 나타나고 있는데, 에스트로겐 과잉은 남성 불임의 원인으로 인정된다. 이 밖에도 이런 육류 제품을 식품 형태로 지나치게 많이 섭취하면 항생제 내성이 커지고, 특히 아동에게는 알레르기가 더욱 많이 발생한다. 그뿐만 아니라 특히 규정이 없거나 미미한 집약적 가축 사육에서 발생한 유행병이 퍼져 나가 인간의 죽음까지도 불러올 수 있기 때문에 불안이 계속되고 있다. 이탈리아와 유럽 전역에서 품질 관리 및 소비자 건강 규정을 준수하는 농가들은 불공정한 경쟁에 직면하고, 그 결과 문을 닫는 일이 점점 더 빈번해지고 있다. 〈유럽공동체〉가 1988년 축산업에 호르몬제를 사용하지 못하도록 금지했는데도, 이탈리아를 비롯한 유럽 전역에서 호르몬제가 사용된다. 마찬가지로 질병을 예방하고 성장을 촉진하려고 막대한 양의 항생제가 투여된다. 그 결과 우리 농가에서 볼 수 있는 많은 동물이 금지된 약물로 살찌워지고 인간의 건강에 극도로 해로운 존재가 되었다.[13] 특히, 단백동화 스테로이드 계열의 성장 호르몬인 볼데논은 24시간이 지나면 흔적도 없이 사라지는데, 인간에게 위험한 이 물질이 송아지 사육에 불법적으로 사용되고 있다. 2000년, 이탈리아 보건부 장관 지롤라모 씨르끼아는, 네덜란드에서 온 송아지 고기 화물에서 단백동화 물질의 흔적이 발견되어 압수 명령을 내렸다. 그런데 이 물질은 이탈리아 농가, 특히 롬바르디아, 베네또, 삐에몬떼주州에 있는 농가에서도 발견되었다. 농가에서 약품을 대량으로 사용하도록 제약 회사들이 압력을 행사하는데, 소의 청설병 백신 사용도 마찬가지였을 것이다. 청설병 백신 사용으로 수많은 소가 유산을 하고 다른 많은 문제가 발생하자, 축산업자들이 이 터무니없는 요구 조건에 맞서 싸우기 시작했다.[14] 청설병은 양에게 발생하는 질병으로 매우 소수의 소에게서만 발병했기 때문에, 이탈리아에서는 실질적으로 불안해할 필요가 없었다. 불필요한 우려를 자아내는 언론 보도와 달리, 최근 들어 특히 베네또 지역에서 흔하게 발생하고 있는 조류 독감조차 가축 도살이 필요할 만큼 그렇게 대단한 병원성 질병은 아니다. 이 같은 유행병 유형이 발생하면 상당한 보상을 받을 수 있는데, 보상을 받으려고 사실과 다르게 '고병원성'이라고 발표했을 수도 있다.

이탈리아의 대안 농업 운동이 맞닥뜨린 세 번째 과제는 전 세계적으로 잘 알려진 유전자 변형 물질 문제이다. 유전자 변형 물질은 유감스럽게도 인간이 먹는 식품과 동물이 먹는 식품에 모두 매우 일반적으로 들어가는데, 종종 생산자들조차 이 사실을 알지 못한다. 유전자 변형 종자나 다른 유전자 변형 물질을 구입했다는 사실을 생산자들이 인지하지 못하는 것이다. 이곳 베네또 농민들도 기업이 자신들에게 알려 주지 않고 유전자 변형 종자를 판매하고, 자신들의 의지에 반하여 유전자 변형 농산물을 재배하게 만들었다고 텔레비전 인터뷰에서 토로했다. 자체 표본 조사에 근거하여 베네또에서 분석한 식물의 DNA를 살펴보니, 표본 세 개 중 두 개꼴로 유전자가 변형되었다고 〈북동지역 대안농업〉이 폭로했다. 〈북동지역 대안농업〉은 지방 정부에 공식적으로 항의했으나 아무런 성과를 얻지 못했다. 반면 올여름 '삐에몬떼 사건'이 터졌다. 381헥타르의 유전자 변형 옥수수가 재배되고 있다고 폭로되자 지방 정부 당국이 농민들에게 작물을 파괴하라는 명령을 내렸고, 누가 손해 배상을 해야 하는가를 둘러싸고 분쟁이 일어나 지방 행정 법원에 이르게 된 사건이었다. 농민들은 정직하지 않은 방법으로 종자를 판매했다며 파이어니어 이탈리아Pioneer Italia와 몬산토Monsanto를 고발했고, 이 기업들이 손실 비용을 배상해야 한다고 주장했다. 이 사건으로 보아 유전자 변형 농산물 경작이 이탈리아에서 이미 광범위하게 이뤄지고 있음을 추정할 수 있다. 2003년 여름 〈유럽의회〉는, 유전자 변형 물질이 내용물의 0.9% 이상일 때만 포장 용기에 명시하도록 요구하는 결정을 내렸다.[15] 많은 사람이 이 결정에 우려를 표하는 이유는, 포장 용기에 명시되어야 하는 유전자 변형 물질의 최저 기준이 앞으로 손쉽게 올라갈 수도 있을 뿐만 아니라, 이 결정 자체가 유전자 변형 식품과 그렇지 않은 식품을 구별하고 선택할 시민의 권리를 즉각적으로 침해하기 때문이다. 이 결정에 반대하는 의견이 대중적으로 널리 퍼져 있으며, 다양한 단체가 유전자 변형 물질을 확인하는 방안들도 충분히 내놓았다. 하지만 몇몇 예외적인 경우를 제외하면 관련 정치권 기관들의 대응은 대체로 무력하다. 〈그린피스 이탈리아〉 또한 특히 할인 매장에서 판매되는 다수의 이탈리아 기업 제품에 유전자 변형 물질이 포함되어 있다고 지적했다. 〈그린피스 이탈리아〉는 1993

년, 기업 및 식품 체인점 서른다섯 군데와 유전자 변형 물질을 함유한다고 추정 되는 제품 총 250종이 포함된 '위험물 목록'을 발행했다.[16]

이탈리아 식품 부문이 지나치게 해외에 의존하고 있다는 점은 불안을 유발하는 또 다른 요소다. 시민들은 이 문제를 충분히 알지 못하며, 그 결과 반드시 필요한 대책들도 개시되지 않고 있다. 우리가 먹는 우유의 45%와 쇠고기의 50%가 프랑스와 독일에서 생산되고, 돼지고기의 40%가 바바리아 및 네덜란드에서 생산된다. 한편, 독일과 미국이 곡물 시장을 독점하여 빵과 비스킷을 만드는 데 사용되는 원재료의 60%를 공급한다. 〈전국직접재배자연합〉은 이처럼 식품 부문이 지나치게 해외에 의존하는 상황을 규탄했다. 해외 슈퍼마켓 체인은 침략을 위한 트로이의 목마로, 조용히 그리고 은밀하게 이탈리아를 식민지로 만들어, 식품의 65%를 거대 해외 체인점에 의존하는 국가로 바꿔 놓았다. 그 결과 이탈리아 생산자들은 심각한 폐업 위기, 그들의 피고용인들은 실업 위기를 맞는다. 보호막은 무너져 내렸고, 빠르말라프 파산에 이어 여건은 더욱 악화하고 있다. 이런 상황속에서 〈전국직접재배자연합〉 회장이 '이탈리아산' 상표를 지원하는 게 유일한 보호막이라고 선언한 사실은 특별히 의미가 있다. 그는 "농업 생산망이 유통망과 결합되어 있어야 하고, 제품의 원산지 표시 의무가 원산지검사표시 및 원산지보호표시 제품에만 국한되지 않고 모든 제품으로 확대되어야 한다"고 덧붙였다.[17] 환영할 만한 지적이다! 곧이어 살펴보겠지만, 식품 망의 모든 단계를 완벽히 추적할 수 있게 만들고 생산 공정을 투명하게 만드는 건 대안 농업을 추구하는 이들에게 그 어느 때보다도 긴급한 문제이다.

또 다른 문제 상황을 두고 사람들이 결집하면서 작년에 중요한 사건들이 일어났다. 바로 양질의 제품을 너무 비싸지 않은 가격에 생산하는 문제이다. 뛰어나지만 충분히 알려지지 않은 포도 재배자 그룹이 이끄는 와인 생산 부문이 앞장서서 새로운 대안을 제시했다. 식사 자리가 즐거워지려면 제품의 품질 및 접근성에 대한 권리가 매우 중요한데, 와인 생산 부문은 이 권리가 표면화되도록 조직적으로 움직였다. 이 권리는 〈대지와 자유/위기의 와인〉이 두 차례에 걸쳐 진행한 회의 내용을 담은 문서에 명확하게 규정되어 있다. 이 두 회의는 단순히 소비자이기만 한

게 아니라 시인, 관리자, 학자이기도 한 시민들이 농업 생산자들과 만나는 지점이기도 했다. 회의 참석자들은 함께 다음과 같이 행동했다. "다국적 기업과 〈유럽연합〉의 주도 아래 산업화된 단일 재배 농업을 추구하는 신자유주의적 성장 모형을 조직적으로 거부한다. 동시에 이른바 '대표' 상품을 생산하는 엘리트주의 생산도 거부한다. 우리가 거부한 신자유주의적 성장 모형과 엘리트주의 생산은 동전의 양면과 같다. 땅이나 대지와 새롭게 관계를 맺는 모형을 만들어 내자. 더욱 단순하고 더욱 행복한 생산, 소비 그리고 즐거움을 주는 모형을 만들어 내자. 생산의 질·제품의 질·사회적 관계의 질이 선순환되는 그림을 그리자." 회의와 시위는 2003년 4월 11일부터 13일까지 베로나의 라키미까 주민자치센터와, 같은 해 12월 5일부터 6일까지 밀라노의 레온까발로 주민자치센터에서 있었다. 시민이 주도적으로 행동하면서 일으킨 가장 중요한 혁신은 공동체가 새로운 계기를 마련할 수 있었다는 점이다. 시민은 정치와 다국적 기업의 역할, 전 세계를 통치할 목적으로 농업과 식량 생산과 판매를 통제하려는 다국적 기업의 전략적인 속성을 심층적으로 분석했다. 그리고 이 분석을, 생산해서 수익을 만드는 사람들, 한 잔의 훌륭한 와인을 사는 데 돈을 지불하는 사람들, 서로 어울리고 사귀면서 한 편의 시를 읽는 사람들의 상황과 연결했다.[18]

고품질 생산을 승인하고 적절하게 감시하는 문제와 관련하여 올해 올리브유를 두고 일어난 조직적인 움직임을 살펴보자. 올리브유는 이탈리아 및 지중해 요리에 필수적인 제품으로, 수많은 비리의 대상이기도 하다.[19] 유명 텔레비전 방송인 「레뽀르뜨」는 올리브유 비리 문제를 다루는 중요한 프로그램을 제작하여 2002년 3월 10일에 방영했다. 체계적인 비리에 항의하는 주요 시위가 2004년 2월 2일에 모노뽈리항 앞 대광장에서 열렸다. 무정부주의 학자이자 책임감 있는 소농 농업 이론가, 활동 조직자이자 기획자인 루이지 베로넬리, 〈아쑤드 협회〉, 〈대지와 자유/위기의 와인〉 프로젝트, 그리고 또 다른 단체 40곳은 올리브유 부정 거래에 반대하는 연좌 농성과 불복종 항의 행동에 참여했다. 올리브유 부정 거래는 다국적 기업들이 행사하는 악의적인 힘을 보여 주는 전형적인 사례이다. 참가자들은 수십 년간 아무 일도 일어나지 않았던 영역에서 행동하고 토론을 이끌어 냈으며, 이 모습이 대중 매체를 거치며 강력한 영향력을 발휘했다. 사람들은 다국적 기업들이 식량 생산을 지배하여 전 세계적으로 통치를 시행하는 하나의 상징적인 사례로 올리브유 부정 거래 문제를 논의했다. 또, 의심스러운 올리브유 생산 방식과 책임감 있는 농업의 건강한 생산 방식을 대조시켜 토론했다. 시위 촉구 성명서에 제시된 시위 배경을 요약하자면 다음과 같다.[20] 이탈리아 올리브유 시장의 80%를 다국적 기업들이 장악하고 있다. 합법화된 부정 거래가 평온하게 진행된다. 기름을 운송하는 유조선들은 종유種油 화물을 엑스트라 버진 올리브유 화물로 '둔갑시킨다.' 기적이 아니라 서류를 위조하는 것만으로 충분히 가능한 일이다. 국외에서 저질러진 범죄를 은폐하는 국제 사법 공조 법률의 보호 아래 서류가 위조된다. 그리하여 소비자들은 사취당하고, 올리브 재배자들은 불공정한 경쟁에 시달리며, 그 결과 자기 노동의 값을 더 낮추거나 심지어 올리브 수확을 포기하는 수밖에 없다. 유명한 이탈리아 기업들이 엑스트라 버진 올리브유를 슈퍼마켓에서 리터당 약 3유로에 판매한다. 〈유럽연합〉이 생산자에게 주는 보조금은 리터당 약 1.25유로이다. 경비가 적게 드는 쌀렌또 같은 지역에서는 올리브를 수확하는 데 리터당 5유로의 비용이 들고, 리구리아 지역의 계단식 밭이나 가르다호湖에서는 그 두 배의 비용이 든다. 이런 사실을 모두 고려하면 리터당 3유로에 판매되는 기름은 올리브유가 아니거나, 노동 비용이 훨씬 더 낮은 국가에서 생산된 올리브유거나 둘 중 하나임이 분명하다. 실제로 유니레버Unilever의 자회사인 베르똘리Bertolli는 판매 기름의 20%에서 30%만 이탈리아 내에서 사들인다. 반면 네슬레Nestlé가 소유한 싸쏘Sasso는 판매 기름의 40%를 이탈리아에서 사들이지만, 리구리아산 기름은 전혀 구매하지 않는다. 싸쏘가 판매하는 기름 가운데서 이탈리아산보다 더 많은 비율을 차지하는 기름은 튀니지, 터키, 이스라엘, 스페인산이다. 문제는 소비자가 이 사실을 알지 못한다는 점이다. 생산자가 원산지를 상표에 기재할 의무가 없어 원산지가 기재되지 않기 때문이다. 또 다른 측면은 외국산 기름을 다른 기름과 섞어 불량품을 만들어 내는 일이 상당히 많다는 것이다. 불량품을 만들어 내는 기술이 점점 더 정교해져서 심지어 이탈리아 경찰 내 〈식품변조방지팀〉의 검사마저 무사히 통과하는 실정이다. 사람들은 모노뽈리항을 한 선박이 저지른 사건을 규탄하는 시위 장소로 택했다. 이 선박은 주로 헤이즐넛 오일 화물을 싣고 터키나 이스라엘에서 출항했는데, 자취를 감추었다가 몇몇 항구에 잠시 정박했고, 그런 후 모노뽈리 혹은 발레따에 올리브유를 내렸다. 심지어는 식용에 적합하지 않은 기름, 심하게 착색된 종유 혹은 유전자 변형 종자와 혼합하는 경우도 있었다. 모노뽈리 시위의 목표는 올리브유를 둘러싸고 무슨 일이 벌어지고 있는지 인식을 확산시키는 것, 진짜 올리브유 생산자와 그것을 구매하는 데 관심 있는 소비자가 만날 기회를 새롭게 만드는 것이었다. 정치적인 변화를 요구하여 우리 식문화에 절대 빠질 수 없는 중요한 제품을 고품질로 생산할 여지를 되찾고 경제적으로 인정받는 것도 목표였다.

시위와 함께 진행된 토론에서 여러 방안이 제기되었고, 앞서 언급한 와인 생산 회의 같은 여타 회의에서도 이미 여러 제안이 나왔다. 이렇게 제기되고 논의된 방안은 또 다른 문제를 시사했고, 그 문제를 둘러싸고 사람들은 독창적인 발상을 내기도 하고 행동에 나서기도 했다. 그 문제는 바로 농업 공정을 증명하는 좀 더 신속하고, 지역에 기반을 두며, 기존의 방식과는 다르게 식별할 수 있는 새로운 절차가 필요하다는 것이다. 또, 그 절차를 이용해 제품 원산지를 확실하게 보장하고, 투명성·추적가능성·양질을 제공하며, 산지^{産地}에 특권을 줄 수 있어야 한다. 베로넬리가 고안한 원산지공동체표시는 분명 가장 획기적인 제안이었고,[21] 이미 광범위하게 적용되고 있다. 이 매우 간단한 절차를 이용해 특정 지역에서는 제품 원산지를 바로 확인할 수 있다. 2001년 10월 18일에 제정된 헌법 3호에 따라 새로운 권한을 부여받은 지방 정부 당국이 원산지공동체표시 절차를 관리한다. 이 법에 따라 어느 지방 정부든 권한을 가질 수 있으며, 권한을 요청하느라 고생할 만한 가치도 충분히 있다. 2003년 2월 3일, 레체 시의회가 최초로 원산지공동체표시를 채택했다. 이 일이 있기 전인 2002년 12월 19일, 농무부 장관 알레마노가 모든 당국자에게 협박성 통지문을 발송했다. 통지문에는 다음과 같이 적혀 있었다. "제품의 원산지에 근거하여 지역 제품과 수입 제품을 차별하는 건 분명히 상품의 자유로운 유통을 부당하게 가로막는다." 통지문이 발송되었지만 레체시^市 당국은 "지역 제품을 보호하고 권장하며, 지역의 경작과 문화를 보호하고 증진하는 원산지공동체표시 인증을 도입한다"고 승인했다. 다른 지방 자치 단체들도 레체의 사례를 뒤따랐는데, 까르또체또시ⓗ는 지역에서 생산되는 엑스트라 버진 올리브유에 원산지공동체표시 인증을 도입하고, 원산지공동체표시 제품을 생산하기로 선택한 기업에 재정 지원을 제공했다. 다수의 지역이 원산지공동체표시 등록을 도입하고 싶어 한다. 그렇게 하면 지금까지 폐업하거나 빈곤에 빠져 있는 많은 농가들이 다시 문을 열 수 있어 소농의 형편이 즉각적으로 더 좋아질 것이다. 동시에 원산지공동체표시 등록이 도입됨으로써 노동자들은 더 많은 보수를 받고, 소비자인 시민들은 모든 면에서 실질적인 이익을 누리게 될 것이다. 이와 대등하게 획기적인 제안은 생산자들이 전적으로 자원해서 만들며 자체적으로 관리하고 인증하는 생산자 목록이다. 이 목록을 활용해 생산자가 직접 생산 과정을 증명하고, 자기 일의 다양한 측면에 대해 그것의 기반이 되는 문화를 포함한 정보를 제공할 수 있다. 생산자와 소비자의 이런 소통은 강요된 것이기보다는 자발적이고 직접적인 성격을 띨 것이다. 또, 생산자의 자기 책임을 강화하고, 강화된 자기 책임은 그것의 복잡한 특징들을 더 잘 알릴 기회로 보답을 받을 것이다. 농장생산가를 표시하여 최종 가격이 결정되는 과정을 투명하게 만들자는 제안도 있다. 농장생산가는 생산자가 자기 제품을 판매한 가격을 가리키는데, 이것이 상표에 표기되면 유통 과정에서 제품에 발생하는 부당한 금액 증가분을 알아차릴 수 있게 될 것이다. 소수의 강력한 기득권 세력이 유통 과정을 점점 더 장악하고 있다. 농장생산가 표시 제안은 본래 와인 생산자들의 발상이었지만, 다른 제품에도 적용될 수 있다. 가격 추적 가능성을 확립하기 위한 첫발을 내디딜 수 있도록 하나의 수단을 제공하자는 게 이 제안의 취지이다. 농장생산가 표시 제안은, 제품이 자기 손을 떠난 이후 가격이 급등하는 상황을 허용하는 법률을 더는 수용하지 않겠다는 생산자들의 의지, 이해할 수 없는 구실을 들어 가격을 불가사의하게 부풀리는 실정을 거부하겠다는 소비자들의 의지를 반영한다.

앞서 말한 방식들로 확인되고 증명된 제품이 시장에서 적절한 판로, 무엇보다도 지역에 기반을 둔 적절한 판로를 찾을 수 있어야 한다는 요구가 있다. 지역 기반 판로가 필요하다는 요구는, 농업의 규칙과 협력하는 새로운 규칙에 근거하여 조직적으로 구매 네트워크를 만들어 가는 시민들의 수요와 들어맞는다. 〈연대구매조직〉은 이런 네트워크 가운데 하나로, 시민 약 200만 명이 참여하여 타인·자연·경제와 맺는 관계 등 모든 면에서 윤리적인 기준을 기반으로 행동해 나간다. 〈연대구매조직〉은 내년 4월 피렌체에서 중요한 대회를 개최할 계획이다.

오늘날 대안 농업을 지향하는 운동을 좀 더 철저하게 논의하려면, 유기 농업 및 생명 역동 농업을 하는 집단들, 그리고 오랫동안 활동해 온 다른 집단들의 활동을 살펴보아야 할 것이다. 농업 문제와 관련된 사람들이 이런 활동을 더 잘 알고, 더 잘 기록할 것으로 생각한다. 우리는 이 문제를 차후의 연구에서 다룰 것이다. 오늘날의 움직임을 온전하게 설명하려면 동식물의 생물 다양성 보호에 특별히 힘을 쏟고 있는 많은 프로젝트도 이야기해야 할 것이다. 이 글을 시작하면서 언급했듯이, 생물 다양성 보호는 대안 농업의 원재료를 보존하는 일과 관련이 있다. 그러나 이 글에서 이 측면을 모두 다룰 수는 없다. 이 글은 농업 문제가 가진 다른 측면에 더욱 집중하고자 했다. 이 글에 서술된 사건들에서 첫째, 농업 분야를 지배하는 조직이 가진 가장 심각한 문제에 영향을 줄 수 있는 방법을 찾기가 계속해서 어렵다는 점을 알 수 있다. 농업 분야를 지배하는 조직의 특징은 산업화된 생산주의자적 접근법인데, 이탈리아에서는 다른 곳보다 더 부정적인 요소들 때문에 생산주의자적 접근법이 강화되고 있다. 실제로 식품 생산업에서 해외 기업들에 유리하게 자본이 더 집중될 위험이 있다. 그러는 사이 해외 기업들은 식품 소매업에 이미 대규모로 진출했고, 슈퍼마켓은 그 해외 기업들이 자국에서 생산한 제품, 주로 프랑스와 독일 제품 판매를 선호한다는 의심을 사고 있다. 해외 기업들은 이탈리아 기업들이 파산하면서 그 뒤를 이어 입지를 다질 수 있었다. 이탈리아 기업들이 문을 닫으면 실업이 악화된다. 둘째, 생산자와 소비자가 다양한 방식으로 대안 농업과 식품 섭취 모형을 확립하려고 한다는 점을 알 수 있다. 새로운 모형 및 문화를 확립하려고 싸워 나가고 있다. 새로운 네트워크들이 생겨나 생산을 하고, 정보를 만들고, 항의하고 투쟁하며, 교환하는 등 왕성하게 활동하고 있다. 지금의 투쟁은 이미 대단히 불공평한 싸움처럼 보이고, 또 실제로 그러하다. 하지만 다윗은 거인 골리앗을 이겼다. 같은 일이 다시 일어날 수 있을까? 낙관적인 전망을 지지하는 사람들은 농업 운동의 새로운 구성과 결의를 그 이유로 꼽는다. 지금의 농업 운동 구성원들은 토론하고, 기획하고, 창조하는 지역민과 도시민들로서, 신자유주의적 모형이 강요하는 생산과 소비 양식을 거부한다. 다시 말해 노동을 불안정하게 만들고, 각종 서비스를 축소시키며, 무엇보다도 대지와 땅을 공격하는 방식으로 삶의 질을 떨어뜨리는 신자유주의적 모형을 거부하는 것이다. 불량 식품을 제조하고 식품을 오염시키는 것, 환경과 풍광을 파괴하는 것, 대지의 산물이 품은 풍미와 바람에 실려 오는 향기에서 비롯된 감각, 그리고 관계를 궁핍하게 만드는 건 모두 대지와 땅을 공격하는 것과 같다. 이제 생산자와 소비자뿐만 아니라 시민들, 무엇보다도 삶을 찾아 나선 인간들이 골리앗을 에워싸고 있다.

8

식량 공통장, 그리고 공동체

식량은 기본적인 인권이다. 왜냐하면 식량은 모든 권리 가운데서 가장 중요한 권리, 즉 다른 모든 권리를 좌우하는 생명권의 토대이기 때문이다.

그러나 먹을 권리 자체는 토지권 부정의 역사와 마찬가지로 역사적으로 오랫동안 부정당해 왔다. 이 역사에서 가장 최근에 해당하는 시기는 급격한 구조조정이 시행된 1980년대부터 신자유주의적 세계화가 진행되고 무르익은 1990년대 이후이다.

1970년대에는 운동이 전개되는 과정에서 다양한 집단 주체 및 주인공들이 등장하고 풀뿌리 조직이 형성되었고, 1980년대에는 계속해서 식량, 토지, 물을 위한 격렬한 투쟁을 이어나갔다. 이런 시대적 배경에서 이들이 땅과 바다를 가로지르며 네트워크를 만들고 어떻게 식량을 구할지를 묻는 가장 근본적인 질문에 집중한 것은 따라서 우연이 아니다. 당시 상황은 마치 발전과 관련된 모든 쟁점이 뒤집히고 관련 논의의 토대가 지상에 굳건하게 내려앉은 것만 같았다. 요컨대 사람들이 어떻게 먹고살지를 이야기하지 않고서는, 즉 살아남기 위한 해결책을 먼저 찾아내지 않고서는, 그 밖에 다른 어떤 이야기를 한들 아무런 의미가 없다는 것이다. 다른 문제는 모두 생존 문제에 종속된다.

나의 연구 역시 이 흐름과 맥을 같이 한다. 나는 주변에서 진행되던 담론에 몹시 거부감을 느꼈고 관심을 가질 수 없었다. 내게는 그 담론들이 심히 지루했는데, 식량을 구하는 문제, 즉 그 어느 때보다 많은 인류 구성원들에게 여전히 중대한 바로 이 문제가 당시에도 계속해서 기피되고 있었기 때문이다.

그래서 나는 먹고 살길을 찾으려고 노력하는 사람들이 나아간 뭍길과 바닷길을 살펴보기 시작했고, 가장 먼저 발견한 것이 토착민, 소수 민족 집단, 부족민이 자발적으로 결속하여 일으킨 투쟁과 경험이었다. 이들은 영원히 이동해야 했는데, 왜냐하면 그들이 잘못된 장소에 있었기 때문이다. 그들은 값비싼 물질을 찾아낼 목적으로 지반 검사를 하기 가장 적합한 장소, 댐을 짓기 위해 수몰시키기에 적당한 장소, 주요 도로 및 항구를 건설하기 위해 콘크리트로 뒤덮기 가장 좋은 장소, 바다의 경우라면 약탈하기에 가장 좋은 장소에 살고 있었다.

이 부정의 역사는 발전된 지역들에서도 마찬가지로 일어났는데, 그 방식은 때때로 유사하기도 하고 다르기도 하다.

나는 식량을 공통장으로 되찾을 때만 온전한 의미의 기본권으로서 식량을 탈환할 수 있다는 사실을 깨달았다. 그 과정에서 식량이 만들어지는 모든 조건 역시 공통장으로 되찾게 될 때, 비로소 식량을 공통장으로 탈환할 수 있다. 이런 사실은 농민 네트워크, 어민 네트워크, 그리고 소비자로만 머무르지 않는 시민들의 네트워크가 스스로 결집하는 방식에서 이미 분명하게 드러난다.

우선, 네트워크는 그 자체로 공동체이다. 식량이 공통장으로, 가장 중요한 인권으로 인류 공동체에 주어질 수 있도록 보장하려 한다는 점에서 그러하다. 또, 네트워크 내부에서 이뤄지는 모든 관계가 하나의 공동체를 형성하고 다각적인 방식으로 결속해, 주민이 살아가는 환경이 발현된 식량 같은 공통장을 주민에게 보장해 준다. 그런데 네트워크 내부의 다채로운 관계는 다른 공통장들을 지켜내려는 공동체의 노력과 힘을 합해야만 식량 같은 공통장 보장을 달성할 수 있다. 그렇지 않고서는 수출입되거나 오염된 상품으로서의 식량, 그리고 많은 사람이 손에 넣기 힘들거나 불가능한 상품으로서의 식량이라는 소용돌이에 휘말리게 될 수밖에 없다. 식량에 온전하게 접근할 수 있기 위해서는 이런 공통장을 지켜내야 한다. 여기서는 그런 공통장 가운데서 몇 가지를 살펴보도록 하자.

I. 생태계 보호

생태계 보호는 토지 접근보다 훨씬 더 중요한 문제이다. 이를 시사하는 사례가 새우 양식 산업화를 가리키는 이른바 '청색 혁명'에 반대하는 행동이다. 산업화된 새우 양식은 남반구의 많은 나라에서 농업, 어업, 양식업의 전통적 통합 체계를 파괴하는 것으로 악명이 높은데, 반대 행동이 펼쳐지는 동안 많은 사람들이 목숨을 잃었다. 새우와 화학 물질로 가득한 거대한 양식 탱크(깊이 2미터, 넓이 1헥타르)가 도입되면서, 많은 주민이 생산 및 재생산 수단으로서 생계를 의존하던 생태계가 파괴되는 것을 목격했다. 다수의 어종에 귀중한 탁아소 역할을 하는 맹그로브 숲의 파괴부터, 지하수층 염류화로 사람과 동물의 식수 그리고 농업용수 감소, 주변 지역의 화학 물질 오염 및 근해 수질 악화에 이르기까지 피해가 많이 발생했다. 새우 양식장이 생기면서 전통적으로 해오던 농업과 어업 활동을 할 수 없게 된 다수의 사람이 식량과 거주지를 잃었다. 그러나 이게 다가 아니었다. 그들은 소규모 거래를 할 가능성, 따라서 현금 수입을 거둬들일 가능성도 빼앗겼다. 소규모 거래를 통한 현금 수입은 그들이 직접 사용할 목적으로 생산해 내는 것 외에 반드시 필요한 부가 수입이다. 이런 수산물 양식장들은 인도를 포함하여 에콰도르, 방글라데시, 브라질, 중국, 필리핀, 온두라스, 인도네시아, 멕시코, 스리랑카, 태국, 베트남 등의 맹그로브 숲을 파괴했다. 수산물 양식장 때문에 항의 시위가 수도 없이 일어나고 폭력이 동반된 행동 및 충돌도 있었다. 11개국에서는 새우 산업과 관련된 살인 행위가 보고되었다. 인도는 새우 산업으로 7천 킬로미터에 이르는 해안 지역이 타격을 입었다. 이 새우 양식장 때문에 살던 곳에서 쫓겨난 사람들이 새롭게 경제 활동을 시작할 수 있는 땅을 가지고 있는 경우는 거의 없었다. 남아 있는 대안이라곤 대도시 빈민가의 빈곤, 수모, 굶주림뿐이다. 그 외에 무자비한 조건에서 이뤄지는 이민 행렬에 가담하거나, 장기 밀매 및 다른 잔혹한 거래의 먹잇감이 되기도 했다.

대형 산업용 저인망 어선이 도입되면서 타격을 입은 다수의 해안 공동체를 보면 생태계가 얼마나 중요한지를 잘 알 수 있다. 이 공동체들은 어업과 농업을 병행하며 생계를 유지해 왔는데, 바다가 고갈되면서 어류 자원이 상당히 줄어들고 수많은 종이 사라지는 광경을 목격하고 있다. 땅과 바다가 황폐해지는 상황에서, 땅과 바다에 접근할 수 있게 해달라고 요구하는 것만으로는 충분하지 않다. 생태계는 가장 기본적인 재화이므로, 생태계가 없다면 공동체는 먹고 살며 생존할 수 없을 터이다. 따라서 이 가장 중요한 문제, 즉 생태계를 공통장으로 회복하는 문제에 착수하기 위해 어민, 농민, 시민, 인권 운동가 네트워크가 필리핀, 인도, 캐나다, 세네갈, 중미에서 만들어졌다. 한 예로, 단체명에서부터 농업과 전통 어업 간의 균형을 존중하고 싶은 바람이 드러나는 필리핀의 〈토양해양협회〉는, 농업과 전통 어업 간의 균형이 무너진 곳에서 이를 바로잡는 일을 한다. 이들은 맹그로브 숲을 성공적으로 복원하는 동시에 나무가 파괴될 때 사라진 새 무리가 다시 찾아오게 만들고, 심지어 인공 신호초를 만들어 내기도 했다. 〈토양해양협회〉는 새롭게 시작할 토대를 다시 마련하고, 이를 준비 단계 삼아 공동체가 친근하게 여기고 보존하길 원하는 경제를 회복하고자 했다.

다른 많은 사례에서도 비슷한 쟁점을 발견할 수 있다. 인도에서는 거대한 댐을 건설하려고 주민들을 내쫓았는데, 나르마다댐이 가장 잘 알려진 사례이다. 메콩강 지류인 문강 기슭을 따라 거주하는 주민들 역시 댐이 건설되면서 보통 돈을 주고 구입하지 않던 식량을 구할 방도가 없어졌다.

내가 주요 기업들이 이끄는 새우 양식장 및 산업화된 저인망 어업으로 타격을 입은 해안 공동체 사례를 강조한 이유는, 1970년대 이래 다양한 나라에서 성장하여 전 세계적인 토론의 장으로 발전한 강력한 어민 운동 덕분에 생태계 보호가 우선적으로 다뤄져야 할 문제이자 주된 공통장이 되었기 때문이다. 여기서 생태계 보호란, 해안 지역이 가진 특성을 유지해 나가는 일부터 바닷속 어류 자원을 풍요롭게 지켜나가는 일에 이른다. 생태계 보호라는 공통장을 지켜내야 하는 이유는 믿을 수 있는 영양 공급원 때문만은 아니다. 사람들이 포기하지 않을 삶의 방식과 경제 활동, 즉 무엇보다도 자신의 생활 환경을 통제할 수 있는 삶의 방식과 경제 활동을 위해서이다.

II. 토지 접근권

두 번째로 살펴볼 공통장은 **토지 접근권**으로, 바다 가까이 거주하는 공동체에는 당연히 해양 접근권을 말한다. 토지 접근권은 많이 논의된 주제이다. 인도의 〈카르나타카 농민조합〉부터 프랑스의 〈농민연맹〉, 미국의 〈전미가족농협회〉에 이르기까지, 남반구와 북반구의 농민 연합을 아우르는 조직인 〈비아 깜뻬씨나〉는 토지 접근이라는 주제를 다양한 상황과 관련지어 발전시켜 왔다. 예컨대 공동으로 혹은 민간이 토지 사용권을 주관하는 체계 속에서 여성의 토지 소유권이 거부되면 안 된다고 주장하고, 토지를 유기 농법으로 경작하여 그곳에서 얻을 수 있는 모든 품종을 수확할 기회를 강조했다. 〈비아 깜뻬씨나〉는 이런 요구를 한데 모아 '식량 주권'이라는 기치를 내걸었다. 따라서 이런 행동은 자기가 먹을 것은 자기가 직접 생산할 권리를 추구한다. 이때 사람들은 표준화되고 고도로 가공된 음식, 즉 산업화된 식품 생산의 산물이나 시장의 신자유주의적 세계화 흐름 속에서 지역별로 특화한 생산물을 강요받지 않아야 한다. 또한, 다채로운 식품을 섭취할 권리 역시 추구하는데, 다채로운 식품을 향유할 자유는 이제까지와는 다른 유형의 발전을 이루는 데 꼭 필요한 토대인 먹거리 민주주의의 또 다른 측면이다. 중요하게 살펴봐야 할 것은, 이탈리아 같은 나라에서는 너무 높은 토지 가격 때문에 농사를 짓고 싶은 사람, 유기 농업을 하고 싶은 사람이 토지에 접근하기 어렵다는 점이다. 토지 가격은 산업 시설, 관광 시설, 주요 도로가 들어서면 상승한다. 이 때문에 (이탈리아 남부 그리고 아드리아해를 굽어보는 아펜니노산맥 쪽) 몇 안 되는 지역에서만 영농 과정에서 토지 비용을 상환하는 게 가능하다. 이것 말고도 농사를 가로막는 또 다른 장애물은, 농사가 다른 노동과 비슷한 정도의 적정한 소득 수준을 가지지 못한다는 점이다. 그 결과, 이탈리아에서는 30분마다 한 개씩 농장이 문을 닫는 실정이다. 이처럼 토지를 구하고, 건강한 방식으로 농사를 짓고, 농사로 적정한 소득을 올리며, 조제 보베가 말했듯이 얼마 되지 않는 정도가 아니라 많은 일자리를 농촌이 만들 수 있어야 한다는 관점에서 농장들이 서로 관계를 확립해 나가는 일은 상당히 복잡한 과제이다. 따라서 농민 네크워크들이 만들어지고 이들이 남반구의 농민 네크워크들과 전적으로 같이 호흡하고 있다는 사실이 대단히 중요하다. 눈에 띄는 단체로, 토지 점거 행동을 지지했던 〈농민포럼-대안농업〉을 들 수 있는데, 이 단체는 「토지권 호소」를 발표함은 물론 〈농민부조〉와 〈토지권을 위한 전국농민조직〉도 결성했다. 〈농민포럼-대안농업〉은 호소문에서 다음과 같이 이야기한다. "지난 세기에 농민 투쟁이 승리를 거두면서 이탈리아가 잊어버린 것 같지만, 사실 이 문제는 다시금 대단히 심각해졌고 점점 더 절박해지고 있다. 토지 가격이 엄청나게 높아서 땅을 일구려는 자들이 토지에 접근할 수 없다. 토지는 그 어느 때보다 투기와 긴밀하게 연결되고 실질적인 농업 가치와는 점점 더 멀어져 극도로 치솟은 토지 가격 때문에 땅을 일구려는 자들이 토지에 접근할 수 없게 된 것이다. …"

III. 건강함·신선함·우수함

세 번째 공통장은 건강함·신선함·우수함, 이 세 가지 요소로 이뤄진다. 이는 화학 물질의 산물 그리고 좀 더 최근에 와서는 유전자 변형의 산물인 농업을 거부하는 행동을 의미한다. 농업을 더욱 생산적이게 한다는 녹색 혁명의 기만, 이 혁명이 가져온 결과물의 속임수 때문에 많은 농민과 시민이 질병에 걸렸고, 지금도 같은 상황이 계속되고 있다. 하나만 예로 들면, 살충제에서 발견되는 유독성 에스트로겐인 제노에스트로겐은 심각한 부인과 질환을 유발하고 남성의 생식력을 저하시키는 요인이라고 추정된다. 유전자 변형 물질에 속은 인도 농민 수천 명은 스스로 목숨을 끊었다. 갈수록 생명과 건강 대신 죽음과 질병을 가져다주는 식품에 반대하여 대안 농업 운동이 다양한 행동을 개시했다. 대안 농업 운동은 땅과 동식물을 기계처럼 다뤄져야 하는 물건으로 여기는 산업적 자연관을 거부하고, 따라서 생산우선주의, 즉 화학 물질이나 유전자 변형을 수단으로 자연에서 강제로 뽑아내는, 또 사회적, 환경적 비용은 차치하고 다른 경제적 비용도 의도적으로 산출하지 않는 그릇된 생산성을 거절했다. 이런 맥락에서 다양한 행동이 계속되고 있다. 농민 네트워크들(인도의 〈카르나타카 농민조합〉, 콜롬비아의 농민조합, 〈씨앗지킴이〉, 이탈리아를 포함한 여러 나라에서 활동하는 다른 단체들)이 교잡종에 반대하여 토착 및 자연 종자를 재도입하는 일에 이미 참여하고 있다. 더 이상 쓰이지 않게 된 품종을 보존하는 일, 전통 방식의 재배법과 요리법을 다시 확립하는 일도 진행되고 있는데, 이런 재배법 및 요리법이 오늘날까지 살아남은 건 제3세계와 제1세계에서 모두 남녀를 가리지 않고 행동에 나서고 있기 때문이다. 실제로 제1세계에서는 오늘날 사회 다방면에 걸친 관심과 홍보 활동이 눈에 띄게 되살아나고 있다. 선진국에서 일어난 다른 행동들을 살펴보면, 소규모 농업 생산자들이 자신이 직접 생산한 농산물을 돈이 많이 드는 중재자를 통하지 않고서도 도시 시장에서 직접 판매할 수 있도록 보장하는 활동이 있다. 이는 미국에서 성공적으로 이뤄지고 있으며, 경제적으로 어려운 상황에 놓인 고객의 요구에 맞추는 방식을 채택한 다른 지역에서도 마찬가지로 성공을 거두고 있다. 이와 동시에, 외부 위탁/해외 위탁 및 수입이 이뤄지는 과정에서 불량 식품 생산이 크게 늘자 이를 두고 항의 시위가 일어났다. 수천 가지 사례가 있지만, 그중 하나가 바로 이탈리아에서 브라질로 닭고기 생산을 위탁한 것이다. 위생 및 건강 관련 보호 장치가 크게 줄어든 상태에서 닭고기가 생산되고 다시 이탈리아로 보내져 돈이나 시간 측면에서 가장 빈곤한 이들의 식탁에 오르는 것이다. 이런 상황에 반대하면서 보다 더 실제적으로 식품 생산 주기를 파악하고 알리기 위해, 또 식품 생산의 다양성과 특수성을 더욱 잘 지켜내기 위해 소비자와 생산자는 생산 주기가 짧은 시스템에 더 호의적인 태도를 가지고 관심을 기울인다. 생산 주기가 짧으면, 대기업의 이해관계와 맞아떨어지는 긴 생산 주기와는 대조적으로 식품이 지역 안에서 유통된다. 심지어 수송이 아예 불가능한 채소류도 존재한다. 이 채소류는 생산 주기가 짧아야만 신선도를 유지할 수 있다. 산악 지역과 같이 생산 활동이 어려운 지역에서도 농업 생산 활동이 지속될 수 있게 하려는 활동 역시 대안 농업 운동이 하는 일이다. 대안 농업 운동이 짧은 생산 주기를 장려함으로써 생물 다양성, 신선함, 건강함, 우수함, 생산 주기 인식 가능성과 같은 다양한 기본 공통장을 보호하고 있다.

IV. 실질적인 투명성과 추적 가능성

네 번째 공통장은 생산 과정의 실질적 투명성, 그리고 추적 가능성이다. 짧은 생산 주기는 생산 과정을 확인한다는 측면에서 이미 훌륭한 출발점인데, 여기에는 소비자가 생산 과정을 확인하는 일도 포함된다. 이런 움직임은 이미 이례적인 조치와 혁신적인 제안을 낳았다. 가장 성공적인 조치 가운데 하나는 이탈리아 남동부 바리에 인접한 모노뽈리에서 일어난 올리브유 관련 부정행위와 관련된 것이었다. 몇몇 올리브유 브랜드가 수년간 이탈리아 시장에서 터무니없이 낮은 가격에 판매되고 있었는데, 이들은 실상 다른 기름과 혼합하거나, 아예 다른 기름인데 올리브유 색과 맛을 내려고 고도로 조작하거나, 기껏해야 외국에서 수입한 올리브를 이용해서 만든 것이었다. 올리브가 수확된 곳이 아니라 '실질적으로 최종 가공된' 곳, 즉 오일이 만들어진 곳을 원산지로 간주하도록 법이 허용했고, 이 때문에 사실상 갖가지 기름을 이탈리아산 올리브유로 쉽게 판매할 수 있었다. 새롭게 바뀐 법률은 올리브가 어디서 왔는지 표시하도록 요구하는데, 이는 이탈리아 농업에서 아주 중요한 제품과 관련되었다는 이유만으로도 주목할 만하다. 이 외에 생산 과정 확인의 필요성을 절감하면서 나온 행동들도 특별히 언급할 필요가 있다. 가장 먼저 원산지공동체표시를 들 수 있다. 이는 지역 의회가 인정하는 원산지 표시를 말한다. 이 방법은 원산지검사표시, 원산지보호표시와 마찬가지로 원산지를 표시하지만 그러한 표시 때문에 보통 가격이 올라가 소수만이 구입할 수 있는 몇 안 되는 제품에도 적용된다. 이는 지역 의회의 새로운 권한을, 따라서 구체적이지만 간단한 절차를 거쳐 제품의 원산지를 밝힐 수 있는 가능성을 보여 준다. 여러 지역 의회가 이런 규정을 이미 채택하고 있는데, 이 규정을 통해 제품의 가치를 높이고, 원산지와 생산 과정에 확실성을 부여하고, 해당 지역에 대한 이해를 높이며, 가격이 급등하여 사치품이 되는 상황에 빠지지 않고 고용을 촉진하는 게 가능해졌다. 이와 동시에 전적으로 생산자가 자원하여 등록하는 체계가 제안되었다. 이를 통해 생산자가 자기 제품을 직접 증명하고, 제품의 역사, 재배법, 특징을 기술하며, 무엇보다도 제품 구매자와 관료주의를 초월하여 관계를 만들어 나갈 수 있다. 또한, '농장생산가'와 관련된 행동도 있다. 이는 당연히 농장생산가 채택에 동의하는 생산자들에게만 해당하는 내용으로, 1차 생산자, 예를 들어 농민이 자기 제품의 판매 가격을 상표에 표기하는 것을 말한다. 이 방법은 가격 투명성 요구에 부응한다. 농장 생산가를 표기하면, 제품이 가공 혹은 판매될 때 흔히 발생하는 과도한 금액 증가분을 알아차릴 수 있기 때문이다.

V. 새로운 윤리

다섯 번째 공통장은 새로운 윤리이다. 최대한 넓은 의미에서의 대안 농업 운동에서, (다른 누구보다도) 생산자와 소비자에게 모두 대안적인 관계가 필요하다는 요구가 분출하고 있다. 그 이유는 바로 그들이 식품 생산 및 유통을 위해 새로운 관계를 확립하기를 바라고 있기 때문이다. 그 결과 새로운 네트워크들이 유통 분야에서도 만들어졌다. 이탈리아에서는 〈연대구매조직〉이 자리를 잡았는데, 참가자 200만 명은 스스로에게 다음과 같은 다섯 가지 기본 원칙을 부여한다.

· 인간을 존중한다. 요컨대 우리가 구입하는 제품이 사회적 불평등의 산물이 아니라, 지속 가능한 사회를 만드는 데 보탬이 되는 것이어야 한다.
· 자연을 존중한다. 다시 말해, 우리는 자연을 존중하는 태도를 가지고 제품을 선택해야 하며, 운송 거리 역시 가능한 한 짧은 제품을 취해야 한다.
· 유기농 제품을 선택함으로써 건강을 존중한다.
· 소규모 생산자들이 만든 것을 구입함으로써 연대를 존중한다. 그렇지 않으면 그들은 더 힘센 생산자들에게 으스러지고 말 것이다.
· 풍미를 존중한다. 유기농 식품은 맛이 더 좋고 영양학적 가치도 더 높은 것으로 잘 알려져 있다. 제철 음식만 먹음으로써 생명이 지닌 자연스러운 리듬에 더욱 가까이 다가간다는 맥락에서 풍미를 존중한다.

경제적·사회적·환경적 요소에 영향을 미치는 새로운 윤리가 떠오르고 있다는 게 중요하다. 여기서도 갈수록 지속 불가능해지는 발전 행위들을 거부하려는 의지, 이제까지와는 다른 관계들을 확고히 하려는 의지가 존재한다. 이런 점에서 '농장 생산가'를 표기하거나 지역 의회가 인정하는 원산지 표시를 실행하는 것과 같은 행동은 투명성과 추적 가능성을 보장하고, 지역 생산의 가치 및 상품이 실제로 생산되는 지역의 가치를 증대시킨다. 이때 비단 생산자와 소비자뿐만 아니라 시민들끼리도 서로 새로운 관계를 맺고, 이 새로운 관계들이 가치를 만들어 낸다. 결과적으로, 앞서 말한 행동들은 지역을 공통장으로 만들어서 지역 주민을 포함한 모든 이가 그 공통장을 사용할 수 있게 한다.

정리하면, 남반구와 북반구를 가리지 않고 모두 공통장으로서의 식량을 추구하는 움직임이 커지고 있다. 이 운동은 일련의 공통장을 아울러야만 한다. 그런 공통장에는 생태계를 존중하여 생태계가 가진 생명 순환 주기를 다시 확립하는 일, 다채로운 유형의 영토가 가진 구체적인 특징들을 인식하는 일이 포함된다. 공통장으로서의 식량은 생명·건강·풍요를 가져다주고, 자연과의 대안적인 관계, 인간 간의 대안적인 관계들을 불러올 것이다.

9

시골스럽고 윤리적인[1]

편집자 서문[2]

　(포스트)노동자주의는 하나의 통일된 전통보다는 공동의 노력으로 이해하는 편이 더 적절하다. 즉, (포스트)노동자주의는 같은 분야를 일관되게 다루면서도 이론적으로나 실천적으로 매우 다양하게 개입하는 모습을 항상 보여 줬다. 오늘날에는 특정 분야의 문제 제기를 통해 (포스트)노동자주의를 규정할 수 있다. 예를 들면, 일과 삶 혹은 생산과 재생산의 흐릿해지는 경계, '비물질화' 쟁점 및 돌봄과 정서의 차원을 여는 문제 등이 있다. 그렇다면 (포스트)노동자주의가 1970년대에 '자율성 영역'을 폭넓게 정의하면서 페미니즘적이고 자율적인 맑스주의자들이 기울인 선구적 노력에 크나큰 빚을 지고 있다 해도 무방할 것이다. 그리고 마리아로사 달라 코스따와 레오뽈디나 포르뚜나띠는 페미니즘적이고 자율적인 맑스주의자 가운데 주요하게 언급되는 인물이다.[3]

　(포스트)노동자주의가 페미니즘적이고 자율적인 맑스주의자들에게 빚을 지고 있다는 사실을 인정한다고 해서 그들의 대화가 수월했다거나 순조롭게 동화되었다고 말하려는 건 아니다. 오히려 의견 차이가 상당수 존재했고, 의견이 대립하는 경우마저 있었다. 게다가 달라 코스따가 글에서 지적하듯 "다수는 귀를 닫

고 있었다." 이어지는 글은 2005년 4월 9일과 10일, 이탈리아 베로나에 있는 라키미까 주민자치센터에서 열린 〈대지와 자유/위기의 와인〉 토론회에서 발표한 것으로, 대화의 투쟁이 지나온 역사와 맥을 같이한다. 달라 코스따의 글은 현재 진행되고 있는 논의와 매우 관련 깊은 질문을 던진다는 점에서, 그리고 1970년대의 몇몇 쟁점 사안을 단순히 반복하는 게 아니라 위치를 옮겨 재차 언급함으로써 의문을 제기한다는 점에서 대화를 이어나간다.

구체적으로 말하자면, 달라 코스따는 오늘날 마땅히 다뤄야 할 중대한 문제, 바로 한계의 문제를 돌봄이라는 관점에서 바라본다. 그리고 한계의 문제는 글 전반에 걸쳐 다양한 방식으로 등장한다.

우선, (포스트)노동자주의의 이설異說은 맑스주의적 정설을 완전히 떨쳐내지 못했는데, 돌봄의 관점은 맑스주의 정설일지도 모르는 것을 거꾸로 개괄하는 방식으로 특이성에 관심을 기울일 것을 요구한다. 운동권에서는 이 특이성을 쉽게 파묻어 버리는데, 이런 행태는 레닌주의적인 만큼이나 헤겔주의적이다. 즉, 하나의 헤게모니 아래 다양한 투쟁 형태를 포섭하는 방식으로 존재 및 투쟁의 가장 최신 단계를 규정해 버린다.

둘째, 돌봄에 대한 관심이 이론 영역에서 실천적-정치적 영역으로 옮겨오면서, 할 수 있는 것과 해야 하는 것의 한계에 대해 중요한 질문을 던지게 된다. 달라 코스따가 글에서 소농이 대변하는 돌봄의 태도를 이야기하자, 논의는 즉시 땅(생식성과 생물학적 삶의 궁극적인 원천이자 인간관계의 토대), 세계(자본주의로 표현되는 전체 인간관계 및 사회적 관계), 물질성(생명을 재생산하는 데 필요한 전제 조건이자 따르드Gabriel Tarde가 말하는 '실체가 있고 교환 및 소비 가능한 것'과 '실체가 없고 교환 및 소비할 수 없는 것'의 구별에서 드러나는 것)으로 다시 옮아온다.4 지금까지 (포스트)노동자주의가 유한성 문제를 다룬 방식은 결코 만족스럽지 못했지만, 돌봄의 태도는 지구 생태계와 인간 삶의 형식 양쪽에서 모두 유한성이라는 정치적 쟁점의 창을 열어 준다.

위 두 영역은 모두, 수 세기에 걸쳐 서양 사상의 중심을 차지한 교리이자 맑스주의에도 깊이 스며든 게 분명한 진보에 의문을 제기한다. 지금까지 그래온 것처럼 소농들이 필연적으로 목적론적 발전 논리에 붙잡혀 있는 한, 군중의 일부일 뿐인 소농들의 조건 뒤에는 진보가 자리할 수밖에 없는 것 아닐까? 영원한 성장, 끝없이 증가하는 생산성, 근대화와 기계화를 통한 해방 같은 발상의 이면에 진보가 있는 건 아닐까?

이런 논의를 통해, 비록 글에서 직접 언급하진 않지만 달라 코스따는 오늘날 (포스트)노동자주의에서 활발하게 논의하고 있는 정치 쟁점인 사회적 보장 소득 Guaranteed Social Income, GSI 5 문제에 빛을 비춤과 동시에 그림자를 드리운다. (포스트)노동자주의가 사회적 보장 소득 발상이 무조건 틀렸다고 주장하는 건 아니지만, 쟁점이 제기되었으므로 논의를 구성해서 진지하게 생각해 봐야 할 것이다. 땅 그리고 유한성과 관련하여, 사회적 보장 소득은 성장과 생산성의 한계를 묻는 질문과 어떻게 연결되는가? 물질성 및 세계와 관련해서는, 비록 생산성이 고도화될 뿐 광범하게 퍼지지 않는다 하더라도, 유일하게 유럽에만 존재하는 사회적 보장 소득은 (내적 계층화는 제쳐두고서라도) 사실상 (세계적인) 노동 분업 강화를 시사하는 위험성을 내포한 건 아닐까?6 답은 아직 찾지 못했다. 여기서 달라 코스따가 다시 한번 논쟁의 문을 연다.

2007년 4월, 런던과 베를린에서
편집자 일동

새로운 세기가 시작되고 처음 몇 년간, 이탈리아에는 소농 중심 농업을 중심으로 조직을 구성하고 소통하려는 노력이 꽃을 피웠다. 덕분에 예나 지금이나 엄청나게 많은 과제를 안고 있는 농업의 현실이 전면에 부상했다. 이는 우리에게 지적인 논의를 나누는 즐거움은 물론이고 정서적으로 이입하는 기쁨도 가져다줬다. 우리는 성장을 목격하는 설렘, 봄의 환희, 빛깔을 알아차리고, 침묵을 즐길 기회를 경험한다. 이것이야말로 각양각색의 농업이 베푸는 자비다. 각색각양의 농업이 일군 흙에서 피어나온 자비는 땅과 맺는 다양한 관계에서 출발하여 삶을 되찾고 싶어 하는 모두에게 새로운 길을 열어준다. 내가 여기서 말하는 모두란 개인이나 유기 농업 관련 단체는 물론이고 동물의 종 다양성을 지키는 행동까지 포괄한다. 동물의 종 다양성을 지키는 행동은 고유한 특징을 가진, 잘 알려지지 않은 시골 품종을 복원하는 일과 관련이 있다. 이들 시골 품종은 지역의 말, 소, 닭 종자로, 튼튼하고 생산적이며 열악한 환경에서도 매우 잘 견딘다. 하지만 자연과 달리 자본주의적 생산성은 다양성을 적대시하고 단일성을 요구한다. 따라서 시골 종자를 사랑하는 사람들이 노력을 기울이지 않는다면 시골 종자들은 멸종될 위기에 처해 있다. 인류 역시 비슷한 문제에 직면해 있다. 우리 인류 역시 우리를 튼튼하고 다양하게 만들어 주는 시골스러움을 지켜 내야 한다. 우리가 시골스러움을 알아보지 못하고 사랑해주지 않는다면, 시골스러움은 점점 더 균질화되는 돌연변이들이 으스러뜨리고 말 것이다.

설사 다른 주체를 통한다 할지라도, 현재 소농이 내는 목소리는 다양하고 풍부한 논의를 만들어 냈다. 대안 농업 유형 관련 기술을 다루는 실용적인 문제부터 지금과는 다른 사회 프로젝트를 그려내려는 노력까지, 논의의 범위는 매우 다양하다. 소농의 목소리는 이제 우리 운동 내부에 존재하는 다른 쟁점들과도 만나기 시작했다. 다시 말해, 새롭지만 오래된 쟁점들, 예컨대 빈곤이나 불안정처럼 사실상 사람들이 농업 지대에서 쫓겨나면서 시작된 문제들과 교차하기 시작했다. 몇몇 비평가들은 맑스주의 전통에서도 뒤떨어지고 수동적이며 보수적이라고 간주한 소농이라는 인물이 더 이상 외따로 떨어진 세계의 일부로 보이지 않고 새로운 소통 방식 덕분에 완벽하게 군중의 일부가 될 거라고 했다.[7] 하지만 이는 소농들이 삶의 총체적 변화라는 목표 아래 투쟁을 구축할 때만 가능하다. 삶의 총체적 변화라는 조건적 성격이 꽤 놀랍다. 지난 수십 년간 남반구부터 북반구까지 전 세계 65개국에서 네트워크를 조직한 모든 소농 운동에 공통분모가 실제로 존재한다면, 그건 바로 삶의 전면적 탈바꿈을 논의하기 시작했다는 점이기 때문이다. 전면적 탈바꿈은 단순하고 공허한 요구가 아니라 필수불가결한 것이다. 땅을 부정하는 행위(몰수 및 극적 변화)는 언제나 자본주의 발전의 근간을 이뤘다. 하지만 우리가 땅과 맺는 관계를 재고해 보려는 의지는 그런 전체 과정과 연결 고리를 끊고, 그 과정이 일어나게 만드는 조건을 전복시키고, 또 다른 발전을 위해 초석을 다지는 것을 의미한다. 이 발전은 '다른 것'이 될 터인데, 그 이유는 무엇보다도 가치 있는 부를 창조하기 위한 전제 조건으로 죽음과 굶주림이 반드시 확산해야 한다고 생각하지 않기 때문이다. 우리는 양자택일의 상황에 맞닥뜨렸다. 요컨대, 소농이 발전을 이해하는 방식, 즉 전 세계의 삶을 유일하게 보장해 주는 '식량 주권'의 관점에서 땅을 바라보는 편이 승리하거나, 아니면 굶주림이라는 상수의 무한 변형과 마주하는 것, 둘 중 하나를 선택해야 한다. 따라서 소농 운동 투쟁은 대표적인 생명정치 투쟁이다. 몇몇 사람들이 생명정치 투쟁이라 부르는 것을 시작하는 일이 다른 사람들과 달리 소농들에게는 어려운 일이 아니다. 같은 근본적 우려에서 출발하지만, 다른 정치 주체들은 출발하려는 의지를 놓치고 있는지도 모른다. 내가 이와 관련하여 1970년대 페미니즘 운동 당시 인기를 끌었던 문서의 제목을 떠올린 건 우연이 아니다. 글의 제목은 '벙어리8가 말을 할 때'When the Mute Speaks였다.9 벙어리는 여성이었다. 여성들이 규탄한 것, 즉 남성을 재생산하려고 여성이 어마어마한 노동을 한다는 사실을 남성이라는 다른 주체가 인정하고 태도를 바꾸기까지는 수년이 걸렸다. 그나마도 다수는 들리지 않는 상태 그대로 머물렀다. 같은 일이 운동으로 목소리를 내고 있는 이 시대의 소농 주체에게도 일어날 수 있다. 가능성이 가장 높은 위험 요인은, 소농 운동이 근본적인 문제에 새로운 관점을 제시하지 못하는 게 아니라, 다른 주체들이 새로운 관점을 인정하지 않거나 결코 '생명정치' 투쟁이라 할 수 없는 것을 생명정치 투쟁이라고 정의해 버리는 일이다. 여성과 소농은 자본과 반反자본 운동이 지나온 역사에서 가장 인정받지 못한 존재였다. 자본주의는 여성을 사람으로 인정하지 않고 땅을 살아 있는 유기체로 인정하지 않는 것을 토대로 발전했다. 여성과 땅 모두 비용이 들지 않는 천연자원으로 인식하고, 노동과 식량이라는 상품을 생산하는 기계로 취급했다.

식량 주권의 관점에서 출발한 소농 운동은 더 이상 상품으로 간주되지 않는 식량을 위해, 더 이상 노동력으로 간주되지 않는 인류에게 제공할 식량을 위해, 지금 싸우고 있다. 또한, 식량이 인류의 기본권이라고 주장한다. 우리 모두 알다시피, 식량 주권의 관점에는 흙, 물, 신용에 접근할 수 있는 권리 요구만 있는 건 아니다. 무엇보다도 과거의 소농처럼 자연 종자를 고르고, 지키고, 교환할 수 있는 권리가 중요하다. 왜냐하면, 이 권리야말로 가장 근본적인 단계의 안전과 자율성을 보장하기 때문이다. 이 권리는 유전자와 관련한 조작, 특허, 독점, 금지를 반대한다. 세계 곳곳에는 물, 흙, 씨앗을 비롯한 생명의 원천을 사유화하거나 봉쇄하는 데 반대해 생명의 원천이 가진 자유를 지키려는 계획들이 존재한다. 한 예로, 소농 네트워크들이 만든 인도 방갈로르의[10] 종자 은행은 자연 종자를 모아 농촌 주민에게 다시 나눠 준다. 이와 유사한 행동이 여러 국가에서 일어나고 있다. 내가 다른 글에서 이미 언급했듯이, 흙, 물, 씨앗을 위한 투쟁은 생명정치 분야에서 매우 중요한데, 그 결과가 생명은 물론이고 인류가 자유를 누릴 가능성까지 결정짓기 때문이다.[11] 흙, 물, 씨앗을 위한 투쟁은 모든 투쟁의 근원이다. 이 투쟁의 한쪽에는 다국적 기업의 이해관계 및 소속 과학자들이 있고, 다른 한쪽에는 단순 소비자가 되길 거부한 채 종자를 공통장으로 지키려는 소농과 시민의 대안 농업 운동이 있다. 사실, 씨앗은 자연이 주는 선물일 뿐만 아니라 전 세대 남녀 소농의 노동, 지식, 협력이다. 자연에서 얻었다고 모두 다 '원시적'이지는 않다.

원조 기구를 포함한 식량 정책은 언제나 자본주의 체제를 유지하는 전략적 도구였다. 식량 정책은 오늘날 유전자 변형 물질의 단계를 지나고 있는 생명 공학 안에서 점점 더 무자비해지고, 생명과 풍요의 유일하고 참된 원천인 자연의 재생산 능력을 수정하고 자본화하는 것을 목표로 한다. 생명을 재생산하는 자연스러운 메커니즘을 변형시키는 일이나 특허권, 국제 부채, 구조 조정은 모두 하나의 게임을 구성하는 요소다. 이 게임은 식량 독재가 가능한 체제를 허용해서 인구 전체를 절대적인 의존 상태에 빠뜨려 어떤 쟁점이든 사람들을 협박할 가능성을 열어 놓는다. 소농과 시민은 이 체제에 반대하면서 먹거리 민주주의, 그리고 모든 민주주의의 필수 토대인 자율성과 자유를 최대한 누리기 위해 싸우고 있다. 투쟁의 첫 번째 단계는 가장 기본적인 공통장, 즉 생명을 생산하고 재생산하는 수단들을 직접 손에 쥐는 것이다. 다시 말해, 토지, 물, 씨앗, 그리고 그 안에 담긴 오래된 사회적 지식을 손에 쥐어야 한다. 나는 조제 보베의 말에 동의한다. 그는 "첫 번째 주권은 식량과 관련된 것으로, 생명을 유지하는 힘, 즉 무엇을 어떻게 먹을지 선택하는 것이다"라고 말했다.[12]

소농 운동이 만들어 낸 가장 의미 있는 변화는 논리의 전환이다. 소농 운동은, 인류와 땅을 모두 무시하고 생명과 관련된 순환을 묵살하고 망가뜨리는 자본주의적 추세에 따라 움직이기를 원하지 않는다. 오히려 그런 말도 안 되는 일에 분노를 표출하고, 이성과 의미를 지니고서 행동하는 인간 능력을 되찾아 재확인하기로 했다. 소농의 사회적 역할이 가진 진정한 의미를 운동에서 다루기로 결정한 이유가 바로 이것이다. 이런 질문을 던지는 과정에서 소농 운동은 사람들이 흔히 가지고 있는 의견과 충돌하기도 한다. 사람들은 문제를 언급하기를 포기하거나 '소농은 사라지고 있다,' '타인에게 의미 있고 합리적인 게 뭔지 결정할 권리를 누가 가지고 있단 말인가,' '근본적 필요성 따위는 존재하지 않고, 설사 필요성이 존재한다 해도 그게 뭔지 누가 정당하게 규정할 수 있단 말인가'와 같은 주장과 함께 대개 일축해 버리곤 한다. 이는 도시 지식인들의 논쟁에서 전형적으로 나타나는 현상인데, 그들은 식량과 물 접근권부터 기타 건강 관련 사안에 이르기까지 인류의 80%가 가진 절박한 문제에 대해서는 감수성이 거의 없다. 그와 달리 소농 운동은 인간끼리 맺는 관계 및 인간과 땅이 맺는 관계라는 두 가지 영역을 인식하는 문제에 대해 의문을 제기한다. 이 두 가지 영역과 관련하여 우리가 내리는 결정이 미칠 영향력을 생각한다. 이처럼 의문을 던지는 일은 우선 농업 생산물을 제공하고 싶은 욕구, 따라서 건강한 식재료를 제공하고 싶은 욕구로 이어진다. 이 욕구는 접근성, 건강함, 경제·환경·사회적 지속 가능성, 문화적 적합성 면에서 안전하고 합법적이라고 간주되는 식량 공급에 대한 기초적이고 보편적인 요구와 권리에 응답한다. 한편으로, 우리는 대지를 존중하고 보살피는 윤리를 실천하려는 의지도 발견한다. 그런 윤리의 실천이야말로 대지의 생산 능력을 지켜서 그곳에 사는 모든 이들에게 앞서 말한 유형의 식량 공급을 보장하는 유일한 길이다. 이처럼 의지와 결심을 표명함으로써 소농은 자신이 하는 노동의 존엄성을 재확인할 토대를 발견하고 자신의 실천과 지식에 자부심을 가질 수 있다. 동시에, 소농이 하는 다양한 기능도 다시 한번 발견하고 확인하는데, 그 이유는 그가[13] 대지만이 아니라 영토에도 묶여 있기 때문이다.

소농이 아닌 다른 주체들은 의미 있는 일을 할 방법을 찾거나 자신이 이미 하고 있는 일에 의미를 부여할 방법을 찾기가 틀림없이 더 어려울 것이다. 소농들은 역사적 기회를 잡았고, 논리의 전환을 이뤄내기로 온 마음을 다해 결의했다. 그들은 자기 팔과 정신의 소유권을 되찾기로 결심했다. 지역화폐거래체계(레츠)[14]를 비롯하여 노동과 화폐를 교환하는 다른 여러 대안적인 방식들을 주도했던 사람들처럼 말이다.[15] 이는 다른 사람들, 즉 단순히 이익을 얻기 위해서가 아니라 공정성과 연대에서 영감을 받아 생산과 교환의 네트워크를 시작하기로 마음먹은 사람들이 했던 일이기도 하다. 하지만 윤리적 행동을 위한 운동 전반에서 핵심적 위치를 차지하는 사람들은 소농이다. 소농이야말로 인류의 근본적인 재생산 수단인 땅을 상대하기 때문이다. 소농이 개별적 주체 혹은 사회적 주체로서 아예 사라져 버릴 거라는 예측과 달리, 소농은 여전히 압도적으로 많이 존재한다. 소농은 진정한 위력을 보여 주고, 다양하고 풍부한 농업 체계 및 다른 길을 제시한다. 소농은 다국적 기업에 의존하게 된 후 빚을 지고 고통을 떠안는 상황에서 탈출하고 싶어 하는 모든 사람에게 대안을 제공한다.

사실, 소농들이 행한 논리의 전환을 분석함으로써 자본주의 농업의 생산성과 관련된 신화를 해체하는 성과를 거두었다. 자본주의 농업의 생산성 뒤에 숨은 경제·사회·환경적 비용을 고려하면, 이 생산성을 채택하는 게 결코 유익하지 않음을 명확히 알 수 있다. 전 세계 기아는 녹색 혁명이 일어나기 전보다 지금 더 많이 발생하고 있다. 이는 지역 농작물이 과거에 차지한 땅을 빼앗는 일, 화학 물질과 종자의 높은 비용, (그 모든 약속에도 불구하고 일어난) 흉작과 같은 몇 가지

요인에서 기인한다. 인도의 유전자 변형 목화는 이를 가장 노골적으로 보여 주는 사례인데, 벌써 수천 명이 목숨을 끊었다. 또한, 영양 결핍과 식재료 오염, 생물 다양성과 노동 환경의 파괴도 전 세계에서 기아가 일어나는 이유다. 이 모두를 상실하지만 잃어버린 만큼의 새로운 노동 기회를 현대화된 농업은 창출하지 못한다. 상실의 대부분은 새로운 사회 기반 시설을 짓느라 늘어난 국제 부채, 그리고 교잡종과 유전자 변형 농산물에 필요한 엄청난 양의 물 때문에 초래되었다. 농장 동물의 사육 역시 비판의 대상이다. 이처럼 인간에게 질병과 죽음을 가져오고 자연을 불모지로 만들 뿐인 '생산성의 허풍'에 반대하는 소농들이 전 세계 무대에서 반란을 일으켰다. 그중 하나가 2004년 1월 뭄바이에서 열린 〈세계사회포럼〉에 상응하는 행사를 조직한 일이다.[16] 브라질의 〈무토지농민운동〉[17] 같은 주요 소농 네트워크들이 어민 네트워크나 다른 단체들과 함께 '뭄바이저항2004', '민중 운동의 조우 II'에 활기를 불어넣었다.[18]

농업이 자본주의적 생산성을 혼란스럽게 함으로써 우리는 또 다른 신화도 의심하게 된다. 즉, 자본주의적 계급 관계를 붕괴시키면서 생산성도 지킬 수 있다는 주장을 의심한다. 나는 항상 이런 시각에 의심을 품어 왔다. 이는 당연히 농업에서 가능하지도, 바람직하지도 않다. 이런 부류의 생산성은 독이 든 사과이다. 우리는 건강한 사과를 길러내고 싶다. 그러므로 우리는 반자본주의 투쟁이 무엇을 어떻게 생산하는지 고민하지 않은 채 더 공정하게 상품을 재전유하고 재분배하는 것만을 목표로 삼아야 한다는 전제를, 일부 사람들이 실천하고 있듯이 포기해야만 한다. 농업은 독창적인 지식 및 새로운 제안을 형성할 능력을 '독자적인 세계'에 보존한다. 우리는 이런 농업에서 출발해 전 세계에서 논의가 시작되는 것을 지켜보고 있다. 논의는 생산물 및 생산법, 그리고 지금과는 다른 사회 프로젝트를 설계하면서 의미 있고 합리적인 선택을 내리는 인간의 능력을 이야기한다.

한편, 인간과 대지의 관계에서 노동이 갖는 의미를 물어봄으로써 우리는 재빨리 한계의 문제, 즉 돌봄과 책임의 차원에서 전형적으로 나타나는 한계의 문제에 직면하게 된다. 다시 말해, 우리는 살아 있는 모든 생명과 관련해 윤리적 차원을 마주해야 한다. 가장 먼저 동물과 관련된 윤리적 측면과 대면해야 하는데, 동물은 비산업적 농업 체제에서 항상 버팀목이 되어 준 존재이다. 만약 동물을 자유롭게 방목하길 원한다면, 우리가 소유하거나 이용하는 땅에서 키우는 동물의 수를 제한해야 한다. 그들의 고유한 습성을 지키고 싶다면, 건조한 기후든 습한 기후든 다양한 품종을 길러야 한다. 수확물과 작물을 생산하고 재생산하는 능력을 매해 유지하길 원한다면, 대지의 생명 유지 주기 및 생물학적 균형을 보존하고 존중해야 한다. 화학비료 대신 부엽토를 쓰고 싶다면, 논밭을 무자비하게 갈지 않아야 한다. 지하수를 고갈시키고 싶지 않다면, 땅을 너무 깊이 파지 않아야 한다. 우리는 너무 많은 소를 우물로 보내지 않아야 한다. 그렇게 할수록 식물은 자라지 않을 테고 농부들은 고통받을 것이다. 가축 무리에서는 큰 동물들이 앞장서고 작은 동물들은 남아 있는 짧은 풀을 먹으며 뒤따를 것이다. 가장 중요한 것은, 우리가 거대한 기계 장치를 동원해서 땅을 헤집어 나무, 덤불, 동물이 없는 황량한 풍경으로 바꿔 놓지 않는다면, 대지는 수많은 인간을 수용하고 인간이 일할 수 있는 기회를 많이 창출해 준다는 점이다. 이와 관련해서 농촌 노동을 대하는 소농의 논리가 중요하다. 소농들은 농촌 노동을 다른 부문의 심각한 실업이나 불안정성이 지속되는 동안 시행하는 단순한 책략으로 여기지 않는다. 소농의 논리에서는, 다른 방식으로 개발될 수 있는 낙후된 농촌 지역을 실업자를 위한 장소로 개발되도록 의도적으로 지원하라고 제안하지 않는다. 이는 케인스가 말한, 적극적으로 실업자들을 보내 구멍을 파게 한 뒤 그 안을 서류로 채우고, 이후에 단지 고용을 촉진하려고 다시 구멍을 비우는 일 따위가 아니다. 객관적으로 우리가 농촌 고용을 늘려야 할 필요성은 대지를 존중하면서 관리하는 일에서 비롯한다. 이 일이 이치에 맞는 이유는 대지의 자연적 순환 체계를 보호해 대지를 생명과 영양분의 원천으로 지켜내기 때문이다. 농촌 고용이 증가하면, 도시와 농촌 간에 다시 균형이 잡히고 영토가 새롭게 활기를 띠게 된다. 그뿐만 아니라, 기계의 견인력 대신 여전히 동물을 이용하고 있는 전 세계 2억 5천만 명의 농부나(2,700만 명만이 기계적 견인력을 사용한다) 여전히 손으로만 농사짓는 10억 명의 농부(주로 여성)를, 사라지기 직전에 놓인 일시적 존재로 여기지 않게 된다.[19] 농부들은 어디서, 어떻게, 어떤 조건에서 인간의 노동력이 필수적 역할을 맡고 필요해지는지를 실질적으로 고려하여 분석을 진행한다. 그리고 무엇보다도 단지 누군가가 농업의 '근대화'를 결정했다는 이유만으로 땅 위에서 살아가는 수백만 농부에게 내려진 사형 선고를 받아들이기를 거부한다.

한계나 윤리적 책임 문제는 여성과 농민에게 더 직접적으로 적용된다. 페미니즘 논의의 한 분야인 에코페미니즘이 젠더와 지구 관련 쟁점들을 결합한 것은 결코 우연이 아니다. 에코페미니즘은 가사노동의 핵심 역할뿐 아니라 전 세계 여성이 수행하는 농업 노동까지 밝혀내고, 특히 남반구의 소농 운동과 함께하면서 목소리를 내고 행동했다. 이 소농과 여성은 모두 한계의 문제에 직면해야 했다. 이는 여성이 재생산 노동에 대항하는 싸움을 이어갈 수 없었던 이유이기도 하다. 소농들은 화학 비료-산업 복합체 때문에 강압적으로 대지 관리의 한계선을 무시하고, 자신의 정체성을 부정하며, 자기 직업이 가진 존엄성과 의미를 훼손할 수밖에 없었다. 모든 '사랑으로 하는 노동'에서 전형적으로 찾아볼 수 있는 추가 부담, 즉 가사노동에 통상적으로 따라붙는 재생산 노동의 물질적, 비물질적 측면 모두를 거부하는 비서들과 간호사들의 투쟁은 새로운 일이 아니다.[20] 이런 투쟁들은 가사노동에 반대하는 매우 중요한 저항들과 함께 1970년대 페미니즘 운동의 특징이었다.[21] 진짜 문제는 이와는 다르다. 진짜 문제는 상사의 책상에 둘 싱싱한 꽃을 사지 않거나 상사에게 아내의 생일을 상기시켜 주기를 거절하는 일 따위가 아니라, 자기 아들이나 나이 많은 가족을 보살피지 않겠다고 하는 것이다. 아주 예외적인 사례를 제외하면, 어떤 여성도 임금이 없는 재생산 노동에 대항하는 투쟁을 가족의 안녕을 해치는 데까지 끌고 가진 않는다. '돌봄' 혹은 '가사'라고 일컫는 재생산 노동과 관련된 쟁점이 폭발하자, 여성은 모성을 거부하는 데까지 저항을 끌고 갔다. 그리하여 모성 거부가 일어난 나라들에서는 출생률이 감소하고, 남성 파트너와 결혼하거나 동거하지 않음으로써 추가 노동을 피했다. 그러나 무시하기 힘든 정도의 가족 위기가 닥치면 여성들은 망설이지 않는다. 여성들은 자신에게 의지하는 사람들의 안녕을 위기에 빠뜨리지 않는다. 그 이유는 그들에 대한 사랑과 책임감, 그리고 타인과의 관계 속에서 자신의 존재를 부정하게 만드는 지점까지 가고 싶지 않은 마음 때문이다. 이는 재생산 노동을 둘러싼 투쟁에서 과거부터 지금까지 계속해서 존재하는 한계이다. 땅과 관련해서는 문제가 유사하면서도 다르게 벌어지고 있다. 유사점은 대지 역시 인간과 마찬가지로 살아 있으며 돌봄이 필요하다는 것이고, 차이점은 대지를 생각하는 농업을 거부하는 것이 소농 투쟁의 결과가 아니라 이윤을 내려는 화학비료산업복합체의 요구를 실행한 결과라는 것이다. 소농들은 농업이 석유에 의존하길 바란 적이 없다. 대지의 생명 주기와 생태계 환경을 존중하지 않은 채 땅을 사용하면, 우리는 한계에 부딪히게 된다. 대지는 생산 능력을 잃고 불모지가 되거나 독이 든 수확물만 생산하며 죽어 간다. 이처럼 땅을 생각하는 농업을 부정하면, 그 결과는 소농에게 되돌아와 소농이 행하는 노동의 존엄성이 위태로워진다. 소농은 이제 생명이 아닌 질병을 가져오는 음식 제공자가 될 것이다. 두 가지 사례에서 모두 돌봄 윤리를 부정하면 그 결과는 인류에게 다시 돌아온다는 사실을 알 수 있다. 그리고 그 안에는 여성과 소농이 있다. 따라서 삶과 노동에서 이제까지와는 다른 조건을 달성하려면, 사안을 다른 차원에서 다뤄야 한다. 말하자면, 근본적인 문제에 대한 모든 거짓된 해결책을 거부하겠다는 윤리적 다짐을 한 주체들이 협력 네트워크를 만들어야 한다. 대지의 몸과 대지의 재생산 능력을 보전하는 것은, 책임감 있는 소농을 재발견하고 확인하는 일에서 핵심이고, 인간 신체에 영양과 건강을 보장하고 공동체에 안정성과 활기를 주기 위해 꼭 필요한 전제 조건이다. 이야말로 대안 농업을 지향하는 위대한 투쟁이 역사적으로 인류 재생산을 책임져 온 여성 및 소농의 분투와 협력하는 이유이다.

4월 17일. 올해 봄은 농업의 세계가 새롭게 깨어나면서 시작되었고, 울타리는 무너지고 초원이 다시 펼쳐졌다.[22] 우리에게도 이동 방목의 시간이 다가왔다. 우리는 농촌 사회와 만나려고 길을 나선다. 이제 외투를 벗어던지고 유럽 중심, 인간 중심에서 멀어지자. 조금 더 동물적인 존재로, 시골스러운 것과 윤리적인 것 사이로 나아가자.

10

식량 주권, 소농, 여성

몇 가지 단상

소농 및 다른 농촌 구성원들은 자본주의적인 것 대신 좀 더 전통적인 노동 양식 및 생활 양식을 추구하는 거대한 운동을 시작했는데, 후진적이고 유토피아적이라는 비판을 자주 받았음은 물론이고 과거를 그리워해서는 안 된다는 신념과도 맞닥뜨려야 했다. 하지만 우리는 이 '과거'가 인류 대다수의 '현재'라는 사실을 알고 있다. 왜냐하면 트랙터를 사용하는 농부는 전 세계적으로 2,700만 명에 지나지 않는 데 반해, 2억 5천만 명은 동물의 견인력을 이용하고 대다수가 여성인 대략 10억 명은 손으로만 농사를 짓고 있기 때문이다.[1] 그리고 무엇보다도 이 주체들의 관점에서는 지금껏 시행된 농업 정책, 즉 한층 더 신자유주의적인 형태로 실시된 농업 정책이 사실상 집단 학살의 정치에 지나지 않았다. 신자유주의 농업 정책은 기아와 죽음을 점점 더 많이 불러오는데, 채무를 갚지 못한 소농이 집단 자살을 강요받는 상황을 보아도 알 수 있다. 따라서 소농은 무엇보다도 우선 신자유주의적 정책에 참여하는 것을 반대한다. 오늘날 농업 분야 종사자, 특히나 이른바 개발도상국 내 농업 분야 종사자를 대표해 이 같은 정책에 가담한다면, 죽음을 초래할 위험성을 높이는 것과 같다. 이제 대안을 이야기하지 않을 수 없고, 그것을 결코 미뤄서도 안 된다. 대안은 생명을 유지하고 영양분을 얻을 가능성을 더 많이 보장하는 전통 경작법의 구체적인 체계 속에 이미 내재하고 있다.[2] 전통 체계를 따른다고 해서 대안을 개선해 나가는 연구를 더 깊게 하지 못하는 것은 아니다. 주민을 쫓아내지 않고도 전통 방식의 농업 경제 안에서 비용을 감당할 수 있는 수준의 적정 기술, 친환경 기술을 이용해 인간의 수고를 줄이는 방향으로 방식을 개선할 수 있다. 이 같은 연구를 하는 데 필요한 재정이 계속 뒷받침되려면 연구와 관련된 사람들이 논의를 거쳐 연구비의 출처, 유형, 조건에 대해 합의를 도출해야만 한다. 그 과정에서 발생하는 수고로움이 부채보다는 덜 부담스럽기 때문이다. 오늘날 전 세계 소농 네트워크는 전통 방식을 활용하는 소농 중심 농업을 지키고 다시 일으켜 세우기를 열망하고 있다. 이를 보면 기본적인 인권인 식량 접근권, 즉 생존권을 실현하면서 절멸·추방·이민에 저항할 권리를 전 세계에서 달성하는 역사적 전환이 일어나고 있음을 알 수 있다.

이 문제가 처음 생겨난 때로 가 보자. 자본주의적 생산 양식은 5세기 전에 확립되었는데, 그 토대는 공유지 강제수용 및 인클로저 그리고 그에 따른 지속적인 주민 축출이었다. 생산 및 재생산 수단을 빼앗긴 주민들은 단순 노동력으로 전락했고, 공장 내 노동 조건을 맹목적으로 받아들이거나 아니면 떠돌아다니면서 구걸을 하고 범죄자가 되는 수밖에 없었다. 오늘날에도 이 같은 강제수용 및 사유화가 지속하면서, 다수가 끊임없이 빈곤에 빠지고 살던 곳에서 쫓겨나 거대 도시의 빈민가 무리가 되거나 이민을 택할 수밖에 없는 운명이다. 이민을 택하는 건 종종 죽음을 택하는 것이기도 한데, 사막이나 바다를 건너다가 죽기 때문이다. 혹은 결국 감옥에 갇히는 신세가 된다.

강제수용이라는 거대한 작용은 한편으로는 토지를 축적하고, 다른 한편으로는 빈곤에 빠진 다중을 축적한다. 말하자면, 우리가 살아가고 있는 생산 양식을 최초로 탄생시키는 데 필요했던 시초 축적 과정은 오늘날에는 단순히 필요한 수준을 넘어섰다. 그리하여 자본주의적 관계들, 계급 관계의 재편, 전 세계 노동력 재계층화 작용이 더욱 확대되면서 생명을 재생산하는 체제마저도 뚫고 들어갈 수 있게 된 것이다.

따라서 토지 문제, 달리 말해 토지 강제수용에 맞선 저항의 문제, 그리고 무엇보다도 신자유주의 정책에 반대하여 토지와 새롭게 관계를 정립하고자 하는 열망은, 추방당할 위험에 있거나 이미 쫓겨난 사람들은 물론 전 세계의 노동하는 사회 다수에게 가장 중요한 문제이다. 노동하는 사회 다수는 고용 기회, 임금 불안정성, 저임금 문제를 겪고 있는데, 그 이유는 추방당한 (또 신자유주의 정책이 사실상 대량으로 죽이고 있는) 사람 수와 맞먹는 수의 일자리가 만들어진다고 볼 수 없기 때문이다. 마찬가지로, 쫓겨난 사람들에게 소득을 보장해 줄 방법이 있으리라고 기대하기도 어렵다.

그런데 무엇보다도 세계의 모든 거주민이 전적으로 돈에 의존해야만 생존할 수 있다면, 우리는 자유를 얼마나 누릴까?

산업화된 농산물, 신자유주의 형태를 한 농산물이 땅을 오염시키고, 우리 몸의 건강을 해치며, 환경을 완전히 파괴하는 지금, 우리는 정말로 논의를 돈의 유무 문제로만 한정 지을 수 있을까?

1차 녹색 혁명은 농업 근대화로 전 세계 기근을 해결하겠다는 엄청난 공약을 내걸었으나, 실제로는 기근을 양산하여 많은 이들을 굶주림에 빠뜨렸다. 질이 좋은 대규모 땅을 강제수용함으로써 기근이 발생했고, 강제수용에 앞서 종종 군사적 개입이 있기도 했다. 오늘날 우리는 녹색 혁명 이전보다 더욱 심각한 기근을 겪고 있다. 녹색 혁명은 농업 관련 거대 산업체들에 상당한 이윤을 안겨 주는 동시에 많은 사람에게 고통을 안겨 주었다. 이들의 땅이 강제수용되고, 토양이 화학적으로 오염되고, 생물 다양성과 전체 생태계가 무너지며, 생명 및 식량 자원의 풍요로움을 보호하는 장치도 파괴되었다. 1차 녹색 혁명 이래로 추방당한 주민들에게는 과잉 인구라는 꼬리표가 붙었고, 인구 폭증을 암시하는 우려스러운 징후는 점차 늘고 있다. 나는 녹색 혁명이 전쟁의 궤도를 따르고 있다고 자주 지적하는데, 녹색 혁명이 심각한 불평등과 갈등을 만들어 내기 때문만은 아니다. 녹색 혁명과 전쟁이 궤를 같이 한다고 이야기한 또 다른 이유는, 둘 다 땅을 강제수용하고 오염시키기 때문이다. 하나는 화학 제품을, 다른 하나는 갈수록 치명적으로 변해 가는 군사 장비를 이용해 땅을 무한히 훼손하고 이전으로 돌아갈 수 없는 상태가 되게 한다. 토지 인클로저가 일어나면 그에 상응하여 인간 인클로저도 확산하고, 인간은 거대 도시를 둘러싼 몰락의 띠 안에, 즉 난민촌과 임시 수용소에 갇히게 된다.[3]

'2차 녹색 혁명'이라는 용어는 유전자 변형 종을 재배하는 쪽으로 옮겨간 현실을 가리키며 특히 체계의 도입과 관련이 있다. 이 전환은 다국적 기업들이 사실상 씨앗의 생식력을 전유하는 과정, 즉 씨앗을 사유화하고 씨앗의 유전적 자산을 조작하는 과정을 보여 준다. 씨앗은 탄생, 성장, 소멸, 부활을 되풀이하면서 생명이 저절로 재생하는 체제를 대변하는데, 앞서 말한 과정을 통해 다국적 기업들이 이 체제를 사유화하고 울타리를 친 것이다. 자연 종자는 언제나 공통장으로 취급되었고, 소농들은 자연 종자를 선별하여 해마다 교체하고 새로 심었다. 그리하여 자연 종자는 생명 및 풍요의 원천을 이루었고, 이는 자본주의적 지배가 미치치 못하는 영역이었다.[4] 유전자 변형 물질이 우여곡절을 겪는 동안, 자본은 주민들이 가지고 있던 천 년 된 지식을 강제수용하는 데 성공했다. 주민들은 자연과 협력하면서 종자는 물론 자연 진화가 만들어 낸 생물 다양성을 향상시켰고, 이 협력 활동은 주로 여성이 담당했다. 5세기 전만 해도 강제수용 및 인클로저는 '오로지' 토지와 관련된 것이었으나, 오늘날에는 생명의 핵심 원천과 생물 다양성, 그리고 풍요로움을 획득할 수 있게 해 주는 지식에까지 이르고 있다. 자본은 이 같은 자원을 활발하게 포획하여 고수익을 얻고, 주민의 자유와 자급자족을 제한하려 했다. 그 결과 전 세계 인류는 시장–실험실에 더 많이 의존하고, 돈이 인류의 삶 전체를 좌우하며, 생사를 결정하는 생명(과 질병)의 근원을 통제하거나 관련된 지식을 가질 수 없다. 이런 과정을 거쳐 신자유주의가 매우 쉽게 확산했다. 신자유주의의 목표는 어떤 반대에도 부딪치지 않고 노동 환경 및 생활 환경을 악화시키는 것이다. 식량 자급자족은 실제로 마을 차원에서 저임금 그리고 적절하지 못한 생활 환경에 저항할 수 있는 가공할 만한 기회를 제공해 왔다.

나아가 2차 녹색 혁명은 신자유주의적 명령을 좇아 토지 및 물 사유화 정책을 시행했다. 이 신자유주의적 명령에 따르면, 생명의 원천을 포함한 모든 재화는 기본적으로 수출에 적합하게 만들어진 하나의 상품이 되어야 한다.[5] 〈세계무역기구〉로 연결되는 다국적 기업들이 누구보다도 많은 지지를 보내는 세계화 정책들이 이 신자유주의적 명령을 보완한다. 이 세계화 정책들의 대대적인 파괴 전략은 대체로 다수의 개발도상국에 관세 폐지를 강요하는 방식을 취한다. 그리하여 산업화된 나라들에서 높은 보조금 혜택을 받은 농산물을 가지고 개발도상국을 침략하고, 소규모 지역 생산자를 황폐하게 만들었다. 유전자 변형 종자를 강요하는 것 자체가 소농을 파괴하는 행위로, 강요당한 소농은 다국적 기업에 의존하고 씨앗과 살충제를 구입하기 위해 높은 비용을 지불해야 한다. 그러는 동안 수확량은 다국적 기업들이 약속했던 것에 미치지 못하고, 〈세계무역기구〉가 강요한 시장 자유화 때문에 농산물 가격이 하락하여 소득은 상쇄된다.

오늘날 토지 강제수용은 특히 토지의 생식력을 전유하고 뒤집어엎는 방식으로 이뤄지고 있는데, 이 방식으로 동일한 발전 모형이 재생산되어 대다수는 살던 곳을 떠날 수밖에 없으며, 전 세계의 노동력은 또다시 계층화되어 노예 상태에 이르게 된다. 자연스러운 생명 재생산 체제를 조작하는 행위, 특허, 국제 부채, 구조 조정은 모두 이 게임의 구성 요소이고, 현행 체제는 이 수법들을 사용하여 식량 독재를 확립, 주민들을 가능한 최대로 의존적인 상태이자 각종 잠재적인 협박에 취약한 상태로 만들려고 한다. 식량 독재를 무효화해야 할 필요성을 다루기 전까지, 세계 곳곳에서 일어나 싸우고 있는 모든 행동주의와 민중 운동은 튼튼하지 않은 토대 위에 세워진 집에 지나지 않을 것이다. 소농 운동은 토대를 마련해야만 한다. 소농 운동은 땅과 새로운 관계를 맺는 것을 추구하고, 이 관계는 신자유주의적인 농업 형태가 땅과 맺고 있는 관계와 완전히 상반된다. 땅과 새롭게 관계를 맺는다는 것은 현행 발전의 토대를 거부하는 행위이다. 그런데 땅과 새롭게 관계 맺는 꿈을 꾸려면 현행 발전의 조건을 뒤엎고, 대안적인 발전 형태를 세울 토대를 만들어야 한다.[6] 자본주의적으로 가치가 있는 부富를 만들어 내려면 기근과 죽음의 확산이 반드시 전제되어야 한다는 주장에 반대하는 한, 대안적인 발전 형태를 세울 토대를 구축하는 일은 비범한 작업이 될 것이다. 이처럼 대안을 만들어 가는 일은 '식량 주권'의 의제이다.

사라진 사람들의 캐러밴 행렬

구조 조정 정책이 시행된 여러 나라에서 특히 1980년대에 성장한 네트워크들이 이 새로우면서도 오래된 소농 담론에 주목했다. 이 네트워크들은 특히나 1990년대에 전 세계의 이목을 끌었는데, 정보 기술이 제공해 준 새로운 의사소통의 기회, 그리고 신자유주의적 세계화에 반대하는 대규모 시위 덕분이었다. 네트워크들은 시위에서 극히 중요한 역할을 했고, 사빠띠스따 봉기 이후 열린 대륙 간 회의가 그 출발점이었다. 이런 모임들이 진행되면서나 캐러밴을 타고 1999년 시애틀 〈세계무역기구〉 반대 시위를 준비하면서 소농, 어업 노동자, 토착민, 다른 농촌 사회 주체들의 움직임이 북반구에 알려졌다. 발전이 진행되면서 사라진 사람들의 존재가 북반구에 알려졌는데, 좌파를 포함한 당시 북반구의 정치문화는 농업 문제를 저버리고, 농촌 사회를 과거로, 후진적인 영역으로 강등시켜 버린 상태였다. 또, 농업 관련 거대 산업체들이 내놓은 새로운 명령을 피할 수 없다고 여기고, 무엇보다도 이 거대 산업체들이 새로운 계획 속에서 전략적 위치를 차지해 인류를 지배하려 한다는 점을 알아차리지 못했다.[7] 다른 한편으로, 운동에 대한 관심은 불안정성 및 시민 소득,[8] 그리고 새로운 정보 기술이 열어젖힌 해방 가능성 같은 쟁점을 둘러싸고 분열되어 있었다. 그런데 북반구 역시 마찬가지로 식량 위기를 겪었고, 식량이 부족해서가 아니라 식품 부문에서 비리와 공포가 계속되면서 생겨난 불안감 때문이었다. 북반구에서는 농촌의 중소 규모 사업체들이 문을 닫는 사례가 점점 더 많아지면서 일자리가 계속해서 사라지는 위기 상황도 발생했다.[9] 앞으로 자세하게 살펴볼 '식량 주권' 쟁점은 지리적 지역에 맞게 서로 다른 방식으로 다뤄야 하지만, 남반구와 북반구에 모두 존재하는 다양한 농촌 지역의 핵심 요구 사항에 응답한다. 그뿐만 아니라 지배 모형에 반하는 대안 농업 모형을 시행할 필요성으로 수렴되는 도시 지역의 쟁점들과도 호응한다. 지배 모형은 기업가적인 단일 재배 경향을 띤다는 특징이 있다. 단일 재배 경향은 소농 형태의 노동을 주변화하고, 고용을 대폭 줄이며, 이른바 '주기가 긴' 방식을 따르는데, 이 방식은 생산자와 소비자 사이의 거리를 늘리고, 보조금 형태로 제품 가공 및 마케팅 단계에 보상을 안겨주면서 최초 생산자, 즉 소농에게 손해를 입힐 뿐만 아니라, 식품의 신선도 및 신뢰성, 생산 과정의 투명성에도 해를 끼친다. 지배 모형은 주로 수출, 즉 세계 시장에서 경쟁하는 데 적합하도록 맞춰져 있어서 더 저렴한 생산지, 그리고 '다른 모든 상품과 마찬가지로' 식품을 판매할 때도 더 수익성 좋은 시장을 찾고, 시장의 자유주의적 세계화를 위한 지리적 영역의 특화를 추구하며, '다른 모든 상품과 마찬가지로' 식품도 장거리 운송에 잘 견뎌야 하기 때문에 화학 물질을 투입하고 자연을 유전적으로 조작한다.[10] 흥미롭게도 러시아에는 토마토 품종이 1,500가지가 있지만, 그 어떤 품종도 장거리 운송을 할 수 없다. 앞으로도 그러길 바란다. 앞으로도 인류가 장거리 여행길의 길목마다 무언가 새로운 것을 발견할 수 있기를.

캐러밴 행렬은 〈비아 깜뻬씨나〉로 연결된 농민 단체들을 유럽으로 데려왔고, 상대방의 전략에 버금가는 대안적인 제안도 함께 가져왔다. 소농 중심 농업, 전통 체계 재확립, 세계 시장보다는 지역에 초점을 맞추어 주민이 자율성을 최대한 가지고 자급자족하는 것이 대안적인 제안의 목표였다. 이 제안은 자본주의적인 식량 정책에서 완전히 해방되기로 결의했는데, 자본주의적인 식량 정책은 판단할 수 없는 식품을 생산해 내는 능력을 이용하여 근본적으로 다국적 기업들에 수익을 떠먹여 주면서 점점 더 많은 주민을 굶주리게 만들었다. 1996년 로마에서 〈유엔식량농업기구〉가 발표한 보고서에 따르면, 8억 4천만 명이 굶주림에 시달리고 있다. 〈유엔식량농업기구〉는 기아에 허덕이는 사람 수가 2015년 무렵이면 반으로 줄어든다고 보았지만, 예상과 달리 그 수는 지난 10년간 8억 5,400만 명으로 늘었고, 그중 8억 2천만 명이 개발도상국에 거주한다. 1996년에는 12억 명이 심각한 식량 부족 사태를 겪었는데, 그 수는 이제 17억 명으로 늘어났고, 주로 아시아와 사하라 사막 이남 아프리카에서 증가했다. 〈유엔식량농업기구〉의 보고 내용을 보면, 농업이 활발하지 않은 곳에서 기아가 더 많이 발생하고, 물에 접근할 수 없는 곳에서는 농업이 존재하지 않으며, 굶주림으로 고통스러워하는 사람 네 명 중 세 명은 농촌 지역에서 물과 흙 같은 자연 자원에 의존해 살아간다.[11] 하지만 인간과 자원이 맺고 있는 관계는 심각하게 훼손되었다. 유전자 변형 종자를 재배하는 지역은 파멸적인 결과를 맞이할 위험이 있다. 물, 흙, 씨앗은 분리해서 다룰 수 없는 문제들인데, 이들이 자연이라는 하나의 신체에 속하는 기관이기 때문이다.

인도에서는 형질전환 목화를 재배하는 소농이 부채 때문에 파산하고 스스로 목숨을 끊는 사례가 수만 건이나 접수되었다. 인도 〈국가중앙사무국〉에 따르면, 2004년에 자살이 1만 6천 건 발생했고, 안드라프라데시주(州)에서는 그 해 상반기에만 1,860건이 발생했다.[12]

중국은 근대화 과정을 거치며 자살률 최고 국가가 되었다. 〈세계보건기구〉에 따르면, 연간 일어나는 자살 100만 건 가운데 2003년에는 28만 7천 건이 중국에서 발생했다. 그중 15만 7천 건이 가난하며 흔히 학대받는 농촌 지역 여성들과 관련된 것이었다. 지난 10년간 중국, 말레이시아, 스리랑카, 트리니다드에서 자살한 사람의 60%에서 90%가 농약을 삼켜 스스로 목숨을 끊은 것으로 추정된다.[13] 〈세계보건기구〉 자료에 따르면 농약을 삼켜 자살을 감행하는 경우가 다른 많은 아시아 국가와 중남미 국가로 확산했다.

1988년 이후로 8,995명이 유럽으로 들어오려고 시도하다가 목숨을 잃었는데, 그중 6,503명이 지중해와 대서양에 빠져 사망한다.[14]

성별과 관계없이 세계적으로 점점 더 많은 개인이, 장래에 집단 학살 정책의 희생자가 될 운명을 받아들여야만 할지, 아니면 이 운명에 대항할 대안을 찾아야 할지 묻는다. 무엇을 할 텐가, 즉 어떻게 이 정책의 본색을 폭로하고, 이 정책에 반대하며, 자신의 삶과 영혼을 구해 낼 것인가 묻는다.[15] 1990년대 이후로 신자유주의적 세계화에 반대하여 각국 소농 단체들이 모인 국제 네트워크는 이 질문에 직면하고 해결책을 제시했다.

무엇을 할 것인가

〈비아 깜뻬씨나〉가 대안으로 식량 주권 제안을 창안했다. 〈비아 깜뻬씨나〉에는 단체 70개, 회원 5천만 명이 참여하는데, 그 방대한 규모 때문에 네트워크를 아우르는 네트워크라고 알려져 있기도 하다.[16] 농업 노동자들이 벌이는 이 국제 운동은, 1992년 니카라과의 마나과에서 중미, 북미, 유럽 출신인 소농 운동 구성원들이 〈전국농축산업자연합〉 회의 참석차 모이면서 구체화되었다. 〈비아 깜뻬씨나〉가 형식을 갖추고 지침과 체계를 갖춘 세계적인 조직이 된 건 1993년 벨기에 몽에서 열린 첫 번째 대회에서였다. 두 번째 세계 대회는 1996년 멕시코 뜰락스깔라에서 개최되었는데, 37개국에서 온 단체 69개가 참가했다. 이 두 번째 세계 대회는 중소 규모 농업 노동자들이 관심을 두고 있는 문제에 초점을 맞추었다. 다시 말해, 토지 접근성, 농업 개혁, 지속 가능한 농업, 신용 거래 조건, 국제 부채, 적정 기술, 여성의 참여, 농촌 개발 및 기타 쟁점들도 다루었지만, 무엇보다도 식량 주권에 중점을 두었다. 이런 관점과 프로젝트가 전 세계적으로 출범한 것은 같은 해(1996년 11월 13일부터 17일까지) 로마에서 〈유엔식량농업기구〉 세계식량정상회의가 열리는 동안 대안으로 개최된 비정부기구 회의에서였다. 대안 회의는 또한 '식량에 대한 여성의 날'을 주최했는데, 〈비아 깜뻬씨나〉 회원들을 포함하여 각국에서 온 여성 다수가 참여했다.[17] 이후 〈비아 깜뻬씨나〉는 6개 지역, 즉 유럽, 동북 및 동남아시아, 북미, 카리브해 지역, 중남미로 확대되었다. 이보다 덜 알려진 네트워크 중 몇 가지만 예로 들면, 먼저 브라질의 〈무토지농민운동〉이[18] 있다. 〈무토지농민운동〉은 투쟁하고 토지를 점거한 역사를 가지고 있으며, 50만이 넘는 점거 가구를 하나로 묶는다.[19] 조제 보베가 참여하는 프랑스의 〈농민연맹〉은 프랑스 농민의 약 3분의 1을 대표하는 네트워크이다. 또, 1986년 미국에서 설립된 〈전미가족농협회〉와 〈필리핀 농민운동〉도 있다. 〈카르나타카 농민조합〉은 1980년 이후 인도에서 회원 1천만 명이 참여하여 설립되었다. 〈카르나타카 농민조합〉은 방갈로르에[20] 자연 종자 은행을 만들어 주민이 재배할 수 있는 종자를 무상으로 배포한다.

2007년 2월 아프리카 말리의 셀링게에서 개최된 닐레니 회의에는 자발적으로 활동하고 있는 농업 노동자 및 다른 농촌 사회 구성원들이 참여했다. 아프리카 대륙에서도 노동과 협력의 새로운 네트워크를 시작하는 게 매우 중요했다.

내가 앞서 주장한 대로, 식량 주권 개념은 해당 국가의 상황에 맞게 계속해서 발전시켜 나가면서 적절한 방식으로 구체화되어야 한다.

1996년 로마에서 우리의 관심사는 식량 주권 개념을 식품 안정성food security 개념과 구분하는 것이었다. 우리는 어떤 먹거리든 타인이 생산과 유통을 결정하는 것에 접근할 수 있는 단순한 권리가 아니라, 모든 주민이 토지 및 저금리 대출에 접근할 수 있는 상태에서 무엇을 먹을지, 그 먹거리를 어떻게 생산할지 결정할 수 있는 권리를 확인하고자 했다. 더 분명히 말하자면, 우리의 목표는 땅은 물론 땅의 혈관을 타고 흐르는 물에 접근할 기회, 땅에서 살아가는 동식물의 생물 다양성에 접근할 기회를 가지는 것이었다. 또, 땅, 물, 생물 다양성 같은 원천이 재생하도록 해 주는 완벽히 지속 가능한 방법을 채택해, 생명을 재생산하는 이 핵심 원천들, 우리가 영양분을 얻을 가능성의 토대가 되는 이 요소들을 관리할 수 있도록 하는 것이 목표였다.

땅, 그리고 식량 생산 및 유통과 맺는 새로운 관계의 뼈대를 이루는 것은, 다른 어떤 상품보다도 식량은 공통장이라는 발상이다. 이 발상에서 시작해 기본적으로 모든 이가 식량을 가질 권리, 생존할 권리가 구체화된다.

우리가 그리는 미래의 모습은 세계 시장에서 벌이는 경쟁이 아니라 소농 간의 협력, 연대, 평등이다. 이때 소농은 정직하고 다채로운 농산물을 지역 및 국내 시장에, 그 외에 남는 부분은 다른 시장에 제공하려고 노력한다. 소농의 주요 관심사는 자기 지역 주민이 가진 식품 관련 요구를 충족하는 것이다. 에스키모인조차 언제나 독자적인 식량 체계를 사용했다는 점을 고려할 때, 독자적인 식량 체계로 누군가의 요구를 만족시키지 못할지도 모른다는 의심은 떨쳐 내야 한다. 세계 곳곳에서, 심지어 극한의 환경에서도 주민들은 항상 지역의 요구를 충족하는 식량 생산 체계를 어떻게든 만들어 냈다. 더욱이 연대와 협력, 평등의 전망은 생산자와 소비자의 관계에도 영향을 미친다. 생산자와 소비자는 서로의 생존을 보장하는 존재들이다. 땅은 많은 사람에게 노동과 삶의 기회를 제공해 주지 쫓아내지 않는다. 사람들이 강제로 이주하는 것은 빈곤 때문이거나 농업 근대화 및 다른 부류의 자본주의적 투자(댐과 도로 건설, 채굴, 석유 굴착 등)로 추방되기 때문이다.[21]

보베는 프랑스 같은 북반구 나라에서조차 "첫 번째 형태의 주권은 식량 주권, 즉 먹고 살 권한 그리고 무엇을 어떻게 먹고살지 결정할 권한"이라고 주장한다.[22] 또, 소농 중심 농업을 하는 한 땅은 많은 사람에게 노동과 삶의 기회를 제공해 준다고 주장한다. 보베는 이것이 가능하려면 몇 가지 요건, 즉 두 가지 조건, 세 가지 차원, 열 가지 원칙 및 한계치 준수의 경계선 혹은 공간 안에서 만들어진 접근법을 충족시켜야 한다고 주장한다.[23] 첫 번째 원칙은 소농끼리 경쟁하지 않고 연대하는 것이다. 두 가지 조건은 산업화와 집중을 선호하는 대신 농부들이 계속 살아갈 수 있게 만드는 정치 환경을 만들고 자기 단체에서 주도권과 책임의 여지를 확보하기 위해 농부들 스스로 선택을 내리는 것이다. 소농의 결정과 정부 정책 모두 생산물 분배에 도움이 될 수 있다. 세 가지 차원에 대해서는 보베가 다음과 같이 주장한다. 첫 번째는 사회적 차원으로, 직업 기회, 소농 간 연대, 전 세계 각 지역 간, 그리고 농민 간 연대를 바탕으로 한다. 이때 모든 농민과 지역이 가지고 있는 생산할 권리를 반드시 존중해야 하는데, 그렇지 않으면 권력자들이 다른 사람들의 생존권을 주무르게 될 테고, 인간이 균형을 유지하면서 살아갈 여지는 사라질 것이다. 산업화와 그에 따른 영농 기업들의 집중화로 생산이 늘어나는 한편 노동자 수는 점점 더 많이 줄어든다. 두 번째 차원은 농업과 관련되는데, 이때 농업은 경제적으로 효율적이어야 하고, 선택된 생산 수단 및 생산량에 더해 부가 가치를 창출할 수 있어야 한다. 상대적으로 많지 않은 생산량을 가지고도 소농이 계속해서 살아갈 수 있어야 하는데, 그래야만 많은 수의 노동자가 실제로 계속해서 일하는 상황을 조성할 수 있기 때문이다. 경제적으로 효율적인 생산 유형과 고품질 생산은 함께 이뤄진다.[24] 이 조건은 보베가 말하는 네 번째 원칙을 살펴보면 더 잘 이해할 수 있는데, 풍족한 자원은 가치화하고 부족한 자원은 절약해야 한다는 것이다. 노동력은 분명 풍부한 자원이므로 노동력을 더 많이 활용하여 가치화해야 한다. 노동력을 자본으로 대체하기 위해서는 보통 재생이 불가능한 에너지를 엄청나게 소모해야 한다.[25] 보베가 자신의 연설 내내 제시하려던 바와 같이, 노동력을 자본으로 대체하면 과도한 수준의 부채를 낳고, 생활 속에서 지속적이고 감당할 수 없는 압박을 겪게 된다. 이 네 번째 원칙은 투자 및 혁신을 불가피하게 여기는 생산주의자적, 과학 기술 전문가적 접근법에 대한 비판이자 거부이다. 영농 활동으로 생물 다양성 및 환경을 보호하고, 이 보호 활동으로 자연이 존중받는 것과 마찬가지로 소비자가 존중받고 건강한 식품을 제공받아야 한다는 점이 세 번째 차원이다. 한계치 준수의 경계선이란 이런 원칙들을 채택함으로써 도출되는 한계치를 확인하는 여지로서, 토양이 수용할 수 있는 최대 동물 수, 1헥타르당 허용되는 질소의 최대 수준 등이다. 보베는 소농 중심 농업의 세 가지 요소를 생산, 일자리 제공, 보존으로 규정한다. 이 세 가지는 상호 의존적으로 작용한다. 생산이 끊임없이 증가한다고 생각하지 않는 이유는 소농이 생산을 하는 것 외에도 동식물종의 서식지이자 사회적 관계를 위한 활기차고 역동적인 환경으로서 지역 전체를 관리하는 역할을 하고 있기 때문이다. 그러므로 소농과 지역 내 다른 인물들의 관계가 대단히 중요하다. 축산업자이자 보베의 동료인 프랑수아 뒤푸르는 다음과 같이 말했다. "우리 목표는 생산이 아니며, 우리 노동도 생산을 위한 게 아니다. 우리는 지역에 거주하고, 그 지역을 관리하며, 농촌과 사회적 관계를 만들어 간다."[26] 뒤푸르의 말을 시작으로 소농 중심 농업 프로젝트는 첫걸음을 내디뎠다.

지금까지는 소농 중심 농업 프로젝트의 몇 가지 특색을 강조했을 뿐이다. 그럼에도 남반구와 북반구 소농들이 무엇보다 연대·책임·한계 감각이라는 쟁점을 두고 완벽히 합쳐지는 현상이 나타나고 있음을 분명하게 볼 수 있었다.

그렇다면 식량 주권은 생산 및 사회적 관계를 대안적인 방식으로 조직하는 프로젝트, 소농 중심 농업에 바탕을 둔 새로운 사회 프로젝트를 가리킨다고 볼 수 있다. 이 프로젝트는 산업적인 농업 모형 및 단일 재배와는 대조적으로, 많은 사람에게 노동 기회를 제공한다. 산업적인 농업 모형 및 단일 재배는 사람들에게서 소득은 물론 자율성과 정체성을 너무 자주 빼앗는데, 특히 소규모 생산자들이 다국적 기업의 종업원이 되는 경우에 그러하다. 모든 면에서 지속 가능한 농업 모형이 가능한가가 쟁점이다. 요컨대 경제적, 사회적, 환경적으로 지속 가능한 농업 모형, 자연이 재생하도록 하는, 해마다 다시 수확하고 열매를 딸 수 있도록 허용함으로써 자연을 존중하는 전통 방식을 재확립하는 농업 모형은 식량 주권으로 가는 길에서 핵심적인 요소이다. 모든 면에서 지속 가능한 농업은 가축을 다시 땅 위에서 사육하고, 농업과 임업이 통합된 경작 체계를 활용하며, 무엇보다도 서로 다른 종을 재배하자고 말한다. 이런 농업 유형이 확산해야만 모든 사람이 먹거리를 더 잘 보장받을 수 있고 영양분을 섭취할 기회를 얻을 수 있다. 그 이유는 여러 가지이다. 먼저, 이 농업 유형은 서로 다른 지역이 가진 특색에 맞춰 구체화될 수 있고, 다국적 기업이 아니라 주민이 지배하기 때문에 심지어 돈의 유무 여부와 관계없이 식품에 접근할 수 있다. 다음으로, 이 농업 유형은 다각화되어 있고, 지역 거주민에게 환경적으로나 문화적으로 적절한 식품을 제공할 수 있다. 또, 이 농업 유형은 건강하고 다채로우며 영양가 있는 식품을 보장해 주는데, 이런 식품은 대기업이 토지 대부분을 사유화한 상황에서 일부 사람만 구매할 수 있는 메마르고 균질화된 농산물 세트와는 대조된다. 나는 특히 남반구 나라들의 상황을 말하고 있다.[27] 북반구 나라들에서는 건강하고 신선하며 맛있는 고품질 식품에 접근할 수 있는지가 문제시되고 있다.

소농 중심 농업을 실천한다는 결심의 이면에서 우리는, 자본주의적 생산성이라는 속임수에 가려진 높은 비용을 지불하면서 대가를 치르는 상황을 목격한다. 그 비용은 앞서 언급한 내용을 넘어서는데, 씨앗 및 화학 제품 구입에서부터 생물다양성 상실, 토양 오염, 식품의 품질 저하 그리고 건강 및 환경 파괴에까지 이른다. 몇 가지 사례만 봐도 충분히 알 수 있다.

유럽에서 이뤄지는 집약적 사육은, 개발도상국에 있는 이른바 어둠에 잠긴 넓은 땅을 전제로 한다. 이 땅은 우리 사육 농가에 필요한 옥수수를 재배하는 데 사용되는데, 유럽 안에서 옥수수를 재배하는 데 쓰이는 땅보다 일곱 배나 더 넓다. 개발도상국은 끝도 없이 넓은 평야를 빼앗기고, 지역 주민들에게 이익을 줄 수 있었을 다각화된 농업은 할 수 없었다.[28]

이른바 백색 혁명은 인도에서 과거 신성한 존재였던 암소를 우유 생산 기계로 바꿔 놓았고, 마을의 농업 및 생활에 대단히 중요한 역할을 하던 이 동물의 다른 효용을 모두 잃게 만드는 결과를 가져왔다. 무엇보다도 논밭을 일구는 데 사용한 동력, 그리고 비료와 연료로 사용한 소똥(건조된 상태의 소똥은 인도 마을에 필요한 에너지의 3분의 2를 충족시켰다)을 더는 쓸 수 없었다.[29]

낙농업은 여성이 운영 주체였고 암소를 중심으로 번성했는데, 유제품을 만들어 내면서도 동시에 영유아와 때때로 가난한 사람들에게까지 우유 부산물을 내어줄 수 있었다. 우유 부산물은 판매되는 부분만큼이나 영양분이 풍부했다. 따라서 여성은 일련의 숙련된 손 기술 전반과 화폐 소득을 계속해서 가질 수 있었고, 이를 활용하여 가정 및 공동체의 삶을 향상시켰다. 신성한 암소가 우유 생산 기계로 바뀌어버린 요즘에는 어느 곳에서든 이 같은 모습이 모조리 사라져 버렸다. 이 동물은 오로지 하나의 효용, 즉 우유 생산 기능만 가지고 있고, 생우유는 모두 산업화된 유제품 회사로 배달된다. 아이들이 먹을 부산물과 여성을 위한 일자리를 만들어 내는 어떤 것도 남아 있지 않다.

유전자 변형 물질에 대해 기억해야 할 것이 있다. 유전자 변형 작물은 더 약해서 쉽게 질병에 걸린다는 점, 이를 막으려면 다량의 화학 제품을 사용해야 하기 때문에 토양이 황폐화된다는 점이다.

남반구의 소농들이 치러야 하는 또 다른 비용은 생물체에 대한 지적 재산권을 두고 벌어지는 거대한 분쟁이다. 남반구의 소농들은 다국적 기업들의 불법 전유에 맞서 자기 노동 및 지식의 결과물을 공통장으로 지켜내야만 하는데, 이때 생물에 대한 지적 재산권을 두고 엄청난 다툼이 생긴다.

이제까지 살펴보았듯이, 대규모 농장들의 생산성은 소농이 점차 궁핍해지는 실정을 은폐한다. 소농이 빈곤에 빠지는 이유는 앞서 언급했듯이 토지 강제수용, 식량의 원천인 생물 다양성 파괴, 농업 소득 획득의 어려움, 어떤 식으로든 임금을 받는 소수가 겪는 임금 불안정 때문이지만, 이게 다가 아니다. 소농은 국제 부채가 악화하여 빈곤에 빠지기도 한다. 대규모 경작에 필요한 물과 기반 시설에는 상당한 금액의 보조금이 지급되는데, 정부는 빚을 져서 거대 농장들을 유치하고, 그 비용은 소규모 농업 및 주민을 대상으로 한 기본 서비스를 축소시키는 방식으로 마련한다.

이 거대 농장들 배후에는 북반구 강대국들의 강압적인 요구가 자리 잡고 있다. 경제적으로나 정치적으로 영향력이 큰 북반구 강대국들은 그들에게 종속된 사람들을 전면적으로 파멸시키는 결정을 내리고, 이 같은 결정을 따르도록 강요한다. 이를테면, 지중해 연안 북아프리카 국가들(이집트, 모로코, 튀니지, 알제리)은 〈유럽공동체)나 이후에 〈유럽연합〉과 맺은 협정에 따라 수출용 과채를 생산하고 곡류와 콩류 재배를 줄여야 했다. 그 결과 지역 내 식습관 체계가 불완전해지고 자급자족률도 떨어졌다. 이 나라들은 곡류나 기름과 같이 한때는 생산했으나 지금은 수입하게 된 품목을 구입하느라고, 또 새로운 농산물 생산에 필요한 물을 공급하고 다른 필수 기반 시설을 짓느라고 점점 더 많은 빚을 졌다. 이 나라들은 또한 환경이 황폐해지는 지경에 이르렀는데, 주로 지극히 비효율적인 토양 및 물 개발이 주원인이었다. 농촌을 버리고 떠나는 소농이 증가했다. 농촌 소농들은 지중해 연안 유럽 국가(포르투갈, 스페인, 프랑스 남부, 이탈리아, 그리스)의 농업 노동자들과 새로운 농산물을 두고 경쟁하는 상황에 놓였다.

이 농업 정책으로 여성의 삶, 그리고 사회적 혜택을 받지 못하며 여성에게 의존하는 사람들의 삶은 배제당할 뿐만 아니라, 더 심각하게는 피폐하고 불안정해졌다. 게다가 여성이 자율성을 쟁취하고 가정과 공동체의 환경을 향상시키려던 노력도 타격을 입는다. 흔히 여성은 작물 종을 선별하고 경작하는 일과 음식을 준비하는 일은 물론, 소규모 수공예로 소득을 창출하면서 고군분투했다. 2006년 3월 8일, 브라질에서 여성들이 리우그란데두술주州 바라두리베이루에 있는 아라크루즈 셀룰로스Aracruz Celulose사社 농장을 점거한 사건은 의미심장하다. 유칼립투스는 물을 엄청나게 빨아들이고 토양을 처참하게 파괴하는 식물로 악명이 높다.[30] 여성들은 유칼립투스를 단일 재배하는 녹색 사막이[31] 늘어나 사회나 환경을 막대하게 파괴하는 현실에 관심을 모으려고 애썼다. 점거 행동 후 이 여성들은 포르뚜알레그리에서 열린 '세계 여성의 날' 시위에 동참하여 전 세계 농촌 및 도시 지역에서 일하고 있는 여성들과 연대하고 있음을 보여 주었다. 그사이 같은 도시에서는 〈유엔식량농업기구〉가 농업 개혁 및 농촌 개발을 주제로 회의를 주최하고 있었다.

'닐레니 선언'은 식량 주권을 논의할 때 중요한 요소들을 강조하는데, 이 요소들은 〈비아 깜뻬씨나〉의 문서에서도 되풀이되는 핵심 질문들이다. 발전이 진행되면서 사라진 이들, 탈주한 이들 모두가 닐레니 포럼에 모였다. 소농, 전통 방식을 따르는 어업 노동자, 토착민, 토지가 없는 사람, 농촌 노동자, 이주민, 유목 생활을 하며 가축을 치는 목축민, 숲에 거주하는 공동체들,[32] 여성, 남성, 청년, 소비자, 환경 운동 및 도시 운동 구성원들이었다.[33] 80개가 넘는 나라에서 온 대표자 500명 이상이 참석한 닐레니 회의는 다양한 네트워크가 힘을 합쳐 노력한 결과물이었다. 네트워크들 가운데는 〈비아 깜뻬씨나〉, 〈서아프리카 농민단체및생산자네트워크〉, 〈어류채취자 및 어업노동자 세계포럼〉, 〈세계어민포럼〉, 〈국제식량주권계획위원회〉, 〈세계식량주권네트워크〉, 〈세계여성행진〉, 〈지구의 벗〉이 있었다.

농업에서 여성이 맡은 핵심적인 역할을 보여 주기 위해 닐레니 회의의 준비 단계로 〈여성포럼〉이 열렸다. '닐레니 선언'을 하면서 즉각적으로 대두한 요점은 특히 윤리·책임·한계 감각과 관련된 차원이었다.

우선, 식품 생산자들이 인류의 미래를 책임지는 중대한 역할을 맡고 있음을 스스로 잘 알고 있고, 건강하며 질 좋은 식품을 풍부하게 제공하여 그 미래를 만들고 싶어 한다고 '닐레니 선언'은 강조한다. 따라서 우리는 그들이 책임감 있고 윤리적이며 관대한 태도로 이 역할을 맡을 것임을 알고 있다. 여러 가지 경우에서 확인할 수 있듯이, 자본주의 및 신자유주의 정책들은 생산자의 이런 다짐을 방해한다. 1, 2차 녹색 혁명이 진행되면서 완성된 이 무책임한 정책 앞에서, '닐레니 선언'은 땅과 인간 모두를 책임지는 농업으로 맞선다.

'닐레니 선언'은 여성과 토착민이 역사적으로 식량 및 농법을 만드는 가장 중요한 주체였으나 대체로 과소평가되기도 했다고 인정한다. 책임감을 가지고 그들이 만들어 낸 유산을 보존하고 재확립하며, 그들의 능력과 지식을 계속해서 발전시키겠다고 선언한다. 미래 세대는 물론 과거 세대를 위해서도 여성의 노동과 지식을 지키고, 그들이 기울였던 노력을 부정하지 않겠다고 선언한다.

여성의 노동과 지식이라는 유산을 계속 발전시켜 나가야 한다고 '닐레니 선언'은 요구한다. 그러려면 식품 생산자, 소농, 어업 노동자, 농민이 토지, 논밭, 물, 씨앗, 동물 그리고 생물 다양성에 접근하여 이를 관리할 수 있도록 온전한 권리를 가져야 한다. 또, 여성이 전적으로 중심적인 역할을 맡을 권리가 있음을 인정하고, 그 권리를 지켜야 한다. 여성의 권리 문제는 식량 생산에서 결정적인 부분이기 때문에, 그에 걸맞게 여성이 모든 의사 결정 기구에 대표 자격으로 참여할 수 있게 하여 여성의 권리를 보장해야 한다. 식량 주권을 지향하는 소농 및 어업 노동자 단체가 이 같은 원칙을 엄격하게 따르면서 남녀의 동등한 대표제를 실시한다는 사실을 지적하고 싶다. 반대로 산업적인 농어업 경영은 여성이 소농으로서, 장인으로서, 또 생선을 손질하고 판매하는 사람으로서 이전까지 가지고 있던 수많은 기술을 빼앗아 가 버렸다. 산업적인 농어업 경영은 여성이 제 역할을 하지 못하게 막고, 그들의 가치를 깎아내리고, 그들을 궁핍하게 만들었으며, 그 결과 여성은 개인 및 조직의 폭력에 더 많이 노출되었다. 여성은 의사를 결정하는 역할을 맡음으로써 자율적으로 살아갈 기회를 가질 수 있다. 여성이 의사를 결정하는 역할을 할 수 없는 것은 매우 중요한 문제인데, 식량 주권을 쟁취하려는 전 세계적인 투쟁에서 남성은 반드시 조직화된 여성들과 나란히 싸워 나가야만 하기 때문이다. 2007년 5월 13일부터 15일까지 네팔 포카라에서 열린 회의에 네팔 각지의 소농 지도자 약 1,500명이 참석했다.[34] 관련 단체가 모두 참여하고 참석자의 45%는 영향력 있는 여성 대표단인 역사적 사건이었다. 결국, 투쟁 및 단체 활동에 참여함으로써 흔히 여성은 가장 힘겨운 상황에서도 자기 활동을 억압하거나 제한하는 전통을 바꿔 나간다.[35]

'닐레니 선언'은 더 나아가 세 가지 핵심적이고 상호의존적인 쟁점들을 정면으로 마주한다. 하나는 서로 다른 사람들이 자기 노동의 산물에 의존하여 자기 나라에서 성장하고 품위 있게 살아갈 기회를 가질 권리이다. 말하자면, 이민을 떠나거나 빈곤에 빠져 죽어 가도록 강요당하지 않을 권리를 말한다. 다른 하나는 농촌 환경, 수자원, 풍광, 전통 음식을 보존하고 재확립할 가능성이다. 여기서는 환경, 토양, 토지, 물, 바다, 씨앗, 동물, 생물 다양성을 존중하고 지속 가능한 방식으로 관리하는 것이 전제되어야 한다. 진정성을 가진 통합적인 토지 개혁을 실행하여 소농이 자기 토지에 전권을 가지도록 하고, 토착민의 땅을 보호하고 되찾도록 한다. 어업 노동자가 어업 수역과 그곳 생태계에 접근하고 생태계를 관리할 수 있도록 한다. 또, 유목 생활을 하는 목축민이 가축을 방목 및 이동 방목할 권리를 인정한다. … 그리고 농촌 청년에게 미래를 제시한다. 젊은이들이 농촌에서 달아나기만을 바란다는 말은 사실이 아니다. 남반구와 북반구를 가리지 않고 모두 남녀 구분 없이 농촌에서 일하고 싶어 하며, 특히 제대로 된 환경에서 대안 농업을 하고 싶어 한다.[36] 2007년 4월 25일에 나온 호소를 주목할 필요가 있다. 이 호소는 G8[37] 정상회담을 둘러싸고 로스토크 행동을 위해 준비하면서 나왔는데, 여기서 젊은이들은 6월 3일에 만나기로 계획했다. 산업화된 농업이 확대되면서 매년 유럽에서 농기업 30만 개가 폐업을 강요당한다는 점, 산업화된 농업이 환경의 질적 저하에도 책임이 있다는 점을 호소했다. 투기와 이자율 때문에 토지 임대료가 상승했고, 그 결과 지속 가능한 방식으로 토양을 일굴 권리를 거부당했다는 점을 젊은이들은 강조했다. 결과적으로 땅을 가진 농가 출신이 아닌 한 땅을 일굴 권리를 가질 수 없으며, 산업화된 농업 발전 유형 때문에 많은 사람들이 농사를 포기한다. 젊은이들은 또한 '경제협력협정'을 비난했는데, '경제협력협정'에 따라 〈유럽연합〉은 아프리카·카리브해·태평양 지역 국가군(총 76개국이며, 그중 39개국을 가장 덜 발전된 국가로 분류한다)에서 거의 모든 유럽 제품의 관세를 폐지하라고 강요한다.

'닐레니 선언'에서 알 수 있듯이, 자연재해, 인재, 전후 상황에서 지역 내 재건 활동을 강화하고 부정적인 영향을 최소화하려면 식량 주권이 보증서 역할을 해야 한다. 공동체가 타격을 입고 버림받는다고 해도 독자적인 수단을 바탕으로 굳건하게 결속하면 회복하고 재건할 수 있기 때문이다. 식량 원조 정책은 식량 주권의 대척점에 있다. 식량 정책의 다른 한 면인 식량 원조는 보통 너무 늦게 '잘못된' 대상에 도달하고, 적정량의 식품 공급이 이뤄지지 않거나 이미 건강에 해롭다고 판명된 유전자 변형 식품을 보내며, 지역 생산을 더욱 약화시킨다.

이 글에서는 간략하게 논의하느라 핵심 쟁점에만 주목하고 다른 문제들은 다루지 않았다. 지금까지 전면에 부상한 내용은, 지역에서 시작하는 새로운 방향을 따르겠다는 결심과 다짐, 지역 통제권 회복, 소수가 행복하려고 다수가 굶주리지 않는 새로운 사회 프로젝트를 만들어 내는 것이다. 이 쟁점들이 매우 중요한 이유는 식품 생산자들이 하는 일이기 때문이다. 식품 생산자들은 상황을 180도 전환하는 계기를 마련할 수 있다. 소농은 우선 자신이 생존할 기회, 나아가서 자신과 타인의 삶의 질에 의문을 제기함으로써 자기 노동의 의미, 땅이나 다른 인간과 맺고 있는 관계의 의미를 물었다. 다른 길을 가겠다는 결심은 대단히 중요하다. 단언컨대 소농은 '자본주의적인 경향과 나란히 움직일 수 있다'고 믿지 않는다. 자본주의적인 경향이야말로 강제수용 정책을 쓰면서 땅과 인간의 생명 주기를 무시하고 땅과 인간을 모두 파괴하기 때문이다. 다른 농업 유형을 시행할 필요가 있다. 자본의 터무니없는 움직임에 맞서 소농은 굶주림을 해결할 방법을 찾고 의미 있는 대안을 세운다. 이 대안은 지역에 뿌리를 내리지만 전 세계에 영향을 미치며, 판단과 한계의 감각을 지니고 있다. 소농 중심 농업은 일차적으로 책임감 있는 농업이다. 토양을 화학 제품으로 오염시키지 않고, 토양이 가진 생명의 원천 및 주기를 보존해야 한다(또 이런 방식이 가장 편리한 길임을 깨달아야 한다). 전 세계 소농이 경쟁하기보다 연대해야 한다. 전 인류의 생명 보증서 역할을 하는 정직하고 충분한 식량을 농산물 구매자들에게 제공해야 한다. 부조리한 식량 독재가 계속해서 사형 선고를 내리고 있지만, 여기에 맞서 먹거리 민주주의의 다른 얼굴인 영양상의 자유를 확립해야 한다. 반드시 먹거리 민주주의가 토대가 되어야만 그 어떤 민주주의도 바로 설 수 있다.

새로운 통합 시나리오

이것이 유토피아일까? 5천만 명이 같은 방향으로 움직이면서 수없이 만나고 구체적으로 행동할 기회를 만들어 각지에 식량 주권을 확립해 나가는 상황을 유토피아라고 볼 수는 없다. 결국, 현행 농업 모형을 계속 추구한다면 굶주림, 사회 문제, 환경 재해, 건강 손실이 더욱 커지는 결과를 더는 피할 수 없다. 〈유엔식량농업기구〉 의장인 자크 디우프가 2006년 9월 13일 샌프란시스코에서 열린 〈노스캐롤라이나 세계문제협의회〉에서[38] 주장한 내용은 시사하는 바가 크다. 사막화와 토양 침식이 진행되는 동시에 인도 및 중국 같은 주요 옥수수 생산지에서 수자원이 점점 더 부족해진 결과 1억 명이 이주를 강요당하고 있다며, 생산을 늘리면서도 자연 자원을 보호할 비결은 환경적으로 지속 가능한 농업 발전이라고 그는 주장한다. 덧붙여 마을에서부터 시작해야 한다고 이야기한다. 마을 차원에서 통합적으로 문화를 관리하고 더 나은 경작 기술을 활용해 수익을 30%까지 늘릴 수 있다고, 새로운 녹색 혁명은 고수익의 신종 옥수수나 쌀을 들여오기보다는 구할 수 있는 자연 자원을 보다 더 현명하고 효과적으로 이용해 이뤄질 것이라고 그는 말한다. 그는 또한 이 경우에 "믿을 수 없겠지만 우리는 물을 절약하면서도 더 많은 식량을 생산할 수 있다"고 말한다. 이런 방식을 소농은 천 년 전부터 알고 있었다. 하지만 디우프의 발언은 중요한 사실을 시사하고 있다. 즉, 일부 기관의 최상층에서 지역을 바탕으로 한 지속 가능한 농업으로 전환해야 할 필요성을 인정한다는 것이다. 또 다른 중요한 사실은 몇몇 국가에서 식량 주권을 헌법이나 중요 문서에 포함하기 시작했다는 점이다. 볼리비아의 새로운 헌법, 네팔의 임시 헌법, 말리의 농업기본법, 세네갈, 베네수엘라, 스페인의 중요 문서는 식량 주권을 강조한다. 결국, 소농 운동의 목적 중 하나는 식량 주권이 전 세계 사법 체계 안에서 권리의 하나로 인정받는 것이다. 9월 말 부다페스트에서 이 문제를 비롯한 다른 중요한 문제들이 논의될 것이다. 이 자리에서는 러시아에서 포르투갈에 이르는 유럽의 많은 소농이 논의를 거쳐 유럽의 농업 정책을 제안할 것이다. 그리고 그 제안의 전제 조건은 식량을 생산하는 공동체들이 땅, 물, 씨앗, 생물 다양성에 접근할 수 있어야 한다는 것이다. 천 년간 지속되어 온 생물 다양성이 보존되도록 허용해야 하고, 공동체들이 농사로 획득한 지식을 보존하고, 모으고, 발전시켜 나갈 능력이 시장과 기업의 요구보다 우선되어야 한다. 그렇게 미래 세대의 이익을 지켜나가야 한다.

11

식량 주권을 위해 싸우는 어민과 여성

케랄라에서 …

국제 어업 노동자 운동은 1970년대 인도 남서부 케랄라주ᵐᵉ에서 시작되었다. 〈케랄라 독립어업노동자연맹〉이 1979년에 공식 출범했는데, 이 지역에서 정당과 연계되지 않은 가장 큰 규모의 노동조합이었다. 케랄라는 1957년 이래 좌파 정당이 이끄는 좌파 연립 정부가 통치해 왔고, 이 좌파 정당은 훌륭한 복지 제도와 함께 개발을 실행했다. 빈곤과 문맹이 인도 다수 지역에 고통을 주고 있었지만, 케랄라에서는 모두 근절되었다. 케랄라주 인구 100%가 글을 읽고 쓸 줄 알았는데, 이 업적은 너무나 강력하여 2000년대 초반에 정권을 잡은 비좌파 정부에까지 영향을 미칠 정도였다.[1]

어째서 어업 노동자들이 자발적으로 결집했을까? 녹색 혁명 시기 농민들과 유사하게, 어업 노동자들은 어업에서 이뤄진 산업 발전 그리고 수산 양식에서 이른바 청색 혁명이라는 거짓 약속이 가져온 결과를 목격하고 고통스러웠다. 먼저, 어업에서 이뤄진 산업 발전은 대형 저인망 어선의 도입이 주요한 특징이었는데, 이 대형 저인망 어선은 해저를 손상시켰다. 다음으로, 수산 양식에서 청색 혁명은 식량 공급 증대를 약속했지만, 실상 생산량보다 더 많은 자원을 파괴했다. 농업에서 볼 수 있었던 것과 동일한 시나리오가 이곳 바다 파도 위에서, 푸른색의 수산 양식 탱크 속에서도 펼쳐지고 있었다. 소위 말하는 생산성 증대의 이면에는 이런 주장의 취지를 무색게 하고 악영향을 드러내는 경제·사회·환경적 비용이 존재했는데, 생산성 증대란 어류의 먹이 공급량 감소, 생태계 파괴, 고용 및 생존 가능성 절멸을 수반했기 때문이다. 이런 이유로 어업 노동자들은 자발적으로 힘을 모아 어업 분야의 기술 도약에 대응했다. 그들은 어업 활동을 가치 있게 여기는 정책, 권리와 안전을 보장하는 정책을 요구했을 뿐만 아니라, 전통적으로 해 오던 지속 가능한 어업 및 양식 방식을 지켜내려 했다. 무엇보다도 케랄라주와 인도의 다른 많은 지역, 그리고 전 세계 어업 노동자들은 식량 주권이라는 공동 목표를 중심으로 연합했다. 식량 주권이라는 이 공동 목적은 어업 노동자 공동체가 자기 어업 수역 및 수자원에 접근하여 그것을 관리할 권리, 또 전통적으로 자기 노동 및 삶의 원천을 품어 온 생태계를 보호하면서 유기적인 관계 속에서 어업 활동을 할 권리에 바탕을 둔다. 어업 노동자 공동체들의 결속은, 상당한 자원이 파괴되고, 인구가 추방당하고, 불평등이 심화되며, 스스로 삶을 지속할 수 없는 상황을 목격하면서 일어난 일이다. 노동을 보호한다는 것은 불특정한 고용 기회만을 보장한다는 뜻이 아니다. 어업 노동자들은 자기 삶의 방식, 자연과 맺는 관계, 인간과 맺는 관계를 버리고 떠날 마음이 없으며, 그러한 방식과 관계에서 추방당하는 것을 받아들이지 않을 것이다. 노동을 보호한다는 것은 이런 자기 삶의 방식, 자연과 맺는 관계, 인간과 맺는 관계 또한 지켜낸다는 뜻이다. 역사상 유명한 어업 노동자 운동 지도자인 토마스 코체리가 말했듯이, "우리에게 어업은 단순한 수입원이 아니라 삶의 방식이다. 바다는 우리의 어머니이다."[2]

텅 빈 바다

케랄라주 해안 공동체의 소박한 삶을 위협한 첫 번째 사건은 기계화된 대형 저인망 어업의 출현으로, 인도양에는 1960년대에 도입되었다. 해안 지역의 인구는 주로 소규모 어업에 고용되는데, 어획량이 감소하자 이 소규모 어업에 종사하던 지역 어업 노동자들은 대형 저인망 어업의 악영향을 바로 알아차렸다. 인도 거주자 10억 명 중 60%가 해안에 살고 있고, 지역 어업 노동자의 어획량이 연간 통산 300만 톤에 달하는 국가 전체 어획량의 30% 정도를 차지한다. 그런데 이들은 인도의 1천만 어업 노동자 중 80%에서 90%에 해당하고, 바다에 의존하여 생계를 꾸려나간다.[3] 1950년대, 새로운 어업 기술이 시행되기 전 남아시아해 어획량 증가율은 연간 5%였던 반면, 1970년대 말과 1980년대 초 사이에 어획량 증가율은 2%로 떨어졌다.[4]

기계화된 대규모 저인망 어업은 전 세계에 어마어마한 양의 쓰레기를 생산해낸다. 이미 죽었거나 죽어 가고 있는 물고기는 시장에서 선택받는 부류에 포함되지 않기 때문에 다시 바다로 던져진다. 이 폐기물이 전체 어획량의 3분의 1(약 2,700만 톤)에 달한다. 가재나 새우의 경우, 해저 표면에 낮게 드리운 채 작동하는 특수 저인망으로 포획하는데, 이 방식은 해저를 황폐하게 만든다. 이때 발생하는 폐기물이 연간 1,600만 톤에 이르며, 일부 지역에서는 포획된 가재 1톤당 폐기물 15톤이 발생한다. 인도 내 주요 가재 어획 지역의 연간 어획량이 1973년 4만 5,477톤에서, 1979년 1만 4,582톤으로 줄었다는 점은 매우 놀라운 사실이다. 더욱 의미심장한 것은 수출되는 가재의 개체가 점점 더 어려지고 있다는 점으로, 남획, 즉 바다 자원이 과도하게 개발되고 있음을 시사한다.[5]

〈유엔식량농업기구〉의 2002년 세계수산양식현황 보고서에 따르면, 전 세계 주요 어류 자원의 대략 47%가 완전히 개발되어 더 이상 증식 가능성이 별로 없으며, 18%가 과도하게 개발되어 증식 가능성 없이 계속 감소하고 있고, 10%는 거의 고갈되었다. 따라서 25%만이 분별없는 포획의 대상에서 벗어나 있다.[6]

농업과 마찬가지로 어업에서도 남반구와 북반구의 관계는 거짓 풍요, 말하자면 북반구에서는 허구에 가깝고, 남반구에서는 식량 공급에 필수적인 자원을 빼앗아 가므로 점점 더 큰 빈곤을 초래하는 풍요를 보여 준다. 코체리는 다음과 같이 말한다.

특히 북반구의 정부 대부분이 지속 불가능한 어업을 열심히 지원하고 있다. 〈유엔식량농업기구)에 따르면, 매년 전 세계 각국 정부가 단지 700억 미국 달러어치의 어류를 포획하기 위해 1,160억 달러를 지불한다. 선진국은 자국 해양에서 물고기를 다 잡아 버려 개발도상국의 해양으로 뱃머리를 돌렸다. 〈유럽연합〉은 지속 가능한 기준으로 어류를 포획하는 데 필요한 것보다 약 40% 더 많은 선박을 보유하고 있다.… 대형 산업용 선단船團이 전 세계의 모든 대양을 고갈시켰다. 대형 산업용 선단은 전 세계 어업인 1억 명을 위협하고 있다. 나아가 대형 산업용 선단의 행태는 연안에서 이뤄지는 단일 새우종 양식과도 구조적으로 연결된다.7

어업 기술이 '진보'하여 대형 산업용 저인망 어선에서 작업하고 생선을 냉동하는 것이 가능해지자, 전 세계 어획량은 1950년대 약 2천만 톤에서 2000년 한 해에만 9,480만 톤으로 증가했다. 대규모 어획과 조업 방식의 특성 때문에, 어류 자원 개발이 어류 자원의 재생산 능력보다 더 커지는 상황이 벌어졌다. 몇몇 어류 자원은 그야말로 전멸했다. 1500년대 이래 대구 어업이 이뤄져 온 테라노바 해안에 밀려오는 파도에는 이제 이 귀중한 물고기가 없다. 캐나다 정부가 1992년에 금지령을 내렸는데도 상황은 달라지지 않았고, 대구와 함께 남녀 모두를 대상으로 하는 어업 분야 일자리 8만 개도 사라졌다.

'기술 향상'이 특히 정부의 재정 지원 덕분에 지속해서 이뤄지고 있지만, 이마저도 해양을 압박하는 데 힘을 보태고 있다. 정부는 더 빈곤한 해안 지역에서 고용을 창출하고 어업 활동의 발전을 촉진할 목적으로 재정을 지원해야 하지만, 대부분은 남획을 심화하는 신기술에 투입되고 있다. 〈세계은행〉에 따르면 정부 지원은 연간 통산 200억 달러에 이른다.8

유럽 선단이 아프리카 해양을 제집처럼 드나들면서 지역 주민에게는 종종 파괴적인 결과를 낳는다. 한 예로 〈유럽연합〉이 아프리카, 카리브해, 태평양 국가들과 현재 맺고 있는 수많은 협약을 들 수 있다. 2001년 8월 1일, 〈유럽연합〉과 모리타니아가 체결한 협약이 주목할 만한데, 협약에 따라 해양 접근권을 확보하는 대가로 4억 3천만 유로에 해당하는 경제적 보상을 약속했다. 수년간 어획이 계속되고 나서, 지역 주민들은 몇 가지 우려를 표명했다.[9] 유럽 선박들이 다년간 어획한 결과, 서아프리카는 상업적 시각에서 가장 질 높은 어종을 포함하여 해저 어류 자원의 절반을 잃었다. 어류 자원 개발 연구에서 세계적 권위자인 다니엘 폴리는 2002년, 세네갈 다카르에서 열린 〈세계자연기금〉 국제회의 연설에서 다음과 같이 말했다. "외국 선단이 어류 자원을 대상으로 지속 불가능한 개발을 자행하고 있습니다. 그 때문에 서아프리카 생태계는 북대서양 생태계만큼이나 황폐해졌습니다. 개발이 초래한 문제와 먹거리 보장 문제가 대단히 심각하여 유럽이나 북미보다 훨씬 더 나쁜 수준입니다."[10] 부유한 국가들의 과도한 어획이 남반구의 해양을 황폐하게 한다. 〈유엔환경계획〉의 사무총장인 클라우스 퇴퍼는 힘주어 말한다. "세계 곳곳에서 어류 자원이 고통받고 있습니다. 정부의 상당한 지원을 등에 업은 지나치게 많은 어선이 물고기 수를 급격히 감소시키고 있기 때문입니다. 훌륭한 어류 보호 구역을 보유한 일부 개발도상국들은, 소득을 증대시켜 부채를 상환하고 경제 성장을 촉진할 수 있다는 기대를 품고서 다른 국가들과 협정을 맺어 왔습니다. 하지만 우리가 수행한 연구에서 드러난 결과는, 엄격한 보호 조치를 취하지 않는다면 이런 협정이 위험한 착각으로 판가름 날 수 있음을 보여 줍니다."[11] 이 같은 협정은 분명 채무상환 명목으로 이뤄지는 외적 성장의 악순환을 보여 주는 또 다른 사례일 터이다. 이 외적 성장의 악순환은 더 많은 부채를 낳을 수밖에 없으며, 동시에 식량 자급률 감소를 시작으로 주민들에게 당장, 또 다가올 미래에 가혹한 결과를 가져온다. 그러는 사이 생선과 돈은 선진국으로 가게 될 것이다. 많은 국가의 해안 지역에서 생선은 육류에 비해서 안전하고 저렴한 단백질 공급원이었다. 〈유엔식량농업기구〉 조사에 따르면, 어패류 및 갑각류는 아시아 인구가 섭취하는 동물성 단백질의 29%, 아프리카는 19%, 남미는 8%를 차지한다.[12] 2억 명이 넘는 개발도상국 인구가 생존하기 위해 이 귀중한 식량에 의존한다.[13] 하지만 생선이 세계 시장에 들어서는 순간, 현지에서는 더욱 희귀하고 값비싸진다.

넘쳐흐르는 양식 탱크

인도 어업 노동자들과 해안 지역 공동체들이 조직적인 행동에 나서도록, 그리고 남반구와 북반구를 가리지 않고 다른 국가들과 힘을 합치게 한 다른 중대한 사건은 이른바 청색 혁명의 출현이었다. 청색 혁명이란 새우 양식이 주를 이루는 산업화된 수산 양식업을 말한다. 이 양식 유형은 인도뿐만 아니라 수많은 열대 국가에 자리 잡았다. 소비자들이 주로 선진국에 거주하는데도 이 양식 유형이 원칙적으로 개발도상국에 자리 잡은 이유는, 환경에 엄청난 영향을 미치기 때문이다. 산업화된 새우 양식은 '먹튀' 산업이라고 알려져 있는데, 보통 그 개발 지역을 바로 벗어나야 할 정도로 생태계가 황폐해지거나, 양식에 타격을 주는 전염병의 확산 혹은 시장 수요의 가변적인 속성 때문에 도중에 그만두고 떠나야 하기 때문이다. 녹색 혁명과 마찬가지로 청색 혁명은 인도주의적인 의도를 담고 있었고, 이 의도가 여기서는 생태학적인 동기와 결부되었다. 요컨대 수산 양식을 이용해 빈곤층에게 단백질을 공급하는 방식으로 전 세계적인 식량 공급 부족 문제와 싸우고, 바다에 끼치는 부담을 줄이자는 것이다. 당시 제시된 사유들은 명백히 기만적이었는데, 결단코 필수 식품이 아닌 생산물이, 빈곤층이 아니라 선진국의 부유한 고객의 배를 채우는 데 쓰였기 때문이다. 바다에 끼치는 부담도 줄어들기는커녕 늘어났는데, 새우 양식에 필요한 생선의 먹이는 저인망 어업을 통해서만 생산량을 늘릴 수 있었기 때문이다. 저인망 어업은 수산 양식으로 생산해내는 자원보다 더 많은 자원을 파괴한다. 산업화된 수산 양식은 일반적으로 생산량보다 두 배 많은 양의 생선 먹이를 포획해야 하고, 몇몇 어종의 경우에는 심지어 그보다 더 많은 생선 먹이가 필요하다고 추정된다.[14] 양식으로 연어 3킬로그램을 생산하려면 사료 2.7킬로그램이 필요하고, 사료 2.7킬로그램을 만들려면 결국 생선 15킬로그램을 생산해야 한다. 그렇게 하면 막대한 양의 폐기물이 생겨난다. 일반적으로 1헥타르당 생선 사료 4톤에서 6톤이 든다. 죽임을 당하는 물고기의 양 또한 고려해야 하는데, 저인망 어선을 사용하여 생선 사료 생산에 필요한 물고기를 포획하면 치어 및 해저에 있는 생선알이 대대적으로 파괴당한다.

전체 어획량의 대략 3분의 1 정도인 3천만 톤이 인간보다는 동물의 먹이로, 동물 가운데서도 양식되는 바로 그 물고기의 먹이로 쓰인다.

그러나 산업화된 양식의 숨은 비용 이면에는 훨씬 더 많은 것이 자리하고 있다. 양식장 설비는 흔히 깊이가 2미터, 넓이가 1헥타르인 대형 탱크들로 이뤄진다. 이 대형 탱크를 설치하면 열대 연안 국가에서 특징적으로 볼 수 있는 맹그로브 숲이 파괴된다. 맹그로브 숲은 아주 중요한 기능을 한다. 이 숲은 토양 침식, 허리케인, 그리고 다른 자연재해를 막아 해안 지역을 보호한다. 또, 각종 물고기가 대양으로 뛰어들기 전까지 평온한 앞바다에서 살아갈 수 있는 귀중한 탁아소 역할을 하여, 어업 노동자들을 위한 어류 보호 구역을 수호하는 데 이바지한다. 새우는 민물과 짠물이 혼합된 물에서 양식되는데, 물을 지속적으로 관리해야 한다. 그런데 기계를 작동시켜 새우를 활동하게 하고 발육시키는 과정에서 이 물이 주변 지역으로 흘러 들어가고, 과잉 개발된 지하수층의 염류화마저 초래한다. 이 물속에는 항생제, 새우의 배설물, 다량의 생선 사료 찌꺼기가 흘러넘치는데, 이 중 17%만이 새우 자체가 사용하는 생물연료가 된다는 점에서도 또 한 번 엄청난 낭비이다. 탱크 세척 작업에 쓰이는 세제도 넘쳐흐른다. 지역 전체가 염류화와 화학적 오염으로 위태로워져 농업을 계속할 수 없고, 바다낚시 자체도 위험에 빠진다. 가까운 바다가 오염되어 물고기들이 더 먼 바다로 이주하고, 어업 노동자들이 고기를 잡으러 더 먼 거리를 이동해야 하기 때문이다. 게다가 어류 전염병도 빈번하게 발생한다.

사람들이 대거 염류화된 오염 지역을 떠나야만 하는 상황에 내몰리고 있다. 이곳에서는 동물들도 살지 못한다. 사람들은 이곳을 떠나 농촌에 다시 정착할 길을 모색하지만, 가용 농지가 점점 줄어드는 상황에서 이 모색은 실현되기 어렵다. 에콰도르, 방글라데시, 브라질, 중국, 필리핀, 온두라스, 인도네시아, 멕시코, 스리랑카, 태국, 베트남, 인도에서 앞서 언급한 새우 양식이 이뤄져 왔다. 새우 양식에 반대하는 유혈 투쟁과 전투, 무수한 항의 시위가 이어졌다. 11개국에서 새우 산업과 관련된 암살 행위가 보고되었다. 새우 산업은 7천 킬로미터에 이르는 인도 해안 지역에 타격을 주었고, 새우 산업 때문에 그곳을 떠난 이들이 새롭게 경제 활동을 시작할 장소는 거의 없었다. 남은 길은 대도시 빈민가의 빈곤, 수모, 굶주림이다.

새우 양식이 창출하는 고용은 파괴하는 고용에 비하면 미미한 수준이다. 한 예로, 에콰도르에서는 맹그로브 숲 1헥타르가 10가구를 부양하는 데 충분한 식량을 생산할 수 있는 반면, 새우 양식 산업 110헥타르는 단지 여섯 사람을 고용할 수 있을 뿐이다.

양식장에서 일하는 사람은 대개 여성과 아동으로, 하루 8시간에서 10시간을 위생상, 건강상 형편없는 조건에서 작업하기 때문에 이질이나 피부병 같은 질환에 시달린다. 여성 노동자 강간 사건도 보고되었다.

양식장 인접 지역에서는 가사노동 시간도 늘어나는데, 땔감과 식수를 구하기 위해 이동해야 하는 거리가 증가하기 때문이다.[15]

일부 지역의 새우 가공 과정은 지옥 같은 시나리오를 건네준다. 파키스탄의 카라치 어장에 있는 마카르 콜로니가 그러한 경우다. 이곳은 갑각류 가공 과정에서 아동을 철저하게 착취한다. 아이들은 관리자들에게 끊임없이 감시받으면서 축축하고 날카로운 바닥 위에 길게 줄을 지어 쭈그리고 앉아 하루 12시간 동안 새우 껍질을 벗긴다. 임금은 새우로 가득 채운 바구니 수에 따라 산정된다. 간신히 새우 15킬로그램을 손질한 아이들은 2달러를 받는다. 얼음과 새우가 섞인 바닷물에 두 손을 담그고 쭈그린 채로 일하기 때문에 아이들은 손가락 관절염과 척추 손상에 시달릴 수밖에 없다.[16]

〈세계은행〉은 1970년대 이래로 산업화된 양식을 지원해 왔고, 오늘날 양식업은 식품 분야 가운데서 가장 성장률이 높다.[17] 하지만 탱크 설치, 수송로 건설, 냉동 기반 시설 구축은 주로 현지 국가가 져야 할 부담이다. 현지 국가는 따라서 더 많은 부채를 지고, 그러는 사이 농업 분야에서 이미 봐왔듯이 연료와 기본적인 주민 서비스 같은 지역 어업 노동자 지원책은 거부한다. 1991년, 인도에 강제적으로 시행된 새로운 신자유주의 체제하에서 인도 정부가 양식업에 추가 지원을 제공하려고 〈수산물수출개발국〉을 설립했다. 〈수산물수출개발국〉은 실상 인도 내 양식업 부문에 기술 원조와 물질적인 지원을 제공했다. 같은 해, 정부는 공해상에서의 어업을 허가했다.

프랑켄슈타인 물고기

두 번째 혁명이 푸른 세계를 위협하게 될 것이다. 바로 유전자 변형 물고기 이야기이다. 유전자 변형 물고기는 때때로 인도주의적 목적이라는 외피를 두른 채 나타났다. 요컨대 물고기를 유전적으로 조작하여 항생제 사용을 피하고 물고기의 질병 저항력도 높인다는 것이다. 다른 경우에는 좀 더 노골적으로 상업적인 이유가 제시되기도 했다. 특히 대서양 연어가 그 대상이었다. 유전자를 변형시켜 연어를 더 빨리 성장시키고(연어의 본래 성장 기간은 3년인데, 그 대신 12개월 내지 18개월로 단축), 추위에 더 강해지도록 만드는 것이다. 그러나 공급량 증대를 약속하는 유전 공학이 이 공급 자체를 파괴할 위험성을 가지고 있다. 더 빨리 성장하는 물고기에게는 먹이가 더 많이 필요하고, 저항성이 높아진 물고기는 야생종을 죽일 수도 있다. 종종 발생하듯이 양식장에서 만든 유전자 변형종이 양식 지역에서 흘러나와 다른 종과 섞이고, 그 결과 다른 종 및 생태계에 예측할 수 없는 변화를 가져온다. 어쨌든 자연은 한쪽으로 강화되면 다른 한쪽으로는 약화되는 법이다. 이른바 프랑켄슈타인 효과라 불리는 것이 초래한 결과를 보여 주는 사례가 있다. 1968년부터 1975년까지 몬태나주※ 플랫헤드호※ 북부의 몇몇 호수에 카코니 연어의 식량 자원을 증대시키려고 보리새우를 들여왔다. 연어의 중요한 먹이 공급원을 구성하는 동물성 플랑크톤을 보리새우가 전부 먹어 치우자 연어 어획량이 줄어들었다. 1985년 이전에는 연간 연어 어획량이 10만 마리였지만, 1987년 무렵에는 600마리로 떨어졌다.[18]

또 다른 경제

물고기를 양식하는 대안적이고 현명하며 효과적인 생산 방식이 500년간 지속했다. 1500년대 이래로 인도는 전통적이고 지속 가능한 물고기 양식 방법을 활용했고, 그 결과 세계 제일의 새우 생산국이 되었다. 이 양식 방법은 환경에 그다지 영향을 주지 않았고, 가능한 곳에서는 농업과 번갈아 가며 이뤄져 양식업과 농업의 통합 체계를 형성했다. 가장 잘 알려진 것이 크기를 조절할 수 있는 탱크를 이용한 베리bheri 체계인데, 서벵골처럼 습지와 진흙이 많은 지역에서 쓰이는 방식이다. 계절 변화가 있는 지역이라면, 11월과 12월 사이에는 물고기를 양식하고 다른 달에는 쌀을 재배한다. 계절의 변화가 없는 지역이라면, 토양의 염분 함량이 높아 쌀이 자랄 수 없을 때 새우와 물고기를 일 년 내내 양식한다. 오리사처럼[19] 포구, 해변, 호수 근방 지역에서는 게리gheri 체계를 사용한다. 이 방법은 큰 연못을 이용하는데, 물고기와 새우가 밀물에 쓸려 연못으로 들어오고, 그러는 사이 작은 대나무 울타리 장치가 물고기와 새우를 가두어 썰물 때 밖으로 나가지 못하게 한다. 울타리 장치 덕분에 연못에서 물고기와 새우를 그물이나 손으로 포획할 수 있다. 무엇보다도 이 방법을 밀 그리고 쌀 재배와 번갈아 가며 활용한다. 밀을 수확할 때 낟알의 일부를 그대로 땅에 남겨 두어 물고기의 먹이가 되게 한다. 또 다른 방법은 따빨thappal인데, 만조 때 해안가로 밀려온 새우, 굴, 그리고 다른 물고기들을 손으로 잡는다. 물고기를 수색할 때 오래된 약초 및 발삼 식물로 만든 깔개를 물에 담가 이용하는데, 깔개에 뒤엉킨 쌀알이 물고기를 유인한다. 잡힌 물고기는 해수 용기에 담긴다. 이런 모습들은 이 양식 방법들이 가진 최상의 소박함과 생산성을 보여 준다. 그뿐만 아니라 모든 면에서 바다가 내어주는 풍요로움을 활용하는 지속 가능성을 드러낸다. 또, 이런 양식법들은 수 세기 동안 해안 지역 주민의 삶에 필요한 것들을 충족시켜 왔다.[20] 그러나 산업화된 대규모 어업과 양식업이 예나 지금이나 이 풍요로움을 갈수록 위태롭게 만들고 있다.

자발적 결속

대형 기계식 어업과 산업화된 양식업이 막대한 자원을 파괴한 결과 주민들은 생계를 유지할 수 없었고 자기 지역에서 쫓겨났다. 여기에 맞서 어업 노동자 운동이 일련의 투쟁을 조직했고, 모든 인도 어업 노동자의 결집을 목표로 세력을 키워나갔다. 이 운동은 1982년에 분열 사태를 겪었으나, 명칭과 조합 구성원 대부분은 코체리와 뜻을 함께했다. 이들은 번식기인 우기, 즉 6월부터 9월까지 케랄라 해안 지역에서 저인망 어선의 어획을 일시적으로 중단한다는 조치를 정부에게서 얻어 냈다. 이후 이 운동은 실질적으로 나라 전체에 영향력을 미쳤고, 〈전국어업노동자포럼〉이라는 명칭을 썼다. 〈전국어업노동자포럼〉은 전 세계에 조직망을 구축할 것을 제안했다. 포럼은 회의를 조직하고, 몇몇 지역만 언급하자면 마다가스카르, 세네갈, 캐나다의 뉴스코틀랜드 및 테라노바 같은 세계 다른 지역의 어업 노동자 투쟁과 연계했다. 또, 1991년을 시작으로 국가 차원의 대규모 파업을 네 차례 일으켰는데, 해안 지역 공동체들이 고된 투쟁을 해 나가며 파업을 지속시켰다. 이후 뉴델리 회의에서 〈어류채취자 및 어업노동자 세계포럼〉이 만들어졌다. 이 포럼은 2000년, 프랑스 브르타뉴 지방의 작은 마을인 록튀디에서 회의를 개최한 후에야 비로소 진정으로 전 세계적인 차원에 이르렀다. 어업 노동자 운동은 스스로 규정과 조직 구조를 부여하고, 지역 차원에서 자본주의를 극복할 대안을 마련하자고 제안한다. 지역 공동체들이 실제로 당면한 문제에 대응하고, 탈중심화와 자율성을 촉진하며, 바다 및 바다 근처에서 살아가는 사람들에게 지속 가능한 생산 양식과 사회 유형을 채택할 것을 구체적인 방법으로 내놓는다. 어업 노동자 운동은 1997년 '뉴델리 회의'에서 '세계 어업의 날'로 선정한 11월 21일에 대륙 포럼을 개최하여 시위와 파업을 조직하는 데 힘을 쏟기로 했다. 어업 노동자 운동이 제기한 쟁점들에 관한 인식을 재고하기 위해서였다. 록튀디 회의 이듬해인 2001년 11월, 운동은 전 세계적으로 파업을 선언하고, 전 세계 어업인이 파업에 참여하여 바다를 약탈하는 행위에 반대 의사를 표명했다. 그런데 록튀디에서 또 다른 분열 사태가 발생하여 코체리가 새로운 조직인 〈세계어민포럼〉을 이끌게 되었다. 아시아 대표단과 아프리카 대표단 대다수가 이 새로운 조직을 지지한 데 반하여, 프랑수아 뿔랑이 이끄는 나머지 운동 세력은 기존 명칭을 계속 사용했다. 직전 해에 어업 노동자 운동은 1999년의 캐러밴 행렬과 함께 유럽 나라들을 방문했고, 시애틀 시위에서[21] 매우 중요한 역할을 했다. 거대 그물이 설치된 저인망 어선들은 해외 다국적 기업들과의 합작품으로, 어업 노동자의 삶을 위협하고 어촌을 황폐하게 만들었다. 1999년에 어업 노동자 운동은 이 저인망 어선에 맞서 투쟁하고 있음을 다양한 유럽 시민들에게 알렸다. 어업 노동자 운동은, 해안 지역과 공해상에서 생물 다양성을 파괴하는 대규모 어획에 맞선 싸움, 산업화된 양식업과 그것의 파괴적인 영향력에 맞선 싸움, 분투하는 주민들을 대상으로 한 폭력 및 탄압에 맞선 싸움에 대해서도 인식을 높였다. 이 운동은 다른 무엇보다도 해안 지역 주민들의 요구에 부응하는 지역 차원의 지속 가능한 대안을 구축하겠다는 다짐을 분명히 밝혔다. 다른 많은 운동과 마찬가지로 어업 노동자 운동은 2004년 뭄바이에서 열린 〈세계사회포럼〉에[22] 참가하지 않는 대신, 차별화된 방식으로 존재감을 드러내고자 했다. 저인망 어선의 침략에 항거하는 시위의 일종으로 철도역을 봉쇄한다든지 하는 투쟁 방식들을 택한 것이다. 1996년, 인도의 다른 운동 세력들과 함께 어업 노동자 운동은 1997년 3월까지 인도 해안 지역에서 양식업 시설을 모두 철거하도록 명령하는 대법원 판결을 얻어 냈다. 전통적으로 해오던 양식 시설과 개량된 양식 시설은 예외였는데, 이 시설들은 해상에서는 최대 500미터까지, 그리고 국제적으로 중요한 습지인 칠리카호(湖) 및 풀리캇호 근처에서는 1천 미터까지 규제를 받았다. 정부는 대법원 판결을 전혀 준수하지 않았고, 대신 '수산양식청법안'을 통과시켜 해당 지역 새우 양식업을 합법화하면서 이 문제에 관한 책임을 농무부로 떠넘겼다. 그러는 사이 1978년에 국회를 통과한 '해양어업규제법'을 이행하라는 요구가 이어져 오고 있다. 이 법은 어업의 세 가지 기본 요소, 즉 민간 어업 노동자의 삶과 경제 활동, 어류 자원 보존, 해상에서의 법과 질서 준수를 수호할 목적으로 만들어진 것이다.

앞서 말한 바와 같이, 1990년대에 전국에서 일어난 대규모 파업 사태는 해안 지역 공동체들이 단식 투쟁, 연좌 농성, 행진, 고속도로/철도/공항 봉쇄, 정부 청사/항만 점거를 통해 격렬히 투쟁함으로써 지탱되었다.[23] 이런 일들이 있은 후 국회의원 16인, 기본적으로 해양 및 내수(內水) 분야와 관련 있는 모든 장관, 이해관계자 대표 3인이 참여한 〈무라리 위원회〉가 만들어졌다. 하지만 위원회가 공표한 중요성이 매우 크고 정부의 공식 승인을 받은 스물네 개의 권고안은 결코 이행되지 않았다. 산업화된 양식 체제와 대규모 어획에 맞선 투쟁은 언제나 강력히 탄압을 받았다.

2004년은 어업 노동자 운동이 또 다른 중요한 국면에 접어들었음을 알린 해였다. 어업 노동자 운동이 〈국제노동기구〉에 접촉하여 최초로 비공식 어업 노동과 관련된 일련의 규정을 함께 정한 것이다. 규정의 내용은 신분 확인 서류와 본국 송환/채용에 관한 권리에서부터 승선 시 거처에 관한 법률과 법규를 마련해야 할 필요성, 식량 및 마실 물에 이르기까지, 또 응급 상황에 대비한 의료용품 및 안전 세트가 잘 갖춰지도록 확인하는 일을 다루었다. 어업 노동자들은 앞날에 대비한 보호 체계를 요구했는데, 그 내용은 무엇보다도 60세부터 연금을 받을 수 있도록 할 것, 그리고 어업 노동에 수반되는 위험성을 고려하여 높은 보험료를 적용할 것이었다. 그들은 또한 선상 노동자의 최저 연령과 노동 시간 대비 최소 휴식 시간을 수립하는 규정을 원했다. 그리고 유연한 노동 시간도 제안하여 젊은이들이 교육을 받아야 할 필요성을 강조했는데, 선상 노동이 이뤄지는 해를 미루다 보면 더욱 심한 뱃멀미에 시달리고 초반 몇 년간 해양 환경과 접할 기회를 놓치게 됨을 고려한 것이었다. 어업 노동자들은 급여를 받는 이들을 위해서 최저 소득 확립을 요구하기도 했는데, 특히 이주 노동자 및 부족部族 노동자의 존재를 강조했다.[24]

「인도의 수산업 정책에 대해」[25]라는 문서는 어업 노동자의 생활 환경과 관련된 다른 일련의 요구 사항을 제안하는 동시에, 해안 지역 주민들의 기본적인 요구, 그들이 해양 자원과 맺고 있는 유기적인 관계를 드러내는 어업 정책에 기대를 표명한다. 특히 어업 활동과 연관된 주州에 대해서는, 어촌의 생활 환경, 급격한 택지 수요, (산업화된 양식업과 대규모 어획으로 심각하게 침해당한) 식량 이용 가능성 보장, 교육·건강·식수 같은 기본적인 서비스 보호, 어촌에 필요한 모든 기반 시설 보호를 요구했다.

그 외에 어선에 필요한 연료를 마련할 재정 지원, (앞서 언급한 연금에 추가하여) 더 많은 보호 조치를 보장하는 보험 및 신용 제도와 관련된 요구들도 있었다. 하지만 신자유주의적 명령은 대규모 어업을 위한 재정 지원은 장려하되 소규모 어업을 위한 재정 지원은 부정한다.

해양어업규제법 시행을 시작으로 어업 규제를 위해 계속해서 투쟁해야 한다는 점, 어업 생산력 강화를 꾀하는 정부의 뚜렷한 경향에 지속적으로 반대해야 한다는 점도 거듭 확인했다.

여성과 바다

사람들은 어업 부문에서 여성의 역할을 오랫동안 무시하고 과소평가해 왔다. 여성은 주로 살코기를 저미는 일 같은 준비 작업이나 생선 판매를 한다. 실제로 여성의 노동은 소득을 발생시켜 결과적으로 남편이 선원에게 임금을 지급하여 어업 활동을 할 수 있도록 만드는 동시에 가족과 공동체를 부양하는 역할도 한다.[26] 자기 노동이 대규모 어업의 도입으로 위태로워지는 것을 목격하자, 여성들은 스스로 협동조합을 만들고, 시장 동향에 더 잘 대처할 수 있도록 해 주는 예금 및 신용 거래 방법을 활용했다. 협동조합은 결국 어업 노동자 운동이 가장 강력하게 지지하는 조직 유형이었다.

여성이 투쟁에서 맡은 역할은 매우 핵심적이어서, 심지어 국제 어업 노동자 운동이 채택한 조직 기구에서는 모든 차원에서 남녀 대표의 절대적인 평등이 확립될 정도였다.

땅, 바다와 관련된 전 세계적인 투쟁은 이윤의 논리가 생명의 논리를 파괴하는 상황을 목격하고 있고, 이 투쟁에서 여성은 의심할 바 없이 남성과 함께 목소리를 내고 행동하고 있다. 아니나 다를까 이 운동의 조직 단계를 보여 주는 몇몇 문서에는 앞으로 여성에 대한 어떤 차별도 용납하지 않을 것이라는 주장이 종종 등장한다. 록튀디에서 초안을 만든 규정 1조 3항은 〈세계어민포럼〉의 목표를 분명히 밝히면서 어업 공동체의 경제적, 정치적, 문화적 삶 속에서 여성의 역할을 인정하고, 지속시키고, 향상시킨다는 목적을 포함하고 있다. 이 목적을 이루려는 노력은 농민 조직들이 보여 준 헌신과 완전히 일맥상통한다.

2007년 2월 말리에서 열린 닐레니 회의에 어업 노동자 네트워크가 소작농, 농민, 다른 농업 노동자 네트워크와 함께 참여했다. 이 회의에 앞서 여성들은 하루 종일 토론을 이어 간 〈여성포럼〉을 개최했다.

식량 주권과 삶

　이제까지 우리는 인도의 상황을 중심으로 국제 어업 노동자 운동을 분석했다. 남반구와 북반구를 가리지 않고 어업 노동자들은 유사한 요구 사항을 공유하고 있고, 이들의 조직적인 활동을 추진하는 엔진 역할을 인도가 하고 있기 때문이다. 결론적으로 땅, 바다와 같은 생명의 원천이 공통장이며 그에 걸맞게 다뤄져야 한다는 점을 전제로 할 때, 국제 어업 노동자 운동은 식량 주권을 지키는 네트워크 속에서 또 다른 결정적인 연결 고리가 되고 있다. 어업 노동자 운동은 식량을 생산하는 공동체들, 이 경우에는 어업 노동자들이 식량에 접근하고 식량을 관리할 권리를 돌려 달라고 요구하며, 이때 모든 면에서 지속 가능한, 따라서 재생 가능한 방법을 활용한다. 이 행동들은 무엇보다도 해양 자원의 회복 가능성과 관련되지만, 그것이 전부는 아니다. 어부가 가진 기술이라는 개념은 생태계와 맺는 유기적인 관계 속에 각인되어 있으며, 생태계 공급(자연환경, 기후, 문화, 바다와 해안에 존재하는 다른 재화들)의 다양성을 보호한다. 소농에 기반을 둔 농업 개념 혹은 책임감 있는 소농 계급 개념에 따르면, 소농은 땅과 연결되어 있고, 이때 땅은 생산의 원천일 뿐만 아니라 돌보아야 할 터전이다. 그리고 그 땅은 생태계와 연결되는 보존의 대상이다. 이와 마찬가지로 어업 노동자 운동이 밀고 나가는 어업 개념 속에서 어민은 바다와 연결되어 있고, 이때 바다는 채취나 양식을 위한 곳일 뿐만 아니라 생활 양식, 즉 보호가 필요한 생활 양식을 존재할 수 있게 만드는 총체적인 자원이다. 바로 이 생활 양식과 삶의 재생산 양식이 어민들이 지키고자 하는 것이며, 저항권 확립의 토대를 이루는 것이다. 어민들은 이 생활 양식과 삶의 재생산 양식을 지키려고 신자유주의가 점점 더 많이 고취시키는 축출 정책에 맞서 싸운다. 신자유주의는 산업 생산주의와 함께 세계를 하나의 거대한 수출 시장으로 보고 있다. 이미 농업에서 목격했듯이, 신자유주의의 축출 정책을 수용한다면 어업으로 생계를 유지하는 소규모 어업 노동자들과 해안 지역 공동체들은 사실상 추방, 즉 절멸을 감수해야 할 터이다. 소규모 어업 노동자들이 추방되고 절멸하면, 인류 전체는 점점 더 값비싸지는 자연산 수산물을 사거나 그보다 저렴하지만 갈수록 오염된 양식 수산물을 구입하려고 더욱더 돈에 의존할 수밖에 없다.

자급 경제와 자급 경제가 수호하는 지속 가능성의 기준을 상대로 체계적인 전쟁이 벌어지고 있다. 여기에 맞서 국제 어업 노동자 운동은 천 년간 어민들의 생존을 가능하게 해 준 생산 양식을 지키고, 그와 동시에 자연 자원과 생태계가 보유한 부富를 실질적으로 공급하는 행위를 지키는 일을 목표로 한다.

국제 어업 노동자 운동은 어업 노동자들의 지식을 보존하는 일을 목표로 삼는데, 이 역시 마찬가지로 중요한 일이다. 흥미롭게도 뉴스코틀랜드 같은 북반구 지역에서는 펀디만灣 거주 어업 노동자 150명이 자체적으로 어업 활동을 조직하기 위해 힘을 모았다. 이들은 중앙 정부에게서 개별적으로 어업 수당을 할당받는 대신 〈펀디 고정기어협의회〉를 구성하여 전체 할당량을 자체적으로 관리했다.[27] 한정된 자원 문제에 부닥칠 때는 사회주의적인 접근법이 상황을 적절하게 관리할 수 있는 가장 좋은 해결책임을 인정한 것이다. 필리핀에서는 〈토양해양협회〉가 맹그로브 숲 복원을 목표로 농업 노동자와 어업 노동자를 한데 모았는데, 생태계 없이 농업 및 어업 경제와 기술이 부활할 수 없다는 전면적인 자각에서 일어난 일이다.[28]

이 글에서 다루는 담론을 구체화해 나갈 때 언제나 연대·윤리·책임·한계 감각이라는 차원이 모습을 드러낸다. 바다를 텅 비게 만들고 점점 더 많은 어업 노동자의 노동권과 생명권을 부정하는 지나친 어업 활동에 맞서, 또 이 어업 활동을 지속시키는 터무니없는 금융 게임에 맞서, 국제 어업 노동자 운동은 전통적인 어업 활동이 가진 유의미성과 한계의 감각을 지켜나간다. 전통적인 어업 활동은 무엇보다도 해안 지역 공동체들의 요구 사항을, 전 세계 모든 어업 노동자가 맺은 연대 관계 속에서 고려한다. 전 세계 모든 어업 노동자가 계속해서 노동하고 삶을 영위할 권리를 국제 어업 노동자 운동이 강화하고자 하는 것이다. 또, 전 세계적으로 모든 공동체가 건강하고 풍부한 식량을 가질 권리를 두고 맺은 동일한 연대 관계 속에서 어업 노동자의 권리를 강화하고자 한다. 록퇴디에서 열린 〈세계어민포럼〉의 어업 노동자들은 다음과 같은 규정을 승인했다. "… 바다가 생명의 원천임을 분명히 한다. 동시대인과 미래 세대를 위해 어업과 해양 자원의 무궁무진함을 단호하게 지켜나갈 것이다 …"[29]

국제 어업 노동자 운동은 식량 주권을 지키는 행동을 추진해 나가는데, 생태계 속에서 기술과 자원이 맺는 유기적인 관계를 바탕으로 자급자족 정도를 재건하는 데서부터 시작한다. 이 운동은 먹거리 보장이 일차적으로 자급자족적인 생산 및 삶의 양식들을 복구하는 데서 파생된다고 믿는다. 이들은 먹거리 보장이, 세계 시장에서 먹거리 보장을 '구입'할 수 있을 정도의 매우 값비싼 통화를 갖고 있는지 여부에 달려 있다는 생각을 받아들이지 않는다. 세계 시장에서 남반구의 소규모 생산자들은 수출입 가격을 결정할 힘을 전혀 가지고 있지 않고, 우리는 점점 더 오염된 양식 어류를 구입할 수밖에 없다. 원조를 자애롭게 허용함으로써 먹거리를 보장할 수 있다는 생각을 운동은 인정하지 않는데, 원조는 언제나 더 강한 정부가 손에 쥐고서 더 약한 정부에게 영향력을 행사하는 수단이었기 때문이다. 어업 노동자 운동은 먹거리 보장이 식량 주권에서 나온다고 믿는다. 심사숙고 끝에 이 운동은 자발적인 생명 재생산의 원천과 주기는 판매할 수 있는 상품이 아니라 거대한 공익common good을 이룬다고, 이런 공익에서 출발해 경제 체제가 복구되기 시작하고 그 속에서 자신의 생활 환경을 통제할 수 있게 된다고 이야기한다.

12

물고기가 마당에서 펄떡이도록

생물 다양성을 지키는 소농과 숙련 어민

1. 나무와 관목, 지렁이와 쇠똥구리

이제까지와는 다른 방식의 농업 및 어업 경영을 논할 때 분명하게 드러난 핵심 문제들을 분석하려면, 생물 다양성 보호와 관련된 중대한 사례를 시급히 다루어야만 한다. 앞으로 몇몇 사례를 살펴보겠지만, 산업화된 농업 및 어업 경영이 생물 다양성을 축소시킨다는 점은 사실상 이론의 여지 없이 여러 자료에서 지속적으로 지적하고 있다. 따라서 새로운 유형의 농업 및 어업을 체계화하려면 생물 다양성을 가능한 한 보호하고 회복하는 게 무엇보다도 중요하다. 소농 중심 농업 및 숙련 어민 중심 어업을 이야기할 때, 남반구 국가의 숙련 어민 어업 현실이 이탈리아 같은 나라에서 볼 수 있는 숙련 어민 어업이 의미하는 바와 일치하지 않는다는 점을 기억해야 한다.[1] 그러므로 사안을 분명하게 보여 주기 위해 우리는 근본적으로 '개발도상국'의 경험을 참조하겠지만, 동시에 언제나 '개발도상국'이라는 용어가 내포하는 불완전함과 모호함 또한 의식할 것이다. 이와 달리 소농 중심 농업을 살펴볼 때는 이탈리아 같은 국가와 개발도상국을 모두 참조할 수 있다.

생물 다양성 상실은 건강 상실 문제와 연결되어 있다. 이는 비단 산업화된 경영에서 파생된 생산 공정이 대부분 유해하다는 점, 이 생산 공정이 발달하면서 (최소한 우리가 관심을 갖고 있는 농업·축산업·어업 유형에서는) 새로운 유해성이 끊임없이 생겨난다는 점 때문만은 아니다. 그보다는 오히려 세계 곳곳에서 분석하고 있듯이, 산업화된 경영에서 파생된 생산 공정이 고유한 영양 체계를 구축하게 해 주는 자원을 사람에게서 빼앗고 위태롭게 하여, 결과적으로 점점 더 많은 사람이 영양 자급자족을 이루지 못하도록 만들기 때문이다. 산업화된 경영이 이뤄지면 우선 지역 차원의 경작이 이뤄질 토지를 빼앗아 이윤을 추구하는 단일 경작용으로 사용한다. 또한, 사람들이 어업 활동을 하기 위해 바다에 접근하는 것을 차단하는데, 그 이유는 다국적 기업에 주로 소속된 대형 어선들이 바다를 차지하고 있기 때문이거나 바다가 오염된 상태이거나 어류 자원이 고갈된 상태이기 때문이다. 그리고 농업 체계에서 핵심적인 역할을 하는 동물들을 빼앗아 육류나 우유를 생산할 목적으로 집약적 사육을 한다. 희귀 목재·농장·도로·댐·기타 설계물을 제공하는 계획을 수행하려고 식량과 주거의 원천인 숲도 파괴한다. 이런 과정들은, 인도 활동가 사이에서 유행하는 용어를 빌리자면, 주민의 경제 활동을 형성하는 일자리를 점진적으로 빼앗아 간다는 점에서 '일자리가 사라지는 성장'이라 정의될 수 있을 뿐만 아니라, 보다 더 중요하게는, 공동체의 자급 생활을 가능하게 해 주는 일자리에 활용될 자원을 파괴한다는 점에서 '자원이 사라지는 성장'이기도 하다.

이렇게 자원과 일자리가 인정사정없이 사라지는 상황은 어떻게든 삶을 보장해 줄 다른 직업 기술과 자원을 만들어 내는 움직임으로 연결되지 못한다. 대부분은 빈곤이라는 운명으로 나아가는 것, 즉 대도시 주변부의 증가하는 빈민가로 옮겨가거나 이민 행렬을 따라가는 것을 의미한다. 이처럼 자원과 일자리가 대규모로 사라지면 건강 상실이라는 위험 요소가 가장 먼저 뒤따를 수밖에 없다. 건강하고 충분한 영양과 전통적인 약물은 이제 존재하지 않고, 다른 식품과 약물을 살 수 있는 구매력도 없다. 남반구 나라들에서 산업화된 방식으로 경영되는 농업 활동 혹은 사육 활동과 흔히 동반하여 일어나는 엄청난 사회 생태적 변화 때문에 자연환경은 더 이상 자산이 아니다. 수출용 작물 농장·집약적 사육·산업화된 수산 양식 같은 생산 과정 자체는 물론이고, 자연환경의 변형 또한 새로운 질병과 전염병의 원인이 된다.

한편, 녹색 혁명과 그것이 동반하는 축산 기술이 동식물과 자연환경의 관계를 난폭하게 뒤엎는다. 동식물을 선택할 때 더 이상 자연환경과의 관계를 생각하지 않는다. 그보다는 선택되거나 심지어 개조된 동식물에 적응하도록 환경 자체를 바꾸려고 화학적 수단 및 대규모 기계적 수단이 활용된다.

따라서 자연을 잠재적인 상품의 보관 창고, 더 많은 상품을 생산하기 위한 기계로 이용하는 산업자본주의적 개념의 전형적인 생산 조직 속에서 생물 다양성이 사라지는 것과 건강이 상실되거나 위험에 처하는 것이 어떤 관계를 맺고 있는지 그 윤곽을 그리려면, 크게 다음 세 가지 개발 분야를 이야기할 필요가 있다. 바로 집약적 단일 경작·가축 사육·산업화된 수산물 양식이다.

나는 이 글에서 몇 가지 사례에만 국한해서 논의를 진행할 테지만, 이 사례들은 어디서나 찾아볼 수 있는 연속된 결과물을 보여 준다는 점에서 특별한 의미가 있다. 나는 인도 사례와 반다나 시바의 논의를 자주 참고할 것이다. 시바는 전 세계 농민 4명 중 1명이 인도인이라고 할 때 농업 분야의 주요 변화와 관련해 인도에서 벌어지고 있는 일은 전 세계에 즉각적으로 영향을 미친다고 주장하는데[2], 나는 그의 주장에 동의한다. 그러나 인도에서 벌어지고 있는 일과 매일 우리를 뒤덮고 있는 사안들이 어떤 관계인지 이해하기 위해서 다른 지역 및 이탈리아의 사례 또한 참고할 것이다.

2. 옥수수와 대두

녹색 혁명을 대표하는 **집약적 단일 경작**은 광대한 토지에 단 하나의 식물종만을 집중적으로 재배하는 것을 말한다. 과거에 존재했고 지금도 살아남은 곳에서 이뤄지는 집약적 단일 경작은, 논밭이 완전한 영양 체계를 갖추도록 각양각색의 식물종을 함께 재배하는 다품종 경작을 거부한다. 논밭이 균형 잡힌 영양 체계를 갖추려면 곡류·콩류지방종자脂肪種子·채소류·과일류 모두 필요하다. 단일 경작은 재배 작물이 아닌 다른 작물은 모조리 몰아내는데, 이렇게 몰아낸 작물도 인간의 영양에 필수적이다. 따라서 재배 작물 이외의 작물을 몰아내면, 그 작물을 재배하는 다른 지역 토지에 부담이 가중되거나, 아니면 더 흔하게 일어나듯이 재배 가능한 토지가 없어 해당 지역 주민들이 영양 결핍을 겪게 된다. 더욱이 농장 노동자들은 자급자족하기 위해 소규모로 직접 경작할 땅 한 뙈기를 소유하는 것조차 금지된다. 그 결과, 심각한 질병과 영양실조가 확산하는데, 특히 아이들이 주요 대상이 된다.[3] 대개 가장 가까운 시장이나 상점도 직접 가기에는 너무 멀고, 얼마 되지 않는 돈마저 영양 부족 상태를 '보완'하는 약품을 사는 데 쓰인다. 이런 상황을 보면 브라질의 사탕수수 농장 사례가 떠오른다. 단일 경작을 할 때 대형 기계 장치를 사용하려면 아무것도 없이 광활하게 펼쳐진 토지가 필요하다. 실제로 1960년대 동양과 서양 모두에서 대거 유행했던 녹색 혁명은 기계·화학·생명 공학 기술을 향상해 생산성을 높이는 것이 목표였다.[4] 나무와 관목은 장애물이므로 쓰러뜨려야 했다. 그 결과, 다양한 종을 파괴하여 동물, 주로 조류와 소형 포유류의 먹이 사슬을 방해한다. 조류와 소형 포유류는 나무와 관목에 서식하면서 해충을 먹어 해충 번식을 억제한다. 유전자 변형 물질의 시대에도 여전히 녹색 혁명의 농업 '체계'를 활용하는 경우가 있는 것을 보아, 이런 파괴 행위는 과거부터 지금까지 계속해서 일어나고 있음을 알 수 있다. 네덜란드 느릅나무병의 사례는, 미국과 유럽 내 여러 지역에서 느릅나무가 다 죽어버렸다는 점에서 중요한 사건이다. "나무좀을 먹고사는 포식자 조류가 멸종되어, 결국 나무좀이 네덜란드 느릅나무병을 일으키는 곰팡이를 확산시키는" 게 원인으로 보인다.[5] 하지만 무엇보다도 기계가 동물을 대신하여 땅을 경작함으로써, 토양은 분변으로 대표되는 양분과 재생의 훌륭한 원천을 잃어버린다. 경작할 때 나오는 부산물은 동물에게 영양분을 공급하고, 동물의 배설물은 토지를 비옥하게 만든다. 그런 토지는 경작물에 자양분을 대주고, 경작물은 결국 인간을 먹여 살렸다. 따라서 분변은 제거하기 힘든 단순 폐기물이 아니라 양분이다. 분변이 해결하기 어려운 문제가 된 이유는, 동물이 섭취한 내용물로 분변이 오염된다고 생각하기 때문이다. 또한 집약적 사육을 하는 지역에 분변이 대량으로 집중되기 때문이기도 하다. 비옥한 토지에는 미생물과 작은 동물 수백만 마리가 유기적으로 살아가며, 그 땅을 경작하고 기름지게 하는 데 도움을 준다. 쇠똥구리도 중요하지만 특히 지렁이가 막중한 역할을 한다. 서구 농업에서도 한동안은 지렁이가 아주 중요한 기능을 한다는 사실을 인정했다. 시바는 "퇴비를 준 토양은 그렇지 않은 토양보다 지렁이가 두 배에서 두 배 반이 많다. 이 지렁이들은 토양 구조·통기·배수를 유지함으로써, 또 유기물을 분해한 후 그것을 토양에 통합시킴으로써 토양을 비옥하게 만든다. … 자그마한 지렁이는 흙 속에서 보이지 않게 일하지만 사실 트랙터·비료 공장·댐을 한데 합쳐놓은 것과 같다. 벌레들이 일군 토양은 벌레가 없는 토양보다 내수성耐水性이 좋으며, 벌레가 사는 토양은 유기 탄소와 질소가 훨씬 더 많다. 지렁이는 흙 속을 구석구석 끊임없이 돌아다니면서 공기가 통하게 하여 토양 내부의 공기량을 최대 30%까지 증가시킨다. 지렁이가 사는 토양은 그렇지 않은 토양보다 네 배에서 열 배 빠른 속도로 물을 배출하며, 용수량容水量이 20% 더 높다. 1에이커당 연간 최대 36톤에 이르는 지렁이 똥은 탄소, 질소, 칼슘, 마그네슘, 칼륨, 나트륨, 인을 함유하고 있어, 토양 비옥도에 필수적인 미생물 활성을 돕는다"라고 말한다.[6] 반면 산업화된 농업 경영 기술은 농업 지대를 화학 물질로 오염시킨다. 그 결과, 아주 작은 동물들의 먹이뿐만 아니라 근본적인 방식으로 토지를 다시 비옥하게 만드는 데 기여하는 다른 많은 종들의 영양물까지 빼앗는다. 또한 인도 같은 나라에서는 소똥을 절반은 비료로, 절반은 연료로 사용함으로써 이 나라 농촌 마을 3분의 2가 필요를 충족시킨다는 점을 시바는 강조한다.[7] 하지만 녹색 혁명을 상징했던 교잡 품종交雜品種, hybrid variety이자 다수확 품종 작물들은 동물의 생물 다양성을 축소시킨다. 이런 작물의 부산물은 동물이 섭취하기에 적합하지 않고 질병을 일으키기 때문이다. 예컨대, 다수확 밀 품종은 더 많은 이삭을 떠받들 수 있도록 줄기를 더 짧고 더 단단하게 만든다. 이 줄기가 변한 짚은 사료로 쓰일 수 없고 토양은 그만큼 영양분을 빼앗기게 된다. 게다가 교잡종 다수확 품종을 재배하려면 화학 제품과 물을 더 많이 사용해야만 한다. 살충제와 제초제 같은 화학 비료를 집중적으로 사용하면 우리 몸을 더럽히고 건강을 악화시킬 뿐만 아니라, 생태계 균형을 유지하는 데 매우 중요한 역할을 하는 동식물종의 생존 가능성도 파괴된다. 즉, 토지 비옥도를 유지하는 데뿐만 아니라 작물 보호 체계인 먹이와 포식자 사이의 균형을 유지하는 데 막대한 역할을 하는 동식물종이 살 수 없는 것이다. 작물 보호 체계는 소농 중심 농업의 핵심축으로서, 윤작 그리고 천연 물질의 도움으로 작물 자체를 더 튼튼하게 만드는 방법들을 활용했다. 동물의 세계에서 아주 작은 대표자들이 막대한 기여를 한다는 점을 재차 살펴볼 때, 아마존강 유역에 사는 붉은 개미 사례는 매우 흥미롭다. 시바는 포지Darrell Addison Posey가 서술한 내용을 언급한다.[8] 아마존강 유역에 사는 카야포족 여성들은 옥수수 축제가 열리는 동안 얼굴에 개미를 그리는 특별한 의식을 거행한다. 옥수수나 다른 곡류를 콩 재배와 연관 지어 생각하는 고대의 지식이 고대 문명, 특히 마야 문명에서 암시된다는 사실은 잘 알려져 있다. 그런데 이 고대 지식은, 지금까지 베네또 지역에서 즐겨 먹는, 콩을 곁들인 파스타나 완두콩을 넣은 쌀밥 같은 전통 요리를 만들었던 우리 이탈리아 농부들도 잘 알고 있는 내용이었다. 곡식과 콩을 혼합하면 토지에 필요한 질소를 공급할 수 있었을 뿐만 아니라 탁월한 영양상의 조합도 만들어낼 수 있었다. 카야포족 여성들의 이야기로 되돌아가자. 그들의 옥수수 의식에서 붉은 개미는 어떤 역할을 하는가? 그 낯선 의식은 무엇을 의미할까? 포지는 다음 내용을 힘주어 말한다.

옥수수, 콩, 카사바, 그리고 이 개미가 함께하는 진화의 복합체를 파악할 때, 신화가 이해되기 시작한다. 카사바는 특별히 꽃 속에 꿀을 만들어 내는데, 이 꿀은 개미를 어린 카사바 싹 쪽으로 유인한다. 개미는 꿀이 있는 쪽으로 가려고 큰턱을 사용하고, 이때 새로 돋아난 연약한 카사바 줄기가 자라지 못하도록 방해하는 콩 덩굴을 잘라낸다. 주변을 휘감으면서 자라는 콩 덩굴은 따라서 카사바 줄기에 기어오르는 대신 자연이 제공하는 덩굴용 격자 구조물인 옥수수를 휘감고 자라게 된다. 옥수수는 콩 덩굴이 휘감아도 까딱없이 높게 자랄 수 있으며, 그동안 콩은 옥수수에 필요한 귀중한 질소를 공급한다. 개미는 자연의 타고난 조종자이며, 여성의 원예 활동을 용이하게 한다.

분명히 산업화된 농업과 그것이 동반하는 과학에서는 개미를 박멸해야 할 해충으로만 여긴다. 그런데 심지어 기생충조차도 특정 작물에는 다수 존재하는 게 일반적이다. 유기질 비료와 윤작은 이 작물들이 더 튼튼해져서 기생충의 공격에 저항할 수 있게 한다. 반면에 윤작을 배제한 채 화학 비료를 반복 사용하고 같은 종류의 작물을 계속해서 경작하면, 작물이 기생충에게서 자신을 방어하는 힘이 약해진다. 다시 한번 인도의 산업화된 농업에 동반되는 화학 물질에 파괴된 식물 종의 예를 살펴본다면, 유명한 명아주 사례를 들 수 있다. 밀 주변에서 자라는 명아주는 어린이가 시력을 잃지 않도록 도와주는 비타민A가 풍부한 식물이다. 여성들은 잡초를 뽑는 과정에서 명아주를 채취했다. 그런데 화학 비료가 사용되면서 밀이 명아주와 경쟁하며 빽빽하게 자라자 명아주를 제초제로 제거했고, 이 때문에 많은 아이들이 시력을 잃었다. 몇몇 서구 기관들은 이런 문제가 발생한 나라의 진료소에 비타민A를 제공하는 프로그램을 시행하여 문제를 해결하려고 하는데, 이들은 여성들이 아이를 진료소로 데려오지 않는다고 종종 불평을 늘어놓는다. 생활 환경이 극도로 불안정한 곳에서 시간과 거리상 발생하는 이동 비용이 만만치 않다는 점을 그들은 분명 고려하지 않는다. 확실한 건, 주민을 엄청나게 강탈하고 그들의 건강을 해치는 농업 전략을 그만두는 게 가장 효과적인 조치가 될 거라는 사실이다.

시바는 한편으로는 자신이 자본주의적 과학이라고 부르는 환원주의적이고 기계적인 과학이 지닌 모순과 그것이 불러오는 파괴를 설명하고, 다른 한편으로는 고대의 지식과 전통 체계에 담긴 풍부한 자원을 보여 주는 작업에 힘을 쏟았다. 이런 시바의 연구를 거듭 참고하면서,[9] 대두유 대 겨자유의 사례를 고찰해볼 필요가 있다. 시바는 대두유 대 겨자유 쟁점에 전 세계의 관심을 불러일으켰는데, 그가 쓴 내용을 참고할 때, 이 사례는 우리가 보여 주려고 하는 어려움을 다수 시사하고 있다. 1998년 8월, 델리에서 수종증水腫症이 급속히 확산하는데, 겨자유를 멕시코 가시양귀비 씨와 혼합한 불량품 및 다른 불순물이 원인이었다. 이 사태로 그해 9월 초반까지 41명이 사망하고, 2,300명이 고통받았다. 아마도 겨자유 사용을 최대한 금지하고 그 대신 대두유 수입의 문호를 개방하려는 목적에서 불량품이 만들어졌을 것이다. 인도의 여러 지역에는 그 지역을 대표하는 기름이 있다. 인도 북부 및 동부에서 널리 사용된 겨자유는 소규모 지역 경제의 일부였고, 여성들은 겨자유를 저렴한 가격에 구입할 수 있었다. 가장 중요한 점은, 기름을 추출하는 가니ghani로[10] 겨자씨를 바로 눈앞에서 갈아 겨자유의 신선함과 건강함을 보장받았다는 것이다. 우리 이탈리아인에게 올리브유가 그러하듯, 겨자유는 인도 북부 및 동부 지역 요리에 가장 기본적으로 쓰이는 기름이었을 뿐만 아니라 특히 신생아를 위한, 또 근육 및 관절 문제를 고치기 위한 마사지 치료법과 같은 의학적 관점에서도 유용한 기름이었다. 겨자유를 마늘, 강황과 혼합하여 사용하면 류머티즘 통증을 완화할 뿐만 아니라 모기도 퇴치할 수 있었는데, 이는 말라리아가 들끓는 지역에서는 중요한 기능이었다. 더욱이 겨자유로 등불을 밝히면 공기를 정화하고 벌레를 쫓아서 저장된 곡식을 못 쓰게 만드는 질병이 확산하는 것을 줄일 수 있었다. 겨자유 등불이 파라핀 양초로 대체되었을 때, 환경을 정화하는 기능은 환경을 오염시키는 기능으로 변했다. 불량품을 제조하여 수많은 용도를 가진 그토록 귀한 기름을 사용하지 못하고 겨자유가 대두유로 대체되자, 유전자 변형 대두유를 인도로 들여오는 일에 관심이 있던 몬산토가 가장 먼저 이익을 봤다. 대두를 인간의 영양에 전적으로 긍정적인 제품으로 묘사하는 특정 문화, 심지어 이탈리아에도 널리 퍼져 있고 유독 전통 음식과 관련해서는 더 좋다고 여기는 이 문화와는 대조적으로, 대두를 특히 식단의 주요 구성 요소로 사용할 때 우리 건강에 위험을 초래하는 특징들을 시바는 지적했다. 대두는 췌장의 기능을 방해하는 트립신 저해제를 함유하고 있는데, 이 트립신 저해제가 췌장의 크기와 무게를 키워 암에 이르게 한다고 시바는 밝혔다. 그는 미국에서 암으로 사망하는 경우 중 췌장암으로 사망하는 경우가 지금까지 다섯 번째로 높다는 점, 췌장암 발생이 상승 추세에 있다는 점을 상기시켰다. 더욱이 그가 지적하는 바와 같이 대두는 칼슘, 마그네슘, 아연, 구리, 철과 같은 필수 무기질의 흡수를 방해하는 피트산을 함유하고 있는데, 이는 주민이 흔히 영양실조 상태에 놓여 있는 인도 같은 나라에서는 특히 심각한 사실이다. 그런데 대두가 풍부하게 들어간 식단, 특히 유전자 변형 대두가 많이 들어간 식단은 에스트로겐 함량이 높아, 여성의 생식기와 남성의 생식력에 대단히 부정적인 영향을 미치는 점이 가장 두려운 측면이라고 시바는 확인해 준다. 어린이의 경우 대두로 만든 식단을 섭취하면 피임약을 매일 여덟 알에서 열여덟 알 복용하는 것과 같다.

대두 대 겨자 사건을 보면, 손실과 위험이 얽혀 있는 상황을 분명하게 알 수 있다. 이 사건에는 생물 다양성 손실, 기본적인 영양 자원 손실, 의약 자원 손실, 건강상의 위험, 맛이 없을 뿐만 아니라 보건 안전성을 위태롭게 하는 규격화된 수입산 식품을 강요하는 영양상의 독재, 자신의 전통과 자신이 살아가는 환경적인 맥락에 맞게 직접 식품을 생산할 권리를 의미하는 영양 주권의 부정, 저렴하고 신선하며 맛있는 식품의 파괴, 식품과 관련된, 따라서 공동체를 지탱하는 데 기여한 소규모 경제와 관련된 일자리 소멸이 한데 얽혀 있다.

1950년 포 계곡에는 수백 가지 품종의 옥수수가 재배되고 있었고, 베네토에만 280가지 종류가 있었다. 이 수백 개 품종은 지형 및 기후 유형에 기초하여 가장 생산성이 높은 종류를 선정한 것이었다. 특히 트레비조에서는 비안코뻬를라 옥수수가 대단히 좋은 평가를 받았는데, 내가 기억하기로는 이 옥수수로 만든 뽈렌따가 부드러우면서도 살짝 찐득해서 특별히 소스를 잘 흡수했다. 비안코뻬를라 옥수수가 아닌 다른 품종은 닭 사료로만 쓰였다. 오늘날 이탈리아에는 옥수수가 네 가지 종류밖에 없는데, 이 옥수수들은 모두 교잡 품종으로 90%를 다국적 기업인 몬산토, 파이어니어Pioneer, 신젠타Syngenta가 구매한다. 현재 이탈리아는 토양의 유기물 함량이 1% 미만으로, 〈유럽환경청〉은 이탈리아를 사막화가 진행되고 있는 지역으로 분류했다.[11] 다수확 옥수수 품종은 화학 물질과 물을 대량으로 투입해야 하므로 특히 토양에 치명적인 영향을 준다. 이는 결국 다른 작물 재배에 피해를 주고 시민들의 돈주머니를 터는 일인데, 옥수수 재배에 필요한 물의 양과 관련된 비용 대부분을 공동체가 지불하는 보조금으로 지원하기 때문이다. 다수확 옥수수 품종이 "쓰레기통 작물"이라고 불려도 이상하지 않은데[12], 이 작물이 환경과 물을 고도로 오염시키는 원인이기 때문이다. 오늘날 우리는 1950년대보다 열 배 더 많은 옥수수를 생산하지만, 생산량의 10분의 1만 소비하고 나머지는 가축 사료로 쓴다. 유럽에서 이뤄지는 집약적 사육은, 그 업계의 사용이 예정된 작물, 즉 옥수수와 콩을 주로 재배하는 '어둠에 잠긴 넓은 땅'의 존재를 상정한다. 이 땅은 비유럽 국가들에 있으며, 그 면적은 유럽 안에서 옥수수와 콩을 재배하는 데 쓰이는 땅보다 7배나 더 넓다. 집약적 사육을 위해 옥수수와 콩을 재배하는 건, 우리에게는 보이지 않는 땅에 압박을 가하는 일이고, 인간의 식량을 재배하는 데 쓰일 수 있는 땅이 없어지는 광경을 바라보는 사람들에게는 분노를 불러일으키는 일이다.

허울뿐인 풍요의 열매에 독을 탄 건 무엇보다 녹색 혁명이 동반한 화학적 장치이다. 기적의 씨앗이라며 새롭게 등장한 다수확 품종은 풍요를 가져온다는 약속을 했고, 이 풍요는 세계 기아 문제를 해결했어야 했다. 하지만 인간 및 다른 생명체를 위한 영양 자원이 파괴되는 상황은 묵살되었고, 이 기적의 씨앗과 함께하게 될 비료·제초제·살충제 같은 화학 물질을 집중적으로 사용하여 발생하는 고통 역시 무시되었다. 이 혁명이 어떻게 경제를 망가뜨리고 부채의 늪에 빠지게 하며, 혁명이 가져온 식품에 다수가 접근할 수 없도록 만들게 될 것인지는 아무도 이야기하지 않았다. 그럼에도 이 이야기는 잘 알려져 있다.

〈유럽환경청〉 자료에 따르면, 공식적인 정보가 남아 있는 마지막 해인 1997년에 이탈리아에서 사용된 농업용 화학 제품은 시판되는 화학 제품의 70%를 차지했다. 이 비율을 2002년에 시판된 총 화학 제품 수에 적용하면, 농업용 토지 면적 1킬로미터당 화학 제품 440킬로그램을 사용했다고 볼 수 있다. 토지에 사용된 화학 제품은 어김없이 지하수층으로 침투하여 땅의 비옥도를 감소시키고, 자연계의 균형을 교란하며, 생물종을 축소시킨다.[13] 1992년, 〈고등보건연구소〉는 다량의 살충제가 다양한 종류의 암을 증가시키고 내분비계의 변화를 불러오는 원인이 될 수 있음을 인정했다.[14] 그런데 살충제의 영향으로 가장 먼저 고통받는 이들은 농민이었다. 빠도바에서 생태 농장을 소유 및 운영하는 첼레스띠노 베네따조는 1980년대 초반 어떻게 지금 하는 일에 뛰어들었는지 이야기했다. 그는 이 일을 선택한 이유 중 하나로, 사과 재배자의 암 발병률과 마르게라항에서 일하는 공장 노동자의 암 발병률이 같음을 알게 된 점을 들었다. 이와 유사하게, 질병을 피하려고 애쓰던 사람들도 생명 역동 농법을 발견하여 그들 자신이 운영하던 농장에 들여왔다.[15] 이탈리아에서 나온 가장 중대한 경고 중 하나는 항기생충 화학 물질들이 남성의 생식력 감소를 자극한다고 주장하는 〈이탈리아 남성의 학회〉 연구자들에게서 비롯된 것이다.[16] 여성의 생식 기관에 발생하여 흔히 근거 없는 자궁 절제술로 귀결되는 질병들에 대해서는[17], 존 리 박사[18]와 그 밖의 다른 이탈리아 의사들이 주장하는 내용에 주목할 필요가 있다. 이들은 살충제 및 제초제에서 나오는 에스트로겐의 영향을 받지 않는 생태 친화적인 식단으로 바꿈으로써(그리고 붉은색 육류, 닭고기, 정제 설탕을 식단에서 제거함으로써) 섬유종이 두세 달에 걸쳐 현저하게 개선되는 현상이 나타난다고 단언한다. 자궁내막증은 여성 생식 기관에 발생하는 매우 고통스러운 질병으로, 20세기 이전에는 사실상 알려지지 않았으나 20세기 후반에 들어 맹위를 떨쳤다. 무엇보다 자궁내막증이 광범위하게 확산된 건 제노에스트로겐이[19] 환경에 널리 퍼져 있기 때문일 가능성이 크다고 리는 주장한다. 그는 70년 전에는 전 세계적으로 21건의 자궁내막증이 등록된 반면, 오늘날에는 미국 내에서만 2천만 건이 등록되었다고 말한다. 인도의 상황으로 돌아가 보자. 최신 뉴스에 따르면, 특정 살충제가 케랄라주州 농민들에게 사망과 기형을 유발해 왔다.[20] 그런데 '로테르담 협약'이 발효되면서, 인류의 건강에 유해한 화학 물질 및 살충제 사용을 위한 새로운 절차와 관련하여 다음과 같은 내용이 담겼다.[21] "오늘날, 서로 다른 화학 제품 약 7만 종이 시중에 나와 있고, 해마다 새로운 제품이 1,500종 이상 출시된다. 이런 상황에서는 많은 나라가 잠재적으로 위험 물질을 감시하고 관리하기 어렵다. 더구나 산업 국가에서 사용이 금지되거나 사용량이 현저히 감소한 많은 살충제가 개발도상국에서는 여전히 판매되고 사용된다."

그리하여 한편으로 우리는 땅에서 나는 산물의 다양성, 그 산물의 건강함, 신선함, 풍미뿐만 아니라 그 산물이 생산되는 지리적, 역사적 맥락과의 관계 또한 잃어버린다. 다른 한편으로는 화학 작용에 따라 그 어느 때보다도 맛없고 생경하며 독을 품은 게 확실한 제품이 우리에게 타격을 가한다. 스스로 재생하는 생명의 능력, 각각의 종이 서로 대항하고 환경 속에서 힘을 합하는 자연 진화의 전략을 통해 자신을 지키는 생명의 능력으로 대변되는 진정한 풍요를 우리는 상실한다. 또한, 우리는 생명의 그물망을 파괴하거나 해치지 않고 보호하는 것을 목표로 하는 인간과 자연 사이의 협력 관계도 잃어버린다. 생명에는 '쓰레기'가 없다는 것, 모든 생명은 끊임없이 재생하며 순환한다는 것, 어느 단계에서 나온 부산물이 스스로 썩고 되살아나면서 또 다른 단계에서는 영양분이 된다는 사실을 우리는 잘 알고 있다. 다양한 문명에 존재하는 이른바 전통적인 체계들의 특징을 잘 보여 주는 건 바로 가장 오래된 지식이었다. 이 고대의 지식은, 이제까지와는 다른 농업 유형을 지향하는 전 세계적인 움직임 속에서 대체할 수 없는 지식으로 오늘날 다시 떠오르고 있다. 기술이 만들어 낸 사막에서 죽어 가는 모든 생명체의 목숨에 이 지식이 필요하다. 농업 분야에서 발생한 거대한 변화 때문에 빈곤에 빠지고 기아의 악몽 속에 버려진 수억 명의 인간에게도 모두 이 지식이 필요하다.

유전자 변형 물질은 이미 상당히 구체적으로 논의되고 있고 토론이 면밀하게 진행되고 있으므로 이 글에서 유전자 변형 물질을 다루진 않겠다. 다만 생물다양성과 건강의 관계에 대해서 몇 가지 측면을 언급하고자 한다. 유전자 변형 농산물을 없애려고 싸우는 이들이 이런 농산물에 '프랑켄슈타인 식품'이라는 꼬리표를 붙인 건 우연이 아니다. 이 명칭은 생물종이 자기 DNA가 변형되는 과정에서 겪는 극악무도한 폭력을 꼬집고 있는데, 더구나 건강에 부정적인 영향을 주지 않는다는 확신도 없다. 오히려 어떤 품종의 경우에는 긍정적인 영향을 준다는 확신 때문에 '원조'라는 이름으로 개발도상국에 주려고 했다. 이미 미국이나 〈유럽연합〉에서 유해하다고 입증되어 사용이 금지된 유전자 변형 물질이 최근 볼리비아·과테말라·니카라과로 보내지고 있다. 이것이 산발적으로 일어나는 일이라고 보기는 어렵다. 알레르기 증가, 특히 유아의 알레르기 증가가 유전자 변형 식품 섭취와 관계있다는 점은 대단히 우려스럽다. 항생제 내성 증가도 마찬가지이다. 유럽에서 소비자 4명 중 3명이 유전자 변형 농산물 소비를 반대한다고 분명하게 밝혔지만,[22] 유전자 변형 농산물은 계속해서 이용되고 이용량도 줄어들지 않았다. 어쨌든 가장 주된 폐해는 유전자 변형 농산물이, 자연 진화의 결과물이며 인간과 자연이 협력하여 만든 생물 다양성을 손상시킨다는 사실이다. 유전자 변형 농산물은 생물 다양성을 손상시키는 동시에 환경에 존재하는 균형 상태를 변화시키고, 생산물 및 농민의 정체성을 파괴한다. 소농 중심 농업을 하면서 수천 년간 이어져 온 지식을 이용하여 품종을 선택하고 개량해 온 농민의 정체성이 말살당하는 것이다. 유전자 오염은 심지어 이탈리아에서도 고착된 심각한 문제이다. 유전자 변형 종자를 들여오면, 아주 적은 양으로도 자연 상태의 농작물을 점진적이고도 빠르게 유전적으로 오염시킬 수 있다는 사실이 밝혀졌기 때문이다. 유감스럽게도 이런 종자의 양이 결코 적어 보이지 않는다. 〈북동지역 대안농업〉이 베네또에서 수행한 연구 결과, 분석 대상 농작물의 DNA 표본 세 개 중 두 개 꼴로 유전자가 변형되었다는 사실을 알아냈기 때문이다.[23] 2003년 여름에 삐에 몬떼 사건이 터졌다. 몬산토를 믿고 종자를 구입한 삐에몬떼 지역 농민들이 381 헥타르의 유전자 변형 옥수수를 재배했고, 이것이 결국 지방 행정 법원의 심리 및 작물 파괴에 이르게 된 사건이었다.[24] 그런데 이는 드문 일이 아니다. 이탈리아에 유전자 변형 종자를 들여오려고 애쓰는 다국적 기업들의 포위 공격이 수년간 계속되고 있다. 2003년에 〈유럽의회〉는 유전자 변형 물질이 내용물의 0.9% 이상일 때에만 포장 용기에 명시하도록 요구하는 최저 기준을 결정했다. 이 결정으로 유전자 변형 식품과 그렇지 않은 식품을 구별하고 선택할 소비자의 권리가 침해 당한다. 강력한 로비 활동이 이뤄져 이 최저 기준이 점차 올라가는 상황이 전개될 위험성 또한 존재한다.

3. 말과 소

지금부터 살펴볼 두 번째 개발 유형은 **동물 사육**이다. 산업화된 사육을 선택하는 과정에서 얼마나 많은 품종이 사라졌을까? 셀 수 없이 많은 품종이 사라졌다. 우리가 사는 세계의 일부분은 앞으로 절대 알 수 없다. 우리는 1970년대에 한 학생이[25] 느꼈을 엄청난 경이로움을 상상하며 이야기 나눌 수 있을 뿐이다. 지나가던 트럭을 얻어 타고 프랑스 남서부 따른주(州)에 포도를 수확하러 가는 동안, 학생은 화물칸에 있던 밀로르와 벨드뉘라는 멋진 이름을 가진 아름다운 검정말 두 마리를 발견했다. 이들은 아주 오랫동안 고산지대에서 살아 온 품종으로, 겨우내 은신처와 먹이가 없어도 산속에서 방목할 수 있었다. 이들은 바람에 노출되어 눈이 덜 쌓인 비탈면에서 약간의 풀을 찾아내 뜯어 먹거나 나무껍질을 갉아 먹고 살았고, 몇 달 만에 길고 두꺼운 붉은빛의 털을 기르고 자기 몸무게의 절반을 줄여서 몸을 따뜻하게 유지했다. 봄이 끝날 때쯤이면 다시 살이 찌고 자연스럽게 털이 빠지며, 그 자리에 아름답고 빛나는 검은빛의 털이 자랐다. 마치 동화 속에서 보던 것처럼 말이다. 학생은 아주 오래된 시골 품종을 보호하는 일을 하는 사람과 만나면서 '브르타뉴 암소'의 존재를 접한다. 브르타뉴 암소는 몸집이 매우 작은 암소로, 염소보다도 작았지만 말처럼 대단히 강인하고 기운이 넘쳤다. 이 암소에게서 얻을 수 있는 우유의 양이 하루에 3리터밖에 안 되었다는 점으로 보아 그리 생산적이지는 않았다. 학생은 또한 뿔이 있는 양, 깃털로 다리를 완벽하게 가리는 닭, 뼈 돌기가 있는 개처럼 자기 몸을 보호하려고 눈에 띄는 형질을 발달시키고 유지해 온 품종에 대해서도 알게 된다. 그가 생물 다양성 보호에 일생을 바쳤던 것은 단언컨대 경이로움과 매혹을 느꼈기 때문이었다. 그가 느꼈을 경이와 매혹을 우리는 평온한 이탈리아 시골 지역의 조부모님 집을 방문할 때 느꼈다. 그곳 논밭에는 타작마당과 건초 다락, 위험한 도랑이 있었는데, 사람들은 물이 깊은 구멍이 있으니 가지 말라고 했다. 경이로움과 매혹은 일요일 나들이 길에 집약적 사육 시설을 보게 될 거란 생각에 역겨움으로 바뀌었다.

이제는 동물을 경이로운 특성보다 식품 관련 비리와 연관시키는 게 더 쉬워졌다. 산업화된 사육은 동물이 자연적으로 만들 수 있는 것보다 훨씬 더 많이, 또 가장 적합한 상품 유형만을 생산하는 기계로 바뀌는 과정에서 겪는 폭력을 생생하게 보여 준다. 사육되는 소는 육고기 또는 우유를 만들어 내는 존재, 젖소 또는 도축용 흰 송아지일 뿐이다. 인도의 신성한 소가 우유 생산 기계로 변형된 사건[26]은 각기 다른 소 품종으로 대변되는 생물 다양성의 상실·다재다능한 효용의 상실·건강의 상실을 가장 잘 보여 주는 사례이다. 심지어 이곳 이탈리아에서도 동일한 상황이 펼쳐지며, 소뿐만 아니라 다른 동물들도 같은 형편에 놓여 있다. 인도에서 소를 신성하게 여기는 이유는 농업, 사육, 임업이 함께 작동하도록 만드는 데 소가 결정적으로 중요한 역할을 했기 때문이다. 또, 농업·사육·임업 체계가 통합적으로 작용하는 가운데 소가 이 체계의 비옥함을 재생시키는 데 기여했기 때문이다. 소는 식량 공급을 두고 인간과 경쟁하지 않고도 경작지에서 나오는 잔여물이나 미경작지에서 손쉽게 먹이를 구했다. 전통적인 사육 체계는 다양한 기후 및 토양과 관련하여 매우 다른 특성을 가진 종, 곧 기후나 토양 같은 환경 그리고 해충이나 질병처럼 존재할지도 모르는 불리한 상황을 견디는 특정한 능력을 품은 종을 선택했다. 인도에서는 가장 우수한 아열대 소 품종 중 일부를 생산했다. 시바[27]는 샨티 조지를 인용하여 다음과 같이 말한다.[28] "우리 조상이 열대 지방에 적합한 가장 뛰어난 젖소와 일소 품종을 진화시키는 데는 아마 수천 년이 걸렸을 것이다. …그 품종은 무더운 여름날 나무 밑에서 지낼 수 있고, 마을 웅덩이 물을 마실 수 있고, 성가신 파리와 모기나 열대성 질병을 잘 견디며, 몬순 기후에서 자라는 풀을 뜯어 먹거나 농업 부산물로 생겨난 사료를 먹고 살 수 있다." 하지만 과거 인도의 사육자들이 가지고 있던 지혜를 무시한 결과, 순수 토착종들은 점차 인도 현지 품종인 제부와 외래종의 균질화된 교잡종으로 대체되었다. 그런 외래종으로는 저지, 홀스타인 프리지안, 데니시 레드, 브라운 스위스가 있었다. 이는 제부의 우유 생산량을 늘리려고 이뤄진 일이었다. "제부의 주요 경제적 효용이 견인용 수소를 낳는 것이라고 한다면, 우유 생산이 주요 효용인 미국의 특화된 젖소와 제부를 비교하는 건 아무런 의미가 없다"는 점에서, 위와 같이 제부를 변형시킨 건 전적으로 합당하지 않은 일이었다.[29] 더욱이 모든 교잡종이 그러하듯 이 소들은 특히나 질병에 취약하기 때문에 방목할 수 없다. 그 뿐만이 아니다. 이 소들은 "바이러스성 폐렴, 비기관지염, 악성 카타르열, 바이러스성 설사, 결핵, 유행열 같은 신종 질병"을 낳기도 했다.[30] 모든 교잡종과 마찬가지로 이 소들에게도 엄청나게 많은 것을, 말하자면 신선한 사료·농후 사료·신선하고 깨끗한 물을 쏟아부어야만 한다. 하지만 시골에 사는 인도인의 압도적 다수가 교잡종 소는커녕 자식에게도 건강상, 영양상 적절한 기반을 제공할 수 없다. 이들이 소유한 소는 우물물과 웅덩이 물을 마시는 데 익숙한 상태였다. "인도에서 가장 정교하고 효율적인 가축병 치료 체계를 자랑하는 아난드 지역 사람들은, 아픈 인간을 치료해 줄 의사보다 아픈 동물을 치료해 줄 의사 구하기가 더 쉽다고 말한다."[31] 신성한 소를 우유 생산 기계로 바꾼 백색 혁명은 소가 제공하는 다재다능한 효용과 산물을 거부한다.[32] 견인을 하려면 소의 힘이 반드시 필요하다는 점뿐만 아니라 소똥이 농업 비료 및 연료로 중요하다는 점은 이미 언급했다. 소가 수명을 다했을 때 가죽, 뼈, 뿔, 발굽을 이용하여 번성한 장인의 존재 또한 기억하자. 이들의 존재는 일자리가 만들어지고, 필요가 충족되고, 화폐 소득이 발생했음을 의미한다. 그런데 우유 생산, 또 다른 모든 전통적인 낙농 활동과 결부된 자원 및 가장 중요한 일자리들은 대부분 여성이 장악하고 있었다. 시바가 설명하듯이 인도에서 가장 중요한 유제품은 기ghee와[33] 기의 부산물인 유장, 응유, 집에서 만든 치즈, 그리고 작은 시골집 부엌에서도 만들 수 있고 냉장고 없이도 저장할 수 있는 코야khoya이다.[34] 기가 판매용인 반면, 기에 들어 있는 영양 성분을 유지하고 있는 유장은 집에 두고서 가족들이 먹거나 가난한 이들에게 나눠 주었다. 이렇게 하여 농촌 인구가 영양상, 건강상 필요한 것을 우선 충족하고, 그다음에 제품 일부를 판매하여 돈을 벌 수 있었다. 그런데 이와는 반대로, 생우유를 판매하면서부터는 우유 생산자들이 우유를 아물Anand Milk Union Limited, AMUL 같은 유제품 기업에 내어줄지 아니면 자기 자식에게 먹일지를 두고 괴로운 결정을 내려야 한다. 산업적인 방식을 거치면서 다른 유제품들은 결국 농촌 인구의 요구는 무시한 채 일정한 구매력을 갖춘 도시 인구가 즐겨 먹는 식품(버터·치즈·탈지분유·초콜릿)이 되었다. 농장이 공급하는 우유의 70%가 전체 인구의 2%만이 소비하는 이런 제품들로 변형된다. 이런 상황은 곧바로 건강을 심하게 손상시키는 결과를 초래하는데, 특히 다섯 살 미만의 어린이가 그 대상이 된다. 이들은 젖을 떼는 시기에 우유를 충분히 섭취하지 못해 특히 단백질과 열량 부족으로 나타나는 심각한 영양결핍 현상을 보인다.[35] 가족 구성원 모두가 건강을 잃는다는 점 외에 여성의 경우 전통적인 낙농 활동으로 얻은 수익을 상실하는 문제도 경험한다.

그런데 시바가 말하기를, 소를 우유 생산 기계로 여기는 발상이 전 세계에서 위기를 불러오던 때에 다국적 생명 공학 기업들은 유전 공학의 새로운 기적이 생산을 증대시킬 거라고 약속하면서 우유 생산자들의 생존을 한층 더 위협했다고 한다.[36] 이 이야기는 지금은 이미 유명해진 소 성장 호르몬에 대한 것이다. 이 호르몬을 소에 투여하면 사료를 더 주지 않아도 20~25% 더 많은 우유를 생산할 수 있지만, 소의 건강은 전반적으로 악화하여 수명이 10년에서 5년으로 줄고, 극히 적은 수의 새끼, 즉 평생 3마리 정도밖에 낳지 못할 가능성이 높아진다.[37] 미국이 이 호르몬 사용을 주도하고 유럽은 거부하고 있는 가운데, 이 호르몬을 사용하는 나라들에서는 호르몬을 쓰고 싶지 않지만 동시에 그것을 사용하는 경쟁자들이 자신의 경제 활동을 망가뜨리는 상황을 목격하게 된 사육자들 사이에서 논쟁이 일었다. 여기서도 마찬가지로 선진국들은 동일한 쟁점을 재차 제기한다. 즉, 동물 파괴가 환경 파괴와 관련이 있고, 또 좀 더 자연스럽고 건강한 방식을 지키고 싶지만 최근에 일어난 유해한 기술 변화 때문에 쫓겨나는 사육자들의 파탄과 연관이 있다는 문제를 제기한다.

인도에서는 나이가 많거나 병약하거나 새끼를 못 낳거나 영양이 부족한 동물들만 도축하기 때문에 사육 농장이 존재하지 않고, 오로지 육고기를 얻을 목적만으로 사육하는 동물 종도 전혀 없었다. 따라서 인도에서 수출용 도축을 하게 허용하는 180도 바뀐 정치 환경은, 우리가 이 글에서 시바의 연구를 참고하여 논의할 생물 다양성과 건강 문제에 시사하는 바가 크다.[38] 1991년부터 1996년까지 불법 도축장 3만 2천 곳이 새로 생겨났다.[39] 소고기·송아지 고기·물소 고기를 포함한 육류 수출은 1990년과 비교하여 1995년에 두 배 가까이 늘었지만, 같은 기간에 소·물소·다른 가축의 총 개체 수는 절반밖에 늘지 않았다. 다시 말해, 인도는 생산량보다 더 많은 양의 육류를 수출하여 국가 유산을 축내고 있었다. 어찌 됐든 농무부는 도축장 개업을 촉진하려고 장려금과 국고보조금을 100% 제공하기로 결정했다. 그 결과, 수출 목적으로 도축이 엄청나게 많이 이뤄지고 국내 품종의 다양성은 크게 감소했다. 하나의 품종이 사라지면 대체 불가능한 유전 형질도 사라지는데, 이 유전 형질은 질병을 이겨 내게 하고 악조건에서도 살아남게 하는 단서를 가지고 있을지 모른다. 이렇게 가다가는 지속 가능한 농업의 토대가 점점 약해질 것이다. 이미 피해를 입고 있는 농업용 소라는 유산은, 이용 가능한 먹이가 감소하면서 대량으로 죽임을 당할 것이다. 많은 땅이 다수확 단일 경작용 또는 유칼립투스 숲과 같은 단일 수목 경작용으로 미리 정해지고, 토지 사유화로 목초지가 갈수록 부족해지기 때문이다. 동물의 개체 수 감소와 더불어 농촌 경제가 파괴되고, 특히 땅이 없는 사람들, 곧 하층 계급 사람들과 여성들에게 매우 중요한 일자리가 사라진다. 동물과 관련된 새로운 정치가 초래한 이 같은 빈곤 상태가 사람들이 건강을 상실하는 첫 번째 요인이다. 두 번째 요인은 도축장 주변 지역이 폐기물(도축된 소의 피·가죽·뼈)로 오염되는 유해한 상태인데, 이 폐기물은 소농과 장인에게 중요한 재료라기보다는 처리하기 힘든 쓰레기에 지나지 않을 것이다. 어떤 이들은 폐기물로 육골분 사료Meat and Bone Meal, MBM를[40] 만들자고 제안하지만, 이는 신성한 소의 사육이 아니라 광우병 소의 사육을 확산시키게 될 거라고 시바는 지적했다.[41]

선진국에서는 육류를 엄청나게 소비하기 때문에 육류의 집약적 생산(더불어 인도 같은 나라들에는 너무나 낯선 집약적 도축)이 이뤄진다. 동물을 논밭 가는 기계로 대체해 버린 녹색 혁명 이후, 우리는 가축을 오로지 육고기 혹은 우유 생산자로만 바라본다. 바로 집약적 사육 이야기이다. 그리하여 굴리엘모 도나델로는 다음과 같은 질문을 던진다. "비만은 서구인의 특징으로, 서구인의 절반이 비만을 겪고 있습니다. 이는 섭취하는 식품의 양과 사람들의 생활 방식 때문이기도 하지만 식품의 질 때문이기도 합니다. 우리 식탁에 오르는 육류 속에 다량의 호르몬제가 존재한다는 사실이 밝혀졌습니다. 그뿐만이 아닙니다. 사육 시설에서는 질병을 예방하려고 항생제를 광범위하게 사용합니다. 항생제가 누적되면서 우리 인체를 해칩니다."[42] 집약적 사육 방식은 강한 종을 선택하고 선택된 이들을 더욱 생산적으로 만들려고 이종 교배를 한다는 사실을 직관적으로 전제하고 있다. 그러나 이는 결국 해당 종의 강인함과 다양성을 해치고, 결과적으로 병원체를 이겨 내는 능력을 손상시킨다. 그래서 약물을 계속해서 대량으로 사용하는데, 생산을 늘리기 위한 이종 교배, 초식을 하는 소에게 육식을 시키는 것[43] 같은 인위적인 조작 과정 때문에, 또 사육 시설의 환경 때문에 약화된 동물의 건강을 보호하려고 항생제가 주로 사용된다. 항생제는 또한 종의 성장을 촉진하기 위해서 사용하기도 하며, 호르몬제 역시 마찬가지이다. 〈유럽공동체〉가 호르몬제 사용을 1988년에 금지했는데도, 이탈리아 경찰 내 〈식품변조방지팀〉의 단속 활동에서 드러나듯이 이탈리아에서도 호르몬제를 사용한다. 가장 최근에는 롬바르디아·베네또·삐에몬떼주州에 있는 사육장에서 볼데논(송아지에게 주로 사용하는 성장 촉진제로 24시간 내에 흔적이 사라진다)이 발견된 사건이 있었다.[44] 육류에 호르몬제를 사용하여 건강에 발생하는 부정적인 결과들이 이제 드러나기 시작했다. 이탈리아 북서부 지방에서는, 쉽게 구할 수 있는 균질화된 이유식을 유아기에 먹고 자란 취학 전 남자아이 몇 명의 몸에서 유선乳腺이 발달했다.[45] 2003년 여름 〈식품변조방지팀〉이 다시 한번 움직여서 생선·칠면조 고기·토끼 고기와 〈유럽공동체〉에서 사용이 금지된 지 10년도 넘은 발암 물질 3만 톤 이상을 브레시아와 베로나 사이에 있는 대략 열 군데의 사육 시설에서 압수했다.[46] 주목할 점은 압수 이후 동물들 사이에서 악성 전염병이 증가했다는 사실이다. 그런데 동물을 한 곳에 집중시키면 병원체와 건강상의 위험도 집중된다는 사실을 미생물학 연구자들이 밝혀낸 지는 꽤 되었다.[47] 1980년대 프랑스에서 〈농민노동자〉 조합은 도축용 소 사육자들이 놓인 상황을 공개적으로 규탄했다.[48] 사육자들은 사용이 금지된 호르몬제를 주로 사용하도록 납품 기업과 단체의 강요를 받았고, 파산을 피하려면 어쩔 수 없이 이를 받아들여야 하는 입장이었다. 〈농민노동자〉 조합의 규탄으로 불매 운동이 일어났고, 그 결과 차기 농무부 장관들은 성장 촉진제 사용을 계속해서 엄격하게 규제하도록 했다. 이런 상황에서 장관들은 제약 회사에게서 지속적으로 압력을 받았다. 유감스럽게도 전적으로 부적절하고 유해한 물질들이 때때로 한꺼번에 투여되었고, 전통적인 농업 및 사육 체계에서 언제나 생명을 담아 전해 주던 식품이 오늘날에는 질병과 죽음을 담아 나르며 다이옥신 닭고기·돈역豚疫·조류 독감·광우병 같은 먹거리 파동을 계속 일으킨다. 식품이 본래의 지역을 벗어나 생산되는 일, 식품을 해외에서 들여오는 일은 예전부터 이탈리아 내에서 일어나고 있던 불법 유해 물질 사용을 조장한다. 반면에 「오늘 우리는 음식 때문에 죽을 수 있다」(〈북동지역 대안농업〉-〈코스빠 나치오날레〉,

2003)라는 제목을 가진 중요한 정보용 소책자도 존재한다. 이 글은 흔히 우리 사회의 가장 힘없는 계층 사람들이 결국 먹는 수입산 육류 생산에 불법 물질이 사용되는 상황을 상세하게 설명한다. 동물과 인간의 건강을 공격하는 일은, 다른 이야기도 많이 할 수 있겠으나 이 글에서는 다음을 힘주어 말하는 것만으로도 충분할 터이다. 앞서 사례들에서 확인했듯이, 생물망은 생물종의 다양성, 이 다양성을 지키려는 인간과 자연의 협력, 생명을 만들어 내는 체계인 농업 및 사육의 협력과 통합으로 빚어낸 막대한 풍요로 촘촘히 엮여 있는데, 이런 생물망이 파열되면서 나타난 가장 최근의 결과물이 빈곤과 건강의 결핍이다. 이 모든 게 파열됨으로써 분리와 대조가 생겨나고, 더 큰 이익을 추구하는 생산성을 명목으로 조작 행위가 격화된다. 그리하여 사육 분야에서도 거짓 풍요, 거짓 생산성이 빈곤한 인간·유린당한 동물·독이 든 식품을 수도 없이 만들어 내게 된다.

4. 정어리, 새우, 연어

동식물을 기계화하고 일그러뜨림으로써 자연을 공격하는 이 우화 속 세 번째 개발 유형은 **바다에 대한 공격**이다. 바다의 어류학적 유산은 어업이 산업화되면서 엄청나게 빈곤해진 것으로 악명이 높다. 여기서도 반복되는 문제는, 어업의 산업화가 수많은 해안 공동체 및 기타 공동체의 생계 원천인 전통 방식의 어업을 해치면서 이뤄진다는 점이다. 2002년 세계수산양식현황 보고서에 따르면, 주요 어류 자원의 대략 47%가 영리 목적으로 완전히 개발된 결과, 그 어종의 수가 최저치 혹은 최저치에 가까운 정도에 도달했다. 그러므로 세계 해양 자원의 거의 절반이 앞으로 새롭게 증식하리라는 기대를 가지지 못한다. 18%가 이미 과도하게 개발되어 증식 가능성 없이 계속 감소하고 있는 사이, 10%는 멸종 단계로 나아가고 있다. 따라서 오로지 25%의 어종만이 분별없는 포획의 대상에서 벗어나 있는 상황이다. 과도한 어획을 줄이는 조치를 취하지 않는다면 어획량은 계속 감소할 거라고 〈유엔식량농업기구〉는 강조한다.[49] 지중해에서 가장 부족한 어류 자원은 서부 참다랑어·민대구·노랑촉수이다.[50] 이탈리아에서는 멸치·대구·노랑촉

수·황새치·홍어, 심지어 국내산 정어리마저 희귀종이 될 위험에 놓여 있다.[51] 세계적으로 어류학적 유산이 약탈당하면서 남아 있는 대구의 개체 수가 거의 고갈되었기 때문에, 〈국제해양탐사협의회〉 소속 과학자들은 북해에서 어획을 중단해 달라고 최근 요청했다. 북해에서 20년간 집중 조업이 이뤄진 후, 대구에 의존하는 어민 수천 명이 일자리를 잃을 위험에 놓였다.[52] 이탈리아에서도 유사 이래 결코 일어난 적이 없었던 현상이 최근 기록되었다. 정기적으로 나타나던 참다랑어 무리가 2003년에 처음으로 파비냐나와 보나지아에 있는 몇 개 남지 않은 통발에 도달하지 못한 것이다.[53] 사람들은 이 수수께끼 같은 일이 일어난 원인으로 오염과 기후 변화를 이야기했다. 하지만 가장 믿을 만한 가설은 이른바 '바다 도축장' 가설로 보이는데, 이 '바다 도축장'이라 불린 일본 어선들은 수중 음파 탐지기를 사용해 크고 작은 참다랑어를 추적하여 잡아들이고, 선상에서 가공 처리하여 냉동한 제품을 일본 시장에 가져간다. 〈유엔식량농업기구〉는 전체 어류 보호 구역의 대략 70%가 고갈되었거나 고갈에 가까운 상태라고 밝힌다. 10년 만에 유럽 어민 약 6만 명이 일자리를 잃었다.[54]

생선은 전 세계 인류가 섭취하는 단백질의 17%를 공급한다. 2억 명이 넘는 사람들은 생존하기 위해 생선에 의존한다.[55] 우리는 시바와 바로 앞에서 인용한 그의 연구를[56] 참고하여 다시 한번 인도의 경우를 살펴볼 텐데, 인도의 사례가 몹시 중요하기 때문이다. 인도는 세계 7위의 수산물 생산국이자 세계 2위의 민물고기 생산국이다. 7천 킬로미터에 달하는 인도 해안을 근거지로 삼아 농어민 수백만 가구가 생계를 꾸리고 있다. 1950년대 말까지 새로운 어업 기술 없이도 남아시아해에서 어획량이 연간 5%씩 증가했다. 이 기간에 인도는 매년 새우 5천에서 6천 톤을 미얀마·태국·말레이시아에 수출했고, 이는 전체 새우 수출량의 20%에 맞먹는 양이었다. 1960년대에는 저인망 어선을 이용한 어획, 즉 **산업화된 어선**에서 사용되는 체계가 도입되었다. 이 방식은 해저를 긁어내어, 치어 집단의 서식지와 생선알을 파괴했다. 1970년대 말과 1980년대 초에 이르러 어획량 증가율은 연간 2%로 떨어졌다. 어선들은 그물을 사용해 상업적 가치가 크지 않은 물고기 떼까지 전부 끌어올리고, 따라서 이 물고기들은 다시 바다로 던져진다. 이렇게 버려지는 물고기 혹은 부수어획물은 '폐기물'로 여겨진다.『이칼러지스트』의 추산에 따르면, 이런 폐기물은 무게로 쳤을 때 전 세계에서 잡아들이는 물고기의 3분의 1 이상에 맞먹는다. 새우잡이의 경우, 몇몇 지역에서는 새우 1톤을 잡아들일 때 폐기물이 15톤이나 발생한다! 죽은 상태로 혹은 죽어 가면서 다시 바다로 던져지는 '폐기물'에는 바다거북도 포함된다. 이렇게 버려지는 물고기들은 해양 환경의 생태적 기반이자 해안 인구의 경제적 기반이다. 대형 어선에서 나오는 엄청난 양의 물고기는, 어류학적 자원과 생물 다양성이 파괴되는 상황을 감추는 것은 물론이고 바다를 근거로 먹고사는 사람들의 자급생활이 불가능해지는 상황도 은폐한다. 그런데 생산을 최우선으로 하여 물고기를 얻는 접근법은 **산업화된 수산 양식**을 통해 한 단계 더 도약한다. 녹색 혁명과 마찬가지로 산업화된 수산 양식 또한 인도주의적 목표라는 기치 아래 전 세계 기아를 해결하려고 도입되었으나, 오히려 기아를 심각하게 악화시키는 원인이 되었다. 그뿐만 아니라 산업화된 수산 양식 때문에 생태계가 파괴되고, 환경 오염이 확산하며, 동물 및 인간에게 질병이 퍼졌다. 과거와 현재의 다양한 농업 체계 가운데 전통적인 수산 양식은 그 방식이 계속해서 남아 있는 곳에서는 전적으로 지속 가능하고, 농업과 통합되어 있었다. 어류는 농업에 바탕을 둔 영양 체계를 완성하는 데 기여했다. 논밭은 계절과 조수에 따라 밀과 쌀을 재배하는 데 이용되기도 하고, 물고기와 새우를 잡고 키우는 데도 쓰였다. 바닷물로 가득 찬 연못과 그물만 가지고도 농부들은 물고기를 가둬서 자연스러운 방식으로 키우고 잡아들일 수 있었다. 지역에 따라 서로 다른 체계를 활용했지만, 모두 단순하고 지속 가능한 방식, 그 가운데서도 특히 베리와 게리 체계를 이용했다. 베리나 게리와 달리 따빨 체계는 만조 때 해안가로 밀려온 새우·물고기·굴을 손으로 잡는 방식이었다. 건초 및 발삼 식물로 만든 깔개를 활용할 수도 있었는데, 깔개 윗부분에 쌀알을 뿌려 물고기를 유인하면 물고기가 깔개에 걸리는 식이다.[57] 이런 모습들을 보면 열대 해역 물고기가 가득한 경이로운 풍요와 이 물고기를 잡는 방법이 지닌 소박함을 느낄 수 있다. 위와 같이 물고기를 잡는 방법은 최소 수천 년간 많은 사람들에게 중요한 식량원을 제공하고, 동시에 사람들이 생산물을 시장에 갖다 팔 수 있게 해 줬다. 반대로 수산 양식업, 특히 새우 양식업은 깊이 2미터, 표면적 1헥타르의 거대한 통을 설치함으로써 환경을 파괴하고, 예전의 어획 및 양식 체계가 보호하던 풍요와 생물 다양성을 망가뜨린다. 새우 양식업은 맹그로브 숲을 파괴하는데, 이 숲은 많은 어종의 탁아소이자, 토양 침식과 자연재해를 막아 해안 지역을 보호하는 중요한 방어물 역할을 한다. 새우 양식업은 환경을 고도로 오염시키는 산업이다. 1헥타르당 먹이가 4톤에서 6톤이 필요하지만, 이 먹이의 17%만이 새우에게 필요한 생물 연료로 전환된다. 나머지는 살충제와 항생제로 심각하게 오염된 채 바다나 맹그로브 숲, 주변 농지에 버려진다. 양식 탱크를 세척한 물도 논밭의 관개 수로나 바다로 흘러 들어가 어류의 폐사·지하수 오염의 위험·여타 건강상의 위험을 초래한다. 양식 시설의 주변 지역에서는 피부병, 이질과 같은 풍토병이 확산하여 특히 허약한 사람·나이 든 사람·여성·어린이가 병에 걸린다. 물고기가 한곳에 모여 있는 상황 자체가 오염을 의미하는데, 양식통 안에 생산물과 배설물이 집중되기 때문이다. 양식종이 다른 종의 서식지로 흘러 들어가 생태 균형을 어지럽힐 위험성도 존재한다. 양식통의 염도를 조절하려면 담수를 끌어와야 하는데, 이는 식수 부족뿐만 아니라 염류화를 초래한다. 새우가 성장하면서 물이 양식통 밖으로 넘쳐흐르고, 대규모로 담수를 끌어다 씀으로써 지하수층이 고갈되어 마실 물이 염수가 될 가능성도 대단히 커진다.

이런 측면은 많은 곳에서 양식업의 지속 가능성을 위기에 빠뜨릴 만큼 중대한 문제이다. 작물은 말라 죽고, 식수는 남아 있지 않고, 동물들마저 병에 걸리고, 사람들은 떠나야 했다. 바다낚시도 위기를 맞았는데, 가까운 바다가 오염되어 고기를 잡으러 더 멀리 가야 했기 때문이다. 여기에 더해 생산을 구성하는 다른 구조들, 즉 폐기물·포장 시스템·창고·운송·판매 과정에서 오염이 발생한다. 새우 양식업은 노련한 어민의 일자리를 파괴하는 한편, 노동 조건이 힘들고 불안정하며 위생 조건도 형편없는 소수의 새 일자리를 만든다. 이 열악한 일자리들은 흔히 여성과 아동이 차지하게 된다. 새우 양식업 측은 바다에 가하는 압박을 줄이겠다고 약속했지만, 약속을 지키지 않았다. 어류 자원을 고갈시킨다고 알려진 대형 저인망 어선 및 예인망 어선으로 새우 양식에 필요한 먹이를 포획하기 때문이다. 집약적 사육과 마찬가지로 산업화된 어업은 생산하는 것보다 더 많은 자원을 소비한다. 새우 양식업은 지극히 불필요한 식품을 부유한 나라들에 공급한다. '먹튀'라고 불리는 새우 양식업이 환경에 미치는 영향력은 너무나 파괴적이어서 이 산업이 자리 잡았던 모든 국가에서 산업의 지속이 불가능한 것으로 드러난 만큼, 이 산업이 거의 언제나 제3세계 국가에 자리 잡은 건 우연이 아니다. 새우 양식업은 전염병이 빈번하게 발생하고 부유한 나라에 사는 고객의 유행 변화에 민감한 산업이다. 또한, 인도는 물론이고 에콰도르, 방글라데시, 브라질, 중국, 필리핀, 온두라스, 인도네시아, 멕시코, 스리랑카, 태국, 베트남의 맹그로브 숲을 파괴했다. 새우 양식업에 반대하는 무수한 항의 시위에서 투쟁과 유혈 사태가 발생하고, 11개국에서 새우 산업과 관련된 암살 행위가 규탄의 대상이 되었다.[58] 인도에서 새우 산업은 7천 킬로미터에 이르는 해안 지역을 공격했다. 1996년, 대법원이 인도의 환경 운동가 및 해안 공동체의 고발에 응하여 전통적으로 해오던 양식을 허용하고 산업화된 새우 생산 시설을 규제 지역에서 모두 철거하라고 명령했지만, 정부는 이 결정을 이행하지 않았다.[59]

양식업은 포획을 줄이고 양식 물고기 수를 크게 늘려 세계 기아 문제 해결을 돕겠다고 약속했지만 이는 거짓으로 드러났고, 이 이야기가 비단 새우 양식에만 해당되는 것도 아니다. 스탠퍼드 대학교의 경제학자 로자먼드 네일러에 따르면, 양식 물고기 1파운드(453.6그램)에 필요한 먹이를 얻으려면 수산물 2파운드가 있어야 한다.[60] 양식 연어는 1톤당 물고기 5톤이 필요하다.[61]

그 다음으로 양식업에서 이뤄진 도약은 이른바 **유전자 변형 물고기**로, 이 역시 세계 기아 문제 해결을 위한 인도주의적 원조를 명목으로 탄생했다. 이는 빨리 성장하고 추위를 잘 견디는 두 가지 주요 특징을 가진 형질전환 어류를 만들어 내는 문제와 관련이 있다. 형질전환은 주로 대서양 연어를 대상으로 이뤄진다. 하지만 시바가 주목하고[62], 또 몇몇 정당이 우려를 제기하듯이, 유전 공학은 산업화된 수산 양식과 마찬가지로 그 안에 내포된 생태학적 위험 때문에 어류 자원을 고갈시킬 가능성이 있다. 더 빨리 성장하는 형질전환 물고기에게는 먹이가 더 많이 필요하고, 추위에 강한 유전자를 가진 형질전환 물고기는 온도가 낮은 물에 사는 다른 종들을 파괴할 것이다. 이질적인 유전자가 도입되면 다른 생리적 과정에 영향을 미치고, 형질전환 물고기가 다른 종들과 상상할 수 없는 방식으로 상호 작용할 것이다. 형질전환 물고기는 토종 물고기를 다 잡아먹고 그 자리를 차지하여 수중 생태계를 무너뜨릴 수 있으며, 바다에 사는 물고기와 이종 교배하여 생물 다양성을 손상시킬 수 있다. 이런 결과 중 일부가 이미 실험으로 확인되었고, 외래종을 환경에 단순 도입하여 유사한 결과가 발생했다. 그러므로 형질전환 물고기의 존재가 가져올 법한 변화란 자원과 일자리 상실, 심지어 아주 사소한 수준의 안녕마저 잃고, 건강을 해치며, 예측할 수 없는 질병의 위험을 떠안는 것을 뜻한다고 쉽사리 추정해볼 수 있다. 물고기를 대상으로 더 많은 유전적 실험을 하려는 목적에서 가장 최근에 제시된 인도주의적 이유가 바로 항생제 사용을 피하기 위함이라는 것인데, 이 또한 받아들이기 어렵다.[63]

심지어 이와 같은 시나리오가 지금 펼쳐지고 있는 이곳에서도, 형질전환 물고기라는 프랑켄슈타인 같은 결과물을 보러 혹은 배설물과 항생제로 가득 찬 새우 양식 탱크를 보러 일요일 나들이를 가려는 사람이 있을까? 아직은 꿈이 남아 있다. 방글라데시에서 한 여성이 나에게 어린 시절을 들려주면서, '물고기가 마당에서 펄떡이던 때,' 강물의 범람이나 조수의 흐름으로 물고기가 문 바로 앞까지 밀려왔던 때를 이야기했다. 이는 단지 꿈이 아니라, 수천 명의 농어민이 되찾으려고 애쓰는 실현 가능한 현실이다.

5. 농민과 어민

이제까지의 분석은 농업 및 어업에 대한 산업적인 접근법에서 파생된 생물 다양성 상실, 이를 둘러싼 부정적인 영향의 긴밀한 연쇄 작용을 강조하고, 그 가운데서도 생계와 건강을 상실할 수 있다는 점이 매우 중요함을 밝혔다. 그렇다면 생물 다양성 보호 문제는 당연히 대안 농업 및 어업을 지향하는 운동의 중심에 있을 수밖에 없다는 결론이 나온다. 부정적인 결과가 이어지면서 우리 존재의 기반인 생명 그물망의 붕괴가 드러나고 있다.

대안 농업 운동은 근본적으로 녹색 혁명에 반대하며 탄생하는데, 운동이 일어난 지역별로 경험한 몇몇 순간에 따라 시기를 구분할 수 있다. 1980년대는 구조 조정이 극단으로 치닫고 신자유주의가 시작된 시기로, 많은 개발도상국에서 식료품을 비롯하여 보건과 교육 같은 필수 서비스에 이르기까지 생활비가 상승하자 여기에 맞서 격렬한 싸움이 발생했다. 다른 투쟁도 물론 전개되었지만, 특히나 '빵을 위한' 투쟁이 남미, 아프리카, 아시아에서 벌어졌다. 이런 투쟁과 함께 토지 문제를 두고 대전투가 일어나, 농촌 사람들이 생계를 꾸릴 수 없게 만드는 토지 사유화 및 강제수용에 저항했다. 땅을 잃는다는 것은 생산과 재생산의 기본 수단은 물론이고 수 세기에 걸쳐 증명된 지식 및 농업 체계와 관련된 일이었고, 이 지식과 농업 체계 속에는 생물 다양성을, 따라서 대지가 제공하는 풍부한 자원을 지킬 수 있는 능력이 있었다. 이런 사고는 한쪽에서 이윤을 얻으려면 다른 한쪽을 파괴하고 고통을 줘야만 한다는 자본주의 논리와 정확히 상충한다. 마찬가지로, 이런 체계들의 특징인 경제적·사회적·환경적 지속 가능성은 소수를 위한 지속 가능성의 논리와 충돌한다. 소수를 위한 지속 가능성은 다수를 위한 지속 불가능성과 대조를 이루는데, 이 역시 자본주의적 생산 양식의 특징을 드러낸다. 1980년대에 일어난 가장 중요한 사건 중 하나는 의심할 바 없이 1988년 베를린에서 열린 〈국제통화기금〉 반대 시위였다. 이 시위에서 최초로 사람들은 이제껏 내부자들만 알고 있던 이 기관에 반대하며 거리에서 항의 시위를 벌였다. 나이를 불문하고 북반구에서 온 활동가들이 남반구 출신 활동가들을 만나고 그들의 주장을 접했다.[64] 점점 더 극적으로 변해 가는 농지 문제를 두고 선진국에서 이야기가 터져 나오는 중요한 순간이었다.

또 다른 중요한 시기는 1994년 사빠띠스따 봉기이다. 이 사건은 토착민 문제를 제기함과 동시에, 생명의 원천 및 그 생명이 만들어 내는 풍요로운 열매의 원천, 자연 진화의 원천, 인간이 살 수 있는 영토, 공공 공간, 환경이라는 다양한 측면에서 보존하고 활용해야 하는 공익으로서 대지/토지 문제가 갖는 중요성에 세계적으로 관심을 불러일으켰다.[65] 1999년에 특이한 캐러밴 행렬이 유럽 대륙을 가로질렀다. 전 세계에서 모인 활동가 500명이 독일 북부의 담베크를 시작으로 여행에 나섰고, 이를 계기로 항의 시위 및 토론하고 대항-정보를 생산하는 공개 회의에 연속적으로 참여하게 된 것이다. 캐러밴을 구성한 이들은 농민 연합, 어민 연합, 소비자 조합, 댐 건설에 반대하여 싸우는 시민, 토착민 운동 대표자, 〈세계무역기구〉에 반대하는 시민, 〈무토지농민운동〉,[66] 치아빠스의 사빠띠스따, 〈5월 광장의 어머니〉[67] 등이었다. 이후 시애틀 〈세계무역기구〉 반대 시위 및 다른 주요 반세계화 운동이 일어났다. 이 운동들의 흐름 속에서 토지 문제, 그 가운데서도 주로 토지 접근권과 농업 유형이 논의 주제로 확고하게 자리 잡았다. 물론 나는 이 글에서 주요 시기 중 몇 가지만 언급했을 뿐이다. 1970년대는 상황을 분석하는 데 골몰하고 치열하게 행동하던 시기로 토지 문제에 대한 논의가 다양한 국가에서 재개되었음을 기억할 필요가 있다. 프랑스와 이탈리아, 그 외 다른 국가에서 새로운 농법들을 실험했지만, 이런 담론과 실천은 다른 주제를 다루는 정치 논쟁이 우위를 차지하면서 특히 선진국 내에서 별로 중요하지 않은 사안이 되어버렸다. 앞서 밝힌 이유들 때문에 1980년대에 인류 대다수의 생존 조건이 점점 더 비참해졌다는 건 엄연한 사실이다. 기본적인 수준의 삶을 가능하게 하는 공공재와 권리의 복합체가 남반구 국가뿐만 아니라 선진국 사회에서도 무너져 내렸다. 자급 경제 및 자급 경제의 농업 체계는 더욱 치명적인 공격을 받았다.

1980년대의 쓰라린 투쟁을 시작으로 토지 문제, 특히 농업 문제를 다루는 운동이 외형을 갖추기 시작하고, 그 결과 1990년대에는 남반구와 북반구 전역에서 네트워크들이 자신의 뜻을 뚜렷하게 드러냈다. 1992년에 처음 등장한 〈비아 깜뻬씨나〉가 1993년이 되자 식량 주권 담론과 뜻을 같이하며 세계 곳곳에 존재하는 가장 중요한 네트워크, 네트워크들을 아우르는 네트워크로 자리 잡았다. 식량주권이란 토지 접근권(말하자면, 공동체가 가진 권리를 존중하는 것 혹은 농민이 부담할 수 있는 적정한 가격, 농업 과정에서 상환이 가능한 가격을 정하는 것, 즉 토지 개혁), 자신이 살아가는 땅에서 나는 각종 식량을 직접 생산할 권리, 그러므로 그 공간의 생물 다양성을 지키는 농업 체계를 가질 권리, 그리고 저리로 신용 거래를 할 권리를 말한다. 식품의 질 및 다양성 문제가 제기되었는데, 이 문제가 주로 생명을 존중하는 농업과 관련 있기 때문에 삶의 질 및 사회적 관계 문제에서 핵심 쟁점이 되었다. 먹거리 자급자족. 먹거리 민주주의의 또 다른 얼굴인 먹거리 자유. 모든 민주주의의 토대가 되는 먹거리 자유. 〈카르나타카 농민조합〉 역시 〈비아 깜뻬씨나〉의 일원이다. 〈카르나타카 농민조합〉은 인도에서 중소 규모 농업을 하는 농민 및 농지가 없는 소농으로 구성된 최대 규모의 운동 단체로, 〈세계 민중행동〉 네트워크의 구성원이기도 하다. 선진국의 다른 네트워크들도 협력하고 있는데, 프랑스에서는 〈농민연맹〉이 조제 보베, 프랑수아 뒤푸르와 함께 농업 활동의 목적과 의미에 대해 전면적인 논의를 재개했다. 보베와 뒤푸르는 또한 '생산우선주의'에 반하여 소농 중심 농업을 위한 어떤 조건, 경계, 원칙이 있어야 한다고 결정하여 열 가지 원칙을 정했는데, 아홉 번째는 다음과 같다.

> 다양한 동식물은 인류의 유산에 속한다. 우리는 이 생명 다양성을 보존할 의무가 있다. 역사적으로 볼 때, 여러 세대를 이어온 역사를 가진 생명의 작용을 멈추게 할 권리가 우리에게는 없기 때문이다. 경제적으로 볼 때, 특정한 종 및 품종이 우리의 영토 및 토지에 특히 잘 들어맞기 때문이다. 토지도 마찬가지인데, 우리는 미래 세대에게서 생물 다양성을 빌려 쓰고 있다고 할 수 있다. 우리는 생물 다양성을 다음 세대에게 물려 주어야 하고 풍요롭게 만들어야 한다.[68]

오늘날 〈비아 깜뻬씨나〉가 이탈리아에서 구체화된 것이 〈농민 포럼-대안농업〉인데, 그 외에도 비교적 최근에 등장한 조직들이 무수히 많이 있다. 이들은 생물학적 농업 혹은 생명 역동 농업을 하거나, 토지 접근권과 관련된 중요한 투쟁, 유전자 변형 물질에 반대하는 투쟁, 동식물의 먹이 오염에 반대하는 투쟁, 〈유럽연합〉이 부과하는 우유 할당제 관련 투쟁, 기타 쟁점에 대한 투쟁에 참여하고 있다. 미국에 〈비아 깜뻬씨나〉의 핵심 주장을 전하는 네트워크들이 존재한다는 사실도 특별히 의미가 크다. 〈전미가족농협회〉, 〈지역공동체먹거리보장연합〉이 그들인데, 후자는 특히 건강하고 신선한 식품 문제에 주력했다. 〈카르나타카 농민조합〉 구성원들은 생물 다양성 보호에 엄청나게 헌신했고, 이는 주민들에게 배포할 목적으로 자연 종자 은행을 인도 남부 방갈로르에[69] 설립하는 계획으로 이어졌다.

남반구와 북반구를 가리지 않고 여러 지역에서 잊힐 위험에 처한 요리법, 그리고 재배 방식 관련 지식 및 활용법을 되살려 전통적인 농업을 실천하는 계획들이 유행하고 있다(특히 콜롬비아의 농민 네트워크가 이 분야에서 뛰어나다). 마찬가지로, 사라질 위험에 처한 종자를 재발견하고 보존하는 일을 맡은 네트워크들도 확산하고 있다. 〈씨앗지킴이〉가 대표적인데, 이탈리아에서는 〈농민문화〉에 소속된 단체이다. 평소 산간 지역에서 볼 수 있는 생물 다양성을 보호하는 활동, 그리고 실질적으로 농업과 지역 농산물 제품을 기반으로 해당 지역 경제와 생활이 지속될 수 있도록 하는 활동도 이뤄진다. 이를 잘 보여 주는 사례가 제노바 근방 산간 지역에서 재배되는 40일 감자를[70] 보호하기 위해 꾸려진 컨소시엄이다.[71][72] 농민이라는 오래된 주체가 새롭게 전면으로 복귀하고 있다. 〈세계민중행동〉은 올봄부터 4월 17일을 기념일로 정했다.[73]

전통적인 어업 방식을 고수하는 인도 및 전 세계 어민은 전통 농업을 하는 농민과 대단히 유사한 문제를 겪고 있다. 우선, 전통 어업을 하는 어민의 경제·생활·식량·건강의 토대를 이루는 생물 다양성 보존 문제에 산업화된 어업 및 양식업이 악영향을 주고 있다. 그다음으로 해양 및 해양 자원에 접근할 권리, 어류 자원의 재생산이 모든 면에서 풍요롭게 이뤄지도록 하는 어업 방식 및 해안 지역 주민들의 요구 사항에 우선적으로 부응하는 어업 방식을 유지할 권리 문제가 있다. 케랄라주(州)에서 발생한 어민 운동의 계획들과 더불어 〈전국어업노동자포럼〉이 1990년대 초 인도에서 설립되었다. 그런데 〈전국어업노동자포럼〉이 만들어지기까지 어민 운동은 1970년대 이래로 오랫동안 지속되어 왔다. 어민 공동체가 산업화된 어업 및 양식업에 맞서 투쟁할 수 있도록 협력하고 지지해 온 역사가 존재하는 것이다. 〈전국어업노동자포럼〉의 취지는 인도 해안을 따라 서로 다른 운동이 일으킨 투쟁을 전국적인 네트워크로 통합하는 것이었다. 각각의 운동은 다음과 같이 투쟁했다. 해외 다국적 기업들은 바다를 약탈하여 어민이 스스로 살아갈 수 있는 가능성을 빼앗았는데, 이 다국적 기업들과의 '합작 투자' 형태로 관리되는 대형 저인망 어선에 맞서 싸웠다. 또, 해안 및 연안 어장의 생물 다양성을 파괴하는 대규모 어획에 맞서 저항했다. 산업화된 규모로 이뤄지는 어류 생산은 지역 주민의 요구마저 부정하면서 소규모 생산을 막는데, 이들은 이런 어류 생산을 대체할 대안을 추구하고 있다. 동일한 필요성을 절감하면서 동일한 문제에 맞서 싸우고 있는 다른 대륙의 어민 운동들과 함께, 〈전국어업노동자포럼〉은 〈어류채취자 및 어업노동자 세계포럼〉을 만들었다. 이 포럼 규정의 서문은 다음과 같다.[74] "우리 전 세계 어민은 〈세계어민포럼〉의 기치 아래 연합하여 우리의 생계를 보호하고, 어업권, 인권, 기본권, 사회 정의 및 지역 사회의 책임을 수호하며, 우리의 문화를 보존 및 고양하고, 바다를 모든 생명의 근원으로서 긍정하며, 현 세대 및 미래 세대를 위해 어업 및 수산 자원을 지키는 데 헌신하려는 목적을 가지고 프랑스 록튀디에 모여 2000년 10월 6일 오늘 우리가 채택한 이 규정을 따르기로 엄숙하게 맹세한다." 이 규정의 목표 가운데 하나는 어업 공동체의 경제적·정치적·문화적 삶에서 여성이 하는 역할을 인정하고 지지하며 증진하는 것으로, 이를 위해 〈카르나타카 농민조합〉의 의사결정 기구 참여 정도에 상응할 만큼 여성이 남성과 동등하게 포럼의 조정 위원회에 참여하도록 보장한다. 16개국에서 온 21개 조직 대표자들은 록튀디에 모여 〈세계민중행동〉의 근본 방침과 뜻을 같이하기로 했다. 〈세계민중행동〉은 특히 탈중심화와 자율성을 장려하는 모형, 지역 공동체의 실제적인 요구를 충족시키고 바다와 바다에 의존하여 살아가는 이들에게 지속 가능한 모형을 시행하여 지역 차원에서 자본주의를 대체할 대안을 구축하는 것을 목표로 한다. 또한, 11월 21일을 어업 기념일로 정했다. 대안을 구축하는 일은, 영국인들 스스로가 인도인과 겨룰 수 없다고 생각했던 인도의 오래된 수도 시설처럼, 흔히 과거의 것을 회복해야 하는 일에 다름 아니다. 무엇보다도 우리는 이처럼 대안을 구축하면서 사람에 따라 다른 방식을 시사할 수 있기를 바란다. 그리하여 물고기가 다시 마당에서 펄떡이기를, 밀로르가 온몸이 털로 뒤덮인 채 눈밭을 돌아다니며 풀을 찾을 수 있기를 바란다.

한국에서 출간되는 마리아로사 달라 코스따의 선집은 꽤나 방대하다. 미국과 스페인에서 출간된 선집보다 더 많은 글을 실어 총 28편이 실렸으니 다 모아놓으면 그 양이 실로 방대하고, 1970년대부터 2000년대에 이르는 시간도 결코 짧다고 할 수 없다. 활동가이면서 학자였던 달라 코스따가 긴 시간 쓴 글들을 살펴보면, 세부 주제는 달라졌을지 몰라도 소외된 존재, 약자에 대한 관심은 일관되게 유지해 온 것을 알 수 있다. 달라 코스따는 노동자, 여성, 원주민, 소농, 어민 등 소외되고 착취당하는 존재들이야말로 우리 사회를 유지하는 근간이라고 말한다. 그리고 그 이야기는 무수히 많은 존재들이 여전히 돈과 권력에 착취당하는 2020년의 우리에게도 아직 유효하다.

선집은 달라 코스따의 가장 유명한 글인 「여성과 공동체 전복」으로 시작한다. 달라 코스따는 「여성과 공동체 전복」을 1971년 이탈리아에서 발표하고, 이듬해 셀마 제임스, 실비아 페데리치, 브리짓 고티에와 함께 〈국제페미니스트연합〉을 조직해 가사노동 임금 운동을 본격적으로 펼쳐 나간다. 기존의 페미니즘 운동이 남성의 영역에 여성이 더 많이 진출하고 그 안에서 동등한 대우를 받아야 한다는 입장이었다면, 가사노동 임금 운동은 남성 역시 자본가의 착취하에 놓여 있기 때문에 여성이 그곳에 진출한다 해도 착취의 대상만 더 늘어날 뿐이라고 주장한다. 따라서 그들은 여성의 노동, 즉 가사 노동과 돌봄 노동에 정당한 임금을 지급하고 다른 일과 마찬가지로 근무 시간을 제한하라고 요구한다. 비록 가사노동에 실제로 임금을 지급하는 결과로 이어지진 않았을지라도, 가사노동 임금 운동은 여성의 재생산 노동을 새로운 시각에서 살펴봄으로써 가사 노동과 돌봄 노동에 대한 논의의 장을 열었다는 점에서 페미니즘 역사, 그리고 노동의 역사에서 상당한 의의를 지닌다고 볼 수 있다.

이처럼 여성 노동 관련 투쟁과 운동에 매진하던 달라 코스따는 1990년대 후반부터 땅과 바다의 문제로 관심을 확장시킨다. 여성 문제가 그렇듯, 원주민, 환경, 동물 문제 역시 늘 개발의 논리에 희생당하고 착취당한다. 따라서 여성 운동을 이끌던 달라 코스따가 환경을 비롯한 다양한 문제들로 연구 주제를 확장한 것은 자연스러운 흐름이라고 볼 수 있겠다. 특히나 4부에 실린 글들은 코로나 시대를 살아가는 우리에게 아주 중요한 화두를 던진다. 식량, 토지, 환경, 토착민 문제를 다루면서 달라 코스따는 인간이 자연에 가하는 착취 행위를 반복해서 이야기한다. 그리고 그 착취 행위는 인간에게 고스란히 돌아올 것이라고 경고한다. 환경의 역습, 바이러스의 역습을 이야기하며 뒤늦게 과거를 되돌아보는 지금, 우리는 달라 코스따의 경고를 직접 목도하고 있는지도 모른다. 그의 말처럼, 우리가 먹는 음식에 독이 가득하다면 그 음식을 풍족하게 먹는다 한들 무슨 소용이겠는가. 우리가 뿌린 독은 결국 우리에게 돌아올 것이고, 그중에서도 가장 크게 타격을 입는 건 토착민이나 빈민과 같은 사회적 약자, 그리고 인간을 제외한 모든 존재일 것이다.

코로나 시대를 겪고 나면 앞으로 많은 것이 변할 것이라고 이야기한다. 하지만 과연 그럴까? 개발의 논리, 자본의 논리는 여전하지 않을까? 기본 논리가 변하지 않는다면, 결국 다 소용없는 건 아닐까? 그렇다고 마냥 낙담하고 있을 수만은 없다. 우리는 달라 코스따가 드는 수많은 연대와 투쟁 사례에서 변화의 가능성을 본다. 그 수많은 사례들에서 변화를 이끄는 건 국가나 기업 같은 큰 조직이 아니라 평범한 개인, 작은 단체들이다. 이들이 연대하고 투쟁하여 많은 것을 바꾸었고, 앞으로도 그럴 것이다.

여성, 노동, 환경. 달라 코스따 선집의 핵심 키워드이자 긴 시간 이 책을 번역하면서 끊임없이 우리를 분노하고 좌절하게 만든 주제이다. 성별을 비롯한 차이를 이유로 차별을 한다. 노동에 충분한 대가가 따르지 않거나 아예 노동자성 자체를 인정하지 않는다. 탐욕을 부려 자연을 파괴하고 비인간 동물에게 고통을 준다. 이것이 바로 2020년대를 지나고 있는 우리 사회의 모습들이라면, 우리는 무엇을 좇아 어디로 가고 있는 걸까? 하지만 어쩔 수 없다고 체념하기보다는 변화를 위해 조금씩 행동해 나가고자 한다. 그런 행동이 모여 누구도 차별하지 않고, 모든 노동이 정당한 대가를 받으며, 살아있는 존재가 모두 존중받는 사회로 변해 가리라 믿는다.

2020년 여름
이영주·김현지

1부 '사랑으로 하는 노동': 노동을 다시 생각하다

1. 「여성과 공동체 전복」 이탈리아어판 서문

1. [옮긴이] 이 글의 저자에 대해서는 이 책 1부 2장 「여성과 공동체 전복」 25번 주석을 참조하라.

2. [옮긴이] '이탈리아 사회주의로 가는 길'(via italiana al socialismo)은 팔미로 똘리아띠(Palmiro Togliatti, 1893~1964)가 추구한 정치적 노선을 일컫는다. 1927년부터 사망할 때까지 이탈리아 공산당의 서기장을 지낸 똘리아띠는 폭력 투쟁이 아니라 의원 내각제에 기초하여 민주적으로 정권을 획득, 정치 변화를 꾀해야 한다고 주장했다.

3. Karl Marx, *Capital* vol. 1 (Harmondsworth : Penguin Books, 1976), chapter 10 [카를 마르크스, 『자본론 I (상)』, 김수행 옮김, 비봉출판사, 2015].

2. 여성과 공동체 전복

1. [옮긴이] 여성 문제(Woman Question)는 여성의 지위와 관련된 다양한 문제를 아우르는 말이다. 주로 르네상스 시대부터 언급되기 시작했다고 보며, 19세기와 20세기 초에 이르면 여성의 참정권이나 사회경제적 위치 등이 주요 쟁점으로 부상한다. 이때부터 '여성 문제'가 본격적으로 논의되어 지금은 다양한 관점과 주제로 확장되었다.

2. [옮긴이] 이 글의 저자에 대해서는 25번 주석을 참조하라.

3. 1970년 8월, 미국에서 '세계 여성의 날'을 기념하여 여성들이 대규모 시위의 일환으로 이 행동을 했다.

4. 이런 변화는 '교육'에 완전히 새로운 의미를 부여했다. 강요된 배움인 의무 교육의 역사를 두고 현재 진행되고 있는 연구들을 보면 잘 알 수 있다. 영국에서 교사는 다음과 같은 일을 하는 '도덕 경찰'로 여겨졌다. 1) '범죄'에 대비하여 아이들을 길들인다. 그럼으로써 공동체에서 노동 계급의 재전유를 억제한다. 2) '패거리,' 즉 가족에 바탕을 둔 노동 계급 조직을 파괴한다. 패거리 조직은 당시만 해도 생산 단위거나, 적어도 독자 생존이 가능한 조직 단위였다. 3) 정기적으로 출석을 하는 습관과 시간 관리를 추후 아이들이 취업하는 데 꼭 필요한 일로 만든다. 4) 성적을 매기고 선발하는 일을 함으로써 계급을 계층화한다. 가족이 그랬던 것처럼, 이런 새로운 사회 통제 형태로의 이행은 순조롭지도, 즉각적이지도 않았다. 이런 이행은 자본주의 역사 속 모든 단계와 마찬가지로, 계급과 자본에 모두 존재하는 모순 세력들의 결과물이었다.

5. 임금 노동은 모든 관계가 임금 관계에 종속된다는 사실을 바탕으로 한다. 노동자는 친족의 보호를 받지 못한 채 '개인'으로서 자본과 계약을 맺어야 한다.

6. Karl Marx, "Critique of Hegel's Philosophy of the State," *Writings of the Young Marx on Philosophy and Society*, ed. and trans. Loyd D. Easton and Kurt H. Guddat (Garden City, NY : Doubleday, 1967), 176.

7. 우리가 여기서 다루는 내용은 아이가 타인과의 관계를 형성하는 단계로 편안하게 이행하지 못하게끔 가로막는 핵가족의 편협함이 아니다. 그렇다고 이런 관점에서 파생한 심리학자들의 주장, 즉 적절한 조건을 만들어 주면 그러한 위기를 피할 수 있다는 주장을 다루는 것도 아니다. 우리는 전체 사회 구조화를 이야기하고 있는데, 여기서 가족, 학교, 공장은 각각 게토화된 구획으로 존재한다. 그러므로 하나의 구획에서 다른 구획으로 이동하는 여정은 고통스럽다. 게토 사이의 관계를 땜질하는 게 아니라, 오로지 모든 게토를 파괴해야만 고통은 사라질 수 있다.

8. '무상 급식, 무상 통학, 무상 교재'는 이탈리아 학생 운동의 한 분파가 내세웠던 구호 가운데 하나이다. 이 학생 운동은 어린 학생들의 투쟁을 노동자 및 대학생과 결부시키는 것을 목표로 했다.

9. 흑인이 백인보다 '지능'이 더 낮음을 '과학적으로' 확신하는 영국과 미국의 심리학자 아이젠크와 젠슨은 이

반 일리치 같은 진보적인 교육자와 정반대 편에 서 있는 것처럼 보이지만, 그들이 성취하고자 한 목표를 보면 각자 방법이 다를 뿐 서로 연결되어 있음을 알 수 있다. 이 심리학자들이 다른 사람들보다 더 인종차별적인 건 아니다. 다만 더 노골적일 뿐이다. '지능'은 자신의 견해에 반대하는 경우도 지혜로 삼아 자신만의 논리를 만들어 가는 능력이다. 전체 사회 제도가 백인이 인종적으로 우월하다는 가정을 바탕으로 작동하는 곳에서, 이 심리학자들은 더욱 의식적이고 철저한 '길들이기'를 제안한다. 그리하여 글을 배우지 않은 아이들이 몰로토프 칵테일 같은 화염병을 만드는 법을 배우는 일이 일어나지 않게 할 수 있다는 것이다. 이런 이야기는 아이들의 '저성취'(다시 말해 아이들의 '지능' 거부)에 관심을 갖고 있는 일리치가 합리적이라며 동의할 만한 관점이다.

10. 자본이 학교를 관리하는 게 사실이긴 하지만, 자본의 지배력은 결코 최종적이지 않다. 노동 계급은 계속해서 점점 더 많이 교육 내용에 이의를 제기하고, 자본주의적 학교 교육의 비용을 거부한다. 자본주의 체계는 지배력 재수립으로 대응하며, 이렇게 재수립된 지배력은 공장의 작업 라인처럼 점점 더 규격화되는 경향이 있다. 그러나 이보다 더 복잡한 것은 이 글을 쓰고 있는 순간에도 타결되고 있는 새로운 교육 정책들이다. 여기서는 단지 이 새로운 정책들을 추동하는 힘만 지적하겠다.

(가) 노동 계급 청년들은, 설사 자신들이 흰 칼라 셔츠를 입고 리베팅 기계 대신 타자기와 제도판을 사용하게 될지라도, 교육이 자신들에게 공장이 아닌 다른 미래를 제공해줄 것이라는 발상을 거부한다.

(나) 중산층 청년들은 계급 사이를 중재하는 역할 그리고 이런 중재 역할이 요구하는 억압된 인격을 거부한다.

(다) 새로운 노동력, 더 높은 임금, 차별화된 지위가 필요하다. 평등을 지향하는 현재 경향을 완전히 바꿔야 한다.

(라) 노동자가 지금의 조립 라인이 주는 단조로움과 파편화를 거부하는 대신, '참여'에 관심을 가지도록 만드는 새로운 유형의 노동 공정을 만들어야 한다.

젊은이들이 전통적인 '성공 가도', 심지어 '성공' 자체를 거부한다면, 새로운 목표를 찾아야 한다. 새로운 목표는 젊은이들이 열망할 수 있는 것, 즉 그것 때문에 학교에 가고, 일을 하러 갈 만한 것이어야 한다. '자유로운' 교육을 주제로 새로운 '실험'이 매일 나오고 있는데, 이 실험들은 아이들이 스스로 교육을 기획하는 데 참여하도록 권장하며, 여기서 교사와 학생의 관계는 훨씬 평등하다. 이를 두고 자본이 패배했다고 생각한다면 규격화가 승리할 거라고 생각하는 것만큼이나 착각이다. 더욱 창의적으로 조작된 노동력 양산 과정에서 자본은 0.1%의 이윤도 잃지 않을 것이기 때문이다. 실제로 저들은 다음과 같이 말한다. "실은 말이지, 네가 너만의 길을 간다면, 그 길이 우리의 영역을 통과하는 한, 너는 우리에게 훨씬 더 효율적인 존재가 될 수 있지." 일부 공장과 사회적 공장에서 자본은 점점 더 다음과 같은 구호를 외칠 것이다. '평등을 보장하고 심지어 확대하기 위해서 더 많은 자유와 박애를.'

11. 시험관 아기를 만들려는 시도를 무시하려는 건 절대 아니다. 그러나 그런 장치는 오늘날 철저하게 자본이 움직이는 과학의 지배를 받는다. 따라서 이를 활용할 때는 전적으로 노동자 및 노동 계급의 이익에 어긋나는 결과를 가져올 것이다. 우리는 출산을 포기하고 적의 손에 넘기는 데는 관심이 없다. 우리의 관심사는 임금 포기나 사회적 배제 같은 대가를 치르지 않고 출산 자유를 쟁취하는 것이다.

12. 기술 혁신이 아니라 '인간의 돌봄'만이 아이를 양육할 수 있기 때문에, 가사노동 시간에서 실질적으로 해방되는 일, 즉 가사노동의 질적 변화는 오직 여성 운동과 투쟁으로만 얻어낼 수 있다. 여성 운동이 더욱 커질수록 남성들, 누구보다도 정치적 급진파들이 여성의 육아에 덜 의지하게 된다. 또 동시에 여성 운동이 새로운 사회적 분위기를 구축하여, 남녀 모두와 아이들에게 국가가 운영하는 어린이집과는 무관한 사회적 공간을 마련한다. 여성은 싸우면서 이미 이런 승리들을 이루어 왔다. 여성 운동은 본래 투쟁이며, 방금 언급한 일들이야말로 투쟁의 결과다. 그렇기 때문에 이런 일들을 이루려고 투쟁 자체를 어떤 식의 협력으로 대체하지 않는다.

13. [옮긴이] 가족용 감방은 엄마가 아기와 함께 지낼 수 있는 감방을 말한다.

14. 여성 운동을 추진해 나가는 이런 경향이 얼마나 오랫동안 지속될지, 또 언제 이들이 이 경향에 반대하는 사람들로 바뀌게 될지는 알 수 없다.

15. 영어판을 읽은 일부 독자들은 여성의 노동에 관한 이런 정의가 좀 더 명확해야 한다고 생각했다. 이 글에서 의도한 바는, 노동으로서의 가사노동이 맑스적인 의미에서 생산적이라는 점, 다시 말해 잉여 가치

를 생산한다는 점이다. 이 글은 바로 뒤이어 전체 여성 역할의 생산성을 이야기한다. 여성의 생산성을 여성의 노동과 관련하여, 또 여성의 전체 역할과 관련하여 더욱 명료하게 밝히는 일은 현재 작업 중인 다음 글로 미룬다. 다음 글에서는 여성의 위치가 전체 자본주의적 회로의 관점에서 더욱 분명한 방식으로 설명된다.

16. 노동력은 "물건이 아니기 때문에 낯선 상품이다. 노동하는 능력은 생산 과정에서 자기 삶이 소모되는 인간 존재 내부에만 있다. … 노동력의 생산 및 재생산을 기술하는 일은 근본적으로 여성의 노동을 기술하는 일과 같다." Selma James, "Introduction," *The Power of Women and the Subversion of the Community*, (Bristol : Falling Wall Press, 1972).

17. 그런데 이는 반대되는 경향, 즉 여성을 특정 산업 분야에 끌어들이는 경향 때문에 그 효과가 반감되고 있다. 지리적으로 동일한 지역 내에서도 자본의 상이한 요구들이 서로 다른, 심지어 대립하는 선전 및 정책들을 만들어 냈다. 과거에는 가족 안정성이 상대적으로 표준화된 신화 체계(획일적이고, 공식적인 반대가 없는 정책 및 선전)에 바탕을 두고 있었다면, 오늘날은 다양한 자본 분야가 서로 충돌하면서, 안정적이며 변치 않는, '자연스러운' 단위라는 가족의 정의 자체를 약화시킨다. 이런 상황을 보여 주는 고전적인 예로 산아 제한에 관한 다양한 견해 및 재정 정책을 들 수 있다. 영국 정부는 최근 산아 제한을 위해서 자금 할당량을 두 배로 늘렸다. 이같은 정책이 인종차별적인 이민 정책, 즉 성인 노동력 공급원을 조종하는 일과 어느 정도로 관련되는지, 또 노동 윤리가 점점 더 약화되는 현상과는 얼마나 관련되는지 반드시 검토해야 한다. 노동 윤리 약화는 결과적으로 일자리를 잃은 채 지원도 받지 못하는 어머니들이 일으킨 운동, 곧 피임으로 이어진다. 피임은 급진적인 아이들과 함께 자본의 순수성을 오염시킨다.

18. 이탈리아 공산당의 정책 가운데 하나이다. 이탈리아 공산당은 가정에 있는 여성들, 즉 주부와 독신 여성 모두에게 55세부터 연금을 지급하는 법안을 여러 해에 걸쳐 이탈리아 국회에 제안했다. 이 법안은 통과되지 않았다.

19. 가사노동 임금 지급 요구가 최근 점점 더 거세지고 있고, 이탈리아 및 다른 지역의 여성 운동 내부에서도 반대 의견이 줄어들고 있다. 이 글의 초고가 작성된(1971년 6월) 이후로 논의가 더 깊어졌고, 비교적 새롭게 시작된 논의에 따르기 마련인 불확실성도 떨쳐냈다. 그러나 무엇보다도, 프롤레타리아 여성들이 내세운 요구의 무게감이 운동의 요구를 급진적으로 만들었을 뿐만 아니라, 그러한 요구를 진전시킬 수 있도록 힘과 자신감을 북돋아 주었다. 1년 전 이탈리아에서 운동이 시작될 무렵에는 여전히 다음과 같이 생각하는 사람들이 있었다. 이들은 국가가, 특히 연금에 의존하는 '대지의 저주받은 사람들'에게 그랬던 것처럼, 가사노동에도 월 7에서 8파운드(2018년 기준 약 130에서 150 미국 달러)를 수당으로 '지급함으로써' 가사노동에 저항하는 여성들의 반란을 쉽게 진압할 수 있을 거라고 생각했다.
분명한 것은 가사노동 임금 지급 요구가 하나의 토대이자 관점으로서 시작점에 불과하다는 점이다.
이 요구의 본질적 가치는 여성의 억압, 종속, 고립을 여성이 처한 물질적 기반, 즉 여성 착취와 직접 연결 지었다는 데 있다. 아마도 이 지점이, 지금 이 순간 가사노동 임금 지급 요구의 주요한 역할일 것이다.
이는 곧장 투쟁의 신호로 이어져 조직적인 관계로 나아가고, 그 안에서 억압과 착취, 카스트와 계급의 상황은 서로 분리시킬 수 없을 정도로 연결되어 있음을 발견하게 된다.
이탈리아와 그 외 지역에서 운동이 당면한 임무는 이런 관점을 실질적이고 지속적으로 해석해 내는 것이다.

20. [옮긴이] 파리 코뮌은 파리에서 프랑스 민중이 처음으로 세운 사회주의 자치 정부로, 1871년 3월부터 5월까지 존재했다.

21. 급식소에 대해 우리가 이야기한 바를 두고 약간의 오해가 있었다. 가사노동 임금 지급에 대해 이탈리아를 비롯한 다른 국가들에서 이뤄진 논의에서도 유사한 오해가 드러났다. 앞서 설명한 것처럼, 가사노동은 공장 노동과 마찬가지로 제도화되어 있고, 우리의 궁극적 목표는 제도화된 가사노동 및 공장 노동을 모두 파괴하는 것이다. 그러나 우리가 어떤 요구 사항을 이야기하고 있는지와는 별개로, 무엇이 우리의 요구 사항인지를 잘못 이해하는 경우가 있다. 우리가 요구하는 바는 하나의 목표인데, 목표란 형체가 있는 사물일 뿐만 아니라, 매순간 자본이 그러하듯이 근본적으로는 사회 관계 속에서 일어나는 어떤 식의 적대 국면이라고 할 수 있다. 우리가 급식소나 임금을 쟁취하는 것이 승리인지 패배인지는 우리 투쟁이 가지는 힘에 달려 있다. 그 힘에 따라 자본이 더욱 합리적으로 우리에게 노동을 명령하는 기회가 될 수도 있고,

우리가 자본의 명령을 더욱 약화시키는 기회가 될 수도 있다. 우리가 목표를 달성했을 때 그 형태가 임금이든, 급식소든, 자유로운 피임이든, 그것은 투쟁으로 나타나고 사실상 만들어지며 투쟁에서 우리가 도달한 힘의 정도를 드러낸다.

22. Karl Marx, *Das Kapital*, vol. 1 (Berlin : Dietz Verlag, 1962), 512 [마르크스, 『자본론 I (상)/(하)』]. "거대 규모 산업은, 자본 착취가 요구를 달리할 경우를 대비하여 비축된 비참한 노동 가능 인구라는 괴물성을, 노동하기 위한 필수 조건들이 달라질 경우를 대비하여 전적으로 이용 가능한 개인들로 바꾸려고 사활을 건다. 부분적인 인간, 각자가 세세한 사회 기능들을 담고 있을 뿐인 인간을, 충분히 성장한 개인으로 대체하려고 한다. 이 충분히 성장한 개인은, 자신의 선천적, 후천적 활동들이 상호작용하는 양상으로 다양화된 사회 기능들을 수행한다."

23. "그러나 뒤이은 장들에서 전개할 다른 더 근본적인 수준의 이의 제기는 다음과 같은 가정을 반박하는 데서 시작한다. 보편적으로 실질 임금 수준은 임금 협상의 성격이 직접 결정한다. … 우리는 우선, 다른 특정한 힘들이 보편적인 실질 임금 수준을 결정한다는 점을 증명해 보일 것이다. … 이런 관점에서 우리가 살아가고 있는 경제 체제가 실제로 어떻게 작동하는가를 근본적으로 잘못 이해하고 있다는 점을 주장할 것이다." John Maynard Keynes, *The General Theory of Employment, Interest, and Money* (New York : Harcourt, Brace and World, 1964), 13 [J. M. 케인즈, 『고용, 이자 및 화폐의 일반이론』, 조순 옮김, 비봉출판사, 2007]. 우리는 "다른 특정한 힘들"이 무엇보다도 여성들이라고 본다.

24. 1917년 이후 볼셰비키들이 지위를 몰수당한 귀족 가운데서 여성 배우자를 많이 찾았다는 사실이 주목받았다. 국가든 사적 관계든 남성이 계속해서 권력을 차지하면, 여성은 영원히 "공동 욕망의 전리품이자 시녀"가 된다 ; Karl Marx, *Economic and Philosophic Manuscripts of 1844* (Moscow : Progress Publishers, 1959), 94 [칼 마르크스, 『경제학-철학 수고』, 강유원 옮김, 이론과실천, 2006]. 이 '새로운 차르'[차르는 슬라브계 국가의 군주 칭호로, 1917년 러시아 혁명이 일어나기 전까지 러시아 제국의 군주 역시 차르라는 칭호를 사용했다.] 유형은 오래전부터 존재했다. 1921년에 이미 『국제 공산당의 세 번째 회의 결정문』 1부 「여성의 노동」(Work among Women)에서 다음 내용을 이야기한다. "코민테른[Comintern, Communist International, 국제 공산당 ― 옮긴이]의 세 번째 회의에서는 혁명적 맑스주의의 기본 명제를 확인한다. 즉, '특정 여성 문제,' '특정 여성 운동'은 없다. 노동 계급 여성들이 부르주아지 페미니즘과 맺는 어떤 종류의 동맹도, 사회 타협가들 및 기회주의자들의 기만적인 전술을 구사하는 여성 노동자들이 벌이는 어떤 지원 활동도 모두 프롤레타리아의 영향력 약화로 귀결된다. … 여성의 노예 상태를 끝내려면, 사회를 새롭게 공산주의적으로 조직하는 일을 시작할 필요가 있다." 이론은 남성들이 가지고 있었고, 실천은 상황을 '중립화'하기 위한 것이었다. 공산당 창시자 한 사람을 인용해 보자. 1922년 3월 26일, 이탈리아 공산당의 첫 번째 전국 공산주의 여성 대회에서 나온 말이다. "그람시(Antonio Gramsci) 당원은 프롤레타리아 여성 다수를 구성하는 주부 사이에서 특별한 행동이 조직되어야 한다고 지적했다. 그는 우리가 특별 조직들을 만들어서 어떻게 해서든 주부들이 우리 운동에 연계되어야 한다고 말했다. 주부가 하는 노동의 질에 관한 한, 주부는 숙련공과 유사하다고 간주될 수 있고, 따라서 결코 공산주의자가 되지는 않을 것이다. 그러나 주부는 노동자의 배우자이고 어떤 식으로든 노동자의 삶을 공유하므로, 공산주의에 이끌린다. 우리의 선전 활동은 이런 주부들에게 영향을 미칠 수 있다. 주부들이 우리 조직 내부에서 일하는 것까지는 아니라고 해도, 그들을 중립화하는 데는 도움이 된다. 그리하여 주부들은 앞으로 일어날 수 있는 노동자 투쟁에 방해가 되지 않을 것이다." (다음에서 발췌. 이탈리아 공산당 내 여성 노동을 관장하는 기관에서 발행한 *Compagna* 1, no.3 (April 2, 1922) : 2.)

25. 이 글의 원저자 및 작성 시기에 대해서는 나와 셀마 제임스의 협력 관계를 명확히 밝히려고 내가 2012년에 작성한 아래 내용을 보라. 제임스가 쓴 머리말에 관한 보다 상세한 내용은 다음을 보라. https://www.commonnotions.org/sex-race-and-class (2018년 7월 28일 접속). 셀마 제임스는 최근작 *Sex, Race and Class* (PM Press, 2012)에서 그와 나의 공동 연구 및 『여성의 힘과 공동체 전복』의 원저자와 관련하여 여러 번 그릇된 진술을 했다. 그의 잘못된 진술이 우리의 협력 연구 및 가사노동 임금 운동의 역사를 왜곡하고 있기 때문에 나는 대응을 해야만 한다. 제임스가 쓴 『여성의 힘과 공동체 전복』 머리말, 그리고 특히나 그가 「여성과 공동체 전복」에 붙인 논평에 따르면, 그가 「여성과 공동체 전복」의 저자 혹은 공동 저자로 여겨질 권리를 내가 빼앗았다고 한다. 나는 이 주장을 받아들이지 않으며, 다음과 같은 사실을 우

선 지적하고자 한다. PM Press에서 다시 찍어낸 글은 제임스가 1972년 7월에 쓴 원래의 머리말을 아주 많이 편집한 글이고, 이 편집본에서 내 이름은 열한 번에 걸쳐 삭제되었다. 『여성의 힘과 공동체 전복』의 원래 머리말에서 제임스는 「여성과 공동체 전복」이 나의 성과물일 뿐만 아니라 이탈리아에서 일어난 새로운 여성 운동의 산물임을 분명하게 보여 주었다.

이쯤에서 강조하고 싶은 것은, 글의 원저자 자리를 두고 경쟁하는 일은 중요한 게 아니라는 점이다. 오히려 중요한 문제는 가사노동 임금을 쟁취하기 위한 운동 및 투쟁의 역사적, 정치적 기원인데, 현재 제임스의 설명으로는 가사노동 임금이 마치 한 개인의 '독창적인' 산물인 것처럼 그려진다. 이보다 더 사실과 동떨어진 건 없다.

제임스의 책, 그리고 그의 책이 미국에서 발간될 때 나온 홍보 자료에서 주장하는 것과는 달리, 제임스도 나도 가사노동 임금 운동의 관점을 '발명해' 내거나 발견해 내지 않았다. 가사노동 임금 요구는 유럽 및 미국의 페미니스트들이 최소한 20세기 초부터 개진해 온 것이다. 나는 1970년대 말 *Famiglia, welfare e stato tra progressismo e New Deal* (Milano : Franco Angeli, 1983) [『집안의 노동자』, 김현지·이영주 옮김, 갈무리, 2017]을 쓰고 있을 때 그들의 분석 및 요구를 발견했고, 그 내용을 책에서 언급했다. 크리스탈 이스트만을 비롯한 사회주의 페미니스트들은 국가가 가사노동에 보수를 지급할 것을 요구했고, 20세기의 첫 십 년까지 가사노동 임금 쟁취 운동에 활발하게 참여했다. 1912년, 사회주의 신문인 『시카고 이브닝 월드』는 가사노동 분석 기사를 실었는데, 그 내용은 우리 운동의 활동가들이 분석한 것과 매우 유사했다. 즉, 고용주가 하나의 임금으로 노동자 두 명의 노동력을 산다는 점, 남성이 어떤 종류의 일을 하는가에 따라 아내의 노동 환경 및 생활 환경 역시 결정된다는 점을 지적했다. 남성 이론가 가운데는 빌헬름 라이히를 떠올릴 수 있다. 그는 1930년대에 쓴 『성혁명』(*Die Sexualität im Kulturkampf*, 중원문화, 2011)에서 결혼이 여성을 착취하는 제도이고, 부불 가사노동은 고용주의 이윤을 늘려 주며, 고용주가 저임금을 강요할 수 있는 이유는 바로 노동자들 뒤에서 아내들이 무상으로 노동을 하고 있기 때문이라고 말했다. 라이히는 또한 임금을 받고 일하는 여성들조차 계속해서 가사노동을 해야 하는데, 이것이 그들의 결혼 생활이 제대로 기능하기 위한 조건이기 때문이라고 강조했다. 시몬 드 보부아르는 1950년대에 쓴 『제2의 성』(*Le Deuxième Sexe*, 을유문화사, 1993)에서, 10년 후 우리가 이끌어 낼 분석 내용을 예측하는 듯 '가사노동 문제'를 논했다. 가장 중요한 점은, 가사노동 문제가 1970년대 초 유럽 및 미국에서 부상한 새로운 페미니즘의 핵심 쟁점이었다는 사실이다. 이 새로운 페미니즘의 특징은 해방론 및 '동등한 지위' 요구와 단절하는 것이었다. 가사노동 문제에 대해서는 서로 다른 입장이 존재했지만, 임금이 없는 특성에서, 또 노동력을 재생산하는 노동이라는 사실에서 비롯된 문제적 상황은 벳시 워리어부터 페기 모튼 및 다른 이들에 이르기까지 다양한 저자들이 『여성의 힘과 공동체 전복』 출판 전부터 이미 인정한 바였다.

나아가 가사노동 임금 운동의 출범은 공동 작업이자 프로젝트였음을 지적하고자 한다. 가사노동 임금 운동이 1972년 7월 〈국제페미니스트연합〉의 탄생과 함께 출범한 것은 우연이 아니다. 〈국제페미니스트연합〉은 이탈리아 빠도바에서 열린 한 회의에서 탄생했는데, 여기 참여한 여성 스무 명가량 대부분이 이탈리아 출신이었지만 프랑스, 미국, 영국에서 온 이들도 있었다. 가사노동 임금의 이론 및 실천을 구체화시킨 정치적 관점은 서로 다른 정치 경향들이 모여서 만들어졌는데, 이 정치 경향에는 이탈리아 현대사에서 가장 중요한 투쟁 과정 중 하나의 산물인 이탈리아 노동자주의 운동도 포함된다. 내가 제임스와 최초로 만나게 된 것도 우리 두 사람 모두 이탈리아 노동자주의 운동과 관계를 맺고 있었기 때문이다.

제임스를 만날 무렵 나는 〈뽀떼레 오뻬라이오〉(Potere Operaio, 노동자의 힘)의 정치 활동에 수년간 참여하고 있었다. 〈뽀떼레 오뻬라이오〉는 노동자주의 운동에서 나온 급진 단체들의 네트워크였는데, 노동자주의 운동은 이후 '아우또노미아'(autonomia)에 흡수되었다. 내가 분석 연구를 하면서 활용한 정치적 범주들, 곧 임금 투쟁의 전략적 성격, 노동 거부, 사회적 공장은 모두 노동자주의에서 발전시킨 것이었다. 그렇기 때문에 지금 문제가 되고 있는 글에서도 당연히 이 범주들이 등장한다. 〈뽀떼레 오뻬라이오〉는 임금 투쟁을 정치적으로 활용하여 임금이 없는 다른 주체들이 전개한 임금 쟁취 투쟁을 고취시켰다. 가령 학생들을 그러한 주체로 볼 수 있는데, 이들은 자신의 노동력을 형성해 가는 노동에 대하여 '적정 임금'을 요구하기 시작했다. 〈뽀떼레 오뻬라이오〉는 또한 최근에도 논의하고 있는 보장 소득(guaranteed income)이라는 목표를 출범시켰는데, 이는 최저 임금 문제와 긴밀히 연결되는 프로그램의 일부였다. 가사노동 임금 요구는 분명 이런 정치적 틀의 영향을 받았다.

나는 1971년 6월 빠도바에서 열린 회의에 제임스를 초청했다. 나는 이 회의에서 처음으로 내가 쓴 글을 발표하면서 가사노동 임금 문제를 여성 활동가들과 논의했는데, 이때가 가사노동 임금 운동이 출범하기 1년 전이었다. 나는 이탈리아에서 발전하고 있는 페미니즘 운동에 제임스를 연결시켜 주고 싶은 바람에, 또 그가 분석과 정치적 실천, 두 가지 측면 모두를 훌륭히 수행하고 있다는 점을 인정했기 때문에 그를 초대했다. 제임스는 이 회의에서 내가 발표할 내용을 대단히 잘 알고 있었다. 내가 회의 전에 그에게 내 글을 읽어 주었기 때문이다. 이 첫 회의를 시작으로 나는 새로운 운동이 성장할 수 있도록 내 시간을 모두 쏟아 일했고, 한동안 나와 제임스의 관계는 문제가 없었다. 우리는 우리 글을 묶어서 『여성의 힘과 공동체 전복』이 될 소책자(1972년 3월에는 이탈리아어로, 그해 10월에는 영어로 출간되었다)를 만들기로 했고, 제임스가 머리말을 작성했다. 머리말에서 그는 내 글 「여성과 공동체 전복」이 주부의 비율이 특이나 높은 이탈리아에서 나왔다는 사실이 중요하다고 강조했다. 1972년에 쓴 머리말을 새롭게 바꾼 글에서는 정확히 이런 언급, 그리고 나의 이름 및 뒤따르는 내용이 지워졌고, 바로 이 새롭게 바꾼 글을 제임스는 자신의 책에 실어 출판했다.

그렇기는 하지만 협력하는 정신이 적어도 페미니즘 운동의 한 시기를 지배했다는 점, 그런 분위기 속에서 우리가 출간하는 모든 글을 두고 서로 충분히 논의하고 서로의 글에 크게 기여했다는 점을 부정하진 않겠다. 내가 덧붙이고 싶은 말은, 우리 외에 다른 활동가들도 우리와 함께 글을 논의하고 글에 기여했다는 점이다. 그러나 당시에는 어느 누구도 한 사람의 서명 외에 더 많은 서명을 넣어야 한다고 생각하지 않았다. 당시 제임스가 대부분 작성한 글에 내 이름을 올리려고 이 협력 작업을 이용했다는 지금의 비난은 결코 용납할 수 없으며, 국제적인 운동 확립에 반드시 필요한 동료다운 협력의 정신에 어긋난다고 생각한다. 성차별에 대항할 무기가 필요하다는 이유로 내가 「여성과 공동체 전복」에 '서명할 수 있도록 허락받았다'는 주장 역시 강력하게 거부하며, 진심으로 분노를 느낀다.

1975년에 나온 「여성과 공동체 전복」 3판을 시작으로 제임스가 자신의 서명을 덧붙이기 시작했다는 사실을 알았을 때, 또는 더더욱 충격적이게도 『여성의 힘과 공동체 전복』을 마리아로사 달라 코스따와 '함께' 썼다고 이후에 언급하기 시작했을 때, 나는 아무 말도 하지 않았다. 또한 내가 〈가사노동 임금 위원회 빠도바 지부〉의 주요 대표자였는데도 우리 위원회가 모여서 세 번째 영어판의 서문을 논의한 기록이 없다는 사실, 또 우리 위원회가 위원회 서명을 〈여성의 힘 컬렉티브〉 서명에 추가하기로 결정한 기록도 없다는 사실을 나는 결코 언급한 적이 없다. 오래된 여성 동지들이 갈라설 때는 언제나 몹시 당황스럽다. 그래서 나는 최선을 다해서 지난 40년간 이 글의 원저자와 관련된 논쟁을 멀리해 왔다. 그러나 제임스가 현재 출간한 책에서 언급한 내용 때문에 나는 그가 주장하고 있는 내용을 바로잡아야만 한다.

마지막으로, 내가 제임스와 갈라선 이유는 그가 머리말에서 주장하듯이 가사노동 임금 네트워크가 "인종을 기반으로 하여" 분열되었기 때문이 아니다. 여기서 이 주장을 자세히 논의하긴 어렵다. 다만 이런 주장이 사실상 정치적 문제 및 조직 관련 문제를 두고 존재했던 심각한 불화를 가려버린다는 점만 언급하겠다.

결론적으로 말해, 제임스가 자신의 책을 미국 내에서 운동을 하는 사람들에게 소개하면서, 페미니즘 역사에서 중요했던 움직임을 대변하는 운동에 (다른 여성 동지들이 기여한 바는 물론이고) 내가 기여한 바를 삭제하고, 또 비하하기로 결심했음을 알고는 몹시 마음이 아프다.

이 역사의 중요성을 인식하고 있기에 현재 우리는 기록물을 모아 일반 대중에서 공개하고 있다.* 이리하여 나는 새로운 활동가 세대들이 이 운동의 초기 역사를 보다 더 균형 잡힌 관점으로 접할 수 있기를 바란다.

2012년 3월 27일, 빠도바.

---

* 〈가사노동 임금을 위한 페미니즘 투쟁 아카이브, 마리아로사 달라 코스따 기증〉(Archivio di Lotta Femminista per il salario al lavoro domestico. Donazione Mariarosa Dalla Costa) 이 문서는 빠도바 시립 도서관(Biblioteca Civica di Padova, https://www.padovanet.it/)[또는 다음 웹사이트]에서 볼 수 있다. http://www.padovanet.it/c1allegati20187allegatopdf.

3. 총파업에 대하여

1. 이 글은 *All Work and No Pay* [대가 없는 노동], eds. Wendy Edmond and Suzie Fleming (Bristol, UK : Falling Wall Press, 1975)에 실렸는데, 달라 코스따가 1974년 3월 10일에 한 연설의 결론 부분에 해당한다. 그 주말 동안 〈가사노동 임금 위원회 뜨리베네또 지부〉가 '세계 여성의 날'을 기념하는 행동을 조직하여 이탈리아에서 가사노동 임금 운동을 시작했다.
2. 빨리우까, 첼레스띠니는 모두 이탈리아에서 잔인하기로 악명 높은 어린이집이며, 국립모자(母子)협회는 국립 어린이집인데 시설이 열악했다.

4. 가사노동과 1970년대 이후 이탈리아 페미니즘 운동

1. 나는 이 글에서뿐만 아니라 언제나 '가사노동'을 청소, 요리, 빨래 등과 같은 물질적 과업의 집합으로 보는 통속화된 사회학적 의미가 아니라 '노동력 생산 및 재생산을 위한 노동'이라는 넓은 의미로 받아들인다.
2. 여성의 '결정'은 대부분 불법적으로 실행될 수밖에 없었는데, 당시에는 피임과 임신 중절이 철저하게 금지되었기 때문이다.
3. 이와 관련하여 나는 가정의 안정성이 높아진 이유로 당시 막 도시화가 진행되고, 시골 및 남부 이탈리아에서 온 이들이 도시에서 일자리를 구할 수 있었기 때문이라고 본다.
4. 〈이탈리아 통계청〉(Istituto Nazionale di Statistica, ISTAT)에 따르면 1972년에는 여성 488만 1천 명이 고용되었고(ISTAT 1973), 1979년에는 그 수치가 629만 6천 명으로 증가했다(ISTAT 1980).
5. 나는 이런 양상 및 1970년대에 있었던 페미니스트 투쟁의 순간들을 다음 글에서 다뤘다. "Percorsi femminili e politica della riproduzione della forza lavoro negli anni '70," *La Critica Sociologica* 61 (Spring 1982) : 50~73.
6. 이와 관련하여 뒤에 논의되는 요인, 즉 출산을 미루는 경우도 있었음을 기억해야 한다.
7. 가정부 노동 관련 입법은 여성들로 하여금 불법 노동을 하는 게 더 편리하도록 만들었다. 따라서 가정부로 일하는 여성들은 자발적으로 개인 분담금을 내서 연금 수급권을 강화했다.
8. Leopoldina Fortunati, *The Arcane of Reproduction* (New York : Autonomedia, 1995) [레오뽈디나 포르뚜나띠, 『재생산의 비밀』, 김미선·신혜수 옮김, 갈무리, 근간].
9. 1980년 로마에서 〈이탈리아생명윤리과학회〉가 조직한 회의인 '생물학적, 사회적, 법률적 관점에서 바라본 성매매'(Aspetti biologici, sociali e giuridici della prostituzione)에서 나온 수치이다.
10. 남성의 경우에는 1982년 1,411만 6천 명(ISTAT 1983), 1983년 1,408만 3천 명(ISTAT 1984)이 일하고 있었다.
11. 〈이탈리아 통계청〉에 따르면 1983년 실업자는 227만 8천 명(ISTAT 1984), 반면 1984년 실업자는 239만 1천 명이었다(ISTAT 1985). 후자는 실업률 10.4%에 해당하는 수치다.

5. 재생산과 이민

1. [옮긴이] 출생률은 1년간 인구 1천 명당 태어난 출생아 수를 가리키고, 생식률은 인구 한 명이 평생 낳을 것으로 예상되는 자식 수를 말한다.
2. 다음을 보라. Michael T. Sadler, *The Law of Population* (London : C.J.G and F. Rivington, 1830) ; Thomas Doubleday, *The True Law of Population* (London : Effingham Wilson, Royal Exchange, 1842). 이 두 저자는 인구가 늘면 사람들이 누리는 건강과 행복이 줄어든다고 주장했다. 또, 생활 수준이 향상되면 생식률이 하락하여 맬서스가 우려한 인구 과잉의 위험이 제거된다고 보았다.
3. [옮긴이] 맬서스는 『인구론』(*An Essay on the Principle of Population*, 1798)에서 인구 성장이 농업 생산을 앞질러 인구가 과잉 상태가 되면 식량이 부족해지는 대참사가 일어날 것이라고 보았다.
4. 소련은 1936년 이전까지 임신 중절에 대한 규제가 없었지만, 1936년부터 1955년까지는 임신 중절을 엄격히 통제했다. 1956년부터 국가는 다시 한번 일정 정도의 자율을 허용했다. 대중 민주주의 체제들은 전후 기간에 인구 성장을 위한 실질적인 장려책들을 실시한 이후 1956년부터 1958년까지 매우 관대한 조치를 여럿 도입했다. 하지만 1960년대가 되면 1966년 루마니아처럼 그런 조치들을 폐지한다. 체코슬로바키아, 헝가리, 불가리아는 아동 수당, 어린이를 위한 서비스, 임금을 받고 일하는 여성을 위한 특별 육아 휴직을 늘리는 식의 물질적 장려책을 써서 인구 성장에 활력을 불어넣으려 했다.

5. William J. Goode, *World Revolution and Family Patterns* (New York : Free Press, 1970).

6. 같은 책, 53.

7. 1943년의 이탈리아 통계연감(〈이탈리아 통계청〉 제공) 수치에 따르면, 출생률은 1920~22년 139.2, 1930~32년 110.2, 1935~37년 104.8, 1939~40년 106.0이었다. 104.8에서 106.0으로 올랐을 뿐이지만, 생식률이 상승한 기간이 경제적인 장려책이 제공된 시기와 맞아떨어지는 것을 볼 수 있다.

8. Edward L. Homze, *Foreign Labor in Nazi Germany* (Princeton NJ : University of Princeton Press, 1967).

9. 롤랑 프레싸(Roland Pressat) 교수는 인구 통계학 분야에서 잘 알려진 전문가로 파리 소재 〈국립인구통계연구소〉(Institut national d'études démographiques, INED)에서 강의를 하고 있다. 그는 매우 흥미로운 글을 한 편 썼는데, *Population*[인구]라는 그의 저서에 실린 "Analyse demographique"[인구 통계 분석]이 그것이다(London : Penguin Books, 1973). 그는 이 글 96쪽에서 1964년 이후 네덜란드, 이탈리아, 영국, 서독, 프랑스, 벨기에, 룩셈부르크의 출생률 감소를 매우 뚜렷이 보여 주는 도표를 제시한다. 출생률 감소는 모든 인구 통계학자들이 널리 인정하는 현상이었다.

10. "더 나아가서, 적어도 유럽에서는 최신 피임법의 보급 정도를 가지고 최근의 생식률 감소를 설명할 수 없다." 같은 책, 97. 덧붙이자면, 가톨릭교회의 영향력이 큰 유럽 국가들에서는 오늘날까지도 압도적으로 많은 여성이 최신 피임법은 물론이고 피임 자체에 접근하기가 어렵다. 이런 점에서 아일랜드의 역사에는 이전에 보지 못한 영웅이 한 명 존재한다. 28세의 메리 맥기는 남편이 어부였고 이미 네 명의 자식을 둔 엄마였다. 그는 뇌혈전증을 두 번이나 앓았던 병력이 있었다. 그는 작년에 세관에서 체포되었는데, 경찰관이 그의 가방을 뒤지다가 자궁 내 피임 기구를 발견했기 때문이었다. 몹시 화가 난 맥기는 고등법원에 항소했고, 법원은 1973년 12월, 이 문제에 대해 최초로 개인의 자유를 허용하는 판결을 내렸다. "이처럼 사적이고 민감한 문제에 개입하는 건 국가와 아무 관련이 없다"라고 법원은 판결했다. *La Stampa*, March 22, 1973, 3.

11. 다음을 보라. R. Pressat, *Population*.

12. 이는 레오뽈디나 포르뚜나띠가 *Le donne contro la famiglia*[가족에 맞선 여성]에서 개진한 주요 논지 중 하나이다. 이 책에서는 이탈리아에서 지난 30년간 여성이 자본과 맺어 온 관계를 분석한다. 전시 및 전후 초기 기간과 관련된 분석에 초점을 맞춘 글로는 다음이 있다. Leopoldina Fortunati, "La famiglia verso la ricostruzione," Mariarosa Dalla Costa e Leopoldina Fortunati, *Brutto ciao* (Roma : Edizioni delle donne, 1976), 71~147.

13. Bennett Kremen, "Lordstown," *New York Times*, September 9, 1973. 제너럴 모터스의 조립 라인 구간 책임자인 조지프 굿프리스는 말했다. "그래요, 우리 회사 노동자들은 이전만큼 열정적이지 않습니다. … 동요하는 분위기가 팽배해서 그게 조립 라인에서도 느껴져요. 전쟁, 젊은이들의 반항, 마약, 인종, 인플레이션, 도덕적 위기 같은 거 말입니다. 결혼은 더 이상 예전 같지 않아요. 노동자들의 생각이 딴 데 가 있는 것 같아요!"

14. 재생산 거부는 세계 곳곳에서 상당히 모순적인 정책들로 이어졌다. 1974년 부쿠레슈티에서 열린 〈세계인구회의〉(World Population Conference)가 이를 잘 보여 준다.

15. Romolo Gobbi, *Operai e resistenza* (Torino : Musolini, 1973).

16. 같은 책, 3.

17. 같은 책, 3~4.

18. David Thomson, *Europe Since Napoleon* (New York : Alfred A. Knopf, 1957). 전쟁으로 발생한 인명 손실에 대해 톰슨은 다음 수치를 제시한다. 미국인 32만 5천 명이 사망한 반면, 프랑스 50만 명, 영연방 44만 5천 명, 독일(전쟁터에서만) 225만 명, 러시아는 공식적으로 700만 명(다른 수치들도 존재)이 사망했다. 또한, 다음을 보라. F. Roy Willis, *Europe in the Global Era* (New York : Dodd, Mead & Co., 1968), 180 ; Nicholas Valentine Riasanovsky, *A History of Russia* (New York : Oxford University Press, 1963) ; Denna Frank Fleming, *The Cold War and Its Origins* (New York : Doubleday, 1961).

19. R. Gobbi, *Operai e resistenza*, 8. 보다 상세한 분석은 다음을 보라. Shepard Bancroft Clough, *The Economic History of Modern Italy* (New York : Columbia University Press, 1964) ; Rosario Romeo, *Breve*

storia della grande industria in Italia (Bologna : Cappelli, 1973).

20. Evelyne Sullerot, *La donna e il lavoro* (Milano : Etas-Kompass, 1973), 166~67.

21. R. Gobbi, *Operai e resistenza*, 11.

22. Liliana Lanzardo, *Classe operaia e partito comunista alla Fiat* (Torino : G. Einaudi, 1971), 332.

23. 현대의 정치 문헌들은 대개 이 현상을 무시하고 있지만, 초기 페미니즘 문헌들은 이런 현상을 포착하고 강조했다. 여러 저작 가운데 프랑스에서 쓰인 다음 저작을 보라. E. Sullerot, *La donna e il lavoro*. 이탈리아에서 쓰인 다음 저서도 참고. Luisa Abbà et al., *La coscienza di sfruttata* (Milano : Mazzotta Editore, 1972).

24. E. Sullerot, *La donna e il lavoro*, 167.

25. "남성은 저항 활동에 참여하려고 군대에 가고, 여성은 남성을 대신하여 논밭에서 일하며 가정을 관리했다. 이외에도 여성은 게릴라 전투에 참여하고 전방에 필요한 군수품을 모았다." *Aperçus sur les institutions de la République Démocratique du Vietnam (Nord), Hanoi* 발췌. *Nuova Rivista Internazionale*, 6. "Vietnam, la famiglia nel diritto vietnamita," *Donne e politica* 4, no. 19 (October 1973) : 30에서 재인용.

26. 바로 앞 주석에서 서술한 내용은 알제리 여성에게도 적용된다. 테러 국면 때 술집 및 경기장에서 터진 폭탄을 모두 여성들이 설치했다는 사실은 잘 알려져 있다. 그러나 전 세계적으로 … 해방 전쟁에서 여성의 지위는 해방이나 저항 다루는 문헌들에서 언제나 신비화될 뿐이다. 전쟁이 유일한 생존 수단으로서 성매매를 강요하는데, 머리를 빡빡 깎이고 주민의 조롱거리가 된 여성의 잘 알려진 사례를 두고 뭐라 말할 수 있을까? 전쟁은 남성의 가학증을 축하하는 행사이며, 덜 신비화된 방식으로 남녀 관계를 강조한다고도 할 수 있을 것이다. 여성은 매우 비싼 값을 치르고 재생산을 해야 할 뿐만 아니라, 남성들에게서 거듭 자신을 지켜내기도 해야 한다. 여성을 강간하는 '적군'에게서, 여성의 머리를 밀어 버리는 게릴라에게서, 성매매를 한다는 이유로 여성을 경멸하는 이웃에게서 여성은 자신을 지켜내야 한다.

27. 베트남 여성의 사례는 '가장 진보적인' 것처럼 보일 수 있다. 그러나 베트남 여성들이 접근할 수 있었던 정치 권력은 언제나 매우 '부분적'이었다. 오늘날까지도 베트남 여성들이 임신 중절을 하고자 할 때 특별사법위원회의 허락을 구해야 하는 상황은 우연이 아니다. 이는 애석하게도 '유럽의 진보적인 상황'과 유사하다.

28. E. Sullerot, *La donna e il lavoro*, 169~70.

29. L. Lanzardo, *Classe operaia e partito comunista alla Fiat*, 332.

30. [옮긴이] 1929년 2월 11일, 무솔리니 치하 이탈리아 왕국과 바티칸 시국 양국이 라떼라노 궁전에서 체결한 조약으로, 바티칸 시국을 교황청의 주권하에 독립된 국가로 인정하는 내용이었다. 2차 세계대전 이후인 1947년, 이탈리아 공화국 헌법에 계승되었다.

31. 두 여성의 일대기가 이 같은 상황을 요약하여 보여 준다. 다음을 보라. Danilo Montaldi, *Militanti politici di base* (Torino : Einaudi, 1971) ('Margitt'의 일대기와 이 책의 마지막 부분 'Girl').

32. 이런 수복을 위해 채택된 수단 가운데 가장 중요한 건 성년(Holy Year)과 관련된 캠페인들 및 마리아 고레티와 도미니코 사비오의 신성화였다.

33. E. Sullerot, *La donna e il lavoro*, 207.

34. R. Pressat, *Population*. 또한 다음을 보라. Giorgio Mortara, "L'Italia nella rivoluzione demografica 1861~196," *Annuali di Statistica*, anno 94, serie VIII, vol. 17 (1965) ; Massimo Livi Bacci, "Il declino della fecondità della popolazione italiana nell ultimo secolo," *Statistica* 25, no. 3 (1965).

35. 이 주제와 관련하여 다수의 연구가 진행 중인데, 곧 그 결과를 볼 수 있기를 바란다.

36. 다음을 보라. M. Livi Bacci, "Il declino della fecondità della popolazione italiana nell ultimo secolo," *Statistica* 25.

37. 다음을 보라. L. Fortunati, *Le donne contro la famiglia*.

38. S. B. Clough, *The Economic History of Modern Italy*, 370.

39. 같은 책, 378.

40. 같은 책, 388.

41. 〈이탈리아 통계청〉의 통계연감을 보라. 그러나 모든 통계 내용을 해석할 때는 가사노동이 가져오는 해악

을 과학이 전혀 고려하지 않고 있다는 사실을 바탕으로 논리적으로 접근해야 한다.

42. 누가 더 많이 노동하든 간에 '임금을 받거나, 받게 될 이들은 더 잘 먹어야 한다.' 이런 관점에서 봤을 때 도시화가 이뤄졌을 때도 별반 다르지 않았으리라고 생각한다.

43. 이런 점에서 그 시기 가전제품이 가장 중요한 수출 품목 중 하나였다는 사실은 놀랍다. 다음을 보라. S. B. Clough, *The Economic History of Modern Italy*, 407.

44. 안젤리나 마우로는 멜리싸 내란에서 부상을 입고 크로또네 병원으로 이송되지만 8일 후인 1949년 11월 9일에 사망했다. [1949년 10월, 지주들이 경작하지 않고 내버려 둔 땅을 분배하라며 농민들이 행진을 시작했다. 멜리싸에서 평화적으로 땅을 점거한 농민들에게 경찰이 발포를 시작했고, 안젤리나 마우로를 비롯해 세 사람이 목숨을 잃었다. ─ 옮긴이]

45. 이는 단순히 '관습과 습관'의 문제가 아니었다. 이런 관행은 서류로 승인을 받기까지 했다. 지주와 '지주의 토지에서 일하는 이들' 간의 계약 예시들은 여성의 부불 노동 관련 조항을 포함하고 있다. 이런 계약들의 예시는 다음 책에서 찾아볼 수 있다. Vincenzo Mauro, *Lotte dei contadini in Calabria* (Milano : Sapere, 1973). 더욱이 1973년 9월 2일 자 『일 조르노』가 다음을 보도했다. 편집자에게 편지가 한 통 왔는데, 뜨라빠니에서 남성뿐만 아니라 여성도 참석한 어부 회의가 열리고 있는 가운데 누군가가 "보수를 받지 않고 선주의 집에 일하러 갈 아내가 있는 어부만 선택하는 선주들을 더 이상 못 참겠다!" 라고 소리쳤다는 것이다.

46. 이는 잘 알려진 사실이다. 오늘날 북부 농장에 남아 있는 남성들은 남부에서 '결혼 거래를 하는' 남녀의 서비스에 점점 더 의지하고 있다. 사진을 교환하는 식으로 남성들은 (깜빠니아, 루카니아, 시칠리아의 어느 외딴 마을에서) 혼자서는 떠날 수 없는 여성들을 찾는다. 그러나 농장 노동자들만 이런 여성들을 구하는 건 아니다. 하루에 '8시간' 근무하는 일자리를 찾지 못한 노동자들도 이런 식으로 여성을 구했다.

47. M. Livi Bacci, "Il declino della fecondità della popolazione italiana nell ultimo secolo," *Statistica* 25, 410. 기혼 여성 대 미혼 여성의 비율을 나타내는 도표 3, 결혼한 상태의 출생률, 전체 출생률, 혼외 출생률을 나타내는 도표 2, 1, 12도 참조.

48. G. Mortara, "L'Italia nella rivoluzione demografica 1861~196," *Annuali di Statistica*, 6.

49. 같은 곳.

50. 20세기 이전까지 프랑스는 여성 고용 전통을 오랫동안 가지고 있었다는 점에서 미국이나 영국과 비견될 만했다. 그러나 20세기 초에도 프랑스 내 여성 고용은 이미 줄어든 상태였다. 1906년 고용 여성이 769만 4천 명인 반면, 1962년 인구조사에서는 658만 5천 명이 등록되었다.

51. W. J. Goode, *World Revolution and Family Patterns*, 53.

52. Marie-Françoise Mouriaux, *L'emploi en France depuis 1945* (Paris : Librairie Armand Colin, 1972), 35.

53. 1958년부터 1965년까지 프랑스 인구 가운데 52.4%는 사망 대비 출생 증가분에 기인하고, 47.6%는 이민의 결과였다. "Les travailleurs immigrés parlent," *Les Cahiers du Centre d'Études Socialistes* 94~98 (Septembre~Décembre 1969) : 19.

54. '외벌이 가구 아동 수당' 외에도, 아동 수당 체계는 전면적으로 개편되었다. "2차 세계대전 이후, 〈인구및가족고문위원회〉가 법령에 따라 1945년 4월 12일 새롭게 설립되었다." The Population Council, "Country Profiles : France," New York, May 1972, 8. 이 위원회는 아동 수당 체계에 많은 변화를 가져왔는데, 이는 모든 유럽 국가가 겪고 있는 바였다. 9~10쪽을 보라.

55. 1949년 맥클로이(McCloy) 계획부터 1950년 쉬망(Schuman) 계획에 이르기까지, 유럽 경제 통합은 다음과 같은 '정치 프로젝트'가 가져오는 수익성을 상정했다. "이 정치 프로젝트는 하락하지 않는 고정 임금, 노동력 하향 계층화의 확대에 기반을 둔다. 노동력 하향 계층화의 확대는 노동 집약 부문을 유지 및 확산하여 실현된다. 이런 프로젝트는 신규 노동력 및 정치적으로 열세인 노동력을 공장 생산에 대거 투입하는 걸 시사했다. … 여성 노동력은 이런 프로젝트에 부분적으로만 들어맞았다. … 여성들은 비숙련화되는 걸 거부했다 … ." Franca Cipriani, "Proletariato del Maghreb e capitale europeo," Alessandro Serafini et al., *L'operaio multinazionale in Europa*, 79.

56. 현재 알제리 여성들은 '사회 복지사'가 가르쳐주는 '가정학 수업'을 통해 이런 기능을 수행하도록 요구받는다.

57. 하지만 마리-프랑수아 무리오는 프랑스의 고용 추세에 대해 다음과 같이 적고 있다. "출생률이 매우 낮기 때문에 국가는 매우 광범위하게 이민을 활용한다." M-F. Mouriaux, *L'emploi en France depuis 1945*, 29.

58. "Les travailleurs immigrés parlent," *Les Cahiers du Centre d'Études Socialistes* 94~98, 20.

59. E. Sullerot, *La donna e il lavoro*, 206.

60. 같은 책.

61. 여기서 한 걸음 더 나아가 1942년에는 가정보호법령(Code de Famille)을 승인했다.

62. 더 구체적으로 말하면, 아동 수당은 결혼을 했든 하지 않았든 간에 '반드시 자식에게 수당을 사용할' 어머니한테 직접 지급했다(이탈리아처럼 아버지의 급여에 포함하지 않았다). 이를 통해 노동력의 질을 향상하려 했는데, 노동력의 질적 향상은 당시 집권 세력인 노동당이 열망하고, 또 사회 원조 정책을 이용해 대체로 장려한 바였다.

63. 한편, 노동자들이 자기가 하는 일을 신고하지 않은 이유를 우리는 알고 있다. 그 이유는 연금 상실과 아동 수당 상실 등 국가별로 다양했다. 따라서 신고되지 않은 노동 시장 규모를 통계치로 환산하는 건 불가능하고, 이는 프랑스도 마찬가지다. 하지만 임금을 받는 여성의 비율이 특히 낮았다는 점, 전후에 개별적으로 수입을 얻으려는 여성의 노력에 국가가 차별을 가하려고 상당히 애썼다는 점을 고려하면, 미신고 노동 시장이 상당히 광범위하게 존재했으리라고 쉽게 추정할 수 있다.

64. 그런데 서비스 분야에서는 고용이 상당 수준 이뤄진다. 이 역시 유럽 전역에서 볼 수 있는 현상이다. 프랑스 경우는 다음을 보라. François Lantier, "Le travail et la formation des femmes en Europe," *La Documentation Française, Bibliothèque du Centre d'Etudes et de Recherches sur les Qualifications* 4 (October 1972): 44. 특히 45쪽의 도표 XIII를 보라.

65. F. Lantier, "Le travail et la formation des femmes en Europe," *La Documentation Française, Bibliothèque du Centre d'Etudes et de Recherches sur les Qualifications* 4, 도표 XIII, 45. E. Sullerot, *La donna e il lavoro*, 208.

66. F. Lantier, "Le travail et la formation des femmes en Europe," *La Documentation Française, Bibliothèque du Centre d'Etudes et de Recherches sur les Qualifications* 4, 54.

67. 같은 곳.

68. 같은 글, 55.

69. 앞서 언급한 농업 노동자의 경우 외에 다음도 보라. "Il lavoro a domicilio," *Quaderni di rassegna sindacale* 11, no. 44~45 (September~December 1973). 이 글은 북부와는 대조적으로 남부에 존재한 훨씬 더 광범위한 규모의 가내 수공업(계절, 임시 노동도 포함)을 다룬다.

70. 아랍 여성에 대한 개괄서는 다음을 보라(그런데 마그레브 여성들은 최소한 음핵 절제술의 대상은 아니었다). Yussef El Masry, *Il dramma sessuale della donna araba* (Milano: Edizioni di Comunità, 1964).

71. [옮긴이] 본 책에서는 싱글맘 대신 홀보듬엄마라는 우리말 순화 표현을 사용한다.

72. 알제리에서 수입 및 판매가 금지된 책, Fadéla M'Rabet, *Les Algériennes*[알제리 여성] (Paris: Maspero, 1969)은 여성 자살률이 매우 높다는 사실의 증거를 제공한다. 이 비율을 검토할 때, 여성이 태어날 때든 사망할 때든 그 수치가 실제보다도 적게 기록된다는 사실도 잊지 말아야 한다. 여성의 자살 수치에는 자살은 물론 자살 미수, 예를 들어 창문 밖으로 뛰어내렸는데 죽지 않은 경우도 기록되지 않는다. 자살은 보통 '우발적' 죽음으로 기록된다. 유아 살해도 홀보듬엄마 사이에서 광범위하게 이뤄지는데, 유아 살해는 임신 중절과 더불어(169) 유일하게 유효한 피임 수단이다.

73. 알제리 여성의 결혼 시기 및 대상은 부모가 결정한다. 몇 안 되는 대학 과정에 들어가는 소수의 교육받은 여성 집단도 마찬가지다. 그런데 애초에 학교에 들어가더라도 여성들은 초등과정을 2년 다니고 나서 대개 학교를 떠난다는 사실을 잊지 말아야 한다. 오늘날 소수의 여성 집단은 대학 과정 외에 피임약도 알게 되었고, 결혼 생활에서 이 약의 매우 구체적인 용도를 찾아냈다. 이 여성들은 결혼 생활의 의무에 저항할 힘이 없기 때문에, 결혼하고 나서 이 약을 사용하여 불임인 것처럼 꾸밀 수 있다. 그러면 얼마 안 가 이혼으로 귀결되는데, 이는 여성들이 원하던 바이다.

74. 그러나 대다수 알제리 여성은 자기 주도로 이혼에 성공할 가능성이 거의 없었다. 우선은 여성이 살고 있는 물질적 환경 때문이었다. 그뿐만 아니라, 많은 수의 여성은 출생 등록이 되어 있지 않았기 때문이기도

하다. 사실상 알제리 '문명'은 여성을 상품으로서는 매우 귀하게 여기지만, 사람으로서는 존재하지도 않는다고 여긴다.

75. 부메디엔이 공무원 업무에 지원한 학생 자원봉사자들에게 한 연설에서 발췌. *El Moudjahid*, July 22, 1972.

76. 병원 상태 및 산과적 질병 사례는 다음을 보라. Ministère de la Sante, *Tableaux de l'economie algerienne*, (Alger : 1970), 82~83.

77. Yves Courrière, *La guerre d'Algérie* Tome II (Paris : Fayard, 1969).

78. 첫 번째 흐름은 1935년부터 2차 세계대전까지 이민자 수로 산출해야 한다.

79. 포르뚜나띠는 *Le donne contro la famiglia* [가족에 맞선 여성]에서 이탈리아와 관련하여 다음을 지적하고 있다. 가부장적 농가 가족에서 도시 핵가족으로의 이행은, 자본만이 아니라 여성 자신에 따라 특정 유형의 가족이 붕괴하면서 나타난 결과물이라는 것이다.

80. E. Sullerot, *La donna e il lavoro*, 231.

81. 다음을 보라. Organisation for Economic Cooperation and Development (OECD), *Labour Forces Statistics* (Paris : 1970), 96~97.

82. E. Sullerot, *La donna e il lavoro*, 230.

83. Bruno Groppo, "Sviluppo economico e ciclo dell'emigrazione in Germania occidentale," *L'operaio multinazionale in Europa*.

84. E. Sullerot, *La donna e il lavoro*, 231.

85. 이 주제와 관련해서는 다음을 보라. Edward L. Homze, *Foreign Labour in Nazi Germany* (Princeton, NJ : Princeton Univ. Press, 1967 ; 2015 ; 2016).

86. 독일은 전쟁이 일어나는 동안 동유럽 여성뿐만 아니라 잘 알려진 대로 유대인, 집시, 여성 정치범의 강제 노동에 의지하여 노동 계급을 재생산했다.

87. B. Groppo, "Sviluppo economico e ciclo dell'emigrazione in Germania occidentale," *L'operaio multinazionale in Europa*.

88. 같은 책, 도표 4번.

89. 이와 관련하여 우리는 항상 상대적인 의미에서의 변화를 이야기한다. 이 변화의 기저에는 언제나 여성 및 젊은 노동력의 광범위한 사용을 기반으로 모든 산업 부문이 돌아간다는 사실이 있다. 이탈리아 상황은 다음을 보라. Stefano Merli, *Proletariato di fabbrica e capitalismo industriale* (Firenze : La Nuova Italia, 1973).

90. E. Sullerot, *La donna e il lavoro*, 231.

91. 주석 10번을 보라.

92. 구체적으로 알제리 상황을 말하며, 여기에 대해서는 다시 다룰 것이다.

93. 주석 55번을 보라.

94. L. Fortunati, *Le donne contro la famiglia*.

95. 이런 식의 '도피'는 알제리에서도 일어나는데, 여성들은 논밭에서 그리고 남편에게서 벗어나려고 달아난다. 필사적으로 달아난 여성들은 알제에 있는 유럽인들의 집에서 가정부로 일하고자 하지만, 복종(Ta'a)의 규율에 따라 경찰이 정기적으로 여성들을 집으로 데려간다. 다음을 보라. Y. El Masry, *Il dramma sessuale della donna araba*, 마지막 장.

96. '새로운 관점을 발전시킨다'라고 하는 이유는 이 분석에서 내포하는 관점이 1960년대 말 미국과 1970년대 초 유럽에서 국제적인 차원의 페미니스트 운동과 함께 시작되었기 때문이다. 이 시기에 사회학자들과 정치가들은 문제를 더욱 혼란스럽게 만들었을 뿐이다. 다음을 보라. Mariarosa Dalla Costa, "Quartiere, scuola e fabbrica dal punto di vista della donna," *L'Offensiva* (Torino : Musolini, 1972).

97. 같은 글, 27.

98. Mariarosa Dalla Costa and Selma James, *The Power of Women and the Subversion of the Community*, 26~27 [이탈리아어판 Mariarosa Dalla Costa, *Potere femminile e sovversione sociale* (Padova : Marsilio, 1972), 41]. "공장에서 청년들은 나이가 더 많은 노동자들의 지휘를 거부한다. 도시에서 일어나는 봉기의

정점에는 청년들이 있다. 대도시에 거주하는 핵가족 세대는 청년 및 학생 운동을 일으켰고, 이 운동은 최초로 제정권력(constituted power)의 틀을 뒤흔들기 시작했다. 제3세계에서는 노조를 조직한 노동 계급보다 먼저 실업 청년들이 거리로 나오는 일이 흔하게 일어난다'(같은 책, 8).

99. 1972년 3월 〈이탈리아 통계청〉의 월간 고시를 보면, 조사 당시 13세 이상 인구 21,754,000명이 노동 인구에 포함된 것 같다. 그중 16,168,000명이 여성, 5,586,000명이 남성이었다. 여성은 10,701,000명, 즉 49.1%가 주부였다. 좀 더 자세히 살펴보면, 1970년에는 고용 여성 중 22%가 농업에 종사했는데, 대부분은 기혼이고 나이가 어리지 않았다. 나머지 고용 여성 가운데 45%가 서비스 분야에(기혼과 미혼, 어리고 나이 든 여성 모두 포함), 33%가 산업계에 종사했다. 영국 상황과 비교하려면 다음을 보라. M. Pia May, "Il Mercato del lavoro femminile," *Inchiesta* 3, no. 9 (gennaio~marzo 1973) : 27~37.

100. 전반적 상황은 다음을 보라. OECD, *Labour Force Statistics*.

101. B. Groppo, "Sviluppo economico e ciclo dell'emigrazione in Germania occidentale," *L'operaio multinazionale in Europa*.

102. 같은 글.

103. F. Lantier, "Le travail et la formation des femmes en Europe," *La Documentation Française, Bibliothèque du Centre d'Etudes et de Recherches sur les Qualifications*, 도표13, 45. 좀 더 일반적인 상황은 다음을 보라. OECD, *Labour Force Statistics*.

104. M-F. Mouriaux, *L'emploi en France depuis 1945*, 150.

105. 1962년 이후 이민이 최초로 둔화되었다.

106. "Europe Keeps Revolution at Bay [유럽이 혁명을 저지하다]," *Financial Times*, February 28, 1973 : "혁명의 유령이 이곳저곳을 돌아다니며 심지어 네덜란드까지도 기웃거리고, 그 어느 곳보다도 이탈리아를 가장 좋아한다. … 중요한 건 산업계, 노동조합, 정부에 있는 꽤 많은 우리 지도자들이, 일부는 의식적으로, 일부는 막연하게, 서구 사회가 전후 어느 때보다도 더욱 불안정하다는 사실을 매우 분명하게 인지하고 있다는 점이다."

107. 노동자를 작업 라인에 배치하는 방식을 말한다. "Car Plants without Mass Disaffection [대규모 이탈이 없는 자동차 공장]," *Financial Times*, March 12, 1973 : "조립공들은 모두 공장에서 일해 본 경험이 없는 주부들로, 3명이 팀을 이뤄 일한다." 그러나 이는 흔치 않은 사례이다.

108. "Les femmes au foyer," *Le Nouvel Observateur*, April 10, 1973.

109. 이 수표는 에밀리아 지역의 몇몇 도 행정 중심지들에서 발행되는데, 공식적으로 장애를 입은 친인척의 이름으로 발급된다. 수표는 장애를 입은 친인척의 치료를 위한 것으로, 그들이 가족에게 '의존적'이거나 '짐'이 된다고 느끼지 않게 한다. 누군가가 집에 머물면, 그 즉시 여성의 가사노동이 강화된다는 사실은 공식적으로 무시된다. 이 노동의 대가가 되기에 5만 리라는 턱없이 부족하다.

110. 110. 다음을 보라. Her Majesty's Stationary Office, Sixth Report from the Expenditure Committee, session 1972~73 : The Employment of Women.

111. 1973년에 발행된 『파이낸셜 타임스』와 『르 몽드』를 보면 잘 알 수 있다.

112. 영국 내 아동 수당 체계의 간략한 역사는 다음을 보라. Suzie Fleming, *The Family Allowance Under Attack* (Bristol, UK : Falling Wall Press, 1973) ; *Hands Off our Family Allowances, What We Need Is Money* (London : Crest Press, 1973). 가사노동 임금 투쟁의 배경, 그리고 이 투쟁이 야간 청소 노동을 하는 여성들의 투쟁과 맺고 있는 관계에 대해서는 다음을 보라. *Radical America* 7, no. 4~5 (July~October 1973) : 131~92. 전체 호가 이탈리아, 영국, 미국에서 진행 중인 가사노동 임금 논쟁을 포괄적으로 다루고 있다.

6. 1970년대 이탈리아의 인구 이출과 이입, 그리고 계급 구성

1. Mariarosa Dalla Costa, "Riproduzione e emigrazione," *L'operaio multinazionale in Europa* [『페미니즘의 투쟁』 1부 5장 「재생산과 이민」].

2. 몇 가지 기본적인 배경을 살펴보려면 앞서 언급한 *L'operaio multinazionale in Europa* 외에 다음도 보라. Stephen Castels and Godula Kosack, *Immigrant Workers and Class Struggle in Western Europe*

(London : Oxford University Press, 1973) ; Issoco, 1973년 7월 10일 로마에서 열린 학회 'Emigrazione nell'Europa del Mec'를 위한 초록 ; Charles P. Kindleberger, *Lo sviluppo economico europeo ed il mercato del lavoro* (Milano : Etas Kompass, 1968) ; "Studi emigrazione," *Regioni e migrazioni* 22 (1971) ; *Il mercato del laboro comunitario e la politica migratoria italiana* 23~24 (1971) ; *Cause della emigrazione* 30 (1973) ; *Sociologie du travail* (논문), July~September 1972 ; 남부 이탈리아가 한 역할은 다음을 보라. Luciano Ferrari Bravo e Alesandro Serafini, *Stato e sottosviluppo* (Milano : Feltrinelli, 1972). 마지막으로 최근 발간된 다음 책을 보라. Eleanora Petroli and Micaela Trucco, *Emigrazione e mercato del lavoro in Europa occidentale* (Milano : Franco Angeli, 1981). 이 책에는 풍부한 참고문헌이 잘 정리되어 있다.

3. 잘 알다시피 1958년 로마 조약으로 〈유럽경제공동체〉(EEC)가 결성된다. 이와 관련하여 알레싼드로 쎄라피니는 같은 이름의 논문집에 실린 "L'operaio multinazionale"에서 다음과 같이 말한다. "실제로는 그러한 규제(〈유럽경제공동체〉)가 수립되면서 이뤄진 규제화를 의미한다)의 영향으로 〈유럽경제공동체〉 내부 노동자들이 해외 일자리를 찾기가 더 어려워졌다. 그뿐만 아니라 이주 흐름, 특히 이탈리아에서 해외로 나가는 이주 흐름은 규제화로 타격을 입었다. 〈유럽경제공동체〉의 규칙들은 겉으로는 자유로운 이동과 동등한 대우를 내세웠지만, 결국은 기업들이 〈유럽경제공동체〉 노동자를 고용하지 않게 만드는 결과를 가져왔다"(12).

4. 1980년 6월, 『일 마니페스또』에 실린 마라 가스바로네(Mara Gasbarrone)의 발표문, 「여성의 일」(Lavoro donna/donna lavoro)을 참조하라. "고용 없는 성장"은 델 보카(Daniela Del Boca)와 뚜르바니(Margherita Turvani)에게서 따왔다. 델 보카와 뚜르바니는 저서 『가족과 노동 시장』(*Famiglia e mercato del lavoro*, Bologna : Il Mulino, 1979)에서, 이런 발전 유형이 어떻게 핵가족이 만들어질 모든 조건을 갖춘 지역에서조차 핵가족 형태를 위기에 빠뜨렸는지 보여 준다(85).

5. 이 논의에 대해서는 내가 "Emergenza femminista negli anni '70 e percorsi di rifiuto sottesi" [1970년대 페미니즘 비상사태와 거부의 길]에서 고찰한 내용을 참조하기 바란다. 이 글은 1980년 5월 29일부터 30일까지 빠도바 대학교 정치과학부가 주최한 〈이탈리아 사회 − 체제의 위기〉(La società italiana : crisi di un sistema) 학회에서 발표했고, 다음에 실렸다. Gustavo Guizzardi e Severino Sterpi, *La società italiana* (Milano : Franco Angeli, 1981), 363~75.

6. 평론지 『인끼에스따』(*Inchiesta*)에 실린 논문 다수와 이 밖의 여러 글도 이 새로운 범주화를 더 자세하게 다루고 있다. 이 글들은 가사노동이 가족 관련 노동을 구성하는 세 가지 영역 중 단지 하나일 뿐이라고 규정한다. 두 번째 영역은 성적 노동·정서적 재생산 노동·대인 관계 재생산 노동 등으로 이뤄진다. 우리는 이런 범주화에 동의하지 않음을 이미 밝힌 적이 있는데, 그 이유는 이런 범주화가 가사노동의 본질을 완전히 바꿔버리기 때문이다. 결혼 계약의 '사랑과 관계된' 내용을 고려하지 않고는, 가사노동을 이루는, 어떤 임금도 주어지지 않는 엄청나게 긴 노동 시간과 끝없는 과업들을 설명할 수 없다. 이 논의에 대해서는 다음을 참조하라. Giovanna Franca Dalla Costa, *Un lavoro d'amore* (Rome : Edizioni delle Donne, 1978).

7. Andrea Graziosi, *La ristrutturazione nelle grandi fabbriche, 1973-1976* (Milano : Feltrinelli, 1979). 구조 조정에 대해서는 방대한 문헌이 존재한다. 다음도 보라. "Fiat," *Magazzino* 2 (May 1979). 대규모 생산 현장의 구조 조정과 탈중심화의 관계는 다음을 보라. *Quaderni del territorio* 1~5. 계급 구성이라는 주제를 좀 더 구체적으로 살펴보려면 다음을 보라. Primo Maggio, *La tribù delle talpe*, ed. Sergio Bologna (Milano : Feltrinelli, 1978) ; Toni Negri, *Dall'operaio massa all'operaio sociale* (Milano : Multhipla edizioni, 1979).

8. 1970년부터 1979년까지 노동자 및 피고용자 가구의 소비자 물가 지수가 다음과 같은 비율 변동을 보였다. 5.1, 5.0, 5.6, 10.4, 19.4, 17.2, 16.5, 18.1, 12.4, 15.7. 1980년 10월과 1979년 10월을 비교했을 때 비율 변동은 20.5이다(〈이탈리아 통계청〉 자료).

9. 이탈리아는 당시 유럽에서 서독과 스웨덴에 이어 세 번째로 공장 로봇을 많이 활용했다.

10. 이 학회에서 발표한 논문들은 다음 논문집에 실렸다. Fabrizio D'Agostino, ed., *Operaismo e centralità operaia* (Roma : Editori Riuniti, 1978).

11. 다음 문헌은 팔께라(또리노의 노동 계급 거주 지역) 주택 점거에 참여한 여성들의 인터뷰를 모아 놓았다. Gigliola Re e Graziella De Rossi, *L'occupazione fu bellissima* (Roma : Edizioni delle donne, 1976).

12. 1978년의 사회 상황은 무엇보다도 〈이탈리아 사회투자연구센터〉(Centro Studi Investimenti Sociali, CENSIS)가 발행한 12차 보고서를 보면 알 수 있다. 당시 상황으로 야기된 변화가 1980년 초반 몇 달 만에 나타난다 ; CENSIS, *Quindicinale di note e commenti* 348 (1980) : 1141.

13. 이 표현은 가족과 노동 시장의 관계를 다루는 동시대 문헌에서 폭넓게 사용한다. 〈롬바르디아 지역연구소〉(Istituto Regionale di Ricerca della Lombardia, IReR)에서 발행하는 광범위한 보고서가 그중 하나이다. *Lavoro femminile e condizione famigliare* (Milano : Franco Angeli, 1980). 그런데 우리가 보기에는, 상품 생산을 위해 새롭게 협력하는 상황 속에서 성적 위계가 서서히 사라질 거라고 믿게 될 위험성은 여전히 남아 있다. 흔히 새로운 협력 관계가 구축되면 성적 위계를 약화하기는커녕 심화한다.

14. "경제 호황기에 절정에 달했던 혼인 건수가 다시 감소하기 시작했다. 1970년대 초반 반짝 증가한 이후 전례 없이 큰 폭으로 감소하여, 1973년 41만 9천 건에서 1979년 32만 5천 건이 약간 넘는 정도로 줄어들었다. 혼인율은 1963년부터 1964년까지 8% 이상 하락하고, 1978년부터 1979년까지는 6% 이하로 하락했다. 혼인율 하락의 원인으로 가족을 형성하는 합법적인 경로 외에 다른 경로들이 점점 더 빈번하게 활용되었다는 사실을 배제할 수 없다. 이 현상은 다양한 국가에서 수년간 계속되고 있다. 사생아 출생이 1964년부터 1965년까지 2만 명에서 1978년부터 1979년까지 2만 6천 명으로 증가한 반면, 합법적 출생은 같은 기간 약 100만 명에서 65만 명까지 감소했다는 사실이 이 가설을 뒷받침한다. 어떤 변화가 이런 경향을 촉발했는지 살펴보는 연구를 수행한다면 유용할 것이다. 결론적으로 말해, 최근 인구학적 진화의 가장 역동적인 양상은 혼인 감소로 보인다. 혼인 감소는 출생률 감소, 법적 혼인 없이 함께 사는 유형의 발생, 사생아 증가에서 뚜렷하게 드러난다" ; CENSIS, *Quindicinale di note e commenti*, 801~2.

15. 피아트 내부의 새로운 계급 구성에 대해서는 다음을 보라. Silvia Belforte and Martino Ciatti, *Il fondo del barile* (Milano : La salamandra, 1980) ; "FIAT 1980," *Quaderno di Controinformazione* 3, *Controinformazione* 19, 1980, 부록. 다음도 보라. "Dossier Lavoro," *Il Manifesto* 248의 부록. 그리고 "Lavoro donna/donna lavoro."

16. E. Bouchard, "Le 15,000 che prima non erano in FIAT," "Lavoro donna/donna lavoro."

17. 여기서 총 노동 시간이란 가사노동과 가사노동이 아닌 노동 둘 다를 아우른다. 다른 학자들은 총 노동 시간을, 상품 생산에 들어간 총 노동력의 노동 시간을 말할 때 사용한다. 우리는 상품 생산에 들어간 총 노동력의 노동 시간은 사회적 노동 시간이라고 명명하는 편을 선호하므로, 그들이 말하는 총 노동 시간은 '총' 노동 시간의 **부분**일 뿐이라고 본다.

18. 다음을 참조. Sergio Bologna, "La tribù delle talpe," *La tribù delle talpe*, 33~34.

19. Maria Vittoria Ballestrero, *Dalla tutela alla parità* (Bologna : Il Mulino, 1979) ; Laura Remiddi, *I nostri diritti* (Milano : Feltrinelli, 1976) ; AA. VV, *Donne e diritto* (Milano : Gulliver, 1978) ; Carla Porta, *Senza distinzione di sesso, guida pratica al nuovo diritto di famiglia* (Milano : Sonzogno, 1975).

20. 1964년보다 1979년에 출생 건수가 대략 35만 건 더 적었는데, 이는 3분의 1이 줄어든 것이다. 출생 건수는 1980년에 또 하락한다. 이는 강력한 변화로, 사회적 삶의 여러 측면에 직접적인 영향을 미치고 있고 앞으로도 계속해서 그럴 것이다. 어린이집과 초등학교 학생들이 해마다 줄고 있다. 사회 기반 시설 및 인력이 부족하다고 여겨지던 영역에서 이제는 남아도는 부분이 생겨나고 있다. 어린이집과 초등학교 수는 점점 더 수요를 초과한다. 아이들을 위한 먹거리와 물품을 생산하는 산업은 상당한 수요 감소 때문에 다른 용도로 전환될 수밖에 없다 ; CENSIS, *Quindicinale di note e commenti* 339 (1980) : 270~71.

21. 빠도바 대학교 정치학부의 비교정치학 과정 소속 〈정치사회과학연구원〉에서 현재 이 문제를 조사하는 사회정치 연구 프로젝트를 진행하고 있다.

22. 좀 더 최근 규정(1978년 12월 14일, 단체 계약) 및 **이주 가사노동자**에 대한 새로운 규정은 다음에서 찾을 수 있다. Nereo Latilla, *Il lavoro domestico* (Roma : Buffetti, 1981). 이 책에서는 1979년 10월 1일까지 이주 가사노동자가 받은 단위 시간당 보수 정보도 제공한다.

23. 고용주 가족과 함께 사는 가사노동자를 일컫는 입주 가사노동자는 이탈리아에서 1960년대에 이미 사라지기 시작했다.

24. 조반나 프랑카 달라 코스따가 쓴 *Un lavoro d'amore* [사랑으로 하는 노동]에서 가져온 표현으로, 우리는 이 표현을 공식 결혼 계약에 따라 혹은 다른 방식으로 규정되는 가족 관계 내 가사노동을 가리키는 데

사용한다.

25. CENSIS, *La presenza dei lavoratori stranieri in Italia* (Roma : 1978) ; 이 연구는 1977년에 수행되었는데, 아프리카 여성들의 출신지가 주로 모로코, 튀니지, 알제리, 이집트, 소말리아, 에리트레아라고 밝히고 있다. 유럽 여성들의 출신지는 그리스, 유고슬라비아, 스페인, 포르투갈, 그리고 〈유럽경제공동체〉에 속한 국가들이다. 더 최근 자료는 없지만, 이탈리아에 있는 외국인 노동자가 대략 50만 명 정도라고 추산한다. 그중 35만 명가량이 1974년과 1977년 사이에 도착했다는 사실을 강조해야겠다. 〈이탈리아 사회투자 연구센터〉는 다음과 같이 말한다(*Quindicinale di note e commenti* 345~346 〔1980〕). "이탈리아 정부는 '불법 이주, 균등한 기회 증진, 이주 노동자 처우에 관한' 양자투자협정을 비준하려고 한다. 아울러 1980년 1월, '현행 외국인 통제 규정을 통합하는 규범'에 관한 법안 694호를 발표했다. 이 법안은 경찰 수사 문제를 다루기만 할 뿐, 양자투자협정에 포함된 사회 보장이나 균등 처우 문제는 다루지 않고 내버려 둔다"(1047~48). 다수의 외국인 노동자 및 학생 협회가 이 법안에 반대하는 발언을 했으며, 〈밀라노노동회의소〉도 그중 하나였다. 게다가 "고용 기관들에 따르면, 1976년에 일을 시작한 외국 시민권자는 9,507명뿐이었다(이 중 2,887명은 계절노동자였다). 납세 부담 관련 외국인 노동자의 지위도 불규칙적이었다. 대다수 고용주는 노동 비용에서 세금 부분을 '절약하는데,' 이는 총비용의 대략 3분의 1을 차지한다. 비유럽국가 출신으로 〈국민건강보험기구〉의 보장을 받는 외국인 노동자가 1976년에 2,013명밖에 되지 않았기 때문이다. 그중 1,179명은 사무직 노동자 및 육체 노동자였다" ; CENSIS, *Quindicinale di note e commenti* 344 (1980) : 1016.

26. D. Bacchet, "Indagine sul lavoro degli stranieri in Italia con particolare riferimento alla Lombardia e al Veneto" (빠도바 대학교, 박사 학위 논문, 1978~79) ; Ferruccio Gambino, "Alcuni aspetti della erosione della contrattazione collectiva in Italia," *La società italiana*, 129~41.

27. CENSIS, *Quindicinale di note e commenti* 344 (1980) : 345~46.

28. D. Bacchet, "Indagine sul lavoro degli stranieri in Italia con particolare riferimento alla Lombardia e al Veneto."

29. F. Gambino, "Alcuni aspetti della erosione della contrattazione collectiva in Italia," *La società italiana*.

30. 다음을 참조. S. Bologna, "Irrompe la quinta generazione operaia," *Dossier Lavoro*, 15.

7. 복지에 대하여

1. Milwaukee County Welfare Rights Organisation, *Welfare Mothers Speak Out* (New York : W.W. Norton & Co. 1972).

2. *Primo Maggio* 6 (Winter 1975~76) : 8.

3. 같은 책, 18.

4. 같은 책, 19.

5. 같은 책, 3.

6. 매월 지급되는 수당(가족 구성원 수를 바탕으로 산출됨) 이상으로 '특수 요구' 범주에서 복지가 발현된다. 이 범주에서는 '위급한 경우'에도 돈을 지급하여, 아이를 위해 가구, 의복, 도서 등을 새로 구입할 수 있도록 한다. 바로 이 '특수 요구' 범주를 바탕으로 여성들은 더 많은 돈을 지속적으로 얻으려고 싸워 나갔다. 1960년대 초반 이래 시작된 모든 복지 개혁에서 이 범주가 첫 번째 희생양이 된 건 우연이 아니다. 바로 이 시기에 복지는 '균일한 보조금,' 즉 모든 가족 구성원의 요구를 충당할 고정 금액으로 제시된다.

7. 다음을 참조. Daniel Moynihan, *The Politics of a Guaranteed Income* (New York : Vintage Books, 1973).

8. 그런데 소수에 해당되었던 가정 구호(Home Relief) 수급자 수가 지난 2년간 폭증했다는 사실을 배제할 수 없다. 실상은 실업이 급증하면서 특히 동부 해안지방이 큰 타격을 입자, 뉴욕시가 지원금이 다 떨어진 모든 실업자에게 가정 구호를 제공할 수밖에 없었던 것이다. 엄밀히 말하면 가정 구호는 비(非)연방 복지 범주로, 지방 정부의 재량에 따른다. 실제로 가정 구호는 뉴욕을 비롯한 몇몇 도시에만 있다. 소득이 없고 일자리를 찾을 수 없음이 입증되면 가정 구호 지원금을 받을 수 있다.

9. D. Moynihan, *The Politics of a Guaranteed Income*, 82~83.

10. 같은 책, 29.

11. 같은 책, 66.

12. [옮긴이] 『흑인 가족 ─ 국가적 조치를 위한 실태 조사』(*The Negro Family : The Case For National Action*)를 가리키며, 모이니한 보고서로 알려져 있다.

13. 다음을 참조. Heather Ross, *Poverty* (Washington, DC : Urban Institute, 1976), 11.

14. 같은 책, 5. 이와 관련하여 다음도 보라. Joint Economic Committee, *Studies in Public Welfare*, Paper 12, 1부, "The Family, Poverty and Welfare Programs" (Washington, DC : US Government Printing Office, 1973), 특히 154. 1965년 이래 이혼 건수가 60% 증가했다. 또한 현재 어림잡아 부부 세 쌍 중 한 쌍이 이혼한다.

15. *Primo Maggio* 6, 3.

16. 미국 정부가 지금까지 수년에 걸쳐 모병제로 전환할 수밖에 없었던 이유는 바로 청년들이 '나라를 위해 병역에 복무하기'를 거부했기 때문이었다.

17. *Primo Maggio* 6, 19.

18. "City Opens Computer Center to Check on Eligibility of Welfare Recipients" [시(市)에서 컴퓨터 센터 개관, 복지 수급자 자격 여부 확인], *New York Times*, February 28, 1975.

19. 다음을 참조. D. Moynihan, *The Politics of a Guaranteed Income*. 이 책은 가족지원계획을 분석하는 데 초점을 맞춘다.

20. "Welfare," *Robert MacNeil Report*, July 7, 1976.

21. 연방 정부가 복지 사업을 관할하는 문제는 다음을 참조. "The Welfare State and the Public Welfare," *Fortune*, June 1976. 연방 정부가 복지를 관할하게 하자는 제안 덕분에 전국의 복지 수당 할당량을 동일화할 수 있는 길이 열렸다(현재는 주(州)마다 할당량이 다르다). 생활 보조금이 이미 그렇게 했듯이, 이런 '동일화'는 당연히 생활비가 가장 높은 지역이 아니라 가장 낮은 지역을 기준으로 이뤄질 것이다.

22. 연방 정부 관할은 사실상 사무실 감축, 즉 복지 센터 감축을 의미한다. 지금까지는 늘 복지 센터를 중심으로 갈등이 빈번하게 발생했다.

23. 카터의 경제학자들은 복지 체계의 구조 개혁을 선거 운동에서 주요 정책으로 삼았지만, 1980년 이전까지는 전면적 개혁이 가능하지 않다고 최근 발표함으로써 개혁의 어려움을 내비쳤다.

24. 1977년 2월 16일부터 복지 수당을 받는 여성은 이 새로운 양식을 작성해야 했는데, 국가가 아이의 아버지를 추적할 수 있도록 아이 아버지의 거주지를 신고하고, 임신할 당시 다른 성관계가 있었는지 여부도 밝혀야 했다. 이처럼 국가는 '약삭빠르게' 태세를 전환하면서, 집 안에 남성의 흔적을 모조리 숨겨야만 계속 복지 수당을 받을 수 있던 시대와는 180도 다른 태도를 취했다.

25. "Social Security Numbers Will Track Runaway Fathers [사회보장번호로 달아난 아버지 추적 가능]," *New York Times*, April 7, 1976.

26. [옮긴이] 지미 카터(Jimmy Carter)는 1977년에 미국의 39대 대통령으로 선출되어 1981년까지 재직했다.

27. 미국 내 부모들은 이 제안에 엄청난 비판을 퍼부었다. 부모들은 이 제안이 자식 양육을 '소비에트화'하려는 시도라고 봤다. 다음을 보라. "A Twisted Attack on Day Care [어린이집을 겨냥한 뒤틀린 공격," *Newsday*, January 30, 1976. 제목은 선정적이지만, 기사는 이 제안의 장점을 강조한다.

8. 가족, 복지, 뉴딜

1. 이 글에서 나는 *Family, Welfare and the State* [『집안의 노동자』]의 주요 주장을 유지하면서 그 내용을 간략하게 요약한다. 참고문헌은 이 책을 참조하길 바란다.

2. 일당 5달러라는 임금 수준은 포드 자신이 '보편적인 임금 협약'으로 공표한 내용 가운데 가장 중요한 항목이다. 다음을 참조. Huw Beynon, *Working for Ford* (Harmondsworth : Penguin Books, 1973) ; Allan Nevins, *Ford* (New York : Charles Scribner's Sons, 1954).

3. Alfred Marshall, *Principles of Economics* (London : Macmillan & Co., 1920) [앨프레드 마셜, 『경제학원리 1·2』, 백영현 옮김, 한길사, 2010].

4. 20세기 들어 대략 1차 세계대전에 이를 때까지는, '돈을 헤프게 쓰는 것'을 강조했다. 그와 함께 기술 혁신

으로 가사노동을 더욱 더 체계화, 합리화할 수 있다고 주장하기도 했다. 가사노동은 프롤레타리아 여성들에게 짐이 되는 노동으로 공공연하게 취급받았다. 대부분 흑인이나 이주 여성인 이 여성들은 자기 집에서 가사노동을 하는 것은 물론이고 형편이 더 나은 가정에 고용되어 가정부로도 일했다. 그런데 1차 세계대전 이후부터 가정부를 구하기가 더 어려워지자(다른 노동자들과 마찬가지로 가정부 임금도 상승했다), 중산층 주부가 집안일에 직접 관여하는 경우가 늘어났다. 이데올로기적 차원에서 가사노동이 가진 '노동'의 속성이 제거되는 대신 '사랑'의 성격이 강조된 게 바로 이 시기였다.

5. 부모를 대상으로 한 교육 과정 보급만 봐도 충분히 알 수 있다. 이런 교육 과정에서는, 종합대학 및 사회 복지 대학에서 전문 학위를 취득했다고 하는 이들이 양육법을 가르친다.

6. John Maynard Keynes, "Saving and Spending," *Essays in Persuasion* (New York : W. W. Norton & Co., 1963) [존 메이너드 케인스, 『설득의 에세이』, 정명진 옮김, 부글북스, 2017].

7. 유자녀가구원조는 궁핍한 한부모 가정 내 아동에 대한 연방 정부의 책임을 확립하는 중요한 전환점이 되었으나, 그 범위는 다소 제한되어 있었다.

8. 다음을 참조. Winifred D. Wandersee, *Women's Work and Family Values, 1920-1940* (Cambridge, MA : Harvard University Press, 1981), 68. 이 책에는 해당 기간의 여성 실업 추세를 보여 주는 자료가 풍부하게 실려 있다.

9. [옮긴이] 1938년에 〈산업별노동조합협의회〉(Congress of Industrial Organizations, CIO)로 명칭을 바꾸었다.

10. 노동조합이 작성한 뉴딜 관련 문헌에서는 이상하게도 이런 사실을 다루지 않았다. 다음을 참조. Dale Yoder, *Labor Economics and Labor Problems* (New York : McGraw-Hill Book Company, 1933), 364. 저자는 1938년 여성 조합원을 70만에서 80만 명으로 추정하는 게 실제에 대단히 근사하다고 보았는데, 이런 추정치는 전체 여성 노동자 수에 비해 꽤 낮은 수치였다.

11. [옮긴이] 1916년 미국에서 설립된 비영리 민간경제 연구기관이다. 1970년에 The Conference Board로 명칭을 변경했다.

12. W. D. Wandersee, *Women's Work and Family Values*, 97.

13. R. W. Smuts, *Women and Work in America* (New York : Schocken Books, 1959), 145. 또, William Henry Chafe, *The American Woman*, 2nd ed. (New York : Oxford University Press, 1974), 107~9.

14. W. H. Chafe, *The American Woman*, 108.

15. 다음을 참조. W. D. Wandersee, *Women's Work and Family Values*, 91. 또, D. Yoder, *Labor Economics and Labor Problems*, 특히 347.

16. W. D. Wandersee, *Women's Work and Family Values*, 27.

17. 나는 이와 관련하여 몇 가지 정보를 다음 책에서 밝혔다. *Famiglia, welfare e Stato tra progressismo e New Deal*, 110~113 [『집안의 노동자』]. 다음도 참조. W. D. Wandersee, *Women's Work and Family Values*. 또, Gladys Boone, *The Women's Trade Union Leagues in Great Britain and in the United States of America* (New York : AMS Press, 1968 [1942]), 195~96.

18. J. M. Keynes, *Essays in Persuasion*, 231.

9. 노인 돌봄이라는 새로운 위기 : 여성의 자율성과 돌봄 노동 임금을 중심으로

1. *Il Manifesto*, 1972년 7월 14일과 20일, 8월 4일, *Lotta Continua*, 1972년 7월 15일, 21일. 다음도 보라. "L'offensiva," *Quaderni di Lotta Femminista* 1 (Torino : Musolini Editore, 1972). 이 글에서는 세미나 보고서 및 대치 국면에 나온 공세적인 자료를 모아 놓았다.

2. 특히 최근 몇 년간 가톨릭 세력이 자발적인 임신 중단을 허용하는 법률 194/78호 폐지를 강력하게 시도했다. 베네토 지방은 꼰술또리오(가족 상담 클리닉)와 병동에 가톨릭 조직 구성원의 입회를 허용하는 지역 법안을 제안했다. 이 모든 일에 대응하여 여성들은 자기 목소리를 내기로 결심했고, 〈이탈리아 노동총동맹〉의 지원을 받아 2006년 10월 7일 '침묵을 깨뜨리자'라는 기치 아래 베네치아에서 대규모 집회를 조직했다. 실제로 1970년대 페미니즘 운동 이후 여성들이 그 정도로 강력하게 목소리를 낸 건 처음이었다. 이번에는 남성들도 여성들의 주장을 지지하고 시위에 참여했다.

3. 유럽에는 1970년대 말에 최초로 여성을 위한 폭력 방지 센터 혹은 (폭력 피해) 여성의 집이 생겼다. 그런데 이탈리아는 페미니즘 운동이 내놓은 계획들 외에는 1990년대 초반이 되어서야 이런 시설이 생긴다. 중요한 것은, 10년간 지속된 탄압과 정상화를 거친 후에야 폭력 방지 센터가 설립되었다는 점이다. 오늘날에는 80개가 넘는 센터가 있는데, 그중 4분의 1은 쉼터라고도 불리는 비밀 아파트에서 편의를 제공한다. 폭력으로 고통받는 여성을 위한 센터는 1990년과 1991년에 볼로냐, 밀라노, 모데나, 로마 등 네 군데에 처음 설립되었다.

4. 2006년 8월 28일 자 『라 레뿔블리까』(*La Repubblica*) 기사인 「여기 무자식 세대가 있다」(*Ecco la generazione 'No figli'*)에서 이 현상을 다룬다. 이 기사는 이탈리아뿐 아니라 남, 북, 동유럽, 그리고 극동 지역의 다른 국가들 역시 출생률이 현저하게 낮으며, 극동 지역 가운데 싱가포르와 한국의 경우 이것이 새롭게 나타난 현상이라고 보도한다.

5. 〈가족정책부〉 장관 로지 빈디(Rosy Bindi)는 텔레비전에 나와 이탈리아에서 가장 우려되는 성장 부진은 출생률 부진이라고 밝혔다. (황금시간대 방송 *Ballarò*, Rai 3, 2003년 10월 3일).

6. 무엇보다 베네치아에 있는 출판사 마르실리오 에디또리(Marsilio Editori)에서 펴낸 저널 『레 오뻬라이 델라 까사』(*Le operaie della casa*, 가사노동자), 투쟁을 위해 〈국제페미니스트연합〉이 편집하고 같은 출판사에서 발행한 일련의 소책자를 들 수 있다. 이 시리즈로 출판된 소책자들은 다음과 같다. *8 marzo* (1974) : *Le operaie della casa* (1975) ; *Giornata internazionale di lotta delle donne* (1975) (부분 영역본 Wages for Housework Committee of Toronto, *Women in Struggle : Italy Now*, no. 3) ; *Aborto di Stato : strage delle innocenti* (1976) ; *Dietro la normalitá del parto : lotta all'ospedale di Ferrara* (1978) ; Silvia Federici e Nicole Cox, *Contropiano dalle cucine* (1978) (영어 원서 *Counterplanning from the Kitchen* [1975]). 또한 다음을 보라. "L'Offensiva," *Quaderni di lotta femminista* 1 ; *Il personale é politico : quaderni di lotta femminista* 2 (Torino : Musolini Editore, 1973).

7. 1942년에 발의된 가족법 체계 개정안은 1975년 5월 19일에 승인된 법안 151호와 함께 인가되었다. 이 개정안은 맨 먼저 기혼 커플 배우자들 사이의 동등한 지위를 명기했다. 다른 법안들이 이후 승인되어 이 가족법 체계의 다른 중요한 측면에 관한 규정이 바뀌게 된다.

8. Mariarosa Dalla Costa, "Emigrazione, immigrazione e composizione di classe in Italia negli anni '70," *Economia e lavoro* 4 (October~December 1981) [『페미니즘의 투쟁』 1부 6장 「1970년대 이탈리아의 인구 이출과 이입, 그리고 계급 구성」].

9. 2006년 11월 9일 자 『라 레뿔블리까』 38쪽에서는, 1995년부터 2000년까지 별거가 59%, 이혼이 66.8% 증가했고, 남부에서 가장 뚜렷한 증가세를 기록했다고 보도한다.

10. 〈주부대화〉(Housewives in Dialogue, HinD)가 「여성의 진보를 위한 미래 지향적 전략」(Forward Looking Strategies for the Advancement of Women)의 120번째 항목을 이와 같이 수정하라고 요구했고, 이 요구가 받아들여졌다.

11. 국제 부채 문제를 다루는 문헌은 엄청나게 많다. 나는 무엇보다 수잔 조지(Susan George)의 저작을 언급하려고 한다. 그의 저작 가운데 다음을 보라. *A Fate Worse Than Debt* (London : Penguin Books, 1988) ; *The Debt Boomerang* (Boulder, CO : Westview Press, 1992) [수잔 조지, 『외채 부메랑』, 이대훈 옮김, 당대, 1999] ; Mariarosa Dalla Costa, "The Native in Us, the Land We Belong To," *The Commoner* 6 (Winter 2003) [『페미니즘의 투쟁』 2부 3장 「우리 안의 토착민, 우리가 사는 땅」] ; Mariarosa Dalla Costa and Giovanna Franca Dalla Costa, ed., *Paying the Price* (London : Zed Books, 1995) ; Mariarosa Dalla Costa and Giovanna Franca Dalla Costa, ed., *Women, Development and Labor of Reproduction* (Trenton, NJ : Africa World Press, 1999).

12. 〈유엔유럽경제위원회〉(United Nations Economic Commission for Europe, UNECE), 인구조사 2000.

13. 2002년, 이탈리아에서 합법적인 거주자로 등록된 이민자는 151만 2,324명이고, 이 가운데 45.8%가 여성이다. Caritas, *Dossier statistico immigrazione* 2003 (Roma : Edizioni Nuova Anterem, 2003).

14. 이탈리아에서는 **간병인**의 25%가 남성이고, 간병일을 하는 이들 가운데 73%가 30세와 40세 사이로 추산한다. *La Repubblica*, October 16, 2006, 16. 기사에서는 다음과 같이 출처를 밝힌다. INPS[국민사회보장기구], Caritas Ambrosiana 및 CGIL[이탈리아 노동총동맹], Lombardia.

15. 이에 대해서는 다음 저널에 실린, 전시회와 제목이 같은 논문에서 살펴볼 수 있다. *Le operaie della casa* (November-December 1975~January-February 1976) : 21.

16. 이탈리아의 간병 노동자 절반이 불법 노동자로 추정된다. 이 노동을 하는 여성 대다수가 동유럽, 특히 루마니아, 몰도바, 우크라이나 출신이다. 다시 말하지만, 주석 14번에서 이미 언급한 『라 레뿌블리까』 기사는 이탈리아 내 **간병인**의 존재와 노동을 다루고 있다. 기사에 따르면, 간병인 수가 1994년 5만 1,110명에서 2000년 14만 2,196명, 2003년 49만 678명, 2006년 69만 3천 명으로 증가했고, 이 가운데 61만 9천 명이 외국인이다. 다음을 보라. Rossana Mungiello, "Segregation of Migrants in the Labour Market in Italy," *Zu Wessen Diensten?* (Zurich : Frauenrat für Aussenpolitik, 2005), 72~77.

17. G. F. Dalla Costa, *The Work of Love*.

18. 정규 계약을 맺은 간병인의 간병 노동 비용은 세후 750에서 900유로로 규정한다. 여기에 고용주가 지급하는 상여금 200유로, 유급 휴가 한 달, 한 달 급여에 해당하는 **연말 보너스**, 그리고 역시 한 달 급여에 해당하는 퇴직금이 추가된다. 식사는 고용주가 제공하며, 아파트 내에서 간병인이 머물 방도 고용주가 제공한다. 이 문제는 보통 원래 쓰던 방의 용도를 바꿔서 해결한다. 하루 최대 8시간에서 9시간 노동 계약을 맺은 입주 **간병인**은 하루 두세 시간 쉴 권리가 있다. 일주일 중 하루 반나절도 쉴 수 있는데, 보통 토요일 오후와 일요일이 여기에 해당한다. 시간제 계약도 존재하는데, 입주 계약과 달리 보조받을 사람의 상태와 간병인이 가장 관심을 가지는 분야에 따라 결정된다. 많은 이들이 얼마간은 입주 간병인으로 일하기를 선호하는데, 식비와 집세를 지출하지 않아도 되고, 급여를 거의 대부분 고향 집으로 보낼 수 있기 때문이다.

19. 2007년 이후로 이런 지역 정책들이 단 하나의 수당, 즉 '돌봄 수당'으로 대체되었다. 베네또 지역에서 최초로 도입했고, 최대 월 520유로에 해당한다.

20. Antonio Negri, *Movimenti nell'Impero* (Milano : Raffaello Cortina Editore, 2006), 184, 215, 241 [안또니오 네그리, 『네그리의 제국 강의』, 서창현 옮김, 갈무리, 2010].

21. 같은 책, 193 [같은 책].

22. 다음을 보라. Christian Marazzi, *Il posto dei calzini* (Bellinzona : Edizioni Casagrande, 1994) [크리스티안 마라찌, 『자본과 정동』, 서창현 옮김, 갈무리, 2014].

23. A. Negri, *Movimenti nell'Impero*, 184 [네그리, 『네그리의 제국 강의』].

24. 남북부에서 모두 농민 네트워크가 등장하고 있다. 이들은 토지, 물, 자연 종자 같은 재화의 이용 가능성을 기초로 하여 흔히 매우 전통적이고 살아 있는 노동을 많이 활용하는 (일자리가 많음을 의미) 지속 가능한 농업 방식을 옹호한다. 이는 농민들이 강요받는 다른 방법론들과는 다르다. 북부에서조차 농민들은 기술을 아예 거부하는 건 아니지만 기계에 너무 많이 의존하지 않는 편을 선호하고, 노동력을 널리 이용할 수 있는 곳에서는 노동력 자원을 활용하는 게 더 타당하다고 말하는데, 의미심장한 주장이다. 다음을 보라. José Bové and François Dufour, *The World is Not for Sale*, trans. Anna de Casparis, (London, New York : Verso, 2001). 나는 정치적으로 중요한 새로운 주체성들이 최첨단의 자본주의적 방법론이 아니라 이런 과정 속에서 출현한다고 믿는다.

25. Mariarosa Dalla Costa, "L'Indigeno che è in noi, la terra cui apparteniamo," *Camminare domandando*, ed. Alessandro Marucci (Roma : DeriveApprodi, 1999) [『페미니즘의 투쟁』 2부 3장 「우리 안의 토착민, 우리가 사는 땅」] ; Mariarosa Dalla Costa, "Rustic and Ethical," *Ephemera* 7 no. 1 (March 2007), 2018년 8월 2일 접속, http://www.ephemerajournal.org/contribution/rustic-and-ethical [『페미니즘의 투쟁』 4부 9장 「시골스럽고 윤리적인」] ; Mariarosa Dalla Costa, "La sostenibilidad de la reproducción," *Trasformaciones de trabajo desde una perspectiva feminista* (Madrid : Tierradenadie Ediciones, 2006).

10. 노동자주의, 페미니즘, 그리고 유엔의 몇 가지 성과

1. 나는 이런 행동이 2차 세계대전 이후로 여성들이 자율성을 구축하려고 착수한 과정에서 일어난 것으로 보았는데, 이 분석은 이 책 1부 5장 「재생산과 이민」에 나와 있다.

2. 산업 노동 내 동일 임금에 대해 1960년에 이뤄진 합의 그리고 뒤따라 1963년에 이뤄진 다른 경제 부문 관련 여타 조치들은, 더 이상 남녀를 별도로 분류하는 기준이 아니라 숙련도를 기준으로 보상 한도를 차별

화하게끔 규정하는 계약 체계를 도입했다. 여성 노동력을 남성 노동력의 하부 구조로 만드는 작업이 체계적으로 이뤄졌는데, 그 이유에 대해서는 논의는 고사하고 조사도 이뤄지지 않고 있다. 다음을 보라. M. V. Ballestrero, *Dalla tutela alla parità*.

3. 이 조항은 1968년 12월 19일에 내려진 헌법재판소 126번 판결에 따라 폐지되었다.

4. 다음을 보라. L. Remiddi, *I nostri diritti*.

5. 레미디가 *I nostri diritti*[우리의 권리]에서 형법 제587조를 논평하며 이렇게 규정했다.

6. 이 기이한 법률이 존재하는 이유를 뒷받침하는 몇 가지 가설은 다음을 보라. G. F. Dalla Costa, *Un lavoro d'amore*.

7. 1977년 6월, 라디오 뉴스는 폭력 혐의로 포주를 고발한 한 성매매 여성의 경우를 "이탈리아에서 최초로 발생한 사건"이라고 보도했다; G. F. Dalla Costa, *The Work of Love*, 101. 각주 21번.

8. 당시 노동자 투쟁을 이끌었던 이들 가운데 일부의 인터뷰는 다음 DVD를 보라. Manuella Pellarin, *Porto Marghera* (Veneto : Autonomia operaia nel Veneto, 2004).

9. 마르게라항 투쟁의 주요 단계 및 목표는 깔라브리아주(州) 크로또네 소재 몬떼디손(Montedison) 노동자들의 관심을 끌었다. 이 공장의 역사 및 노동자층에 대해서는 다음을 보라. Antonino Campennì, *L'egemonia breve* (Soveria Mannelli : Rubbettino, 2002).

10. M. Pellarin, *Porto Marghera*.

11. Anna Rita Calabrò and Laura Grasso, eds., *Dal movimento femminista al femminismo diffuso* (Milano : Franco Angeli, 1985) ; Piera Zumaglino, *Femminismi a Torino* (Milano : Franco Angeli, 1996).

12. 다음은 이 분석을 규명한 저작으로, 여러 언어로 번역되었고, 가사노동 임금에 대하여 전 세계적으로 논쟁을 촉발시켰다. M. Dalla Costa and S. James, *The Power of Women and the Subversion of the Community*.

13. Mariarosa Dalla Costa, "To Whom Does the Body of This Woman Belong?," *The Commoner* 13 (2009), 2018년 9월 22일 접속, http://www.commoner.org.uk/wp-content/uploads/2010/10/dallacosta_mexico_paper.pdf [『페미니즘의 투쟁』 3부 2장 「이 여성의 몸은 누구 것인가?」] ; Mariarosa Dalla Costa, "Woman's Autonomy and Remuneration of Care Work in the New Emergencies of Eldercare," *The Commoner* 13 (2009), 2018년 9월 22일 접속, http://www.commoner.org.uk/wp-content/uploads/2010/10/dallacosta_mexico_paper2.pdf [『페미니즘의 투쟁』 1부 9장 「노인 돌봄이라는 새로운 위기」].

14. 다음 저작은 이 내용을 주요 논지로 제기하고 발전시킨다. G. F. Dalla Costa, *The Work of Love*.

15. Silvia Federici e Leopoldina Fortunati, *Il grande Calibano* (Milano : Franco Angeli, 1984) ; Silvia Federici, *Caliban and the Witch* (Brooklyn, NY : Autonomedia, 2004) [실비아 페데리치, 『캘리번과 마녀』, 황성원·김민철 옮김, 갈무리, 2011].

16. Coordinamento Nazionale dei Gruppi e Comitati per il SLD, *Lotta delle donne per la salute* (Roma : Institute of Psychology, 1978) ; Coordinamento Nazionale dei Gruppi e Comitati per il SLD, *Lotta delle donne per la salute*, Reports from the National Feminist Conference April 29~May 1, 1978 (등사판 인쇄물) (Rome : Institute of Psychology, 1978).

17. Gruppo Feminista per il SLD di Ferrara, ed., *Dietro la normalità del parto* (Venezia : Marsilio, 1978).

18. 〈안드리아〉(ANDRIA)는 전국 부인과 및 산과 전문의 연합이다. 『이스타』(*Istar*)는 이들을 대변하는 잡지다.

19. Mariarosa Dalla Costa, ed., *Gynocide* (Brooklyn, NY : Autonomedia, 2007) [마리아로사 달라 코스따, 『여성살해』, 박지순 옮김, 갈무리, 근간].

20. Movimento di Lotta Femminista di Ferrara, *Basta tacere* (자비 출판, 발행 연도 미상).

21. 다음을 보라. Clara Jourdan, *Insieme contro* (Milano : La Salamandra, 1976). 여성과 의학의 관계에 대한 중요한 역사적 분석으로는 다음을 보라. Barbara Ehrenreich and Deirdre English, *Complaints and Disorders* (New York : The Feminist Press, 1973) ; Barbara Ehrenreich and Deirdre English, *Witches, Midwives, and Nurses* (New York : The Feminist Press, 1973).

22. ISIS Women's International Information and Communication Service, "Document 01467," *International Bulletin*, International Tribunal on Crimes against Women, Brussels, March 4~8, 1976.

23. 1993년 선언에 따르면, "'여성에 대한 폭력'은 여성에게 상해를 입히거나 육체적, 성적, 심리적 고통을 초래하거나 초래할 가능성이 있는 젠더에 기반한 모든 폭력 행위를 의미한다. 이와 같은 폭력 행위를 가하겠다고 위협하는 것, 강압이나 독단에 의하여 자유를 박탈하는 것도 폭력 행위에 포함되며, 이런 행위가 공적 영역에서 발생한 것인지 사적 영역에서 발생한 것인지 여부와는 무관하다." 폭력에 관한 이런 정의는 '베이징 선언 및 행동 강령'(Beijing Declaration and Platform for Action, 1995)의 D절 113항에서도 되풀이되는데, D절은 여성 대상 폭력의 영역과 관련된 전략적 목표 및 행동을 시사한다.

24. 성매매 여성의 운동에 대한 정보는 다음을 보라. G. F. Dalla Costa, *The Work of Love*, 6장.

25. Merlin Law. 10년간 지속된 의회 절차를 거쳐 1958년 2월 20일에 통과된 법률 75호를 말한다.

26. Anna Maria Zanetti, ed., *La senatrice* (Venezia : Marsilio, 2006). 프랑스에서는 활동가이자 전직 성매매 여성이었던 마르트 리샤르(Marthe Richard)가 1946년 성매매 업소 집결지를 폐지하는 데 기여했다.

27. 당시 문헌 가운데서 다음을 보라. Kate Millet, "Prostitution," *Women in Sexist Society*, ed. Vivian Gornick and Barbara K. Moran (New York : Basic Books, 1971) ; Judith Belladona, *Folles femmes de leur corps* (Fontenay sous Bois : Recherches, 1977) ; *Ulla par Ulla* (Montréal : Editions Sélect, 1977).

2부 누구를 위한 개발인가 : 발전을 반성하다

1. 자본주의와 재생산

1. 다음을 보라. M. Dalla Costa and S. James, *The Power of Women and the Subversion of the Community*.

2. Karl Marx, "Economic and Philosophical Manuscripts of 1844," *Early Writings* (Harmondsworth : Penguin Books, 1975), 286 [마르크스, 『경제학-철학 수고』].

3. K. Marx, *Capital* vol. 1, 799 [마르크스, 『자본론 I (하)』].

4. *The Economist*, January 6, 1990.

5. 다음을 보라. M. Dalla Costa and G. F. Dalla Costa, ed., *Paying the Price*.

6. 다음을 참조. K. Marx, *Capital*, vol. 1, 28장 [마르크스, 『자본론 I (하)』].

7. *La Repubblica*, February 16, 1994.

8. 전 세계 간행물과 언론에서 나르마다 댐 건설 반대 시위를 폭넓게 다루었다. 댐의 세계적 확산 현상을 비판적으로 해석한 글로는 다음을 보라. Vandana Shiva, *Staying Alive* (London : Zed Books, 1990) [반다나 시바, 『살아남기』, 강수영 옮김, 솔, 1998].

9. 다음을 보라. *La Repubblica*, September 16, 1993.

10. 다음을 보라. K. Marx, *Capital*, vol. 1, 28장 [마르크스, 『자본론 I (하)』].

11. 같은 책, 897 [같은 책].

12. 다음을 보라. Silvia Federici, "The Great Witch-Hunt," *Maine Scholar* 1, no. 1 (1988).

13. 다음을 보라. Leopoldina Fortunati, *L'arcano della riproduzione* (Venezia : Marsilio, 1981) [포르투나띠, 『재생산의 비밀』]; Leopoldina Fortunati, "Sesso come valore d'uso per il valore," *Il grande Calibano*, 209.

14. 다음을 보라. M. Dalla Costa and S. James, *The Power of Women and the Subversion of the Community*.

15. 다음을 보라. G. F. Dalla Costa, *The Work of Love*.

16. 현재 이 쟁점과 관련된 논쟁이 광범위하게 진행되고 있다. 미셸(André Michel)의 글은 훌륭한 기준점이다. "La donna a repentaglio nel sistema di guerra," *Bozze* 2 (March-April, 1987).

17. 다음을 보라. K. Marx, *Capital*, vol. 1, 26~33장 [마르크스, 『자본론 I (하)』].

18. 다음을 보라. V. Shiva, *Staying Alive* [시바, 『살아남기』].

19. 같은 책 [같은 책].

20. 다음을 보라. M. Dalla Costa and S. James, *The Power of Women and the Subversion of the Community*.

21. 다음을 보라. M. D. Costa and G. F. Dalla Costa, eds., *Paying the Price*.

22. Elisabeth Burgos, *Mi chiamo Rigoberta Menchú* (Firenze: Giunti, 1991) [엘리자베스 부르고스, 『나의 이름은 멘추』, 유정태 옮김, 이목, 1993].

23. 같은 책, 144 [같은 책].

24. 1993년 6월 10일부터 12일까지 비엔나에서 열린 비정부기구 포럼에서 〈토착민 관련 실무단〉(Working Group on Indigenous Populations, WGIP)이 강조했듯이, 토착민은 특히 지난 20년간 자신들의 목소리가 들릴 수 있도록 애써왔다. 토착민들은 자신들과 관련된 문제들, 무엇보다 토지 문제에서 진전을 이뤄내려고, 또 자신들의 권리를 더욱 존중받고 그 권리를 서면으로 공식화하려고 힘써왔다. 그런 과정의 중요 단계들이 바로 '카리오카 선언'(Kari-Oca Declaration), '토착민 토지 헌장'(Land Charter of the Indigenous Peoples), '토착민과 부족민에 관한 국제노동기구협약'(International Labour Organization's Convention on Indigenous and Tribal Peoples, ILO Convention no. 169)이다. 치아빠스 토착민이 저항하는 동안 북미 토착민이 신속히 연대의 뜻을 밝히기도 했는데, 토착민 협력 사례가 증가한 것과 요구 사항을 관철하려고 강력하게 촉구한 것이 주요인으로 작용했다.

25. 다음을 보라. V. Shiva, *Staying Alive* [시바, 『살아남기』].

2. 발전과 재생산

1. [옮긴이] 에밀리아노 사빠따는 1910년부터 대략 10년에 걸쳐 지속된 멕시코 혁명의 지도자 가운데 한 명이다. 소농인 그는 농민군을 이끌고 혁명에 참가하여 토지 개혁을 주장했다. 사빠따의 이름을 빌린 〈사빠띠스따 민족해방군〉(Ejército Zapatista de Liberación Nacional, EZLN)은 1994년 1월 1일에 '북미자유무역협정'(North American Free Trade Agreement, NAFTA)이 발효되자 1월 1일부터 12일까지 무장투쟁을 벌인다.

2. 1994년 2월 8일 자 『일 마니페스또』를 보라. 다른 많은 신문에서도 사빠따의 이미지를 실었다.

3. [옮긴이] 인클로저는 13세기 이래로 영국에서 소규모 농지를 더 큰 농지의 일부로 통합했던 (울타리를 쳤던) 법적 절차를 가리킨다. 울타리 쳐진 땅의 사용권은 소유주에게만 한정되었고, 그런 땅은 공동으로 사용하는 공유지가 아니라 사유지가 되었다. 16세기 영국에서 인클로저가 활발히 일어난 결과, 땅을 차지한 이들은 자본을 축적할 수 있었고, 그렇지 못한 자들은 농업 노동자가 되거나 일자리를 찾아 도시로 떠나게 된다.

4. Midnight Notes Collective ed., *Midnight Oil. Work, Energy, War 1973-1992*, (New York, N.Y.: Autonomedia, 1992)의 3부 주제이다. [〈미드나잇 노츠 컬렉티브〉의 저널인 『미드나잇 노츠』 11호(1992)의 3부 제목은 '새로운 인클로저, 1982~1992'(The New Enclosures, 1982~1992)이다. ─ 옮긴이]

5. 나는 매년 『자본론』 강의를 했는데, 1970년에는 노동일의 역사를 특징짓는 두 가지 상반된 경향에 관한 근본적인 물음에 몇 가지 논평을 하고, 이 논평을 이후 책으로 출간했다. Mariarosa Dalla Costa, *Note su La giornata lavorativa in Marx* (Padova: Cleup, 1978). 대학 강의에서 나는 『자본론』의 핵심 내용, 특히 시초 축적과 관련된 내용을 계속해서 설명한다. 나와 함께 연구했던 페미니스트 학자들이 『자본론』에서 맑스가 간과한 시초 축적 단계의 사회 과정들, 예컨대 대마녀사냥을 분석했다(L. Fortunati, *L'arcano della riproduzione* [포르투나띠, 『재생산의 비밀』]; S. Federici e L. Fortunati, *Il grande Calibano*. 대마녀사냥 분석의 목표는, 자본주의적 성별 노동 분업 그리고 자본주의 체제 내 프롤레타리아 여성 개인의 구축을 명확하게 밝히는 것이었다. 여러 페미니스트 사상 조류에서 마녀사냥이 일어난 때를 결정적인 시기로 여기는 건 우연의 일치가 아니다.

6. [옮긴이] 영국에서 발생한 인클로저는 15세기 말부터 17세기 중엽에 일어난 제1차 인클로저와 18, 19세기의 제2차 인클로저로 나뉠 수 있다. 1차 인클로저 시기에는 영주나 지주가 강압적 수단을 동원하여 땅을 차지했고, '의회 인클로저'라고도 불리는 2차 인클로저 시기에는 의회 청원과 법률 제정 등의 방법을 사용하여 토지 소유권을 확보했다.

7. K. Marx, *Capital* vol. 1, 885 [마르크스, 『자본론 I (하)』].

8. 같은 곳, 각주 15 [같은 곳].

9. 같은 책, 934 [같은 책].

10. 같은 책, 931 [같은 책].

11. 같은 책, 932 [같은 책].

12. 같은 책, 938 [같은 책].

13. Edward Gibbon Wakefield, *England and America* (London : Richard Bentley, 1833), 192.

14. Silvia Federici, "Crisi economica e politica demografica nell'Africa sub-sahariana," eds. Mariarosa Dalla Costa and Giovanna Franca Dalla Costa, *Donne e politiche del debito* (Milano : FrancoAngeli, 1993).

15. George Caffentzis, "La crisi del debito in Africa e sue principali implicazioni per la riproduzione sociale," 같은 책.

16. 같은 글.

17. Midnight Notes Collective ed., *Midnight Oil*.

18. [옮긴이] 멕시코 남부에 있는 치아빠스주는 토착민 비율이 아주 높은 지역이다. 식민 시대부터 착취와 차별의 대상이었던 토착민은 멕시코 정부가 북미자유무역협정을 준비하면서 대규모 토지 사유화 작업을 진행하자, 자신들이 오랫동안 살아 온 땅에서 내쫓긴다. 1980년대 소규모 맑스주의 그룹으로 시작하여 주로 토착민을 구성원으로 둔 〈사빠띠스따 민족해방군〉은 1994년 1월 1일 북미자유무역협정이 발효되자 봉기를 일으킨다. 이후 1996년 치아빠스 토착민들은 멕시코 정부와 협정을 맺어 부분적인 자치권을 획득했으나 갈등은 지금도 계속되고 있다.

19. Mariarosa Dalla Costa, "Capitalismo e riproduzione," *Capitalismo Natura Socialismo*, n. 1, gennaio-aprile 1995 [『페미니즘의 투쟁』 2부 1장 「자본주의와 재생산」].

20. Harry Cleaver, "Food, Famine and the International Crisis," *Zerowork, Political Materials*, n. 2, Fall 1977.

21. Maria Mies, *Patriarchy and Accumulation on a World Scale* (London : Zed Books, 1986) [마리아 미즈, 『가부장제와 자본주의』, 최재인 옮김, 갈무리, 2014] ; Maria Mies and Vandana Shiva, *Ecofeminism* (London and Atlantic Highlands, N.J. : Zed Books, 1993, 1995 [마리아 미스·반다나 시바, 『에코페미니즘』, 손덕수·이난아 옮김, 창작과비평사, 2000].

22. Mary Mellor, *Breaking the Boundaries* (London : Virago Press, 1992).

23. V. Shiva, *Staying Alive* [시바, 『살아남기』].

24. 같은 책, 179 [같은 책].

25. 같은 책, 181 [같은 책].

26. 같은 책, 187 [같은 책].

27. [옮긴이] 그랜드애니컷(Grand Anicut)은 인도 카베리강에 있으며 칼라나이댐으로 불리기도 한다. 인도에서 가장 오래된 댐으로, 전 세계에서는 네 번째로 오래되었고 현재도 사용한다.

28. [옮긴이] 마드라스는 타밀나두주(州)의 주도이다. 마드라스는 1996년 첸나이로 공식 명칭을 변경했다.

29. 시바의 책 이탈리아어판 편집자가 제공한 정보를 참고해 'malsviluppo'(영어로 maldevelopment)라는 단어를 시바가 '잘못된 성장'의 뜻으로 사용하는 한편 '남성적이기 때문에 잘못된'이라는 의미 또한 의도적으로 넣으려 했음을 지적하고자 한다. 그런데 이 용어 그리고 이 용어에 해당하는 프랑스어 maldével-oppement은 원래 정치적 의미가 아니라 생물학적 의미를 염두에 두고 만들어졌다. 이후 이 용어는 이 주제에서 통용되는 어휘가 되었다.

30. V. Shiva, *Staying Alive* [시바, 『살아남기』].

31. G. Del Genio, "La Banca inonda il Bangladesh," *Capitalismo Natura Socialismo*, n. 1, Jan.-April 1994.

32. [옮긴이] G7은 독일, 미국, 영국, 이탈리아, 일본, 프랑스, 캐나다를 말한다.

33. [옮긴이] 칩코(chipko)는 힌디어로 '껴안다'를 뜻한다.

34. 인도 내 지정 부족(scheduled tribe) 구성원은 대략 5천만 명쯤 된다. 이들이 특히 사회적 혜택을 받지 못하는 상황에 놓여 있다는 점 때문에 인도 헌법은 이들을 지정 부족으로 공인했다. 지정 부족민들은 오리

사, 안드라프라데시, 하리아나(Haryana)주(州)에 가장 광범위하게 분포하는데, 기껏해야 주변적인 존재로 시장 경제에 흡수되어 있을 뿐이다. 부족민 고유의 사회 조직은 남성 우월론적이지 않고 대체로 평등주의적인 언어로 이야기하는 경향이 있으며, 특히 천연자원에 대해 '지속 가능한' 접근법을 가지고 있다. 하지만 부족민은 카스트 제도에 속하지 않는다고 여겨지기 때문에, 농업 혹은 산업 조직에 강제로 편입될 때 저렴한 혹은 임금을 지급하지 않아도 되는 노동력으로 멸시받고 착취당한다. 따라서 인도에서 '부족민'이라는 용어에는 사회인류학적 의미뿐만 아니라 법률적 의미도 있다. [오리사는 2011년에 오디샤로 공식 명칭을 변경했다. ─ 옮긴이]]

35. V. Shiva, *Staying Alive*, 77 [시바, 『살아남기』].

36. 같은 책, 91 [같은 책].

37. 같은 책, 92 [같은 책].

38. Women's Action Agenda 21, *World Women's Congress for a Healthy Planet*, Official Report, Miami, Florida, USA, United Nations, New York, November 8~12, 1991. [1992년 6월 3일부터 14일까지 브라질 리우데자네이루에서 〈유엔환경개발회의〉가 열렸다. 이 회의는 리우데자네이루 지구정상회의, 리우 정상회의, 리우 회의, 지구정상회의 등으로 불리며, 회의 결과 '리우 선언'과 '의제21'(Agenda 21)이 채택되었다. 회의가 열리기 전 1991년에는 전 세계 여성 환경 운동가 1,500여 명이 마이애미에서 '여성실천의제21'(Women's Action Agenda 21)을 작성하여 여성의 입장을 리우 회의에 반영하는 데 이바지했다. ─ 옮긴이]]

39. "자본은 노동력의 수명에 대해 어떤 질문도 하지 않는다" … "자본가는 인구가 항상 일정하게 과잉되는 데 관심이 있다" … "내가 죽은 뒤에는 무슨 일이 일어나든 아무 상관 없다(Après moi le déluge!)는 모든 자본가, 모든 자본주의 국가의 표어이다"(K. Marx, *Capital* vol. 1, 376, 380, 381 [마르크스, 『자본론 I(상)』]).

40. 1994년 5월 17일 자 『라 레뿌블리까』에 실린 「사라예보 아이들은 어디로 사라졌나?」(Dove sono scomparsi i bimbi di Sarajevo?)라는 제목의 기사는 보스니아 내전을 피해 달아난 아이들이 결국 어떻게 됐는지 의문을 품으면서, 인권 단체들이 아동 인신매매와 관련하여 내놓은 소름 끼치는 수치를 인용했다. 이 기사는 또, 이탈리아 중개인 손에 넘어갔다가 가까스로 탈출한 14세 소녀의 사례를 보도했다. 주간지 『포커스』(Focus)의 기사 역시 이 사례를 언급한다.

41. 1993년과 1994년 언론 보도를 살펴보면, 포르노물 시장에 이용되는 아동의 수를 언급하는 빈도가 점점 더 잦아지는 걸 알 수 있다.

42. 국제 조직망과 합법적 출구를 가진 국제 범죄 조직이 장기 밀매를 중심으로 성장하고 있다. 이탈리아 공영방송은 이 문제를 다룬 연속물을 방송했다. 가장 충격적인 내용 가운데 하나가 1994년 3월 5일 두 번째 국영 방송 채널에서 방영되었는데, 이 프로그램에서는 범죄 조직과 프랑스에 존재하는 합법적 출구 사이의 관계를 보여 주는 증거를 제시했다.

43. 최근 발표된 믿기지 않는 수치를 보건대, 노예 상태에 대해 질문을 던질 필요가 있다. 1990년 1월 6일 자 『이코노미스트』에 따르면 전 세계적으로 2억 명이 노예 상태에 처해 있다. 1994년 8월 6일 자 『일 마니페스또』는 하루 전에 발표된 〈유엔아동기금〉 보고서를 인용하여 이 가운데 1억 명이 아동이라고 보도했다.

44. 1994년 4월 6일 자 『일 마띠노 디 빠도바』(Il Mattino di Padova)는 여성과 유고슬라비아 전쟁 불구자를 착취하는 조직을 발견하고 규탄하는 기사를 싣는다. 이 조직은 미스프레와 베네치아에서 여성은 성매매를, 유고슬라비아 전쟁 불구자는 구걸을 하게 했다.

45. Mariarosa Dalla Costa, "Capitalism and Reproduction," Werner Bonefeld et. al eds., *Open Marxism*, vol. III (London : Pluto Press, 1995) [『페미니즘의 투쟁』 2부 1장 「자본주의와 재생산」]; Giovanna Franca Dalla Costa, *La riproduzione nel sottosviluppo* (Milano : FrancoAngeli, 1989, 2 ed. 1990).

46. M. Dalla Costa and S. James, *The Power of Women and the Subversion of the Community*.

47. Andrée Michel, Agnès Fatoumata Diarra and Hélène Agbessi-Dos Santos, *Femmes et multinationales* (Paris : Karthala, 1981) ; Andrée Michel, "Femmes et development en Amerique Latine et aux Caraibes," *Recherches feministes*, vol. 1, n. 2, 1988 ; Ester Boserup, *Il lavoro delle donne* (Torino : Rosenberg & Sellier, 1982) ; V. Shiva, *Staying Alive* [시바, 『살아남기』].

48. Maria Mies, "Global is in the Local," report at the Mount Saint Vincent University, Halifax, Canada, 1992.02.25.

49. M. Dalla Costa and G. F. Dalla Costa eds., *Donne e politiche del debito*.

50. V. Shiva, *Staying Alive* [시바, 『살아남기』].

51. M. Mies, "Global is in the Local."

52. V. Shiva, *Staying Alive* [시바, 『살아남기』].

53. 실비아 페데리치는 나이지리아 포트하코트 지역의 사례를 들면서 발전의 결과 저발전이 이뤄지는 상황을 효과적으로 설명한다 (Silvia Federici, "Developing and Underdeveloping in Nigeria," *Midnight Oil*.)

54. Mary Mellor, "Ecofemminismo e ecosocialismo," *Capitalismo Natura Socialismo*, n. 1, marzo 1993.

55. 치아빠스 봉기가 발발한 1994년 1월 1일 이후, 언론은 지속적으로 뉴스를 보도했다. 이탈리아에서는 『일마니페스또』 및 기타 신문사가 봉기를 일으킨 사람들의 주요 요구 사항과 함께 치아빠스 여성들이 내놓은 요구 사항도 전했다. 고메즈와 클리버의 글은 요구 사항 전반에 대한 정확한 정보와 결집 과정의 세부 내용을 담고 있다. Luis E. Gomez, "La nuova cavalcata di Emiliano Zapata," *Riff Raff*, March 1994; Harry Cleaver, "The Chiapas Uprising and the Future of Class Struggle," *Common Sense*, n. 15, 1994 [해리 클리버, 「치아빠스 봉기와 신세계 질서 속에서의 계급 투쟁의 미래」, 『사빠띠스따』, 이원영·서창현 옮김, 갈무리, 1998]. 꼬뽀와 삐자니의 글은 치아빠스 여성의 혁명법에 담긴 여성의 권리를 종합적이고 간략하게 살펴본다(Piero Coppo and Lelia Pisani eds., *Armi indiane* [Milano: Edizioni Colibrì, 1994]). 『나의 이름은 멘추』는 과테말라의 마야 여성들이 처한 상황을 이해하는 데에 필수적인 저서이다 (E. Burgos, *Mi chiamo Rigoberta Menchú* [부르고스, 『나의 이름은 멘추』]).

56. 최근 몇 년간 방법은 서로 다르지만, 어쨌든 간에 우리가 자연과 맺고 있는 관계를 주요하게 다루는 접근법을 서로 다른 이론적 설명과 결부시키려는 시도가 전 세계적으로 증가했음을 알아야 한다. 특히 맑스주의와 생태학이 여기에 해당한다. 이런 유형의 논의를 싣는 가장 유명한 잡지로 『자본주의 자연 사회주의』가 잘 알려져 있는데, 이 잡지는 확실히 생태-맑스주의적 관점을 견지하고 있다. 이 잡지에서는 특히 "자본주의의 두 번째 모순"을 다룬 오코너의 논문을 둘러싸고 논의가 풍부하게 전개되었다. James O'Connor, "La seconda contraddizione del capitalismo," *Capitalismo Natura Socialismo*, n. 6, dicembre 1992. 특히 좌파와 생태학적 쟁점의 관계는 리코베리의 글을 보라. Giovanna Ricoveri, "La sinistra fa fatica ad ambientarsi," *Capitalismo Natura Socialismo*, n. 1, genn.-apr 1994.

57. O. Cicolella, "Le donne tra crisi ambientale e sviluppo insostenibile," *Res*, n. 7, gennaio-marzo 1993.

58. 이 가운데서 두 가지만 언급하겠다. 1994년 7월 8일부터 10일까지 나뽈리에서 G7 정상회담이 열렸는데, 〈민중의 고리〉(Cerchio dei Popoli)가 광범위한 조직들을 한데 모아 나뽈리 G7 정상회담에 반대하는 반(反)정상회담을 열었다. 1994년 10월 1일부터 10일까지는 다수의 단체가 〈세계은행〉 및 〈국제통화기금〉 총회에 맞춰 마드리드에서 열린 반정상회담에 참여했다. 〈세계은행〉 및 〈국제통화기금〉 총회는 브레튼 우즈 체제 50주년과 이 체제하에서 만들어진 국제 금융 기구들을 기념하여 열린 것이다. 1988년 베를린에서 열린 〈국제통화기금〉 총회 때 그랬던 것처럼, 〈민중의 권리와 해방을 위한 세계연맹〉(International League for the Rights and Liberation of Peoples)은 브레튼 우즈 체제에 관한 성명서를 만들어서 마드리드 정상회담에 맞춰 발표하려고 로마에 있는 〈렐리오 바쏘 재단〉(Lelio Basso International Foundation for the Rights and Liberation of Peoples)에서 준비하고 있다.

59. P. Gisfredi, "Teorie dello sviluppo ed egemonia del Nord," *Res*, n. 7, gennaio-marzo 1993.

60. 그리스어에서 유래한 autochthon [토착민/토착 동식물]은 어느 국가의 초기 거주자로 알려진 사람들 그리고/혹은 어떤 지역의 토종 동식물을 말한다. 그리스어로 '흙 그 자체에서 나온'이라는 의미가 있다. [이 글의 영역본이 실린 웹진 *Commoner* 편집자의 주석이다.]

61. Dag Hammarskjöld Foundation, *What now? Another Development* (Uppsala: Dag Hammarskjöld Foundation, 1975).

62. V. Shiva, *Staying Alive*, 13 [시바, 『살아남기』]에서 재인용.

63. 같은 책, 3 [같은 책].

64. 같은 책, 7 [같은 책].

65. 같은 책, 36 [같은 책].

3. 우리 안의 토착민, 우리가 사는 땅

1. 이 글에서 말하는 '임금/소득'은 계약 노동과 자영업자의 노동에 모두 지불되는 돈뿐만 아니라, 이른바 간접 임금까지 포함한다. 간접 임금이란 현재의 보건, 교육, 연금, 주택 관련 정책으로 계속해서 삭감당하는 부분인데, 일반적으로 가계 소득 혹은 개인 소득으로 이야기되는 것의 기반을 약화시킨다. 따라서 최근 수년간 갈수록 중요성이 두드러지는 임금/소득 투쟁은, 현재의 과세 수준 및 독단적인 공금 사용 방식에 반대하는 투쟁이기도 하다.

2. 자본주의 생산 양식 속에서 가사노동 제공이 내포하는 폭력의 의미를 분석하는 연구로 무엇보다도 『사랑으로 하는 노동』이 있다(G. F. Dalla Costa, *Un lavoro d'amore*). 2차 세계대전 이래 이탈리아 여성들이 자율성을 추구한 경로 및 그 경로와 인구 이출(移出) 과정의 교차점을 분석하는 연구로, 나와 레오뽈디나 포르뚜나띠가 공동 집필한 *Brutto ciao* [추악함이여 안녕] (1977)이 있다. 또, 내가 쓴 「여성학과 여성의 지식」("Women's Studies e sapere delle donne," a cura di Ginevra Conti Odorisio, *Gli studi sulle donne nelle Università* [Napoli : Edizioni scientifiche italiane, 1988])의 각주 5번을 보면, 보다 더 분석적인 연구물 혹은 운동에 즉각 활용할 수 있도록 만들어진 자료를 종합적이고도 상세하게 알 수 있다. 같은 네트워크에서 활동했던 이탈리아 출신이 아닌 페미니스트 단체들이 내놓은 연구물의 체계적인 목록은 여기에 들어있지 않다.

3. 이 시기에 출판된 연구로 G. F. Dalla Costa, *La riproduzione nel sottosviluppo*가 있는데, 이 책은 이후 몇 가지 새로운 내용이 추가되어 재출간되었다. 내가 쓴 다음 책은 핵가족, 외부 고용, 그리고 새롭게 만들어진 복지 국가 사이에서 '신여성'이 놓인 상황을 분석한다. *Famiglia, welfare e stato tra progressismo e New Deal* [『집안의 노동자』].

4. [옮긴이] 밀파(milpa)는 나우아틀(Nahuatl, 역사적으로 아즈텍이라고 알려진 우토-아즈테칸[Uto-Aztecan] 어족의 한 언어 혹은 언어 집단) 언어인 mil-pa(경작지)에서 유래했고, 중미 전역에서 활용되는 작물 재배 체계를 가리킨다. 밀파 농업은 마야인 및 다른 중미인의 고대 농업 방식에 기초하여 옥수수, 콩, 호박 등을 생산하고, 밀파 주기에 따라 2년을 경작하면 8년을 휴경해야 한다. 농경학자들은 이 체계가 인공 제초제나 비료를 사용하지 않고 작물을 다량으로 생산하려고 고안되었다고 말한다. 이 농법은 멕시코 유카탄 반도에서 가장 광범위하게 사용된다.

5. E. Burgos, *Mi chiamo Rigoberta Menchú*, 67 [부르고스, 『나의 이름은 멘추』].

6. 같은 책, 102 [같은 책].

7. 같은 책, 132 [같은 책].

8. [옮긴이] 마체떼(machete)는 열대 및 아열대 국가에서 많이 쓰는 폭이 넓은 칼이다. 사탕수수를 자르는 농업용 목적이나 우림 관목을 헤쳐나가는 데 흔히 사용한다. 이외에도 남미에서는 큰 음식물을 조각으로 자르는 등의 집안일 혹은 간단한 나무 손잡이를 만드는 등의 단순한 절단 작업에도 사용한다.

9. aldea. 마을 의회가 있는 곳은 아니지만, 마을 의회에서 수 킬로미터 내에 있으면서 마을 의회의 행정 구역에 속하는 촌락.

10. [옮긴이] 꽁끼스따도르(conquistador)는 스페인 및 포르투갈 제국의 기사, 군인, 탐험가를 칭할 때 폭넓게 사용하는 용어이다. 이들은 대항해 시대에 유럽을 넘어 아메리카, 오세아니아, 아프리카, 아시아로 항해하면서 영토를 정복하고 교역로를 개척했다.

11. M. Mies, *Patriarchy and Accumulation on a World Scale* [미즈, 『가부장제와 자본주의』].

12. [옮긴이] 이 책 2부 2장 「발전과 재생산」 주석 33번 참조.

13. Vandana Shiva, *Sopravvivere allo sviluppo* (Turin : Isedi, 1990) [시바, 『살아남기』].

14. Silvia Federici, "Riproduzione e lotta femminista nella nuova divisione internazionale del lavoro," eds. Mariarosa Dalla Costa and Giovanna Franca Dalla Costa, *Donne, sviluppo e lavoro di riproduzione* (Milano : FrancoAngeli, 1996).

15. Susan George, *Il debito del Terzo Mondo* (Roma : Edizioni Lavoro, 1989 ; Patrick McCully, *Silenced Rivers* (London and Atlantic Highlands, N.J. : Zed Books, 1996) [패트릭 맥컬리, 『소리 잃은 강』, 강호

정 외 옮김, 지식공작소, 2001].

16. S. George, *Il debito del Terzo Mondo*, 205.

17. *Il Manifesto*, November 29, 1996.

18. [옮긴이] 뜨란스미그라시(transmigrasi)는 네덜란드어로 '이주'를 뜻하는 'transmigratie'에서 비롯되었다. 네덜란드 식민지 정부가 주도적으로 시행하고 이후에 인도네시아 정부하에서도 존속한 사업으로, 인도네시아에서 이 사업에 따라 땅이 없는 사람들을 인구가 밀집된 지역에서 덜 밀집된 지역으로 이주시켰다.

19. S. George, *Il debito del Terzo Mondo*.

20. 보통 공유지, 공유재, 공유 등으로 번역되곤 하는 commons는 재화, 주체, 활동의 의미를 모두 가질 때는 '공통장'으로 옮겼다. — 한국어판 편집부 주석.

21. S. Federici, "Crisi economica e politica demografica nell'Africa sub-sahariana," *Donne e politiche del debito*.

22. Mariarosa Dalla Costa and Giovanna Franca Dalla Costa eds., *Donne e politiche del debito*; *Donne, sviluppo e lavoro di riproduzione*; *Midnight Notes*. n. 10, 1990; n. 9, 1988; *Cafa(Committee for Academic Freedom in Africa)*, numeri da 1 a 10, New York, 1990~1996.

23. M. Dalla Costa, "Capitalismo e riproduzione," *Capitalismo Natura Socialismo* [『페미니즘의 투쟁』 2부 1장 「자본주의와 재생산」].

24. L. Fortunati, *L'arcano della riproduzione* [포르뚜나띠, 『재생산의 비밀』].

25. Silvia Federici, "La caccia alle streghe," *Il grande Calibano*.

26. E. Burgos, *Mi chiamo Rigoberta Menchú* [부르고스, 『나의 이름은 멘추』].

27. S. Federici, "Riproduzione e lotta femminista nella nuova divisione internazionale del lavoro," *Donne, sviluppo e lavoro di riproduzione*.

28. 이탈리아 공영 텔레비전 방송이 이 쟁점과 관련하여 1996년에 다수의 프로그램을 방영했다. 다음도 보라. *Il Manifesto*, November 16, 1996, 16.

29. Andrée Michel, "Donne africane, sviluppo e rapporto Nord-Sud," *Donne e politiche del debito*.

30. S. Federici, "Riproduzione e lotta femminista nella nuova divisione internazionale del lavoro," *Donne, sviluppo e lavoro di riproduzione*.

31. S. Chira, "Babies for Export. And Now the Painful Question," *New York Times*, April 21, 1988.

32. Janice Raymond, *Women as Wombs* (San Francisco: Harpers and Co., 1994).

33. 같은 책.

34. *The Guardian*, October 7, 1995.

35. M. Dalla Costa, "Capitalismo e riproduzione," *Capitalismo Natura Socialismo* [『페미니즘의 투쟁』 2부 1장 「자본주의와 재생산」].

36. '가짜 약품' 관련 부정행위가 1996년 10월 말에 발생하여 주요 신문사들이 대대적으로 보도했다. '불법 약품,' '비공식 약품,' 그리고 선진국에서 유해하다고 판명되었거나 유통 기한을 넘겨 사용이 중단되었는데도 '개발도상국'으로 보내지는 '합법적인 약품' 때문에 얼마나 많은 이들이 병에 걸리고 죽어 갔을까? 이와 관련된 몇 가지 사실은 1996년 10월 27일 자 『일 마니페스또』를 보라. 밀라노 소재 〈마리오네그리 약학연구소〉(Istituto di Ricerche Farmacologiche Mario Negri)의 약리학자 쟌니 또뇨니(Gianni Tognoni)는 수년간 활발하게 개발도상국의 제약품을 관리, 감독해 왔는데, 기사는 그가 한 말을 인용한다. "〈국제통화기금〉은 상황을 통제하지 못합니다. 현지 정부들은 어떤 제품이든 가리지 않고 등록을 해주고요. 우리가 이야기하고 있는 대륙(아프리카, 인도, 남미)에는 전체 시장의 80%를 차지하는 엄청나게 방대한 비공식 시장이 존재합니다."

37. 언론이 '부족' 전쟁으로 취급하는 이 전쟁들이 얼마나 자주 토지 강제수용과 자원 박탈에서 비롯되는가? 이 전쟁들은 현재 모두가 생존하기에는 충분하지 않은 자원을 두고 다양한 주민 집단이 서로 충돌하면서 자주 생겨난다.

38. 브라질의 마뚜그로쑤주(州)에서는 가림페이루(garimpeiros, 광물을 찾아다니는 사람), 파젠데이루(fa-

zendeiros, 지주), 마데레이루(madeireiros, 벌목업자)가 토착민을 지속적으로 죽이고 고문하고 있다. 고문으로 거세를 하는 일도 있다. 최근 몇 달간 아마존 지역에서 고문 및 다른 폭력 행위 신고가 접수되었는데, 이 지역에서는 벌목꾼 무리가 마호가니 및 다른 고가의 수목을 찾고 있는 아시아계 기업들에 점점 더 많이 고용되어 일하고 있다(『일 마니페스또』, 1996년, 11월 29일, 18).

39. Mano Dayak, *Tuareg, la tragedia* (Bologna : E.M.I., 1995) ; Attilio Gaudio, *Uomini blu. Il dramma dei Tuareg tra storia e futuro* (S. Domenico di Fiesole (Firenze) : Edizioni Cultura della Pace, 1993) ; Vanni Beltrami and Massimo S. Baistrocchi eds., *I Tuareg tra esilio resistenza ed integrazione* (Chieti Scalo (Pescara) : Vecchio Faggio, 1994).

40. 나이지리아에서 셸(Royal Dutch Shell 또는 Shell)이 저지른 일에 대해서는 스티브 크레츠먼(Steve Kretzmann)이 쓴 다음 기사를 보라. "Nigeria's 'Drilling Fields'," *Multinational Monitor*, January-February, 1995.

41. *Il Manifesto*, March 13, 1996.

42. [옮긴이] 자이르는 콩고 민주 공화국의 옛 이름으로 1971년부터 1997년까지 사용했다.

43. S. George, *Il debito del Terzo Mondo* ; P. McCully, *Silenced Rivers* [맥컬리, 『소리 잃은 강』].

44. S. George, *Il debito del Terzo Mondo* ; *The Ecologist*, 1996, vol.16, nn. 2-3.

45. [옮긴이] 칼리만탄은 보르네오섬에서 인도네시아 영토에 해당하는 지역으로 섬 전체의 73%를 차지한다. 보르네오섬에서 인도네시아 영토에 해당하지 않는 지역은 브루나이와 동말레이시아뿐이다. 인도네시아에서 '칼리만탄'이라는 지명은 보르네오섬 전체를 지칭하는 데 쓰인다.

46. [옮긴이] 인도네시아 영토에 속하는 뉴기니섬 서부 지역과 부속 섬들을 '서뉴기니,' 혹은 '서파푸아'라고 한다. 과거에는 '네덜란드령 뉴기니,' '서이리안,' '이리안자야'로 불렸다. 뉴기니섬의 동부 지역은 파푸아뉴기니의 영토이다.

47. S. George, *Il debito del Terzo Mondo*, 206 이하 참조.

48. *Il Manifesto*, March 13, 1996.

49. 부족민들의 영토는 완전히 파괴되고, 천연 수렵 보호 구역 및 작물은 망가지고, 강은 오염되고, 부족민들은 강간, 고문, 살해당했다. 자유파푸아운동(Organisasi Papua Merderka, OPM, Free Papua Movement)[1965년에 서파푸아 혹은 서뉴기니에서 확립된 독립운동을 포괄적으로 지칭하는 용어이다. ─ 옮긴이] 역시 이 지역에서 목소리를 내고 있다. 1996년 3월 18일, 인도네시아 군대는 자야푸라에서 가두시위를 하던 대학생 2천 명을 향해 발포했다. 학생들은 자카르타에 있는 감옥에서 숨을 거둔 독립운동 지도자인 토마스 와파이 와인가이(Thomas Wapai Wainggai)의 주검이 도착했음을 알리는 거리행진을 했다.

50. S. George, *Il debito del Terzo Mondo* ; Cafa, numeri da 1 a 10, New York, 1990~1996 ; *Midnight Notes* n. 10, 1990 ; n. 9, 1988.

51. Gail Omevdt, *We Will Smash This Prison! Indian Women in Struggle* (London and Atlantic Highlands, N.J. : Zed Books, 1980) ; "India's Green Movement," *Race and Class*, Spring 1987.

52. [옮긴이] 보팔 가스 참극이라고도 불리는 보팔 참사는, 1984년 12월 2일부터 이틀간 인도 마디야프라데시 주(州) 보팔(Bhopal)에 있는 유니언카바이드(1999년에 다우케미칼이 인수했다)의 인도 법인에서 일어난 가스 누출 사고를 말한다. 세계 최악의 산업 재해로 꼽히는 이 사고로 50만 명 이상이 아이소사이안화메틸이라는 유독 가스에 노출되었다.

53. John Roosa, "Resistance to the Plan Has Been Heavy," *Midnight Notes*, n. 9, 1988.

54. 같은 글.

55. V. Shiva, *Sopravvivere allo sviluppo* [시바, 『살아남기』] ; *Monocoltura della mente* (Torino : Bollati Boringhieri, 1995).

56. 명아주는 밀과 더불어서 자라는 비타민A가 풍부한 풀로. 실명을 예방하는 데에 필수적인 역할을 한다. 매년 인도 어린이 4만 명이 비타민A 결핍으로 시력을 잃는다. 자연은 명아주를 통해 비타민A를 무상으로 제공하지만, 제초제 때문에 명아주가 박멸되면서 비타민A도 파괴된다(V. Shiva, *Monocoltura della mente*).

57. V. Shiva, *Monocoltura della mente*.

58. 이 문제가 특히 인간 게놈 프로젝트와 관련하여 풍부하게 논의되고 있다. 그 가운데서도 1995년 11월 27일 자 『뉴욕 타임스』에 실린 테레사 리오던(Teresa Riordan)의 기사를 보라. 특히 유전자 조작 식품의 위험성에 대해서는 매완 호의 글을 보라(Mae-Wan Ho, *Perils amid Promises of Genetically Modified Foods*, dattiloscritto, Biology Dept., Open University, U.K, 1996).

59. [옮긴이] ya basta는 스페인어로 '그만큼 했으면 이제 됐다'는 뜻이다. 여러 가지 문제 사안에 대해 남미 지역 사람들이 전례 없이 활발하게 반대 의견을 표명하는 상황에서, 남미의 몇몇 저항 단체가 이 표현을 채택하여 과감히 싸웠다. 멕시코의 〈사빠띠스따 민족해방군〉이 표어로 삼은 것에서 볼 수 있듯이, 이 표현은 대중적이면서도 다양한 이데올로기를 공동의 목표로 결집시키는 힘을 가지고 있다.

60. 여기서 나는 시간과 돈이라는 두 가지 차원을 이야기했는데, '35인의 호소' 서명인들이 '제3부문'에 포함시킨 내용을 규정하는 것은 어쨌든 이 두 가지 차원에 속한다. 이에 대해서는 밑에서 더 자세하게 논의할 것이다.

61. *Il Manifesto*, October 27 1996.

62. [옮긴이] 마낄라도라(maquiladora)는 주로 미국 접경 지역에 있으면서 관세 면제 등의 혜택을 받는 공장을 말한다. 1960년대 멕시코에서 시작된 이 공장들은 저렴한 노동력을 이용해 수입 원료와 부품을 조립, 가공하여 완제품을 수출한다. 1980년대 이후, 일본을 비롯한 아시아 국가 및 멕시코 외 다른 중남미 국가들도 이 제도를 활용했다. 마낄라도라에 대한 평가는 다양하다. 멕시코의 경제 성장을 이끌었다는 평가가 있는 반면, 환경에 끼치는 악영향과 열악한 노동 조건 등의 폐해를 지적하는 목소리도 끊이지 않고 있다.

63. 이런 활동들을 실비아 페데리치가 곧 출간 예정인 다음 글에서 기술한다. "The Worldwide Struggle against the World Bank and IMF," *Midnight Notes, no. 12, Studies in the New Enclosure*. [1988년에 발행된 『미드나잇 노츠』 12호에는 실비아 페데리치의 글이 수록되어 있지 않다. 저자가 말하는 페데리치 글의 정확한 출판 정보는 찾지 못했다. — 옮긴이]

64. Massimo De Angelis, "Autonomia dell'economia e globalizzazione," *Vis à Vis*, n. 4, inverno 1996, 17.

65. 1996년 11월 13일부터 17일까지 로마에서 〈유엔식량농업기구〉 '세계식량정상회의'(World Food Summit)가 열렸다. 회의를 위해 작성한 기술 문서에 행동 방침이 제시되는데, 이 행동 방침의 대안을 만들려는 목적으로 비정부기구 포럼이 열렸다. 포럼에서는 농촌 및 부족 공동체 조직은 물론 남반구 및 북반구 출신 여성 조직도 유전자 변형과 관련해 매우 중요한 문서를 기록으로 남겼다. 예를 들어, 마리아 미즈와 반다나 시바는 「라이프찌히 호소」에서 먹거리 보장을 여성의 관점에서 이야기했다. 나는 남성과 여성을 가리지 않고 이탈리아 사람들에게 이 호소문에 서명해 줄 것을 제안했다. 11월 15일에는 포럼의 일환으로 '식량에 관한 여성의 날'(Women's Food Day) 대회가 개최되었다. 이곳에서 나는 미즈와 시바, 그리고 다양한 국가에서 온 여성 학자 및 활동가들과 함께 보고서를 발표했다.

66. *Il Manifesto*, March 17 1996.

67. S. George, *Il debito del Terzo Mondo*, 283.

68. 같은 책, 284.

69. 송아지의 '증언'은 프랑스에서 나온 것으로, 장루이 조반노니(Jean-Louis Giovannoni)가 쓴 『송아지의 일기』(*Journal d'un veau*, 1996)에 실린 내용이다. 이 책에서는 한 송아지가 우리가 사는 세상과 끔찍한 도축을 거리낌 없이 이야기한다.

70. 나는 에코페미니즘 관련 문헌뿐만 아니라 일반적인 생태학 문헌 대다수를 말하고 있다. 무엇보다도 전 세계에서 목소리를 높여 항의하고 저항 운동을 펼치는 수많은 농촌 조직이 내놓은 문서가 여기에 해당한다. 자연의 위기 상황과 자본주의적 생산 양식의 위기 상황이 서로 어떤 관계를 맺고 있는지 살펴보는 관점에서 비롯된 접근법이 있다. 이 접근법에 대해서는 오코너가 "자본주의의 두 번째 모순"을 주제로 쓴 논평을 보라. 이 논평은 미국 잡지인 『자본주의 자연 사회주의』(*CNS Capitalism Nature Socialism*)에 게재되었고, 이탈리아에서도 같은 이름의 잡지가 이 논평을 실었다. 그 잡지는 1996년에 『CNS 정치적 생태주의』(*CNS Ecologia Politica*)로 명칭을 바꾸었다(J. O'Connor, "La seconda contraddizione del capitalismo," *Capitalismo Natura Socialismo*).

71. Mariarosa Dalla Costa, *Potere femminile e sovversione sociale*.

72. V. Shiva, *Sopravvivere allo sviluppo*[시바, 『살아남기』].

73. V. Shiva, *Monocolture della mente*; Walter Schwarz, "Seeds of discontent," *The Guardian*, marzo 11, 1994.

74. [옮긴이] 방갈로르는 2014년 11월 벵갈루루로 공식 명칭을 변경했다.

75. W. Schwarz, "Seeds of discontent," *The Guardian*.

76. John F. Burns, "Tradition in India versus a Patent in the U.S.," *New York Times*, settembre 15, 1995.

77. [옮긴이] 올해는 1996년을 말한다.

78. [옮긴이] 부사령관 마르꼬스(Subcomandante Marcos)는 〈사빠띠스따 민족해방군〉의 전 대변인으로, 치아빠스 토착민 운동을 상징하는 인물이다.

79. 부사령관 마르꼬스의 표현은 베니스 영화제 취재 언론이 보도했다. 올해 9월 베니스 영화제에서는 잔니 미나(Gianni Minà)가 감독한 다큐멘터리 〈치아빠스의 초상〉(Immagini dal Chiapas)을 상영했다. [올해는 1996년을 말한다. ─ 옮긴이].

80. [옮긴이] 〈무토지농민운동〉(Movimento dos Trabalhadores Sem Terra, MST)은 농촌 지역의 토지 개혁 및 사회적 평등을 위해 일하는 이들이 농촌 노동자들과 함께 형성한 대중 사회 운동 단체이다. 1970년대 말 브라질의 농촌 노동자들이 다채롭고 독자적인 투쟁을 확대해 가는 가운데 탄생하여, 1984년에 전국적인 운동으로 확산했다.

81. Marinella Correggia, "Una cooperativa contro la fame," *Il Manifesto*, novembre 21, 1996.

82. Gustavo Esteva, "The Revolution of the New Commons," typescript, 1994.

83. 같은 글.

84. M. Dalla Costa, *Famiglia, welfare e stato tra Progressismo e New Deal* [『집안의 노동자』]. [이 문단은 아서 M. 슐레진저 주니어(Arthur M. Schlesinger Jr)의 저서, *The Crisis of the Old Order*의 일부 내용을 달라 코스따가 정리한 것이다. 인용 출처인 달라 코스따의 책, *Famiglia, welfare e stato tra Progressismo e New Deal*에는 슐레진저의 책 인용이 명시되어 있다. ─ 옮긴이]

85. Peppino Ortoleva, " 'Republic of penniless'," *Rivista di storia contemporanea*, fasc. 3, a. X, luglio 1981.

86. 이와 관련하여 방대한 문헌이 존재한다. 잘 알려진 저자를 한 명 꼽자면 머레이 북친(Murray Bookchin)을 들 수 있다. 그가 쓴 *The Ecology of Freedom*(1982)을 보라. 미국의 생태 운동에 대해서는 J. O'Connor, "Una politica rosso-verde negli Stati Uniti?," *Capitalismo Natura Socialismo*를 보라.

87. Susan Meeker-Lowry, "Community Money," eds. Jerry Mander and Edward Goldsmith, *The Case Against the Global Economy* (San Francisco, CA : Sierra Club Books, 1996) [수전 미커-로리, 「공동체 화폐」, 『위대한 전환』, 제리 맨더·에드워드 골드스미스 편저, 윤길순·김승욱 옮김, 동아일보사, 2001]; "The Potential of Local Currency," *Zmagazine*, July-August 1995.

88. S. Meeker-Lowry, "The Potential of Local Currency," *Zmagazine*, 16; "Community Money," *The Case Against the Global Economy* [미커-로리, 「공동체 화폐」, 『위대한 전환』].

89. S. Meeker-Lowry, "Community Money," *The Case Against the Global Economy* [미커-로리, 「공동체 화폐」, 『위대한 전환』].

90. S. Meeker-Lowry, "The Potential of Local Currency," *Zmagazine*, 16; "Community Money," *The Case Against the Global Economy* [미커-로리, 「공동체 화폐」, 『위대한 전환』].

91. Jim Schwab, *Deeper Shades of Green* (San Francisco : Sierra Club Books, 1994).

92. 같은 책.

93. 내게 중요한 지적을 해주고 참고 문헌을 제공해준 스티븐 콜라트렐라(Steven Colatrella)에게 감사를 표한다.

94. *Il Manifesto*, May 26 1996.

95. Pino Cacucci, "La rivolta di Tepoztlàn," *Il Manifesto*, n. 23, aprile 1996.

96. W. Berry, "Conserving Communities," *The Case Against the Global Economy*.

97. Christopher Cook and John Rodgers, "Food first," *In These Times*, ottobre 30, 1995.

98. [옮긴이] 식품나눔은행(food bank)은 식품 구입에 어려움을 겪는 사람들에게 식품을 제공하는 비영리 자선단체들을 말한다.

99. C. Cook and J. Rodgers, "Food first," *In These Times*; Daniel Imhoff, "Community Supported Agriculture," *The Case Against the Global Economy* (San Francisco, CA: Sierra Club Books, 1996) [대니얼 임호프, 「공동체의 지원을 받는 농업」, 『위대한 전환』]; W. Berry, "Conserving Communities," *The Case Against the Global Economy* [베리, 「공동체의 보존」, 『위대한 전환』].

100. 한 가지 사례가 더 있다. 페루 리마에서는 버스 노선의 85%를 비공식 운영자들이 통제하고 있다. 대안 교통 네트워크는 어떤 시내 노선이든 0.10달러 미만에 최대 두 번을 승차하여 갈 수 있도록 만들었다. 네트워크는 무엇보다 사람들에게 정말 필요한 노선을 운행한다.

3부 내 몸은 내 것 : 몸을 탈환하다

1. 과잉의 역사 : 여성과 의학의 관계

1. Mariarosa Dalla Costa, ed., *Gynocide*.

2. [옮긴이] 미 의회는 1999년에 의료연구 및 품질 관리에 관한 법률(Healthcare Research and Quality Act)을 제정하면서 〈보건의료정책연구기구〉(Agency for Health Care Policy and Research, AHCPR)를 〈의료연구 및 품질 관리기구〉(Agency for Healthcare Research and Quality, AHRQ)로 바꾸고, 국내 의료 수준과 불균형에 대해 매년 보고서를 발행하도록 한다.

3. 같은 책. 이 경우를 비롯한 다른 병리 현상의 발생 그리고 정당화될 수 없는 자궁 절제술의 비율과 측정 지표의 적합성에 대해서는 사마리타니(Riccardo Samaritani) 박사의 수술을 참고하기 바란다.

4. G. Domenighetti, "Effect of Information Campaign by the Mass Media on Hysterectomy Rates," *Lancet, December* 24~31, 1988; G. Domenighetti and A. Casabianca, "Rate of Hysterectomy Is Lower among Female Doctors and Lawyers' Wives," *Lancet*, December 24~31, 1988.

5. Stanley West and Paula Dranov, *The Hysterectomy Hoax* (New York: Doubleday, 1994).

6. B. Ehrenreich and D. English, *Complaints and Disorders*.

7. L. Fortunati, *The Arcane of Reproduction* [포르뚜나띠, 『재생산의 비밀』].

8. Evelyne Sullerot, *Histoire et sociologie du travail féminin* (Paris: Editions Gonthier, 1968).

9. Barbara Ehrenreich and Deirdre English, *Le streghe siamo noi* (Milano: Celuc Libri, 1975).

10. Alice Clark, *Working Life of Women in Seventeenth Century England* (London: Frank Cass Co., 1968); Jean Donnison, *Midwives and Medical Men* (New York: Schocken Books, 1977).

11. C. Sutton, "Hysterectomy," *Baillière's Clinical Obstetrics and Gynaecology* (London: Baillière Tindall, 1997).

12. 같은 글, 10.

13. Mariarosa Dalla Costa, *Isterectomia* 3rd edition (Milan: Franco Angeli, 2002), 185; *Bernard de Fréminville, La ragione del più forte* (Milano: Feltrinelli, 1979).

14. B. Ehrenreich and D. English, *Complaints and Disorders*.

15. 같은 책, 119.

16. 같은 책, 120.

17. C. Sutton, "Hysterectomy," *Baillière's Clinical Obstetrics and Gynaecology*, 16.

18. 같은 글, 4, 6.

2. 이 여성의 몸은 누구 것인가?

1. 다음은 이 주제를 다루는 중요한 저서이다. Lieta Harrison, *La donna sposata* (Milano: Feltrinelli, 1972).

2. "남성은 여성을 그저 '이용'할 뿐"이라고 기오마르 로비라(Guiomar Rovira)는 말하는데, 과거 이탈리아의 농촌 환경에서도 '이용하다'라는 동사가 쓰였다는 점이 놀랍다. 로비라는 또한 여성의 성적 쾌락은 알려진 적이 없다고 말한다. 우리 역시 여성 운동이 있기 전에는 같은 상황이었다. 1995년 말, 정부와 대화하는 자리에서 세바스띠아나(Sebastiana)가 이런 현실을 비난했고, 여성의 성적 쾌락을 "받아들이지 않는 상황은 이미 확고하게 자리를 잡았다"며 분노했다; Guiomar Rovira, *Donne di mais* (Roma: Manifestolibri,

1997), 76. 세바스띠아나는 이후 대화 테이블에서 다음과 같이 덧붙였다. "우리가 성관계에서 쾌락을 느낀 적이 있나고요? 전혀요. 왜냐하면 저들은 절대 당신에게 성적 쾌락을 알려주지 않으니까요. 슬프게도 우리 공동체에서는 여성의 성적 쾌락을 가르치지 않습니다. 저들은 여성이 성적 쾌락을 거부하는 게 관습이라고, 여성은 어디서나 마찬가지라고 말합니다"(174).

3. Boston Women's Health Collective, *Our Bodies, Ourselves* (New York : Simon and Schuster, 1971) [보스턴여성건강서공동체, 『우리 몸 우리 자신』, 또문몸살림터 옮김, 또하나의문화, 2005].

4. 미국 페미니즘 운동의 시작은 민중보건운동(Popular Health Movement)(1830~1850)의 전성기와 일치한다. 민중보건운동은 대학을 졸업한 '정규' 의사들의 의학과는 확연히 다른 의학 유형을 추구하고 시행했다. 민중보건운동은 계급적이고 페미니즘적인 시각을 가지고 있었고, 무엇보다 인종과 관계없이 하위 계층 사람들에게 의료를 보장하는 데 관심을 두었다. 또, 의학부 교수진의 가식적인 의학보다 틀림없이 더 유효한 지식을 보전하고 정교화하려고 했다.

5. B. Ehrenreich and D. English, *Witches, Midwives, and Nurses* 및 *Complaints and Disorders*. 원본 소책자 두 권이 이탈리아어판에 함께 실려 있다. *Le streghe siamo noi* ; S. Federici e L. Fortunati, *Il grande Calibano*. 다음도 보라. S. Federici, *Caliban and the Witch* [페데리치, 『캘리번과 마녀』], 특히 '대마녀사냥'을 다룬 장을 보라.

6. Collettivo internazionale femminista, ed., *Aborto di Stato : strage delle innocenti* (Venezia : Marsilio Editori, 1976).

7. L. Rovira, *La donna sposata*.

8. 피임약, 콘돔, 페서리만이 유일한 피임 수단은 아니다. 여성이 혼자 사용할 수 있는 소형 기구들이 현재 시중에 나와 있다. 여성의 타액이 닿으면 가임일인지 아닌지에 따라 색깔이 변하는 도구가 여기에 해당한다.

9. Gruppo femminista per il salario al lavoro domestico di Ferrara, ed., *Dietro la normalitá del parto*.

10. L. Rovira, *La donna sposata*.

11. Gruppo femminista per il salario al lavoro domestico di Ferrara, ed., *Dietro la normalità del parto*.

12. [옮긴이] 홀보듬엄마에 대해서는 이 책 1부 5장 「재생산과 이민」 주석 71번 참조.

13. Comitato di Lotta delle Ragazze Madri, *Ragazze madri in lotta : documenti e testimonianze delle ragazze madri della Casa della Madre e del Fanciullo di Via Pusiano 22, Milano* (Milano : 자비 출판, 1973). 관련 행동을 정리한 등사판 인쇄물. 다음도 보라. Lotta Femminista di Modena, *Madri in azione*. 〈행동하는 어머니〉의 역사와 활동을 정리한 등사판 인쇄물. 〈행동하는 어머니〉는 홀로 자식을 부양하는 어머니들이 만든 단체로 인종, 종교, 국적을 가리지 않는다. 1967년 런던에서 활동을 시작했다.

14. Mariarosa Dalla Costa, "A proposito del welfare," *Primo Maggio*, 9~10 (Winter 1977~78) [『페미니즘의 투쟁』 1부 7장 「복지에 대하여」].

15. Movimento di Lotta Femminista di Ferrara, *Basta tacere*.

16. L. C. Poggio, *Avanti un'altra. donne e ginecologi a confronto* (Milano : La Salamandra, 1976).

17. C. Jourdan, *Insieme contro*.

18. 자궁 절제술은 자궁을 외과적으로 제거하는 수술이고, 난소 절제술은 난소를 외과적으로 제거하는 수술이다. 나는 이런 수술의 남용에 대해 책을 한 권 썼다. 책에 여성과 의사의 증언을 많이 실었다. M. Dalla Costa, ed., *Isterectomia*.

19. 이웃한 프랑스와 비교하여 자궁 절제술을 실시하는 병리 유형을 살펴보면, 자궁 절제술 사례의 80%가 정당한 사유 없이 행해진다고 볼 수 있다. 미국은 안타깝게도 자궁 절제술 건수에서 선두를 달리고 있는데, 60세 이전 여성은 3명 중 1명, 64세 이전 여성은 40%가 자궁 절제술을 받는다.

20. Lotta Femminista, "Vogliamo decidere noi," *Document* 275 (March 1974).

21. 빠도바에서는 〈베네또 여성사업센터〉(Centro Veneto Progetti Donna)가 이런 유형의 활동을 수행했을 뿐만 아니라 폭력 피해 여성 대상 지원 활동을 조직했다. 〈가사노동 임금 위원회 빠도바 지부〉에서 매우 활발하게 활동해 온 페미니스트 루치아 바쏘(Lucia Basso)의 주도로 이뤄진 일이었다. 바쏘는 다른 여성들과 함께 〈병원내 여성근로자 조직〉(Gruppo Donne Ospedaliere)을 만들기도 했는데, 이 단체는 여성의 의료 문제를 다루는 병원 내 투쟁에서 대단히 중요한 역할을 했다.

22. S. Federici e L. Fortunati, *Il grande Calibano* ; S. Federici, *Caliban and the Witch* [페데리치, 『캘리번과 마녀』].

23. 다음 책은 이 주제를 자세히 분석한다. G. F. Dalla Costa, *Un lavoro d'amore*.

24. 유럽에서 폭력 방지 센터 혹은 (폭력 피해) 여성의 집은 1970년대 말에 처음 생겨났다. 1970년대 페미니즘 운동이 조직한 사업들을 제외하면, 이탈리아에서는 이런 시설이 1990년대 초에 생겼다. 이런 시설은 대중 모금과 자원봉사로 유지되었다. 오늘날에는 80개가 넘는 시설이 존재하며, 그중 4분의 1은 비밀스러운 아파트 혹은 쉼터에서 편의를 제공한다. 첫 네 군데 폭력 방지 센터는 1990년과 1991년에 볼로냐, 밀라노, 모데나, 로마에서 문을 열었다.

25. 2006년 9월 29일, 13시 30분, Canale 5.

3. 정원으로 나가는 문

1. 나는 이 용어를 원어인 이탈리아어 그대로 남겨 둔다. 영어로 바꾸면 생명 활동가쯤 되는데, 이 말이 영국 및 미국 상황에서는 임신 중절 합법화 반대 운동을 지칭하는 것처럼 들리기 때문이다. 달라 코스따가 글에서 밝히듯, 비따띠비스띠는 '생명의 생산 및 재생산 영역에서 일하는' 활동가를 지칭한다. [이 글의 영역자 주석이다.]

2. 이런 연구는 다음에서 찾아볼 수 있다. 《가사노동 임금을 위한 페미니즘 투쟁 아카이브》(마리아로사 달라 코스따 기증). 이 문서는 빠도바 시립 도서관 [또는 다음 링크에서] 볼 수 있다. http://www.padovanet.it/c1allegati20187allegatopdf.

3. 레오뽈디나 포르뚜나띠. [이 글의 영역자 주석이다.]

4. vitattività. 생명을 되살리는 활동.

5. [옮긴이] 꾸르디나도라(coordinadora)는 스페인어로 '책임자', '조정관'을 뜻하는 여성형 명사이다.

6. [옮긴이] ya basta에 대해서는 이 책 2부 3장 「우리 안의 토착민, 우리가 사는 땅」, 주석 59번 참조.

4부 파괴와 고통을 넘어 : 땅과 바다를 살리다

1. 대지가 공격받다

1. [옮긴이] 『리고베르따 ─ 마야와 세계』(*Rigoberta : i maya e il mondo*)는 스페인어 원서 『리고베르따 ─ 마야의 후예』(*Rigoberta : la nieta de los mayas*)의 이탈리아어 번역본이다.

2. 지역을 말하는 일곱 가지 이유

1. [옮긴이] 딕타트(diktat)는 독일어로 '명령'을 뜻하며, 승자 혹은 독단적인 결정에 따라 패배한 측에 부과하는 법률이나 가혹한 처벌, 혹은 이주를 말한다.

2. [옮긴이] 뜨란스미그라시에 대해서는 이 책 2부 3장 「우리 안의 토착민, 우리가 사는 땅」, 주석 18번 참조.

3. [옮긴이] 칩코에 대해서는 이 책 2부 2장 「발전과 재생산」, 주석 33번 참조.

4. [옮긴이] 보팔 참사에 대해서는 이 책 2부 3장 「우리 안의 토착민, 우리가 사는 땅」, 주석 52번 참조.

5. [옮긴이] 빠따(pata)는 힌디어로 '주소'를 뜻한다.

6. [옮긴이] 사일로(silo)는 대량자재를 저장하는 데 쓰이는 인공 구조물로, 농업에서는 곡물 또는 사일리지(silage)로 알려진 발효 사료 저장에 쓰인다.

7. [옮긴이] 종결자 기술 또는 터미네이터 기술은 한번 수확하고 나면 다음 세대에서는 발아하지 않는 '자살 씨앗'을 만드는 기술을 말한다. 이 기술이 도입되면 농민들은 씨앗을 매년 구입할 수밖에 없다. 따라서 거대 기업 의존도도 당연히 높아진다.

8. [옮긴이] 식품나눔은행에 대해서는 이 책 2부 3장 「우리 안의 토착민, 우리가 사는 땅」, 주석 98번 참조.

9. [옮긴이] 무료 급식소(soup kitchen)는 대개 무상으로 혹은 시장 가격보다 낮은 금액으로 굶주린 사람들에게 음식을 제공한다. 흔히 다른 곳보다 소득이 낮은 동네에 위치하고, 교회나 지역 사회 단체 같은 자원봉사 단체가 운영한다.

3. 세계를 시골로 되돌리기

1. [옮긴이] 식품나눔은행에 대해서는 이 책 2부 3장 「우리 안의 토착민, 우리가 사는 땅」, 주석 98번 참조.

2. [옮긴이] 무료 급식소에 대해서는 이 책 4부 2장 「지역을 말하는 일곱 가지 이유」, 주석 9번 참조.

4. 변화를 만드는 두 개의 바구니

1. Karl Marx, *Capital* vol. 1 (New York : Penguin, 1990), 390 [마르크스, 『자본론 (상)』].

2. 같은 책, 876 [마르크스, 『자본론 (하)』].

3. 여기서는 전 세계 남반구와 북반구에서 농사를 짓거나 가축을 기르는 사람들이 자기 땅에 머물면서도 사실상 대기업의 노동자가 되는 경우를 염두에 둔다. 돈을 받고 가축을 사육하는 경우가 전형적인 사례이다. 유상(有償) 사육은 양 당사자가 가축 사육시 따르기로 합의한 계약을 토대로 이뤄진다. 농장주는 토지 및 토지에 건축된 구조물을 소유하고, 기업가는 가축, 먹이, 의약품 등을 제공하는 게 일반적이다. 합의에 따르면, 예를 들어 농장주가 닭을 키울 수는 있어도 급식, 의학적 치료 등 사육과 관련한 어떤 일에도 결정을 내리지 못한다.

4. José Bové e François Dufour, *Il mondo non è in vendita* (Milano : Feltrinelli, 2001 [orig. 2000]), 128.

5. 보베와 뒤푸르는 자신들의 저작에서 비록 부분적일지라 할지라도 이 구속력 있는 원칙들의 개념을 잘 제시한다. 한계치 준수의 경계선이나 공간은 사회의 요구에 충분히 응답하기 위해 사육할 때 지켜야 하는 한계치를 확인하는 일을 의미한다. 한계치의 예시로 1헥타르당 허용되는 질소의 최대 수준, 농부 한 명에게 허용되는 땅의 최대 넓이(그래야 다른 농부들이 일할 기회가 생긴다), 토양이 수용 가능한 동물의 최대치, 집약화와 생산우선주의(productivism)의 덫에 걸리지 않는 데 필요한 다른 방안들을 들 수 있다. 보베는 이 접근법이 태도, 방향, 나침반, 그리고 동료들이 처해 있는 각각의 상황을 불문하고 우리가 나아가야 할 지평선이라고 이야기한다. … 글에서 이 접근법은 소농 기반 농업의 열 가지 원칙으로 드러난다(같은 책, 177) … 이는 세 가지 차원을 심사숙고한 끝에 나온 결과물이다. 첫 번째는 사회적 차원으로, 세계 곳곳에서 소농의 고용과 결속력을 기반으로 하며, 경제적 효율성을 갖추고 소비자와 자연 모두를 존중해야 함을 말한다(176) … 소농 기반 농업은 생산, 일자리 제공, 보존이라는 세 가지 요소로 이뤄진다(121) … 소농 기반 농업이 발전하려면 적어도 두 가지 조건을 갖춰야 한다. 하나는 정치적 환경이다. 정치적 환경은 산업화와 집중을 선호하는 대신 농부들이 계속 살아갈 수 있게 만들어야 한다. 다른 하나는 농부들의 자기 선택이다. 농부들은 자기 소유의 회사에서 선택을 내려야 주도권과 책임감을 가질 기회를 가진다(177~178). (쪽수 표시는 이탈리아어판을 따랐다.)[괄호 안은 이 글의 영역자가 작성하였다.]

6. [옮긴이] ya basta에 대해서는 이 책 2부 3장 「우리 안의 토착민, 우리가 사는 땅」, 주석 59번 참조.

7. 여기서 말하는 베로나 회의는 2003년 4월 11일부터 13일까지 베로나에 있는 라키마까 주민자치센터에서 열린 〈대지와 자유/위기의 와인〉 토론회를 말한다. 발표문 제목은 「세계를 시골로 되돌리기 … 삶과 영혼을 되찾기 위해」이고, 이탈리아어로 다음 책에 실렸다. Massimo Angelini et al, *Terra e Libertà/Critical Wine* (Roma : DeriveApprodi, 2004) [『페미니즘의 투쟁』 4부 3장 「세계를 시골로 되돌리기」].

8. [옮긴이] 무토지농민운동에 대해서는 이 책 2부 3장 「우리 안의 토착민, 우리가 사는 땅」, 주석 80번 참조.

9. Mariarosa Dalla Costa, "The Native in Us, the Land We Belong to," *The Commoner* [『페미니즘의 투쟁』 2부 3장 「우리 안의 토착민, 우리가 사는 땅」].

10. [옮긴이] ya basta에 대해서는 이 책 2부 3장 「우리 안의 토착민, 우리가 사는 땅」, 주석 59번 참조.

11. '프레쪼 소르젠떼'(prezzo sorgente)는 사회 운동에서 처음 사용되기 시작한 표현으로, 정가 또는 원가, 즉 농민에게 지급되는 가격을 말한다. '프레쪼 소르젠떼'를 상표에 표기하면 상품이 가공되고 상업화되는 과정에서 가격이 부당하게 상승하는 걸 막을 수 있다. 따라서 고객은 가격 상승이 일어나는 경우에 그것을 인지할 수 있게 된다. 문제는 농민은 매우 적은 금액을 받는 반면 최종 소비자는 중간 단계에서 불어난 부당한 수익 때문에 비싼 금액을 지불하는 상황이다. 이런 왜곡과 가격 인상은 '주기가 긴' 농업 생산 과정 때문에 발생한다.

12. 〈농민문화〉(Civiltà Contadina)는 전통 농업을 중요하게 여기고 보존하는 단체이다. 〈씨앗지킴이〉(Seed Savers)는 국제적 네트워크에 소속된 단체로, 이탈리아에서는 〈농민문화〉에 속해 있으면서 멸종되거나 잊힐 위험에 처한 종자 품종을 복원하는 활동을 한다. 이런 활동이 대단히 중요한 이유는,

불법적인 씨앗의 자유로운 교환에 관한 '유럽 의회 및 협의회 지침(European Parliament and Council Directive) 98/95/EC'와 같이 생물 다양성을 파괴하고 상업화하는 경향이 우세한 상황에서 일어나고 있기 때문이다.

5. 신자유주의, 토지, 식량에 대한 몇 가지 기록

1. H. Cleaver, "Food, Famine and the International Crisis," *Zerowork, Political Materials*.
2. V. Shiva, *Sopravvivere allo sviluppo* [시바, 『살아남기』].
3. Immanuel Wallerstein, *The Modern World System* (New York : Academic Press, 1974) [이매뉴얼 월러스틴, 『근대세계체제 1~4』, 나종일 외 옮김, 까치, 1999]; M. Mies, *Patriarchy and Accumulation on a World Scale* [미즈, 『가부장제와 자본주의』].
4. S. Federici, "Riproduzione e lotta femminista nella nuova divisione internazionale del lavoro," *Donne, sviluppo e lavoro di riproduzione*.
5. S. George, *Il debito del Terzo Mondo* ; Midnight Notes Collective ed., *Midnight Oil* ; M. Dalla Costa and G. F. Dalla Costa eds., *Paying the Price* ; M. Dalla Costa and G. F. Dalla Costa eds., *Women, Development and Labor of Reproduction*.
6. Mariarosa Dalla Costa, "L'indigeno che è in noi, la terra cui apparteniamo," *Vis à Vis* n. 5, 1997 [『페미니즘의 투쟁』 2부 3장 「우리 안의 토착민, 우리가 사는 땅」].
7. Esteva Gustavo, "The Revolution of the New Commons," typescript, 1994.
8. 이와 관련해서는 1996년 10월 27일 자 『일 마니페스또』에 실린 '35인의 호소'를 보라. 나는 다음 글에서 이 문제를 더욱 심도 있게 고찰했다. "L'indigeno che è in noi, la terra cui apparteniamo," *Vis à Vis* [『페미니즘의 투쟁』 2부 3장 「우리 안의 토착민, 우리가 사는 땅」].
9. M. Dalla Costa, "L'indigeno che è in noi, la terra cui apparteniamo," *Vis à Vis* [『페미니즘의 투쟁』 2부 3장 「우리 안의 토착민, 우리가 사는 땅」].

7. 이탈리아의 대안 농업과 식량

1. J. Bové and F. Dufour, *Il Mondo non è in vendita*.
2. Cooperative Eughenia [에우게니아 협동조합], "le ragioni di una battaglia del Foro Contadino-Altragricoltura" [[농민포럼-대안농업]이 싸우는 이유], http://www.altragricoltura.org/dirittoallaterra/eughenia-6feb04.htm.
3. *La Nazione*, Grosseto 지역판, "Sfratto respìnto. Resistenza passiva con le pecore" [퇴거를 거부하다 ─ 양떼와 함께하는 수동적 저항], http://www.altragricoltura.org/dirittoallaterra/images/lanazione-jpg.
4. *Le terre della Grola* [그롤라의 땅], 정보용 소책자.
5. 전문은 다음을 보라. http://www.altragricoltura.org.
6. 이탈리아 최대의 식품 및 농업 제품 기업 빠르말라프는 2003년 말 파산했다. [이 글의 영역자 주석이다.]
7. 이 통계 수치에 따르면, 2003년 이탈리아에서는 1억 500만 입방 리터가 넘는 우유가 생산되었던 반면, 3천 1백 10만 입방 리터가 해외에서 수입되었다. 국내에서 가공되고 소비된 우유의 양은 1억 3천 1백 70만 입방 리터였다. 그 가운데서 1억 70만 입방 리터(76.2%)는 산업 생산용(원산지보호표시 치즈 및 기타 치즈, 초고온 처리 우유)으로 쓰일 것이 미리 결정되어 있었던 반면, 3천 1백 10만 입방 리터(23.8%)는 생우유로 직접 소비되었다.
8. [옮긴이] 프레스코(fresco)는 이탈리아어로 '신선하다'를 의미한다.
9. 이 글에서 언급한 두 개의 성명서 모두 날짜 정보 없이 〈코스빠 나치오날레〉(Cospa Nazionale)가 유포했다.
10. 우유 할당량과 실제 생산 능력의 부합 여부를 논의한 이 글의 앞부분을 보라.
11. J. Bové and F. Dufour, *Il Mondo non è in vendita*, 179.
12. [옮긴이] 클로람페니콜, 니트로프라존, 바시트라신, 스피라마이신, 버지니아마이신, 타일로신은 모두 항생

제에 사용되는 물질이다.

13. 굴리엘모 도나델로(Guglielmo Donadello)와 루치아노 미오니(Luciano Mioni)는 2003년 12월 16일, 빠도바 대학교 정치과학부 학회에서 이 문제를 다루었다. 관련 소식 가운데 가장 최근에 우려를 낳고 있는 내용을 2004년 2월 17일 자 『일 마띠노 디 빠도바』가 보도했다. 보도 내용은 이탈리아 경찰 내 〈식품변조방지팀〉이 베네치아, 빠도바, 뜨레비조, 베로나, 비첸짜에서 단속을 벌여 이 지역 내 사육장들에서 다량의 불법 약물을 압수했다는 것이다. 이 단속 활동의 결과로 수의사, 사육자, 농업 관련 사업가, 상인, 가축 사료 기업 및 제약 회사의 책임자들이 구속되었다.

14. "Lingua blu, allevatori in rivolta" [청설병, 축산업자들이 들고일어나다], *La Gazzetta del Mezzogiorno*, July 10, 2003.

15. http://www.lanuovaecologia.it/scienza/biotech/1906.php.

16. "Come difendersi dagli OGM" [GMO에 맞서 자신을 지키는 법], 자료, Greenpeace Italia, May 15, 2003.

17. "La grande distribuzione parla straniero" [대형 슈퍼마켓 체인들이 외국말을 한다], November 1, 2004, http://www.greenplanet.net.

18. 시민들이 회의를 열고 주도적으로 행동한 사건은 주류 언론에 대대적으로 보도되었다. 다음을 보라. http://www.criticalwine.org

19. http://www.tigulliovino.it/scrittodavoi/art_012.htm ; http://www.oliosecondoveronelli.it.

20. 다음 사이트를 보라. http://www.veronelli.com ; http://www.criticalwine.org.

21. "Denominazione communale di origine" [원산지공동체표시], http://www.veronelli.com/veronelli/news1.htm ; "L'olio di oliva extravergine del Comune di Cartoceto" [까르또체또시(市)의 엑스트라 버진 올리브유], http://www.veronelli.com/veronelli/news2.htm.

9. 시골스럽고 윤리적인

1. 이 글은 *Ephemera*, Vol. 7(1), 2007에 실렸고, http://www.ephemerajournal.org에서 볼 수 있다. 주세뻬나 메끼아(Giuseppina Mecchia)가 이탈리아어 원문을 영어로 번역했다. 메끼아는 피츠버그 대학교 프랑스 및 이탈리아 어문학과 부교수로, 프랑스와 이탈리아 문학 및 문화에 나타나는 정치적 주체성, 성정치, 국가 정치에 대한 글을 발표했다. 또한, 이탈리아의 현대 정치사상을 다루는 『서브-스턴스』(*Sub-Stance*) 특별 호를 공동 편집, 번역했다. 현재는 프랑스와 이탈리아의 현대 정치사상을 주제로 책을 집필하고 있으며, 펠릭스 가따리에 대한 프랑꼬 '비포' 베라르디의 글도 번역하고 있다. [여기서 '현재'는 2007년을 말한다. 가따리에 대한 베라르디의 글은 2008년에 출간되었다. *Félix Guattari : Thought, Friendship, and Visionary Cartography*, Palgrave Macmillan, 2008. ─ 옮긴이]

2. [옮긴이] 본 글이 실린 저널 『이페머러』의 편집자들이 쓴 서문이다. 『이페머러』 7권 1호는 에마다울링(Emma Dowling), 로드리고 누네스(Rodrigo Nunes), 벤 트롯(Ben Trott)이 편집했다.

3. 다음을 참조. Leopoldina Fortunati, "Immaterial Labor and Its Machinization," *Ephemera* Vol. 7(1), 2007, http://www.ephemerajournal.org/sites/default/files/7-1fortunati.pdf.

4. 다음을 참조. Gabriel Tarde, *Psychologie économique* (Paris : Félix Alcan), 1902 ; Maurizio Lazzarato, "European Cultural Tradition and the New Forms of Production and Circulation of Knowledge," *Multitudes* n. 16 Jan, 2004, http://eprints.rclis.org/7130/1/Lazzaratoknowledge2004.pdf ; Rodrigo Nunes, " 'Forward How? Forward Where?' I," *Ephemera* Vol. 7(1), 2007.

5. [옮긴이] 사회적 보장 소득은 모든 시민에게 일정 소득을 제공하는 보편적 기본소득(Universal Basic Income)이나 시민 소득(citizen's income)과 같은 개념이다.

6. 물론, 사회적 보장 소득은 요구이자 정치적 전략으로서 매우 다양한 방식으로 고안된 것이지 순전히 유럽 차원에서 실시된 것만으로 국한되지 않는다. 그러나 사회적 보장 소득 논의가 주로 유럽 안에서 이뤄졌으므로, 특정 지지자들은 흔히 이를 유럽적 방식으로 설명한다. 이 논의의 개요 및 문제화는 다음을 보라. Max Henninger, "Money for nothing?," *Turbulence : Ideas for Movement* 1, 2007 ; Ben Trott, "Walking in the right direction?," *Turbulence : Ideas for Movement* 1, 2007. 두 글 모두 다음에서 볼 수 있다. http://

www.turbulence.org.uk/index.html@p=6.html.

7. Michael Hardt and Antonio Negri, *Moltitudine* (Milano : Rizzoli, 2004), 151 [안토니오 네그리·마이클 하트, 『다중』, 정남영·서창현·조정환 옮김, 세종서적, 2008].

8. [옮긴이] 장애인을 비하하는 용어에 해당하지만, 당시 여성의 상황을 고스란히 말해 주는 표현이라고 여겨 다른 말로 대체하지 않았음을 밝혀 둔다.

9. 원본은 영어로 쓰여 있다. (원본의 등사판 인쇄물이 당시 페미니스트 집단 사이에서 배포되었다.)[괄호 안은 이 글의 영역자가 작성하였다.]

10. [옮긴이] 방갈로르에 대해서는 이 책 2부 3장 「우리 안의 토착민, 우리가 사는 땅」, 주석 74번 참조.

11. Mariarosa Dalla Costa, "Sette buone ragioni per dire luogo," paper delivered at the Percorsi critici per un secondo ciclo di lotte globali roundtable at the Radio Sherwood Festival, Padova, July 10, 2002, published in Foedus, n. 15, 2006 [『페미니즘의 투쟁』 4부 2장 「지역을 말하는 일곱 가지 이유」].

12. J. Bové and F. Dufour, *Il mondo non è in vendita*, 151.

13. 일부러 남성 대명사를 사용했다. [본 책에서는 여성과 남성 대명사 모두 '그'로 통일하여 번역했다. ─옮긴 이] 여기서 가리키는 대상이 보베를 비롯한 소농 저자들 간의 논의이기 때문이다. 보베는 (농업이 주요 산업이 아닌 국가들의) 농업 관련 글을 썼고, 이때 농업은 분명 남성이 주관하는 경우가 대부분이다. 이 나라들에서 이런 유형의 논의를 생산해 냈다는 점이 중요한데, 그들의 논의는 영토(풍광도 포함) 보전과 생태계 보호 같은 주제와도 연결된다. 그 밖의 국가들에서 나온 논의와 계획들은 자연 종자의 보존, 자급 농업의 보호, 자급 농업의 전통 방식 보호와 같은 다른 주제에 집중되어 있다. 일반적으로 전자의 국가들에서 농부는 농장을 소유하고, 자급 농업에 해당되지 않는다. 물론 이들 나라에서도 자연 종자와 순환 체계를 지키는 건 근본적인 일이다. (저자의 요청에 따라 각주를 추가함.)[괄호 안은 이 글의 영역자가 작성하였다.] 이탈리아 농부와 관련된 몇몇 문제점은 다음을 참조하라. Mariarosa Dalla Costa and Dario De Bortoli, "Per un'altra agricoltura e per un'altra alimentazione in Italia," *Foedus*, n. 11, 2005 [『페미니즘의 투쟁』 4부 7장 「이탈리아의 대안 농업과 식량」].

14. 위키피디아에는 지역화폐거래체계가 "지폐 없이 상품과 서비스를 거래할 수 있는 지역 내 비영리 교환 네트워크"로 설명되어 있다. https://en.wikipedia.org/wiki/Local_exchange_trading_system. 다음도 참조. http://www.gmlets.u-net.com. 대안 화폐에 대해서는 다음을 참조하라. http://www.ithacahours.com ; http://www.strohalm.net/en/site.php.

15. M. Dalla Costa, "L'indigeno che è in noi, la terra cui apparteniamo," *Camminare domandando* [『페미니즘의 투쟁』 2부 3장 「우리 안의 토착민, 우리가 사는 땅」].

16. [옮긴이] 〈세계사회포럼〉은 경제인들의 모임인 〈세계경제포럼〉(World Economic Forum, WEF)에 반대하는 의미로 2001년 브라질 포르투알레그리에서 처음 개최되었다. 매년 다양한 시민사회단체와 활동가들이 참여해 세계화와 신자유주의의 대안을 모색한다.

17. [옮긴이] 〈무토지농민운동〉에 대해서는 이 책 2부 3장 「우리 안의 토착민, 우리가 사는 땅」, 주석 80번 참조.

18. Mariarosa Dalla Costa and Monica Chilese, *Nostra madre Oceano* (Roma : DeriveApprodi, 2005, 95~96.

19. J. Bové and F. Dufour, *Il mondo non è in vendita*, 205~206.

20. M. Hardt and A. Negri, *Moltitudine*, 135~136 [네그리·하트, 『다중』].

21. 이런 투쟁 유형 가운데 눈에 띄는 사례로 뜨리에스떼부터 베르가모와 제노바에 이르기까지 몇몇 전문 직업 집단이 결집한 일을 들 수 있다. 이 내용은 다음 글에서 찾아볼 수 있다. "Le segretarie non conciliano," *Le operaie della casa*, November~December 1975/January~February 1976 합병호에 게재됨. '사랑으로 하는 노동'으로서의 가사노동과 그것이 야기한 특수한 형태의 폭력에 대해서는 다음을 참조하라. G. F. Dalla Costa, *Un lavoro d'amore*.

22. 〈비아 깜뻬씨나〉는 4월 17일을 세계 소농의 날로 정했다. 여기서 봄은 결과적으로 이중적 의미이며, 정치적인 것이기도 하다. 즉, 대안 농업을 위해 소농들이 자율적으로 결속한 이래 세상에 새로운 종류의 봄이 오고 있으며, 그 세상은 인류를 가둔 장벽을 허문다는 의미이다(내가 염두에 둔 이들은 우리처럼 산업화

된 세계에 사는 매우 도시화된 사람들이다). 이동 방목이란 소나 가축 무리를 산속이나 저지대의 더 질 좋은 초원으로 데려가는 활동으로, 봄에 일어난다(반대의 여정은 가을에도 일어난다). 동물들은 다른 세계로 이동하며, 털갈이를 하기도 한다. 여기서 나는 인간 역시 다른 세계, 시골스러운 세계로 이동해 가기를, 소농 네트워크들과 함께 다양한 방식으로 다시 연결되어 다시 한번 농토와 이어지기를 청한다. 나의 저작물들을 참고하라. *The Commoner* n. 6, 2002; n. 10, 2005; n. 12. http://www.thecommoner.org. (저자의 요청에 따라 각주를 추가함.)[괄호 안은 이 글의 영역자가 작성하였다.]

10. 식량 주권, 소농, 여성

1. J. Bové et F. Dufour, *Il mondo non è in vendita*, 205.

2. 수천 년에 걸쳐 발달해 온, 실제로 존재하는 **체계들**이라는 점, 이 체계들이 토종 동식물, 노동력의 활용 가능성 및 현지 경제 수준과 양립할 수 있는 도구의 활용 가능성, 그리고 천연자원 및 생태계 보호를 중요시한다는 점에 주목할 필요가 있다.

3. 나는 이미 이런 주장을 구조 조정 정책 그리고 〈세계은행〉에서 재정을 지원받는 각종 사업 분석을 틀로 삼아 더욱 심화시킨 적이 있는데, 그 내용은 「우리 안의 토착민, 우리가 사는 땅」『페미니즘의 투쟁』 2부 3장에 나와 있다. 나는 이 글을 1996년 3월, 토리노에서 열린 〈또 다른 유럽, 운동과 계급 자율성이 존재하는 유럽을 위해〉 학회에서 발표했고, 이후 이 글은 다음에 게재되었다. A. Marucci, *Camminare doman-dando*. 다음도 보라. M. Dalla Costa e G. F. Dalla Costa, *Donne, sviluppo e lavoro di riproduzione*.

4. 유럽 의회 및 협의회 지침 98/95/EC에는 국내 종자 관련 규정을 대상으로 한 방침이 담겨 있다. 이 방침에 따르면, 설사 무상으로 이뤄졌다고 해도 종자 및 생식과 관련된 물질을 서로 교환하는 것은 불법 행위로 간주된다. 하지만 이 교환이 이뤄지지 않으면, "공동체의 관습에 따라 지역 품종을 물려주는 일이 불가능하다. 또, 지역 품종들이 농촌 및 도시 환경 속에서 역동적으로 보존되면서 큰 가치를 가질 수도 있도록 지켜나갈 기회도 사실상 존재하지 않는다"(Massimo Angelini, "Il valore complesso delle varietà tradizionali e locali," *Terra e libertà/Critical Wine*, 112). 또 한 가지 주목해야 할 점은, 1980년대에 〈유럽공동체〉(European Community, EC)가 유럽 지역 종자의 공동 등록부를 만들어 판매 허가를 받은 국내 종자 목록들을 모두 통합하고, 동일하다고 여겨지는 식물 1천 종을 목록에서 말소했다는(당초 목표는 1,500종을 삭제하는 것이었다)는 사실이다. 사실상 탈락된 종은 교잡종이 아닌 품종, 따라서 시장에서 수익성이 떨어지는 품종이었다. 종자 기업들은 평범한 채소보다 가격이 다섯 배에서 열 배 높은 교잡종 채소를 판매하는 쪽을 선호하는데, 이 교잡종 채소는 씨앗을 만들어 내지 않기 때문에 농부들은 매년 씨앗을 구매할 수밖에 없다. 이런 식으로 이탈리아가 원산지인 식물 360종이 사라졌다. 그중 하나가 120년간 이탈리아 땅에서 자란 킹 움베르토 토마토(King Umberto tomato)이다. (다음 보고서를 보라. Alberto Olivucci, "Civiltà Contadina per la protezione della biodiversità," 2001, http://www.civiltacontadina.it/seedsavers/intro.html).

5. 물 사유화에 맞서 승리를 쟁취한 중요한 사건이 이른바 '물의 순환로'라고 불리는 세계적으로 독특한 지역에서 있었다. 브라질 상파울루와 리우데자네이루의 중간쯤에 있는 미나스제라이스주(州)에 속한 이 지역 내 수많은 수원지에서는 무기염이 풍부하고 치료 효능이 큰 물이 흘러나온다. 이 지역에는 4개의 소도시가 있는데, 규모는 가장 작지만 유명한 온천이 있는 싼로렌조도 그중 하나이다(주민 수 3만 7천 명). 이곳에서 네슬레(Nestlé)가 퓨어라이프(Pure Life)라는 이름의 생수를 생산하기 시작했는데, 이 생수는 그 이름처럼 되기 위해서 광물질을 완전히 제거한 후에 염류를 추가하는 공정을 거쳤다. 이 공정은 물맛을 떨어뜨리고 물이 지닌 특성을 약화시켰으며, 수원지에서 흘러나오는 물의 본질을 바꾸어 버렸다. 네슬레의 활동은 공동체의 삶에 그토록 핵심적인 역할을 하고 공동체가 이용할 수 있었던 천연자원은 물론 지역 관광업과 경제에도 부정적인 영향을 끼쳤다. 주민들은 네슬레를 고소했는데, 고소 사유는 허가 없이 물 상태를 변화시켰다는 점은 물론, 허가 없이 작업을 했다는 점, 생산 과정에서 물을 대량으로 빼내 지하수면을 손상시키고 해당 지역 물의 맛과 특색을 바꿔놓았다는 점이었다. 시민들의 항의 시위가 줄을 지었고, 네슬레는 해당 지역에서 활동을 접고 떠나야만 했다.

6. 가축 사육 영역에서는 '유상 사육'으로 알려진 특정 유형의 계약에서 이 같은 거부 행위가 발생할 수 있다. 농민이 계속해서 토지 및 축사 시설을 소유하긴 하지만, 가축을 제공하는 기업에는 토지 및 축사 시설을

이용할 수 있게 해준다. 그런데 먹이부터 건강 관련 문제까지 사육 활동의 측면 모두 가축을 제공하는 기업이 결정하기 때문에 농민에게는 의사 결정권이 없다.

7. 전 세계에서 온 500명이 캐러밴 행렬을 이뤄 여러 유럽 국가로 들어왔다. 소농 및 어업 노동자 단체, 토착민, 치아빠스에서 온 사빠따주의자, 댐 건설에 반대하여 싸우는 사람들, 〈5월 광장의 어머니〉(Madres de Plaza de Mayo), 소비자 협회 및 다른 단체들을 대표하는 사람들이었다. 캐러밴 행렬은 1999년 1월부터 준비를 갖추기 시작해, 1999년 5월과 6월에 걸쳐 활동을 벌였다. 이 주체들은 주로 북반구의 정책 때문에 남반구에서 발생하는 일상적인 문제에 대해 체험담을 진술했고, 그들의 투쟁과 요구 사항을 알렸다. 캐러밴 행렬은 1999년 11월 시애틀에서 〈세계무역기구〉에 반대해 일어난 반세계화 시위의 준비 과정에서 핵심적인 역할을 했다.

8. [옮긴이] citizen's income. 기본소득(basic income)과 같은 개념으로, 모든 시민에게 일정 소득을 제공하는 것을 말한다.

9. 이탈리아 농촌의 중소 규모 사업체가 매일 50개씩, 30분에 한 개꼴로 폐업한다. 다음을 보라. Cooperative Eughenia, "Le ragioni di una battaglia del Foro Contadino-Altragricoltura."

10. 다음을 보라. Giordano Sivini, "Puntare sulle filiere corte per uscire dalla subalternità dell'agricoltura all'industria," Terra e Libertà/Critical Wine, 134ff.

11. 〈유엔식량농업기구〉가 2006년 3월 7일부터 10일까지 포르투알레그리에서 열린 농업 개혁 및 농촌 개발 관련 대회에서 발표한 수치로, 대회는 수자원 개발을 중점적으로 다뤘다.

12. Vandana Shiva, Il bene comune della terra (Milano : Feltrinelli, 2005), 135. 시바는 1998년에 도입된 구조 조정 조치가 원인이라고 이야기한다. 인도는 이 조치를 계기로 카길, 몬산토, 신젠타와 같은 다국적 기업들이 종자 산업에 참여하는 것을 받아들여야 했다. 그 결과 단기간에 자연 종자가 대체되고 유전자 변형 종자가 도입되었다. 전통적으로 소농이 여러 해에 걸쳐 사용할 목적으로 따로 떼어놓았던 자연 종자를 유전자 변형 종자가 대체했다. 유전자 변형 종자를 사용하려면 비싼 화학 제품들을 구입해야 하고, 유전자 변형 종자는 다시 사용할 수 없기 때문에 반복해서 구매해야 한다.

13. http://www.epicentro.iss.it/temi/mentale/suicidi06_oms.asp. 미국, 아르헨티나, 캐나다에 이어 중국이 세계에서 네 번째로 유전자 변형 식품(주로 형질전환 쌀)을 많이 생산하는 국가라는 점을 지적하고 싶다. 조제 보베는 "유전자 변형 식품 생산은 소농 2억 5천만을 없애고 싶어 하는 중국 정부의 현행 논리와 일치한다"며, "하지만 소농들을 어디로 보내야 하나? 유전자 변형 식품 생산은 무엇을 위한 것인가?"라고 말한다. J. Bové and F. Dufour, Il mondo non è in vendita, 98.

14. 포트리스 유럽(Fortress Europe)에서 가지고 온 수치이다. [포트리스 유럽'은 이탈리아의 언론인이자 인권 활동가인 가브리엘레 델 그란데(Gabriele Del Grande)의 블로그를 가리키는 것 같다. 블로그 주소는 http://fortresseurope.blogspot.com이다. ─ 옮긴이]

15. 콜롬비아 농업 노동자 네트워크를 대표하는 노동조합원 루이스는 2001년 12월 빠도바 대학교 농학부 학생들과 만난 자리에서, 개발도상국이 계속해서 강요받는 농업 논리와 기술들을 언급하며 다음과 같이 말했다. "생명 공학은 종말을 가져옵니다. 생명 공학은 인간의 영혼도 죽입니다. 왜냐하면 우리는 영혼이 인간의 외부 세계에 존재한다고 믿기 때문입니다. 영혼은 땅과 나무와 강에 존재합니다. 이들을 전부 파괴한다면 인간에게는 더 이상 영혼이 없을 것입니다."

16. 이 글에 담긴 〈비아 깜뻬씨나〉와 관련된 모든 정보는 다음을 보라. http://www.viacampesina.org

17. 활발하게 활동하는 여성 단체들이 2006년 6월 20일 라이프찌히에서 「라이프찌히 호소」를 발표했다 (http://www.ecn.org/food/leipzig.html). 당시 라이프찌히에서는 〈유엔식량농업기구〉가 식물 유전 자원을 주제로 회의를 개최하고 있었다. 「라이프찌히 호소」는 식품 안정성을 여성의 관점에서 이야기한다 (이 여성 네트워크들은 식량 주권 관점에까지 이르지는 못했다. 식량 주권 관점은 1996년 로마에서 〈유엔식량농업기구〉 세계식량정상회의가 열리는 동안 대안으로 개최된 회의에서 채택되었는데, 〈비아 깜뻬씨나〉와 토론을 한 덕분에 가능한 일이었다). 「라이프찌히 호소」는 (유전자 조작의 결과물인) 새로운 식품 그리고 생명을 특허화하는 행위를 단호히 거부했다. 라이프찌히 〈유엔식량농업기구〉 회의에서는 새로운 유전자 변형 품종이 도입되면서부터 종 다양성 및 토종 종자가 크게 감소했다고 보았다.

18. [옮긴이] 〈무토지농민운동〉에 대해서는 이 책 2부 3장 「우리 안의 토착민, 우리가 사는 땅」, 주석 80번 참

조.

19. 1996년 4월 18일부터 21일까지 멕시코 뜰락스깔라에서 〈무토지농민운동〉의 두 번째 세계 대회가 열리는 동안, 브라질 엘도라도스카라자스에서 〈무토지농민운동〉 사람들 수천 명이 항의 시위에 나섰는데, 시위 도중 경찰이 시위대를 향해 발포하여 19명이 사망했다. 〈비아 깜뻬씨나〉는 학살당한 무토지 농민들을 추모하기 위해 4월 17일을 세계 소농의 날로 공표하자고 제안했다. 2001년 1월, 포르뚜알레그리에서 열린 〈세계사회포럼〉에서 이 제안이 받아들여졌다.

20. [옮긴이] 방갈로르에 대해서는 이 책 2부 3장 「우리 안의 토착민, 우리가 사는 땅」, 주석 74번 참조.

21. 생산자와 소비자가 서로의 생존을 보장한다는 사고에 기반해 선진국에서 많은 프로젝트가 시작되었다. 1990년대 초반 미국에서 생겨난 〈지역공동체먹거리보장연합〉(나는 앞서 언급한 「우리 안의 토착민, 우리가 사는 땅」,『페미니즘의 투쟁』 2부 3장에서 이 네트워크를 이야기했다)이 그런 경우다. 이탈리아에서는 〈연대구매조직〉이 생겼는데, 이 단체를 구성하는 시민과 생산자들은 다섯 가지 기본 윤리 규범에 따라 농산물을 구입해야 한다는 점에 동의한다. 다섯 가지 규범은 인간을 존중하고(무엇보다도 우리가 구입하는 제품이 사회적 불평등의 산물이어서는 안 된다), 환경, 건강, 풍미를 존중하며, 이 규칙을 따르는 소규모 생산자들이 만든 것을 우선적으로 구입함으로써 이들과 연대한다는 것이다. 〈연대구매조직〉은 전국 단위 회의에서 자신들의 활동과 문제점을 논의하는데, 현재는 다른 생산 부문들도 포함하여 논의를 진행한다. 시민 200만 명가량이 〈연대구매조직〉에 참여한다. 다음을 보라. Andrea Saroldi, *Gruppi di acquisto solidali* (Bologna : Emi, 2001).

22. J. Bové e F. Dufour, *Il mondo non è in vendita*, 151.

23. 같은 책, 176~178, 121, 180.

24. 같은 책, 176, 180.

25. 같은 책, 180.

26. 같은 책, 62.

27. 토르띠야는 가장 대중적이고 저렴한 식품 가운데 하나이다. 옥수수가 바이오 연료 생산에 쓰이기 시작하면서부터 멕시코에서 토르띠야 가격이 올랐다는 사실은 시사하는 바가 크다.

28. Vandana Shiva, *Vacche sacre mucche pazze* (Roma : DeriveApprodi, 2001), 70 [반다나 시바, 『누가 세계를 약탈하는가』, 류지한 옮김, 울력, 2005].

29. 같은 책, 65ff [같은 책]; 또한 다음을 보라. V. Shiva, *Sopravvivere allo sviluppo* [시바, 『살아남기』].

30. 아라크루즈 셀룰로스(Aracruz Celulose)는 농산업 관련 국영 기업으로 브라질에서 가장 큰 규모의 녹색 사막을 소유하고 있다. 아라크루즈 셀룰로스의 농장은 25만 헥타르가 넘는 면적에 걸쳐 있는데, 리우 그란데두술주(州)에만 5만 헥타르가 있다. 아라크루즈 셀룰로스의 공장에서는 해마다 표백한 셀룰로스 240만 톤이 생산되고, 그 결과 공기와 물이 크게 오염되어 건강에 악영향을 끼친다.

31. [옮긴이] 녹색 사막은 1960년대 브라질에서 쓰이기 시작한 표현으로, 열대 우림을 파괴한 자리에 들어선 대규모 조림지를 말한다. 유칼립투스(종이의 원료), 기름야자(팜유의 원료)가 녹색 사막의 대표적인 수종이다.

32. 특히 숲에 거주하는 사람들은 '더 높은 수준의 발전'이 행한 악랄한 공격의 희생자이다. 이 발전으로 숲에 사는 사람들이 농사, 수렵 활동, 낚시를 하지 못하게 되어 생존 가능성이 약화되었고, 질병이 퍼져 나가 생명을 위협받는다. 페루 아마존 숲에 거주하는 아추아르족이 그러한 경우인데, 그들의 거주 지역에서 석유가 추출되면서 전체 토양과 꼬리엔뗴스 강물이 오염되었다. 대체 수자원을 찾는 일은 별로 소용이 없다. 동물들은 어디서나 물을 마시기 때문에 그런 동물들을 먹으면 석유가 퍼뜨린 오염을 먹게 되고, 따라서 병에 걸려 죽게 된다. 이 지역은 처음에 플러스페트롤(Pluspetrol)사(社)가, 그 후에는 뻬뜨로뻬루(Petroperu)사와 옥시 페루(Oxy Peru)사가 사용했다. 아추아르족을 비롯하여 많은 사례가 있는데, 나이지리아 니제르강 어귀 사례가 유명하다. 오고니족이 오랫동안 저항했던 역사가 남아 있는 이곳을 오늘날 전 세계가 주목하고 있다.

33. http://www.viacampesina.org.

34. http://www.viacampesina.org.

35. 파키스탄과 아프가니스탄 내 소농 단체의 여성 참여 문제는 다음을 보라. Imran Munir, "Peasant

Struggles and Pedagogy in Pakistan," eds. M. Coté, R. Day and G. de Peuter, *Utopian Pedagogy*, (Toronto : University of Toronto Press, 2007).

36. 농촌에서 사업체를 운영하는 청년들이 만든 협동조합을 보면, 이제까지와는 다른 역할을 강하게 열망하고 있음을 알 수 있다. 청년들은 자기 사업을 의미 있는 공간으로 변모시켜 도시와 농촌이 새로운 관계를 맺게 한다. 또, 자기 사업체 및 사업 영역을 개방하여 문화 및 생산과 관련한 각종 활동을 하고, 어려운 처지에 있는 사람들에게 제공할 일자리를 만들어 내려고 한다. 그리하여 도시에서 온 사람들이 모이는 만남의 장, 아이들이 뛰노는 놀이터를 만들고자 한다. 한 가지 훌륭한 사례가 베로나에 있는 〈그롤라의 땅〉 혹은 〈싼땀브로지오 오또마르조 협동조합〉(http://www.leterredellagrola.it/grola/html)이라고 불리는 단체이다.

37. [옮긴이] G8은 독일, 미국, 영국, 이탈리아, 일본, 프랑스, 캐나다 등 G7, 그리고 러시아를 말한다.

38. 〈노스캐롤라이나 세계문제협의회〉는 미국 내에서 국제 문제를 논의하는 가장 중요한 민간 포럼 중 하나로, 1만 명이 넘는 회원이 참여한다.

11. 식량 주권을 위해 싸우는 어민과 여성

1. 다음은 이 쟁점을 다루는 핵심 참고자료이다. G. Madhusoodanan, "Il modello Kerala alla prova dell'ambientalismo," *CNS Ecologia Politica*, n. 3/4 August~December 2003, Anno XIII, Volume 55~56. 현재는 다시 한번 좌파 정부가 들어선 상태이다.

2. 1999년 6월 15일 오슬로(Oslo)에서 열린 소피상(Sophie Prize) 시상식 연설에서 발췌했다. 이탈리아어 번역문은 다음 글에서 볼 수 있다. M. Dalla Costa, "Il movimento dei pescatori." 이 글은 다음 책에 실려 있다. M. Dalla Costa and Monica Chilese, *Nostra madre oceano*, 82~83.

3. 같은 책, 96.

4. V. Shiva, *Vacche sacre e mucche pazze* [시바, 『누가 세계를 약탈하는가』].

5. 같은 책, 49 [같은 책].

6. "Situation mondiale des pêches et de l'acquacolture," *Rapporto SOFIA 2002 : La situation mondiale des pêches et de l'acquacolture*, http://www.fao.org/docrep/005/y7300f/y7300f01.pdf.

7. 1999년 6월 15일 소피상 시상식 연설에서 발췌했다. http://www.converge.org.nz/pma/apspeech.htm.

8. M. Carbone, "Le milieu marin et le développement durable," *Le Courrier ACPUE*, n. 193, juillet-août 2002년.

9. "Accord de pêche UE-Mauritanie," *Le Courrier ACPUE*, n. 191, 2002.

10. http://www.wwf.it/news2862002_4229.asp.

11. Franco Carlini, "Ipocriti pescatori in acque altrui," *Il Manifesto*, February 3, 2002.

12. "Development and peace and the fisheries," *Development and Peace*, 1998, http://www.devp.org/testA/issues/fisheries.htm.

13. V. Shiva, *Vacche sacre mucche pazze*, 46 [시바, 『누가 세계를 약탈하는가』].

14. 이 점에 대해 스탠퍼드 대학교의 경제학자 로자먼드 네일러(Rosamond Naylor)도 같은 의견을 제시한다. F. Ungaro, "Il rischio dell' agricoltura," October 23, 2002, http://www.enel.it/it/magazine/boiler/boiler30/html/articoli/AaasUngaro-Acquacoltura.asp.

15. 이 문제를 포괄적으로 다루는 참고 자료로는 다음을 보라. V. Shiva, *Vacche sacre mucche pazze*, 51ff [시바, 『누가 세계를 약탈하는가』]; M. Dalla Costa e M. Chilese, *Nostra madre oceano*, 69 ; M. Shanahan, "Appetite for destruction," March 22, 2003, http://www.theecologist.org/archive-article.html?article=376&category=88.

16. M. Dalla Costa e M. Chilese, *Nostra madre oceano*, 69.

17. L. R. Brown, "Alleveremo piú pesce che bestiame?," http://www.wwf.it/ambiente/earthpolicy/aquacoltura.asp.

18. V. Shiva, *Vacche sacre mucche pazze*, 60~61 [시바, 『누가 세계를 약탈하는가』].

19. [옮긴이] 오리사는 2011년에 오디샤로 공식 명칭을 변경했다.

20. V. Shiva, *Vacche sacre mucche pazze*, 58~60 [시바, 『누가 세계를 약탈하는가』].

21. [옮긴이] 시애틀 시위는 1999년 시애틀 〈세계무역기구〉 반대 시위를 말한다.

22. [옮긴이] 〈세계사회포럼〉에 대해서는 이 책 4부 9장 「시골스럽고 윤리적인」, 주석 16번 참조.

23. M. Dalla Costa e M. Chilese, *Nostra madre oceano*, 80. 이 글은 어업 노동자 운동 과정을 개괄하고 분석한다.

24. **어업 노동자를 지원하는 국제 조직인 〈남인도 어민회연합〉**(South Indian Federation of Fishermen Societies, SIFFS), April 2~3, 2004, http://www.wffp.org/indexcontent.asp?file1=ilo.html.

25. "Towards a Fisheries Policy in India" [인도의 수산업 정책에 대해], http://www.wffp.org/indexcontent.asp?file1=may0804.html. 이 요구 사항과 이해관계가 있는 당사자들이 어떤 이들인지 보다 명확하게 이해하려면 다음을 특별히 언급할 필요가 있다. 〈세계어민포럼〉 규정에 따르면, 포럼의 활동 회원이 될 권리가 있는 어업 노동자들은 어업에 직접 종사하는 모든 사람, 그리고 각국에서 아래 범주에 해당하는 사람이다.

· 어업으로 생계를 유지하는 사람
· 소형 선박을 이용하는 어업 노동자
· 어업 활동을 하는 토착민
· 해안 지역과 대륙에서 전통적으로 어업 활동을 해 온 사람
· 자율적으로 소규모 어업 활동을 하는 사람
· 선원

추가로 위에서 말한 범주가 아닌 다른 집단에 소속된 선원으로서 2조 a) 하위 조항에 명시된 조직, 다시 말해 규정 1조의 목표를 공유하는 조직에 현재 속해 있는 자, 어업 공동체에 기반을 두거나 수산업 보호에 종사하는 여성들이 모인 대중 조직, 생선의 변형, 판매, 운송과 관련된 활동을 하는 어업 노동자(상인은 제외)가 있다.

요구 사항 전체 목록은 다음을 보라. M. Dalla Costa e M. Chilese, *Nostra madre oceano*, 97ff. 이 책에 규정 전문이 부록과 함께 실려 있다.

26. 캐나다, 미국, 일본, 노르웨이에서는 위기를 겪으면서 어민들이 선원을 감축했는데, 이때 아내들이 힘을 합쳐 선상에서 일해야 했다("Development and Peace and the Fisheries," *Development and Peace*).

27. 같은 글.

28. 같은 글. 이탈리아 리구리아주(州) 몬떼로쏘에는 여전히 야간 어획 기술을 이용하여 자연산 멸치를 잡는 이들이 있다. 나이 지긋한 지역 주민들은 자연산 멸치를 우빤두마(u pan du ma), 즉 '바다에서 나는 빵'이라고 부른다. 30년 전, 어업은 이 지역의 주요 활동이었다. 하지만 오늘날에는 어선 두 대만이 야간 어획 장비를 갖추고 계속 운행하며 새벽 4, 5시에 뭍으로 돌아온다. 이 지역은 경제적 어려움을 겪고 있기도 하다. 주민들은 멸치 품질을 보증하고 지역 염장 작업을 가능하게 하는 상표를 획득하려고 애를 쓰고 있다. 현재 구성원이 얼마 남지 않은 어민 공동체의 미래를 지키려고 말이다(Monica Chilese, "Né pesci né pescatori," *Nostra madre oceano*, 59). 제노바 부근 까몰리에 있는 어민 협동조합은 손으로 만든 그물을 사용하는데, 이 그물은 한 해가 끝날 무렵 물고기의 먹이로 쓰려고 바다에 남겨 둔 코코넛 섬유를 재료로 한다. 이런 식으로 폐기물 발생을 방지한다.

29. 다음에 실린 규정의 서문에서 발췌했다. M. Dalla Costa e M. Chilese, *Nostra madre oceano*, 111.

12. 물고기가 마당에서 펄떡이도록

1. 이탈리아 같은 나라의 숙련 어민 어업은 해안에서 12마일 이내 거리를 움직일 수 있는 선택식 변속기를 장착한, 총적재량(Gross Registered Tonnage, GRT)이 10톤 미만이며 전체 길이가 12미터인 어선을 포함하여 모든 소형 어선을 이용하는 어업을 말한다. 개발도상국 내 숙련된 어민을 주축으로 하는 어업은, 전통적인 유형의 어선과 어획 방식으로 이뤄지는 어업, 혹은 어떻게든 어류 자원의 회복 가능성을 보호하고, 무엇보다도 해안 공동체의 요구에 관심을 가지는 방식으로 이뤄지는 어업을 의미한다.

2. Vandana Shiva, *Stolen Harvest* (Boston, MA : South End Press, 2000), 7 [반다나 시바, 『누가 세계를 약탈한는가』, 류지한 옮김, 울력, 2005].

3. 유아의 소모증(消耗症, marasmus)이 특히 심각하다.

4. H. Cleaver, "Food, Famine and the International Crisis," *Zerowork, Political Materials*.

5. V. Shiva, *Staying Alive*, 164 [시바, 『살아남기』].

6. V. Shiva, *Stolen Harvest*, 61~62 [시바, 『누가 세계를 약탈하는가』].

7. 같은 책, 58.

8. V. Shiva, *Staying Alive*, 161 [시바, 『살아남기』].

9. 같은 책, 21~34 [같은 책].

10. 가니(ghani)는 씨앗 기름을 짜는 기계로 인도 전역에 100만 대가 존재하며, 2만 대의 소형 분쇄기와 함께 대부분의 씨앗 기름을 추출하는 데 사용된다(V. Shiva, *Stolen Harvest*, 23 [시바, 『누가 세계를 약탈하는가』]). 가니는 아주 많은 이들을 먹여 살리는 소규모 경제의 무수한 거래와 관련이 있다. 동시에 생산 과정의 투명성을 보장하는 하나의 중요한 사례이기도 하다.

11. 2001년 12월 3일, 빠도바 대학교 정치과학부 교수인 잔니 따미노(Gianni Tamino)의 세미나에서 언급된 내용이다.

12. J. Bové and F. Dufour, *The World is Not for Sale*, 66.

13. Milena Dominici et al. eds., "Pesticidi nel piatto," Dossier published by Legambiente, May 30, 2003, http://www.amblav.it/Download/Legambiente_DossierPesticidi2003.pdf.

14. 같은 글.

15. 싸라 발리에리(Sara Valieri)가 첼레스띠노 베네따조(Celestino Benetazzo)와 알도 빠라비치니(Aldo Paravicini)를 인터뷰한 내용을 보라(2003년 10월 5일). 빠라비치니는 빠비아 소재 '오르씨네(Orsine) 농장' 운영자이며 〈생명역동농업협회〉(Associazione per l'Agricoltura Biodinamica) 이사이다. 인터뷰는 발리에리가 2004년 3월, 빠도바 대학교 정치과학부 정치사회학 졸업 논문으로 제출한 「이탈리아 대안 농업의 쟁점과 운동」(Questioni e movimenti per un'altra agricoltura in Italia)에 실려 있다.

16. 같은 글.

17. Mariarosa Dalla Costa ed., "The Native in Us, the Land We Belong to," *Common Sense*, n. 23, 1998 [『페미니즘의 투쟁』 2부 3장 「우리 안의 토착민, 우리가 사는 땅」].

18. John Lee, M. D. and Virginia Hopkins, *What Your Doctor May Not Tell You About Menopause* (New York : Warner Books, 1996) [John R. Lee, 『여성호르몬의 진실』, 안우성 옮김, 실사구시, 2007].

19. [옮긴이] 제노에스트로겐은 살충제 및 제초제에서 발견되는 유독성 에스트로겐이다.

20. July 16, 2003, http://www.altragricolturanordest.it/default.asp에 실린 논평. "Pesticida miete vittime in India" [인도에서 살충제를 뿌려 희생자를 거두어들이다], *Il Manifesto*, July 9, 2003.

21. March 12, 2004, http://www.altragricolturanordest.it/default.asp에 실린 논평. "Pesticidi : in vigour la Convenzione di Rotterdam" [살충제 – 로테르담 협약이 시행되다], February 26, 2004, http://www.greenplanet.net. 이 문서는 다음과 같이 시작한다. "이 협약은 부유한 나라들이 저질렀던 많은 실수를 개발도상국들이 하지 않도록 해줄 것이다. 부유한 나라들에서는 화학 물질과 살충제를 오용하여 환경을 훼손했을 뿐만 아니라 너무나 자주 건강에 심각한 피해를 초래하고, 심지어 사망에 이르게 했다."

22. July 16, 2003, http://www.altragricolturanordest.it/default.asp에 실린 논평. "Tre su Quattro : niente Ogm" [넷 중 세 개꼴 – 유전자 변형 물질 반대], *Il Corriere della Sera*, July 14, 2003.

23. 2003년 12월 16일, 빠도바 대학교 정치과학부 소속 루치아노 미오니와 굴리엘모 도나델로의 세미나에서 언급된 내용이다.

24. 〈녹색환경과 사회〉(Verdi Ambiènte e Società, VAS) 보도 자료 : "Emergenza Ogm in Piemonte" [삐에 몬떼에서 발생한 유전자 변형 유기체 비상사태], http://www.vasonline.it/news/2003/07_ogm_piemon-te_campi_2.htm.

25. 이 학생은 빠올로 벨로니(Paolo Belloni)로, 현재는 뽀모나에서 탄생한 〈전국생물다양성증대협회〉(Associazione Nazionale per la Valorizzazione della Biodiversità) 회장이다. 싸라 발리에리가 2003년 11월 12일 벨로니를 인터뷰한 내용은 앞서 주석에서 언급한 발리에리의 학위 논문에 실려 있다.

26. V. Shiva, *Staying Alive*, 165~178 [시바, 『살아남기』] ; V. Shiva, *Stolen Harvest*, 57~78 [시바, 『누가 세계

를 약탈하는가』].

27. V. Shiva, *Staying Alive*, 175~178 [시바, 『살아남기』].

28. Shanti George, *Operation Flood* (Delhi : Oxford University Press, 1985), 118.

29. 같은 책, 39.

30. 같은 책, 108.

31. 같은 책, 112.

32. V. Shiva, *Staying Alive*, 177~178 [시바, 『살아남기』] [인도의 백색 혁명은 1970년부터 1996년까지 세계에서 가장 큰 규모로 진행된 낙농업 개발 사업이다. '우유홍수작전'(Operation Flood)이라는 또 다른 이름이 말해주듯, 인도 정부는 이 사업으로 인도의 우유 생산량을 대폭 늘리길 원했다. 그 결과, 인도는 미국에 비견되는 세계 최대 우유 생산국이 되었다. ─ 옮긴이]

33. [옮긴이] 기(ghee)는 액화 버터의 한 종류이다.

34. [옮긴이] 코야(khoya)는 요거트의 한 종류이다.

35. S. George, *Operation Flood*, 261.

36. V. Shiva, *Stolen Harvest*, 60 [시바, 『누가 세계를 약탈하는가』].

37. J. Bové and F. Dufour, *The World is Not for Sale*, 67~68.

38. V. Shiva, *Stolen Harvest*, 67 [시바, 『누가 세계를 약탈하는가』].

39. 해외무역 자유화가 1991년에 인도에 도입되었는데, 이때 〈국제통화기금〉과 〈세계은행〉이 부여한 구조 조정 정책도 일괄적으로 시행되었다.

40. [옮긴이] 육골분 사료는 동물 뼈를 갈아 만든 사료로 동물성 사료라고도 한다.

41. V. Shiva, *Stolen Harvest*, 69 [시바, 『누가 세계를 약탈하는가』].

42. 2003년 12월 16일, 빠도바 대학교 정치과학부, 루치아노 미오니와 굴리엘모 도나델로의 학회에서 언급된 내용이다.

43. 생산을 더욱 늘리기 위해 소는 초식 동물에서 육식 동물로 변형되는 극도의 폭력을 겪는다. 이는 소에게 단백질이 풍부한 농후 사료를 먹이기 위한 것인데, 되새김질을 해야 하는 소에게 농후 사료는 알맞지 않은 먹이이다. 되새김질 문제를 해결하려고 소의 위에 합성수지로 된 스펀지를 장착하며, 소는 그 상태로 평생을 살아가야 한다.

44. Giustolisi, F. "Bistecche dopate," *L'Espresso*, June 26, 2003.

45. 2002년 12월 6일 자 『라 레뿌블리까』는 '수천 건의 육류 사기 사건'(Le mille truffe della carne)라는 기사에서 이 문제를 논의하며, 또리노 검찰이 수사에 착수했다고 보도한다.

46. July 17, 2003, http://www.altragricolturanordest.it/default.asp에 실린 논평. "Maxisequestro di pesci e polli" [생선과 닭고기 대량 압수], July 16, 2003, *Il Corriere della Sera*.

47. François Dufour, "Gli scienziati pazzi dell'agroalimentare," *Le Monde Diplomatique*, July 1999.

48. J. Bové and F. Dufour, *The World is Not for Sale*.

49. http://www.fao.org/docrep/005/y7300f/y7300f01.pdf.

50. http://www.marevivo.it/tonno3.html.

51. http://www.wwf.it/news/242002_6250.asp.

52. http://www.wwf.it/news/242002_6250.asp.

53. 2003년 5월 9일 자 『라 레뿌블리까』는 「지중해를 벗어나다」(Fuga dal Mediterraneo)라는 기사에서 이 사건을 설명하면서 논평한다.

54. http://www.wwf.it/news/2532002_6250.asp.

55. V. Shiva, *Stolen Harvest*, 37 [시바, 『누가 세계를 약탈하는가』].

56. 같은 책, 37~54 [같은 책].

57. 같은 책, 51 [같은 책].

58. http://www.theecologist.org/archive_article.html?article=376&category=88.

59. V. Shiva, *Stolen Harvest*, 53~54 [시바, 『누가 세계를 약탈하는가』].

60. http://www.ilmanifesto.it/php3ricview.php3?page=/terraterra/archivio/1999/Giugno/3b2892156

4280.html&word=gamberi.

61. http://www.earthsummitwatch.org/shrimp/national_reports/crmal1.html.

62. V. Shiva, *Stolen Harvest*, 52 [시바, 『누가 세계를 약탈하는가』].

63. http://www.ilmanifesto.it/php3/ricview.php3?page=/terraterra/archivio/1999/Novembre/3b289
2b45c580.html&word=gamberi.

64. George Caffentzis, *The Fundamental Implications of the Debt Crisis for Social Reproduction in Africa*
(London: Zed Books, 1995).

65. M. Dalla Costa, *Women, Development and Labor of Reproduction*.

66. [옮긴이] 〈무토지농민운동〉에 대해서는 이 책 2부 3장 「우리 안의 토착민, 우리가 사는 땅」, 주석 80번 참조.

67. [옮긴이] 〈5월 광장의 어머니〉(Madres de Plaza de Mayo)는 1976년부터 1983년까지 아르헨티나의 군사 독재 시절 실종된 사람들의 어머니들이 만든 단체이다. 이들은 자식에게 무슨 일이 생긴 건지 알아내고자 노력하는 한편, 정부가 모든 반대 의견을 침묵시키려고 주도한 국가 테러에 불복종을 공표하며 1977년, 대통령 관저 앞 5월 광장에서 행진을 시작했다.

68. J. Bové and F. Dufour, *The World is Not for Sale*, 182.

69. [옮긴이] 방갈로르에 대해서는 이 책 2부 3장 「우리 안의 토착민, 우리가 사는 땅」, 주석 74번 참조.

70. [옮긴이] 40일 감자(patata quarantina bianca genovese)는 이탈리아 제노바 근방 산간 지역에서 나는 감자를 말한다. 조기 재배가 가능하고 재배 주기가 짧은 품종이다.

71. Massimo Angelini, *La Quarantina bianca genovese e le patate tradizionali della montagna genovese*,
pubblicato da Consorzio di tutela della Quarantina bianca genovese, 2001.

72. http://www.quarantina.it.

73. http://www.agp.org.

74. http://www.agp.org; 모니카 킬레제가 규정을 이탈리아어로 번역하여 2003년 7월, 빠도바 대학교 정치과 학부 정치사회학 논문으로 제출한 「어류 자원 고갈 — 사회정치적 쟁점, 요구, 운동」(Il depauperamento delle risorse ittiche: problematiche politico sociali, istanze e movimenti)에 실었다. 덕분에 본 글을 쓸 때 유용한 자료를 찾을 수 있었다.

∷ 수록글 출처

1부 '사랑으로 하는 노동': 노동을 다시 생각하다

1. 「여성과 공동체 전복」 이탈리아어판 서문
"Prefazione." *Potere femminile e sovversione sociale, con "Il posto della donna" di Selma James*. Padova : Marsilio Editori, 1972 [리처드 브로드가 이탈리아어 원문을 영어로 번역했다. "Preface to the Italian Edition of Women and the Subversion of the Community (March 1972)." *Women and the Subversion of the Community : A Mariarosa Dalla Costa Reader*. Oakland, CA : PM Press, 2019].

2. 여성과 공동체 전복
"Donne e sovversione sociale." *Potere femminile e sovversione sociale, con "Il posto della donna" di Selma James*. Padova : Marsilio Editori, 1972 [첫 영역본은 1972년 10월에 나왔다. "Women and the Subversion of the Community (1972)." *Women and the Subversion of the Community : A Mariarosa Dalla Costa Reader*. Oakland, CA : PM Press, 2019].

3. 총파업에 대하여
"On the General Strike." *All Work and No Pay*. eds. Wendy Edmond and Suzie Fleming. Bristol, UK : Falling Wall Press, 1975. 마리아로사 달라 코스따가 1974년 3월 10일에 한 연설의 결론 부분에 해당한다.

4. 가사노동과 1970년대 이후 이탈리아 페미니즘 운동
"Domestic Labor and the Feminist Movement in Italy since the 1970s." *International Sociology* 3, no.1 (March, 1988) : 23~34.

5. 재생산과 이민
"Riproduzione e emigrazione." *L'operaio multinazionale in Europa*. ed. Alessandro Serafini. Milan : Feltrinelli, 1974 [영역본은 1977년 이탈리아어판의 제2판을 실비아 페데리치와 해리 클리버가 번역하고 저자가 수정했다. "Reproduction and Emigration (1974)." *Women and the Subversion of the Community : A Mariarosa Dalla Costa Reader*. Oakland, CA : PM Press, 2019].

6. 1970년대 이탈리아의 인구 이출과 이입, 그리고 계급 구성
마리아로사 달라 코스따가 1980년 10월 23일부터 25일까지 몬트리올 소재 퀘벡 대학교에서 열린 〈제3세계와 국제노동분업〉(Le tiers-monde dans la division internationale du travail) 학회에서 발표한 글이다. "Emigrazione, immigrazione e composizione di classe in Italia negli anni '70." *Economia e lavoro*. n.4. October~December, 1981 [리처드 브로드가 이탈리아어 원문을 영어로 번역했다. "Emigration, Immigration, and Class Composition in Italy in the 1970s (1980)." *Women and the Subversion of the Community : A Mariarosa Dalla Costa Reader*. Oakland, CA : PM Press, 2019].

7. 복지에 대하여
"A proposito del welfare." *Primo Maggio : saggi e documenti per una storia di classe* 9~10 (1977~1978) : 76~80 [리처드 브로드가 이탈리아어 원문을 영어로 번역했다. "On Welfare (1977~1978)." *Women and the Subversion of the Community : A Mariarosa Dalla Costa Reader*. Oakland, CA : PM Press, 2019].

8. 가족, 복지, 뉴딜

"Famiglia e welfare nel New Deal." *Economia e Lavoro* 19, no. 3 (1985) : 149~52 [리처드 브로드가 이탈리아어 원문을 영어로 번역했다. "Family and Welfare in the New Deal (1985)." *Women and the Subversion of the Community : A Mariarosa Dalla Costa Reader.* Oakland, CA : PM Press, 2019].

9. 노인 돌봄이라는 새로운 위기 : 여성의 자율성과 돌봄 노동 임금을 중심으로

마리아로사 달라 코스따는 이 글 "Autonomia della donna e retribuzione del lavoro di cura nelle nuove emergenze"을 2006년 10월 24일부터 26일까지 멕시코시티 자치대학교(Universidad Autonoma de la Ciudad de Mexico)에서 열린 국제 학회, 〈자율성은 가능한가〉(La autonomia posible)에서 발표했다. [실비아 페데리치가 이탈리아어 원문을 영어로 번역했다. "Women's Autonomy and Remuneration of Care Work in the New Emergencies of Eldercare (2007)." *Women and the Subversion of the Community : A Mariarosa Dalla Costa Reader.* Oakland, CA : PM Press, 2019].

10. 노동자주의, 페미니즘, 그리고 유엔의 몇 가지 성과

마리아로사 달라 코스따는 2008년 1월, 깔라브리아 대학교 경제학부에서 학회를 주최했는데, 이 글은 당시의 발표문 "Operaismo, femminismo e un po' di Nazioni Unite"을 다듬은 것이다. 달라 코스따는 같은 내용을 2008년 4월, 브라질 리우그란데두술 소재 까시아스두술 대학교와 부에노스아이레스 대학교 정치학부에서도 발표했다. 또, 제네랄살미엔또 국립대학교 〈경제사회개발연구소〉(Instituto de Desarrollo Económico y Social, IDES)와, 여성 서점(Libreria de Mujeres)의 페미니즘 철학 세미나인 '페미니즘 토론'에서도 발표했다. [라파엘라 까빤나가 이탈리아어 원문을 영어로 번역했다. "Workerism, Feminism, and Some United Nations Efforts (2008)." *Women and the Subversion of the Community : A Mariarosa Dalla Costa Reader.* Oakland, CA : PM Press, 2019].

2부 누구를 위한 개발인가 : 발전을 반성하다

1. 자본주의와 재생산

마리아로사 달라 코스따는 〈일본국제교류기금〉이 유럽 여성들의 환경 문제 연구 투어(European Women's Study Tour for Environmental Issues) 일환으로 1994년 4월 8일, 도쿄에서 개최한 〈여성의 부불 노동과 세계 체제〉(Women's Unpaid Labour and the World System) 세미나에서 이 글 "Capitalismo e riproduzione"을 발표했다. "Capitalism and Reproduction." eds. Werner Bonefeld, John Holloway, and Kosmas Psychopedis. *Open Marxism, vol. 3. : Emancipating Marx.* London : Pluto Press, 1995.

2. 발전과 재생산

"Sviluppo e riproduzione." *Vis-à-Vis* no.4, 1996 ; *Donne, sviluppo e lavoro di riproduzione. Questioni delle lotte e dei movimenti.* eds. Mariarosa Dalla Costa and Giovanna Franca Dalla Costa. Milano : FrancoAngeli, 1996 ["Development and Reproduction." *Common Sense* n. 17, 1995 ; *Women, Development and Labor of Reproduction. Struggles and Movements.* eds. Mariarosa Dalla Costa and Giovanna Franca Dalla Costa. Trenton, N.J. and Asmara, Eritrea : Africa World Press, 1999 ; *Revolutionary Writing.* ed. Werner Bonefeld. New York : Autonomedia, 2003 ; "Desenvolvimento e Reprodução." *Cadernos do CRH*, n. 23. Universidade Federal da Bahia, Salvador, Bahia, Brazil ; *Jokyo*, Impaction, n. 6, vol. 7, 東京, 1999年 6月].

3. 우리 안의 토착민, 우리가 사는 땅

마리아로사 달라 코스따는 이 글의 초안을 1996년 3월 30일 토리노에서 열린 〈또 다른 유럽, 운동과 계급 자율성이 존재하는 유럽을 위해〉(Per un'altra Europa, quella dei movimenti e dell'autonomia di classe) 학회에서 발표하려고 썼고, 그 후 내용을 심화시켰다. "L'indigeno che è in noi, la terra cui apparteniamo." *Vis à Vis*, n. 5, 1997 ; *Camminare domandando.* a cura di A. Marucci. Roma : DeriveApprodi, 1999

["The Native in Us, the Land We Belong to." *Common Sense*, n. 23, 1998 ; *The Commoner*, n. 6, 2003].

3부 내 몸은 내 것 : 몸을 탈환하다

1. 과잉의 역사 : 여성과 의학의 관계
이 글은 마리아로사 달라 코스따가 2004년 3월 3일 비첸짜에서 열린 〈여성의 건강〉(La salute della donna) 학회에서 "Gli 'eccessi' nel rapporto donne-medicina. Alcuni cenni storici"라는 제목으로 강연한 내용이다. "Gli 'eccessi' nel rapporto donne-medicina. Alcuni cenni storici." *La rivista della Società Medico Chirurgica Vicentina* 15, no. 1~2 (December 2005). [리처드 브로드가 이탈리아어 원문을 영어로 번역했다. "Excesses in the Relationship of Women to Medicine : Some History (2005)." *Women and the Subversion of the Community : A Mariarosa Dalla Costa Reader*. Oakland, CA : PM Press, 2019].

2. 이 여성의 몸은 누구 것인가?
마리아로사 달라 코스따는 이 글 "Di chi è il corpo di questa donna?"을 2006년 10월 24일부터 26일까지 멕시코시티 자율대학교에서 열린 국제 학회 〈자율성은 가능한가〉에서 발표했다. [실비아 페데리치가 이탈리아어 원문을 영어로 번역했다. "To Whom Does the Body of This Woman Belong? (2007)." *Women and the Subversion of the Community : A Mariarosa Dalla Costa Reader*. trans. Silvia Federici. Oakland, CA : PM Press, 2019].

3. 정원으로 나가는 문
2002년 6월 1일부터 이틀간 리알또 오꾸빠또 사회 센터(Centro Sociale Rialto Occupato)에서 『푸뚜로 안떼리오레』(*Futuro Anteriore*. eds. Guido Borio, Francesca Pozzi, and Gigi Roggero. Rome : DeriveApprodi, 2002) 발간 기념 세미나가 열렸다. 이 글은 마리아로사 달라 코스따가 당시 "La porta dell'orto e del giardino"라는 제목으로 강연한 내용이다. [풀비아 쎄라가 이탈리아어 원문을 영어로 번역했다. "The Door to the Garden (2002)." *Women and the Subversion of the Community : A Mariarosa Dalla Costa Reader*. trans. Fulvia Serra. Oakland, CA : PM Press, 2019].

4부 파괴와 고통을 넘어 : 땅과 바다를 살리다

1. 대지가 공격받다
"L'attacco alla Terra." *Manifesto Alias*. 29 dicembre, 2001 ["Intervención IV : El ataque a la tierra." *Dinero, perlas y flores en la reproducción feminista*. trans. Marta Malo de Molina. Madrid : Akal, 2009 ; 라파엘라 까빤나가 이탈리아어 원문을 영어로 번역했다. "The Attack on the Earth."].

2. 지역을 말하는 일곱 가지 이유
이 글은 마리아로사 달라 코스따가 2002년 7월 10일, 빠도바에서 열린 라디오 셔우드 페스티벌(Radio Sherwood Festival)의 토론회 〈국제적 투쟁의 두 번째 라운드를 위한 핵심 경로〉(Percorsi critici per un secondo ciclo di lotte globali)에서 "Sette buone ragioni per dire luogo"라는 제목으로 발표한 내용이다. 두 권의 책, 나오미 클라인의 『슈퍼 브랜드의 불편한 진실』(이은진 옮김, 살림Biz, 2010)과 안또니오 네그리와 마이클 하트의 『제국』(윤수종 옮김, 이학사, 2001), 그리고 네그리 등의 *Controimpero : per un lessico dei movimenti globali* [대항제국]에 관한 발표에서 출발한 토론회였다. "Sette buone ragioni per dire luogo." *Foedus*, n. 15, 2006 ["Seven Good Reasons to Say Locality." *The Commoner*, n. 6, 2002].

3. 세계를 시골로 되돌리기
달라 코스따는 이 글을 2003년 4월 11일부터 13일까지 베로나의 라키미까(La Chimica) 주민자치센터에서 개최된 〈대지와 자유/위기의 와인〉(Terra e Libertà/Critical Wine) 대회에서 『세계를 시골로 되돌리기 … 삶과 영혼을 되찾기 위해』(Riruralizzare il mondo … per recuperare lo spirito e la vita)라는 제목으로 발표하였다. "Rirualizzare il mondo e Due cesti per cambiare." *Terra e Libertà/Critical Wine*. eds. M. Angelini et al. Roma : DeriveApprodi, 2004 [엔다 브로피가 이탈리아어 원문을 영어로 번역했다. "Seven Good Reasons to Say Locality." *The Commoner*, no. 12, 2007].

4. 변화를 만드는 두 개의 바구니

마리아로사 달라 코스따는 이 글을 2003년 12월 5일부터 7일까지 밀라노에 있는 레온까발로(Leoncavallo) 주민자치센터에서 진행된 〈대지와 자유/위기의 와인〉 '작은 것들의 박람회'(Fiera dei particolari)에서 "Due cesti per cambiare"라는 제목으로 발표하였다. "Due cesti per cambiare." *Terra e Libertà/Critical Wine*. eds. M. Angelini et al. Roma : DeriveApprodi, 2004 [엔다 브로피(Enda Brophy)가 이탈리아어 원문을 영어로 번역했다. "Two Baskets for Change." *The Commoner*, no.12, 2007].

5. 신자유주의, 토지, 식량에 대한 몇 가지 기록

마리아로사 달라 코스따는 이 글을 1996년 11월 15일, 로마에서 열린 식량에 대한 여성의 날 〈유엔식량농업 기구〉 세계식량정상회의 비정부기구 포럼에서 발표했다. "Neoliberismo, terra e questione alimentare." *CNS Ecologia Politica*, n.1, 1997 ["Some Notes on Neoliberalism, on Land and on the Food Question." *Canadian Woman Studies/les cahiers de la femme*, vol. 17, n. 2, Spring, 1997, https://cws.journals. yorku.ca/index.php/cws/article/view/8885/8062].

6. 자급생활을 둘러싼 전쟁

이 글은 마리아로사 달라 코스따가 "La guerra alla sussistenza"라는 제목으로 2001년 12월 12일 빠도바 대학교 정치과학부 대강당에서 전쟁에 반대하는 학생회를 대상으로 강연한 내용이다. ["Intervención III : La guerra contra la subsistencia." *Dinero, perlas y flores en la reproducción feminista*. trans. Marta Malo de Molina. Madrid : Akal, 2009 ; 라파엘라 까빤나가 이탈리아어 원문을 영어로 번역했다. "The war on subsistence."].

7. 이탈리아의 대안 농업과 식량

"Per un'altra agricoltura e per un'altra alimentazione in Italia." con Dario De Bortoli. *Foedus*, n. 11, 2005 ["For another agriculture and another food policy in Italy." *The Commoner*, n. 10, Spring~Summer 2005].

8. 식량 공통장, 그리고 공동체

이 글은 마리아로사 달라 코스따가 "Il cibo come common e come comunità"라는 제목으로 2004년 10월 14일부터 17일까지 런던에서 열린 〈유럽사회포럼〉(European Social Forum, ESF)에서 강연한 것이다. ["Food as Common and Community." *The Commoner*, n.12, Spring~Summer 2007].

9. 시골스럽고 윤리적인

마리아로사 달라 코스따는 이 글을 2005년 4월 9일부터 10일까지 베로나의 라키미까(La Chimica) 사회센 터에서 개최된 〈대지와 자유/위기의 와인〉 컨퍼런스에서 "Rustici ed etici"라는 제목으로 발표하였다. [주 세삐나 메끼아(Giuseppina Mecchia)가 이탈리아어 원문을 영어로 번역했다. "Rustic and Ethical." eds. Emma Dowling, Rodrigo Nunes and Ben Trott. *Ephemera. Theory and Politics in Organization*, vol. 7, n. 1, 2007, www.ephemeraweb.org].

10. 식량 주권, 소농, 여성

달라 코스따는 이 글을 다음 학회에서 "Sovranità alimentare, contadini e donne"라는 제목으로 발표했 다. 〈세계화와 불평등한 성장 — 서발턴 운동의 정치적 도전〉(Globalizacion y desarrollo desigual. El desafio politico de los movimientos subalternos), 마드리드, 2007년 6월 25~29일, 노마다 대학교, 꼼 쁠루뗀쎄 포럼(Foro Complutense), 마드리드 꼼쁠루뗀쎄 대학교. [아리안나 보베(Arianna Bove)가 이

탈리아어 원문을 영어로 번역했다. "Food sovereignty, peasants and women." *The Commoner*, n.12, Spring~Summer 2007 ; *Foedus*, n.12, 2008.]

11. 식량 주권을 위해 싸우는 어민과 여성

달라 코스따는 이 글을 다음 학회에서 "Pescatori e donne per la sovranità alimentare"라는 제목으로 발표했다. 〈세계화와 불평등한 성장 ─ 서발턴 운동의 정치적 도전〉, 마드리드, 2007년 6월 25~29일, 노마다 대학교, 꼼쁠루뗀쎄 포럼, 마드리드 꼼쁠루뗀쎄 대학교. [아리안나 보베가 이탈리아어 원문을 영어로 번역했다. "Fishermen and women for food sovereignty." *The Commoner*, n.12, Spring~Summer 2007.]

12. 물고기가 마당에서 펄떡이도록

"Perché i pesci saltino nell'orto." *Foedus*, n.12, 2005 ; *Biodifferenze*. eds. Turus G. and Altobrando A. Padova : Esedra Editrice, 2006 [라파엘라 까빤나가 이탈리아어 원문을 영어로 번역했다. "So that Fish May Flop in Vegetable Gardens." *The Commoner*, n.15.]

"A Twisted Attack on Day Care." *Newsday*. January 30, 1976.

AA. VV. *Donne e diritto*. Milan : Gulliver, 1978.

Abbà, Luisa et al. *La coscienza di sfruttata*. Milan : Mazzotta Editore, 1972.

Accord de pêche Ue-Mauritanie. Le Courrier Acp-UE, n. 191, 2002.

AltrAgricoltura ~ Comitato Spontaneo Produttori Agricoli Nazionale. *Oggi di cibo si può morire*. febbraio 2003.

Angelini, Massimo et al. *Terra e libertà/critical wine. Sensibilità planetarie, agricoltura contadina e rivoluzione dei consumi*. Roma : DeriveApprodi, 2004.

Angelini, Massimo. "Il valore complesso delle varietà tradizionali e locali." Angelini Massimo et al. *Terra e libertà/critical wine. Sensibilità planetarie, agricoltura contadina e rivoluzione dei consumi*. Roma : DeriveApprodi, 2004.

_____. *La Quarantina bianca genovese e le patate tradizionali della montagna genovese*, pubblicato da Consorzio di tutela della Quarantina bianca genovese, 2001.

Bacchet, D. "Indagine sul lavoro degli stranieri in Italia con particolare riferimento alla Lombardia e al Veneto." PhD diss. University of Padua, 1978~1979.

Bales, Kevin. *Disposable People. New Slavery in the Global Economy*. Berkeley, CA : University of California Press, 1999 [케빈 베일스, 『일회용 사람들 : 글로벌 경제 시대의 새로운 노예제』, 편동원 옮김, 이소, 2003].

Ballestrero, Maria Vittoria. *Dalla tutela alla parità : La legislazione italiana sul lavoro delle donne*, Bologna : Il Mulino, 1979.

Balsamo, Mario. *Que viva Marcos!*. Roma : Manifestolibri, 1995.

Barry, Kathleen. *The Prostitution of Sexuality. The Global Exploitation of Women*. New York : New York University Press, 1995 [캐슬린 배리, 『섹슈얼리티의 매춘화』, 정금나 · 김은정 옮김, 삼인, 2002].

Barry, Tom. *Mexico*. Inter-Hemispheric Education Resource Center, New Mexico : Albuquerque, 1992.

Belforte, Silvia and Martino Ciatti. *Il fondo del barile*. Turin : La salamandra, 1980.

Belladona, Judith. *Folles Femmes de leur corps (La prostitution)*. Fontenay-sous-Bois : Recherches, 1977.

Beltrami, Vanni and Massimo S. Baistrocchi (eds.). *I Tuareg tra esilio resistenza ed integrazione*. Chieti Scalo (Pescara) : Vecchio Faggio, 1994.

Berry, Wendell. "Conserving Communities." eds. Jerry Mander and Edward Goldsmith. *The Case Against the Global Economy. And for a Turn Toward the Local*. San Francisco, CA : Sierra Club Books, 1996. [웬델 베리, 「공동체의 보존」, 『위대한 전환 : 다시 세계화에서 지역화로』, 제리 맨더 · 에드워드 골드스미스 편저, 윤길순 · 김승욱 옮김, 동아일보사, 2001].

Berti, L. et al. *Crisi delle Politiche e politiche nella crisi*. Naples : Pironti, 1981.

Beynon, Huw. *Working for Ford*. Harmondsworth : Penguin Books, 1973.

Biermann, Pieke. *Wir sind Frauen 'wie andere auch'! Prostituierte und ihre Kämpfe*. Reinbek : Rowohlt, 1980.

Bocci, R. "Via Campesina. Verso l'assemblea mondiale della rete contadina." *CNS Ecologia politica*, n. 1~2, 2003.

Bock, Gisela and Barbara Duden. "Arbeit aus Liebe — Liebe als Arbeit : Zur Entstehung der Hausarbeit im Kapitalismus." eds. Gruppe Berliner Dozentinnen. *Frauen und Wissenschaft*. Berlin : Courage Verlag, 1977.

Bock, Gisela. "Frauenbewegung und Frauenuniversität : Die Politische Bedeutung." eds. Gruppe Berliner Dozentinnen. *Frauen und Wissenschaft*. Berlin : Courage Verlag, 1977.

Bologna, Sergio. "Irrompe la quinta generazione operaia." *Dossier Lavoro*.

_____."La tribù delle talpe." *Primo Maggio, La tribù delle talpe*. Milan : Feltrinelli, 1978.

Bonefeld, Werner et al. (eds.). *Open Marxism 3 : Emancipating Marx*. London and East Haven, Connecticut : Pluto Press, 1995.

Bookchin, Murray. *L'ecologia della libertà*. Milano : Eleuthera, 1995.

Boone, Gladys. *The Women's Trade Union Leagues in Great Britain and in the United States of America*. New York : AMS Press, 1968 [1942].

Borio, Guido, Francesca Pozzi and Gigi Roggero (eds.). *Anteriore*. Rome : DeriveApprodi, 2002.

Boserup, Ester. *Il lavoro delle donne. La divisione sessuale del lavoro nello sviluppo economico*. Torino : Rosenberg & Sellier, 1982.

(The) Boston Women's Health Collective. *Noi e il nostro corpo. Scritto dalle donne per le donne*. Milano : Feltrinelli, 1974 [*Our Bodies Ourselves*. New York : Shimon and Schuster, 1971 ; 보스턴여성건강 서공동체,『우리 몸 우리 자신』, 또문몸살림터 옮김, 또하나의문화, 2005].

Bové, José and François Dufour. *Il mondo non è in vendita*. Milano : Feltrinelli, 2001 [*The World is Not for Sale : Farmers against Junk Food*. trans. Anna de Casparis, London, New York : Verso, 2001].

Brown, L. R. "Alleveremo più pesce che bestiame?." s.d., www.wwf.it/ambiente/earthpolicy/acquacoltura. asp.

Bugliani, Roberto (ed.). *Dal Chiapas al mondo : Scritti discorsi e lettere sulla rivoluzione zapatista*, vol. 2, Roma : Erre emme edizioni, 1996.

Burgos, Elisabeth y Rigoberta Menchú, *Me llamo Rigoberta Menchú y así me nació la conciencia*. Casa de las Américas, 1983 [Burgos, Elisabeth. *Mi chiamo Rigoberta Menchú*. Florence : Giunti, 1991 ; Menchú, Rigoberta, *I, Rigoberta Menchú : An Indian Woman in Guatemala*. ed. E. Burgos-Debray. trans. A. Wright. London : Verso, 1984 ; 엘리자베스 부르고스,『나의 이름은 멘추』, 유정태 옮김, 이목, 1993].

Burns, John F. "Tradition in India versus a Patent in the U.S." *New York Times*. settembre 15, 1995.

Cacucci, Pino. "La rivolta di Tepoztlàn." *Il Manifesto*. n. 23, aprile 1996.

Cafa(Committee for Academic Freedom in Africa). numeri da 1 a 10, New York, 1990~1996.

Caffentzis, George. "La crisi del debito in Africa e sue principali implicazioni per la riproduzione sociale." eds. M. Dalla Costa and G. F. Dalla Costa. *Donne e politiche del debito. Condizione e lavoro femminile nella crisi del debito internazionale*. Milano : FrancoAngeli, 1993.

_____. *The Fundamental Implications of the Debt Crisis for Social Reproduction in Africa*. London : Zed Books, 1995.

Calabrò, Anna Rita and Laura Grasso (ed.). *Dal movimento femminista al femminismo diffuso*. Milan : FrancoAngeli, 1985.

Campennì, Antonino. *L'egemonia breve. La parabola del salariato in fabbrica a Crotone*. Soveria Mannelli (Catanzaro) : Rubbettino, 2002.

"Car Plants without Mass Disaffection." *Financial Times*. March 12, 1973.

Carbone, M. "Le milieu marin et le développement durable." *Le Courrier ACP-UE*, n. 193. July-August 2002.

Caritas. *Dossier statistico immigrazione 2003*. Roma : Edizioni Nuova Anterem, 2003.

Carlini, Franco. "Ipocriti pescatori in acque altrui." *Il manifesto*. February 3rd, 2002. www.ilmanifesto.it/php3/ricview.php3?page=/terraterra/archivio/2002/Febbraio/3c5e75c0ce563.html&word=pescatori.

Castels, Stephen and Godula Kosack. *Immigrant Workers and Class Structure in Western Europe*. London : Oxford University Press, 1973.

Centro Nuovo Modello di Sviluppo. *Nord Sud. Predatori predati e opportunisti.* Bologna : Editrice missionaria italiana, 1997.

Chafe, William Henry. *The American Woman : Her Changing Social, Economic, and Political Roles, 1920-1970.* 2nd Edition. New York : Oxford University Press, 1974.

Chira, S. "Babies for Export. And Now the Painful Question." *New York Times.* April 21, 1988.

Chossudovsky, Michel. *The Globalization of Poverty : Impacts of IMF and World Bank Reforms.* London : Zed Books, 1999.

Christian, Marazzi. *Il posto dei calzini.* Bellinzona : Edizioni Casagrande, 1994 [크리스티안 마라찌, 『자본과 정동 : 언어 경제의 정치학』, 서창현 옮김, 갈무리, 2014].

Cicolella, O. "Le donne tra crisi ambientale e sviluppo insostenibile." *Res,* n. 7. gennaio-marzo 1993.

Cipriani, Franca. "Proletariato del Maghreb e capitale europeo." ed. Alessandro Serafini. *L'operaio multinazionale in Europa.* Milan : Feltrinelli, 1974.

"City Opens Computer Center to Check on Eligibility of Welfare Recipients." *New York Times.* February 28, 1975.

Clark, Alice. *Working Life of Women in the Seventeenth Century.* London : Frank Cass & Co., 1968.

Cleaver, Harry. "Close the IMF, abolish debt and end development : a class analisys of the international debt crisis." *Capital and Class,* n. 39. Winter 1989.

_____. "Food, Famine and the International Crisis." *Zerowork, Political Materials,* n. 2. Fall 1977.

_____. "Learning, Understanding and Appropriating." Accessed July 26, 2018. https://la.utexas.edu/users/hcleaver/Appropriation.htm.

_____. "On Schoolwork and the Struggle against It." Accessed July 26, 2018. https://www.google.com/search?q=Schoolwork+and+the+Struggle+Against+It&oq=Schoolwork+and+the+Struggle+Against+It&aqs=chrome..69i57j0l2.432j0j4&sourceid=chrome&ie=UTF-8.

_____. "Self-valorization in Mariarosa Dalla Costa's 'Women and the Subversion of the Community'." Accessed July 26, 2018. https://la.utexas.edu/users/hcleaver/357k/HMCDallaCostaSelfvalorization2.htm.

_____. "The Chiapas Uprising and the Future of Class Struggle." *Common Sense,* n. 15. 1994 [해리 클리버, 「치아빠스 봉기와 신세계 질서 속에서의 계급 투쟁의 미래」, 『사빠띠스따』, 이원영·서창현 옮김, 갈무리, 1998].

_____. *Reading Capital Politically.* Austin : University of Texas Press, 1979 [해리 클리버, 『자본을 어떻게 읽을 것인가 : 정치경제학적 읽기, 철학적 읽기를 넘어 정치적 읽기로』, 조정환 옮김, 갈무리, 2018].

Clough, Shepard Bancroft. *The Economic History of Modern Italy.* New York : Columbia University Press, 1964.

CNS Ecologia Politica. n. 1~2, Year XIII, vol. 53~54, January-July 2003.

_____. n. 3~4, Year XIII, vol. 55~56, August-December 2003.

Collettivo internazionale femminista (ed.). *8 marzo 1974. Giornata internazionale di lotta delle donne.* Venezia : Marsilio Editori, 1975 [Wages for Housework Committees of Toronto, *Women in Struggle. Italy Now,* n. 3, selfpublished].

Collettivo internazionale femminista (ed.). *Aborto di Stato : Strage delle innocenti.,* Venezia : Marsilio Editori, 1976.

_____. autore : Gruppo femminista per il Salario al lavoro domestico di Ferrara, *Dietro la normalitá del parto. Lotta all'ospedale di Ferrara.* Venezia : Marsilio Editori, 1978.

_____. *Le operaie della casa.* Venezia : Marsilio Editori, 1975.

Comitato di Lotta delle Ragazze Madri. *Ragazze madri in lotta. Documenti e testimonianze delle ragazze madri della Casa della Madre e del Fanciullo di via Pusiano 22, Milano,* Milano, ottobre-dicembre 1973, (mimeographed documents).

Conti Odorisio, Ginevra. *Gli studi sulle donne nelle Università. Ricerca e trasformazione del sapere.*

Roma : Edizioni scientifiche italiane, 1988.

Cook, Christopher and John Rodgers. "Food first." *In These Times*, ottobre 30, 1995.

Cooperativa Eughenia. "Le ragioni di una battaglia del Foro Contadino. Altragricoltura." http://www. altragricoltura.org/dirittoallaterra/eughenia-6feb04.htm.

Coordinamento Nazionale dei Gruppi e Comitati per il Sld. *Lotta delle donne per la salute*, reports from the National Feminist Conference April 29th~May 1st, 1978, mimeographed by the conference organizers, Institute of Psychology, Rome.

Coppo, Laura. *Terra gamberi contadini ed eroi*. Bologna : Emi, 2002.

Coppo, Piero and Lelia Pisani (eds.). *Armi indiane. Rivoluzione e profezie maya nel Chiapas messicano*. Milano : Edizioni Colibrì, 1994.

Correggia, Marinella. "Una cooperativa contro la fame." *Il Manifesto*, novembre 21, 1996.

Coté, Mark, Richard J. F. Day and Greig de Peuter (eds.). *Utopian Pedagogy*. Toronto, Buffalo, London : University of Toronto Press, 2007.

Courrière, Yves. *La guerre d'Algérie, Tome II : Le temps des léopards*. Paris : Fayard, 1969.

D'Agostino, Fabrizio (ed.). *Operaismo e centralità operaia*. Rome : Editori Riuniti, 1978.

Dag Hammarskjöld Foundation. *What now? Another Development*. Uppsala : Dag Hammarskjöld Foundation, 1975.

Dalla Costa, Giovanna Franca. *La riproduzione nel sottosviluppo. Lavoro delle donne, famiglia e Stato nel Venezuela degli anni '70*. Milano : FrancoAngeli, 1989, 2 ed. 1990.

_____. *La riproduzione nel sottosviluppo. Un caso : il Venezuela*. Padova : Cleup, 1980. (nuova ediz. FrancoAngeli, 1989, 2a ed. 1991).

_____. *Un lavoro d'amore. La violenza fisica componente essenziale del "trattamento" maschile nei confronti delle donne*, Roma : Edizioni delle donne, 1978 [*The Work of Love. Unpaid Housework, Poverty and Sexual Violence at the Dawn of the 21st Century*. New York : Autonomedia, 2008 ;『愛の労働』. 東京 : インパクト出版会, 1991].

Dalla Costa, Mariarosa (ed.). *Isterectomia. Il problema sociale di un abuso contro le donne*. Milano : FrancoAngeli, 1998, 3th expanded ed. 2002 [*Gynocide. Hysterectomy, Capitalist Patriarchy, and the Medical Abuse of Women*. New York : Autonomedia, 2007 ; Tokyo : Impact Shuppankai, 2002].

Dalla Costa, Mariarosa and Dario De Bortoli. "Per un'altra agricoltura e per un'altra alimentazione in Italia." *Foedus*, n. 11, 2005 ["For another agriculture and another food policy in Italy." *The Commoner*, n. 10, Spring~Summer 2005 ; 마리아로사 달라 코스따, 「이탈리아의 대안 농업과 식량」,『페미니즘의 투쟁』, 이영주 · 김현지 옮김, 갈무리, 2020].

Dalla Costa, Mariarosa and Giovanna Franca Dalla Costa (eds.). *Donne e politiche del debito. Condizione e lavoro femminile nella crisi del debito internazionale*. Milano : FrancoAngeli, 1993, 2nd ed. 1995. [*Paying the Price : Women and the Politics of International Economic Strategy*. London : Zed Books, 1995].

_____. *Donne, sviluppo e lavoro di riproduzione. Questioni delle lotte e dei movimenti*. Milano : FrancoAngeli, 1996, 2nd ed. 2003. [『約束された発展? －国際債務政策と第三世界の女たち』. 東京 : インパクト出版会, 1995 ; *Women, Development and Labor of Reproduction. Struggles and Movements*. Trenton, N.J. and Asmara, Eritrea : Africa World Press, 1999].

Dalla Costa, Mariarosa and Leopoldina Fortunati. *Brutto ciao : direzioni di marcia delle donne negli ultimi 30 anni*. Rome : Edizioni delle donne, 1977.

Dalla Costa, Mariarosa and Monica Chilese. *Nostra madre Oceano. Questioni e lotte del movimento dei pescatori*. Roma : DeriveApprodi, 2005 [*Our Mother Ocean : Enclosures, Commons and the Global Fishermen's Movement*. Brooklyn, NY : Common Notions, 2014].

Dalla Costa, Mariarosa. "A proposito del welfare." *Primo Maggio*, n. 9/10, winter 1977/78 [마리아로사 달라 코스따, 「복지에 대하여」,『페미니즘의 투쟁』, 이영주 · 김현지 옮김, 갈무리, 2020].

_____. "Alcune note sul neoliberismo, la terra e la questione alimentare." *Ecologia Politica*, n. 1, 1997

["Some Notes on Neoliberalism, on Land and on The Food Question." *Canadian Woman Studies*, vol. 17, n. 2, Spring 1997 ; 마리아로사 달라 코스따, 「신자유주의, 토지, 식량에 대한 몇 가지 기록」, 『페미니즘의 투쟁』, 이영주·김현지 옮김, 갈무리, 2020].

_____. "Capitalismo e riproduzione." *Capitalismo NaturaSocialismo*, n. 1, gennaio-aprile 1995 ["Capitalism and Reproduction." eds. Werner Bonefeld et al, *Open Marxism*, vol. III, London : Pluto Press, 1995 ; 마리아로사 달라 코스따, 「자본주의와 재생산」, 『페미니즘의 투쟁』, 이영주·김현지 옮김, 갈무리, 2020].

_____. "Emergenza femminista negli anni '70 e percorsi di rifiuto sottesi." Guizzardi and Sterpi. *La società italiana, crisi di un sistema*. Milan : Franco Angeli, 1981, pp. 363~75.

_____. "Emigrazione, immigrazione e composizione di classe in Italia negli anni '70." *Economia e lavoro*, n. 4, October-December, 1981 [마리아로사 달라 코스따, 「1970년대 이탈리아의 인구 이출과 이입, 그리고 계급 구성」, 『페미니즘의 투쟁』, 이영주·김현지 옮김, 갈무리, 2020].

_____. "Food as Common and Community." *The Commoner*, n. 12, Spring-Summer 2007, www.thecommoner.org [마리아로사 달라 코스따, 「식량 공통장, 그리고 공동체」, 『페미니즘의 투쟁』, 이영주·김현지 옮김, 갈무리, 2020].

_____. "L'indigeno che è in noi, la terra cui apparteniamo." paper presented at the Conference "Per un'altra Europa, quella dei movimenti e dell'autonomia di classe." Torino, March 30, 1996 ; *Vis à Vis*, n. 5, 1997 ; ed. A. Marucci. *Camminare domandando*. Roma : DeriveApprodi, 1999 ["The Native in Us, the Land We Belong to." *Common Sense*, n. 23, 1998 ; *The Commoner*. n. 6, 2002 ; 마리아로사 달라 코스따, 「우리 안의 토착민, 우리가 사는 땅」, 『페미니즘의 투쟁』, 이영주·김현지 옮김, 갈무리, 2020].

_____. "La porta dell'orto e del giardino, (shorter version in Italian)." eds. Guido Borio, Francesca Pozzi and Gigi Roggero. *Gli operaisti*. Roma : DeriveApprodi, 2005 ["La puerta del huerto y del jardin." *Noesis, Revista de Ciencias Sociales y Humanidades*, Universidad Autonoma de Ciudad Juarez, vol. 15, n. 28, July-December 2005 ; 마리아로사 달라 코스따, 「정원으로 나가는 문」, 『페미니즘의 투쟁』, 이영주·김현지 옮김, 갈무리, 2020].

_____. "La sostenibilidad de la reproducciòn : de la luchas por la renta a la salvaguardia de la vida." Laboratorio Feminista. *Transformaciones del trabajo desde una perspectiva feminista. Producciòn, reproduccion, deseo, consumo*. Madrid : Terradenadie, 2006.

_____. "Percorsi femminili e politica della riproduzione della forza lavoro negli anni '70." *La Critica Sociologica*, n. 61, 1982, pp. 50~73.

_____. "Quartiere, scuola e fabbrica dal punto di vista della donna." *L'Offensiva*. Turin : Musolini, 1972.

_____. "Riproduzione e emigrazione." ed. Alessandro Serafini. *L'operaio multinazionale in Europa*. Milan : Feltrinelli, 1974 [Collectif L'insoumise (éd). *Le Foyer de l'insurrectio* (Carouge : Collectif L'insoumise-Genève, 1977) ; Mariarosa Dalla Costa, Dinero, perlas y flores en la reproducción feminista (Madrid : Ediciones Akal, 2009) ; "Reproduction and Emigration." *The Commoner*, n. 15, Winter 2012 ; 『家事労働に賃金を : フェミニズムの新たな展望』. 東京 : インパクト出版会, 1986 ; 마리아로사 달라 코스따, 「재생산과 이민」, 『페미니즘의 투쟁』, 이영주·김현지 옮김, 갈무리, 2020].

_____. "Rirruralizzare il mondo e Due cesti per cambiare." Massimo Angelini et al. *Terra e Libertà/Critical Wine. Sensibilità planetarie, agricoltura contadina e rivoluzione dei consumi*, Roma : DeriveApprodi, 2004 ["Reruralizing the World … ." *The Commoner*, n. 12, Spring/Summer 2007 ; "Two Baskets for Change." *The Commoner*, n. 12, Spring/Summer 2007 ; 마리아로사 달라 코스따, 「세계를 시골로 되돌리기」, 「변화를 만드는 두 개의 바구니」, 『페미니즘의 투쟁』, 이영주·김현지 옮김, 갈무리, 2020].

_____. "Rustic and Ethical." eds. Emma Dowling, Rodrigo Nunes and Ben Trott. *Ephemera. Theory and Politics in Organization*, vol. 7, n. 1, 2007, www.ephemeraweb.org [마리아로사 달라 코스따, 「시골스럽고 윤리적인」, 『페미니즘의 투쟁』, 이영주·김현지 옮김, 갈무리, 2020].

_____. "Sette buone ragioni per dire luogo." paper delivered at the *Percorsi critici per un secondo ciclo di lotte globali* roundtable at the Radio Sherwood Festival, Padova, July 10, 2002, published in *Foedus*,

n. 15, 2006 ["Seven Good Reasons to Say Locality." *The Commoner*, n. 6, 2002. www.thecommoner. org；마리아로사 달라 코스따, 「지역을 말하는 일곱 가지 이유」, 『페미니즘의 투쟁』, 이영주·김현지 옮김, 갈무리, 2020.].

_____. "To Whom Does the Body of This Woman Belong?" *The Commoner*, n. 13, 2009. Accessed September 22, 2018. http://www.commoner.org.uk/wp-content/uploads/2010/10/dallacosta_mexico_paper.pdf [마리아로사 달라 코스따, 「이 여성의 몸은 누구 것인가?」, 『페미니즘의 투쟁』, 이영주·김현지 옮김, 갈무리, 2020].

_____. "Women's Autonomy and Remuneration of Care Work in the New Emergencies." *The Commoner*, n. 13, 2009. Accessed September 22, 2018. http://www.commoner.org.uk/wp-content/uploads/2010/10/dallacosta_mexico_paper2.pdf [마리아로사 달라 코스따, 「노인 돌봄이라는 새로운 위기 : 여성의 자율성과 돌봄 노동 임금을 중심으로」, 『페미니즘의 투쟁』, 이영주·김현지 옮김, 갈무리, 2020].

_____. "Women's Studies e sapere delle donne." ed. Ginevra Conti Odorisio, *Gli studi sulle donne nelle Università. Ricerca e trasformazione del sapere*. Roma : Edizioni scientifiche italiane, 1988.

_____. *Famiglia, welfare e stato tra Progressismo e New Deal*, Milano : FrancoAngeli, 1983, 3a ed. 1997. [*Family Welfare and the State : Between Progressivism and the New Deal*. Brooklyn, NY : Common Notions, 2015 ; 마리아로사 달라 코스따, 『집안의 노동자 ― 뉴딜이 기획한 가족과 여성』, 김현지·이영주 옮김, 갈무리, 2017.]

_____. *Note su La giornata lavorativa in Marx. Appunti da un lettorato del Capitale*, Padova : Cleup, 1978.

_____. *Potere femminile e sovversione sociale*, con *Il posto della donna* di Selma James, Padova : Marsilio Editori, 1972, 4a ed. Venezia, 1977 [Mariarosa Dalla Costa and Selma James, *The Power of Women and the Subversion of the Community*, Bristol, U.K. : Falling Wall Press, 1972].

Dayak, Mano. *Tuareg, la tragedia*. Bologna : E.M.I., 1995.

De Angelis, Massimo. "Autonomia dell'economia e globalizzazione." *Vis à Vis*, n. 4, inverno 1996.

de Fréminville, Bernard. *La ragione del più forte*. Milan : Feltrinelli, 1979.

Del Boca, D. and M. Turvani. *Famiglia e mercato del lavoro*. Bologna : Il Mulino, 1979.

Del Genio, G. "La Banca inonda il Bangladesh." *Capitalismo Natura Socialismo*, n. 1, Jan.-April 1994.

"Development and peace and the fisheries." *Development and Peace*. 1998. www.devp.org/testA/issues/fisheries.htm.

Domenighetti, G. and A. Casabianca. "Rate of Hysterectomy Is Lower among Female Doctors and Lawyers' Wives." *Lancet*, December 24~31, 1988.

Domenighetti, G., P. Luraschi, A. Casabianca, F. Gutzwiller, A. Spinelli and F. Repetto. "Effect of Information Campaign by the Mass Media on Hysterectomy Rates." *Lancet*, December 24~31, 1988.

Dominici, M. et al. (eds.). "Pesticidi nel piatto." Dossier published by Legambiente, May 30, 2003.

Donne per l'autodeterminazione (ed.). *L'altra metà della selva*. L'Aquila : Petrilli editore, 1996.

Donnison, Jean. *Midwives and Medical Men*. New York : Schocken Books, 1977.

Doubleday, Thomas. *The True Law of Population*. London : Effingham Wilson, Royal Exchange, 1842.

"Dossier Lavoro." Supplement in *Il Manifesto* 248.

Dowling, Emma, Rodrigo Nunes and Ben Trott (eds.). *Ephemera. Theory and Politics in Organization*, vol. 7, n. 1, 2007, www.ephemeraweb.org.

Dufour, François. "Gli scienziati pazzi dell'agroalimentare." *Le Monde Diplomatique*, July 1999.

Duran de Huerta, Marta. (ed.). *Io, Marcos*. Milano : Feltrinelli, 1994.

"Ecco la generazione 'No figli' ." *La Repubblica*, August 28, 2006.

Edmond, Wendy and Suzie Fleming (ed.). *All Work and No Pay : Women, Housework and the Wages Due*. Bristol, UK : Falling Wall Press, 1975.

Edward L. Homze, Foreign Labour in Nazi Germany (Princeton, NJ : Princeton Univ. Press, 1967 ; 2015 ; 2016).

Ehrenreich, Barbara and Deirdre English. *Complaints and Disorders: The Sexual Politics of Sickness*. New York: The Feminist Press, 1973.

_____. *Witches, Midwives, and Nurses: A History of Women Healers*. Old Westbury, N.Y.: The Feminist Press, 1973 [*Le streghe siamo noi. Il ruolo della medicina nella repressione della donna*. Milano: Celuc Libri, 1975].

El Masry, Yussef. *Il dramma sessuale della donna araba*. Milan: Edizioni di Comunità, 1964.

Esteva, Gustavo. "Messico e autonomia." *Vis à Vis*, n 4, 1996.

_____. "The Revolution of the New Commons." typescript, 1994.

European Commission. *Pesca e acquacoltura in Europa*, periodical.

Federici, Silvia and Leopoldina Fortunati. *Il grande Calibano. Storia del corpo sociale ribelle nella prima fase del capitale*. Milan: FrancoAngeli, 1984.

Federici, Silvia and Nicole Cox, *Counterplanning from the Kitchen. Wages for housework. A perspective on capital and the left*. Bristol: Falling Wall Press, 1975 [Collettivo internazionale femminista (ed.). (autrici: Silvia Federici e Nicole Cox) *Contropiano dalle cucine*. Venezia: Marsilio Editori, 1978].

Federici, Silvia. "Crisi economica e politica demografica nell'Africa sub-sahariana. Il caso della Nigeria." eds. M. Dalla Costa and G. F. Dalla Costa, *Donne e politiche del debito. Condizione e lavoro femminile nella crisi del debito internazionale*. Milano: FrancoAngeli, 1993.

_____. "Developing and Underdeveloping in Nigeria." ed. Midnight Notes Collective, *Midnight Oil. Work, Energy, War 1973-1992*. Midnight Notes, New York, N.Y.: Autonomedia, 1992.

_____. "La caccia alle streghe." in Silvia Federici and Leopoldina Fortunati, *Il grande Calibano. Storia del corpo sociale ribelle nella prima fase del capitale*. Milan: FrancoAngeli, 1984 ["The Great Witch-Hunt." *The Maine Scholar*, vol. 1, n. 1, Autumn 1988].

_____. "Riproduzione e lotta femminista nella nuova divisione internazionale del lavoro." eds. M. Dalla Costa and G. F. Dalla Costa. *Donne, sviluppo e lavoro di riproduzione. Questioni delle lotte e dei movimenti*. Milano: FrancoAngeli, 1996.

_____. "The Great Witch-Hunt in Europe." *Caliban and the Witch. Women, the Body and Primitive Accumulation*. New York: Autonomedia, 2004 [실비아 페데리치, 「유럽의 대마녀사냥」, 『캘리번과 마녀: 여성, 신체 그리고 시초축적』, 황성원·김민철 옮김, 갈무리, 2011].

_____. "The Worldwide Struggle against the World Bank." *Midnight Notes*, n. 12, *Studies in the New Enclosures*, (in via di publicazione).

_____. *Caliban and the Witch. Women, the Body and Primitive Accumulation*. New York: Autonomedia, 2004 [실비아 페데리치, 『캘리번과 마녀: 여성, 신체 그리고 시초축적』, 황성원·김민철 옮김, 갈무리, 2011].

_____. *Wages against Housework*. Bristol, UK: Falling Wall Press, 1975.

Ferrari Bravo, L. and Alessandro Serafini. *Stato e sottosviluppo*. 2nd edition. Milan: Feltrinelli, 1979.

Ferrucci, A. "Il mercato del lavoro comunitario e la 'politica migratoria' italiana." *Studi Emigrazione* 23~24, 1971.

"Fiat 1980." *Quaderno di Controinformazione* 3. Supplement in *Controinformazione* 19, 1980.

"Fiat: robotizzazione ristrutturazione e riformismo." *Magazzino* 2, May 1979.

Fisher, Jo. *Out of the Shadows. Women, Resistance and Politics in South America*. London: Latin America Bureau, 1993.

Fleming, Denna Frank. *The Cold War and Its Origins*. New York: Doubleday, 1961.

Fleming, Suzie. *The Family Allowance Under Attack*. Bristol UK: Falling Wall Press, 1973.

Fortunati, Leopoldina. "La famiglia verso la ricostruzione." M. Dalla Costa and Fortunati. *Brutto ciao*. Roma: Edizioni delle donne, 1977.

_____. "Sesso come valore d'uso per il valore." L. Fortunati and S. Federici. *Il grande Calibano. Storia del corpo sociale ribelle nella prima fase del capitale*. Milan: Franco Angeli, 1984.

_____. _L'arcano della riproduzione. Casalinghe, prostitute, operai e capitale._ Padova : Marsilio, 1981. [_The Arcane of Reproduction : Housework, Prostitution, Labor and Capital._ Brooklyn, NY : Autonomedia, 1995 ; 레오뽈디나 포르뚜나띠, 『재생산의 비밀』, 윤수종 옮김, 박종철출판사, 1997].

"Fuga dal Mediterraneo. I tonni sono scomparsi." _La Repubblica_, May 9, 2003.

Gambino, Ferruccio. "Alcuni aspetti della erosione della contrattazione collectiva in Italia." Guizzardi and Sterpi. _La società italiana, crisi di un sistema._ Milan : Franco Angeli, 1981.

Gaudio, Attilio. _Uomini blu. Il dramma dei Tuareg tra storia e futuro._ S. Domenico di Fiesole (Firenze) : Edizioni Cultura della Pace, 1993.

George, Shanti. _Operation Flood._ Delhi : Oxford University Press, 1985.

George, Susan and Fabrizio Sabelli. _Faith and Credit. The World Bank's Secular Empire._ London : Penguin, 1994 [_Crediti senza frontiere._ Torino : Edizioni Gruppo Abele, 1994].

George, Susan. _A Fate Worse than Debt._ England : Penguin Group, 1988 [_Il debito del Terzo Mondo._ Roma : Edizioni Lavoro, 1989].

_____. _Fermiamo il WTO._ Milano : Feltrinelli, 2002.

_____. _The Debt Boomerang_, Boulder, CO : Westview Press, 1992 [_Il boomerang del debito._ Roma : Edizioni Lavoro, 1992 ; 수잔 조지, 『외채 부메랑 : 제3세계 외채는 어떻게 우리 모두를 해치는가』, 이대훈 옮김, 당대, 1999].

Giovannoni, Jean Louis. _Le journal d'un veau._ Paris : Deyrolle Éditeur, 1996.

Gisfredi, P. "Teorie dello sviluppo ed egemonia del Nord." _Res_, n. 7, gennaio-marzo 1993.

Giustolisi, F. "Bistecche dopate." _L'Espresso_, June 26, 2003.

Glover, Paul. _Los Angeles : A History of the Future._ Los Angeles : Citizens Planners of Los Angeles, 1994.

Gobbi, Romolo. _Operai e resistenza._ Turin : Musolini, 1973.

Gomez, Luis E. "La nuova cavalcata di Emiliano Zapata." _Riff Raff_, March 1994.

Goode, William J. _World Revolution and Family Patterns._ New York : The Free Press, 1970.

Gornick, Vivian and Barbara K. Moran (ed.). _Women in Sexist Society._ New York-London : Basic Books, 1971.

Graziosi, Andrea. _La ristrutturazione nelle grandi fabbriche, 1973-1976._ Milan : Feltrinelli, 1979.

Gruppo femminista per il Salario al lavoro domestico di Ferrara (ed.). _Dietro la normalità del parto. Lotta all'Ospedale di Ferrara._ Venezia : Marsilio Editori, 1978.

Guizzardi, Gustavo and Serevino Sterpi (ed.). _La società italiana, crisi di un sistema._ Milan : Franco Angeli, 1981.

Hands Off Our Family Allowances, What We Need Is Money. London : Crest Press, 1973.

Hardt, Michael and Antonio Negri. _Moltitudine._ Milano : Rizzoli, 2004 [안토니오 네그리·마이클 하트, 『다중 : 제국이 지배하는 시대의 전쟁과 민주주의』, 정남영. 서창현. 조정환 옮김, 세종서적, 2008].

Harrison, Lieta. _La donna sposata. Mille mogli accusano._ Milano : Feltrinelli, 1972.

Her Majesty's Stationery Office. Sixth Report from the Expenditure Committee, Session 1972~1973 : The Employment of Women.

Ho, Mae-Wan. _Perils amid Promises of Genetically Modified Foods._ dattiloscritto, Biology Dept., Open University, U.K, 1996.

Homze, Edward L. _Foreign Labor in Nazi Germany._ Princeton, N.J. : University of Princeton Press, 1967.

Houtart, François and Francois Polet (eds.). _Globalizzazione delle resistenze e delle lotte._ Bologna : Editrice missionaria italiana, 2000.

"Il lavoro a domicilio." _Quaderni di rassegna sindacale_ 11, n. 44~45, September~December 1973.

"Il personale è politico." _Quaderni di Lotta Femminista._ n. 2. Turin : Musolini Editore, 1973.

Imhoff, Daniel. "Community Supported Agriculture." eds. Jerry Mander and Edward Goldsmith, _The Case Against the Global Economy. And for a Turn Toward the Local._ San Francisco, CA : Sierra Club Books, 1996. [대니얼 임호프, 「공동체의 지원을 받는 농업 : 얼굴을 건 농사」, 『위대한 전환 : 다시 세계화

에서 지역화로」, 제리 맨더·에드워드 골드스미스 편저, 윤길순·김승욱 옮김, 동아일보사, 2001.]

International collective in support of fishworkers south Indian federation of fishermen societies, April 2~3, 2004, www.wffp.org/indexcontent.asp?file1=ilo.html.

IRER. *Lavoro femminile e condizione famigliare*. Milan : Franco Angeli, 1980.

ISIS Women's International Information and Communication Service. "Document 01467." *International Bulletin*. International Tribunal on Crimes against Women, Brussels, March 4~8, 1976.

Issoco. "Emigrazione nell'Europa del Mec." Rome, July 10, 1973.

ISTAT (Istituto Centrale di Statistica). *Annuario Statistico Italiano*. Rome : Italian National Statistics Institute, 1972~1985.

Joint Economic Committee. "The Family, Poverty and Welfare Programs : Factors Influencing Family Instability." *Studies in Public Welfare*. Paper n. 12, part 1, Washington, DC : U.S. Government Printing Office, 1973.

Jourdan, Clara. *Insieme contro : Esperienze dei consultori femministi*. Milano : La Salamandra, 1976.

Keynes, John Maynard. "Saving and Spending." *Essays in Persuasion*. New York : W.W. Norton & Co., 1963 [존 메이너드 케인스, 『설득의 에세이』, 정명진 옮김, 부글북스, 2017].

_____. *The General Theory of Employment, Interest, and Money*. New York : Harcourt, Brace and World, 1964 [J. M. 케인즈, 『고용, 이자 및 화폐의 일반이론』, 조순 옮김, 비봉출판사, 2007].

Kindleberger, Charles P. *Lo sviluppo economico europeo ed il mercato del lavoro*. Milan : Etas Kompass, 1968.

Kocherry, Thomas Xavier. "(Indian) Occupation : Fisheries activist and priest." www.archive.greenpeace. org/politics/wto/doha/html/witnesses.html.

_____. "Speech of Thomas Kocherry on the occasion of the prize ceremony of the Sophie Foundation." June 15, 1999. www.converge.org.nz/pma/apspeech.htm.

Kremen, Bennett. "Lordstown — Searching for a Better Way of Work." *New York Times*, September 9, 1973.

Kretzman, Steve. "Nigeria's Drilling Field. Shell Oil's Role in Repression." *Multinational Monitor*, vol. 16, n. 1~2, January-February 1995.

Kuppers, Gaby. *Compañeras. Voices from the Latin American Women's Movement*. London : Latin American Bureau, 1992.

"L'offensiva." *Quaderni di Lotta Femminista* 1. Turin : Musolini Editore, 1972.

Laboratorio feminista. *Transformaciones del trabajo desde una perspectiva feminista : Producciòn, reproduccion, deseo, consumo*. Madrid : Terradenadie Ediciones, 2006.

Laboratorio occupato SKA e C. S. Leoncavallo (ed.). *El Sup*. Milano : Spray Edizioni, 1996.

Lantier, François. "Le travail et la formation des femmes en Europe : Incidences de la planification de l'éducation et du changement technologique sur l'accès aux emplois et aux carriers." *La Documentation Française, Bibliothèque du Centre d'Études et de Recherches sur les Qualifications* 4, October 1972.

Lanzardo, Liliana. *Classe operaia e partito comunista alla Fiat : la strategia della collaborazione, 1945-1949*. Turin : Einaudi, 1971.

Latilla, Nereo. *Il lavoro domestico*. Rome : Buffetti, 1980.

"Lavoro donna/donna lavoro." *Il Manifesto*, June 1980.

Lavoro femminile e condizione famigliare. Milan : Franco Angeli, 1980.

"Le mille truffe della carne. Il 5% è a rischio." *La Repubblica*, December 6, 2002.

Le operaie della casa. giornale dell'autonomia femminista, bimestrale edito negli anni '70. double issue, 0 bis, (November-December 1975~January-February 1976).

"Le segretarie non conciliano." *Le operaie della casa*, double issue, 0 bis, November-December 1975~January-February 1976.

Lee, John, M. D. and Virginia Hopkins. *What Your Doctor May Not Tell You About Menopause*. New

York : Warner Books, 1996 [John R. Lee, 『여성호르몬의 진실 : 잘 알려지지 않은 폐경기 호르몬의 실체』, 안우성 옮김, 실사구시, 2007].

Leipzig Appeal. June 20, 1996. http://www.ecn.org/food/leipzig.htm.

"Les femmes au foyer." *Le Nouvel Observateur*, April 10, 1973.

"Les travailleurs immigrés parlent." *Les Cahiers du Centre d'Études Socialistes*, n. 94~98, September~December 1969.

Livi Bacci, Massimo. "Il declino della fecondità della popolazione italiana nell'ultimo secolo." *Statistica* 25, n. 3, 1965.

Lotta Femminista. "Vogliamo decidere noi : donne, referendum, divorzio." Document 275, March 1974.

M'Rabet, Fadéla. *Les Algériennes.* Paris : Maspero, 1969.

Madhusoodanan, G. "Il modello Kerala alla prova dell'ambientalismo." *CNS Ecologia Politica*, n. 3~4, Year XIII, vol. 55~56, August-December 2003.

Mander, Jerry and Edward Goldsmith (eds.). *The Case Against the Global Economy. And for a Turn Toward the Local.* San Francisco, CA : Sierra Club Books, 1996 [제리 맨더·에드워드 골드스미스 편저, 『위대한 전환 : 다시 세계화에서 지역화로』, 윤길순·김승욱 옮김, 동아일보사, 2001].

Marlo Thomas and Friends. *Free to Be … You and Me.* Bell Records, 1972.

Marshall, Alfred. *Principles of Economics.* London : Macmillan & Co., 1920 [앨프레드 마셜, 『경제학원리 1·2』, 백영현 옮김, 한길사, 2010].

Marucci, Alessandro (ed.). *Camminare domandando. La rivoluzione zapatista.* Rome : DeriveApprodi, 1999.

Marx, Karl. "Critique of Hegel's Philosophy of the State." *Writings of the Young Marx on Philosophy and Society.* ed. and trans. Loyd D. Easton and Kurt H. Guddat, Garden City, NY : Doubleday, 1967.

_____. Das Kapital, Kritik der Politischen Okonomie, vol. 1 (Berlin : Dietz Verlag, 1962) [*Capital : A Critique of Political Economy.* vol. 1. Harmondsworth : Penguin Books, 1976 ; 카를 마르크스, 『자본론 - 정치경제학 비판 I (상), (하)』, 김수행 옮김, 비봉출판사, 2015].

_____. *Economic and Philosophic Manuscripts of 1844.* Moscow : Progress Publishers, 1959 [칼 마르크스, 『경제학-철학 수고』, 강유원 옮김, 이론과실천, 2006].

_____. *Economic and Philosophical Manuscripts (1844)* in *Early Writings.* London : Penguin, 1975 [칼 마르크스, 『경제학-철학 수고』, 강유원 옮김, 이론과실천, 2006].

Matsui, Yayori. *Women's Asia.* London and Atlantic Highlands, N.J. : Zed Books, 1989 [마츠이 야요리, 『여성이 만드는 아시아』, 정유진·미야우치 아키오 옮김, 들린아침, 2005].

Mattera, Philip. "National Liberation, Socialism and the Struggle against Work : The Case of Vietnam." *Zerowork : Political Materials*, n. 2, Fall 1977, pp. 71~89.

Mauro, Vincenzo. *Lotte dei contadini in Calabria.* Milan : Sapere, 1973.

May, M. Pia. "Mercato del lavoro femminile : espulsione o occupazione nascosta femminile." *Inchiesta* 3, n. 9, January~March 1973, pp. 27~37.

McCully, Patrick. *Silenced Rivers.* London and Atlantic Highlands, N.J. : Zed Books, 1996 [패트릭 맥컬리, 『소리 잃은 강 : 대형 댐의 생태와 정치 사회학』, 강호정 외 옮김, 지식공작소, 2001].

Meeker-Lowry, Susan. "Community Money : the Potential of Local Currency." in Jerry Mander and Edward Goldsmith (eds.), *The Case Against the Global Economy. And for a Turn Toward the Local.* San Francisco, CA : Sierra Club Books, 1996 [수전 미커-로리, 「공동체 화폐 : 지역 통화의 가능성」, 『위대한 전환 : 다시 세계화에서 지역화로』, 제리 맨더·에드워드 골드스미스 편저, 윤길순·김승욱 옮김, 동아일보사, 2001].

Meeker-Lowry, Susan. "The Potential of Local Currency." *Zmagazine*, July-August 1995.

Mellor, Mary. "Ecofemminismo e ecosocialismo. Dilemmi di essenzialismo e materialismo." *Capitalismo Natura Socialismo*, n. 1, marzo 1993.

_____. "Il materialismo della comunità : dall' 'altrove' al 'qui' ." *Capitalismo Natura Socialismo*, n. 1, gennaio-aprile 1995.

_____.*Breaking the Boundaries. Towards a Feminist Green Socialism*. London : Virago Press, 1992.

Merli, Stefano. *Proletariato di fabbrica e capitalismo industrial : il caso italiano, 1880-1900*. Florence : La Nuova Italia, 1973.

Michel, Andrée and Agnès Fatoumata Diarra, Hélène Agbessi-Dos Santos. *Femmes et multinationales*. Paris : Karthala, 1981.

Michel, Andrée. "Donne africane, sviluppo e rapporto Nord-Sud." eds. M. Dalla Costa and G. F. Dalla Costa, *Donne e politiche del debito. Condizione e lavoro femminile nella crisi del debito internazionale*. Milano : FrancoAngeli, 1993, 2nd ed. 1995.

_____. "Femmes et development en Amerique Latine et aux Caraibes." *Recherches feministes*, vol. 1, n. 2, 1988.

_____. "La donna a repentaglio nel sistema di guerra." *Bozze*, n. 2, March~April, 1987.

Midnight Notes Collective (ed.). *Midnight Oil. Work, Energy, War 1973-1992*. Midnight Notes, New York, N.Y. : Autonomedia, 1992.

Mies, Maria and Vandana Shiva. *Ecofeminism*, London and Atlantic Highlands, N.J. : Zed Books, 1993, 1995 [마리아 미스·반다나 시바, 『에코페미니즘』, 손덕수·이난아 옮김, 창작과비평사, 2000].

Mies, Maria, Veronika Bennholdt-Thomsen and Claudia von Werlhof. *Women : the Last Colony*. London and Atlantic Highlands, N.J. : Zed Books, 1988.

Mies, Maria. "Global is in the Local." report at the Mount Saint Vincent University, Halifax, Canada, 1992.02.25.

_____.*Patriarchy and Accumulation on a World Scale. Women in the International Division of Labor*. London : Zed Books, 1986 [마리아 미즈, 『가부장제와 자본주의 : 여성, 자연, 식민지와 세계적 규모의 자본축적』, 최재인 옮김, 갈무리, 2014].

Miles, Angela. *Integrative Feminism. Building Global Visions, 1960s-1990s*. New York-London : Routledge, 1996.

Millett, Kate. "Prostitution : A Quartet for Female Voices." eds. Vivian Gornick and Barbara K. Moran, *Women in Sexist Society*. New York-London : Basic Books, 1971. (and published separately as *The Prostitution Papers. A Candid Dialogue*. New York : Avon Books, 1973).

Milwaukee County Welfare Rights Organization. *Welfare Mothers Speak Out : We Ain't Gonna Shuffle Anymore*. New York : W.W. Norton & Co., 1972.

Ministère de la Santé. *Tableaux de l'economie algerienne*. Algiers : 1970.

Montaldi, Danilo. *Militanti politici di base*. Turin : Einaudi, 1971.

Moran, Emilio F. (ed.). *The Dilemma of Amazonian Development*. Boulder : Westview Press, 1983.

Mortara, Giorgio. "L'Italia nella rivoluzione demografica, 1861~1961." *Annuali di Statistica*. anno 94, serie VIII, vol. 17, 1965.

Mouriaux, Marie-Françoise. *L'emploi en France depuis 1945*. Paris : Librairie Armand Colin, 1972.

Movimento di Lotta Femminista di Ferrara. *Basta Tacere. Testimonianze di donne. Parto, aborto, gravidanza, maternità*, (printed by the Ferrara Group without a date).

Moynihan, Daniel. *The Politics of a Guaranteed Income*. New York : Vintage Books, 1973.

Mungiello, Rossana. "Segregation of Migrants in the Labor Market in Italy : The Case of Female Migrants from Eastern European Countries Working in the Sector of Care and Assistance for the Elderly : First Results of an Empirical Study Carried Out in Padova." *Zu Wessen Diensten? Frauenarbeit zwsischen Care-Drain und Outsourcing*. Zurich : Frauenrat fur Aussenpolitik, 2005.

Munir, Imran. "Peasant Struggles and Pedagogy in Pakistan." eds. Mark Coté, Richard J. F. Day and Greig de Peuter, *Utopian Pedagogy : Radical Experiments Against Neoliberal Globalization*. Toronto, Buffalo, London : University of Toronto Press, 2007.

Negri, Antonio. *Dall'operaio massa all'operaio sociale*. Milan : Multhipla Edizioni, 1979.

_____. *Le Pouvoir constituant : Essai sur les alternatives de la modernité*. Paris : Presses Universitaires de France, 1992.

_____. *Movimenti nell'Impero*. Milano : Raffaello Cortina Editore, 2006. [안또니오 네그리, 『네그리의 제국 강의 : 제국 시대의 정치와 운동에 관한 서른여섯 번의 전 세계 순회강연』, 서창현 옮김, 갈무리, 2010.]

_____. *The Savage Anomaly : The Power of Spinoza's Metaphysics and Politics*. Minneapolis : University of Minnesota Press, 1991 [안토니오 네그리, 『야만적 별종 : 스피노자에 있어서 권력과 역능에 관한 연구』, 윤수종 옮김. 푸른숲, 1997].

Nevins, Allan. *Ford : The Time, the Man, the Company*. New York : Charles Scribner's Sons, 1954.

O'Connor, James. "La seconda contraddizione del capitalismo : cause e conseguenze." *Capitalismo Natura Socialismo*, n. 6, dicembre 1992.

_____. "Una politica rosso-verde negli Stati Uniti?." *Capitalismo Natura Socialismo*, anno quarto, n. 3, settembre-dicembre 1994.

OECD (Organisation for Economic Cooperation and Development). *Labour Force Statistics*. Paris : Organisation for Economic Co-operation and Development, 1970.

Olivucci, Alberto. "Civiltà Contadina per la protezione della biodiversità." written in 2001. www.civiltacontadina.it/seedsavers/intro.htm.

Omevdt, Gail. "India's Green Movement." *Race and Class*, Spring 1987.

_____. *We Will Smash This Prison! Indian Women in Struggle*. London and Atlantic Highlands, N.J. : Zed Books, 1980.

Ortoleva, Peppino. "'Republic of penniless' : radicalismo politico e 'radicalismo sociale' tra i disoccupati americani (1929~1933)." *Rivista di storia contemporanea*, fasc. 3, a. X, luglio 1981.

Pauly, Daniel. "Rischiano il collasso gli stock ittici dell'Africa occidentale." June 26, 2002. www.wwf.it/news2862002_4229.asp.

Pellarin, Manuela. *Porto Marghera : gli ultimi fuochi*. Veneto : Autonomia operaia nel, 2004.

Petroli, Eleonora and Micaela Trucco. *Emigrazione e mercato del lavoro in Europa occidentale*. Milan : Franco Angeli, 1981.

Piaggio L. C. *Avanti un'altra. Donne e ginecologi a confronto*. Milano : La Salamandra, 1976.

Polanyi, Karl. *La grande trasformazione*. Torino : Einaudi, 1974 [칼 폴라니, 『거대한 전환 : 우리 시대의 정치·경제적 기원』, 홍기빈 옮김, 길, 2010].

Porta, Carla. *Senza distinzione di sesso, guida pratica al nuovo diritto di famiglia*. Milan : Sonzogno, 1975.

Posey, Darrell A. "Indigenous Ecological Knowledge and Development of the Amazon." ed. E. F. Moran, *The Dilemma of Amazonian Development*. Boulder : Westview Press, 1983.

Potts, Lydia. *The World Labor Market : A History of Migration*. London and Atlantic Highlands, N.J. : Zed Books, 1990.

Pressat, Roland. *Population*. Harmondsworth : Penguin Books, 1973.

Primo Maggio. *La tribù delle talpe*. ed. Sergio Bologna, Milan : Feltrinelli, 1978.

Ramirez, Bruno. "Interview with Guido Viale." *Radical America*, vol. 7, n. 4~5, July~October 1973, pp. 131~92.

Rapporto SOFIA 2002. "La situation mondiale des pêches et de l'acquacolture." www.fao.org/docrep/005/y7300f/y7300f01.pdf.

Raymond, Janice. "At Issue. Children for Organ Export?." *Reproductive and Genetic Engineering*, vol. 2, n. 3, 1989.

Raymond, Janice. "The International Traffic in Women : Women Used in Systems of Surrogacy and Reproduction." *Reproductive and Genetic Engineering*, vol. 2, n. 3, 1989.

_____. *Women as Wombs. The New Reproductive Technologies and the Struggle for Women's Freedom*. San Francisco : Harpers and Co., 1994.

Re, Gigliola and Graziella De Rossi. *L'occupazione fu bellissima*. Rome : Edizioni delle donne, 1976.

Remiddi, Laura. *I nostri diritti : manuale giuridico per le donne*. Milan : Feltrinelli, 1976.

Riasanovsky, Nicholas Valentine. *A History of Russia*. New York : Oxford University Press, 1963 [니콜라 스 V. 랴자놉스키·마크 D. 스타인버그, 『제8판. 러시아의 역사 (상), (하)』, 조호연 옮김, 까치, 2011].

Rich, Bruce. *Mortgaging the Earth. The World Bank, Environmental Impoverishment and the Crisis of Development*. Boston : Beacon Press, 1994.

Ricoveri, Giovanna (ed.). *Capitalismo Natura Socialismo*. Milano : Jaca Book, 2006.

Ricoveri, Giovanna. "La sinistra fa fatica ad ambientarsi." *Capitalismo Natura Socialismo.*, n. 1, genn.-apr 1994.

Riordan, Teresa. "Patents." *New York Times*, novembre 27, 1995.

Romeo, Rosario. *Breve storia della grande industria in Italia*. Bologna : Cappelli, 1973.

Romita, Giuseppe. *Dalla monarchia alla Repubblica*. Pisa : Editore Nistri-Lischi, 1954.

Roosa, John. "Resistance to the Plan Has Been Heavy : The Class Struggles of the Green Revolution in India." *Midnight Notes*, n. 9, 1988.

Ross, Heather. *Poverty : Women and Children Last*. Washington, DC : Urban Institute, 1976.

Rovira, Guiomar. *Donne di mais. Voci di donne dal Chiapas*. Roma : Manifestolibri, 1997.

Sadler, Michael T. *The Law of Population*. London : C.J.G. and F. Rivington, 1830.

Saroldi, Andrea. *Costruire economie solidali. Un percorso a 4 livelli*. Bologna : Emi, 2003.

_____.*Gruppi di acquisto solidali. Guida al consumo locale*. Bologna : Emi, 2001.

Sawyer, R. *Children Enslaved*. London, New York : Routledge, 1988.

Schopenhauer, Arthur. "On Learning and the Learned." *Parega and Paralipomena : Short Philosophical Essays*. vol. 2. Oxford : Clarendon Press, 1974.

_____."On Reading and Books." *Parega and Paralipomena : Short Philosophical Essays*. vol. 2, Oxford : Clarendon Press, 1974.

Schwab, Jim. *Deeper Shades of Green*. San Francisco : Sierra Club Books, 1994.

Schwarz, Walter. "Seeds of discontent." *The Guardian*, marzo 11, 1994.

Serafini, Alessandro (ed.). *L'operaio multinazionale in Europa*. Milan : Feltrinelli, 1974.

Shanahan, M. "Appetite for destruction." March 22, 2003. www.theecologist.org/archive_article. html?article=376&category=88.

Shiva, Vandana. *Biopiracy : the Plunder of Nature and Knowledge*. Boston, MA : South End Press, 1997. [반 다나 시바, 『자연과 지식의 약탈자들』, 한재각 외 옮김, 당대, 2000.]

_____.*Earth Democracy. Justice, Sustainability and Peace*, Berkeley : North Atlantic Books, 2005 [*Il bene comune della terra*. Milano : Feltrinelli, 2006]

_____.Monocultures *of the Mind : Perspectives on Biodiversity and Biotechnology*. London and New Jersey : Zed Books, 1993 [*Monocoltura della mente*, Torino : Bollati Boringhieri, 1993].

Shiva, Vandana. *Protect or Plunder? : Understanding Intellectual Property Rights*. London : Zed Books, 2001.

Shiva, Vandana. *Staying Alive : Women, Ecology and Survival in India*, New Delhi : Kali for Women and London : Zed Books, 1989 [Sopravvivere allo sviluppo. Turin : Isedi, 1990 ; 반다나 시바, 『살아남기』, 강수영 옮김, 솔, 1998].

_____.*Stolen Harvest. The Hijacking of the Global Food Supply*. Boston, MA : South End Press, 2000 [*Vacche sacre mucche pazze*. Roma : DeriveApprodi, 2001 ; 반다나 시바, 『누가 세계를 약탈하는가』, 류지한 옮김, 울력, 2005].

_____.*Water Wars*. Boston, MA : South End Press, 2002 [반다나 시바, 『물전쟁』, 이상훈 옮김, 생각의나무, 2003].

Sivini, Giordano. "Puntare sulle filiere corte per uscire dalla subalternità dell'agricoltura all'industria." in M. Angelini et al., *Terra e Libertà/Critical Wine. Sensibilità planetarie, agricoltura contadina e rivoluzione dei consumi*. Roma : DeriveApprodi, 2004.

"Social Security Numbers Will Track Runaway Fathers." *New York Times*, April 7, 1976.

Smith, Joan, Immanuel Wallerstein and Hans-Dieter Evers (eds.). *Households and the World Economy*. Beverly Hills, CA : Sage, 1984.

Smuts, R. W. *Women and Work in America*. New York : Schoken Books, 1959.

Sparr, Pamela (ed.). *Mortgaging Women's Lives: Feminist Critiques of Structural Adjustment*. London and Atlantic Highlands, N.J. : Zed Books, 1994.

"Studi Emigrazione." *Regioni e migrazioni* 22, 1971.

Sullerot, Evelyne. *Histoire et sociologie du travail féminin*. Paris : Editions Gonthier, 1968.

_____.*La donna e il lavoro*. Milan : Etas-Kompass, 1973.

Sutton, C. "Hysterectomy : A Historical Perspective." *Baillière's Clinical Obstetrics and Gynaecology*. London : Baillière Tindall, 1997.

The Population Council. "Country Profiles : France." New York, May 1972, p. 8.

Thomson, David. *Europe since Napoleon*. New York : Alfred A. Knopf, 1957.

"Towards a fisheries policy in India." www.wffp.org/indexcontent.asp?file1=may0804.html.

Ulla par Ulla. Montréal : Editions Sélect, 1977.

Ungaro, F. *Il rischio acquicoltura*. October 23, 2002, www.enel.it/it/magazine/boiler/boiler30/html/articoli/AaasUngaro-Acquacoltura.asp.

United Nations Economic Commission for Europe, Census 2000.

United Nations. "Nairobi Forward Looking Strategies for the Advancement of Women." *Report of the World Conference to Review and Appraise the Achievements of the United Nations Decade for Women : Equality, Development and Peace*. Nairobi, July 15~26, 1985, United Nations Publications, (Sales n. E.85.IV.10).

"Vietnam, la famiglia nel diritto vietnamita." *Donne e politica* 4, n. 19, October 1973.

Wakefield, E. Gibbon. *England and America. A Comparison of the Social and Political State of both Nations*. London : Richard Bentley, 1833.

Wallach, Lori and Michelle Sforza. *Whose Trade Organization?*, Washington : Public Citizen Foundation, 1999.

Wallerstein, Immanuel. *The Modern World System*. New York : Academic Press, 1974 [이매뉴얼 월러스틴, 『근대세계체제 1~4』, 나종일 외 옮김, 까치, 1999].

Wandersee, Winifred D. *Women's Work and Family Values, 1920-1940*. Cambridge, MA : Harvard University Press, 1981.

"Welfare." *Robert MacNeil Report*, July 7, 1976.

West, Stanley and Paula Dranov. *The Hysterectomy Hoax*. New York : Doubleday, 1994.

Wildcat and Friends (ed.). *Porto Marghera. Gli ultimi fuochi*. (DVD), 2006.

Willis, F. Roy. *Europe in the Global Era : 1939 to Present*. New York : Dodd, Mead & Co., 1968.

Women's Action Agenda 21. *World Women's Congress for a Healthy Planet*. Official Report, Miami, Florida, USA, United Nations, New York, November 8~12, 1991.

Wright, Steve. *Storming Heaven : Class Composition and Struggle in Italian Autonomist Marxism*. London : Pluto Press, 2002.

Yoder, Dale. *Labor Economics and Labor Problems*. New York : McGraw-Hill Book Company, 1933.

Zanetti, Anna Maria (ed.). *La senatrice : Lina Merlin, un "pensiero operante."* Venice : Marsilio, 2006.

Zapatistas! Documents of the New Mexican Revolution. New York : Autonomedia, 1994.

Zerowork, Political Materials. n. 2, Fall 1977.

Zumaglino, Piera. *Femminismi a Torino*. Milan : FrancoAngeli, 1996.

기타 참고자료

CNS Ecologia Politica

Il Manifesto.
Il Mattino di Padova. 4.06.1994.
La Repubblica.
Le Monde Diplomatique.
Lotta Continua.
Midnight Notes.
Moudjahid. July 22, 1972.
The Commoner.
The Ecologist.
The Economist.
The Guardian.
www.epicentro.iss.it/temi/mentale/suicidi06_oms.asp.
www.leterredellagrola.it/grola/html.
www.viacampesina.org.

부록

:: 마리아로사 달라 코스따의 주요 활동

1967년 7월, 엔리코 오포체르 교수의 지도로 법학 학위를 취득한 마리아로사 달라 코스따는 빠도바 대학 레지스탕스 역사연구소에서 2차 세계대전 당시의 이탈리아 레지스탕스와 관련된 모든 문건을 정리하는 일을 맡게 된다. 그리고 당시 오포체르 교수의 조교였던 안또니오 네그리와의 만남으로 『1848년에서 1850년까지 프랑스에서의 계급투쟁』, 『자본』 등 맑스의 작업과 직접적인 관계를 맺게 되었다. 그에게 네그리와의 만남은 공장과 전투성을 발견하는 것을 의미하는데, 그는 "이것은 제가 찾던 경험이었고, 이해하고 행동할 저 자신의 필요에 부응하는 것이었습니다. … 방법과 결정, 그리고 현 상황의 변화를 원하는 열정. 이것들은 그 경험의 세 가지 기초 요소에 불과했지만, 이후 제가 활동한 다른 모든 영역들에서도 저는 그것들을 찾을 수 있었습니다."라고 『노동자들』Gli operaisti에 실린 인터뷰에서 말하였다.

1960년대 말에서 1970년대 초까지 네그리와 함께 〈포떼레 오뻬라이오〉에서 활동하며 노동자, 기술자, 학생 들의 투쟁에 참여한 달라 코스따는 런던에서 셀마 제임스를 만나 정치적 협력 관계를 맺게 되었고 가사노동과 가사노동에 대한 보수, 그 수급자로서의 여성, 노동력 생산과 재생산의 장소인 가족 등의 주제로 논의를 시작했다.

그즈음 달라 코스따는 이후 『여성의 힘과 공동체 전복』의 중심 논문이 되는 한 편의 글을 써서 몇몇 여성들과 회람하는데, 내용은 '불불 노동으로서의 가사노동과 그에 대한 투쟁'이라는 의제의 제기이다. 이 글은 1971년 6월 '빠도바 여성 투쟁 운동'Movimento di Lotta Femminile di Padova이라는 이름으로 서명, 발표되었다. 이후 이탈리아에서 이 운동은 〈로따 페미니스따〉라는 이름으로 불리게 되었고, '빠도바 여성 투쟁 운동'은 해체하여 가사노동 임금 그룹 및 위원회 네트워크가 되었다.

저작 『여성의 힘과 공동체 전복』은 1972년 3월 이탈리아의 마르실리오 출판사에서 출간되었고, 그해 10월 영국 폴링 월 출판사에서 영어판이 출간되었다. 이 책에는 셀마 제임스의 「여성의 자리」Il posto della donna도 수록되어 있다. 이 책은 당시 여성운동에서 큰 주목을 받았으며, 재생산과 여성의 지위에 대한 연구가 활발했던 국제 학계의 관심을 이끌어낸 한편, 여성학의 여러 교과과정에서 페미니즘의 고전으로 채택되었다. 가사노동이 자본주의 축적의 은폐된 측면이라는 것, 즉 집안이라는 닫힌 문 뒤에서 여성들이 노동하고 있다는 것과 그 영역은 거대한 사회적 공장이라는 것, 가정이 생산의 중심점이며 그곳에서 주부가 노동자 혹은 가사노동자로 일하고 있다는 것을 분석하고 드러내었다.

1972년 빠도바에서 달라 코스따는 셀마 제임스(런던), 실비아 페데리치(뉴욕), 그리고 브리지트 갈띠에Brigitte Galtier(파리)와 함께 〈국제페미니스트연합〉을 결성하였다. 이들은 재생산 문제에 관한 토론을 장려하고 여러 국가들에서 활동을 조직하여 가사노동 임금 그룹 및 위원회 Gruppi e Comitati per il Salario al lavoro domestico라는 국제적인 네트워크를 형성하는 등 반자본주의적 관점에서 주요한 투쟁들을 조직하는 전투적인 페미니즘을 보여주었다. 이 운동은 경제적 자율을 시작으로 여성들에게 개인적 자율을 보장할 수 있도록 생산 조직과 사회 조직에서 심대한 변화를 촉구하는 한편 과거의 이론들, 특히 해방주의와 단절하였다.

달라 코스따는 1970년대에 재생산-이주-이민의 관계에 관한 연구를 진행하였는데, 임신과 출산의 선택을 둘러싼 여성들의 새로운 행동방식에 특히 주목하였고, 페미니스트 운동과 노동정책·사회정책의 관계를 분석했다. 또한, 미국의 1930년대 시기에, 복지체제의 출현과 도시 핵가족 내에서 여성의 역할이 재정의되는 것의 상관관계를 체계적으로 분석하였는데, 그 시기가 공공의료체계의 부재라는 점에서 현대와 커다란 차이가 있음에도 불구하고, 위기 시기의 현대 가족에게 해당되는 재생산 모델을 제공하기 때문이다. 이 연구는 1983년 『여성, 복지, 국가 : 진보주의와 뉴딜 사이에서』로 출간되었다.

1970년대 말, 이탈리아에서는 강력한 탄압이 진행되어 운동의 행로들을 막았고 페미니스트 운동도 예외가 아니었다. 특히 가사노동에 대한 임금 논의는 완전히 무시되거나 강력한 반대에 부딪혔다. 정치적 탄압은 사회적이고 문화적인 규범화를 동반하였다. 이후 1980년대는 신자유주의가 도약을 하고 구조조정 정책들이 급격하게 적용된 시기였는데 생존을 위한 분투가 세계 곳곳에서 광범위하게 증가했고 국제 채무를 상환한다는 명목으로 적용되는 정책들에 맞선 저항도 마찬가지로 확산되었다.

실비아 페데리치가 지적한 바와 같이 신자유주의적 지구화는 재생산 영역도 포함하는 새로운 국제 노동분업의 발전으로 점점 더 정향되는 발전모델을 부과하였고, 점점 더 많은 지구적 남부와 동부의 여성이 유급 가사노동과 유급 돌봄노동을 찾아 선진 지역으로 이주할 수밖에 없었다. 신자유주의적 지구화는 이러한 과정을 통해 매우 효과적인 프롤레타리아화와 노동비용 삭감의 표본을 보여주면서, 돌봄노동조차도 지구화하고 재계층화하였다. 달라 코스따에게 재생산, 그리고 여성의 지위라는 문제는 이러한 틀 속에 위치한다. 이 쟁점들에 관하여 조반나 프랑카 달라 코스따와 함께 『여성과 채무 정책』Donne e politiche del debito 그리고 『여성, 개발과 재생산노동』Donne, sviluppo e lavoro di riproduzione을 엮었다.

1990년대 초반에 달라 코스따는 세계 곳곳의 반신자유주의 투쟁을 지지하는 행보를 지속하였다. 1992년에는 멕시코의 치아빠스를 방문하여 사빠띠스따 투쟁에 격려를 보냈고, 1994년에는 일본에서 열린 여성과 생태학에 대한 일련의 컨퍼런스에 참석하였다. 히로시마에서는 원자폭탄 피해자들을 만났고, 오키나와에서는 군사 기지 주변의 성매매를 반대하는 활동에 적극적이었던 여성 그룹들을 만났다. 이 여성 그룹들은 전쟁 기간 납치되어 일본군으로부터 성적 서비스 제공을 강요받았던 한국 여성들에 대한 보상을 지지하는 그룹들이었다. 일본의 주요 도시를 순회하면서 그 기획에 참여하고 있는 유럽의 에코페미니스트 학자들과 생산적인 만남을 가질 수 있었다. 1996년에는 독일의 마리아 미즈, 인도의 반다나 시바 등과 함께, 로마에서 열린 여성 식량의 날 컨퍼런스에 참여하였다. 이 컨퍼런스는 〈비아 깜뻬시나〉가 식량주권 프로그램을 개시한 1996년 국제연합식량농업기구 회담의 일환으로 열린 것이었다. 달라 코스따는 신자유주의 경제의 공통장 공격과 땅과 식량공급, 식량 정책, 식량주권 정책이라는 문제를 핵심적인 연구주제로 삼고 땅과 물을 둘러싼, 그리고 자급경제와 생물다양성을 둘러싼 토착민들의 투쟁에 깊은 관심을 기울여왔다. 우리의 자유와 자급자족을 파괴하는 지배공식으로서의 오늘날의 식량정책이 갖는 전략적 성격을 파악해야만 하는데 그것은 다시 말해서 실험실 생산물로 되어가는 생명이 아니라, 생명의 자발적 재생산의 원천과 순환을 보호하는 싸움이 필요하다는 의미이며, 땅과 물과 씨앗이 우선이 되어야 한다. 식량 파동이 점점 더 자주 일어나 식량에 대한 심각한 경계심을 유발하고, 즐거움보다는 공포를 유발하는 현상은, 식품이 어떤 다른 상품과도 다르다는 인식에서 출발하는 등의 새로운 식량 생산방식에 주의를 기울일 것을 요청한다. 따라서 달라 코스따는 인류 재생산은 돈의 보장, 소득의 보장이라는 형태로조차도 보장될 수 없다고 주장한다. 독극물을 살 수 있을 뿐이라면 돈이 무슨 소용인가? 달라 코스따는 우리가 무엇을 먹을 것인가와 어떻게 먹거리를 생산할 것인가를 결정할 권리로서 식량주권을 행사해야 한다고 말하며 언제나 공통장의 방어, 다른 식량정책, 인류 재생산의 새로운 조건들이라는 관점에서 웹진 『커머너』, 잡지 『CNS』Capitalismo Natura Socialismo, 온라인 잡지 『포에두스』Foedus 등에 바다·남획·양어산업의 문제를 주제로 하여 글을 썼다. 달라 코스따는 모니카 킬레스와 함께 『우리의 어머니인 바다』Nostra madre oceano를 출간했다.

또 달라 코스따는 "자연 지구"의 경우에도 가끔 일어나듯이 "자연 여성 신체"의 재생산 능력을 부당하게 거세하는 자궁절제술을 여성의 성숙한 몸이 출산과 낙태 이후 겪게 되는 세 번째 전투로 보고, 자궁절제술의 남용이라는 문제를 탐구하여 『자궁절제술. 여성에 대한 학대라는 사회적 문제』Isterectomia. Il problema sociale di un abuso contro le donne를 출간했다. 그는 의사, 변호사를 포함한 여러 참가자들과 가진 일련의 토론에서 공개적으로 이 학대를 고발하였으며 이 주제에 관해서 여성과 의학 전문가들의 의식을 고양하고자 적극적으로 노력하였다.

:: 마리아로사 달라 코스따 주요 저작 목록

1972

Potere femminile e sovversione sociale, con "Il posto della donna" di Selma James (Selma James와 함께 지음). Padova : Marsilio Editori (영어판 : *The Power of Women and the Subversion of the Community*. Bristol : Falling Wall Press, 1972 ; 프랑스어판 : *Le pouvoir des femmes et la subversion sociale*. Genève : Libr. Adversaires, 1973 ; 스페인어판 : *El Poder de La Mujer y La Subversion de La Comunidad*. Mexico : Siglo Veintiuno, 1975 ; 독일어판 : *Die Macht der Frauen und der Umsturz der Gesellschaft*. Berlin : Merve-Verlag, 1978 ; 그리스어판 : Ηδύναμη των γυναικών και η κοινωνική ανατροπή. Athena : No Woman's Land, 2008 ; 터키어판 : *Kadinlar ve Toplumun Altust Edilmesi*. Istanbul : Otonom, 2014).

1977

Brutto ciao : direzioni di marcia delle donne negli ultimi 30 anni (Leopoldina Fortunati와 함께 지음). Rome : Edizioni delle donne.

1978

Note su La giornata lavorativa in Marx. Appunti da un lettorato del Capitale. Padova : Cleup.

1983

Famiglia Welfare e Stato tra Progressismo e New Deal. Milano : FrancoAngeli (영어판 : *Family, Welfare and the State between Progressivism and the New Deal*. Brooklyn, NY : Common Notions, 2015 ; 한국어판 : 『집안의 노동자』. 김현지·이영주 옮김. 갈무리, 2017).

1986

『家事労働に賃金を — フェミニズムの新たな展望』(선집). 東京 : インパクト出版会.

1993

Donne e politiche del debito. Condizione e lavoro femminile nella crisi del debito internazionale (Giovanna F. Dalla Costa와 함께 엮음). Milano : FrancoAngeli (영어판 : *Paying the Price : Women and the Politics of International Economic Strategy*. London : Zed Books, 1995 ; 일본어판 : 『約束された発展? — 国際債務政策と第三世界の女たち』, 東京 : インパクト出版会, 1995).

1996

Donne sviluppo e lavoro di riproduzione (Giovanna F. Dalla Costa와 함께 엮음). Milano : FrancoAngeli (일어판 : 『約束された発展? — 国際債務政策と第三世界の女たち』. 東京 : インパクト出版会, 1995 ; 영

어판: *Women, Development and Labour of Reproduction. Struggles and Movements*. Trenton, N.J. and Asmara, Eritrea: Africa World Press, 1999; 인도네시아어판: *Kaum perempuan dan politik strategi ekonomi internasional*. Jakarta: Kalyanamitra, 1998).

1998
Isterectomia. Il problema sociale di un abuso contro le donne (엮은이). FrancoAngeli: Milano, 3th expanded ed. 2002, (영어판: *Gynocide. Hysterectomy, Capitalist Patriarchy, and the Medical Abuse of Women*. Autonomedia: New York, 2007; 일본어판: 『医学の暴力にさらされる女たち ― イタリアにおける子宮摘出』. 東京: インパクト出版会, 2002; 한국어판: 『여성살해. 자궁절제술과 자본주의적 가부장제 그리고 여성에 대한 의학적 학대』. 박지순 옮김. 서울: 갈무리, 근간).

2005
Nostra madre Oceano. Questioni e lotte del movimento dei pescatori (Monica Chilese와 함께 지음). Roma: DeriveApprodi (영어판: *Our Mother Ocean: Enclosures, Commons and the Global Fishermen's Movement*, Brooklyn, NY: Common Notions, 2014).

2009
Dinero perlas y flores en la reproucciòn feminista. Cuestiones de antagonismo (선집). trans. Marta Malo de Molina. Madrid: Ediciones Akal.

2019
Women and the Subversion of the Community: A Mariarosa Dalla Costa Reader (선집). Oakland, CA: PM Press.

2020
La crise de la reproduction sociale: entretiens avec Louise Toupin (Louise Toupin과의 대담). Montréal (Québec) Canada: Les Éditions du remue-meénage.
『페미니즘의 투쟁: 가사노동에 대한 임금부터 삶의 보호까지』(선집). 이영주·김현지 옮김. 서울: 갈무리.